经济院七

建院简丰

贺教育部

人文社科项目

成果出版

季羡林

教育部哲学社会科学研究重大课题攻关项目

"十三五"国家重点出版物出版规划项目

加快发展我国生产服务业研究

RESEARCH ON ACCELERATING THE DEVELOPMENT OF PRODUCER SERVICES IN CHINA

李江帆 等著

中国财经出版传媒集团

经济科学出版社

Economic Science Press

图书在版编目（CIP）数据

加快发展我国生产服务业研究/李江帆等著.—北京：
经济科学出版社，2017.10
教育部哲学社会科学研究重大课题攻关项目
ISBN 978-7-5141-8682-6

Ⅰ.①加… Ⅱ.①李… Ⅲ.①生产服务-服务业-
产业发展-研究-中国 Ⅳ.①F719

中国版本图书馆 CIP 数据核字（2017）第 283355 号

责任编辑：杨　洋
责任校对：勒玉环
责任印制：李　鹏

加快发展我国生产服务业研究

李江帆　等著

经济科学出版社出版、发行　新华书店经销
社址：北京市海淀区阜成路甲 28 号　邮编：100142
总编部电话：010-88191217　发行部电话：010-88191522
网址：www.esp.com.cn
电子邮件：esp@esp.com.cn
天猫网店：经济科学出版社旗舰店
网址：http://jjkxcbs.tmall.com
北京季蜂印刷有限公司印装
787×1092　16 开　44.25 印张　850000 字
2018 年 5 月第 1 版　2018 年 5 月第 1 次印刷
ISBN 978-7-5141-8682-6　定价：108.00 元
(图书出现印装问题，本社负责调换。电话：010-88191510)
(版权所有　侵权必究　举报电话：010-88191586
电子邮箱：dbts@esp.com.cn)

课题组主要成员

首席专家 李江帆
项目成员 魏作磊　李冠霖　顾乃华　江　波
　　　　　　李文秀　马凤华　张　卿　张少华
　　　　　　雷小清　李美云　陈　菲　毕斗斗
　　　　　　杨　勇　胡　霞　于　丹　陈泽鹏
　　　　　　聂永祥　孙得将　姚洋洋　张少辉
　　　　　　刘恩初　蓝文妍　杨振宇　朱　明
　　　　　　朱胜勇

编审委员会成员

主　任　周法兴
委　员　郭兆旭　吕　萍　唐俊南　刘明晖
　　　　陈迈利　樊曙华　孙丽丽　刘　茜

总 序

哲学社会科学是人们认识世界、改造世界的重要工具，是推动历史发展和社会进步的重要力量，其发展水平反映了一个民族的思维能力、精神品格、文明素质，体现了一个国家的综合国力和国际竞争力。一个国家的发展水平，既取决于自然科学发展水平，也取决于哲学社会科学发展水平。

党和国家高度重视哲学社会科学。党的十八大提出要建设哲学社会科学创新体系，推进马克思主义中国化、时代化、大众化，坚持不懈用中国特色社会主义理论体系武装全党、教育人民。2016年5月17日，习近平总书记亲自主持召开哲学社会科学工作座谈会并发表重要讲话。讲话从坚持和发展中国特色社会主义事业全局的高度，深刻阐释了哲学社会科学的战略地位，全面分析了哲学社会科学面临的新形势，明确了加快构建中国特色哲学社会科学的新目标，对哲学社会科学工作者提出了新期待，体现了我们党对哲学社会科学发展规律的认识达到了一个新高度，是一篇新形势下繁荣发展我国哲学社会科学事业的纲领性文献，为哲学社会科学事业提供了强大精神动力，指明了前进方向。

高校是我国哲学社会科学事业的主力军。贯彻落实习近平总书记哲学社会科学座谈会重要讲话精神，加快构建中国特色哲学社会科学，高校应需发挥重要作用：要坚持和巩固马克思主义的指导地位，用中国化的马克思主义指导哲学社会科学；要实施以育人育才为中心的哲学社会科学整体发展战略，构筑学生、学术、学科一体的综合发展体系；要以人为本，从人抓起，积极实施人才工程，构建种类齐全、梯队衔接的高校哲学社会科学人才体系；要深化科研管理体制改革，发挥高校人才、智力和学科优势，提升学术原创能力，激发创新创造活力，建设中国特色新型高校智库；要加强组织领导、做好统筹规划、营造良好学术生态，形成统筹推进高校哲学社会科学发展新格局。

哲学社会科学研究重大课题攻关项目计划是教育部贯彻落实党中央决策部署的一项重大举措，是实施"高校哲学社会科学繁荣计划"的重要内容。重大攻关项目采取招投标的组织方式，按照"公平竞争，择优立项，严格管理，铸造精品"的要求进行，每年评审立项约 40 个项目。项目研究实行首席专家负责制，鼓励跨学科、跨学校、跨地区的联合研究，协同创新。重大攻关项目以解决国家现代化建设过程中重大理论和实际问题为主攻方向，以提升为党和政府咨询决策服务能力和推动哲学社会科学发展为战略目标，集合优秀研究团队和顶尖人才联合攻关。自 2003 年以来，项目开展取得了丰硕成果，形成了特色品牌。一大批标志性成果纷纷涌现，一大批科研名家脱颖而出，高校哲学社会科学整体实力和社会影响力快速提升。国务院副总理刘延东同志做出重要批示，指出重大攻关项目有效调动各方面的积极性，产生了一批重要成果，影响广泛，成效显著；要总结经验，再接再厉，紧密服务国家需求，更好地优化资源，突出重点，多出精品，多出人才，为经济社会发展做出新的贡献。

作为教育部社科研究项目中的拳头产品，我们始终秉持以管理创新服务学术创新的理念，坚持科学管理、民主管理、依法管理，切实增强服务意识，不断创新管理模式，健全管理制度，加强对重大攻关项目的选题遴选、评审立项、组织开题、中期检查到最终成果鉴定的全过程管理，逐渐探索并形成一套成熟有效、符合学术研究规律的管理办法，努力将重大攻关项目打造成学术精品工程。我们将项目最终成果汇编成"教育部哲学社会科学研究重大课题攻关项目成果文库"统一组织出版。经济科学出版社倾全社之力，精心组织编辑力量，努力铸造出版精品。国学大师季羡林先生为本文库题词："经时济世　继往开来——贺教育部重大攻关项目成果出版"；欧阳中石先生题写了"教育部哲学社会科学研究重大课题攻关项目"的书名，充分体现了他们对繁荣发展高校哲学社会科学的深切勉励和由衷期望。

伟大的时代呼唤伟大的理论，伟大的理论推动伟大的实践。高校哲学社会科学将不忘初心，继续前进。深入贯彻落实习近平总书记系列重要讲话精神，坚持道路自信、理论自信、制度自信、文化自信，立足中国、借鉴国外，挖掘历史、把握当代，关怀人类、面向未来，立时代之潮头、发思想之先声，为加快构建中国特色哲学社会科学，实现中华民族伟大复兴的中国梦做出新的更大贡献！

教育部社会科学司

前言

本书是中山大学管理学院教授、博士生导师、中山大学中国第三产业研究中心主任李江帆教授作为首席专家带领30多位团队成员经4年多攻关完成的教育部哲学社会科学研究重大课题攻关项目"加快发展我国生产性服务业研究"（项目批准号：11JZD023）的最终成果。

一、研究背景

生产服务又称生产性服务，或生产者服务（producer services），是与消费者服务（consumer service）相对的概念[①]。生产服务原指为工农业提供的服务形式生产要素。随着第三产业比重日趋增大，生产概念由工农业的生产扩展到服务业的生产，生产服务越来越广泛地作广义理解。广义生产服务指在三次产业生产实物产品或服务产品的过程中被作为生产要素投入的服务产品，又称服务型生产资料。根据服务对象不同，生产服务可分为第一产业生产服务（农业生产服务）、第二产业生产服务（工业生产服务）和第三产业生产服务（服务业生产服务）。相应地，生产服务业指为三次产业生产实物产品或服务产品的生产过程提供服务形式生产要素的行业。

世界经济发展趋势表明，三次产业对生产服务的需求日趋增长，第一、二、三产业消耗服务形式生产要素占生产要素的比重不断上升。从横向比较，发达国家三次产业消耗生产服务占消耗生产要素的比重高于发展中国家；从纵向比较，三次产业消耗生产服务占生产要素的比重随着经济发展水平的提高而上升。根据我国第三产业日趋发展，

---

① 在本书中，生产性服务、生产者服务统称生产服务，生产性服务业、生产者服务业统称生产服务业。

三次产业社会化、现代化程度逐步提高的走势，参照发达国家状况，可以推断：我国第一、二、三产业对生产服务的需求量呈现上升趋势；生产服务业在我国国民经济中的地位日趋提高。

我国产业结构转型所处的关键时期与全球经济以信息技术和制造技术深入融合为主要特征的新一轮技术革命呈现的历史交汇，更加凸显了生产服务业的战略性地位。从长期看，我国生产服务业总量迅速增大，结构日趋优化。但是，我国生产服务业相对于现有产业结构存在相当明显的结构性滞后，相对于发达国家和新兴经济体，尤其是相对于新常态下我国经济发展提质增效的动态需求，存在明显或潜在的滞后。主要表现在：具有产业价值链高端控制作用的新兴生产服务业的发展尚处于起步阶段，与信息传输服务、信息技术服务、电子商务支持服务等相关的新兴服务出现下降趋势，与生产性租赁服务、商务服务、研发设计服务、检验检测服务、节能环保服务、生产性专业技术服务等相关的新兴服务在低位徘徊，中国生产服务业绝对发展水平不仅滞后于发达国家和新兴经济体，而且滞后于世界平均水平，等等。生产服务业不同维度和层次的滞后发展，已经成为影响生产服务业自身的突出问题，而且开始凸显为影响我国产业升级和经济结构转型的重要战略性问题。特别是，近期我国经济面临的多重冲击使得加快发展我国生产服务业促进产业转型升级的紧迫性空前提高。要素成本上升和人民币升值的冲击直接压缩了我国产业经济微薄的盈利空间，提升产业附加值促进产业转型升级的任务刻不容缓。全球经济进入长期波动和低速增长的冲击加剧了我国产业转型升级战略实施的阵痛，加快发展生产服务业攀升全球产业价值链高端环节成为我国产业升级战略的重要举措。长期以来外资经济与内资经济之间"服务割裂"导致的技术割裂、资金割裂和市场割裂等顽疾在短期冲击的突袭之下继续恶化，加快发展生产服务业改变我国产业经济尤其制造业在全球产业价值链治理机制中处于被"俘获"与被"压榨"的地位，跳出高要素成本时代发展的"低位均衡"与"低端锁定"。在内外部多重冲击的作用下，工业化结构性加速阶段隐含的投资结构扭曲、产业结构畸形、消费水平不高等问题显现，多重叠加效应促使我国亟须改变传统经济增长方式，亟须加快发展生产服务业，增加三次产业的服务生产要素投入，充分发挥生产服务业对我国产业转型升级的战略推动器作用。

二、研究意义

从应用层面看，本课题作为应用对策课题，探讨、研究和解决加快发展我国生产服务业的重大问题，具有重要的应用价值。

其一，适应了我国进入产业结构和经济发展方式转型的关键时点后亟须发展生产服务业的实践要求。

学术界和实践部门对我国经济发展所处阶段的一个定性判断是正处于工业化的中后期，因此很多学者和政府工作人员习惯将当前经济发展中存在的问题归于工业，而忽视生产服务对这些问题的影响。事实上，工业化过程本身乃是一个包含投入产出结构、价值链结构、区域布局结构和技术结构不断发展变化的过程。推进工业化过程遇到的诸多问题，在很大程度上不是源自农业和工业生产，而是因为生产服务对它们的配套、引领不足。发达国家的发展经验表明，在工业化进入一定阶段之后，生产服务将成为产业转型升级的主导力量。从某个角度看，产业转型升级的过程实质上就是生产服务作用日益增强的过程。生产服务业在先进生产系统中的角色，已由20世纪50~70年代的管理功能（"润滑剂"效果），提升为70~90年代的促进功能（"生产力"效果），到90年代的战略功能（"推进器"效果）。我国现已进入迫切需要实现产业结构和经济发展方式转型和生产服务发展的关键时点。具体表现在：（1）没有生产服务的深度介入，以高投入、高能耗、高污染和低效益为显著特征的传统经济增长方式将难以转型，它带来的资源、环境、劳动力、社会等多方面的压力，将对实现2020年经济总量比2000年再翻两番的目标构成严重挑战。（2）离开生产服务的均衡发展，提高制造企业的技术创新能力、改变制造业过多依赖技术引进和贴牌生产模式等就成了"无源之水"，我国将无法实现从制造业大国向制造业强国转变。（3）不大力发展生产服务业，就无法缓解我国庞大的制造业生产体系面临的巨大的出口压力，更无法解决大量出口低附加值带来的贸易失衡与摩擦问题。

其二，破解我国生产性服务业发展滞后的成因，探索加快发展的模式、路径和对策，对促进我国产业升级具有重要意义。

走以"科技含量高、经济效益好、资源消耗低、环境污染少、人力资源优势得到充分发挥"为特征的新型工业化道路，对生产服务业的跨越发展提出了迫切需求。但是，我国生产服务业的发展长期滞后。从总量方面看，生产服务总量不足，发展滞后，效率低下，缺乏竞争力。与同类型经济体相比，生产服务增加值、比重等指标均明显落后。从结构方面看，传统生产服务业比重偏大，新兴生产服务业比重偏低；非垄断性行业多供给过剩，而垄断性行业往往供给不足。破解我国生产服务滞后的成因进而给出对策，要进一步廓清我国生产服务业发展滞后的具体表现。我们可以从需求、供给、体制机制、技术水平、对外输出等五个方面，分析我国生产服务发展滞后的具体表现。从需求方面看，制造企业外包生产服务环节的动机不强烈，往往采用纵向一体化方式解决自身的生产服务需求，"大而全小而全"的生产组织方式不仅导致这些内置生产服务低效率、低质量，也使生产服务企业难以获得规模经济和快速成长。从供给角度看，很多生产服务企业提供的服务质量差、价格高，而且与需求方的要求脱节。从体制机制方面看，很多生产服务行业改革开放不到位、市场化和外资参与度均比较低；生产服务发展面临税收、信贷、要素投入价格等多方面的政策性歧视，发展内生性严重受挫。从技术水平看，我国大部分生产服务企业在运用先进的管理理念模式、现代信息技术推动自身发展方面，仍做得不够到位，致使创新能力不足，影响了技术水平的提高。从对外输出角度看，尽管改革开放以来我国服务贸易总额增速一直高于GDP增速，但服务贸易总体竞争力较低、贸易逆差逐年增大的局面一直未能得到有效扭转。

我国传统经济发展模式高度依赖低成本资源和要素的高强度投入，主要依赖第二产业拉动经济增长，高度依靠出口导向的加工贸易产业，已带来一系列突出问题：现代农业发展水平低；工业不强，在全球化分工链中处于低端，附加值较低，贸易摩擦越来越大；第三产业比重偏低；国民经济运行效率低下；三大产业对能源、资源消耗强度高，资源、环境硬约束不断加剧，继续释放过剩生产能力越来越受到国际市场的制约。在上述背景下，找到加快生产服务业发展的模式、路径和对策，对促进我国产业升级具有重要意义。生产服务业通过人员专业化、工具专门化，高效组织和充分发挥生产要素的作用，能有效提高经济运行效率,增强产业竞争力。加快生产服务业的发展,可推动附加值高、节约能源、环境友好的现代产业体系建设,促进投入结构由硬要素投入逐步转向软要素投入,生产结构由注重实物产品生产向注重服务供给转型,进而推进产业结构优化升级和经济发展方式的根本转变。

从学术层面看,研究加快发展我国生产性服务业的发展,有重要学术价值。

一是有助于细化、深化和丰富产业经济学理论。产业经济学中的产业结构、产业组织、产业关联、产业布局、产业技术和产业政策分析,都与作为第三产业重要组成部分的生产服务业密切相关。以往对产业经济学的研究,大都停留在三次产业的层面。本书将研究深入到第三产业内部,探讨第三产业中的生产服务与生活服务的关系,生产服务业的发展规律,细化和深化了对产业经济学的研究。从产业结构看,用投入产出方法分析第一产业生产服务、第二产业生产服务和第三产业生产服务这三大类型生产服务的比例关系,揭示发达国家和发展中国家生产服务发展的不同特点、共同趋势和发展规律,揭示生产服务业的成长点、饱和点。从产业组织看,细化研究产业边界、产业价值链的分解与整合、分工专业化、企业纵向合作等问题。从产业关联与波及看,研究生产服务业与上游产业、下游产业和横向产业的关联与波及关系,生产服务业增长与产业升级、国民经济升级之间的机理与规律。从产业布局看,研究生产服务业的构建、产业布局与产业聚集的特点和规律,生产服务业与工农业布局的共性与个性。从产业技术看,研究生产服务业应用现代科学技术的方式和途径,以服务业信息化改造传统服务业,拓展新兴服务业。从产业政策看,研究有针对性地发展生产服务业的政策措施及其效应。对生产服务业的研究有助于深化、细化和充实产业经济学关于产业结构、产业组织、产业关联与波及、产业布局、产业技术、产业政策等系列理论,丰富产业经济学的相关理论。

二是以服务产品理论和第三产业经济学为基石构建包括第一产业生产服务业、第二产业生产服务业、第三产业生产服务业的广义生产服务业分析框架,充实了产业经济学的产品、生产服务概念,为全面分析生产服务业提供了理论依据；利用世界投入产出表数据，揭示了生产服务业在第一、二、三产业中的分布趋势，在发达国家和发展中国家的分布特点，生产服务业比率时序稳定性，为深入研究生产服务业运动规律提供了实证文献。

三、本书结构和内容

本书从我国生产服务发展滞后的表征入手，结合中国特殊国情和体制环境，从需求和供给以及供需相互转换体制机制角度分析我国生产服务业发展制约因素；从发展重点、空间布局等方面阐述促进生产服务发展的思路；从推进产业融合、服务外包、产业集群、区域合作、信息提升、加强软投入等方面，阐述提高生产服务发展水平的对策与措施。按照"发展规律—比较诊断—滞后成因—发展战略—重点领域—区域布局—发展对策"的思路构建总体框架，依据生产服务业发展动因的理论分析与国际经验，对中国生产服务业作比较研究和"诊断"，找出滞后发展原因，确定加快我国生产服务业发展的战略定位、重点领域和区域布局，提出适合我国国情的发展对策。全书分为五篇：发展总报告、行业发展篇、空间发展篇、发展对策篇、问卷调查篇，下设24章。

第一篇　发展总报告，概要分析加快发展我国生产服务业的动力机制、现状与滞后成因、突出问题、重点领域、重点区域、发展对策的重点问题，包括9章：导论，生产服务业发展的动力机制，全球生产服务业发展经验与趋势，中国生产服务业发展现状与滞后成因，中国生产服务业发展面临的突出问题，中国生产服务业加快发展战略，中国生产服务业发展重点领域，中国生产服务业发展重点区域，加快发展中国生产服务业的对策建议。

第二篇　行业发展篇，分述生产服务业行业发展，包括5章：生产服务业的层次与重点，生产服务的三次产业分布，第一产业生产服务业发展，第二产业生产服务业发展，第三产业生产服务业发展。

第三篇　空间发展篇，分述生产服务业区域分工与合作、集聚发展，包括两章：中国生产服务业区域分工与合作研究，中国生产服务业集聚发展研究。

第四篇　发展对策篇，从需求拉动、供给创新推动、制度创新、信息化提升、对外开放、投入软化等方面分析发展对策，包括6章：中国生产服务业需求拉动研究，中国生产服务业供给创新推动研究，中国生产服务业发展制度创新研究，中国生产服务业信息化提升研究，中国生产服务业对外开放研究，中国第三产业投入软化研究。

第五篇　问卷调查篇，对经济发展水平较高、生产服务发展较好的广东佛山市和东莞市生产服务业的需求与供给作问卷调查，为全国生产服务业发展提供从"点"见"面"的实证借鉴文献，包括两章：东莞市服务业供求状况调查报告，佛山市南海区生产服务供求状况调查报告。

四、重点内容

1. 生产服务业发展的动力机制与国际经验。从企业内部职能剥离说、生产服务外购说、生产率上升缓慢说、城市化推动说、技术进步推动说和国际化推动等方面概括出生产服务业发展的动力机制，从法律保障、行业协会、扶持政策、人才支撑、产业互动、资金支持、产业聚集、突出特色等方面提炼出生产服务业发展国际经验，从资本流动、信息化、数字化、节能环保、跨界融合等方面揭示全球生产服务业发展趋势，为研究加快中国生产服务业发展提供理论和实践文献支撑。

2. 中国生产服务业发展现状与滞后成因。重点从规模结构、劳动生产率、投资效益、产业互动、对外开放和品牌建设等方面对中国生产服务业发展现状进行评估，并从需求拉动障碍、供给推动制约、制度创新滞后、技术进步渗透不足、生产服务业对外开放步伐缓慢等方面剖析中国生产服务业发展滞后的深层次成因，为对策药方找准病根。

3. 中国生产服务业发展面临的突出问题。依据实地走访、深度访谈、案例剖析、问卷调查和参加各地服务业和生产服务业规划等活动，从工业化思维惯性、多头管理束缚、狭隘政绩观、"换届效应"、第三产业高物化消耗、公共服务配套滞后、金融支持不足以及行业协会建设滞后等方面，深入分析我国生产服务业发展面临的突出问题，寻找政策靶心和抓手。

4. 中国生产服务业的发展定位。提出全国重点推进第二产业生产服务业，在特大城市拓展第三产业生产服务业，在农村和城镇地区着力发展第一产业生产服务业，以生产服务核心层为长期发展的重点，在一定时期内以生产服务外围层为突破口，但要避免发展思路雷同和一哄而起；要促进国民经济的投入结构由硬要素投入逐步拓展软要素投入，生产结构由注重实物产品生产向注重服务供给转型，推进产业结构优化升级和经济发展方式的根本转变。

5. 中国生产服务业发展重点领域。综合考虑我国生产服务业发展面临的国内外环境，重点结合"中国制造2025""互联网+"等当前中国重大战略任务，从优先发展主导性生产服务业、大力拓展控制性生产服务业、加快发展渗透性生产服务业、扶持发展支撑性生产服务业四个层面确定我国生产服务业发展重点领域。

6. 中国生产服务业发展重点区域。结合"一带一路"、四大自贸区建设等重大国家战略决策，综合各地产业特点、资源禀赋，分层次提出了全国生产服务业发展的重点区域。包括：北京、上海、重庆、广州和深圳五大国家生产服务中心城市；环渤海、长江三角洲、珠江三角洲三大综合型生产服务业基地；特色工业经济区、特色资源经济区、特色农业经济区三大专业型生产服务业基地；上海、广东、天津、福建四大自贸区生产服务贸易基地；广西北部湾、新疆、云南、马来西亚、塔吉克斯坦和欧盟等面向"一带一路"的六大跨境生产服务业节点。

7. 加快发展中国生产服务业的对策。从深化行政管理体制改革、提高政绩考核科学化水平、完善立法执法保障、夯实整个服务业产业基础、推动制造业服务化、增强生产服务业内生能力培养、提高信息化智能化水平、促进产业融合发展、健全行业协会、加大政府培育扶持力度、强化专业人才保障、加大金融支持力度、加快国内外市场一体化和进一步扩大服务业对外开放等角度，提出加快发展我国生产服务业的对策建议。

五、前沿性和创新性

1. 科学界定广义生产服务业概念并据此对生产服务业作全面分析。根据第三产业经济学对实物产品和服务产品的划分，从第一产业生产服务、第二产业生产服务、第三产业生产服务三个方面对生产服务业作科学界定，并据此对生产服务业作全面分析，明确指出生产服务是在三次产业生产实物产品和服务产品过程中被作为生产要素投入的服务，并按服务对象，全面分析生产服务业。这体现出研究逻辑的严密，在透彻、深刻和全面地理解生产服务业概念的基础上，正确把握生产服务业的发展趋势与规律，在全国同类研究中具有创新性。

2. 从体制内部揭示阻碍我国生产服务业发展的深层因素。以往学术界研究加快发展中国生产服务业的研究主要是集中产业或产业链层面，依赖文本数据的纯学理研究多。本成果借助长期承担全国各地第三产业（服务业）发展规划的有利条件，本着应用研究要解决实际问题的原则，跳出僵化的文本统计数据局限，深入实地进行走访调研、探索第三产业发展规律，从片面政绩观、工业化惯性、多头管理、忽视公共服务等多方面揭示出地方政府在主导生产服务业发展过程中存在的认识误区或体制障碍，为从深层次上扫清阻碍我国生产服务业发展障碍提出对策建议。

3. 根据广义生产服务概念，提出立足我国实际，又具有前瞻性的生产服务业发展定位。在我国虽然第二产业生产服务目前是生产服务的主体，但在发达地区和特大城市，第三产业生产服务的发展已初露端倪，比重迅速上升。从全国看，到2020年将实现向服务经济为主的产业结构的转型，生产服务业中第三产业生产服务的比重也将大大提高。本成果对第三产业生产服务给予充分关注和研究，根据广义生产服务业概念提出：在全国重点推进第二产业生产服务业，在特大城市拓展第三产业生产服务业，在农村和城镇地区着力发展第一产业生产服务业。这既考虑了我国目前产业结构以工业为主的实际，又体现了未来发展将引起第三产业生产服务比重的上升趋势，符合我国国民经济的实际，为加快发展我国生产服务业提供新思路和政策方向，对我国步入服务业占主体经济新常态后优化产业结构具有重要意义。在我国生产服务业的同类研究中表现出具有超前性、前瞻性和创新性。

4. 提出新常态下加快发展我国生产服务业的重点领域和重点区域。结合国家重大战略需求和全球产业发展趋势，从重点领域和重点区域两个方面提出了"优先发展主导性生产服务业，大力拓展控制性生产服务业，扶持发展支撑性生产服务业"的战略定位；结合"一带一路"和自贸区建设，提出了打造五个国家级生产服务业中心，三大国家级综合型生产服务业基地，六大跨境生产服务业战略点，四大自贸区生产服务贸易基地，一批国家级专业型生产服务业基地、跨境生产服务业节点的战略构想。这在生产服务业空间发展战略研究中具有很强的实践性和前瞻性。

5. 提出生产服务业为适应经济新常态要求须加快信息化步伐。我国政府把国民经济信息化看成是"工业的故事"，并按此思路组建"工业与信息化部"，容易导致以为信息化只是工业的事，与服务业和农业无关的片面观点，也可能使有关部门忽视服务业信息化的重要任务。国内学者大多将信息化与工业化挂钩，服务业信息化的研究很少。其实，服务业对信息技术的吸收能力更强，服务业尤其是现代服务业对信息化的拉动力要大。本成果对发达国家服务业信息化导致的生产服务供求状况、投入和产出状况的变化进行分析，揭示服务业信息化的特征和规律，明确服务业是国民经济信息化的重点领域，把服务业的信息化作为加快我国生产服务业发展的重要对策，结合"中国制造2025""互联网+"提出生产服务业信息化、智能化发展战略。这就抓住了生产服务业发展中具有前瞻性的重要问题。

6. 提出"中国制造2025"要求生产服务业必须走融合发展道路，以产业融合发展观推动生产服务业与其他产业的互动发展。在产业融合中，服务业内部行业、生产服务业与制造业、农业的融合，形成新的业态，创造新的经营模式，引起与经济服务化、经济全球化的互动发展，对生产服务业起着促进作用，并引起产业经济的一系列变革。要顺应产业融合发展的大势，营造出有利于产业融合的制度环境，寻找推进生产服务业发展的节点，带动整个生产服务业的快速发展。制定经济发展战略要树立产业融合发展观，改变单一产业思维，用创新性思维树立大产业观念、注重产业的有机融合发展，关注独立产业形态的服务企业，制造业企业中能够提升制造业服务化水平的服务环节。生产服务业发展不能脱离服务对象盲目空转，要有的放矢，与所服务的产业融合一体化发展；不能将服务业与制造业对立起来，为了追求政绩、地方财税、GDP增长、应付上级任务片面发展制造业或生产服务业。这是对我国在发展生产服务业中普遍存在的现实问题提出的针对性强、有新意的论点。

7. 关注国际分工大背景下生产服务业的供求平衡和国际合作，结合"一带一路"倡议，提出以制造业出口带动生产服务输出，以生产服务输出促进制造业出口优势和效率的发展思路。把加快中国生产服务业发展纳入全球大市场环境下进行研究，结合自贸区建设深入研究进一步扩大生产服务业开放，抓住"一带一路""中国制造2025"等战略规划的重要机遇，充分发挥生产服务业与制造业的相互促进作用，结合中国装备制造业"走出去"战略实施，通过"产品+服务"输出模式构建中国生产服务输出的竞争优势，以装备制造业等具有竞争优势制造业出口，带动生产服务的输出。在一个宽广的视野研究中国生产服务业发展，把国际产业的分工与合作关系引入国内产业研究，这与在一个封闭系统里研究生产服务业的发展，屏蔽国外产业对国内产业的影响和服务产品的国际流动相比，具有创新性。

六、学术价值、应用价值与社会影响

教育部"加快发展我国生产服务业研究"重大课题攻关项目专家鉴定意见指出："以李江帆为首席专家承担的教育部哲学社会科学研究重大课题攻关项目《加快发展我国生产服务业研究》系统地研究了我国生产服务业的发展动因、发展现状、滞后原因、发展对策，其研究成果在本学科领域具有较多的创新和学术、应用价值；提交了调研报告，产生了较好的社会影响"，"符合《教育部人文社会科学研究项目成果估计鉴定和结项办法》的规定，通过了本次专家鉴定，其最终成果已纳入重大攻关项目成果出版计划"。[①]

从学术价值看，本研究成果以三次产业和服务产品理论为基石构建了包括第一产业生产服务业、第二产业生产服务业、第三产业生产服务业的广义生产服务业分析框架，充实了产业经济学的产品、生产服务概念，为全面分析生产服务业提供了理论依据；利用世界投入产出表数据，揭示了生产服务业在第一、二、三产业中的分布趋势，在发达国家和发展中国家中的分布特点，生产服务业比率时序稳定性，为深入研究生产服务业运动规律提供了实证文献。以服务产品为基石构建和完善生产服务业研究的理论体系、数据库和学术网站——中山大学中国第三产业研究中心网，为继续动态跟踪研究中国生产服务业

---

① 见教育部社科司《关于反馈重大攻关项目专家鉴定意见（第十八批）并进一步做好后续工作的通知》。

发展和建设新型智库提供了重要基础和必要条件。三年多来课题组成员在学术刊物发表的102篇论文（其中CCSSI期刊51篇，外文刊物2篇）在学术界引起广泛关注，李江帆教授首次提出的"广义生产服务""生产服务业核心层、外围层、相关层""第三产业生产服务""服务形式生产资料""国民经济软化""生产软化系数""服务输出"概念，被学术界引用和辗转引用。

从应用价值看，一方面，课题成果已转化为各级政府发展生产服务业的重要决策。本课题首席专家李江帆教授和子项目负责人李冠霖、魏作磊、顾乃华、李文秀、张卿、马凤华、江波，以及课题组主要成员张少华、雷小清、李美云、陈菲、毕斗斗、杨勇、胡霞、于丹、陈泽鹏、孙得将、姚洋洋、张少辉、蓝文妍、刘恩初、杨振宇、朱明、朱胜勇、陈明等，三年多来依托本课题研究，在广东广州、佛山、中山、东莞、汕头、山东潍坊、烟台、枣庄、内蒙古呼和浩特、青海海西州、都兰县，河南鹤壁等地区完成的20项现代服务业/生产服务业研究项目，转化为政府部门的实际决策，推动了当地生产服务业的健康发展。另一方面，课题成果研究带动了多层次人才培养，一批研究服务业的青年学术骨干脱颖而出，形成一个紧密合作、协同创新的学术团队，其中包括教授17名，副教授12名，第三产业研究方向博士生12名，硕士生11名，为后续研究储备了优秀人才。研究成果还应用于全国各地生产服务业和现代服务业的干部培训，提升了在职干部对生产服务业的知识水平和领导能力。首席专家李江帆教授15次应邀为广州、厦门、西安、武汉、青岛、沈阳、大连、成都、鄂尔多斯等地政府作现代服务业和生产服务业发展专题报告，培训干部3 000余人，并在2012年为中组部录制干部培训精品课程《第三产业与现代服务业的发展》，应用于全国干部培训，对全国领导干部进行加快发展我国生产服务业的宣传教育产生积极作用。子课题负责人李冠霖研究员10次应邀至烟台、潍坊、青海、呼和浩特等地进行服务业和生产服务业发展的干部培训，得到当地主要领导的重视。子课题负责人顾乃华研究员8次应邀至湖南、云南、江西、广西、上海等地为地方经济管理骨干进行服务业发展与产业升级方面的培训，获得当地干部的认同。

从阶段性成果和研究人员的社会评价，也可以看到本成果的良好社会影响。2011~2015年研究过程中问世的相关成果，如首尔"2014年产业创新与服务业升级国际论坛""RESER（欧洲服务研究会）2014年度论坛""第四届中国服务创新论坛（北京）"的主旨演讲，在《中国工业经济》《数量经济技术经济研究》《财贸经济》《经济学家》《南方经济》等杂志发表的102篇学术论文，在全国各地20多次相关演讲，在广东、山东、内蒙古、青海、河南等地与地方政府合作完成的20篇研究报告，尤其是佛山市、广州市、呼和浩特市、潍坊市第三产业/生产服务业典型规划报告，7篇博士论文，7篇硕士论文，4本专著，以及首席专家被学术界、传媒和政府部门应用、引用、转载，在国内外产生影响的系列重要观点，都反映了本研究成果广泛的社会影响。首席专家李江帆教授对佛山发展工业服务的观点，2012年经记者采访后，在《佛山日报》整版刊出，对佛山市发展工业服务产生了重要影响，应邀主持佛山市第三产业发展路径研究，并对生产服务业做了大量问卷调查，在佛山市政府决策咨询顾问会上宣讲，对佛山市发展生产服务业产生很大影响。"佛山市东平新城产业发展规划研究"被佛山市政府采纳，申报"广东省工业服务示范区""华南国际工业服务基地""佛山中德工业服务区"获广东省第十一次党代会通过。2014年李江帆教授在清华大学"中国服务创新论坛"上关于积极推动发展生产服务形式的生产要素、发展生产服务业需要克服思路雷同等观点，通过新华网、中国网等主流媒体的报道，在全国产生很大影响。李江帆教授的服务业研究在海外获得广泛关注和好评。本课题研究依托的中山大学中国第三产业研究中心成为有国际影响力的研究机构。李江帆教授继2006年应邀参加纽约21世纪服务科学国际研讨会后，2014年参加首尔"2014年产业创新与服务业升级国际论坛"作"中国生产服务业发展"的主旨演讲，基本内容来源于本课题最终成果第一部分"生产服务业的发展"。2013年凤凰卫视在专题节目中指出："被誉为影响新中国60年经济建设的100位经济学家之一"的李江帆教授"前瞻性地意识到第三产业对国家的重要性"，"论证了第三产业在国民经济中的重要地位"，为"改革开放进程提供了重要的支撑依据和参考"。这集中反映了海内外对李江帆教授有关第三产业和生产服务业研究成果的评价。课题组子项目负责人李冠霖研究员应广东省政府部门邀请，主持编制《广东省生产服务业"十二五"发展规划》；课题组成员杨勇研究员和李江帆教授等撰写《发展科技服务业推进生产服务业发展——台湾新竹科技园科技服务调研》获时任广东省副省长陈云贤批示："此建议极有意义"。这些应用成果也反映了本课题最终成果的良好社会影响。

摘 要

《加快发展我国生产服务业研究》是孙冶方经济科学著作奖获得者李江帆教授主持完成的教育部重大课题攻关项目最终成果。从我国生产服务发展滞后的表征入手，结合中国特殊国情和体制环境，从需求和供给以及供需相互转换体制机制角度分析我国生产服务业发展制约因素；从发展重点、空间布局等方面阐述促进生产服务发展的思路；从推进产业融合、服务外包、产业集群、区域合作、信息提升、加强软投入等方面，阐述提高生产服务发展水平的对策与措施。按照"发展规律—比较诊断—滞后成因—发展战略—重点领域—区域布局—发展对策"的思路构建总体框架，依据生产服务业发展动因的理论分析与国际经验，对中国生产服务业作比较研究和"诊断"，找出滞后发展原因，确定加快我国生产服务业发展的战略定位、重点领域和区域布局，提出适合我国国情的发展对策。

本书的前沿性和创新性：科学界定广义生产服务业概念并据此对生产服务业作全面分析；从体制内部揭示阻碍我国生产服务业发展的深层因素；根据广义生产服务概念，提出立足我国实际，又具有前瞻性的生产服务业发展定位；提出新常态下加快发展我国生产服务业的重点领域和重点区域；提出生产服务业为适应经济新常态要求须加快信息化步伐；提出"中国制造2025"要求生产服务业必须走融合发展道路，以产业融合发展观推动生产服务业与其他产业的互动发展；关注国际分工大背景下生产服务业的供求平衡和国际合作，结合"一带一路"倡议，提出以制造业出口带动生产服务输出，以生产服务输出促进制造业出口优势和效率的发展思路。教育部专家鉴定认为：该成果"系统地研究了我国生产性服务业的发展动因、发展现状、滞后原因、发展对策,在本学科领域具有较多的创新和学术、应用价值,产生了较好的社会影响。"

全书分五篇:发展总报告、行业发展篇、空间发展篇、发展对策篇、问卷调查篇,下设24章。

第一篇　发展总报告:第一章至第九章。第二篇 行业发展篇:第十章至第十四章。第三篇 空间发展篇:第十五章和第十六章。第四篇 发展对策篇:第十七章至第二十二章。第五篇 问卷调查篇:第二十三章和第二十四章。重点研究和阐述:生产服务业发展的动力机制,全球生产服务业发展的经验与趋势,中国生产服务业发展现状与滞后成因,中国生产服务业发展面临的突出问题,中国生产服务业的加快发展战略,中国生产服务业发展重点领域,中国生产服务业发展重点区域,加快发展中国生产服务业的对策建议。各篇章主要内容如下:

第一篇发展总报告,论述生产服务业发展的动力机制、国际经验与趋势以及中国生产服务业的发展现状与滞后成因、面临的突出问题和加快发展战略、重点领域、重点区域、对策建议等焦点问题。第一章至第九章的主要内容包括:

第一章导论,界定生产服务和生产服务业的概念、内涵与外延,分析面临国内外环境变化和国家重大战略部署过程中加快生产服务业发展上升到国家战略高度的新要求和新路径。

第二章生产服务业发展的动力机制,重点梳理国际学术界对生产服务业形成发展的理论研究,从供给和需求两方面提炼推动生产服务业发展的主要因素,为深入分析中国生产服务业发展滞后成因提供理论支撑。由于生产服务业内容庞杂、创新不断,影响生产服务业发展的因素也是多方面的。概括起来主要有企业内部职能剥离说、生产服务外购说、生产率上升缓慢说、城市化推动说、技术进步推动说以及国际化推动等。

第三章全球生产服务业发展经验与趋势,重点分析全球尤其是发达国家促进生产服务业发展的基本规律、具体经验和在新的产业和技术变革背景下全球生产服务业发展趋势。生产服务业发展经验重点从法律保障、行业协会、扶持政策、人才支撑、产业互动、资金支持、产业聚集、突出特色的方面提炼，生产服务业发展态势重点从资本流动、信息化、数字化、节能环保、跨界融合等方面展开。

第四章中国生产服务业发展现状与滞后成因，利用规模总量、对GDP贡献率、劳动生产率、内部结构分布等相关指标对中国生产服务业及其内部分行业发展现状进行评估，并重点从需求拉动障碍、供给推动制约、制度创新滞后、技术进步渗透不足、对外开放步伐缓慢等方面剖析我国生产服务业发展滞后的深层次因素。

第五章中国生产服务业发展面临的突出问题，基于课题组项目研究期间通过实地走访、深度访谈、案例剖析、问卷调查等多种方式赴广东、山东、辽宁、天津、江苏、河南、内蒙古、青海等代表性地区对我国生产服务业发展面临的突出问题进行深入调研的结果，综合实地调研、统计数据和相关文献分析，归纳出我国生产服务业面临的八大突出问题。

第六章中国生产服务业加快发展战略，在课题组综合研究与调研的基础上归纳分析出中国生产服务业内部的知识技术密集型生产服务业、交通运输仓储邮政业与批发零售业等细分行业的缓慢发展状况，第一产业生产服务业、第二产业生产服务业和第三产业生产服务业滞后发展的不同表现态势，生产服务业作为生产要素能够发挥的主导性、控制性和渗透性等作用还相当有限，以及生产服务业对外开放的步伐相对较慢、区域布局的资源整合与空间集聚作用发挥不足。以此为基础阐述加快发展中国生产服务业的必要性，从总体定位、基本原则、主要目标和主要实施路径等提出中国生产服务业的加快发展战略。

第七章中国生产服务业发展重点领域，借鉴国际经验，综合考虑我国经济发展水平和产业结构特点，并重点结合"中国制造2025""一带一路""互联网+"等当前中国重大战略任务，提出中国生产服务业发展的重点方向是：在提升第一产业生产服务水平的基础上，短期内应重点发展第二产业生产服务业，同时不断增强第三产业生产服务业发展水平并逐步过渡到以第三产业生产服务业为重点；以产业转型升级需求为导向，针对我国生产服务业的短缺、粗放、滞后、弱小问题，实施生产服务业优先增长战略，重点发展四大领域，即：优先发展主导性生产服务业、大力拓展控制性生产服务业、加快发展渗透性生产服务业、扶持发展支撑性生产服务业。

第八章中国生产服务业发展重点区域，对中国生产服务业发展重点区域进行分析，认为加快全国生产服务业发展，要充分结合各地产业特点和资源禀赋推动区域分工合作、实现错位发展。在全国重点推进第二产业生产服务业，在特大城市拓展第三产业生产服务业，在农村和乡镇地区着力发展第一产业生产服务业。具体来讲，按照生产服务业向大城市集聚、向产业集聚区集聚发展的"双集聚"原则，充分发挥中心城市、功能性特区、产业集聚区在资源整合、产业链拓展和服务功能提升方面的核心作用，推动生产服务业向中心城市、功能性特区、产业集聚区的集群发展，通过突出特色、错位发展，着力打造四类功能完善、辐射能力强的国家级生产服务业中心、基地、节点，带动全国生产服务业的发展。

第九章加快发展中国生产服务业的对策建议，在把握生产服务业形成发展的理论机制，借鉴发达国家（地区）发展生产服务业的成功经验，掌握中国生产服务业发展滞后成因和面临突出问题的基础上，结合全球生产服务业的发展趋势和中国面临重大的战略任务，提出加快发展中国生产服务业的对策建议。

第二篇　行业发展篇，论述生产服务业的层次与重点、生产服务业在三次产业的分布，并详细论述第一产业生产服务业（农业生产服务业）、第二产业生产服务业（工业生产服务业）和第三产业生产服务业（服务业生产服务业）发展的理论与国际经验、影响因素、滞后成因与发展对策。第十章至第十四章的主要内容包括：

第十章生产服务业的层次与重点，根据生产服务业的发展层次形式与重点，通过生产服务业内部细分行业的比较优势分析，结合国内外生产服务业发展的经验和教训，我们发现生产服务的核心层和外围层所包含的行业是未来我国生产服务业发展的重点行业，我国生产服务业的重点行业选择应以核心层和外围层为主、相关层为辅，新兴服务业为主、传统服务业为辅。

第十一章生产服务的三次产业分布，通过构造相似度指数，运用世界投入产出数据库（WIOD）中 1995~2011 年 40 个经济体 680 份投入产出表的数据，检验分析生产服务业的分布结构与产业结构之间的相似性规律。经验分析结论表明，生产服务结构与产业结构之间存在完全相似（相似度和重合度都等于1）的长期趋势；生产服务结构与产业结构的相似程度在一定程度上能够反映市场机制的完善程度；改革开放以来中国生产服务结构与产业结构的相似度逐渐提高，1996年以来两者之间的匹配程度相对比较合理，但在全球仍处于中等偏下水平，基础仍比较薄弱。本章基于经验分析结论和中国生产服务业发展的现状，提出以下政策建议：加快发展生产服务，不仅要做到生产服务与第二产业的互动与相似，而且要根据产业结构优化升级的趋势做到生产服务与第三产业的互动与相似，更要做到生产服务与三次产业整体的互动与相似。

第十二章第一产业生产服务业发展，将中国第一产业生产服务业发展与典型发达国家及发展中国家进行对比分析，并进一步解析中国生产服务业发展的影响因素和滞后成因，从提升农业服务需求层级、优化农业服务供给模式、加强农业基础设施建设等方面提出发展中国第一产业生产服务业的对策建议。

第十三章第二产业生产服务业发展，将中国第二产业生产服务业的发展趋势与西方七国和典型发展中国家进行对比分析，探索和归纳第二产业生产服务业发展的作用机制和影响效应以及制造业服务化的趋势与演变机理，剖析中国第二产业生产服务业发展的滞后原因，并提出相应的政策建议。

第十四章第三产业生产服务业发展，分析不同因素对第三产业生产服务发展的影响以及第三产业生产服务对第三产业增长率、劳动生产率和服务贸易的贡献，归纳第三产业生产服务发展的趋势与规律，并通过将中国第三产业生产服务业发展与西方七国及典型发展中国家对比分析，剖析中国第三产业生产服务业发展的滞后成因，进而提出相应的政策建议。

第三篇 空间发展篇，研究中国生产服务业的区域分工合作和集聚发展存在的问题、影响机理及对策建议。第十五章至第十六章的主要内容包括：

第十五章中国生产服务业区域分工与合作研究，聚焦于生产服务业区域分工和合作研究上最直接问题，即各区域应如何确定本区域生产服务业的分工产业，并实现区域间的相互协调与合作？由此本章分析了中国生产服务业区域分工合作存在的主要问题，构建生产服务需求对生产服务区域分工合作的影响作用机理，并进行实证检验，最后针对中国生产服务业发展如何实现有效的区域分工合作提出相应的政策建议。

第十六章中国生产服务业集聚发展研究，从全球生产服务业布局特征与趋势出发，总结生产服务业集聚发展的经验；然后对生产服务企业的选址、集聚成因、集聚结构以及其与区域经济发展关系等内在机理研究，并在基础上提出相应的理论假设，并以我国为例进行实证检验；最后在理论分析的基础上，分别提出中国生产服务业集群培育以及基于生产服务业集聚的区域经济发展对策。

第四篇　发展对策篇，从需求拉动、供给创新推动、制度创新、信息化和对外开放等5个方面研究中国生产服务业的发展对策。第十七章至第二十二章的主要内容包括：

第十七章中国生产服务业需求拉动研究，分析中间需求对生产服务业发展的拉动与趋势，从需求拉动的角度分析中国生产服务业发展的成因和存在的问题，并结合我国经济社会发展对生产服务业需求日趋旺盛的现实基础，针对如何扩大中国生产服务需求提出相应的政策建议。

第十八章中国生产服务业供给创新推动研究，研究表明，我国生产服务业供给表现出与生产服务业一般发展规律不同的特殊属性，存在不同于发达国家的特殊问题，因此本章结合我国经济发展所处的阶段和生产服务业发展的现有水平，提出了适合中国背景的加快生产服务业发展的供给创新路径和对策思路。

第十九章中国生产服务业发展制度创新研究，针对服务业相对工农业具有更高制度依赖性的特殊属性，从定性和定量两个角度分析制度对生产服务业发展的影响，以此为基础运用制度因素深入剖析中国生产服务业落后之谜，进而梳理制约中国生产服务业的主要制度问题并提出相应对策建议。

第二十章中国生产服务业信息化提升研究，ICT基础设施条件对区域生产服务业发展具有重要的影响，ICT资本投入和ICT中间投入是生产服务业增长的重要推动力。在此背景下，仔细梳理中国生产服务业信息化的发展现状，深入探究中国生产服务业信息化存在的问题及其背后的成因，进而提出中国生产服务业信息化提升的发展对策。

第二十一章中国生产服务业对外开放研究，首先对中国生产服务业对外开放进程进行量化评估，进而诊断中国生产服务业对外开放存在的问题及成因，针对生产服务业发展面临的现实困境和近年来国家出台的重大战略举措，提出了推进中国生产服务业进一步对外开放的主要思路、主要路径和重点任务等政策建议。

第二十二章中国第三产业投入软化研究，利用EUKLEMS数据库和世界投入产出数据库深刻描述全球40个国家和地区1970~2005年期间第三产业投入软化的经验事实和发展规律，分析中国第三产业投入软化存在的问题及滞后成因，并提出针对性的政策建议。

第五篇问卷调查篇，从课题组在全国承担的20个服务业规划课题中，选取东莞市和佛山市南海区作为典型区域的详细调查报告，为从"点"见"面"提供实证性文献。第二十三章至第二十四章的主要内容包括：

第二十三章东莞市服务业供求状况调查报告，依据课题组2014年10~11月对东莞市下辖28个镇和4个街道中的部分典型镇街进行详细的问卷调查和访谈分析的结果进行撰写，调查问卷是《东莞市服务业发展现状调查问卷Ⅰ（工业企业填写）》《东莞市服务业发展现状调查问卷Ⅱ（服务业企业填写）》，有效回收问卷1 872份。调研报告对东莞市工业企业对生产服务的需求量、需求层次、需求结构、需求满意度、需求来源等进行了多维度的详细呈现和分析，同时对东莞市生产服务的供给规模、供给层次、供给结构、供给分布等进行了全方位的展现和分析，并提出政策层面和企业层面的启示。

第二十四章佛山市南海区生产服务供求状况调查报告，依据课题组2014年5~6月对佛山市南海区6个镇和1个街道的典型企业进行详细的问卷调查和访谈分析的结果进行撰写，调查问卷是《佛山市南海区第三产业发展状况调查问卷Ⅰ（工业企业填写）》《佛山市南海区第三产业发展状况调查问卷Ⅱ（服务业企业填写）》，有效回收问卷575份。调研报告对佛山市南海区工业企业对生产服务的需求量、需求层次、需求结构、需求满意度、需求来源等进行了多维度的详细呈现和分析，同时对佛山市南海区生产服务的供给规模、供给层次、供给结构、供给分布等进行了全方位的展现和分析，并提出政策层面和企业层面的启示。

Abstract

This book, *Research on Accelerating the Development of Producer Services in China*, is the final results of the keys projects of philosophy and social sciences research from Chinese Ministry of Education principally investigated by Professor LI Jiangfan who is the winner of Sun Yefang Economic Science Works Award. This work analyzes the factors restricting the development of producer services in China, from the lagging characterization of the development of producer services, combining with China's special national conditions and institutional environments, from the perspective of demand and supply and the mechanism of mutual transformation between supply and demand. This work elaborates the idea of promoting the development of producer services from the key development sub-sectors, spatial layout and so on, and expounds the countermeasures and measures to improve the development level of producer services in China, from the aspects of promoting the industrial integration, service outsourcing, industrial cluster, regional cooperation, information promotion and strengthening the soft inputs. According to the theoretical analysis and international experience of the development of producer services, this work constructs the general frame to make a comparative study on producer services in China and diagnosis, in accordance with the idea of *development law—comparative diagnosis—lagging causes—development strategy—key fields—regional distribution-development countermeasures*, to find out the causes of lagging development, strategic positioning, key fields and regional distribution of accelerating the development of producer services in China, and to put forward the development strategy for national conditions in China.

The advance and innovation of this book: to define scientifically the concept of general producer services and to analyze comprehensively the producer services, to reveal the deep factors that hinder the development of producer services in China from the internal system, to put forward the actual and forward-looking development positioning of producer services according to the concept of general producer services, to propose the key fields and key regions of accelerating the development of producer services in China in the *new normal* economy, to raise the producer services to speed up the informatization pace in order to adapt to the requirements of the *new normal* economy, to bring forward that the *Made in China* 2025 strategy requires the producer services must take the road of integration and promotes the interactive development of producer services and other industries with the concept of industrial integration, to advance the development ideas of promoting the export of producer services by manufacturing export and promoting the export advantage and efficiency of manufacturing industry by the export of producer services combining with *the Belt and Road* strategy and focusing on the balance between supply and demand and international cooperation of producer services in the context of the international division of labor. The experts of Ministry of Education appraise that: the results systematically research on development motivation, current development situation, lagging causes and development countermeasures, and have more innovative, academic and applicable values in the research field, and result in a better social impact.

This book is divided into the general research report, development of producer services and its sub-sectors part, spatial development of producer services part, development countermeasures of producer services part, and questionnaire survey part, including 24 chapters.

Part Ⅰ, general research report, includes Chapter 1 to Chapter 9. Part Ⅱ, industry development, development of producer services and its sub-sectors, includes Chapter 10 to Chapter 14. Part Ⅲ, spatial development of producer services, includes Chapter 15 and Chapter 16. Part Ⅳ, development countermeasures of producer services, includes Chapter 17 to Chapter 22. Part Ⅴ, questionnaire survey of the research, includes Chapter 23 and Chapter 24. This work focus and elaborate on: the dynamic mechanism of the development of producer services; the development experience and trends of global producer services; the present situation of the development of producer services in China and its lagging causes; the outstanding problems faced by the development of producer services in China; the strategies to accelerate the development of producer services in China; the key development sub-sectors of producer services in China; the key development regions of producer services in China; policies suggested to accelerate the development of producer services in China. The main contents of each part are listed as follows:

Part I is the general report. This part gives a detailed discussion of the focal issues of the development of producer services in China, such as the dynamic mechanism, the international development experience and trends, the present situation, the lagging causes, the outstanding problems, the strategies, the key areas and regions and the policies. The main contents of Chapter 1 to Chapter 9 include:

Chapter 1 presents an introduction of this book. In this chapter, we give the definitions, connotations and extensions of producer services activity and producer services industry, and analyze the new requirements and approaches in the process of national major strategic planning so as to raise the strategy of accelerating the development of producer services to the height of national strategy level as the environment both at home and abroad is change dramatically.

Chapter 2 discusses the dynamic mechanism of the development of producer services. To provide theoretical supports to analyze the causes of the lagging-behind in depth, this chapter focuses on the theoretical research and discussion of the development of producer services in the international academic community and extracts the main factors to promote the development of producer services from both the aspects of supply and demand. Because producer services industry is complex and innovative, there are various factors affect the development of producer services. To sum up, these theories include internal function spinning-off theory, producer services outsourcing theory, stagnant productivity theory, urbanization promotion theory, technology progress promotion theory, internationalization promotion theory.

Chapter 3 studies the global experience and trends of the development of producer services. This chapter analyzes the basic law and specific experience of promoting the development of producer services in the world, especially in developed countries and shows the main trends of the international development of producer services under the background of technological changes. As to the development experience, we pay a lot of attention to the legal guarantee, industry associations, support policies, human capital supports, industrial interaction, financial support, industrial agglomeration and so on. While we discuss the development trends of producer services from the aspects of capital flows, informationization, digitization, energy saving and environmental protection and cross-border integration.

Chapter 4 discusses the present situation and lagging causes of the development of producer services in China. In this chapter, we assess the present situations of the development of producer services and its sub-sectors using related indicators like scale and amount, contribution rate to GDP, labor productivity, internal structure distribution, and analyze the deep factors of the lagging development of producer services in China from the aspect of the obstacles of demand pull, the barriers of supply push, the lagging-behind institution innovation, the insufficient technological progress, the slow pace of opening to outside world, and so forth.

Chapter 5 studies the typical problems faced by the development of producer services in China. In this chapter, we thoroughly study the typical problems faced by the development of producer services in China via various ways such as field visits, in-depth interviews, case analysis, questionnaire survey and so on when we investigate typical regions like Guangdong, Shandong, Liaoning, Tianjin, Jiangsu, Henan, Inner Mongolia, Qinghai during project study period. As we combine field investigation, statistical data with literature analysis, we can generalize 8 typical problems faced by the development of producer services in China.

Chapter 6 analyzes strategies to accelerate the development of producer services in China. We find that knowledge-technology intensive producer services, transportation storage and postal services and wholesale and retail trade developed stagnantly, and primary industry producer services, secondary industry producer services and tertiary industry producer services lagged behind with different patterns, while producer services as factors of production can only have limited dominant, controlled, and permeability function to the whole economy, the pace of opening to the outside world of producer services is relatively slow, the integration of resources and the role of spatial agglomeration in regional distribution played their role insufficiently. Based on analysis above, we expound the necessity of accelerating the development of producer services, and demonstrate the strategies to accelerate the development of producer services in China from the aspects of general orientation, basic principles, main objectives and implementation paths.

Chapter 7 discusses the key sub-sectors of the development of producer services in China. In this chapter, we draw lessons from international experience considering the level of China's economic development and the characteristics of industrial structure which are combined with the "*Made in China* 2025" Plan, "*The Belt and Road*" initiative, and "*Internet plus*" thinking, and other current China's major strategic tasks and propose that the main areas of the development of producer services in China are as follow: on the basis of upgrading the level of primary industry producer services, we should focus on the development of the secondary industry producer services in the short term, at the same time we should continuously strengthen the development level of the tertiary industrial producer services so as to make it the emerging area in the future. We should orient ourselves to the demand for industrial transformation upgrade, aim at the shortage, extensive mode, lagging-behind, weakness problems of producer services in China, implement the priority growth strategy in producer services with 4 specific areas as the key point, that is to say: to give priority to the development of leading producer services, to expand vigorously the development of controlled producer services, to accelerate the development of permeable producer services, to support the development of supporting producer services.

Chapter 8 discusses the key regions of the development of producer services in China. We analyze the key regions of the development producer services in China, and we believe that we should combine the industry characteristics and resource endowments to promote regional cooperation and realize dislocation development so as to accelerate the development of producer services in China. Throughout the country, we should focus on promoting the secondary industry producer services, expand the development of tertiary industry producer services in metropolises, while develop the primary industry producer services in rural and township area. Specifically speaking, according to "double-gathering" principles, producer services gather in big cities and industrial agglomeration regions, so we should make full use of the core role played by central cities, functional zones and industry agglomeration areas in the field of resource integration, industry chain extension and service function promotion, so as to promote producer services to cluster together in central cities, functional zones and industry agglomeration areas via highlighting each other's feathers and developing harmoniously and put forth effort to build four kinds of full-functioned and strongly radiant national producer services centers, bases and nodes to pull the development of producer services in China.

Chapter 9 suggests several policies to accelerate the development of producer services in China. We have mastered the theoretical mechanism of the development of producer services, draw lessons from developed countries and had a good grasp of the causes of its lagging-behind and prominent problems faced. As we combine the development trends of producer services in the world with the strategies and tasks we are facing, we give several policies suggestion to accelerate the development of producer services in China in this chapter.

Part II is the report of sub-sectors development. In this part, we discuss the levels and key points of producer services, the distribution of producer services among three industries, specifically, we carefully discuss the theories and international experience, influence factors, lagging causes and development policies of primary industrial producer services (agricultural producer services), secondary industrial producer services (manufacturing producer services) and tertiary producer services (service industrial producer services). The main contents of Chapter 10 to Chapter 14 are as follow:

Chapter 10 explodes the levels and key points of producer services. In this chapter, we analyze the comparative advantage of producer services industry and its sub-sectors, take the experience and lessons from both at home and abroad into account and discuss the levels and key points of the development of producer services. We find that sub-sectors that the core layer and peripheral layer are covered are key industries in the development of producer services in China in the future, so we should choose the core layer and peripheral layer as the main sub-sectors, while choose the related layer as a supplement, and take the emerging services as the main sub-sectors, while the traditional services as a supplement.

Chapter 11 discusses the distribution of producer services in three industries. In this chapter, we construct the index of similarity, use 680 input-output tables from 40 economies during 1995 and 2011 from the world input-output database and examine the relationship between the distribution structure of producer services and industrial structure. Empirical analysis results show that the long term trend of the structure of producer services and industrial structure is completely similar (both similarity and coincidence degree are equal to 1). The similarity degree of structure of producer services and industrial structure can somewhat reflect the degree of perfection of market mechanism. The similarity degree of structure of producer services and industrial structure has grown gradually since the reform and opening up in China. The matching degree is relatively reasonable since 1996, however it's still in the lower-middle level in the world which means the foundation is still relatively weak. We give several policies suggestions based on the empirical analysis results and the present status of the development of producer services in China. In particular, as we accelerate the development producer services, we should not only make sure that the producer services industry develops interactively and similarly with the manufacturing industry, but also make sure it develops interactively and similarly with the services industry in accordance with the optimization and upgrading of industrial structure, and also with three industries in general.

Chapter 12 discusses the development of the primary industrial producer services. In this chapter, we compare the development of the primary industrial producer services in

China with typical developed and also developing countries, analyze the influence factors and reasons of lagging-behind, and give some suggestions for the development of the primary industrial producer services, which include upgrading the demand level for agricultural services, optimizing agricultural service supply mode and strengthening the construction of agricultural infrastructure and so on.

Chapter 13 discusses the development of the secondary industrial producer services. We compare the development of the secondary industrial producer services in China with seven western countries and several typical developing countries, explore and induce the influence mechanism and effects in the development of the secondary industrial producer services and also the trend and evolution mechanism of servitization of manufacturing. We analyze the causes of the lagging-behind of the development of the secondary industrial producer services in China and give some policies and suggestions in this chapter.

Chapter 14 discusses the development of the tertiary industrial producer services. We analyze the influence of various factors to the development of the tertiary industrial producer services and the contribution of the tertiary industrial producer services to the increasing rate of the tertiary industry, the labor productivity and services trade, and induce the trends and rules of the development of the tertiary industrial producer services. As we compare the development of the tertiary industrial producer services in China with seven western countries and several typical developing countries, we get the reasons of the lagging-behind of the development of the tertiary industrial producer services in China, and then we give several policies and suggestions.

Part Ⅲ is the report of regional development. In this part, we probe into the problems, the influencing mechanism and policies of the regional division of labor and cooperation and the agglomeration development of producer services. The main contents of Chapter 15 and Chapter 16 are:

Chapter 15 concentrates on the regional division and cooperation in producer services in China. We focus on the key problems in the research of the regional division of labor and cooperation in producer services, that is, how should each region determine its main industries so as to achieve inter-regional coordination and cooperation? In this chapter, we analyze the main problems and factors in the regional division of labor and cooperation of producer services in China, study the influencing mechanism of the demands of producer services on its division of labor and cooperation, conduct empirical tests, and in the end, we give some policy suggestions according to research conclusion on how to make the regional division of labor and cooperation work effectively in the development of producer services in China.

Chapter 16 discusses the agglomeration development of producer services in China. We begin from the distribution features and tendency of global producer services, generalize the experience of the agglomeration development of producer services. We study the intrinsic mechanism from the aspects of locational selection, causes for agglomeration, agglomeration structure and the relationship between producer services enterprises and regional economic development, and on the base of that, we put forward some corresponding theoretical hypothesis, and then we take our country as an example to carry on the empirical test. In the end, we propose several policies of cultivating producer services clusters and promoting regional economic development based on producer services.

Part Ⅳ is the report of the development policies. In this part, we study the development policies of producer services in China from aspects of demand pull, innovative supply push, institution innovation, informationization, and opening to the world. The main contents of Chapter 17 to Chapter 22 include:

Chapter 17 study the demand pulls of producer services in China. We analyze the pulls and tendency of intermediate demands to the development of producer services so as to analyze causes and existing problems in the development of producer services in China from the perspective of demand pulls. As we grasp the realistic basis that the demands for producer services grow gradually as the economy develops, we provide several policies in extending the demands for producer services in China.

Chapter 18 studies the supply innovation of producer services in China. In this chapter, we find that the supply of producer services in China shows special attributes that are different from the general develop rules of producer services, and there are some special problems different from developed countries. Hence, we take both the economic development and the present level into account and propose some supply innovation paths and policies in accelerating the development of producer services in China.

Chapter 19 studies the institution innovation of producer services in China. We find that compared with agricultural and manufacturing industry, service industry is more dependent on the institution, so we discuss the influence of institution on the development of producer services from both qualitative and quantitative perspectives, and with all these as foundation, we analyze the causes of the lagging-behind of producer services in China with institution as the key factor. In the end, we find the main institution problems in the development of producer services in China and give some suggestions.

Chapter 20 discusses the informationization promotion of producer services in China. In this chapter, we find that ICT infrastructure plays an important role in the regional development of producer services, ICT capital inputs and intermediate inputs are important driving force in the growth of producer services. Under this background, we carefully study the present status of the informationization of producer services in China, probe into problems and causes it was facing, and the we give some development strategies.

Chapter 21 discusses the openness of producer services in China. In this chapter, we assess the level and process of the opening to the world of producer services in China first, then diagnose its existing problems and causes. We notice the present difficulties in the development of producer services and the major strategic measures introduced by the state in the recent years, and give some suggestion in promoting the further opening to the world of producer services in China.

Chapter 22 studies the softening input of tertiary industry in China. In this chapter, we use the data of the world input-output database (WIOD) and the EUKLEMS database, study the development rule and experience in the softening input of tertiary industry in 40 countries or regions in the world during 1970 and 2005. After that, we analyze the problems and causes in the softening investment of tertiary industry in China, and give some policies and suggestions.

Part V is the report of questionnaire investigation. We select Dongguan City and Nanhai District of Foshan City as typical regions from more than 20 service industry planning projects in China conducted by us, so as to give empirical proofs. The main contents of Chapter 23 to Chapter 24 include:

Chapter 23 is the investigation report on services supply and demand situation in Dongguan City. We carried out our questionnaire investigation and interviews and visits in some typical towns in Dongguan during October and November in 2014. The questionnaires include *Investigation Report on the Development of Services Industry in Dongguan* (*for Manufacturing Industry Enterprises*) and *Investigation Report on the Development of Services Industry in Dongguan* (*for Service Industry Enterprises*). We got 1872 valid samples. In the investigation report, we carefully examine and analyze the manufacturing enterprises' demand for producer services, especially for their quantities, level, structure, satisfaction rate, sources and so forth from multi-dimensions. In the meanwhile, we give a full range of display and analysis on the producer services' supply in

Dongguan, especially for their scale, level, structure, distribution and so forth. In the end, we give some implications from both the perspective of policies and enterprises.

Chapter 24 is the investigation report on services supply and demand situation in Nanhai District of Foshan City. We carried out our questionnaire investigation and interviews and visits in some typical towns in Foshan during May and June in 2014. The questionnaires include *Investigation Report on the Development of Services Industry in Nanhai District (for Manufacturing Industry Enterprises)* and *Investigation Report on the Development of Services Industry in Nanhai District (for Service Industry Enterprises)*. We got 575 valid samples. In the investigation report, we carefully examine and analyze the manufacturing enterprises' demand for producer services, especially for their quantities, level, structure, satisfaction rate, sources and so forth from multi-dimensions. In the meanwhile, we give a full range of display and analysis on the producer services' supply in Nanhai District of Foshan City, especially for their scale, level, structure, distribution and so forth. In the end, we give some implications from both the perspective of policies and enterprises.

目录

第一篇 发展总报告 1

第一章 ▶ 导论 3

第二章 ▶ 生产服务业发展的动力机制 10

第三章 ▶ 全球生产服务业发展经验与趋势 31

第四章 ▶ 中国生产服务业发展现状与滞后成因 44

第五章 ▶ 中国生产服务业发展面临的突出问题 78

第六章 ▶ 中国生产服务业加快发展战略 87

第七章 ▶ 中国生产服务业发展重点领域 107

第八章 ▶ 中国生产服务业发展重点区域 118

第九章 ▶ 加快发展中国生产服务业的对策建议 131

第二篇
行业发展篇　141

第十章 ▶ 生产服务业的层次与重点　143

第十一章 ▶ 生产服务的三次产业分布　156

第十二章 ▶ 第一产业生产服务业发展　179

第十三章 ▶ 第二产业生产服务业发展　198

第十四章 ▶ 第三产业生产服务业发展　230

第三篇
空间发展篇　267

第十五章 ▶ 中国生产服务业区域分工与合作研究　269

第十六章 ▶ 中国生产服务业集聚发展研究　307

第四篇
发展对策篇　339

第十七章 ▶ 中国生产服务业需求拉动研究　341

第十八章 ▶ 中国生产服务业供给创新推动研究　352

第十九章 ▶ 中国生产服务业发展制度创新研究　370

第二十章 ▶ 中国生产服务业信息化提升研究　399

第二十一章 ▶ 中国生产服务业对外开放研究　434

第二十二章 ▶ 中国第三产业投入软化研究　468

第五篇
问卷调查篇　513

第二十三章 ▶ 东莞市服务业供求状况调查报告　515

第二十四章 ▶ 佛山市南海区生产服务供求状况调查报告　567

参考文献　624

后记　647

Contents

Part I General Report   1

Chapter 1 Introduction   3

Chapter 2 Dynamic Mechanism of the Development of Producer Services   10

Chapter 3 Global Experience and Trends of the Development of Producer Services   31

Chapter 4 Present Situation and Lagging Causes of the Development of Producer Services in China   44

Chapter 5 Typical Problems Faced by the Development of Producer Services in China   78

Chapter 6 Strategies to Accelerate the Development of Producer Services in China   87

Chapter 7 Key Sub-sectors of the Development of Producer Services in China   107

Chapter 8 Key Regions of the Development of Producer Services in China   118

Chapter 9 Policies to Accelerate the Development of Producer Services in China 131

Part II Sub-sectors Development Report 141

Chapter 10 Levels and Key Points of Producer Services 143

Chapter 11 Distribution of Producer Services in Three Industries 156

Chapter 12 Development of the Primary Industrial Producer Services 179

Chapter 13 Development of the Secondary Industrial Producer Services 198

Chapter 14 Development of the Tertiary Industrial Producer Services 230

Part III Regional Development Report 267

Chapter 15 Regional Division and Cooperation in Producer Services in China 269

Chapter 16 Agglomeration Development of Producer Services in China 307

Part IV Development Policies Report 339

Chapter 17 Demand Pulls of Producer Services in China 341

Chapter 18 Supply Innovation of Producer Services in China 352

Chapter 19 Institution Innovation of Producer Services in China 370

Chapter 20 Informationization Promotion of Producer Services in China 399

Chapter 21 Openness of Producer Services in China 434

Chapter 22 Softening Input of Tertiary Industry in China 468

Part V   Questionnaire Investigation Report   513

Chapter 23   Investigation Report on Services Supply and Demand Situation in Dongguan City   515

Chapter 24   Investigation Report on Services Supply and Demand Situation in Nanhai District of Foshan City   567

References   624

Postscript   647

第一篇

发展总报告

第一章

导 论

  生产服务，亦称生产性服务，或服务型生产资料（李江帆，1986），或生产者服务（producer services），是与消费者服务（consumer service）相对的概念。生产服务业[①]是指为三次产业提供服务形式生产要素的服务行业。根据服务对象不同，生产服务包括第一产业生产服务、第二产业生产服务和第三产业生产服务（李江帆，2008）。2015 年 4 月国家统计局、国家发展和改革委员会颁发的《生产性服务业分类（2015）》把生产服务业划分为生产活动提供的研发设计与其他技术服务、货物运输仓储和邮政快递服务、信息服务、金融服务、节能与环保服务、生产性租赁服务、商务服务、人力资源管理与培训服务、批发经纪代理服务、生产性支持服务等 10 个大类（内含 34 个中类和 135 个小类）。

  需要说明的是，生产服务业通常有三个口径：一是"纯粹生产服务业"，纯粹提供服务形式生产要素的服务业，即据投入产出表计算的中间需求率剔除了服务形式生活资料因素的服务业。二是"现实生产服务业"，按中间需求率超过 50% 的服务业当作生产服务业的标准划分。现实生产服务业的产品并不是全部用作生产要素的，其中有一定比例的产品用于最终消费，故是带有"杂质"的生产服务业。三是"指定生产服务业"，是按指定口径划定的生产服务业，不是以中间需求率为划分依据的。国家统计局的生产服务业是指定生产服务业，使用的是窄口径，基本考虑面向工农业的生产服务业。本课题的生产服务业是宽口径，包

---

  ① 为简洁扼要，在本课题成果中，生产性服务、生产者服务均简称生产服务，生产性服务业、生产者服务业简称生产服务业。

括为第一、二、三产业服务的生产服务业。本课题根据作用于生产活动紧密与否，把生产服务业进一步细分为核心层、外围层和相关层三个层次。核心层是直接作用于生产过程的生产服务，如研发、设计、创意、检测等服务；外围层是作用于流通领域的生产服务，如商贸、交通、仓储、金融等服务；相关层是指为生产者提供的、与优化投资软环境相关的配套服务，如与商务活动相关的酒店、餐饮、休闲、娱乐等服务。

从发达国家的历史经验看，产业结构升级包括第二产业结构升级、第三产业结构升级和第一产业结构升级。第二产业结构升级过程主要是工业价值链向微笑曲线两端的服务环节延伸的过程，即制造业的服务化，是生产服务在制造业中地位日益凸显的过程。第三产业通过生产服务对第三产业的驱动形成的服务业"自我增强机制"[①]（Guerrieri & Meliciani，2005）实现升级。在此之前发生的第一产业结构升级与农业投入越来越多的服务形式生产要素密切相关。随着国民经济结构中第三产业比重日趋增大，投入第一产业、第二产业和第三产业自身生产中的生产要素呈现软化趋势，提供软生产要素即服务形式生产要素的生产服务业，对提高三次产业效率，促进国民经济结构升级，发挥着愈来愈大的作用。生产服务业已成为全球产业竞争的战略制高点，成为一个国家核心竞争力的重要保障。

改革开放以来，随着我国市场经济不断发展，第三产业在国民经济中的地位不断上升，第三产业占 GDP 比重逐步提高，2014 年达到 48.2%，超出第二产业 5.6 个百分点，占据了国民经济主体地位。从发达国家的经验判断，今后我国将进入第三产业占国民经济主体地位的经济新常态。保持第三产业稳定发展、促进第三行业优化升级将成为整个国民经济素质提升的重要表现形式，这需要生产服务业从规模和质量两方面来提供保障支撑。从整个国家战略层面来看，我国经济发展正处于换挡提速期，面临着产业转型升级和构建现代产业体系的战略任务。大力发展以技术、知识和人力资本为内涵的生产服务业是顺利实现换挡提速和构建现代产业体系的根本保障。2014 年 7 月国务院印发《关于加快发展生产性服务业促进产业结构调整升级的指导意见》，将加快生产服务业发展提高到国家战略高度。

特别是中共十八大以来，新一届中央政府在深刻洞察和科学把握国内外发展环境、我国经济社会发展基础、面临重大问题的基础上，提出一系列新思想、新观点、新论断，做出了一系列重大战略部署。例如，在对我国经济发展进入新阶段进行准确研判的基础上要求我国经济发展主动适应新常态，为进一步扩大对外

[①] Guerrieri, P. and Meliciani, V., "Technology and International Competitiveness: The Interdependence Between Manufacturing and Producer Services", Structural Change and Economic Dynamics, 2005, 16 (4): 489 - 502.

开放提出推进"一带一路"建设重大战略构想,为实现与制造业大国向制造业强国转变发布"中国制造 2025"宏伟蓝图等。新的国家战略部署对我国生产服务业发展也提出了更高要求。

一、适应经济新常态要求生产服务业必须加快信息化步伐

2014 年中央经济工作会议指出,我国经济发展方式正从规模速度型粗放增长转向质量效率型集约增长,今后要把转方式调结构放到更加重要位置,逐步增强服务业的支撑作用。转方式调结构的实现途径是加快产业升级,产业升级过程是社会分工不断深化、专业化水平不断提升和资源配置效率不断提高的过程,是价值创造由产业链中间环节向两端服务环节不断攀升的过程,是产业发展日趋服务化的过程,在这一过程中生产服务业将扮演着关键角色。

改革开放以来,高强度大规模投资开发、模仿型排浪式消费、劳动密集型产品大规模出口是我国经济快速增长的主要拉动力。与这一态势相对应,生产服务业发展主要靠硬件投资为主的规模扩张拉动。经过 30 多年的持续快速增长,我国的经济发展基础和发展环境已发生很大变化,经济发展进入新常态,生产消费方式呈现出新特征,这对生产服务业发展也提出了新要求。

从生产组织方式看,结构优化将取代规模扩张开始主导经济发展。在现代信息技术的大力推动下,一些新技术、新产品、新业态、新商业模式的投资机会开始大量涌现,依托信息产业和大数据的大众创业、万众创新成为新的投资创新动力,企业生产小型化、智能化、专业化以及灵活多变将成为生产组织方式新常态。生产组织方式转变要求生产服务方式也必须做出相应调整。这就需要生产服务业转变依靠硬件投资驱动的增长模式,努力走出一条依靠信息、技术、知识驱动的发展道路,尤其是要依托现代信息技术创新自身产业组织模式,以灵活多变的组织模式瞄准小微企业、新兴新产业、大众创业等提供个性化、智能化、多样化的生产服务,引导精准制造。

从消费需求看,具有明显模仿型排浪式特征的消费模式基本结束,个性化、多样化、互动体验式的消费渐成主流,保证产品质量安全、通过创新供给激活需求的重要性显著上升。互联网、移动互联网、新媒体成为消费者获取产品信息、订购产品服务、进行产品评价的主要媒介平台。这就要求营销服务环节的生产服务业发展必须依靠现代互联网、云计算、大数据、物联网技术和 QQ、微信、邮箱、微博、论坛、短信、社区等社交与新媒体平台捕捉市场信息、把握市场态势、引导消费潮流,通过精准营销、精准服务实现以销定产、产销一体。

从生产要素相对优势看,过去宽松的能源资源、生态环境和廉价丰富的劳动

力成本优势不复存在，人力资本质量提升和技术进步带动的创新成为驱动发展新引擎，人力资本积累和吸引、留住优秀人才成为生产服务业发展的关键。这就要求各级政府在发展生产服务业过程中不能再盯在用地指标和投资项目审批上，要把工作重点转移到为人力资本积累和技术管理创新营造良好公共环境上，尤其是围绕吸引专业人才、促进人力资本积累做好教育、医疗、社会保障等公共社会服务。

二、"一带一路"要求生产服务业必须提高国际化水平

推动"一带一路"（即"丝绸之路经济带"和"21世纪海上丝绸之路"）建设是新常态阶段我国推进新一轮对外开放、促进沿线国家共同繁荣、实现中华民族伟大复兴中国梦做出的重大战略构想。"一带一路"主要内容是通过政策沟通、设施联通、贸易畅通、资金融通和民心相通促进沿线国家生产要素和商品服务的有序自由流动，实现资源优势互补和经济互利共赢。从我国发布的《推动共建丝绸之路经济带和21世纪海上丝绸之路的愿景与行动》来看，实现沿途国家商品要素的自由流动是"一带一路"建设的核心内容。从产业经济学角度讲，生产服务业带动的信息流、资金流、物流等是商品从生产领域流向消费领域的保障条件，而生产服务业带动的人才流失、资金流、知识流和技术流则是生产要素实现跨国流动的主要表现形式。因此，除了沿途国家通过政府部门、合作组织等协商谈判从制度、法律、规则等方面创造良好环境外，生产服务业在促进"一带一路"国家生产要素和商品的自由流动中扮演着关键角色。加快生产服务业发展水平是"一带一路"倡议顺利实现的重要保障。装备制造业等具有竞争优势制造业出口，势必带动生产服务的输出；生产服务的输出，将保障、扩大装备制造业出口优势，提高"一带一路"的运行效率。作为我国新一轮对外开放的重大战略部署，"一带一路"也对我国生产服务业发展提出了更高要求。

首先，生产服务业发展战略定位要更具国际化视野。生产服务业战略定位要同时面向国内国外两个市场，更加突出"走出去"战略。生产服务业布局在考虑到国内地区之间分工协作的同时，要面向"一带一路"沿线国家和地区，发挥比较优势提前布局卡位，在产业分工链条上获得比较优势、占领战略制高点的关键环节，赢得先发优势，既要为中国优势产品服务输出和对外投资筑路搭桥，也要服务于沿线国家产业升级发展，实现合作共赢，彰显中国大国责任。

其次，尽快实现生产服务业标准国际化。生产服务业涉及领域广、服务面宽、行业创新快，是容易产生经济纠纷的领域。国际贸易发展的实践表明，标准化是减少贸易摩擦、化解贸易纠纷的重要途径。"一带一路"沿途主要是发展中

国家，经济社会治理水平不高，各种主观人为因素对经济贸易干扰比较大，潜在的经济贸易纠纷比较多。这就要求我国生产服务业在服务"一带一路"倡议实施过程中要更加注重标准的国际化。一方面要尽快在我国生产服务业领域推广普及符合我国实际的国际成熟行业标准、劳工标准、环境标准、贸易规则、商业惯例、人权和知识产权保护等，另一方面要大力支持有实力的服务企业在新兴生产服务业领域争当国际标准的制定者、参与者。

最后，要加快国内生产服务业网络一体化。推动"一带一路"沿线国家投资贸易和生产要素自由流动，首先要实现国内生产服务产品和生产要素流动的市场一体化。这就要求我国各级政府要尽快打破生产服务业发展地区之间的市场藩篱、部门之间的信息阻梗、企业之间的产品标准差异，借助现代信息网络平台打造全国生产服务业网络一体化，统一标准、统一政策、统一执法，为生产服务业发展创造公平自由市场环境，为顺利对接"一带一路"国家贸易投资自由化做好准备。

三、"中国制造2025"要求生产服务业必须走融合发展道路

2015年5月国务院印发被称为中国版本工业4.0计划的"中国制造2025"，这是我国开始实施制造强国战略第一个十年的行动纲领，也是我国在科学技术和国际环境发生深刻变化背景下做出的由制造业大国向制造业强国转变、实现中华民族伟大复兴中国梦的一项重大战略部署。制造业服务化是提升制造业发展水平的主要途径，制造业强国战略对生产服务业提出了更高要求。

从发达国家产业演变历史看，20世纪70年代制造业柔性化生产模式逐步取代福特制生产模式以来，生产服务业对制造业的作用日益凸显，生产服务业的产业地位开始不断提升，这一阶段生产服务业与制造业的产业互动形式主要表现为制造业外购从制造业内部独立分化或由市场发展内生出来的生产服务业，通过增加服务性投入以提高自身效率和核心竞争力。从制造业和生产服务业的产业关联来看，生产服务业虽取得了独立产业地位，但仍处于从属被动地位。

进入工业4.0阶段，生产服务业地位将发生明显改变。从"中国制造2025"提出的战略任务和发展蓝图来看，数字化、网络化、智能化是提升我国制造业发展水平的主攻方向，这一战略部署的核心内容是在现代数字网络技术的支持下将信息、技术、知识融入研发设计、生产组装、销售服务等制造业产业链的各个环节，实现传统制造业生产管理模式进行升级再造。这将生产服务业与制造业的产业关联带来深刻变化。

一方面，与工业2.0、工业3.0时代的生产服务业从制造业分化独立出去相

反，进入工业4.0，生产服务业渗透到制造业各个环节，生产服务业发展往往也嫁接到制造业获得新生，服务与制造融合一体将是产业发展新常态。生产服务业与制造业的互动关系不再局限在制造业对生产服务业的外购上，而是更多表现为制造业与服务业融合一体的整体解决方案，产品开发流程、生产流程、销售服务流程等所有环节在生产开始之前就已在虚拟环境达到了最优化。制造业生产不能再孤立地看待生产服务业与制造业的互动关系，而应关注能够使产品全生命周期价值到达最大化的整体解决方案，企业提供的是融合实物产品与服务产品为一体的"泛产品"综合体。服务业与制造业的关系更加紧密，按照传统标准划分的产业边界日趋模糊，产业之间的相对独立性将减弱，制造业和服务业呈现融合一体趋势。

另一方面，与工业2.0、工业3.0时代生产服务业更多处于从属地位不同，进入工业4.0生产服务业可以取得主动甚至控制地位，从"你请我服务"向"我要改造你"转变。随着互联网、物联网、云计算、大数据、普适计算、泛在网络等信息技术应用在生产生活、经济社会发展各方面的广泛渗透，以互联网+为代表的新产业发展模式迅速崛起，以信息服务业为代表的现代生产服务业以其掌握的庞大的金融资本（众包众筹、P2P网贷）、丰富的创新资源（威客、万众创新、大众创新）、密集的市场信息（社交平台、网络媒介）和广泛的销售渠道（电子商务）开始主动对传制造业进行改造、重塑和革新，从而在生产服务业与制造业互动关系中取得主动甚至控制地位，这时的生产服务业表面上是服务业，实际上是制造业中枢。

这就提示各级政府主管部门要树立产业融合发展观，不能将服务业与制造业的发展对立起来，更不能为了追求政绩、地方财税、GDP增长、应付上级任务片面发展制造业或生产服务业，制定经济发展战略要改变单一产业思维，用创新性思维树立大产业观念、注重产业的有机融合发展，生产服务业发展不仅要关注具有独立产业形态的服务企业，还要关注制造业企业中能够提升制造业服务化水平的服务环节。生产服务业发展不能脱离作为服务对象的三次产业特别是制造业发展而盲目空转，要有的放矢，与所服务的产业融合一体化发展。这需要各级政府加快行政管理体制改革，能简政放权的尽量简政放权，减少不必要的干预。需要行政审批管理的环节要打破部门管理的产业藩篱，避免撒胡椒面式、局部注水式、拔苗助长式的产业政策。制定产业扶持政策，不能固守传统产业划分标准、僵化地界定企业、要素优惠扶持政策，要更加注重为各类生产要素营造公平自由市场环境、为人力资本积累营造优质公共服务环境。

中国当前面临的重大战略任务要求我国生产服务业必须加快发展。本报告围绕加快我国生产服务业发展这一目标，在系统回顾生产服务业研究文献的基础上从理论上详细分析了全球生产服务业形成发展的时代背景和动因机制，总结归纳了发达国家（地区）发展生产服务业的成功经验和当前全球生产服务业的发展趋势，利用相关数据和实地调研材料对中国生产服务业的发展现状、滞后成因和面临的突出问题进行了深入剖析，结合当前中国面临的国内外经济形势和重大战略任务提出了未来中国生产服务业发展的重点领域和重点区域，最后提出了加快发展中国生产服务业的对策建议。

本报告是教育部重大课题攻关项目最终研究成果的提炼浓缩版，同时也吸收了本研究团队30多年来对中国生产服务业长期研究的有用成果，对其中具体问题或领域的深入研究，可参见本研究成果中专题报告、问卷调查、调研报告及发表的学术论文。

第二章

生产服务业发展的动力机制

本章重点梳理国际学术界对生产服务业形成发展的理论研究与讨论，从供给和需求两方面提炼出推动生产服务业发展的主要因素，为深入分析中国生产服务业发展滞后成因提供理论支撑。由于生产服务业内容庞杂、创新不断，影响生产服务业发展的因素也是多方面的。概括起来主要有企业内部职能剥离说、生产服务外购说、生产率上升缓慢说、城市化推动说、技术进步推动说以及国际化推动等。

第一节 生产服务业发展背景

一、学术背景

回顾文献可以看到，经济学家们关注服务业生产活动最早可以追溯到威廉·配第、亚当·斯密、萨伊等古典经济学家，但明确将经活动划分为第一产业（primary industry）、第二产业（secondary industry）、第三产业（tertiary industry）这三大产业进行研究，则始于费希尔（Fisher, 1935）、克拉克（Clark, 1940）和让·弗拉蒂（Jean Fouratie, 1949）等学者。将服务经济（service economy）作为一个独立研究对象并且使服务业（sevices）这一概念在学术研究中发扬光大，始于服务经济专家富克斯1968年的《服务经济》（Fuchs，1968）。20世纪80年代以前学术界对服务业关注的重点领域主要在居民生活服务，如加尔布雷斯的"丰裕社会理论"（Galbraith，1958）、富克斯的"服务经济理论"（Fuchs，1968）、贝尔的"后工业社会理论"（Bell，1973），格莎尼的"自我服务理论"（Gershunny，1978）等。对服务业性质的关注主要集中在生产性和非生产性的讨论以及可以看作这一讨论延伸的服务业生产率快慢问题。①

20世纪80年代之前，从中间投入（或生产资料）角度认识到服务经济部门对经济社会发展重要性的主要研究有经济学家马克卢普1962年在《美国知识生产与分配》对"知识产业"（knowledge industry）的讨论，以及普拉特在《信息经济学》中对"信息产业群"（information cluster）的讨论（Porat，1976）。二者分别从生产和传递知识与信息的角度强调了服务部门对经济社会发展的重要影响。在研究中明确提出生产服务（producer services）概念，始于格林菲尔德（Greenfield，1966）、斯坦拜克等（Stanback，et al.，1981）、哈林顿等（Harrington，et al.，1991）、德劳内（Delaunay，1992）、让·盖雷（Jean Gadrey，1992）。由于服务业内部包含行业众多且属性各异，只有对服务业内部进行分类才能揭示更普遍的规律。明确对服务业内部各行业进行分类始于1975年布朗宁（Browning）和辛格曼（Singelmann）的研究，他们按经济社会功能将服务业划分为分配服务业（distributive services）、消费服务业（consumer services）和生产服务业（producer services），其中生产服务业包括金融保险不动产和商务服务业（布朗宁和辛格曼，1975）。在之后的研究中辛格曼又进一步将服务业细分为分配服务业（distributive services）、生产服务业（producer services）、社会服务业（social services）和消费服务业（personal services），其中生产服务业包括金融保险不动产和商务服务业（Singelmann，1978）。格鲁伯（Gruble）和沃克（Walker）于1979年指出，辛格曼的分类标准对后来研究影响很大，成为国际学术界对服务业分类的主要依据（Gruble and Walker，1989）。在中国，李江帆首次将第三产业因素引入马克思两大部类理论，把第三产业分为"生产服务业"和"生活服务业"，用"服务形式的生产资料"和"服务形式的消费资料"概念概括生产服务和生活服务（李江帆，1986）。他明确指出："社会生产资料不仅包括实物生产资料，而且包括服务生产资料"，"服务产品直接构成第一、二、三产业的生产要素"（李江帆，1987）。

格林菲尔德（Greenfield，1966）、布朗宁和辛格曼（Browning and Sin-

---

① 经济思想演变历史过程对服务业的详细讨论参见：Delaunay, J. C. and J. Gadrey, *Services in Economic Thought*: *Three Centuries of Debate*, Boston：Kluwer Academic Publishers, 1992.

gelmann, 1975)、马歇尔等（Marshall et al., 1988)、格鲁伯和沃克（Gruble and Walker, 1989)、汉森（Hanson, 1994)、伊列雷斯（Illeris, 1996)、科菲（Coffey, 2000）等学术界代表对生产服务业概念内涵的认识基本一致，即都强调生产服务业的产出是作为"中间产品"为其他行业或部门所购买借以生产更多别的产品或服务，以区别于其产出是用以满足私人最终消费的生活（或消费）服务业（consumer services)。尽管从内涵上很容易给生产服务业下一个定义，但是由于现实经济当中多数服务行业的产出实际上既供给个体居民以满足最终消费，同时又供给企业组织以满足生产的中间投入需求，研究过程中很难具体分清其"生产性"和"消费性"，再加上服务业内部新行业层出不穷、服务业统计的复杂性、统计标准的差异性等制约因素，学术界在使用"生产服务业"这一概念时对其外延也很难达成一致，具体研究工作中也往往采用实用主义态度，根据自己研究方便来界定生产服务业范围。从马昆德（Marquand, 1979)、哈伯德和纳特（Hubbard and Nutter, 1982)、马歇尔等（Marshall et al., 1987）等学者的观点可以看出，大体来讲，生产服务业这一概念通常在三个层面上来应用。第一层面应用的生产服务业根据生产服务业的内涵，基于"消费—生产"范式把与企业（不仅包括工业企业，也包括农业和服务业的企业）生产联系密切的服务业都包括在生产服务业，其中主要有交通运输、批发、金融保险、不动产、商务服务等行业。第二层面上应用的生产服务业剔除了第一层面中涉及商品流通的交通运输和批发行业，主要包括金融保险、不动产与商务服务业（finance, insurance, real estate and business services, FIRB)（Singelmann, 1978; Daniels, 1998)。第三个层面应用的生产服务业主要集中在专业生产服务业（professional producer services）或商务服务业（business services)，主要包括研发、设计、融资、会计、财务、法律、咨询、策划、评估、认证、经纪、代理、广告、营销、租赁、市场调查、工程服务，管理咨询服务、计算机服务、安全调查服务等，这是学术界关注生产服务业的主要领域。

学术界对生产服务业发展动因和形成机的研究热潮出现在 20 世纪 80 年代和 90 年代，其中影响最广泛、争议最多的观点是戈伊（Goe, 1991）提出的制造业服务职能外部化（outsourcing)。这一观点的产生，从理论上说是经济发展工业主导论的延伸，从经济发展实践来看受发达资本主义国家工业生产组织方式由福特制向柔性生产方式转变的时代背景影响。

二、福特制生产组织方式

20 世纪 50~70 年代是资本主义国家经济发展的"黄金时代"，这一阶段主导企业生产组织方式的是起始于 20 世纪 20 年代的所谓的"福特制"。福特制生产组织方式的基本特征可以从企业内部组织僵化（rigid in structure）和外部宏观环境相对稳定来认识。

从企业内部看，福特制生产组织方式的基本特征由机械化、自动化、标准化形成的大规模流水线作业及其相应的劳工组织，代表性行业是汽车、资本品和耐用消费品等行业。通过标准化的流水线分工，生产链条在一个企业内部不断分工与再分工，工作任务被分割为小块，由稍作训练即可胜任的低技能工人完成。每个工人需完成的动作和工作的速度都由横向分割的科层化管理部门控制的技术系统决定。在流水线作业中，管理部门实现了对劳动过程的完全控制，工人丧失了对劳动过程的自主性，成为流水线的一部分。在劳动力市场中，工会组织以接受资方车间控制并服从整体生产战略的妥协条件换取有保障的工资增长与生产率联系机制。福特制生产组织方式的优势是企业内部规模经济得到充分发挥，通过大规模生产极大地提高了标准化产品的劳动生产率。专用性机器投资和低技能工人相结合的生产过程提高了资本有机构成，通过加速资本周转来降低高资本有机构成对利润率的影响，促进了企业之间纵向一体化（vertical integration）发展，从而在主要行业形成了垄断竞争的市场格局。由于标准化产品的长生命周期具有很强的可预测性，福特制生产条件下开辟新需求的突破性技术或产品创新速度是非常缓慢的（Scott，1988）。

从外部环境来看，第二次世界大战之后发达国家普遍实行的凯恩斯主义国家干预政策与福利国家保证制度可以不断熨平经济周期和维持有效的社会总需求，调节着大规模生产与大规模消费之间的均衡，保持经济系统的正常运转。福利国家提供制度还保证了孕妇、病人、退休和失业人员能够得到稳定的收入，与前述劳资集体谈判制度一起促进了大规模消费的稳定增长。另外，从国际环境来看，由美国支配的布雷顿森林体系和关贸总协定也为发达资本主义国家生产积累的顺利进行创造了一个稳定的国际金融贸易环境。相对稳定的国内外经济环境强化了福特制僵硬体系的运行。

三、柔性生产组织方式

以大规模标准化生产为特征的福特制在 20 世纪 20~70 年代运行平稳，主导着资本主义国家的生产组织方式。但是进入 20 世纪 70 年代，随着外部环境发生深刻变化，福特制面临危机。从国际经济环境来看，布雷顿森林体系解体使国际投资贸易环境复杂多变，国际石油危机导致能源成本大幅度波动，以日本为代表的新兴工业化国家在国际市场上对欧美发达国家制造业带来冲击。从国内宏观经济环境看，20世纪70年代美欧主要发达国家进入以"滞涨"为特征的经济衰退，凯恩斯主义国家福利干预政策（Keynesian welfare-statist）在理论研究和经济决策中都陷入了困境，以撒切尔和里根为代表的经济自由化改革削弱了政府的干预力量，强化了自由市场的经济地位，但是自由化运动在增强市场活力的同时也增加了企业面临市场环境的不确定性。从消费市场环境看，随着科学技术的不断进步，尤其是计算机信息技术的发展，市场信息瞬息万变，消费需求不断多样化，产品生命周期日益缩短，市场交易日益复杂化。日益复杂多变的市场环境使传统的福特制生产组织方式日益显得僵化落后，柔性生产（flexible production）逐步取代福特制成为发达国家企业主要生产方式。

对柔性生产概念，不同学派理解的角度不同，具体定义也各有侧重，不尽相同[①]。但是一个普遍的共同看法是柔性生产是作为福特式大规模生产的对立面出现的。正如"柔性（flexible）"这一词语所暗含的（灵活）意思，柔性生产的基础是生产过程的灵活性和劳动力市场的流动性（相对于福特制的僵化固定），柔性生产体系中企业通过迅速扩大产品种类、提高交货速度和控制产量多少来应对复杂多变的外部环境，从而增强企业自身的控制力（Kickert, 1985）。柔性生产的一个主要标志是企业组织的垂直分解（vertical disintegration）。即不再像福特制那样由一个企业包揽整个生产过程，核心企业只控制最终产品和关键技术，把对生产本身不具有战略影响的业务活动、零部件生产和所需附属服务职能交由外部独立公司完成。这样在企业与企业、公司与公司之间就形成了一个组织体系。在这个组织中，各类专业化中、小企业组成的网络支持着主要企业的生产活动。这种生产组织形式发挥作用有赖于全社会范围内公司之间的劳动分工，它使得企业中间投入的来源日益外部化，也就是说更加柔性化。斯科特（Scott, 1988）指出，在这种生产组形式中，"作为一个组织的企业"的含义被"企业的组织"所替代，处于网络组织中的各个企业之间的相互作用、合作与信任得到发展。在柔性生产组织方式中，作为传统福特制生产模式特征的企业内部规模经济效应（the effects of scale economies）和范围经济效应（the effects of scope economies）被外部规模经济效应（external economies of scale）所代替，同时还产生了强烈的集聚经济效应（the effects of agglomeration economies）。

有的学者用"超工业化"（meta-industrial）或"服务工业化"（servindustrial）来描述以柔性化生产为特征的工业生产阶段（Ruyssen, 1987；european commission, 1987），前一术语侧重于描述现代工业发展是改变传统制造业而发展新

---

① 有关柔性生产概念的考察参见 Andrea Krasa Sethi 与 Suresh Pal Sethi 的经典文献 *Flexibility in manufacturing: A survey*, International Journal of Flexible Manufacturing Systems, July 1990, Volume 2, Issue 4, pp. 289–328。

兴工业，是对工业概念的超越。后一术语则暗含产品与服务、制造活动与服务活动的融合互动。但这两个术语都强调了新的工业阶段是不同于传统制造业生产方式的新的经济活动组织方式并呈现出许多新的特征。伊列雷斯（Illeris，1991）、吕西恩（Ruyssen，1987）、奥赫尔和韦格纳（Ochel and Wegner，1987）、鲁巴卡巴（Rubalcaba，1999）等学者对比了新旧两个工业发展阶段的特征（见表2-1），这有助于我们理解柔性化生产和生产服务业发展。

表2-1　制造业社会与服务制造业社会的不同

要素	制造业社会（福特制）	服务工业化社会（柔性化）	信息的作用
生产组织	➢生产方式僵化 ➢长装配线 ➢等级制组织 ➢极少服务投入 ➢垂直一体化	➢柔性化生产 ➢短生产线 ➢柔性化组织网络 ➢许多服务投入 ➢分包、外部化	为吸收利用新技术和享受专业化的好处创造新的可能机会
生产要素	➢（与工作比）资本位居首位 ➢单调标准化工作 ➢信息传递依靠纸质文本 ➢工人几乎不需要资质资历	➢劳动、创造性和知识位居首位 ➢自动化标准化工作 ➢信息靠新技术来传递 ➢对蓝领和白领工人的资质资历要求高	信息和人力资源培训发挥战略作用
产品	➢大众化消费 ➢标准化、大批量销售	➢产品差异化 ➢个性化、贴近顾客	准备创造性的替代方案与获取消费者新要求
目标	➢通过成本最小化实现利润最大化	➢通过质量最优化实现利润最大化	需要形象/声誉
竞争	➢价格是基本竞争要素 ➢纯粹竞争	➢除价格之外还包括对质量评价、服务以及适应需求等 ➢合作逻辑与竞争逻辑并存	获取"谁来买"的信息更加费时费力
市场	➢市场稳定 ➢市场同质化 ➢国内市场 ➢大公司占支配地位	➢市场动荡不稳 ➢分割化的市场 ➢国际市场 ➢大的公司群体占支配地位但中小企业仍有很多市场机会	产生更多信息，同时对复杂市场的信息需求也更多

续表

要素	制造业社会 （福特制）	服务工业化社会 （柔性化）	信息的作用
区位	➢集中在大区域 ➢紧密靠近生产要素	➢集中在大城市 ➢紧密靠近顾客和各类具有专业资格工作 ➢多元化区位	为方便传递信息保持物理接近仍有决定性意义

资料来源：根据伊列雷斯（Illeris, 1991）、吕西恩（Ruyssen, 1987）、奥赫尔和韦格纳（Ochel and Wegner, 1987）、鲁巴卡巴（Rubalcaba, 1999）的论述整理。

制造业生产组织方式由福特制向柔性生产方式转变意味着社会分工（代替企业内部分工）不断深化，原来由企业内部职能部门提供的中间性投入转由独立化的企业提供，从理论上说这一过程既包括实物形态的零部件生产，也包括无形的服务职能。当服务性职能由原来的企业内部组织提供转由独立的市场组织来提供时，一方面由于统计口径的原因从统计上增加了生产服务业创造的价值和就业，另一方面由于市场交易增加而内生出更多生产服务业，大多数学者正是从这一角度开始并且将之作为主要原因来解释生产服务业的快速增长（Stanback, et al., 1981; Daniels, 1985; Howells and Green, 1986; Tschetter, 1987; Illeris, 1989; Perry, 1990; Goe, 1991; Offey and Bailly, 1991; et al.）。

第二节 生产服务业需求发生机制

尽管学术界对生产服务业的普遍重视出现在柔性生产模式开始流行的20世纪80年代，但是生产服务业在此之前的福特制主导的生产组织方式中也一直在发挥作用，只不过这时生产服务组织更多是以企业内部的职能部门存在，而不是以独立化的"业态"存在。伴随发达国家制造业生产组织方式由福特制向后福特制的转变，生产服务业从企业内部的开始分离并逐步进入学者研究视野。在传统的福特制生产模式中，大批量生产带来的规模经济效应（the effects of scale economies）和垂直一体化（vertical integration）带来的范围经济效应（the effects of scope economies）是企业关注的战略重心。企业采用标准化大规模生产方式时，产品生命周期长、销售模式简单，产品中附加的服务内容较少，诸如会计、存货管理、公共关系、证券交易等企业必需的一些服务活动也和企业行政管理部门混在一起，在企业中的地位从属于规模经济的战略目标。企业关注的重点是企业内部规模经济效应，即通过大规模、标准化、自动化生产来降低成本获得竞争优势，在这一生产条件下，物质资本的积累和企业内部的流水线分工占据主导地位，生产服务部门尽管实际存在但更多是发挥行政运转的"润滑剂"作用和生产制造的"辅助功能"（见表 2-2）。

进入柔性生产阶段，由于信息技术、能源成本、消费偏好、制度环境、国际竞争等环境条件复杂多变，生产服务业的作用日益凸显并占据战略地位（见表 2-2）。从宏观的国民经济统计来看，生产服务业占 GDP 和全社会就业比重上升。从中观的行业层面的投入产出关系来看，生产服务占制造业的中间投入比重不断上升。从微观层面的企业行为来看，企业生产活动中的外购生产服务支出比重上升。从现有的研究文献来看，学术上探讨生产服务业的成长机制主要是从微观层面的企业行为展开的。对企业外购生产服务生成机制学术界的解释是众说纷纭，大体上可以从两个大的视角来划分：一个是基于"生产还是购买"视角的内部职能剥离说，该视角主要是从企业自身角度来讲，企业是主动选择的。另一种是基于企业外部环境复杂化而派生的服务需求外购说，这一视角是从企业外部来解释，企业对生产服务业的需求是受环境影响的被动行为。

表 2-2　　　　　　　制造业升级过程中生产服务职能的演化

第一阶段：20 世纪 50 年代 行政功能，"润滑剂"效应	第二阶段：20 世纪 70 年代 辅助功能，"生产力"效应	第三阶段：20 世纪 90 年代 战略功能，"推进器"效应
➢会计 ➢存货管理 ➢公共关系 ➢证券交易	➢管理咨询 ➢营销咨询 ➢工程咨询 ➢工商地产 ➢商业银行	➢IT 情报服务 ➢创新与设计 ➢技术风险合作专家 ➢全球金融中介 ➢国际大项目财团

资料来源：根据赫顿（Hutton，2001）整理。

一、企业内部职能剥离说

企业内部职能的剥离（unbundling, to be fragmented, splintering）是指企业将原来由自己内部职能部门完成的中间投入（产品或服务）交由其他独立的企业来提供。从理论上来讲，企业生产需要的服务型中间投入可以通过"自己生产"和"外部购买"两种途径获取。如果是企业自己生产，这些服务型投入的价值将被统计在由这些中间投入生产的最终产品价值，同样这些服务职能的生产者也将统计到中间投入生产的最终产品所在行业的就业统计中。如果这些服务形中间投入是企业从独立的供应商那里购买，那么这些服务形投入的价值及其生产者将分别被统计到生产服务业的价值和就业中，其结果将表现为生产服务业产值和就业的增加。在解释生产服务业的增长时，这一视角首先吸引了学者们的注意力（Gershuny and Miles，1983；Tschetter，1987；Scott，1988；Kutscher，1988；Goe，1990；O'Farrell et al.，1993；et al.）。具体地解释企业转移内部服务职能的动因，代表性的观点概括起来有以下几种：

（一）降低成本

降低产品成本追求利润最大化是新古典经济学对企业性质的核心假定，也是讨论企业分离内部职能动因时首先纳入学者视野的因素。根据科斯的观点，经济活动的组织方式可以通过企业和市场两种方式实现，通过企业内部层级结构来协调生产活动和分配生产资源的成本比通过外部市场交易获取的成本更低是企业存在的理论基础（Coase，1937）。遵循科斯的思路，威廉姆森引入交易成本理论认为，当同一经济活动由企业内部科层结构来组织完成的交易成本超过企业从外部市场组织获取完成的交易成本时，企业将停止扩张，企业会将这些内部经济活动外置于市场（Williamson，1979）。根据交易成本理论，企业通过将内部生产性服务业职能外部化可以达到降低成本的目的，即同样的生产服务职能从市场中的独立企业购买要比企业内部生产成本更低，这一观点在文献中被广泛提及（Daniels，1985；Goe，1990；Howells and Green，1986；Illeris，1989；Kutscher，1988；Ochel and Wegner，1987；Perry，1990；Stanback，1979；Tschetter，1987）。通过生产性服务业职能分离，一方面，企业可以减少工资、福利、资本的支出，精简组织机构，缩减活动范围，降低成本。另一方面，当更多的企业将相同或相似的生产服务职能剥离给独立的市场主体时，每个企业都可以享受到"外部经济产生的报酬递增"（杨格，1928；Coffey and Bailly，1990；Illeris，1989；Ochel and Wegner，1987）。同时这一效应可以通过斯密－杨格定理进一步扩展，即当独立生产服务业企业获得的规模经济降低了生产服务成本时，对生产服务业的需求会进一步增加，需求增加会进一步刺激生产规模，进而再进一步刺激生产性服务业需求，如此循环不断深入，派生出更多生产服务业，也就是斯蒂格勒强调的"分工取决于市场规模，而市场规模又取决于分工，经济进步的可能性就存在于上述条件之中"（Stigler，1951）。图2-1是全球知名的知识外包公司易唯思公司（Evalueserve）的一项研究结果，它说明了通过KPO（knowledge process outsourcing，知识流程外包）给发包方与承包方带来的双赢效果。从图中可以看出，外包高端流程之前，企业的总收益由20%的固定成本、60%的可变成本以及

20%的利润构成，发包后企业的固定成本降低了2%，可变成本降低了30%，二者合计构成了发包企业的价值增值部分（32%）。对于KPO承接商来说，发包者30%的可变成本（主要是商务分析成本）构成了承接商的总收益并通过承接商的联盟者而被其他经济体分享。根据易唯思的研究，其中大约30%成为KPO提供者的利润，35%构成KPO供应商雇员收入，而其他35%则构成KPO供应商的经营费用，如通信、交通、会务、接触设施等方面的成本，而这些经营费用又转化为商务联盟者的收入并通过经济的乘数效应带来利润和就业的倍增。

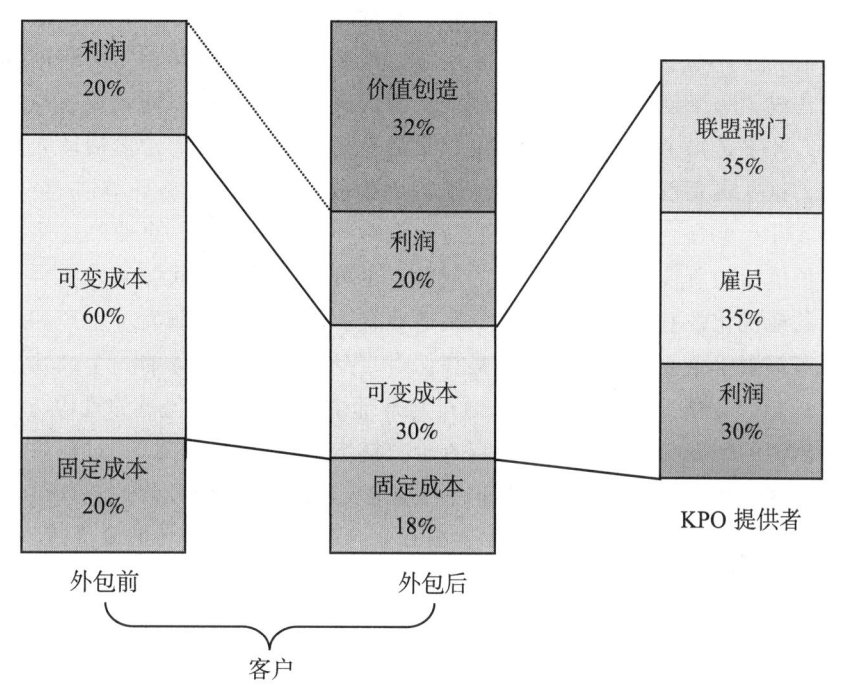

图2-1　KPO给发包方与承包方带来的双赢效果

资料来源：易唯思公司（Evalueserve）官网。

（二）转移风险

分散转移企业内部风险也是经常被提及的职能外部化动因（Beyers，1989；Coffey and Bailly，1990；Daniels，1985；Ochel and Wegner，1987）。当企业面临的市场需求波动较大时，企业对内部生产服务职能部门的服务需求也会出现波动，市场的不可预期会导致企业内部生产服务部门面临需求变化而不能很好地控制产能，例如高峰时满足不了内部需求，低谷时出现产能过剩。当企业从外部购买（而不是内部生产）生产服务时，就不需要再向原来内部提供生产服务的这些部门支付人力资源和物质资本投入，与这些服务生产相伴随的风险也被转移到了外部服务供应商那里。这相当于企业用可控的可变成本取代固定成本，这样可以使企业获得更大灵活性，从多个渠道分散风险。例如，涉及生产服务员工的工资、福利、招募、培训、社会保险、人事管理等费用以及固定资产投资带来的沉淀成本等。

（三）专注核心竞争力

根据波特（1985）的价值链理论，企业活动分为基本活动和支持性活动，基本活动包括企业生产、销售、进料后勤、发货后勤、售后服务。支持性活动涉及人事、财务、计划、研究与开发、采购等。这些互不相同但又相互关联的生产经营活动构成了一个创造价值的动态过程，即价值链。但是在不同企业参与的价值活动中，并不是每个环节都创造价值，实际上只有某些特定的价值活动才真正创造价值，这些真正创造价值的经营活动构成价值链上的"战略环节"。企业的竞争优势实际上就是企业在价值链某些特定战略环节上的优势。企业的优势既可以来源于价值活动所涉及的市场范围的调整，也可来源于企业间协调或整合价值链所带来的最优化效益。传统大而全的制造业企业已经不再将研发、生产和营销等全部环节都置于企业边界之内，而是在保有自身最具竞争优势的一个或几个战略环节（即核心竞争力）的基础上，通过与外部生产服务业价值链的重构与融合来实现价值链的创新与共生，以达到自身价值链增值的目标。在这一过程中，生产服务业以其包含的技术、信息、知识等资源渗透到企业生产经营的各环节，创造出更多新的价值。图2-2给出了生产服务业与制造业渗透融合的价值链。

从波特的竞争理论出发，许多学者认为企业之所以将服务形职能剥离给独立的供应商是因为这些职能服务距离企业核心竞争力太远，通过剥离这些生产服务职能，企业可以精简组织，将更多资源专注于核心能力，增强应对复杂多变市场环境的灵活性，更有利于在市场上保持竞争优势（Illeris，1989；Coffey and Bailly，1990，1992；Goe，1991；Porter，1990；O'Farrell，Moffat and Hitchens，1993；Quinn，1992；Monnoyer and Zuliani，2007；Montoya et al.，2007）。

二、生产服务外购说

生产服务外购（contracting out, externalization or outsourcing）是指企业从外部市场获取生产服务，生产服务外购不同于生产服务职能剥离（unbundling）。生产职能剥离强调的是生产服务职能位置由企业内部生产转移给了外部独立企业生产，就全社会来讲生产服务总量不变，只是生产位置发生了变化。而外购的生产服务既可能是企业剥离出去的生产服务，也可能是新增的生产服务（即原本企业

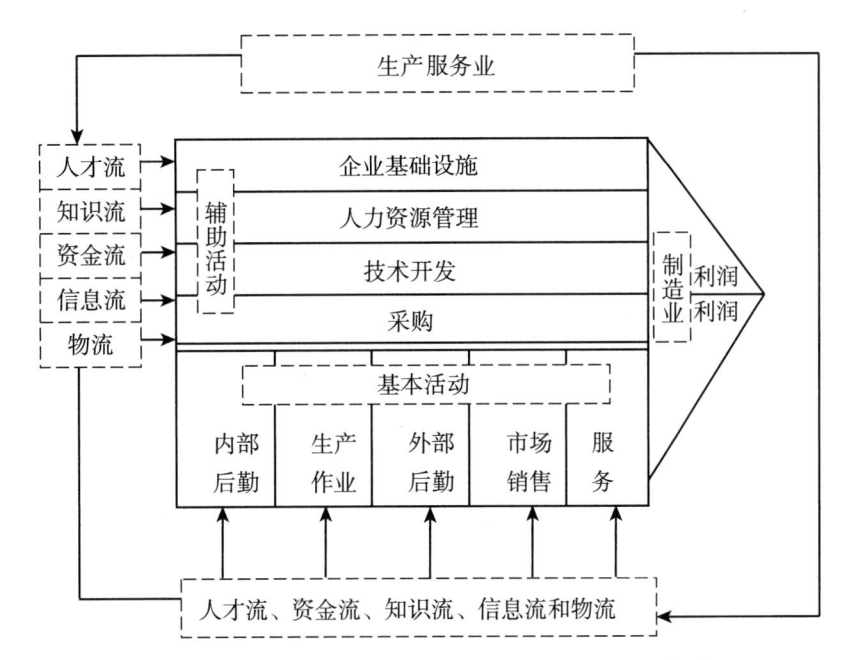

图 2-2　生产服务业与制造业渗透融合的价值链

资料来源：根据波特价值链理论绘制。

内部就没生产），或者二者皆有。生产服务外购说包含的内涵更丰富，但是其强调的重点更多是新增的生产服务（Tschetter，1987）。

如果内部职能剥离说是解释生产服务业增长的主因，那么生产服务业的增长实际上可能仅仅是由于统计角度不同造成的错觉，因为同样的服务价值和就业仅仅是由于所处位置不同，生产服务业从业人员的增加应该意味着企业内部服务型员工的减少。遗憾的是，多数实证研究并不支持这一假说。伊列雷斯（Illeris，1989）对欧洲的一系列研究分析以及特斯切特（Tschetter，1987）、麦克兰金（McCrackin，1985）、库切尔（Kutscher，1988）、拜尔斯（Beyers，1989）等对美国的实证分析都表明，无论是从企业内部还是从企业外部来看，生产服务（职能）业的价值和从业人员都是在同步增加，并不存在此消彼长的现象。彼德森（Pedersen，1986）还认为，内部生产服务和外部生产服务不仅不存在此消彼长，而且还是相互促进关系，企业内部服务型员工越多越有利于企业表达对生产服务的需求从而更有利于吸收外部生产服务。

企业对生产服务尤其是技术和知识密集型生产服务外部需求的增加是由于一系列相互关联的因素促成，其中最有说服力的理论基础是沃纳菲尔特的资源基础理论（resource-based view，RBV）（Wernerfelt，1984）。根据 RBV 理论，企业长远发展在于获取能给企业带来竞争优势的特殊资源。但是对很多企业来说，仅仅依靠自己的力量来发展它们需要的全部知识和能力是一件花费大、效果差的事情。其中许多知识和能力企业自身无力或不擅于提供。通过建立战略联盟、知识联盟来学习优势企业的知识和技能则要便捷得多。许多生产服务业的需求来自于企业建立与发展外部网络（Macpherson，2008）。

根据解释角度不同、研究需要不同、掌握数据不同，具体解释生产服务外购动因的观点主要有以下几种。

（一）分工深化与市场密集

社会分工不断深化是柔性化生产系统的主要特征，随着分工不断深化，生产一件完整产品的"迂回生产"（roundabout production）（庞巴维克，1889）链条就越长，整个产业链条的生产节点也越多。这将通过三个途径带来生产服务业的增长。首先，迂回生产链条上有些生产节点本身就表现为企业内部生产服务职能的剥离进而表现为统计上生产服务业的增长。其次，由于最终产品需要各个生产节点通过复杂的社会交易网络交易完成，每个生产节点都需要专门知识的专家来进行计划、控制、评估、指导、决策等，才能使整个生产链条有效展开，因而生产节点越多，每个企业的前向关联和后向关联就越复杂，企业与关联企业协调以及实现最终产品需要的市场交易也就越密集，企业需要的各类专业化服务（如信息、金融、物流，以及工程师、律师、会计师、管理顾问、广告专家等各类专业化商务服务）也就越多。最后，市场密集度增强带来的生产服务需求的不断增加，将会使得具有收益递增特征生产服务业的市场容量渐渐扩大到足够支持专业化厂商的生存，将会有更多生产最终产品的企业会把这部分生产服务活动交由独立的专业化服务供应商去生产（斯蒂格勒，1951），这将进一步带动生产服务业的发展。所以分工深化带来的密集交易会内生出更多的生产服务（Stanback and et al.，1981；Scott，1988）。

（二）政府规制与法律干预

不少学者认为政府管制和法律调节的增加是欧美国家20世纪80年代以来生产服务业尤其是各类法律、会计等专业服务迅速发展的一个重要因素（Stanback，1979；McCrackin，1985；Ochel and Wegner，1987；Coffey and Bailly，1990；Beyers and Lindahl，1996）。伴随着市场经济的不断发展，各国政府和议会对市场运行的政府规制和法律干预也在不断增加，其中多数规制和干预涉及金融、劳工关系与安全、商业利益、质量标准、产权、建筑、环境、交通等领域，为了熟悉、应用、规避、应对各种规制和法律，企业对各类具有专门技术知识的专业服务需求自然就会增加。另外，政府规制和法律干预系统的不断扩大也会引起政府对各类专业服务的需求不断增加。

(三) 企业生产经营环境日益复杂

市场环境的复杂多变使得现代企业的组织架构和股权结构也变得复杂多变,处理大量各种各样信息的能力成为企业管理成功的必要条件。企业组织结构越是错综复杂,企业内部发生的商品、人员、信息和资金流通量也就越大,战略、计划、组织、控制、协调等服务职能的战略地位就越突出,企业对各种专业服务的需求也就越多。随着金融资本市场的深入发展,企业募集资本、外汇交易、开展收购(或并购)或抵制收购(或并购)涉及的地理范围更加广泛,由此引起的信息和专门知识需求也更加广泛和深奥。随着经济全球化的深入,企业不仅要关注进出口商品和服务有关的规则和惯例,同时还要密切关注开发和利用国际市场、经营和维护国外附属机构与商务伙伴、海外生产和销售单位的管理(Coffey and Bailly, 1990)。波特(1990)认为,产品生命周期缩短也会增加企业管理环境的复杂性,这是生产服务业增加的一个主要推动因素,"在企业和组织中,服务需求的增加是由管理的精细化、国际化和复杂化推动的,当企业在诸如广告、会计的服务环境中面临复杂的需求时正是各种专业化服务业不断衍生出来之时。贯穿于企业价值链中的产品越复杂、技术越深奥,企业对设计、运营和维护等专业服务的需求就越多。竞争国际化需要更多服务来支撑商务活动以及对遍布各地公司附属机构的管理。技术和政府监管变化正开辟出一些新的服务领域,例如有害废物的处置和无损检测。"

(四) 对独立第三方验证的需求

在一个复杂的市场环境和政府监管环境中,企业经常需要对内部生产或外包生产的产品或服务进行独立评价、评估或验证,佩里(Perry, 1992)、拜尔斯和林达尔(Beyers and Lindahl, 1996)等认为,这也是导致企业外购生产服务需求增长的一个重要原因。这方面的生产服包括独立审计、评估、检验检测、认证、司法鉴定以及必须具备相应资格才能从事的业务活动等。

(五) 需求的不确定性

由于需求波动、新技术或新方法的出现等诸多原因的影响,企业在生产经营过程中经常会产生一些零星的、偶然的、暂时的或少量的生产服务需求,企业如果为了这些不确定的服务需求而在企业内部专门设立相应的生产组织来保障需求,这将会增加企业的固定成本和风险,在这种情况下,企业通常从外部专业公司来购买，除非这些服务非常容易由企业内部特供或者涉及企业核心能力或机密（Porter，1990；Perry，1992；O'Farrell，Moffat and Hitchens，1993；Wood，2005）。

（六）缺少专业人才

如果企业缺少生产所需专业服务的专门人才，它可以选择在企业内部培养这方面专业人才或者向市场上独立的专业服务机构购买所需服务。一些学者认为企业内部专业人才限制是企业外购生产服务的原因。科菲和贝利（Coffey and Bailly，1991，1992）认为知识、人才和成本限制以及跟不上一些服务涉及的技术变化步伐导致企业外购生产服务的增加。佩里（Perry，1992）认为企业内部没有为生产所需服务培养相关人才导致企业生产服务外购。戈伊（Goe，1990）也认为，生产服务业的增长是企业外购生产所需相关专业化服务增长的宏观表现，而企业之所以选择外购是由于缺乏专业人才无法自己内部提供专业化服务。

（七）企业特性

在总结了一系列实证研究后伊列雷斯（Illeris，1989）注意到，企业对外部生产服务的需求表现出一定的规律：独立企业比分厂外购更多的生产服务（Coffey and Polese，1989）；中型企业比小型企业或者大型企业外购生产服务的比例都要高；复杂企业（出口企业、成长中的企业以及市场或技术不断变化的企业）对外部生产服务需求更高。和传统的常识观点（即生产服务业主要为工业服务）相反，独立生产服务企业的产出倾向于以近乎相等的比例流向服务生产部门和商品生产部门，换言之，一大部分生产服务企业的产出是被同在服务业内的其他企业购买的（Marshall，1988；Illeris，1989；Goe，1990；Perry，1990）。

（八）其他因素

一些学者还从其他角度探讨了企业外购生产服务的成因。Porter（1990）认为一些生产服务是由买卖双方前一阶段的合作所引起的，如售后服务、由于技术的独特性或技术升级而派生的继续购买的等。范陈（Vanchan，2007）认为独立服务供应商能够为客户战略问题或服务需求从根本上提供一些新颖的解决方案。还有学者认为企业外购生产服务是因为外部供应商提供的服务质量更优（Aslesen and Isaksen，2007；Mason，Beltramo and Paul，2004）。

以上各种解释因素对具体生产服务业的促进可归纳为表 2-3。

表 2-3　　　　　　　不同解释因素对应的生产服务业

解释因素	高级生产服务业例子
柔性生产过程	管理、计算机、人事、电子设备与互联网服务等
外部化	战略服务、运营服务
产品与服务一体化	工程服务、计算机、会展、广告
新 ICT 应用	工程服务、计算机服务、质量控制、电子通信、电子商务
人力资本	人事管理服务、专业培训、管理服务、语言服务、公共关系
获取原材料便利性	房屋租赁、信息服务、人事服务
市场增长与变化	管理服务、营销服务、公共宣传、电子通信
全球化	国际会展、管理咨询、营销、语言服务、公共关系、出口辅助、国际金融
创新	研发、设计、管理、质量控制、工程服务、国际会展等
国家与规制	法律服务、会计服务、证券服务、质量控制、临时性服务
企业特性	与企业的活动、类型、大小、行业、区位等有关
质量优先	质量控制、设计、工程、计算机服务、管理咨询、培训等

资料来源：根据正文内容整理绘制。

第三节　生产服务业供给因素作用机制

　　从外部化视角讨论生产服务业增长的发生机制是学术界解释生产服务业增长的主要视角，也是研究生产服务业增长文献最丰富的领域。这一视角主要是生产服务业需求的角度即通过解释生产服务业的需求形成机制来解释生产服务业增长。除了这一视角之外，还有一些学者从影响生产服务业生产即供给视角来探讨生产服务业的发展。

一、生产率上升缓慢说

　　与中国地方政府更多关注生产服务业的产值和税收贡献不同，生产服务业乃至整个服务业引起西方学术界关注主要是因为生产服务业吸纳就业比重的显著上升，解释生产服务业就业增长几乎就是解释生产服务业增长。在解释生产服务业就业增长的诸多观点中，生产率上升缓慢说是一个影响广泛的观点（顾乃华、李江帆，2005）。这一观点引起关注源自鲍莫尔和富克斯的经典研究成果。鲍莫尔（Baumol，1967）论文《非均衡增长的宏观经济学》中认为服务业就业比重上升的原因不在于需求因素，而在于供给因素，即服务业有着与工业完全不同的生产方式和生产技术。他还指出，由于服务劳动本身就是它的最终产品，因而服务生产过程几乎无法运用资本和技术，也就是说，服务的劳动生产率很难提高［鲍莫尔将其称为"成本病"（cost disease）］。在其他行业（主要是工业）劳动生产率不断提高的情况下，服务的价格相对其他商品将处于上升态势。如果假定人们对服务的需求缺乏价格弹性而具有收入弹性，或者收入弹性远大于价格弹性，那么随着收入的增长，就业将不断地流向服务业。富克斯（Fuchs，1968）的《服务经济》一书在肯定需求（最终需求和中间需求）的增长对服务业就业人数增长的积极作用时，认为服务业就业比重上升的主要原因是服务业人均产出（劳动生产率）增长缓慢。而服务业人均产出增长缓慢的原因有以下三点：服务业每人工时减少较工业部门更多、服务部门的人力资本提高缓慢以及服务部门实物资本增加缓慢。除了这三个因素之外，富克斯还指出了消费者的参与程度也影响着服务业的人均产出，即许多服务部门生产率的提高在一定程度上依赖于消费者的知识、阅历和积极性。这一结论后来被佩蒂特和苏特（Petit and Soete，1996）接受并进行了发展，他们认为，服务业的生产创新和产品创新受到消费者意愿、能力、偏好和习惯的制约比制造业严格得多。鲍莫尔和福克斯对服务业生产率的研究引起了广泛的关注。

从支持的观点来看。遵循鲍莫尔和福克斯的研究思路，罗伯特·英曼（Robert Inman，1985）对1929~1965年美国的实证分析认为，生产率上升缓慢这一因素可以解释服务业年均就业增长的55%，收入增加（服务需求富有收入弹性）假说可以解释14%，而外包的家务和商务服务则解释了剩下的31%。克洛特（Klodt，2000）的研究表明，在OECD国家中，制造业劳动生产率每年的增长速度远高于服务业劳动生产率的年增长率，其中德国制造业的劳动生产率以每年3%的速度增长，而服务业劳动生产率的增长速度仅为制造业的一半。伊万格里斯塔（Evangelista，2000）的研究发现，制造业中为了提高劳动生产率而用于创新的人均成本是服务业的三到四倍。戈登（Gordon，2000）和范·阿尔克（Van Ark，2001）认为，尽管ICT行业存在大规模投资，但是诸如批发贸易、金融和商务服务等ICT广泛应用的服务行业并没有明显表现出生产率的提高。范·阿尔克（Van Ark，2001）的研究表明，在1990~1995年，美国和欧盟ICT制造业生产率平均每年分别提高了15.1%和11.1%。然而在同一期间，诸如批发零售和金融保险等ICT广泛应用的服务业生产率平均每年分别仅提高了1.9%和1.1%。相似的结论同时也出现在1995~2000年。

从反对的观点来看。与鲍莫尔将服务业视为一个同质（homogeneous）的整体相反，一些学者从服务业的异质性（heterogeneity）得出了与鲍莫尔不同的结论。瑞德（Riddle，1986）的研究表明，服务业的生产率要比整个经济的生产率高，服务业的生产率比大多数研究者所认为的要高得多。马克（Mark，1988）则认为，服务业的生产率因行业不同而异，有些行业如加油站、航空、通信等的生产率增长很快，而零售业、公共服务等生产率上升缓慢。沃尔夫（Wolff，2002）将服务业分为技术进步行业和技术进步停滞行业，而迈尔斯（Miles，2002）、赫道奇（Herdog，2002）和卡斯泰拉奇（Castellacci，2008）则将具有很强或明显产生复杂技术知识能力的服务业归类为知识密集型服务业。OECD（2005）也根据实证估计的结果将邮政通信、金融保险和商务服务业归类为知识密集型服务业。徐焕珠（Seo HwanJoo）、李永秀（Lee YoungSoo）和金汉成（Kim HanSung）于2011年对欧盟15国1987~2002年服务业劳动生产率的分析表明，许多服务业（如邮政通信、金融）劳动生产率增长速度快于制造业。

二、城市化与生产服务业发展

由于服务产品具有无形性、不易储存性、不易标准化等特性，服务产品生产往往需要生产者和消费者"面对面"同时进行，同时也只有在客户群达到一定规模之后服务企业才能迈入生存门槛。所以服务业发展的一个重要条件是生产者和消费者同时集中在一个空间，城市成为服务业发展的天然载体，城市化发展水平也成为影响服务业发展的重要因素（Singelmann，1978；胡霞、魏作磊，2006）。科菲和贝利（Coffey and Bailly，1991）则从三个方面详细分析了城市对生产服务业的影响：

（一）提供各层次人才市场

与制造业相比，生产服务业是劳动密集型行业，其服务质量更加依赖于劳动者的素质以及人际交互关系的发展。劳动力是流动性受到限制的生产要素，尤其是在双职工家庭模式的情况下，工作必须同时跟着人走。一方面，许多生产服务业需要专业化的、受过大学教育的高等级资格的劳动力，通常来讲，这些高素质人才一般是明显集中在大城市，不仅是由于这里通常是他们接受教育的地方，大城市良好文化环境、优越公共服务条件以及大型的劳动力市场也是吸引他们的重要因素。另一方面，不断增长的生产服务外部化还需要资格等级不同、工作形式灵活的不同劳动群体，通常只有大城市才能提供层次不同的各类专业劳动力市场。

（二）增加后向关联机会

与制造业一样，生产服务业在提供中间服务时也需要各类投入要素。除了合适的专业技术人才之外，靠近知识、信息、技术的集散地或者原创的至关重要。专业生产服务供应商因而必须与特定的专业顾问机构、互补生产服务供应商、研究机构、大学、政府组织、硬件制造商等保持联系，而这些机构或组织通常也是集中在大城市。

（三）增加前相关联机会

前向关联涉及的是市场问题。生产服务业将近一半的产出是被其他服务业组织购买的，一系列的实证研究表明，服务业倾向于在大都市区聚集。再者，生产服务即使被制造业购买也通常是被制造业企业总部或区域总部购买，而不是由企业的生产部门购买。从空间布局来看，企业的控制部门和行政总部倾向于集中在少数大城市区（Noyelle and Stanback, 1984; Daniels, 1985），由此可以得出生产服务业也有相似的集中趋势，即生产服务业的市场集中受到公司总部空间分布模式施加的影响（Wheeler, 1988）。有显著的证据表明，不管企业的空间如何分布，由总部或行政分部从其最近的生产服务供应商购买的生产服务都占整个企业投入生产服务总额的重要部分（Marshall, 1982; 1985）。马歇尔（Marshall, 1989）的研究还发现，生产服务企业与行政总部的联系日益紧密并呈现相互加强的趋势，即不仅生产服务业受企业总部影响在大城市集中，企业行政总部选址也开始受生产服务业影响在大城市集中。随着企业增加产品种类和对技术的广泛使用，他们对专业化的生产性服务业的需求也会增加。

三、技术进步与生产服务业发展

长期以来学术界的一个普遍看法认为，供需双方"面对面交互合作"（face-to-face interactions）对服务生产过程至关重要（Bennett and Robson, 1999; Bennett and Smith, 2002; Goe, Lentnek and Phillips, 2002），尤其是对于研发、设计等技术含量更高的服务业（MacPherson, 1997）。但是现代科学技术进步尤其是IT技术、卫星和光缆通信、互联网等技术的飞速发展和广泛应用在一定程度上修正了这种观点。现代科学技术的发展不仅丰富了生产服务业的内容（许多技术进步是以新的生产服务形式出现，如电子商务、设计、咨询等），提高了生产服务业的生产率，同时还极大地提高了生产服务尤其是知识密集型生产服务的传递效率，使生产服务的生产者和购买者可以在没有"面对面接触"的情况下实现生产服务的跨地区甚至是跨国家交易，促进了生产服务的可贸易性（Rubalcaba – Bermejo，1999），从而成为现代生产服务业迅速发展的一个重要推动因素，印度生产服务外包惹人注目的发展成就充分说明了这一点（Banga，Rashmi，2005）。拜尔斯（Beyers，2003）、弗里尔（Freel，2006）、豪厄尔斯（Howells，2006）和麦克弗森（Macpherson，2008）等学者的大量研究表明，技术进步使得现代生产服务业本身技术含量比以前更复杂、内容更丰富，IT 技术、互联网、电子商务等信息技术发展大大方便了以知识和信息为主要内容的生产服务业的传递，从而促进了企业研发、设计的外包活动，也带动了生产服务业的创新。

四、国际化与生产服务业发展

20 世纪 80 年代以来全球经济一体化趋势日益加强，推动资本、信息、技术、劳动力、资源在全球范围内自由流动、配置和重组，使生产、投资、金融、贸易在世界各国、各地区之间相互融合、相互依赖、相互竞争和相互制约，整个世界连接成一个巨大的市场，这对生产服务业发展也产生了积极影响。服务业与国际化之间的联系日益紧密（Daniels，1993；Aharoni，1993）。

（一）从国际贸易角度

国际贸易发展本身不仅产生了许多生产服务业，如国际会展、国际博览会、国际商务等，更重要的是国际贸易发展通过深化国际分工加快了生产服务业发展。在全球经济一体化过程中，各国都充分发挥比较优势通过国际贸易参与国际分工。发达国家利用自身在科学技术、研发设计、人才教育、经营管理等方面的比较优势在全球范围内整合资源、迂回生产，通过生产链条的国际分解（international fragmentation）在全球范围内布局设点，将技术含量低的生产加工组装环节（这些环节涉及的主要是制造业）转移到发展中国家，而本国则专注于研发、设计、管理、销售、咨询、信息、金融等技术和知识密集型生产性服务业，而发展中国家则依托劳动力和资源等方面的比较优势承接发达国家的生产组装环节，全球这一专业化分工格局带来了发达国家生产服务业尤其是知识和技术密集型生产服务业的发展（Shugan，1994；Freenstra and Hanson，1993，1999）。进入 21世纪，国际产业分工进一步深化，依托现代信息通信技术的发展服务外包（service outsourcing）在全球迅速崛起，成为生产服务业发展一个新动力。经济合作与发展组织（OECD）的一项研究报告表明，OECD 国家企业无论是国内还是从国外购买的知识密集型生产服务都不断增加（OECD，2007）。服务外包不仅通过将企业内部更多服务职能外部化推动了生产服务业的发展，还由于外包的业务跨过国界给发展中国家生产服务业发展带来了机遇。

（二）从国际投资角度

资本的国际化也是现代服务经济形成的因素（Marshall，1988）。1995年1月生效的《服务贸易总协定》和《与贸易有关的知识产权协定》（TRIPs）[①]，以及1997年12月在日内瓦达成的新《金融服务贸易协议》[②]开创了全球服务贸易和投资自由化新时代，全球FDI向服务业集中成为国际经济领域中的一个新现象。根据联合国贸易和发展组织《2012年世界投资报告》公布数据，2005～2011年全球50%左右的跨国并购金额发生在服务业领域，同期全球服务业吸纳FDI占全球FDI总额的47.2%。由于服务产品的特殊属性，比如不可储存性或提供服务时需要与客户频繁签订合同等，生产服务供应商再向海外客户直接提供服务时面临诸多困难，事实上许多服务贸易是以国际直接投资的形式实现的。与制造业FDI一样，生产服务业FDI也受到东道国政府限制、当地文化等因素的影响，但是在控制这些因素之后，生产服务业FDI还表现出一些特殊的模式。拉夫和鲁尔（Raff and Ruhr，2001）认为，由于生产服务具有无形性、不易储存性、个性化、消费和生产的同时性、不易标准化等特性，与实物产品（标准化）交易相比，生产服务交易过程中的信息不完全性更强，更易于受到道德风险的影响。合约签订之前生产服务供应商为了获取高价格往往夸大自己服务的价值，合约签订后供应商出于节约成本往往不能按合约承诺兑现服务质量，结果使得客户失望。正因为此，企业获取生产服务往往选取自己熟悉的交易伙伴，因为他们的服务质量更容易判断把握。所以服务跨国公司刚开始往往很难获取客户，即使他们承诺更优质的服务（Terpstra and Yu，1988；Caves，1996；UNCTC，1993）。但是如果生产服务跨国公司下游企业的投资来自生产服务跨国公司母国，信息不对称造成的道德风险可以容易克服，因为这些下游企业更熟悉服务供应商、更易于判断供应商的服务质量，从而可以激励供应商提供优质服务。所以生产服务业FDI往往追随本制造业FDI流向同一东道国，来自同一母国制造业的需求不仅直接带动了生产服务跨国公司的需求，其示范效应还会带动东道国本地企业对生产服务跨国公司服务的需求，拉夫和鲁尔（Raff and Ruhr，2001）对美国的实证研究验证了这一结论。

---

① 《服务贸易总协定》的核心内容是最惠国待遇、国民待遇、市场准入、透明度及支付的款项和转拨的资金的自由流动，《与贸易有关的知识产权协定》（TRIPs）涉及版权及相关权、商标、地域标识、工业品外观设计、专利、集成电路布图设计、未公开的信息（包括商业秘密）等七种知识产权保护。

② 新的《金融服务贸易协议》将全球95%的金融服务贸易纳入逐步自由化的进程中，70个国家（欧盟以15国计）和地区同意开放各自的银行、保险、证券、金融信息市场。

第三章

全球生产服务业发展经验与趋势

本章重点分析全球尤其是发达国家促进生产服务业发展的基本规律、具体经验和在新的产业和技术变革背景下全球生产服务业发展趋势。生产服务业发展经验重点从法律保障、行业协会、扶持政策、人才支撑、产业互动、资金支持、产业聚集、突出特色的方面提炼，生产服务业发展态势重点从资本流动、信息化、数字化、节能环保、跨界融合等方面展开。

第一节 生产服务业发展的基本规律

从发达国家（地区）产业发展演变历程来看，生产服务业发展表现出一些明显的规律性特征，主要表现在：生产服务的产业分布结构趋于稳定、流通与金融服务在第一产业中间投入地位上升明显、商务服务占第二产业中间投入比重上升明显以及第三产业上升为生产服务第一大需求主体。

一、生产服务的产业分布结构趋于稳定[①]

借助世界投入产出数据库（world input-output database，WIOD）中40个经济

[①] 详细研究请见参见"第二篇 行业发展篇"第十一章，部分前期成果发表在《数量经济技术经济研究》2013年第10期，第35~48页，题目为《生产服务业比率时序稳定性研究：1996~2009年》。

体[①]1995~2011年的680份投入产出表,课题组在一般均衡分析框架下详细分析了生产服务三次产业分布结构与三次产业结构之间的关系,研究发现:在市场经济条件下,生产服务在三次产业之间的分布结构与三次产业结构之间具有高度的相似性,从长期看生产服务在三次产业的分配中存在"匀洒"趋势,生产服务在三次产业之间的分布结构与三次产业结构之间存在完全相似(相似度和重合度都等于1)的长期趋势。生产服务在三次产业之间的分布结构与三次产业结构之间的相似程度在一定程度上能够反映了市场机制的完善程度,这也提醒我们:加快发展生产服务,不仅要做到生产服务与第二产业的互动与相似,而且要根据产业结构优化升级的趋势做到生产服务与第三产业的互动与相似,更要做到生产服务与三次产业整体的互动与相似。

需要指出的是,在经济发展过程中生产服务与三次产业之间是相互作用、互为因果的,生产服务在三次产业之间的分布结构与三次产业结构之间的相似度指标所衡量的是二者在经济发展过程中的动态协调程度。但是,既不能简单地认为三次产业的结构决定了生产服务的结构并以此来否定产业政策的意义,也不能不顾国民经济结构而单枪匹马地发展生产服务,要避免机械决定论和盲目超越论的错误倾向。产业升级的过程可以通过重点突破来推动全局,在此过程中生产服务必将有所作为。产业升级的结果是国民经济软化,第三产业比重提高,这反过来又促进了生产服务业的发展壮大。生产服务产业分布结构与产业结构的相似性是通过国民经济结构升级和经济发展的演进过程来实现的。

二、流通与金融服务在第一产业中间投入地位上升明显

从第一产业中间服务投入来看,生产服务占发达国家第一产业中间投入比重普遍高于发展中国家。目前生产服务占发达国家农业生产中间投入比重普遍超过30%,有的高达50%,而发展中国家普遍低于30%。从生产服务内容来看,第一产业需要的中间服务主要来自流通服务和金融服务两大类[②]。进一步分析还发现,进入发达国家后,流通服务和金融服务占第一产业中间投入比重随时间推移波动不大。[③]

[①] 40个经济体包括中国(不含中国香港地区和中国澳门地区)、美国、日本、英国、德国、法国、意大利、澳大利亚、韩国、巴西、西班牙、俄罗斯、印度、捷克共和国、加拿大、爱沙尼亚、斯洛文尼亚、马耳他、丹麦、爱尔兰、奥地利、葡萄牙、斯洛伐克共和国、拉脱维亚、瑞典、比利时、塞浦路斯、卢森堡、荷兰、匈牙利、芬兰、希腊、波兰、土耳其、拉脱维亚、印度尼西亚、墨西哥、保加利亚、罗马尼亚以及中国台湾地区等。

[②] 流通服务包括机械车辆的售卖与维护、燃料销售、批发和零售业、内陆运输业、水路运输业、航空运输和其他运输业、邮政电信业,金融服务涉及的服务行业包括金融中介和租赁行业。

[③] 详细研究请见参见"第二篇 行业发展篇"第十二章。

三、商务服务占第二产业中间投入比重上升明显

从第二产业中间服务投入来看，20世纪70年代以来生产服务投入占发达国家第二产业中间投入比重呈上升趋势，到2005年普遍达到了30%左右。从目前各国第二产业生产服务投入内容来看，商务服务、批发零售、交通运输和金融保险是第二产业中间服务投入的主要内容，到2005年这四大服务行业占第二产业中间服务投入的比重分别达到了32.6%、28.0%、14.6%和8.9%。长期来看，商务服务业占第二产业中间投入比重上升明显[1]。

四、第三产业上升为生产服务第一大需求主体

从第三产业中间服务投入来看，随着第三产业在国民经济中比重的提高，第三产业对生产服务的需求不断增大，第三产业生产服务在生产服务中的比重，以及第三产业生产服务占第三产业中间投入和总投入的比重都呈上升趋势，第三产业生产的物化消耗比重呈下降趋势。目前第三产业已超过第一产业、第二产业成为发达国家生产服务业的最大需求主体。从1995~2011年发达国家第三产业对生产服务业内部各行业的需求比重来看：第一，金融业、不动产和商务性活动是需求最大的行业，且呈上升趋势；第二，运输业、仓储业和邮电业，呈缓慢下降趋势；第三，批发和零售业，呈缓慢下降趋势；第四，社会团体、社会及个人的服务业，呈上升趋势；第五，餐饮和旅业、服务业，呈下降趋势；第六，教育业，呈现出先上升后下降趋势。[2]

第二节 生产服务业发展国际经验[3]

对全球代表性国家生产服务业发展的案例分析发现，发达国家或地区发展生产服务业，除了主要依靠市场机制，充分发挥企业自主创新能力这一基础动力之外，都不同程度地由政府或政府主导采取了一些保障和激励措施。其中突出地体

---

[1] 详细研究请参见"第二篇 行业发展篇"第十三章。
[2] 详细研究请参见"第二篇 行业发展篇"第十四章以及作为前期成果发表在《经济学家》2014年第9期的论文《中国服务业发展物化消耗的国际比较——基于1995—2011年间的投入产出分析》。
[3] 详见魏作磊、余颖：《广东科技服务外包发展实现途径探究》，载于《岭南学刊》，2013年第2期。

现在以下几方面。

一、健全有力的法律保障

从发达国家的实践看，生产服务业尤其是知识和技术密集型专业服务业的发展离不开健全的法律法规体系支持。如在商务服务业方面，美国、日本、欧盟等都制定了相应的法规或专业资格认证程序，从制度上保证了商务服务人员的业务水平、服务运作的规范化以及契约签订的严谨性。韩国商务服务业的发展成绩也得益于长期有效的法律支持，2004年韩国政府宣布从赶超型发展模式向创新型模式转变，将科研开发产业列入十大重点产业之中并通过一整套促进企业研发投资的法律法规来保障计划实施，如《技术开发促进法》和《特定研究机构扶持法》为鼓励民营企业附设技术研究所提供了制度保障。英国政府则于1993年专门成立了8个工作小组对法律法规体系进行梳理，以解决知识密集型生产服务业发展过程中出现的知识产权和法律法规等问题。德国鲁尔传统工业向服务业改造升级过程中政府先后制定了《联邦区域整治法》《煤矿改造法》《投资补贴法》《环保基本法》等法律维护市场秩序、保障产业升级转型的稳定性。

二、行业协会（商会）的桥梁纽带作用

强大的行业协会（商会）组织在发达国家服务业发展过程中扮演着重要角色。它不仅是联结政府与企业的纽带，也是实现制造业与专业服务企业互动对接的桥梁。如日本信息服务行业的信息处理振兴事业协会（IPA）、信息服务产业协会（JISA）、日本数据处理协会（JDPA）等行会组织不仅协助政府进行相关规划、制定政策、规范市场竞争秩序，而且开展市场研究，指导行业发展，举办交流活动，提供信息咨询服务和各种专业培训，为生产服务业发展输送了大量人才。发达的行业协会组织被认为是"第三意大利"取得成功的一个主要因素[①]，各种名目繁多的协会组织向中小企业提供全方位的服务（见表3-1），其中涉及贸易、运输、技术、科研、融资、纳税、市场、人才培训、法律咨询、商情信息等多个领域，是一个涵盖产业链上中下游的有利保障系统，企业只需负责内部的生产经营。印度软件和服务业企业行业协会（NASSCOM）是印度信息技术和软件业最具有影响力的组织，是印度IT服务产业的"市场部"，拥有1 100家会员

---

① Patrizio Bianchi, Lee M. Miller, Silvano Bertini, The Italian SME Experience and Possible Lessons for Emerging Countries, UNIDO, 1997, 3.

单位，其中200家是全球性公司，在印度乃至全球服务外包领域的地位举足轻重，对政策推动和顾问、对行业咨询以及协调作用非常明显，保证了印度在全球离岸服务外包中的领导地位。

表 3-1　　　　　　　　意大利行业协会的"纯服务中心"[①]

所有者	• 制造商协会 • 地方政府 • 中小企业支持机构，或三者共同参与	
服务内容	• 信用担保 • 出口保险/推广 • 商品展销的组织 • 市场/技术信息提供 • 客户评价、咨询 • 人员培训	• 废物管理与污染控制 • 质量认证与商标审批 • 产品推广与创新支持 • 原材料批量采购 • 产品性能测试
作用	• 成为联系政府部门与私营企业的纽带，成为推动政府部门与区内企业开展广泛协作的有效平台 • 推动产业区的整体发展。各个企业独立发展，需求不同，问题不同，中介机构将着眼点放在区域的长期发展而非只看重部分个体 • 提高产业区企业治理水平。从事专业研究，提供专业服务，给予企业有效指导和帮助，从整体上提高企业治理水平	

部分机构	机构	CITER	ENEA	Promosedia	FIT - CADA	Quality Consortia
	服务项目	信息服务	针对中小企业的研发支持服务	市场推广支持服务	废物处理设备支持服务	品牌质量认证
	所有区域	Carpi	Prato & Carpi	Manzano	Nove & Arzignano	
	特定行业	针织品与纺织行业	针织品与纺织行业	家具行业	皮革与陶瓷行业	食品加工业

资料来源：根据联合国工业发展组织学者米歇尔·克拉拉（Michele Clara）的研究论文 Real Service Centers In Italian Industrial Districts: Lessons Learned From a Comparative Analysis 整理。

---

① 纯服务中心（real service centers）是指为中小企业提供除资金支持以外的所有服务支持的服务中心，这些服务包括贷款担保、出口保险、产品推广、客户评定、污染控制、原材料批量采购、产品性能测试、产品质量认证和商标审批，人员培训等。详见：联合国工业发展组织学者米歇尔·克拉拉（Michele Clara）的研究论文 Real Service Centers In Italian Industrial Districts: Lessons Learned From a Comparative Analysis.

三、强大的人才支撑体系

许多服务业尤其是生产服务业是智力密集型行业,生产服务业与制造业的互动发展是以高素质专业人才为载体实现的,发达国家生产服务业与制造业互动发展推动产业升级正是依靠其强大的高素质专业人才资源保障才能实现的。由政府或行业协会主导开展大规模专业人才培训是各发达国家的通行做法。硅谷能够成为世界著名的信息产业集聚区,正是得益于斯坦福大学、加州大学伯克利分校、圣克克拉大学及相关研究机构等密集的科研院所提供的人力资源支撑。德国鲁尔工业区的成功转型也与该地区高密度的高等院校与科研机构聚集所提供的人才技术支撑密不可分。许多发达国家都出台了优惠政策来吸引、培养、发展服务业高端人才[①]。如德国从2000年8月1日就开始实施了"绿卡计划",旨在从国外引进2万名电脑人才,以满足国内信息服务业发展的需要。印度理工学院培养的IT人才遍及世界各地,美国硅谷更是这些IT人才的聚集地,它为印度信息服务业在世界范围内的成功提供了强大人才支持。

四、优惠的扶持政策

不同于工农业产品,服务具有不可储存性的特性,而知识和技术密集型的生产服务业还具有定制性、个性化以及客户需求的零星性、偶发性、不易标准化等特性,这就使得专业服务企业只有达到一定规模的固定客户群才能生存下去,也只有达到一定规模,专业服务企业的成本优势才能显现。因而专业生产服务发展初期往往需要政府扶持引导,这也是许多发达国家或地区发展专业生产服务尤其是科技高含量生产服务产业的通行做法。2004年韩国政府通过立法对承担国家研究开发项目的私营企业研究机构给予研究开发经费50%的政府补贴,对于个人或小企业从事新技术商业化的政府提供总经费80%～90%的资助等。2005年韩国政府又支出1 000亿韩元对知识发展型行业、产业银行和企业银行提供特别基金扶持。意大利政府则通过《317法案》(1991年)、《扶持中小企业创新与发展法》(1991年)等一系列法规,以融资担保、税收抵免等优惠政策形式对中小企业获取科技创新服务进行帮助。德国政府在鲁尔工业区转型升级过程中,在资金支持、土地政策等方面对生产服务企业也提供了十分优惠的支持。例如,凡是

---

① 发达国家如何通过优惠政策和措施吸引、留住、培养高素质专业服务人才,详见陈朝晖、赵一飞、何万里、车丽娜:《服务业人才政策的国际经验研究》,载于《科学发展》,2009年第1期。

信息技术等新兴产业到北威州来落户，将给予大型企业投资者28%、中小型企业投资者18%的经济补贴，而鲁尔区繁华地段土地售价仅是慕尼黑的1/10，鲁尔区写字楼租金也仅为柏林市的1/3。20世纪80年代后期，印度政府对软件产业实行10年免税；20世纪90年代进一步推出"零赋税"政策。为鼓励软件出口，允许出口商选择纳税方式，免除进出口软件的双重赋税，允许其保留出口收入的50%；凡软件产品全部出口的企业，免交所得税等。

五、搭建生产服务业与制造业互动平台

在服务业与制造业（尤其是中小制造业企业）融合发展的初期，由政府或市场中介主导建立公共服务平台，对生产服务业进行培育孵化，为企业牵线搭桥促进产学研结合也是发达国家的通行做法。如美国商务部小企业管理局成立了1 000多家小企业发展中心、57个出口援助中心、89个企业信息中心等，为小企业发展提供各种科技信息服务，如帮助高技术小企业获取市场机会和投融资服务，免费为企业讲授纳税知识、计算机网络、软件使用、企业管理、市场开发等。鲁尔地方政府从1985年起分五个阶段投资1.3亿马克建立了设计技术园，旨在以此为载体促进技术进步。为提高制造业的设计能力，韩国政府1993年就提出连续用3个五年计划到2007年在釜山、大邱和光州建成新的区域性设计中心，并在大城市的高等学府建设12个设计创新中心，同时建立相应的设计振兴组织，如韩国产业设计振兴院成为推动21世纪韩国设计产业的主力。而第三意大利各类名目繁多的"纯服务中心"更是中小企业取得成功的有力保障。类似的还有德国专为中小企业提供技术咨询和科技创新服务的技术转移中心等。

六、风险投资的催化作用[①]

风险投资主要资助从事高新技术开发和新市场开拓的中、小型高新技术风险企业，是高技术产业发展的催化剂。发达国家和地区的经验表明，风险投资在生产服务业尤其是研发设计、信息网络、新传媒等技术信息密集型服务业发展过程中扮演着重要角色。硅谷起步阶段主要依靠军方投资。从20世纪60年代开始，风险投资在硅谷逐步占据了主导地位。1977年硅谷的风险资本投资额为5.24亿美元，1983年就猛增到36.56亿美元，2000年达到峰值345亿美元。之后风险

---

① 相关数据参考了沈奎：《世界一流高科技园区的发展经验与启示》，载于《广东调研》，2008年第12期。

资本投资有所下降，到 2004 年又开始增长。2007 年硅谷的风险投资额达到 294 亿美元。著名的英特尔公司、罗姆公司、苹果公司等都是靠风险投资发展起来的。风险投资也是促进我国台湾地区制造业服务化的重要支撑力量。1983 年颁布《风险资本条例》对风险投资机构进行税费减免。台湾行政主管部门于 1985 年和 1990 年先后从"开发基金"中划拨 8 亿元新台币和 16 亿元新台币设立种子基金，通过台湾交通银行参与创业投资活动。我国台湾地区还积极吸引德国、日本、美国等国际风险投资，1994 年开放了保险公司和民间银行开办创业投资公司。台湾地区共有 200 多家民间风险投资公司，每家平均持有 1 600 万美元的资金。高技术产业是台湾地区风险投资的重点领域，风险投资投向高技术产业的企业数占到总投资企业数的 87% 左右，占总投资资金的 88%，风险投资培养了联华、台积电、华邦、旺宏、华茂等一大批著名企业。

七、促进产业聚集发展

特色产业集群是现代服务业发展的重要载体，是生产服务业与制造业实现互动发展对接的主要平台。产业聚集发展产生的规模经济效应、范围经济效应以及技术溢出效应可以有效地降低服务企业的成本，大量企业聚集产生的分化重组和新增服务需求（即母细胞效应）也是服务业内生增长的主要动力。另外，通过产业聚集，相同或相似的市场交易在同一区域重复性、竞争性、密集性地发生可以促进市场信息的快速流动，进而产生"厚市场效应"（thick market effects）。厚市场效应不仅有利于降低企业的信息搜寻成本，还会大大遏制由于信息不对称带来的机会主义行为，防止欺诈、违约、要挟等市场败德行为的发生，有利于服务业健康成长。例如，美国硅谷围绕高技术产业的生产服务业集群，已成为世界信息技术和高新技术产业的中心。英国围绕生物技术产业形成了生产服务集群。意大利围绕中小企业发展了生产服务集群。值得一提的还有印度电子工业和软件产业的聚集发展，从 20 世纪 80 年代开始印度就通过各种园区计划引导依托于电子信息技术的服务业聚集发展，最终形成了以班加罗尔为代表的世界知名服务业发展聚集区。著名的还有法国安蒂波利斯科技城、爱尔兰国家科技园区、日本筑波科技城、中国台湾新竹科技园区等。

八、长期坚持培育产业特色

充分结合本地产业基础、及时把握世界产业发展潮流、认准并坚定产业发展方向、不动摇地长期培育和扶持、最终形成自己的产业特色和竞争优势也是国际上生产服务业发展比较好的地区的成功经验。意大利长期坚持发展形成的中小企业专业服务体系、德国鲁尔结合工业基础和产业发展潮流培育成功的工业设计服务业和环保技术服务业、印度认准世界产业发展方向历届政府接力支持并成功发展信息技术和商务服务业，韩国首尔对发展商务服务业和设计产业的不懈坚持等都说明了这一点。形成比较优势和特色是产业发展取得成功的基础。从理论上说，比较优势的形成可以分为外生性比较优势和内生性比较优势。外生性比较优势取决于资源要素禀赋，但要素禀赋往往具有先天性特征，短期内难以改变。而内生比较优势则是一种动态的比较优势，它是通过后天的专业化学习或技术创新与经验积累人为创造出来，原来没有任何比较优势的地区可以选准一个产业方向进行专业化发展，通过人力资本与知识的长期积累而产生内生比较优势[①]。内生比较优势的形成往往需要经历一个困难的起步阶段，这需要产业扶持机构的长期坚持。

第三节　全球生产服务业发展新趋势

从全球范围来看，服务业发展正呈现出一些新趋势，具体表现为：全球资本流动向服务业集中，互联网技术引领全球服务业变革，海量数据成为生产服务业聚集新形式，节能环保服务成为服务业发展热点，制造业智能化发展对生产服务业提出新要求。

一、全球资本流动向服务业集中成大趋势

根据联合国贸发会议（UNCTAD）和联合国跨国公司中心（UNCTC，即UNCTAD前身）公布的数据，20世纪70年代初期全球服务业外商直接投资（FDI）占全部FDI的比重只有25%左右，20世纪80年代中期达到40%左右，而进入21世纪全球资本流动向服务业集中成为国际经济领域中的一个新现象，服务业成为全球资本流向的主要领域（见图3-1、图3-2）。随着服务业全球化发展，以信息技术外包（information technology outsourcing, ITO）、业务流程外包（business processing outsourcing, BPO）、知识流程外包（knowledge processing outsourcing, KPO）等为主要内容的国际离岸服务外包以及跨境电子商务、服务电

---

① 杨小凯、张永生：《新兴古典经济学与超边际分析》（修订版），社会科学文献出版社2003年版。

子商务、国际商务服务等新型生产服务业成为全球生产服务业发展热点。

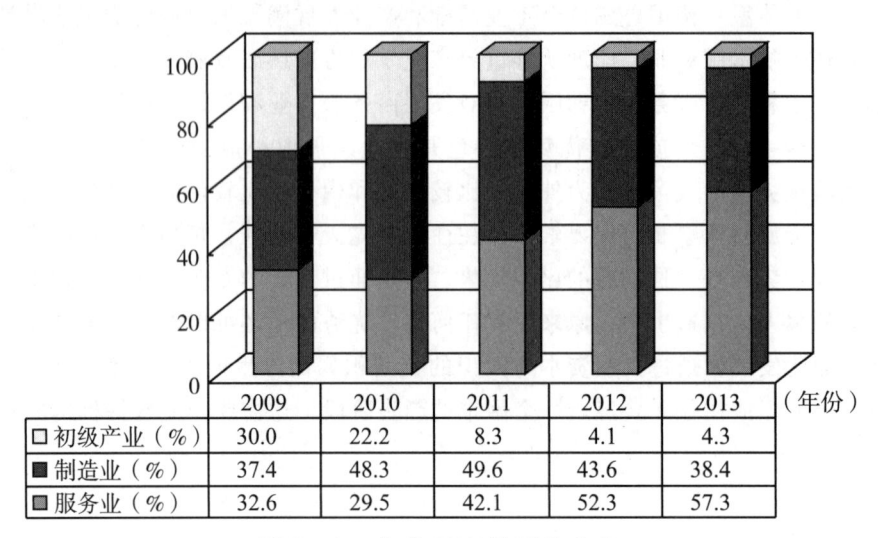

图 3-1 全球 FDI 的行业分布

(年份)	2009	2010	2011	2012	2013
初级产业（%）	30.0	22.2	8.3	4.1	4.3
制造业（%）	37.4	48.3	49.6	43.6	38.4
服务业（%）	32.6	29.5	42.1	52.3	57.3

注：初级产业包括农、林、牧、渔、采掘业等。
资料来源：根据联合国贸易暨发展会议发布的各年《世界投资报告》整理。

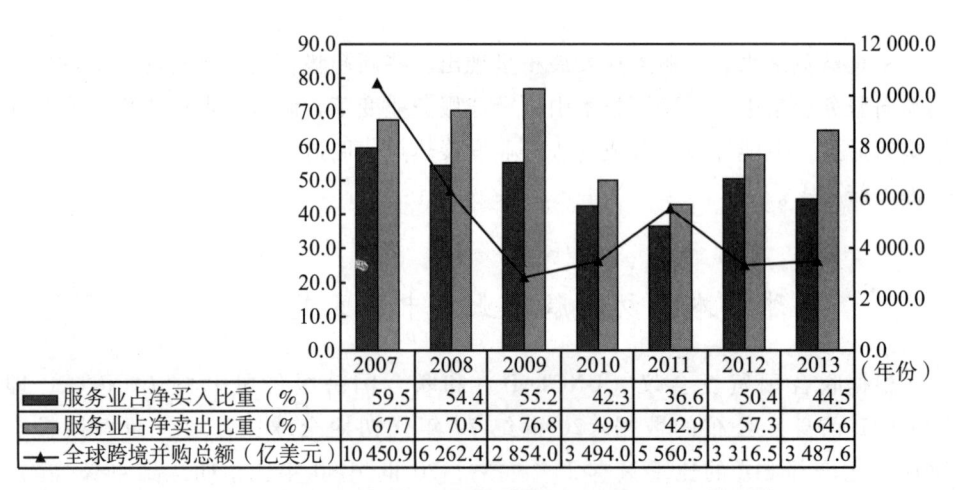

图 3-2 服务业在全球跨境并购 (M&A) 中的地位

(年份)	2007	2008	2009	2010	2011	2012	2013
服务业占净买入比重（%）	59.5	54.4	55.2	42.3	36.6	50.4	44.5
服务业占净卖出比重（%）	67.7	70.5	76.8	49.9	42.9	57.3	64.6
全球跨境并购总额（亿美元）	10 450.9	6 262.4	2 854.0	3 494.0	5 560.5	3 316.5	3 487.6

资料来源：根据联合国贸易暨发展会议发布的各年《世界投资报告》整理。

二、互联网技术引领全球服务业变革

以信息、光纤和移动卫星通信技术为依托的互联网浪潮正在席卷全球，对经济社会发展带来深刻变革，也为全球服务业发展带来机遇。一方面，互联网技术在人们生产和生活领域的不断渗透，推动着服务企业的品牌理念、研发设计、生产运营、服务营销等生产管理模式的不断创新，对信息和数字的经营能力日益成为企业的核心竞争力。另一方面，信息技术日新月异和广泛应用不断催生出新的服务业态，云服务、大数据、电子商务、数字传媒、社交网络、物联网、移动互联网、平台经济等依托互联网的新型服务业迅猛发展，引领着全球产业方向，并在改造传统产业、带动产业升级和提升区域综合竞争力的过程中扮演日益重要的角色。与传统商贸物流餐饮服务业和制造业相比，以信息技术和互联网为依托的新兴生产服务业更多依赖于高端专业人才，对土地和固定资产的需求相对较小。在我国建设用地日趋紧张和大学毕业生存量富裕的要素环境下，信息密集型生产服务业为是我国生产服务业发展的一个重点方向。

三、海量数据成为服务业聚集新形式

产业聚集是实现经济创新发展的重要形式，也是实现服务业创新发展的重要形式。由于地理环境、技术水平和历史发展阶段不同，服务业聚集也表现为不同形式。如围绕水运码头和交通枢纽形成的物流中心（如中国香港和鹿特丹）、由科研院所集中所形成的知识密集型服务业聚集区（如中关村和美国硅谷）、由龙头企业带动关联服务业聚集区（如现代商业 Mall）等。进入 21 世纪，随着现代互联网、移动互联网、物联网技术的飞速发展，以电子商务（如亚马逊、阿里巴巴）、网络游戏（腾讯、盛大等）、社交平台（Facebook、Twitter、QQ 等）、新媒体（微信、分众传媒）、搜索引擎（谷歌、百度等）等为代表的平台经济正在变革服务业运营模式，它不仅极大地方便了服务产品和生产要素的流动，同时也在加速服务产品创新。对网络平台产生的海量数据进行挖掘、分析和拓展应用日益成为平台经济的利润源泉和战略制高点。如沃尔玛通过数据挖掘重塑并优化供应链、卓越亚马逊和淘宝通过对海量数据的分析开展精准营销以及谷歌街景服务，等等。互联网技术大大减少了服务产品和生产要素流动的空间障碍，使得服务业依托互联网和运营平台实现跨空间聚集成为可能，改变了传统基于空间物理聚集的服务业聚集模式。基于互联网的信息数据聚集成为服务业新的聚集形式，基于互联网和商业网络的大数据资源也日益成为产业发展战略资源。

四、低碳环保理念日益丰富现代服务业内涵

节能环保、低碳发展观念成为世界潮流，也在深刻影响着全球服务业发展趋势。良好生态环境成为吸引服务业尤其是人力资本密集型高层次服务业发展的主

要影响因素。公众环保意识增强、国际贸易中的绿色壁垒、生态环境成本的上升使企业节能环保压力日趋增大，污染治理、废旧处理、节能降耗、资源环境修复、循环利用、绿色认证、碳足迹验证、生态环境修复、环境风险与损害评价、排污权交易、低碳技术、低碳金融等环保服务业逐步兴起，成为全球服务业发展新热点。东莞具有庞大的制造业规模，产品出口量大，许多行业涉及高能耗、高物耗和有污染倾向，节能环保和废旧处理的市场需求广阔。

五、第四次工业革命凸显生产服务业战略地位

美国金融危机引发全球经济深刻变革，一些发达工业化国家开始重新调整工业化战略，其中由德国发起的"第四次工业革命"引起了广泛关注并得到普遍认同，被认为是未来工业发展的一个主要方向。不同于以机械化、流水线和自动化为特征的前三次工业生产模式变革，第四次工业革命的特征是"智能化"，即借助于现代物联网技术把分散自主的智能化制造设备紧密地连接在一起，形成一个更具开放性、动态性和灵活性的有机生产网络系统，通过数据分析挖掘更多优化方案，实现生产组织成本的大幅度下降。智能化生产不仅可以使产品从生产组装到消费终端的大部分环节实现无人操作以降低成本，还可以增强客户与商业伙伴的紧密度，以其高度灵活性满足顾客个性化和多元化要求，实现以批量产的成本生产少量多样的产品。在智能化生产条件下，客户不仅在签订合同前，而且在下订单后、设计、用料、加工、装配、调试到仓储的各个阶段都可以随时查阅产品最新进展，甚至可以在产品生产过程中改动其订单细节提高资源利用率。第四次工业革命不仅将对现有的生产模式带来冲击，智能化生产所产生的庞大数据处理、信息安全、标准化以及商业模式变革等问题也将对服务业发展提出更高要求，同时也创造更多机会。生产服务业将成为智能化生产条件下的核心竞争要素。

六、跨界融合成生产服务业发展新常态

进入21世纪以来，以互联网、物联网、大数据、云计算等为代表新一代信息技术突飞猛进，正在加速资金流、信息流、人才流、知识流以及货物流的在全球范围内聚合分散和优化组合，对全球生产组织方式和商业模式带来深刻变革的同时也在颠覆传统的产业发展格局。其中新业态的跨界融合趋势即是众多变革中的一个突出特征。

现代互联网技术以空前的传播速度、云计算以超强的存储计算能力、大数据

以精准的分析挖掘能力正联袂向传统的生产、消费领域进行广泛深入的渗透,从设计、生产、销售到售后的全流程对传统产业进行改造,促使生产、流通、消费和服务一体化融合发展。催生了以"互联网+"为代表的新产业业态和以"大众创业""万众创新"为代表的新产业创新模式。新兴产业模式的一个突出特征是其产业边界正在模糊。例如,从方兴未艾的节能环保服务业来看,除了涉及传统的污染防治外服务外,该产业还牵涉到节能新材料新设备研发、新能源新工艺推广、新监测技术应用以及生物修复等多个领域。按照传统产业标准节能环保产业既有制造,也有服务;既涉及服务业,也涉及工业和农业,表现出突出的产业跨界融合特征。

新业态跨界融合的特点使得依托于传统三次产业划分标准和产业链上中下游简单互动关联的理论分析和产业政策面临挑战,自然也影响到如何加快生产服务业新业态发展的战略制定。这提示我们,加快生产服务业发展必须打破单个项目、单个部门、单个地区单打独斗的思维模式,强化产业协同、部门联动和区域合作的工作思路。

第四章

中国生产服务业发展现状与滞后成因

本章利用相关指标对中国生产服务业及其内部分行业发展现状进行评估，并就生产服务业发展滞后的深层次因素进行剖析。生产服务业内部行业庞杂，2015年4月国家统计局根据《国务院关于加快发展生产性服务业促进产业结构调整升级的指导意见》和《国务院关于印发服务业发展"十二五"规划的通知》的要求，将生产服务业范围进行了重新界定，具体包括：为生产活动提供的研发设计与其他技术服务、货物运输仓储和邮政快递服务、信息服务、金融服务、节能与环保服务、生产性租赁服务、商务服务、人力资源管理与培训服务、批发经纪代理服务、生产性支持服务等十个细分行业，我国现有官方公开历史统计数据缺少更为细分行业统计数据。为保证数据的可获得性和统计口径的连续性，课题组在本章分析中国生产服务业发展现状与滞后成因过程中将上述十个细分行业归入交通运输、仓储和邮政业（剔除旅客运输服务等）、信息传输、计算机服务和软件业、批发贸易业、金融业（剔除金融管理部门服务活动和个人金融服务）、租赁和商务服务业、科学研究和技术服务业等六大行业。

第一节 中国生产服务业发展现状

改革开放以来，中国生产服务业总量逐渐增大，结构逐步趋于优化。但是，与发达国家和新兴经济体，以及新常态条件下我国产业结构转型升级和经济发展提质增效的动态需要相比较，中国生产服务业发展仍明显滞后。统计分析表明，中国生产服务业的发展呈现如下状态。

一、规模总量不断扩大但比重增幅较小

2004~2014年，中国生产服务业增加值（当年价）由35 774亿元增至178 105亿元（见表4-1），增长3.98倍，增长速度高于GDP（2.98倍）、第一产业（1.72倍）、第二产业（2.67倍）和第三产业（3.75倍）。

表4-1　2004~2014年中国生产服务业增加值变化　　单位：亿元（当年价）

年份	GDP	第一产业	第二产业	第三产业	生产服务业
2004	159 878	21 413	73 904	64 561	35 774
2008	314 045	33 702	149 003	131 340	74 869
2011	473 104	47 486	220 413	205 205	116 990
2012	519 470	52 374	235 162	231 934	132 830
2013	568 845	56 957	249 684	262 204	150 442
2014	636 463	58 332	271 392	306 739	178 105

资料来源：2004~2013年的数据来源于各年中国统计年鉴，2014年数据根据国家统计局的季度数据整理；2012~2014年细分行业数据根据其在2012年占"其他行业"的比例计算。

同期生产服务业增加值占GDP比重（当年价）由22.38%仅升到27.98%。第一产业占比由13.39%下降到9.16%，第二产业占比由46.23%下降到42.64%，第三产业占比呈持续上升趋势，由40.38%升至48.19%（见表4-2）。生产服务增加值占比的增幅（5.6%）低于整个第三产业（7.81%）。这提示，中国生产服务业在中国十余年的工业化进程中充当生产要素的功能没有充分发挥，发展受到一定程度抑制。

表4-2　2004~2014年中国生产服务业占GDP比重　　单位：%（当年价）

年份	第一产业	第二产业	第三产业	生产服务业
2004	13.39	46.23	40.38	22.38
2008	10.73	47.45	41.82	23.84
2011	10.04	46.59	43.37	24.73

续表

年份	第一产业	第二产业	第三产业	生产服务业
2012	10.08	45.27	44.65	25.57
2013	10.01	43.89	46.09	26.45
2014	9.16	42.64	48.19	27.98

资料来源：同表4-1。

二、对GDP的贡献率逐渐提升但增幅相对较小

2005～2014年生产服务业对GDP的贡献率由2005年的24.20%逐渐上升至2014年的28.95%，增幅4.75个百分点。第一、第二产业对GDP的贡献率由2005年的6.19%、49.38%曲折下降至2014年的5.55%、43.30%。第三产业对GDP的贡献率由2005年的43.67%上升至2014年的50.45%（见表4-3）。中国生产服务业开始成为国民经济的重要推动力，但对GDP的贡献率增幅滞后于第三产业整体水平6.78个百分点。这也提示，中国生产服务业在工业化前中期应当发挥的重要推动作用不充分。

表4-3　2005～2014年中国生产服务业的GDP贡献率　　单位：%

年份	第一产业	第二产业	第三产业	生产服务业
2005	6.19	49.38	43.67	24.20
2006	4.78	50.04	45.18	24.68
2007	2.94	51.00	46.20	25.55
2008	6.01	48.53	45.23	25.48
2009	4.87	51.19	43.41	24.74
2010	4.22	54.22	40.54	22.61
2011	4.61	51.61	43.77	24.75
2012	5.97	48.19	45.66	26.03
2013	5.26	46.30	48.14	27.57
2014	5.55	43.30	50.45	28.95

注：根据不变价增加值计算，其中生产服务业的价格指数用第三产业的价格指数替代。
资料来源：根据中国统计年鉴计算。

表4-4是2005～2014年中国生产服务业内部各细分行业对生产服务业的贡献率。交通运输和仓储及邮政业、信息传输和计算机服务及软件业对生产服

务业的贡献率下降；批发和零售业、金融业对生产服务业的贡献率在曲折中上升；租赁和商务服务业、科学研究和技术服务业对生产服务业的贡献率在6%~11%之间波动。可以发现，信息传输服务、信息技术服务、生产性租赁服务、商务服务以及生产性专业技术服务等新兴服务业对生产服务业发展的贡献水平偏低，而且其贡献率的增幅远远低于第三产业对GDP的贡献率增幅。这从一定程度上说明新兴服务业的发展滞后是中国生产服务业发展水平不高的重要因素。

表4-4　　2005~2014年中国生产服务业细分行业对生产服务业的贡献率

单位：%

年份	交通运输、仓储和邮政业	信息传输、计算机服务和软件业	批发和零售业	金融业	租赁和商务服务业	科学研究和技术服务业
2005	26.48	12.99	29.41	13.49	9.76	7.87
2006	18.83	9.68	31.84	24.98	8.21	6.47
2007	17.59	7.44	32.06	30.83	6.58	5.50
2008	14.50	9.50	43.16	20.79	7.52	4.54
2009	4.74	3.96	36.45	37.78	7.59	9.48
2010	15.41	4.60	43.32	20.59	10.21	5.86
2011	17.53	4.77	40.89	21.13	8.62	7.06
2012	14.06	7.54	37.56	23.76	9.03	8.05
2013	14.89	8.09	35.64	27.32	7.98	6.07
2014	5.30	8.23	23.66	48.51	8.13	6.18

资料来源：根据中国统计年鉴计算。

三、劳动生产率逐渐提升但新兴服务业增速滞后

表4-5显示，2004~2013年间中国生产服务业的劳动生产率由2004年的4.42万元/人逐年提高至2013年的12.78万元/人，年均增速达12.52%。略高于第二产业（10.40%），但低于三次产业劳动生产率增速（14.69%）和第三产业（13.45%）。生产服务业劳动生产率的提高程度滞后于三次产业和第三产业，其直接原因可能是部分知识—技术密集型的新兴生产服务业的劳动生产率偏低，滞后于整个生产服务业水平。

表4-5　　2004~2013年中国生产服务业劳动生产率　　单位：万元/人，%

年份	全行业	第二产业	第三产业	生产服务业
2004	2.15	4.42	2.84	4.42
2005	2.48	4.93	3.20	5.01
2006	2.89	5.49	3.67	5.88
2007	3.53	6.23	4.56	7.43
2008	4.16	7.25	5.24	8.53
2009	4.50	7.48	5.73	9.09
2010	5.28	8.58	6.59	10.61
2011	6.19	9.78	7.52	11.97
2012	6.77	10.12	8.38	13.33
2013	7.39	10.78	8.85	12.78
平均增速	14.69	10.40	13.45	12.52

注：第三产业细分行业就业人数＝第三产业就业人数×（该行业城镇单位就业人数/第三产业城镇单位就业人数）。

资料来源：根据中国统计年鉴计算。

中国生产服务业各细分行业劳动生产率的增长速度（见表4-6）分为四类：（1）批发和零售业、交通运输仓储和邮政业、金融业等仍在以相当高的速度增长，根据十来年金融业的发展显示，金融业的高速增长主要源自传统业务。（2）租赁和商务服务业的劳动生产率增长速度低于生产服务业，且劳动生产率远低于生产服务业以及批发和零售业等传统服务业。（3）科学研究和技术服务业的劳动生产率增长速度虽高于生产服务业，但劳动生产率还相当低，远低于生产服务业。（4）信息传输和计算机服务及软件业的劳动生产率的增长速度仅有2.30%，不仅远低于生产服务业各细分行业，而且远远低于三次产业和二、三产业。这说明，与之相关的信息传输服务、信息技术服务、电子商务支持服务、研发与设计服务、检验检测服务、生产性专业技术服务、商务服务、创新金融服务等各种新兴生产服务增长还相当缓慢，不仅相对于产业发展的动态需求存在明显的潜在滞后，而且相对于现有产业结构存在明显的结构性滞后。

表 4-6　2004~2013 年中国生产服务业细分行业劳动生产率　单位：万元/人

年份	交通运输、仓储和邮政业	信息传输、计算机服务和软件业	批发和零售业	金融业	租赁和商务服务业	科学研究和技术服务业
2004	3.85	8.95	5.55	3.96	3.53	2.07
2005	4.46	9.67	6.58	4.34	3.67	2.44
2006	5.03	10.40	8.11	5.57	4.05	2.88
2007	6.00	11.42	10.57	8.10	4.86	3.62
2008	6.68	12.63	13.04	9.12	5.23	3.98
2009	6.80	12.11	14.35	10.21	5.50	4.47
2010	7.94	12.52	17.50	11.69	6.58	5.05
2011	9.05	12.29	17.94	13.21	8.78	6.24
2012	10.21	13.61	19.17	15.03	10.24	6.88
2013	9.35	10.98	18.12	18.08	8.41	6.96
平均增速(%)	10.36	2.30	14.06	18.38	10.12	14.42

资料来源：根据相关年份《中国统计年鉴》计算。

四、在生产服务业内部结构中，传统服务业为主，新兴服务业占比很小

表 4-7 是 2004~2014 年中国生产服务业细分行业的增加值比重及发展速度，反映了中国生产服务业内部结构演变趋势。生产服务业增加值的年均增长率为 18.44%。细分行业分为两类：第一类是年均增长率明显高于生产服务业，包括金融业（24.72%）、租赁和商务服务业（18.71%）、科学研究和技术服务业（20.21%）。第二类是年均增长率明显低于生产服务业，包括交通运输、仓储和邮政业（12.06%）、信息传输、计算机服务和软件业（13.32%）、批发和零售业（17.59%）。

中国生产服务业内部结构变化趋势有两点值得注意：

其一，传统生产服务业占比开始逐渐下降，但是仍然占据主导地位。交通运输、仓储和邮政业与批发和零售业等传统服务业部门的增加值占生产服务业比重从 2004 年的 60.82% 下降到 2014 年的 51.07%，但仍占生产服务业的一半以上。

其二，知识密集型、技术密集型生产服务业占比出现提高趋势，但是占比仍然不容乐观。金融业、租赁和商务服务业、科学研究和技术服务业以 20% 左右

的年均增长率提升,三者比重从27.34%增至40.69%。这主要是由于随着中国产业经济转型升级,第一、二、三次产业对生产服务的需求层次逐渐提高,在市场利益机制的诱导下,开始涌现出为生产活动提供的研发设计与其他技术服务、信息服务、金融服务、节能与环保服务、生产性租赁服务、商务服务、人力资源管理与培训服务、生产性支持服务等新兴服务业态。但是,新兴服务业态的占比仍然还低,与信息传输、信息技术、电子商务支持等新兴服务相关的信息传输、计算机服务和软件业反而出现下降趋势,由2004年的11.84%降至2014年的8.24%。与生产性租赁服务、商务服务、研发设计服务、检验检测服务、节能环保服务、生产性专业技术服务等新兴服务相关的租赁和商务服务业、科学研究和技术服务业分别一直在7.5%、5%左右徘徊。可见,中国生产服务业中具有产业价值链高端控制作用的新兴服务业的发展尚处于起步阶段,内部结构升级滞后产业发展的动态需求,后续发展任重而道远。

表4-7　2004~2014年中国生产服务业细分行业增加值比重及增长率

单位:%

年份	交通运输、仓储和邮政业		信息传输、计算机服务和软件业		批发和零售业		金融业		租赁和商务服务业		科学研究和技术服务业	
	比重	增率	比重	增率	比重	增率	比重	增率	比重	增率	比重	增率
2004	26.0	—	11.8	—	34.8	—	15.1	—	7.3	—	4.9	—
2005	26.1	14.6	12.0	15.8	34.1	12.1	14.9	12.9	7.7	19.1	5.3	23.0
2006	24.9	14.2	11.6	15.9	33.8	18.4	16.5	33.1	7.7	21.1	5.5	24.1
2007	23.3	19.9	10.7	18.0	33.4	26.7	19.7	52.3	7.5	23.9	5.5	28.2
2008	21.9	12.1	10.5	17.2	35.0	25.1	19.9	20.5	7.5	19.5	5.3	16.0
2009	20.3	2.2	9.9	3.9	35.1	10.7	21.5	19.5	7.5	10.4	5.7	18.2
2010	19.5	14.4	9.1	8.8	36.4	23.3	21.4	18.1	7.9	25.7	5.7	19.4
2011	19.2	17.3	8.4	10.1	37.3	21.5	21.3	19.0	8.0	20.8	6.0	23.6
2012	18.6	9.9	8.3	12.2	37.2	13.7	21.6	15.1	8.2	15.2	6.2	18.3
2013	18.1	10.6	8.2	13.0	37.0	12.7	22.3	16.8	8.1	13.0	6.2	13.0
2014	16.1	5.4	8.2	18.4	34.9	11.8	26.4	40.0	8.1	18.4	6.2	18.4
平均	—	12.1	—	13.3	—	17.6	—	24.7	—	18.7	—	20.2

资料来源:根据相关年份《中国统计年鉴》计算。

五、生产服务业发展水平正逐步提高,但仍落后于世界平均水平

人均生产服务产品占有量和生产服务密度大幅提高。人均生产服务占有量从2004年的2 752元/人增长到2014年的13 021元/人,增长3.73倍,几乎每年保持两位数的增长率(2009年除外),年均增长率达17.84%。生产服务密度从2004年的37.27万元/平方公里增长到2014年的185.83万元/平方公里,增长3.98倍,年均增长率高达17.36%(见表4-8)。

表4-8 2004~2014年中国生产服务业的绝对发展水平

单位:万元/平方公里,元/人

年份	第三产业		生产服务业		
	服务密度	人均服务产品占有量	生产服务密度	人均生产服务产品占有量	人均生产服务产品占有量的增长率(%)
2004	67.25	4 967	37.27	2 752	—
2005	78.04	5 730	42.62	3 129	13.70
2008	136.81	9 890	77.99	5 638	18.77
2011	213.76	15 230	121.86	8 683	18.61
2012	241.60	17 129	138.36	9 810	12.98
2013	273.13	19 269	156.71	11 056	12.79
2014	319.52	22 425	185.83	13 021	17.77
年均增长率(%)	17.96	18.44	17.36	17.84	—

资料来源:根据相关年份《中国统计年鉴》计算。

但是,中国人均生产服务产品占有量在世界上仍处于较低水平(见图4-1),1995年中国人均生产服务产品占有量仅为世界平均水平的7.68%,2004年提高到16.61%,2011年提高到43.53%。2011年为1 269美元,大致相当20世纪90年代中期的世界平均水平、BRIIAT 2008年、俄罗斯2005年、巴西2006年的水平,虽远高于印度,但远低于美、日、欧、北美自由贸易区、东亚(不含中国、蒙古、朝鲜)发达国家和地区。

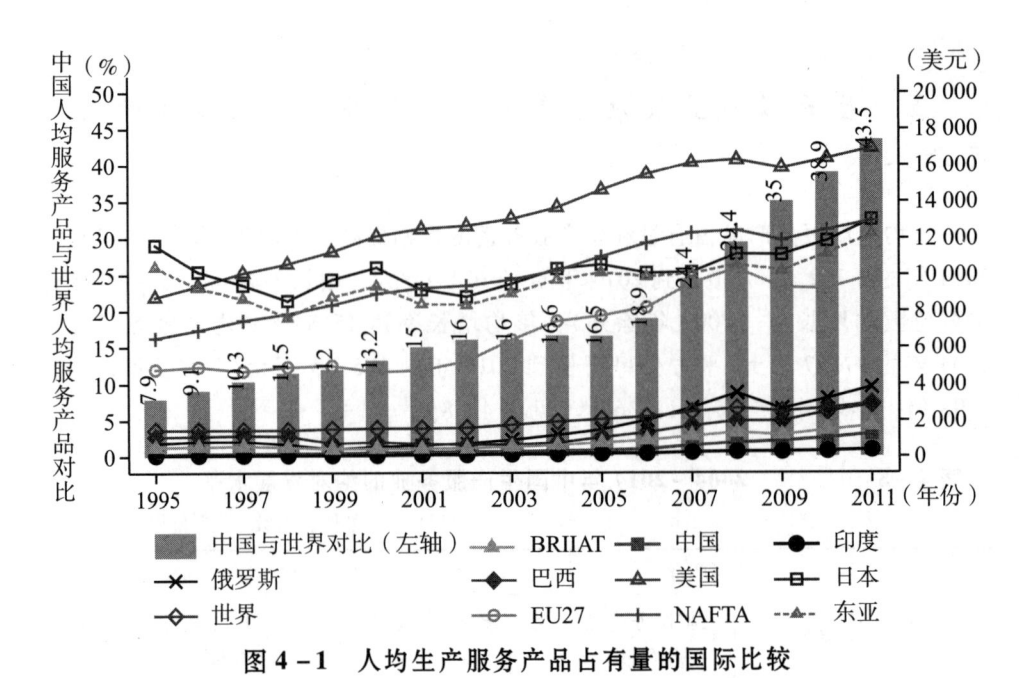

图 4-1　人均生产服务产品占有量的国际比较

注：（1）EU27：共计 27 个国家；（2）NAFTA：即北美自由贸易区，包括美国、加拿大、墨西哥；（3）东亚：包括日本、韩国、中国台湾，此处不包括中国大陆；（4）BRIIAT：包括巴西、俄罗斯、印度、印度尼西亚、澳大利亚、土耳其。

资料来源：根据 WIOD 数据库进行计算整理。

六、中国生产服务业全球名牌少并且行政垄断色彩突出

第二次世界大战后尤其是进入 21 世纪以来，随着服务经济崛起和消费时代降临，经济全球化加速，国际市场竞争日趋白热化，品牌影响力成为市场参与者在全球竞争取胜的关键法宝。从微观角度看，能否塑造出全球著名品牌日益成为检验一国生产服务业发达与否的重要标准。在此背景下，世界品牌实验室（world brand lab）从 2005 年起，每年按照品牌影响力的三项关键指标，即市场占有率（share of market）、品牌忠诚度（brand loyalty）和全球领导力（global leadership），对全球 8 000 个知名品牌进行了评分，最终推出了世界最具影响力的 500 个品牌。如表 4-9 所示，根据世界品牌实验室每年发布的全球知名品牌 500 排行榜，中国公司位列 500 名的席位数由 2005 年的 4 家增至 2014 年的 29 家，与美国占据全球名牌 500 强将近一半（227~249）的地位相比较，中国名牌席位数仅相当于美国的零头而已，差距非常巨大。中国占据全球品牌 100 的席位数，截至 2014 年增至 5 家，其中有 4 家是服务业品牌，分别是中国中央电视台、国家电网、中国工商银行、中国移动，这 4 家品牌具有浓厚的行政垄断色彩，国

家电网、中国工商银行、中国移动属于比较典型的生产服务业企业。中国服务品牌不仅数量少而且垄断色彩浓厚,不仅不利于在国内形成良好的生产服务业企业示范效应,而且在国内形成的品牌价值无法复制到国外,也不利于我国生产服务业企业走出去开展跨国经营。

表4-9　　全球名牌500、100中国公司席位及前100名中国服务业公司

年份	前500 美国席位	前500 中国席位	前100 中国席位	全球名牌前100中国服务业公司及名次			
2014	227	29	5①	57: 中国中央电视台	60: 国家电网	65: 中国工商银行	81: 中国移动
2013	232	25	4	53: 中国中央电视台	67: 国家电网	79: 中国工商银行	83: 中国移动
2012	230	23	4	46: 中国中央电视台	58: 中国移动	64: 中国工商银行	72: 国家电网
2011	239	21	4	50: 中国中央电视台	65: 中国移动	77: 中国工商银行	82: 国家电网
2010	237	17	4	61: 中国中央电视台	69: 中国移动	82: 中国工商银行	86: 国家电网
2009	241	18	4	63: 中国中央电视台	70: 中国移动	91: 中国工商银行	95: 国家电网
2008	243	15	2	63: 中国移动	65: 中国中央电视台		
2007	247	12	3	66: 中国移动	71: 中国中央电视台	(83:海尔)	
2006	245	6	1	(86:海尔)			
2005	249	4	1	(89:海尔)			

资料来源:世界品牌实验室(World Brand Lab)官网。

---

① 2014年中国占据该年度全球品牌100强5个席位,4家服务业品牌分别是中国中央电视台、国家电网、中国工商银行、中国移动,1家制造业品牌是联想(位列第81名)。

综上所述，中国生产服务业虽然总量和发展水平逐渐提高，但发展明显滞后。主要表现：一是生产服务业产值规模和贡献滞后，生产服务业增加值占 GDP 份额的增幅和生产服务业对 GDP 贡献率的增幅均滞后于第三产业平均水平。二是生产服务业内部结构升级滞后，具有知识—技术密集属性的新兴生产服务业的劳动生产率远低于生产服务业平均水平，甚至低于三次产业的水平；具有产业价值链高端控制作用的新兴生产服务业的发展尚处于起步阶段。三是生产服务业相对于工业化进程所要求的动态需求存在结构性滞后，新兴服务业态的增加值占比还很低，与信息传输服务、信息技术服务、电子商务支持服务等相关的新兴服务反而出现下降趋势，与生产性租赁服务、商务服务、研发设计服务、检验检测服务、节能环保服务、生产性专业技术服务等相关的新兴服务一直在低位徘徊。四是中国生产服务业绝对发展水平不仅滞后于发达国家和新兴经济体，而且滞后于世界平均水平。五是中国生产服务业全球名牌少并且行政垄断色彩突出。

归根结底，以上种种滞后表现是相对于新常态下我国产业转型升级和经济发展提质增效的动态需求而言的。从静态角度看，我国生产服务业发展水平和特征所反映的是建立在传统经济发展模式基础上的低水平供求平衡——低水平需求与低水平供给之间的均衡。生产服务是在货物或其他服务的生产过程中作为中间投入要素的服务型生产资料，根据卡尔·门格尔（Menger C.，1871）的逻辑①，它在本质上是高阶次商品，从满足人类需要所构成的因果来看，高阶次商品的需求是由低阶次商品的需求引致和派生的，同时还取决于同阶次互补品的供应。另外，服务产品生产与消费的同时性决定服务运营受到服务需求的严格制约。因此，在相当程度上生产服务业发展水平和结构与低阶次商品的需求及同阶次互补品的供应是相适应的。我国正处于社会主义初级阶段，经济发展水平不高，最终需求总量和层次不高，市场经济体制、现代企业制度、经济管理体制等尚未完善，与此对应的生产服务业发展水平也不高。从动态角度看，我国产业结构转型升级和经济发展提质增效需要更高水平的生产服务业来推动，这就要求打破现有的低水平的生产服务供求平衡状态，分别从需求与供给两方面积极创造条件，加快生产服务业发展，推动生产服务业实现高水平的供求平衡。

---

① Menger C. Principles of Economics. Translated by James Dingwall and Bert F, *Hoselitz*, New York：New York University Press，1871.

第二节　中国生产服务业发展滞后成因剖析

研究显示我国生产服务业发展相对缓慢,造成这一现象的原因是多方面的[①](魏作磊,2009;江波、李江帆,2013)。本节重点从需求拉动障碍、供给推动制约、制度创新滞后、技术进步渗透不足、对外开放步伐缓慢等方面剖析我国生产服务业发展滞后的深层次因素。

一、需求拉动方面的阻碍

生产服务是向生产者而不是向最终消费者出售的服务型生产资料,接受生产服务的生产者所拥有或控制的可服务对象的数量与质量将直接影响和制约生产服务需求的数量与质量。由最终消费需求对产品种类增加与质量提高所带来的派生需求也会间接影响和制约生产服务需求的数量与质量。因此,现有经济发展规模与水平在一定程度上制约着生产服务业发展的规模与水平。制约当前中国生产服务业需求的因素主要表现为三个方面:服务依赖度低、结构奖赏效应尚未显现、最终消费需求对生产服务拉动力不足。

(一) 服务依赖度明显偏低[②]

服务依赖度是生产服务投入占中间投入总额的比例,是从中间投入角度来衡量一个行业或经济软化程度的指标。马克思说过:"各种经济时代的区别不在于生产什么,而在于怎样生产,用什么劳动资料生产。劳动资料不仅是人类劳动力发展的测量器,而且是劳动借以进行的社会关系的指示器。"[③] 生产服务作为服务型生产资料,是推动潜在生产力向现实生产力转化的催化剂,在一定程度上是协调生产力与生产关系的调节器,因此服务依赖度是经济发展水平的测量器。

通常随着社会分工演进和经济发展,中间投入软化程度会逐步提高,服务依赖度将逐步上升。1995~2011年,中国第一产业服务依赖度平均为17.2%,第二产

---

① 如统计错漏,2005年第一次全国经济普查查出的漏统增加值主要在第三产业,普查后我国2004年第三产业增加值比重由31.9%修正为40.7%。
② 有关服务业与制造业的产业依赖关系可参看魏作磊、邝彬:《制造业对服务业的产业依赖及其对促进我国就业增长的启示——一项基于投入产出表的比较分析》,载于《经济学家》,2009年第11期。
③ 马克思、恩格斯:《马克思恩格斯全集》(第23卷),人民出版社1974年版,第204页。

业服务依赖度平均为16.0%，第三产业服务依赖度平均为46.1%（见图4-2），分别低于同期全球平均水平的30.4%、30.2%、67.0%，这说明传统以实物投入为主的生产方式是制约中国生产服务发展的重要因素。

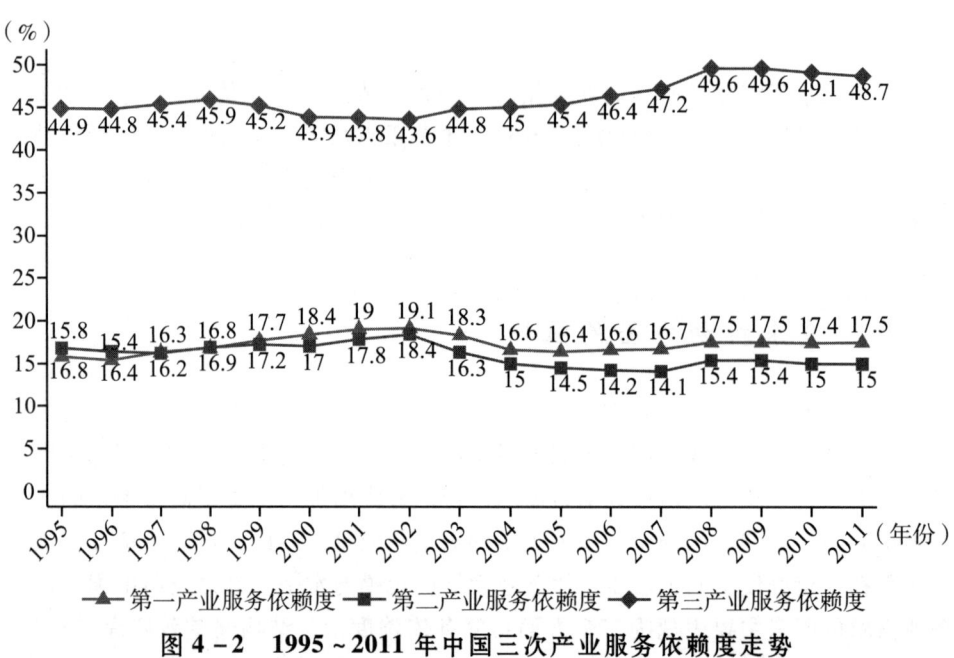

图4-2 1995~2011年中国三次产业服务依赖度走势

资料来源：根据WIOD数据计算整理。

（二）结构奖赏效应尚未充分显现

第三产业内部由于在生产技术、流程、习惯等方面的相似度高，在沟通尤其是隐性知识的沟通方面比较容易，第三产业服务依赖度远远高于第一、二产业服务依赖度，如1995~2011年间，平均而言，中国第三产业服务依赖度（46.1%）是第一产业服务依赖度（17.2%）的2.7倍、是第二产业服务依赖度（16.0%）的2.9倍，同期全球第三产业服务依赖度（67.0%）是第一产业服务依赖度（30.4%）的2.2倍、是第二产业服务依赖度（30.2%）的2.22倍。此现象亦被称为第三产业"自我增强机制（self-enforcing mechanism）"。由此可知，其他条件保持不变，服务产出占社会总产出比重越高，国民经济的服务依赖度就越高，即一个经济体服务业比重越高则国民经济的服务依赖度越高，并且进入服务经济社会后这一趋势呈稳定态势（孙得将、李江帆，2013），可以将这种服务业自我增强机制在生产服务上的效应称为"结构奖赏效应"。事实上，从需求角度来讲，第三产业是发达国家生产服务业发展的主要拉动力。

截至 2014 年，中国第三产业占 GDP 比重为 48.2%，比 2013 年世界平均水平（66.0%）低 17.8 个百分点（联合国统计司）。尽管自 2012 年起中国第三产业比重（45.5%）首次超过第二产业比重（45.0%），但仅仅由于经济结构与世界平均水平的差异所导致的国民经济服务依赖度在 2014 年低 5.3 个百分点[1]，大约为 9 664 亿美元[2]，折合人民币为 5.94 万亿元。

从发达国家的实践经验看，服务业占 GDP 比重不断上升、服务业在国民经济中的主体地位不断增强将是新常态下中国经济发展的一个主要趋势，服务业将是未来中国生产服务业发展的主要需求保障。这提示我们，发展生产服务业不能只把目光局限在工业生产服务业中，而应该充分利用生产服务与第三产业的"结构奖赏效应"来大力发展第三产业生产服务。这不仅是提升中国服务业总体水平的重要保障，也是中国生产服务业发展的主导方向。

（三）最终消费需求对生产服务拉动力不足

社会最终需求可以划分为消费、投资和出口。改革开放以来的多数年份中国经济增长主要依靠投资和出口拉动。中国最终消费率由改革开放初期 1983 年的高点 67.4% 逐步降低至 2010 年的 49.1%，然后回升至 2014 年的 51.2%，而资本形成率则由改革开放初期 1983 年低点 31.7% 逐步提高至 2011 年的 47.3%，截至 2014 年仍高达 46.1%；同期世界最终消费率平均为 75.4%，资本形成率平均为 24.4%（联合国统计司）。1992~2014 年，最终消费支出对 GDP 增长贡献率平均为 53.4%，资本形成总额对 GDP 增长贡献率平均为 45.9%（国家统计局）。

李江帆等（2004）根据 1997 年中国投入产出表测算，第三产业对消费的最终依赖度为 0.831，对资本形成的最终依赖度为 0.041，对出口的最终依赖度为 0.182，证明第三产业是高度的"依赖消费型行业"[3]。吴利华和张宗扬（2011）采用 2002 年、2007 年投入产出表，计算了各行业对消费、投资及出口的最终依赖度，仍发现各细分服务业对消费的最终依赖度高于对投资或出口的最终依赖度，但 2002~2007 年间对消费的最终依赖度有略微下降的趋势而对投资的最终依赖度有略微提高的趋势[4]。沈利生（2011）认为："为了提高三次产业中第三

---

[1] 用三次产业服务依赖度平均值（17.2，16.0，46.1）乘以 2013 年世界三次产业结构（4.5，29.5，66.0）与中国 2014 年三次产业结构（9.2，42.6，48.2）之差，乘积为 5.3。

[2] 根据 WIOD 数据，用估算的中国 2014 年中间投入总额乘以 5.3%，可得 9 664 亿美元，然后根据 2014 年美元兑人民币平均汇率 6.1428，可得 5.94 万亿元人民币。

[3] 参见李江帆主编：《中国第三产业经济分析》，广东人民出版社 2004 年版，第 731 页。

[4] 吴利华、张宗扬：我国各产业部门对最终需求依赖度的聚类分析，载于《华东经济管理》，2011 年第 8 期。

产业的比重，必须提高最终需求中消费的比重"。①

最终消费需求对生产服务的影响途径有：（1）最终消费需求份额大则拉动更大份额的第三产业，因第三产业服务依赖度高明显高于第一、二产业的服务依赖度，从而拉动更多的生产服务需求，这是最终消费需求对生产服务的直接增强效应；（2）消费是生产的最终目的和归宿，其他条件不变，消费需求份额大则意味着消费水平高，对消费品的种类和质量的要求提高，对生产技术的要求提高，从而对生产服务的需求提高，这是最终消费需求对生产服务间接增强效应。

在中国长期依赖投资和出口拉动而消费明显受到抑制的经济增长方式下，消费需求对生产服务的直接增强效应与间接增强效应均被抑制，最终消费需求对生产服务拉动力不足。这提示我们，消费不仅是我国经济发展巨大潜力所在，也是生产服务业发展的巨大动力所在，扩大和升级消费，设法创造让群众"能消费、敢消费、愿消费"的环境条件，将经济发展动力模式由主要依赖投资和出口拉动转换至主要依赖消费拉动，是释放和解放生产服务需求潜力的必由之路。

二、供给推动方面的制约

亚当·斯密认为："各行业之所以各个分立，似乎也是由于分工有这种好处。一个国家的产业与劳动生产力的增进程度如果是极高的，则其各种行业的分工一般也都达到极高的程度"②。社会劳动分工不断深化是生产服务业得以产生和发展的根本原因，而服务外部化与产业融合则是推动生产服务供给的主要形式。

生产的专业化和社会化分工程度不断加深，一方面许多原先内置于企业的研发、设计、会计、营销、咨询等为生产服务的职能部门得以"外部化"；另一方面使企业在生产经营中的纵向和横向联系加强，相互依赖程度加深，促进服务业融合发展，引起对商业、金融、保险、运输、通信、广告、咨询、情报、检验、维修等服务需求量迅速上升，从而促进了生产服务业的迅速发展。

（一）服务外包起步晚而发展势头强劲

1. 服务外部化动因。（1）成本因素。几乎所有研究服务外部化的学者都把成本降低作为企业服务外包的动因之一。外部供应者能够提供低价格服务主要在于独立的服务生产过程具有规模经济。例如，科林和米勒（Collin and Millen,

---

① 沈利生：《最终需求结构变动怎样影响产业结构变动——基于投入产出模型的分析》，载于《数量经济技术经济研究》，2011年第12期。
② 亚当·斯密：《国民财富的性质和原因的研究》，商务印书馆1997年版，第7页。

1995）通过对 500 个工业企业中的 110 个首席信息官（CIO）进行访谈，发现来自于职工人数减少的成本降低是资源外置的主要原因。(2) 准成本或者"弹性因素"。例如，通过寻求外部服务，公司可以减少内部职业培训和内部投资方面的风险；如果需求较低，或者是可选择性的、零星的需求，内部提供这些运作缺乏效率或不切实际；一些重要的生产服务需要在短期内得到满足但是内部无法提供；公司选择购买战略上远离公司核心活动的外部服务。(3) 非成本因素。例如，公司生产服务功能外部化是为了更好地获取内部不可能获得的专业化技术和专家；对错综复杂的环境需要进行独立评估，有必要雇佣外部公司（如审计）进行。

以上驱动服务外部化的成本因素、准成本或弹性因素、非成本因素发挥作用的基础性条件是"产权清晰、权责明确、政企分开、管理科学"的现代企业制度的就绪和有效运行。1992 年以前，国有经济不仅占据主导支配地位，而且国有企业欠缺现代企业制度。在现代企业制度缺失的条件下，不可能奢望国有企业在生产经营决策上完全按照成本效益原则使用外部服务或者有效地为其他企业提供生产服务。非但如此，长期计划经济体系下形成的根深蒂固的"小而全、大而全"习惯思维，在相当程度上阻碍着服务外部化。

1992 年中共十四大第一次明确提出了建立社会主义市场经济体制，1994 年第一部《中华人民共和国公司法》出台，同年国务院选择 100 家企业进行建立现代企业制度试点。截至 2002 年，国家按照抓大放小的原则，中央和地方共选择 2 500 多家企业，按照现代企业制度的要求进行公司制改革试点。1994～2002 年国有企业进行公司制改革的过程，是企业管理水平和经济效益提高的过程，同时也是生产服务外部化逐渐萌芽诞生的过程。

2003 年中共十六届三中全会明确提出"股份制是现代企业的一种资本组织形式，资本主义可以用，社会主义也可以用"的论断，从而实现了公有制理论特别是公有制实现形式理论的巨大突破。此后，股份制和现代公司治理制度成为我国市场主体的基本组织形式和管理制度，企业逐步强化了成本效率方面的硬约束机制。在成本效益的约束激励下，越来越多的企业介入服务外包活动。

2. 我国服务外包情况。我国服务外包萌芽于 20 世纪末，近年来发展势头强劲。截至 2014 年，我国承接服务外包业务的企业 2.8 万家，年均新增企业 3 000 多家，通过软件、能力、成熟度、集成等各类国际资质认证大约在 7 145 项。21 个中国服务外包示范城市的企业和从业人员占整个全国产业的 70%，业务规模接近全国的 90%。① 2014 年新增服务外包从业人员 71.1 万人，其中，新增大学

---

① 中国外包网：服务外包产业拉动大学生就业贡献力度大，2013 年 9 月 17 日。

毕业生就业人员48.8万人，占从业人员总数的68.6%，相当于当年全国高校毕业人数的61.7%。截至2014年底，我国服务外包企业从业人员是607.2万人，其中大学以上学历的404.7万人，占从业人员总数的66.7%。服务外包企业已日益成为扩大大学生就业的新的渠道。

我国生产服务外包起步晚，尚处于发展的初级阶段。近年来，国际出口市场的疲软及土地、劳动力等要素成本的上升，倒逼着产能相对过剩的传统制造业企业及制造业为主的地区进行转型升级。为此，一些企业和地区竞相成立研发、设计、创意中心，将生产服务从传统工业生产流程中剥离出来并进行特别强化，在设法满足原主体对生产服务需求的同时，尝试着向市场中的其他生产经营主体提供服务。随着越来越多的企业将生产服务外包给生产服务企业，生产服务发展规模越来越大。

根据本课题组2014年对佛山市服务企业的问卷调查，服务于民营企业的占受访服务企业总数的50.5%，服务于中小型国企的占34.6%，服务于机关事业单位的占14.4%，服务于大型国企的占5.1%（课题组2014年服务企业调查第14问）。这说明生产服务企业服务的主要对象是民营私营企业、中小型国有企业和机关事业单位，而大型国有企业不是服务的主要对象。

根据问卷调查，平均有56.2%的工业企业认为在采购服务时应将服务专业化水平作为首先要考虑的因素，多数（53.3%）服务业企业也持此观点，说明供求双方都普遍认为专业化水平高是发展生产服务首先要考虑的因素。

（二）产业融合与生产服务业的互动发展

1. 产业融合与服务业融合。产业融合是指以前各自独立、性质迥异的两个或多个产业出现产业边界的消弭或模糊化而使彼此的企业成为直接竞争者的过程。驱动产业融合的内在动力主要是范围经济、网络经济、学习效应、节约交易费用、市场拓展效应，外在动力主要是需求拉动与竞争推动。

服务业的产业融合是指服务业与工业、农业以及服务业内部不同行业之间边界模糊化，并在各自的边界处融汇成不同于原有各产业（行业）的新型产业业态的过程。其中，服务业与工业、农业之间的融合称为服务业的产业外融合或服务业的跨产业融合；服务业内部各行业之间发生的融合称为服务业的产业内融合。

服务业与工业的融合，即服务业与工业之间的边界模糊化，出现兼具工业和服务业特征的新型产业业态的过程。这一类融合的发生是由制造业和服务业两者的相互渗透而引起的，主要是指服务业向制造业渗透，即制造业的服务化或第三产业化，包括制造业的投入服务化和产出服务化。

服务业与农业的融合，即服务业与农业之间的边界模糊化，出现兼具农业和服务业特征的新型产业业态的过程。这种融合主要表现为服务业向农业的渗透和扩散，并改变传统的农业特征而具有服务业的部分特征，因此，又被称为农业的服务化，包括农业的投入服务化和产出服务化。

服务业的产业内融合，即服务产业内部行业间的边界模糊化，出现兼具多个行业特征的新型服务业业态的过程。这种融合主要表现为不同服务行业间的相互渗透和交叉，从而使得融合后的产业兼具原有服务业的特征，与原有服务业间形成了既替代又互补的关系，这种融合又可称之为"服务业的融合化"。

从产业融合发展的历程来看，产业融合作为产业演化发展的一种新范式，最先出现于服务业，并更多地与服务业的发展相联系。产业融合与服务业两者之间的相容性主要源自于服务业以生产过程和消费过程相统一为主的产业特性及其服务产品特性。但是服务业的产业融合不会自发形成，而是需要一些外部因素的激发，这些外部因素包括技术创新、制度创新和管理创新等。服务业产业融合的发生是通过价值链的解构和重构来实现的。服务业的产业融合方式主要有：产业渗透、产业延伸与产业重组三类，不同产业融合方式下的服务业产业价值链的重构方式不尽相同。

2. 服务产品特性与服务业的产业融合。服务产品的非实物特性为服务业的产品融合提供了基础性条件。由于服务产品具有非实物性——既不占据空间也不具有质量，这就决定了服务产品具有一定程度的可迭加性，既可以迭加在实物产品之上，也可以迭加在其他不同的服务产品上。通过迭加，可以实现服务产品与实物产品以及服务产品之间的融合。

服务产品生产、交换与消费的同时性决定一些服务业必须走融合化的发展之路。服务产品生产、交换与消费的同时性，客观上要求服务产品的即时供给能力与服务产品的即时消费量相匹配，走融合化的发展之路便成为一些服务业发展的现实选择。

服务产品的非贮存性要求一些服务业通过服务产品的实物化来获得更大的发展。对于一些服务业来说，要想获得规模经济、提高资源的综合生产率，通过服务产品的实物化来增强服务产品的间接贮存性，是扩大服务业生产规模的一个较好选择。

服务产品的非转移性要求一些服务业通过类似"一站式服务"的服务产品融合获取范围经济的发展战略。通过服务产品之间的迭加为消费者提供"一站式服务"来实现服务产业融合，可以克服有限市场的限制获取范围经济，推动这些服务业的发展。如一些社区美体中心，通过将美容、美发、保健、健身等多种服务融合在一起提供给消费者。

3. 服务业的产业融合与生产服务业发展。服务业的产业融合包括服务业跨产业融合与服务业产业内融合。服务业跨产业融合的过程就是非服务业服务化（或简称产业服务化）的过程，服务业的产业融合内生于经济服务化，但同时又是经济服务化发展的重要推动力，它加剧服务业向工农业部门渗透，推动者生产服务发展。服务业产业内融合的发生，促进并带动了一大批服务业的发展，从而使服务业在经济中的地位不断提升，带来整个经济结构的"软化"，直接促进第三产业生产服务发展。

与服务外部化类似，"产权清晰、权责明确、政企分开、管理科学"的现代企业制度的就绪和有效运行是服务业的产业融合起作用的基础性条件，直至20世纪末这一条件才随我国经济体制和国有企业改革逐渐具备。此外，放松服务业乃至所有行业的管制，降低准入门槛、打破垄断、促进自由竞争，也是服务业产业融合的内在要求和应有之义。但是，众所周知，改革开放以来我国经济的发展过程既是从传统农村、农业社会向现代城市、工业和服务社会的转变过程，又是从指令性计划经济向市场经济的转变过程，尤其是2000年之前计划经济遗留的行政性垄断在服务业非常明显。例如，根据胡鞍钢（2004）[①] 提供的我国城镇地区2000年数据，国有经济在教育、文化艺术和广播电影电视业所占比重为96.4%，在卫生、体育和社会福利业所占比重为87.5%，在科学研究和综合技术服务业所占比重为86.8%，在金融、保险业所占比重为68.2%，在交通运输、仓储及邮电通信业所占比重为66.1%，在房地产业所占比重为63%，这些行业基本属于计划经济运行模式，堪称计划经济的最后堡垒，不仅具有垄断特征，而且还具有排他性，严重妨碍着民间和外资的进入，严重阻碍着服务业的产业融合。此外，"重工业轻服务"的歧视性的要素供给政策也不利于服务业的产业融合，例如，把服务业用地一概归为商业用地而收取高地价，提高了服务业的投资和经营成本。

为通过产业融合来促进生产服务业发展，今后我国在政府层面需要破除阻碍产业融合发展的壁垒，在企业层面把握产业融合发展大势，延伸、拓展或整合价值链上的生产服务活动环节，提升自身竞争力，促进生产服务业的发展。

（三）生产服务业产业结构趋同

分工深化是实现资源合理利用和经济持续增长的源泉，利用专业化分工形成的比较优势开展区域合作也是生产服务业创新发展的基本途径。比较优势既可以是借助自身资源、要素、区位以及产业基础等方面的先天优势进行专业化生产形成的外生比较优势，也可以是在没有任何要素禀赋的前提下通过认准某一产业持

---

① 胡鞍钢：《打破服务业垄断 积极创造就业岗位》，载于《湖南社会科学》，2004年第6期。

之以恒发展，借助后天专业化学习或通过技术创新与经验积累人为创造出来的内生比较优势。无论是外生还是内生，生产服务业比较优势的形成和产业良性发展都离不开合理的区域分工。

课题组对中国生产服务业区域分工与合作的研究发现，中国城市生产服务业发展呈现产业趋同现象，这表明各城市间缺乏合理的劳动分工和专业化协作，各城市并未实现生产服务业的错位发展，未有效发挥自身在生产服务业细分产业上的相对优势而在分工格局中找到自己的分工角色，也并未根据本地市场对生产服务产品需求状况而发展相对需求较大的产业。产业结构趋同也在一定程度上带来了生产服务重复建设，造成生产服务业市场的过度竞争或资源闲置，不利于各城市资源的优化配置。另外，恶性竞争导致的生产服务业低水平徘徊也不利于上下游产业发展以及地区产业优化升级。[1]

（四）生产服务业空间聚集水平不高

产业聚集是由产业属性相似或互补而紧密关联的企业依托相关服务功能平台支撑在有限空间上实现高效集聚。产业聚集产生的规模经济效应、范围经济效应、技术溢出效应、厚市场效应和母细胞效应[2]是优化地区资源配置、推动制度创新、提升产业生态环境、增强产业竞争力的重要动力源。以城市为空间载体的高度产业聚集是发达国家生产服务业发展的突出特征，也是实现生产服务业快速发展的主要形式。一方面，生产服务业尤其是知识技术密集型生产服务业的核心生产要素是各类专业人才，生产服务业的聚集发展有利于形成不同层次的专业人才市场以及各类专业知识、信息、技术的分享溢出平台，这增强了生产服务业的后相产业关联。另一方面，生产服务产品具有无形性、不可储存性和个性化等特点，这通常要求生产服务供应商与客户面对面交互完成，生产服务业的空间集聚将有利于降低供需双方的交易费用，这有利于增加生产服务业前向产业关联机会。

从课题组的调查研究来看，生产服务业集聚水平不高是制约中国生产服务业发展的一个重要因素[3]。主要表现在：

1. 生产服务业集聚区低水平重复现象突出。近年来随着国家对生产服务业

---

[1] 详细研究参见"第三篇 空间发展篇"第十五章"中国生产服务业区域分工与合作研究"。

[2] 厚市场效应指相同或相似的市场交易在同一区域重复性、竞争性、密集性地发生促进了市场信息的快速流动，这不仅有利于降低企业的信息搜寻成本，还会大大遏制由于信息不对称带来的机会主义行为，防止欺诈、违约、要挟、套牢等市场败德行为的发生。母细胞效应指大企业在成长过程中分裂或派生出产业关联性企业的过程。

[3] 详细研究参见"第三篇 空间发展篇"第十六章"中国生产服务业集聚发展研究"。

的重视，各级地方政府发展生产服务业的热情不断提高，但是受僵化工业化思维、政绩考核体制、对生产服务业片面认识等因素制约，一些地方政府对生产服务业集群发展缺乏整体规划和引导，盲目追求聚集区摊子，忽视集聚区内涵提升，造成生产服务业集聚区内服务企业规模小、层次低、服务和业态同质性强、甚至恶性竞争，集群内企业鱼龙混杂、良莠不分问题比较突出。地区之间的恶性竞争还带来了严重的市场分割、重复建设和资源浪费等问题。

2. 生产服务业集聚区与制造业协同程度低。生产服务业的集聚发展应成为应对先进制造业基地对服务质量高级化和服务方式多样化需要的重要方式，先进制造业基地的建设也亟须生产服务业集聚的有效支撑，先进制造业基地与生产服务业集聚区在空间上的互动与协同也就成为必然。目前我国一些地区尤其是一些经济发达的城市正处于工业化的中后期，整个工业生产的上游、中游、下游各环节都对生产服务产生了强大的潜在需求。而各地要么就是生产服务业的竞争力不足，要么就是生产服务业集聚的层次较低或盲目集聚，生产服务业与制造业协同程度较低，使得生产服务业的集聚效应难以有效发挥，不利于生产服务业推动产业升级。

3. 生产服务业公共平台建设水平低。就我国多数生产服务业集群来看，集聚区内企业仍以中小企业为主，这些企业不可能完全依赖自己获得一些前期投入较高的一些科技服务或信息服务，因此，建设面向中小企业共性技术需求的创新平台就显得非常重要。但我国生产服务业集群内这类平台的建设比较滞后，多数地区尚未建立集中统一的产业发展平台，直接影响着生产服务企业的现实水平、服务质量和增值能力，并导致生产服务业集群的重复性建设问题相当突出。另外，尽管我国各地生产服务业各行业发展水平不同，但行业结构趋同，每个地区大多以交通运输业等较低层次的行业为基础发展生产服务业集群，势必造成区域间生产服务业集群的同质性提高。

4. 生产服务业集群的创新能力弱。当生产服务企业发生技术创新扩散时，生产服务业集聚就能加大扩散的正效应，即降低企业成本，提高生产效率，增加创新成果等。一般来说，采纳技术创新的企业数量增加，扩散的正负效应也增加；采纳创新的企业数量减少，扩散的正负效应也随之减少。目前，制度和政策环境普遍重视制造业领域的研发投入，生产服务业的研发投入尚未成为政策关注的重点，导致我国生产服务业的科技创新能力总体不强，生产服务业对新技术的使用程度也不高，小企业居多，多数企业提供的只是知识和技术服务链上的低端服务产品，远未形成集先进知识和技术的主要推动者、使用者和传播者于一身的良好运行机制。再加上我国生产服务业特别是金融、物流、软件等各种专业服务领域创新人才严重短缺，这些直接导致我国生产服务业集群的创新能力弱，高端生产服务业集群形成和发展缓慢。

5. 生产服务业集聚区缺乏全球布局观点。一些地区缺乏全球产业布局视野，过于注重眼前利益，不顾及环境承受能力盲目追求规模扩张，结果使集聚区低利润、低生产成本、低层次生产服务企业饱和，透支了未来了高层次生产服务企业的土地、环境以及政策资源，同时还造成区域政府对低利润厂商的路径依赖，使得区域政策变得十分僵化，造成生产服务业集聚效应弱化现象。最后可能造成"服务业集聚效应递减—低附加值的区域产业产品—区域产业内厂商低利润和服务业的低需求—区域产业中产业市场过度集聚加剧土地增值及经营成本过高风险—生产服务业集聚效应弱化及产业政策滞后性"的区域产业竞争力衰落风险。另外，缺乏全球观点还使得生产服务业的国际竞争力很弱，使得专业生产服务的品牌在世界市场的开拓有限，难以在全球价值链上获得更多的利益分配甚至获取经济控制力。由于缺乏相应的行业规范和评级标准，我国生产服务企业社会认同度不高，品牌影响度较低，所创立的专业服务品牌在国际上也寥寥无几。

三、制度创新相对滞后

生产服务业是制度密集型产业，生产服务业发展高度依赖完善的制度环境。

（一）信用体系建设滞后

相对于实物产品而言，生产服务通常属于体验性或信任性商品，其有效运营高度依赖完善的信用体系。但相对而言，我国信用体系的建设显得比较滞后，主要表现在：

第一，信用信息数据数量不全、质量不高。尚未建立起覆盖全社会的征信体系，现有的信用数据也往往缺乏正常的获取途径，政府部门之间的信息联通性差，向社会公开力度不够。信用服务企业竞争力弱，信用服务产品单一，缺乏权威的信用评级机构，制约了信用数据质量的提高。

第二，失信惩戒和守信激励机制不健全。失信"黑名单"系统尚未完善，大量失信信息没有得到有效地披露，导致不少制假售假、账款拖欠、商业欺诈、偷税漏税等各类失信行为逃过了应得的惩罚，使失信成本过低，助长了失信行为。缺乏有效的信用联防机制，不利于整合政府、消费者、授信人、征信机构等各方力量共同打击失信行为，歪曲了市场的信用预期，挫伤了守信行为的积极性。守信激励机制不足，甚至守信还成为一种成本负担。守信激励机制缺乏不利于社会信用水平的整体提高。

第三，信用法律体系仍不健全。相关的信用法律法规较为零散，尚未出台统一的信用法，立法显得较为滞后，信用信息的采集、查询、使用、加工等还难以做到有法可依。相关的信用法律法规可能会受当地政府、企业的影响，影响执法独立性，损害公平正义，助长失信行为。

第四，对个人隐私信息的保护力度不足。电子商务、金融保险、互联网、房地产和快递等领域的个人隐私信息泄露问题突出，甚至还会出现对个人隐私信息的恶意买卖。我国仍缺乏有效保护个人隐私信息的法律体系，个人信息泄露后往往诉之无门，只能由受害者自己承受可能的后果。

（二）多头管理体制的阻碍

生产服务业涉及领域广、服务产业面宽，在我国现行行政管理体制下，生产服务业发展涉及不同行政职能部门审批和管理。中共十八大以来，随着我国全面深化改革的不断推进，各级政府在转变政府职能、简政放权服务企业方面取得长足进步，但现有的部分行政审批管理环节依然费事烦琐，挫伤甚至阻碍生产服务企业创新积极性。例如，节能环保服务是现代生产服务业发展重点领域，企业开展节能环保活动会涉及技术改造，但企业完成整个技术改造往往要涉及经信、发改、建设（规划）、环保、国土、消防、安检等众多政府部门的审批、管理或验收，如果技改涉及符合免税政策的进口设备还需经信、海关、税务等部门的审批，如果享受财政资金支持，还会涉及财政、科技等部门。企业完成整个技术改造服务需要经历的行政环节烦琐复杂，再加上不同部门信息不畅和工作进度不衔接导致的"卡壳"、部分行政办事人员的低效甚至怠慢带来的"时滞"，这不仅会大幅度增加企业进行技术改造服务的交易费用，还往往会因为企业的寻租活动而影响正常创新，这是制约我国生产服务业发展的一个突出因素。

近年来我国从中央到地方各级政府普遍重视生产服务业发展，产业孵化器、产学研平台、生产服务中心、生产力促进中心、检验检测平台、电商中心等各类名目的生产服务业发展载体遍地开花，对生产服务业项目各级政府和部门也都通过减税、补贴、用地、人才等具体优惠政策给予有力支持。这些措施对我国生产服务业发展都产生了积极促进作用。但从调研过程中我们也看到，各类名目繁多的支持政策和产业载体往往由科技、经信、商务、发改、质监等不同行政主管部门主导或实施，具体配套政策又牵涉到财政、税收、国土、人事、环保等。在具体的实践过程中，由于行政部门之间业务范围不同或界定不清、部门之间信息沟通不畅或者出于部门政绩观考虑，一些生产服务业领域经常会产生一些"撒胡椒面式"的重复性硬件建设或政策支持，而有些部门由于缺乏有效沟通甚至出现政策相互掣肘。重复性政出多门还使得企业为了有限的政策资源不得不经常疲于应付各类检查验收，消耗了大量人力、物力，抵消了政策的扶持效果。

与一些生产服务业发展载体低水平重复相反，有些需要扶持的新业态由于行业归属不明确而得不到相应的政策支持，最后难以跨过"生存门槛"。目前，以互联网、物联网、云计算和大数据为代表的新一代信息技术正在向设计、生产、人力、销售、财务等生产经营的各个环节广泛渗透，互联网思维正在推动着全球生产组织和商业模式变革。以"互联网＋"为代表的新业态、新模式、新行业层出不穷，成为全球生产服务业发展的前沿热点，也日益成为影响全球产业竞争格局突出因素。以"互联网＋"为特征的生产服务业发展成为各国产业支持的重点领域。但是，与传统行业相比，以"互联网＋"为特征的生产服务业呈现更强的跨界融合趋势，从产业现有产业归属来看，很难清晰界定各类新业态新模式应该归属哪一具体行业。在由对口行业界定行政部门管理边界的行政体制下，跨界特征明显的创新型生产服务业就会出现"政策真空"，在认证政府扶持的重点领域时"求助无门"，导致国家或省市出台的支持生产服务业创新的优惠扶持政策落实不到位，出现政策资源错配。另外，由于行业界限模糊，行政管理界限不清，这些新兴生产服务业接受政府服务的协调成本也高，不利于促进企业创新发展。

（三）狭隘的地方政绩观的制约

1994年分税制改革调动了地方政府发展经济的积极性，但也在中国基层地方政府之间形成了以行政区边界为特征的经济区。各级地方政府为了追求地方财政收入和GDP政绩，在发展地方经济上展开激烈竞赛的同时也形成了"肥水不流外人田"的狭隘地方保主义，如在制定产业发展政策时往往从狭隘的行政区利益出发、缺少区域分工合作大局意识、对行政区外企业实行政策歧视等。

狭隘的地方保护主义同样发生在生产服务业领域。为了响应上级要求大力发展生产服务业的指示精神，各级地方在推动本地生产服务业发展时只关心能够增加本地GDP和税收的生产服务业项目、政策扶持只关注在本地纳税的生产服务企业，公共资源也只往本地生产服务业项目或载体投放。为了保护本地生产服务企业，有的地区甚至在市场准入、执法监管、要素配置、税费征收等领域以潜规则方式对外来企业进行歧视。

但是，与制造业企业容易形成独立的企业分工不同，生产服务业更多以连锁、分支、网点等形式呈现出区域间的网状分布，许多服务当地企业的生产服务业企业总部并不在本地。这样，同一区域内的生产服务企业或服务人才由于纳税地不同就会受到当地政府不同政策待遇。地方政府这种对生产服务企业的差别待遇造成了市场不公平，这不利于各地区之间形成合理有效的产业分工合作，也容易出现条块分割、各自所有、重复建设现象，造成生产服务资源比较分散、不利于共享机制的形成。这不仅抑制了生产要素在各行政区生产服务业之间的自由流动,阻碍了区域分工发展,也不利于各生产服务载体层次提升、服务市场规模扩大和实现产业发展的报酬递增,更不利于发挥行政区划对区域经济一体化发展的杠杆作用。根据我们在珠三角的广泛调研,一些地市级之间、市区之间甚至各镇之间在建设技术创新中心、工业设计中心、电子商务中心、检验检测中心、物流中心、商务服务中心等生产服务平台载体过程存在不同程度产业雷同、载体重复,各生产服务载体中具有核心竞争力的生产服务骨干企业偏少,生产服务发展载体得不到充分利用,发挥不出规模效益,形成不了合理的区域分工格局。

(四) 根深蒂固的服务行业行政垄断

我国服务业领域的行政垄断远未打破,我国服务业行政垄断的特点仍然比较突出。我国自市场化改革以来,工业领域尽管还存在比较严重的垄断,但80%以上的制造业已高度市场化;然而,服务业50%以上仍被行政力量垄断,一些领域社会资本即便进入,也面临比较严格的行政管制[①]。

(五) 政府非理性膨胀与劳动—资源密集型产业过度扩张

课题组对中国生产服务业的深入研究发现(江波、李江帆,2013):政府规模非理性膨胀和过度追求劳动—资源密集型产业扩张导致中国"制造业低端化→生产服务业低端化"恶性循环怪圈,直接或间接侵蚀了生产服务业发展;劳动—资源密集型产业导致的"人力资本投资挤出效应"以及由于"过度自信"而进一步使人力资本加速折旧、退化及低技能需求锁定制约了中国生产服务业升级;尤其是政府规模非理性膨胀和劳动—资源密集型产业过度扩张耦合产生的"政府过度自信""人力资本积累弱化""技能优势效应与深化效应侵蚀"等会进一步强化侵蚀生产服务业发展,阻碍了中国生产业的良性循环;加快中国生产服务业发展,必须更新政府财富观,放弃片面追求第二产业高增长的"单打一"发展思路,完善政府治理机制,减弱考核指标间的冲突导致的地方政府扭曲行为。

四、技术进步渗透不足

可以用全要素生产率(TFP)增长率与研发投入增长率来衡量我国技术进步

---

① 匡贤明:《打破服务业垄断是重中之重》,载于《中国经济导报》,2014年5月8日。

经济增长、服务业及生产服务业发展的影响,其中全要素生产率增长率是从效果的角度来衡量的,而研发投入增长率是从投入的角度来衡量的。

(一) 全要素生产率增长率波动下降且贡献率不高

如图 4-3 所示,1992 年之前,我国全要素生产率的增长率及其对 GDP 的贡献率呈现大起大落的走势,以 TFP 平均贡献率为例,此期间的平均值为 12.9%,1984 年其最高值为 40.0%,1990 年其最低值为 52.3%,这反映改革开放初期在计划经济体制下广义上的科技进步及其对经济增长的贡献水平较低且波动性更大,反映此期间我国技术进步的水平低、质量差。1992 年以来 TFP 增长率及其对 GDP 贡献率波动幅度明显降低但呈现曲折下降的趋势,此期间的平均值为 23.4%,较 1992 年以前显著提高,这说明以建立和完善社会主义市场经济体制为主要目标的经济体制改革极大地推动了我国科技进步和经济发展,科技进步对经济发展的推动作用显著增强。

但是,1978 年以来我国全要素生产率增长率对 GDP 的贡献率总体水平偏低,此期间的平均值为 19.3%,与长期以来所期待的"科学技术是第一生产力"的判断不相符合。根据陈宏伟等(2010)[①] 对三次产业 TFP 增长率的测算,发现 1979~2007 年总量 TFP 增长率平均值为 4.00%,第一产业 TFP 增长率平均值为 0.42%,第二产业 TFP 增长率平均值为 4.96%,第三产业 TFP 增长率平均值为 2.54%,说明第三产业全要素生产率的增长率低于第二产业及国民经济总体、仅高于第一产业,至少从侧面反映了在我国 TFP 增长率对第三产业的贡献率不会高于 TFP 增长率对 GDP 的贡献率[②]。

生产服务业是第三产业的一部分,TFP 增长率对第三产业的贡献机理完全适用于生产服务业。可以合理地认为,改革开放以来 TFP 增长率对生产服务业的贡献率不高,这在一定程度上阻碍着生产服务业的发展。当然,生产服务业本身就包含不少科技创新部门,生产服务业的发展也会对 TFP 增长率产生稳定作用和促进作用,这从 2000 年以来 TFP 增长率止跌企稳的趋势中可以反映出来。

---

① 陈宏伟、李桂芹、陈红:《中国三次产业全要素生产率测算及比较分析》,载于《财经问题研究》,2010 年第 2 期。

② 同期 GDP、第一产业、第二产业、第三产业的增长率分别为 10.0%、4.5%、11.6%、11.1%,陈宏伟等(2010)文中的 GDP 及三次产业的 TFP 增长率计算,同期 TFP 对 GDP、第一产业、第二产业、第三产业的贡献率分别为 40.1%、9.3%、42.7%、22.8%,说明技术进步对第三产业的贡献率远低于其对第二产业及对 GDP 的贡献率,仅高于对第一产业的贡献率。

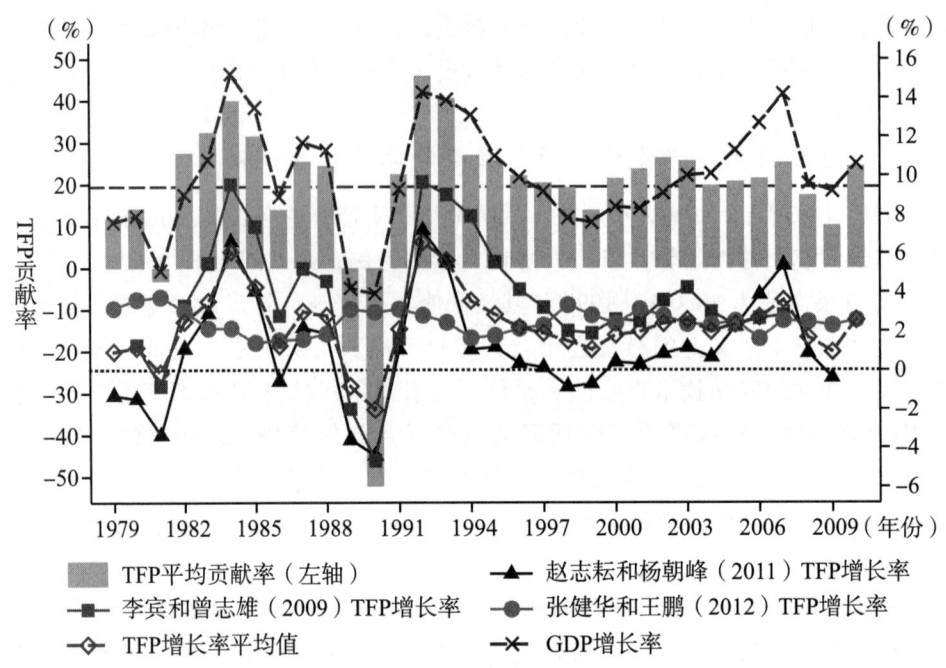

图 4-3　改革开放以来我国全要素生产率增长率及其对 GDP 的贡献率

资料来源：TFP 增长率结论主要参考：赵志耘、杨朝峰：《中国全要素生产率的测算与解释：1979—2009 年》，载于《财经问题研究》，2011 年第 9 期；李宾、曾志雄：《中国全要素生产率变动的再测算：1978—2007 年》，载于《数量经济技术经济研究》，2009 年第 3 期；张健华、王鹏：《中国全要素生产率：基于分省份资本折旧率的再估计》，载于《管理世界》，2012 年第 10 期。

（二）研发投入相对较少且增速趋于放缓

从研发投入占 GDP 比重看（见图 4-4），中国政府和企业用于基础研究、应用研究和试验发展方面的支出占 GDP 的比重由 1996 年的 0.57% 增长至 2012 年的 1.98%，相对于世界平均水平由 28.2% 增长至 86.3%。中国 2002 年开始超过印度和巴西，2004 年开始继续高于俄罗斯，但是显著低于东亚太平洋国家、OECD 国家、世界平均水平、欧盟，与中国经济规模尤其是中国制造业发展现状相比，研发投入较少，政府和企业创新动力低下。

发达国家以 R&D 投资和人力资本投资为核心占领产业价值链的高端环节，通过研发、设计、管理咨询等知识密集型生产服务业控制整个产业价值链的发展，在此过程中不仅促进整个经济发展，同时不断裂变出各种不同的生产服务活动，有效扩大了生产服务业本身的规模（李江帆、张少华，2013）。相反，中国很多地区兴起的"服务外包基地"以及相关的产业集聚区，不少是技术—知识含

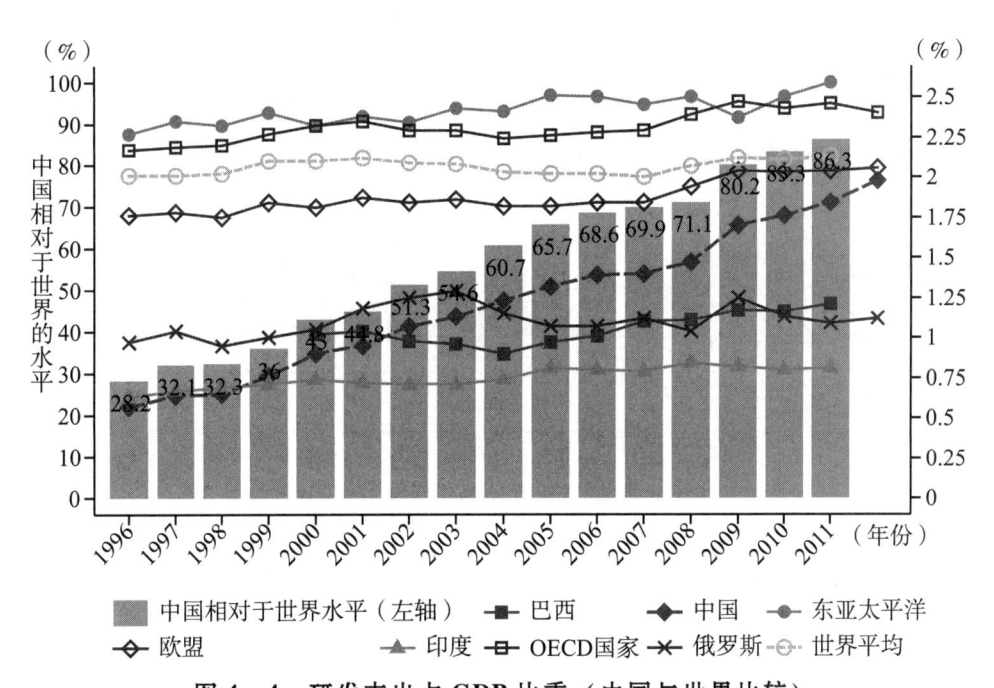

图 4-4　研发支出占 GDP 比重（中国与世界比较）

资料来源：世界银行。

量低的数据后台处理中心、呼叫中心、物流配送中心、工作流程处理中心等处于价值链低端的片段型服务产业，甚至有的只是打着服务业"幌子"的加工制作区（江波、李美云，2013）。这种忽略 R&D 投入和人力资本投入的做法很难使中国生产服务业发展形成类似于发达国家的良性循环。

如图 4-5 所示，我国科技活动基本指标增长率尽管在多数年份高于 GDP 增长率，从而拉动研发支出占 GDP 比重持续上升，对于生产服务业发展，这是非常有利的一面。但是从趋势上看，多数指标增长率趋于下降，这点值得警惕。

五、生产服务对外开放

（一）服务贸易处于相对劣势地位

经验研究发现，1995~2011 年全球范围内进口服务中间需求率平均为 0.796，而本地服务中间需求率平均为 0.373，前者是后者的 2.21 倍。这说明，相对于发生在一个经济体内部的服务交易而言，国际服务贸易更容易发生在国际服务提供商与生产者采购商之间，生产服务更容易采取跨国提供模式。江小涓（2008）

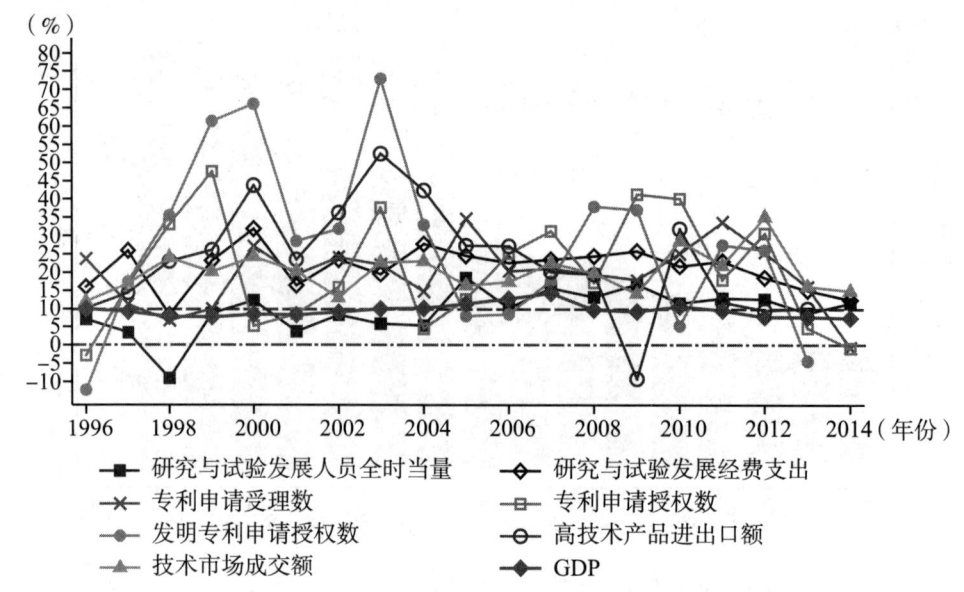

图 4-5 1996~2014 年中国科技活动基本指标增长率及其与 GDP 增长率对比
资料来源：国家统计局。

认为"服务中间需求由于可贸易性较强，在服务贸易中占有较高比重；在服务贸易中，生产者服务占有 2/3 以上比重，是近些年服务贸易加快发展和重要性上升的重要原因"①。

截至 2013 年，我国服务出口占全球比重为 4.41%，位列第五名，服务进口占全球比重为 7.52%，位列第二名。与占比 11.74% 的货物出口（位列第一名）及占比 10.32% 的货物进口（位列第二名）相比，服务出口份额及地位处于明显劣势地位。② 展望未来，以开放激发本土服务业企业的创新活力，提高国内服务业整体发展水平显然将是一条中国必走之路。

2005~2014 年，我国服务贸易依赖度（服务出口与进口之和占 GDP 的比重）平均值为 6.7%，在金砖国家中仅高于巴西（4.64%），远低于印度（13.9%），也低于世界平均水平（11.8%）和东亚太平洋国家平均水平（10.6%）。另外，我国服务贸易依赖度呈现逐渐下降的走势，由 7.6% 下降至 5.8%，而同期此指标在多数国家或地区是上升的，如巴西由 4.3% 上升至 5.4%（见图 4-6）。

---

① 江小涓：《服务全球化的发展趋势和理论分析》，载于《经济研究》，2008 年第 2 期。
② 资料来源：WTO 网站。

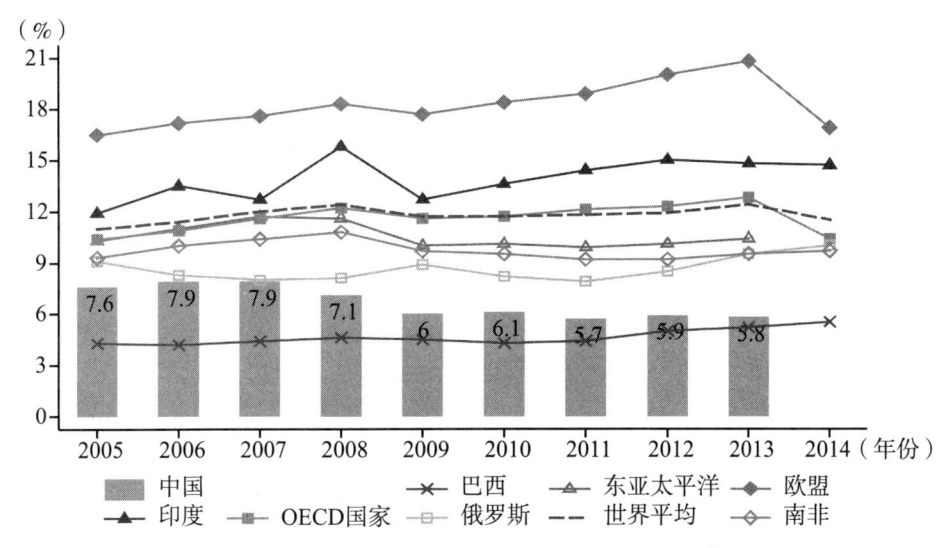

图 4-6 服务贸易依赖度（中国与世界比较）

资料来源：世界银行数据库。

中国生产服务业对外资开放始于 20 世纪 90 年代初，先后经历试点开放（1991~2000 年）、整固开放（2001~2005 年）、纵深开放（2006~2008 年）、全面开放（2009 年以来）等 4 个阶段。伴随着生产服务业渐进式开放，以及配套的发展环境不断完善，其市场活力和微观企业竞争力被逐渐激发和释放出来，带动宏观产业发展绩效日益趋好。具体表现在：拓展了产业发展空间，提高了服务能力和水平，提升了服务出口能力和国际竞争力。但从总体上看，我国生产服务业开放仍有待解决如下几个不对称或不平衡问题：

一是文本开放水平与实际开放水平不对称。所谓文本开放水平指根据加入 WTO 以及有关多边、双边协定要求，在政策文件签署方面达到的开放水平。目前，我国服务业文本开放水平涵盖了《服务贸易总协定》12 个服务大类中的 10 个，涉及总共 160 个小类中的 102 个，开放部门覆盖率为 62.5%，金融、保险、交通运输、广告服务、邮电通信、建筑设计、法律服务、会计服务、咨询服务等生产服务部门均已不同程度地对外开放，远高于发展中国家和转型国家的平均水平，基本接近发达国家水平。但以服务业 FDI 比重、服务贸易依存度等指标衡量的服务业开放的现实水平，却远远未能达到相应的程度（见图 4-7）。

二是服务业现实开放水平与服务业发展水平（以生产服务业增加值和就业的比重、生产服务业外溢效应发挥程度等衡量）之间不对称。这一方面是由于部分生产服务行业对外开放和对内开放进程不均衡，内资企业面临与外资企业不公平的竞争环境。另一方面也由于很多生产服务行业的垄断与开放之间存在冲突，规制改革滞后，缺乏透明市场主体资质和服务标准，尚未形成管理规范、公开透明的市场准入制度。

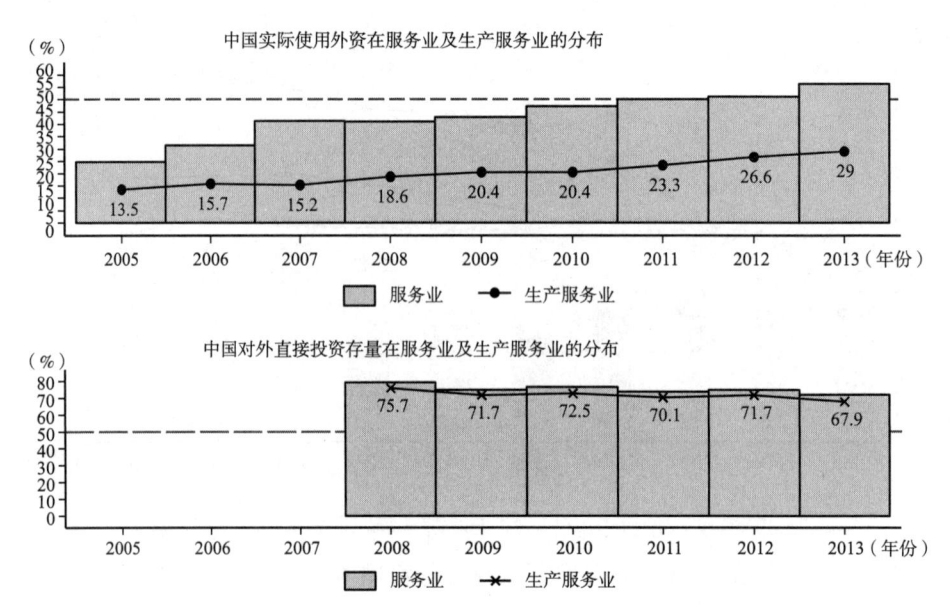

中国实际使用外资在服务业及生产服务业的分布

年份	生产服务业(%)
2005	13.5
2006	15.7
2007	15.2
2008	18.6
2009	20.4
2010	20.4
2011	23.3
2012	26.6
2013	29

中国对外直接投资存量在服务业及生产服务业的分布

年份	生产服务业(%)
2008	75.7
2009	71.7
2010	72.5
2011	70.1
2012	71.7
2013	67.9

图 4-7　中国服务业及生产服务业利用 FDI 及对外直接投资情况

资料来源：根据国家统计局数据计算整理。

三是生产服务业的开放程度与消费性服务业、制造业的开放程度不对称。近年来，消费性服务业利用外资的项目数占比一路走高，而生产服务业领域的外资项目数比重反而呈下降趋势，这表明服务业的开放结构没有得到明显优化，效果不甚理想（范瑛，2012）。

（二）生产服务业利用外资和对外投资效果有限

中国服务业利用外资占比由 2005 年的 24.7% 逐步提升至 2013 年的 56.3%，同期生产服务业利用外资占比由 13.5% 提升至 29.0%（见图 4-7）。中国服务业利用外资第一大部门同时也是增长最快的部门是房地产业，利用外资比重由 2005 年的 9.0% 增至 2013 年的 24.5%。生产服务业中利用外资比重提高较快的是批发和零售业，其比重由 2005 年的 1.7% 迅速提升至 9.8%；其次占比较高的是租赁和商务服务业，其比重由 2005 年的 6.2% 提升至 2013 年的 8.8%；其他生产服务业利用外资比重低且提高缓慢（见图 4-8）。

中国生产服务业吸引的外资主要集中在批发和零售业、租赁和商务服务业、交通运输、仓储和邮政业，这三个行业合计占生产服务业利用外资的比例超过 70%；而信息传输、计算机服务业和软件业、金融业、科学研究和技术服务业实际利用外资的比例还不到 30%。与前者相比，后者对技术创新的要求更高，中国

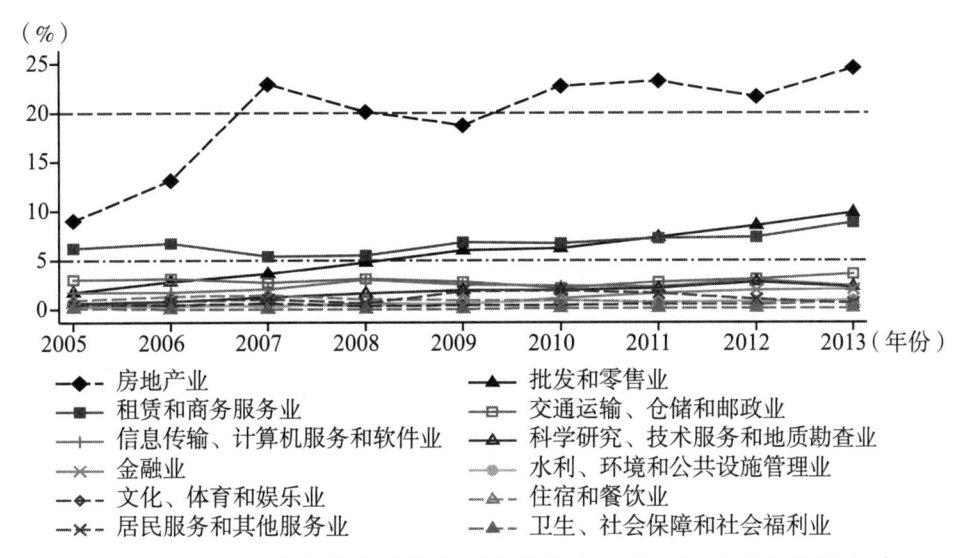

图 4-8 中国各细分服务业实际利用外资占实际利用外资总额的比重

资料来源：根据国家统计局数据计算整理。

与发达国家的技术差距也更大。因此，这些行业对外开放不足限制了中国生产服务业通过学习创新和技术外溢提高本国相关产业生产技术的能力，制约中国生产服务业的发展。刘星等（2007）通过经验研究发现：FDI 流入对中国服务业技术水平整体贡献不大，FDI 的持续增加并没有同步实现中国服务业技术进步的大幅提高。[1] 另外，由于我国企业在产品设计、管理技术、技术诀窍和服务水平等方面与跨国公司的差距远大于制造业，中国服务业吸收能力不足以及缺乏与外商投资企业进行切磋技艺的能力和水平，导致当前我国服务业技术吸收能力很有限[2]。

如图 4-7 所示，中国服务业对外投资存量占中国对外投资总存量的比重由 2008 年的 75.7% 降至 2013 年的 67.9%，生产服务业对外投资存量占比由 72.1% 降至 68%，从比重上看，两者均占据我国对外投资的主导地位。

如图 4-9 所示，中国生产服务业对外投资比重前四位的分别是租赁和商务服务业、金融业、批发和零售业、交通运输及仓储和邮政业，合计占比平均为 69%，剩余其他服务业占比合计平均为 6%。众所周知，租赁和商务服务业、金融业、批发和零售业、交通运输及仓储和邮政业，从发展水平和竞争力上看，不是我国生产服务业的强项，即使在国内运营也存在着不少问题，因此以其为主要产业内容对外进行直接投资，效果堪忧。

---

[1] 刘星、赵红、张茜：《外商直接投资对中国服务业技术进步影响的实证研究》，载于《重庆大学学报》（社会科学版），2007 年第 1 期。

[2] 夏杰长、姚战琪：《全力构筑我国服务业对外开放新格局》，载于《光明日报》，2013 年 12 月 21 日。

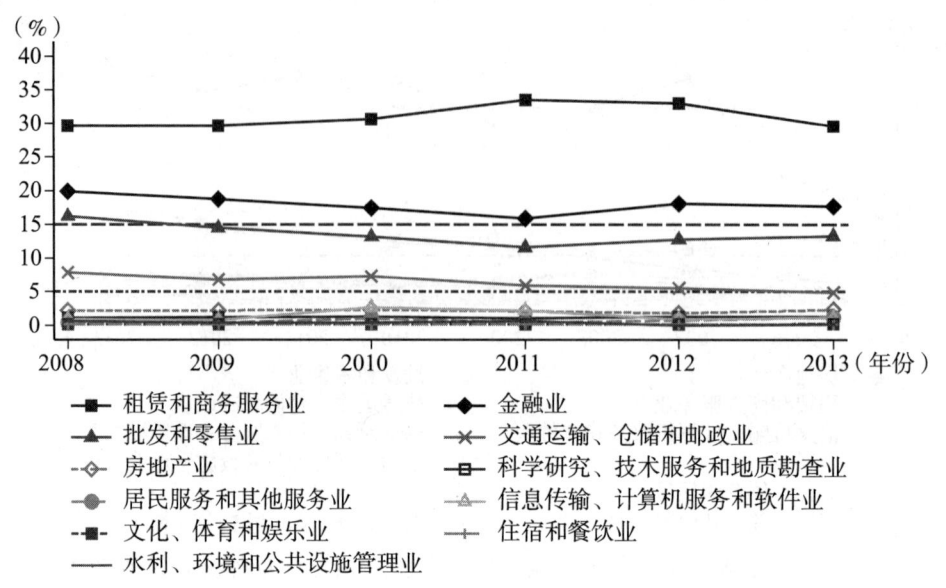

图4-9 中国各细分服务业对外投资存量占对外投资总存量比重

资料来源：根据国家统计局数据计算整理。

六、生产服务业信息化水平低

本书基于增长核算框架利用世界主要发达国家1995~2009年的数据研究分析了信息化投入对生产服务业发展的影响，结果显示信息通信技术（ICT）资本投入是发达国家生产服务业增长的重要源泉，ICT资本投入可以解释发达国家生产服务业增加值年均0.32到1.06个百分点的增长。ICT资本投入带动的信息产业发展加快了市场信息传播、降低了市场交易费用、促进了分工交易发展、催生新的生产服务业，成为推动发达国家生产服务业快速发展重要因素。与发达国家相比，我国生产服务业信息化仍停留在以ICT硬件设施投入为主的水平，对ICT服务环节的投入水平相对较低，生产服务业对ICT的直接消耗主要源于对ICT制造业投入的高消耗，对ICT服务业投入的消耗较少，ICT服务业中间投入对生产服务业产出增长的贡献明显低于发达国家。提高生产服务业信息化水平尤其是信息服务投入水平是未来加快我国生产服务业发展的重要方向。[1]

---

[1] 详见"第四篇 发展对策篇"中的第二十章"中国生产服务业信息化提升研究"。

七、产业市场化组织程度低

生产服务业发展壮大是一个复杂的产业演化过程,促进生产服务业发展的因素很多[1],制约生产服务业发展的因素也很多。既可以从需求拉动力和供给推动力等市场内部来找原因,也可以从技术、制度、区位条件、资源禀赋、国际环境等外部具体因素来分析。但从本质上讲,生产服务业发展壮大是分工深化和市场自由演化的结果。分工深化使其他产业(包括服务业自身)内部的服务职能不断分离成为独立的生产服务企业进而促进生产服务业成长。分工深化带来市场交易日益复杂化,复杂的市场交易又内生出更多新的生产服务行业,新的生产服务业反过来又促进分工交易和市场演化向更深处发展,生产服务业增长是这一动态演化过程的结果和表现形式。所以,从全球来看,生产服务业高度发达的国家(地区)都是市场化程度较高的国家(地区)。从这个角度来讲,一个国家(地区)产业发展的市场化组织程度高低是影响该国家(地区)生产服务业发展的重要因素。

从课题组的实地调研来看,现阶段我国生产服务业发展水平不高与当前我国企业生产的市场化组织程度不高密切相关。一方面,我国多数企业尤其是制造业企业多是中小民营企业,产业层次不高,企业产品单一,产品价值链短,企业经营管理人员观念意识保守,企业服务外包意识不强或根本不需要服务外包,这直接导致生产服务需求不足。另一方面,许多企业主要从事国际订单生产,生产活动受制于跨国公司的全球战略,企业需要的生产服务(如研发设计、国际运输、国际贸易等)由跨国公司内部提供,这也不利于我国生产服务业需求增加。

与工农业企业可以通过大规模专业化生产和产品储存运输突破时间和空间的限制实现异地贸易不同,生产服务产品无形性、不可储存性、个性化等特征往往需要供应商与客户面对面交互完成,并且只有客户达到一定规模进而突破企业生存门槛才能保证生产服务业顺利发展。现阶段我国国内生产服务需求不足或层次不高,达不到生产服务企业尤其是优质生产服务企业生存的规模起点,是制约我国生产服务业供给不足或层次不高的重要因素。[2]更进一步,生产服务业需求不足和供给落后又制约着整个生产服务产品市场交易发展,进而制约了新的生产服务业产生发展。因此,加快我国生产服务业发展不能将目光局限在生产服务业本身,而应该从促进产业分工和市场化发展、提高企业生产市场化组织程度着手。

---

[1] 详见"第一篇 发展总报告"中的第二章"生产服务业发展的动力机制"。
[2] 详细分析请参见"第五篇 调查问卷篇"第二十三章"东莞市服务业供求状况调查报告"和第二十四章"佛山市南海区生产服务供求状况调查报告"。

第五章

中国生产服务业发展面临的突出问题

  本课题组除借助统计数据和相关文献进行深入研究之外，近年来还投入大量经费和人力，通过实地走访、深度访谈、案例剖析、问卷调查等多种方式赴广东、山东、辽宁、天津、江苏、河南、内蒙古、青海等代表性地区对我国生产服务业发展面临的突出问题进行深入调研。综合实地调研和相关分析，课题组认为当前我国生产服务业面临的突出问题主要表现在以下八方面。

一、工业化思维惯性突出

  鼓励招商引资和大搞工业园区是改革开放以来我国各级政府大力推动工业和地方经济发展的重要举措，也是我国经济发展的重要成功经验。政府绩效考核和财政收入压力是推动各级政府建设园区、招商引资热潮的主因。从改革开放的实践来看，这些举措在推动我国经济长期快速增长和稳定地方财政收入过程中发挥了重要作用。

  进入经济新常态，转方式调结构成为我国经济发展主旋律，服务业尤其是生产服务业成为我国产业发展的战略重点。在中央政府号召下，我国各级政府对生产服务业的重视不断增强，各地发展生产服务业的热情不断高涨。但是从我们对全国各地的广泛调研来看，受片面政绩观影响和对短期内地方财政收入的强调，各级地方政府在发展生产服务业过程中存在不同程度的机械沿袭工业化思维惯性现象，"产品不愁卖"的供给导向型工业化思维占主导，突出表现在重硬件轻软件，重项目落地轻服务配套，重招商轻育商，重服务供给轻服务消费需求，重物质资本轻人力资本等。各类商业综合体、物流园区、高档酒店以及各类打着生产服务业旗号的产业园区等遍地开花。

工业产品具有规模化标准化生产的产业特征,传统工业生产关键的生产要素是土地、资本和标准劳动力,这使得工业生产更易于通过市场交易实现分工合作,零部件的跨区域运输可以使参与分工协作的企业不受时空的约束,所以工业生产可以通过工业园区的形式实现封闭生产。

与工业产品可跨区域甚至漂洋过海进行贸易不同,服务产品具有无形性、不可储存性、生产消费同时性等特性,相对于工农业产品,服务产品的可移动性差,这就要求服务产品生产必须接近需求者,且只有需求达到"起点规模"服务企业才能生存①,不顾生产服务需求盲目地通过硬件投资来发展生产服务业,极易因消费需求不足而造成服务业的"产能过剩"。

另外,与工业可大规模标准化机械化生产不同,服务产品的标准化程度、机械化程度都相对较低,服务产品表现出更多的个性化、定制化特征,服务生产需要与客户更多的互动参与,生产服务业具有更强的人力资本密集型特点,生产服务业的前后向关联更复杂,服务业之间的分工更多呈现网状结构。因此,相对制造业,生产服务业对产业发展环境的要求更高,尤其是对围绕聚集服务消费人气和积累人力资本的公共环境配套服务要求更高。如果说发展制造业是建设好园区,那么发展生产服务业重点在经营城市。

进入经济新常态,以互联网为代表的信息技术正在深刻改变着传统的产业组织形式,定制化、分散化、小型化、智能化为特征的新产业组织模式正在蓬勃发展,以跨界融合为代表的商业模式创新层出不穷,这对生产服务业发展也提出了更多挑战,使得人力资本成为现代生产服务业的核心生产要素。

因此,发展服务业不能只强调硬件投资,更要注重服务市场环境营造和人力资本的积累,工作思路也不能囿于只考虑制造业的生产服务,对服务业的生产服务也要给予足够重视,注重服务业配套服务的完善,尤其是围绕服务业人力资本积累的公共服务的完善。

二、多头管理制约服务创新

生产服务业涉及领域广、服务产业面宽,在我国现行行政管理体制下,生产服务业发展涉及不同行政职能部门审批和管理。中共十八大以来,随着我国全面深化改革的不断推进,各级政府在转变政府职能、简政放权服务企业方面取得长

---

① 参见李江帆:《第三产业经济学》,广东人民出版社1990年版,第80~81、163~178页。

足进步，但现有的部分行政审批管理环节依然费事烦琐，挫伤甚至阻碍生产服务企业创新积极性。例如，节能环保服务是现代生产服务业发展的重点领域，企业开展节能环保活动会涉及技术改造，但企业完成整个技术改造往往要涉及经信、发改、建设（规划）、环保、国土、消防、安检等众多政府部门的审批、管理或验收，如果技改涉及符合免税政策的进口设备还需经信、海关、税务等部门的审批，如果享受财政资金支持，还会涉及财政、科技等部门。企业完成整个技术改造服务需要经历的行政环节烦琐复杂，再加上不同部门信息不畅和工作进度不衔接导致的"卡壳"、部分行政办事人员的低效甚至怠慢带来的"时滞"，这不仅会大幅度增加企业进行技术改造服务的交易费用，还往往会因为企业的寻租活动而影响正常创新，这是制约我国生产服务业发展的一个突出因素。

近年来我国从中央到地方各级政府普遍重视生产服务业发展，产业孵化器、产学研平台、生产服务中心、生产力促进中心、检验检测平台、电商中心等各类名目的生产服务业发展载体遍地开花，对生产服务业项目各级政府和部门也都通过减税、补贴、用地、人才等具体优惠政策给予有力支持。这些措施对我国生产服务业发展都产生了积极促进作用。但从调研过程中我们也看到，各类名目繁多的支持政策和产业载体往往由科技、经信、商务、发改、质监等不同行政主管部门主导或实施，具体配套政策又牵涉到财政、税收、国土、人事、环保等。在具体的实践过程中，由于行政部门之间业务范围不同或界定不清、部门之间信息沟通不畅或者出于部门政绩观考虑，一些生产服务业领域经常会产生一些"撒胡椒面式"的重复性硬件建设或政策支持，而有些部门由于缺乏有效沟通甚至出现政策相互掣肘。重复性政出多门还使得企业为了有限的政策资源不得不经常疲于应付各类检查验收，消耗了大量人力、物力，抵消了政策的扶持效果。

与一些生产服务业发展载体低水平重复相反，有些需要扶持的新业态由于行业归属不明确而得不到相应的政策支持，最后难以跨过"生存门槛"。以互联网、物联网、云计算和大数据为代表的新一代信息技术正在向设计、生产、人力、销售、财务等生产经营的各个环节广泛渗透，互联网思维正在推动着全球生产组织和商业模式变革。以"互联网＋"为代表的新业态、新模式、新行业层出不穷，成为全球生产服务业发展的前沿热点，也日益成为影响全球产业竞争格局的突出因素。以"互联网＋"为特征的生产服务业发展成为各国产业支持的重点领域。但是，与传统行业相比，以"互联网＋"为特征的生产服务业呈现更强的跨界融合趋势，从产业现有产业归属来看，很难清晰界定各类新业态新模式应该归属哪一具体行业。在由对口行业界定行政部门管理边界的行政体制下,跨界特征明显的创新型生产服务业就会出现"政策真空",在认证政府扶持的重点领域时"求助无门",导致国家或省市出台的支持生产服务业创新的优惠扶持政策落实不到位,出现政策资源错配。另外,由于行业界限模糊,行政管理界限不清,这些新兴生产服务业接受政府服务的协调成本也高,不利于促进企业创新发展。

三、狭隘的地方政绩观制约区域合作

1994年分税制改革调动了地方政府发展经济的积极性,但也在中国基层地方政府之间形成了以行政区边界为特征的经济区。各级地方政府为了追求地方财政收入和GDP政绩,在发展地方经济上展开激烈竞赛的同时也形成了"肥水不流外人田"的狭隘地方保护主义,如在制定产业发展政策时往往从狭隘的行政区利益出发、缺少区域分工合作大局意识、对行政区外企业实行政策歧视等。

狭隘的地方保护主义同样发生在生产服务业领域。为了响应上级要求大力发展生产服务业的指示精神,各级地方在推动本地生产服务业发展时只关心能够增加本地GDP和税收的生产服务业项目、政策扶持只关注在本地纳税的生产服务企业,公共资源也只往本地生产服务业项目或载体投放。为了保护本地生产服务企业,有的地区甚至在市场准入、执法监管、要素配置、税费征收等领域以潜规则方式对外来企业进行歧视。

但是,与制造业企业容易形成独立的企业分工不同,生产服务业更多以连锁、分支、网点等形式呈现出区域间的网状分布,许多服务当地企业的生产服务业企业总部并不在本地。这样,同一区域内的生产服务企业或服务人才由于纳税地不同就会受到当地政府不同政策待遇。地方政府这种对生产服务企业的差别待遇造成了市场不公平,这不利于各地区之间形成合理有效的产业分工合作,也容易出现条块分割、各自所有、重复建设现象,造成生产服务资源比较分散、不利于共享机制的形成。这不仅抑制了生产要素在各行政区生产服务业之间的自由流动,阻碍了区域分工发展,同时也不利于各生产服务载体层次提升、服务市场规模扩大和实现产业发展的报酬递增,更不利于发挥行政区划对区域经济一体化发展的杠杆作用。根据我们在珠三角的广泛调研,一些地市级之间、市区之间甚至各镇之间在建设技术创新中心、工业设计中心、电子商务中心、检验检测中心、物流中心、商务服务中心等生产服务平台载体过程存在不同程度产业雷同、载体重复和各自为政现象,各生产服务载体中具有核心竞争力的生产服务骨干企业偏少,生产服务发展载体得不到充分利用,发挥不出规模效益,形成不了合理的区

域分工格局。

四、"换届效应"影响产业稳定发展

产业竞争优势的形成需要一个过程，尤其是知识密集型生产服务业竞争优势的确立更需要长期的人力资本积累和市场认可。这就要求各级政府发展生产服务业时要坚持科学决策，一旦认准了产业发展方向就要坚定不移地贯彻下去，不能朝令夕改、因人废事，更不能乱折腾。但是在调研过程中我们发现，全国各地目前仍普遍存在由于政府换届或主要领导更替带来的生产服务业发展定位模糊不清、摇摆不定现象。在政绩考核驱动下，"新官上任三把火"，为了早出政绩、出显性政绩，新班子、新领导往往热衷于追求摊子大、投资多、见效快的硬件设施项目，对一些见效慢但对产业发展起基础性支撑作用的生产服务业或生产服务业支撑产业重视不足或有意忽视。还有的地方政府为了急于显示政绩脱离当地实际盲目跟风、违背产业规律追求标新立异，经常换思路、换口号、换重点、换政策，长期积累下去造成了生产服务业领域的重复投资、产能过剩、"半拉子"项目、产业短板，不仅造成资源浪费，还干扰了生产服务业市场的正常运行，阻碍生产服务业长期健康发展。

五、服务业高物化消耗制约生产服务业需求

生产服务业是为生产活动提供中间投入（服务型生产资料）的服务业部门，其服务的产业对象既可以是农业和工业，也可以是服务业自身。从人类经济活动的实践历史来看，农业社会中生产服务业服务的主要服务对象是农业部门，工业社会中生产服务业服务的主要服务对象是工业部门，进入服务经济社会，服务业成为生产服务业的主要服务对象。从发达国家的实践经验来看，为服务业提供生产服务（即服务业自身的产业循环）成为目前生产服务业发展的主要需求动力源。表5-1是2011年一些主要发达国家服务业的需求结构。从表中可以看出，2011年这些发达国家的服务产品作为中间需求（即作为生产服务）的产值占总产值的比重平均为33.9%，而来自服务业的中间需求占服务总产值的比重已达到了26.8%，占整个生产服务总产值的比重将近80%。也就是说，从需求角度来讲，服务业是发达国家生产服务业发展的主要拉动力。

表 5-1　　　　　2011 年主要发达国家第三产业需求结构　　　　单位：%

2011 年	中间需求				最终需求				其他①
	农业	工业	服务业	合计	家庭消费	政府购买	出口	合计	
美国	0.4	6.7	28.5	35.6	45.2	12.6	3.3	61.1	3.4
英国	0.3	7.5	31.2	39.0	30.0	17.8	8.3	56.1	4.8
法国	0.7	13.3	26.0	40.0	29.2	20.4	3.3	52.9	7.0
德国	0.6	16.3	26.4	43.3	29.7	17.3	5.1	52.1	4.5
日本	0.3	11.9	23.0	35.2	38.4	18.6	2.9	59.9	4.9
意大利	0.4	14.6	27.9	42.9	32.3	17.3	3.6	53.2	3.8
加拿大	1.2	13.4	24.8	39.4	32.3	20.6	4.7	57.6	2.9
平均	0.6	12.0	26.8	39.3	33.9	17.8	4.5	56.1	4.5

资料来源：根据世界投入产出数据库中的投入产出表计算。

但是受工业化思维惯性的影响，学术界关注生产服务业更多是基于"生产—服务"范式重点围绕如何提高制造业发展水平展开的，关注的重点产业是围绕制造业提供生产服务的工业服务业，而对围绕服务业的生产服务业关注不多。对围绕服务业发展的生产服务业的忽视使得我国服务业发展表现出更高的物化消耗比重，服务业增长也更多依靠地产、机器设备、硬件设施等固定资产投入拉动，这不仅不利于我国服务业整体水平的提升，也使生产服务业发展因缺少需求动力发挥不出规模效应进而提升不了业态水平。

本文利用 1995~2011 年的投入产出表通过计算服务业生产对物质生产部门（制造业）的完全消耗系数②比较了中国与主要发达国家服务业生产的物化消耗情况（魏作磊、陈丽娴，2014），结果发现：我国整个服务业对制造业的完全消耗系数比发达国家平均高出 0.341，而我国餐饮和旅业、批发和零售业、运输业、仓储业和邮电业、金融业和商业性活动、房地产业、教育业、社会团体、社会及个人服务业对制造业的完全消耗系数分别比发达国家平均水平高出 0.2439、0.3713、0.3883、0.3401、0.129、0.282、0.4469。与发达国家相比，我国服务业发展过于依赖物质投入，服务业生产的服务性投入明显不足，这是制约我国服务业发展水平提升的一个重要因素，而服务业自身对生产服务需求不足也成为制约我国生产服务业发展的一个主要因素。

---

① 其他包括资本形成和存货两项。
② 完全消耗系数包括直接消耗系数和间接消耗系数，是指某产业部门在其生产过程中，对各产业部门产品的直接和间接消耗的总量之和。

2013年我国第三产业占GDP比重达到46.1%，首次超过第二产业成为三次产业中第一大产业。从发达国家的实践经验，服务业占GDP比重不断上升、服务业在国民经济中的主体地位不断增强将是新常态下我国经济发展的一个主要趋势，服务业也将是未来我国生产服务业发展的主要需求保障。这提示，发展生产服务业不能只把目光局限在工业生产服务业中，发展服务业不能只把目光局限在硬件投入上，围绕服务业的生产服务业不仅是提升我国服务业总体水平的重要保障，也是我国生产服务业发展的主要方向。

六、公共服务不足制约生产服务业人力资本积累

生产服务业尤其是微笑曲线两端涉及的生产服务业是技术、知识、信息密集型行业，这些行业的核心生产要素是人力资本。人力资本积累是提高生产服务业发展水平的决定因素。人力资本积累是体现在人身上的资本积累，是对劳动者进行教育、培训、健康等支出以及劳动者接受教育、培训等的机会成本等价值在生产者身上的凝结，它是内化在劳动者身上的各种生产知识、劳动与管理技能和健康素质的存量总和，它表现为劳动者劳动效率和创造能力的提升。现代人力资本理论研究充分表明，加大教育、培训、健康等公共支出，保障劳动者迁徙自由是人力资本形成的重要途径。另外，与其他行业相比，生产服务业从业人员文化素质相对较高，除了薪水高低之外，还关注生活环境的文化氛围、医疗教育、创业氛围、住房环境等。

从对中国与主要发达国家服务业发展水平的比较看，医疗卫生、教育和社会保障等公共社会服务领域的公共支出不足是造成我国公共社会服务业发展落后进而制约我国服务业整体发展水平提高的一个主要因素。[①] 从我们的广泛调研来看，人才短缺是当前我国生产服务业发展面临的突出问题。不仅技术、研发、设计、策划、管理等高层次专业人才短缺，很多积累了一定经验的一线普通员工也普遍缺编。招人难、留人难、用人难成为困扰企业发展一个突出问题。除了用工成本普遍上升、"人口红利"逐步消失等长期积累因素之外，子女入学教育、医疗社会保障、公共配套服务等是困扰生产服务业人才进而影响生产服务企业人才队伍稳定和人力资本积累最突出的问题。[②] 其背后的主要原因是地方政府在发展生产

---

① 魏作磊：《瓦格纳定律与服务业增长——一个对我国服务业发展水平偏低的解释》，载于《学海》，2011年第2期。

② 例如：根据课题组对东莞服务业的调查问卷，人才短缺是制约现代服务业发展的突出因素，造成人才短缺的原因除了薪酬之外，子女入学教育、城市环境、公共配套是主要制约因素。详细分析请参见"第五篇 问卷调查篇"第二十三章"东莞市服务业供求状况调查报告"。

服务业过程中将主要精力和资源放在了项目引进、硬件投资等政绩显示性强和税收、GDP贡献大的领域中,而教育、卫生、社会保障、公共环境等需要政府花钱而又对GDP贡献不明显的公共服务投入不足。与固定资产投资和各类硬件建设的迅速发展相比,多数地区医疗教育、城市文化等公共服务发展相对落后,不利于吸引和留住各类高素质专业人才。

为了引进优秀人才,许多地方政府制定了优惠的人才政策,在子女入学、购房落户等方面给引进人才优惠政策,但从各地优秀人才的界定来看,多数是面向高学历、高职称或具有该外留学背景的技术型人才,而对具有丰富实践经验和专门知识但学历、支撑不高的服务业专业人才由于户籍、人事关系限制等而缺少应有的支持。

七、生产服务业缺少金融支持

与制造业相比,服务业不易实现大规模标准化机械化生产,服务业企业普遍规模偏小,企业固定资产和不动产比重偏小,人力资本和无形资产往往是企业的主要资产,服务产品的不可储存性也使服务业不可以像制造业那样产生用于抵押的存货。服务行业的特殊性使得服务企业信用等级偏低、缺乏足够抵押资产,不易获得金融支持。即使个别企业信用好也往往由于业务额度小无法引起大金融机构的重视。根据课题组的广泛调研,融资困难是制约我国生产服务发展的突出因素。尤其是电子商务、创意设计、现代传媒、商务服务等现代新兴人力资本密集型服务业,起步往往是从几个专业人才租赁几间房子开始,几乎没有可抵押资产,产品也缺乏可抵押性,企业很难融资,而这个阶段往往是企业流动资金最困难的时候。除了生产服务企业自身特征之外,长期以来金融机构形成的认识观念也是造成服务业融资难的重要因素。如在金融产品供给上侧重于制造业、房地产及基础建设等。

八、行业协会功能发挥不够

从生产服务业发展的实践经验来看,行业协会(商会)组织在生产服务业发展过程中扮演着重要角色。它不仅是联结政府与企业的纽带和各类专业服务企业与市场需求对接的桥梁,同时行业协会本身还是信息、培训、技术、商务等重要生产服务的提供者。在市场经济运行过程中,有许多单个企业想做而无能力做(市场失灵)、政府想做而又不便于做或者无法做的领域(政府失灵),从成熟市场经济国家的经验来看,行业协会(或商会)是解决这些问题的有效途径,如行业自律、技术交流、知识产权维权、行业标准法规、规范市场、行业信息搜集发布等。

　　行业协会缺位、行业协会发展滞后、行业协会职能发挥不足是当前制约我国生产服务业发展的重要因素。2014年，在佛山市发改局和东莞市发改局的大力支持下，课题组对佛山和东莞两地工业和服务业进行了广泛问卷调查，从工业企业调查结果来看，东莞市52.73%的受访企业所在行业未成立行业协会，成立行业协会的企业中超过半数的受访企业认为行业协会未能发挥积极作用；佛山市39.0%的受访企业所在行业没有行业协会，成立行业协会的企业中有46.7%的受访企业认为行业协会未能发挥积极作用。从服务业调查结果来看，东莞市50.4%的受访企业所在行业未成立行业协会，成立行业协会的企业中60%的受访企业认为行业协会未能发挥积极作用；佛山市36.6%的受访企业所在行业没有行业协会，成立行业协会的企业中也有超过半数的受访企业认为行业协会未能发挥积极作用。

　　从全国行业协会运行来看，仍有许多行业协会或具有协会性质的中介组织挂靠在政府部门，行业负责人或明或暗或直接或间接具有政府官员背景，有的是从政府部门、国有企事业单位离退休人员，有的是通过"两块牌子"遮掩的政府部门"一套人马"。行业协会变相成为"养老院、小金库、二政府"，行业协会的应有职能不但得不到充分发挥，一些协会甚至利用与政府部门的特殊关系强制企业入会、摊派会费、不顾企业实际需求强制服务收费、乱评滥评各种奖项荣誉，使得非营利组织成为"非法营利组织"。频繁的"协会骚扰"使得企业对协会敬而远之，行业协会不但不能发挥应有职能，还会干扰市场信号、影响企业正常经营甚至滋生寻租腐败。

第六章

中国生产服务业加快发展战略

本章在课题组综合研究与调研的基础上归纳分析出中国生产服务业内部的知识—技术密集型生产服务业、交通运输仓储邮政业与批发零售业等细分行业的缓慢发展状况,第一产业生产服务业、第二产业生产服务业和第三产业生产服务业滞后发展的不同表现态势,生产服务业作为生产要素能够发挥的主导性、控制性和渗透性等作用还相当有限,以及生产服务业对外开放的步伐相对较慢、区域布局的资源整合与空间集聚作用发挥不足。以此为基础阐述加快发展中国生产服务业的必要性,从总体定位、基本原则、主要目标和主要实施路径等提出中国生产服务业的加快发展战略。

第一节 加快发展中国生产服务业的必要性

一、知识—技术密集型生产服务业发展缓慢

从增加值比重及发展速度来看,新兴的知识—技术密集型生产服务业占比仍然很低,增长速度缓慢、徘徊甚至下滑。2004~2014年,与信息传输、信息技术、电子商务支持等新兴服务相关的信息传输、计算机服务和软件业增加值占生产服务业比重出现下降趋势,由2004年的11.84%降至2014年的8.24%。与生

产性租赁服务、商务服务、研发设计服务、检验检测服务、节能环保服务、生产性专业技术服务等新兴服务相关的租赁和商务服务业、科学研究和技术服务业分别在 7.5% 、5% 左右徘徊。

从劳动生产率的增长速度来看，知识—技术密集型生产服务业的劳动生产率的增长率相当慢，不仅远低于生产服务业平均水平（12.52%），而且远远低于三次产业（14.69%）、第二产业（10.40%）和第三产业（13.45%）。租赁与商务服务业、信息传输和计算机服务及软件业的劳动生产率的增长速度均远低于生产服务业，其中信息传输和计算机服务及软件业仅有 2.30%；科学研究和技术服务业的劳动生产率 2004 年为 2.04 万元/人，2013 年不到 7 万元/人，远低于生产服务业平均水平，与美国等发达国家（6 万美元/人，2000 年）差距也很大。与信息传输服务、信息技术服务、电子商务支持服务、研发与设计服务、检验检测服务、生产性专业技术服务、商务服务、创新金融服务等新兴的知识—技术密集型生产服务业的劳动生产率提高还相当缓慢。

从贡献率来看，新兴的知识—技术密集型生产服务业对生产服务业的贡献率总体水平不高，且逐渐下降、徘徊不前。与信息传输、信息技术、电子商务支持等新兴服务相关的信息传输、计算机服务和软件业对生产服务业的贡献率总体水平低且呈逐渐下降趋势，由 2005 年的 12.99% 降至 2014 年的 8.23%（2009 年曾一度降至 3.96%）。而租赁和商务服务业、科学研究和技术服务业对生产服务业的贡献率均在 6%～11% 之间波动徘徊。[1] 可以发现，信息传输服务、信息技术服务、生产性租赁服务、商务服务以及生产性专业技术服务等新兴服务业对生产服务业发展的贡献水平偏低，一定程度上说明新兴服务业的发展滞后是中国生产服务业发展水平不高的重要因素。

知识—技术密集型生产服务业是产业转型升级、攀登全球产业价值链高端环节的必备"利器"，其发展滞后的客观事实为中国加快生产服务业发展提出了紧迫的需求。

二、交通运输仓储邮政业与批发零售业等转型升级进展缓慢

从规模总量和增幅来看，交通运输、仓储和邮政业与批发零售业总量规模相

---

[1] 根据计算，2005～2014 年生产服务业对 GDP 的贡献率由 2005 年的 24.20% 逐渐上升至 2014 年的 28.95%，增幅 4.75 个百分点。第三产业对 GDP 的贡献率由 2005 年的 43.67% 上升至 2014 年的 50.45%。交通运输和仓储及邮政业、信息传输和计算机服务及软件业对生产服务业的贡献率下降；批发和零售业、金融业对生产服务业的贡献率在曲折中上升；租赁和商务服务业、科学研究和技术服务业对生产服务业的贡献率在 6%～11% 之间波动。

对于中国经济发展现状仍显不足，而且通过技术改造、知识更新和服务模式创新等转型升级的方式增加服务供给能力的相对较弱。交通运输、仓储和邮政业与批发和零售业等生产服务业部门的增加值占生产服务业比重从2004年的60.82%下降到2014年的51.07%，但仍占生产服务业的一半以上。这意味着传统生产服务业通过传统服务模式和传统知识、技术获得产业报酬的边际收益递减，亟须实施转型升级获得递增的边际收益。金融业的增加值占生产服务业比重从2004年的15.1%上升至2014年的26.4%，但主要是存贷款业务、结算业务等传统金融业务的规模性扩张和补偿性增长，基本属于封闭式循环，与三次产业各个环节深度融合的投资银行、供应链金融、天使投资、产业基金、创业基金等新兴金融产品或业务的规模还相当弱小。发达国家经验表明，新兴金融的发展需要放松管制，进而对法律法规体系的完备性和专业性提出了更高的要求。但是，由于相关法律法规的不完善和专业管理人才的缺乏等因素，我国新兴金融的发展时常出现"一管就死、一放就乱"的尴尬境地，这使得我国新兴金融服务仍然处在缓慢徘徊的阶段。

进一步结合劳动生产率来看，传统生产服务业的劳动生产率水平还相对较低。交通运输、仓储和邮政业的劳动生产率2004年4万元/人，2013年不到10万元/人，不仅一直低于生产服务的平均水平，且远远低于美国2000年水平。近十年来金融业虽然高速发展，但主要源自传统业务，因而劳动生产率水平到2013年也仅达到18.08万元/人，远低于OECD国家的平均水平，且低于批发和零售业的18.12万元/人，与金融业应该具有的高劳动生产率特性极不相符，这同样表明中国金融业2004~2014年间的发展主要由于劳动生产率低下的传统业务扩张所致，新兴金融服务供给能力相对不足。

由此可见，中国交通运输、仓储和邮政业与批发零售业以及金融业等亟须主动迎接当前新一轮全球技术革命的浪潮，通过新知识、新技术和新模式融合发展，积极实现中国生产服务业内部结构升级。中国生产服务业中具有产业价值链高端控制作用和支持作用的新兴服务业的发展尚处于起步阶段，内部结构升级滞后产业发展的动态需求，后续发展任重而道远。

三、第一产业生产服务业长期徘徊在低水平发展缓慢

从服务需求来看，第一产业对农业服务的需求与对农业和工业的需求相对而言还不是主要的，而且对第一产业生产服务的需求集中在传统的物质流通部门。中国农业生产中对服务产品的需求占中间需求的比例仅为16%，低于农产品32%和工业产品52%。而且与发达国家及典型发展中国家相比，中国的第一产业

生产服务占第一产业中间需求比例最低，远低于德国（49%）、澳大利亚（44%）、荷兰（42.3%）、加拿大（41.4%）、法国（33.8%）、美国（31.5%）等发达国家，也低于俄罗斯、印度、巴西、墨西哥等发展中国家。现阶段中国第一产业生产还主要依靠实物中间投入即硬生产要素的支撑，诸如农产品流通服务、农业生产资料流通服务、农业金融服务、农业信息服务、农业技术服务和农业管理服务等更具柔性的生产服务要素投入运用不足。宏观层面，农业生产服务需求的不足不利于跨区域农业生产资料和农产品市场的整合，农业生产不能充分利用规模经济和范围经济的分工获得协同收益；微观层面，这将阻碍农户个体克服自身的技术、信息劣势，使其难以在农业生产过程中及时更新技术知识等，难以融入并响应市场需求的变化。

从服务供给来看，第一产业生产服务的供给模式单一且落后，供给能力不足。课题组调研显示，就供给模式来看，中国第一产业生产服务的供给模式始终未能走出资源分散、多头管理、定位不清、权责不明的困境。一方面，不同类型第一产业生产服务的供给分散在不同职能属性的主体中，服务的供给缺乏协调性和统一性；另一方面，政府往往插足干预本应属于市场化生产供给的第一产业生产服务以从中获得财政收入，同时，政府对需要先期投入、风险较大、收益较低的准公共服务缺乏系统性的支持。就供给要素而言，农业和农村的基础设施滞后，配套服务设施不完善或者年久失修，不仅不利于农业自身生产能力的提升，而且不利于农业生产服务中的流通服务、信息服务、科技服务等服务产品的生产、流通和交换。第一产业生产中过低的要素回报难以吸引人才、技术等先进要素的流入，难以依靠市场配置形成对第一产业生产服务供给主体的足够激励。不仅如此，农产品比价长期低于工业品和服务产品，也使得农业中的劳动力、资金等传统生产要素流失到工业和服务业，进一步制约第一产业生产服务的增长。

由此可见，第一产业生产服务业的供给端和需求端均未能形成自身能力，因而长期徘徊在低水平缓慢发展，甚至处于停滞状态，不能满足中国农业发展实现动态转型的战略性需求。

四、第二产业生产服务业相对于第二产业的动态需求明显滞后

从产值比重来看，中国第二产业生产服务业难以满足第二产业的现实需求。根据当前经济发展阶段和产业结构，中国生产服务业以第二产业生产服务业为主，但是第二产业生产服务的投入却相对较低。数据表明，2007年中国第二产业生产服务业占生产服务业比重为56.07%，明显高于2005年5个发展中国家

（中国、巴西、印度尼西亚、匈牙利、波兰）的平均水平42.71%，也明显高于西方七国的平均水平30.94%；但是，2007年中国第二产业占第二产业中间投入和总投入的比重（分别为16.39%和12.26%），不仅远低于2005年西方七国的平均水平，而且远低于上述5个发展中国家的平均水平（分别为21.48%和14.47%），意味着中国第二产业的发展主要依赖于实物投入即硬投入，对生产服务投入即软投入的依赖度偏低。但是，第二产业和第二产业生产服务业的发展规律表明，随着专业化程度的提高和技术进步，第二产业将由劳动密集型向技术密集型升级，在此过程中，知识—技术密集型生产服务充当重要的战略推动器作用。当前，中国产业经济尤其是制造业正处于转型升级的关键窗口，需要有强有力的与信息传输、信息技术、电子商务支持等新兴服务相关的信息传输、计算机服务和软件业以及与生产性租赁服务、商务服务、研发设计服务、检验检测服务、节能环保服务、生产性专业技术服务等新兴服务相关的租赁和商务服务业、科学研究和技术服务业等知识—技术密集型生产服务业提供服务形式的生产要素和技术支撑，推动第二产业相关领域的创造发明、技术创造、技术革新、知识更新和模式创新等，满足第二产业实现战略性转型升级的动态需求。

然而，从内部结构来看，当前中国第二产业生产服务业构成以劳动密集型为主，知识—技术密集型服务发展相当缓慢。第二产业生产服务业中交通运输仓储和邮政业、批发零售业和住宿餐饮业仍然具有相当明显的劳动密集型特征，而且三者合计占第二产业生产服务业的比重高达57.3%，在运用技术革新、服务标准化等产业升级的步伐方面相对滞后，难以满足第二产业转型升级发展的动态需求；而研究开发服务、计算机及相关服务、商务服务、设备租赁服务、金融保险服务等知识—技术密集型生产服务业合计占比仅为32.4%，低于发展中国家的平均水平（34.66%）和西方七国的平均水平（45.34%）。目前我国经济发达的地区正处于工业化的中后期，整个第二产业生产的上游、中游、下游各环节都对生产服务产生了强大的潜在需求。例如，上游阶段，越来越多的企业将市场调研、可行性研究、产品设计、技术研发服务外包，由生产服务企业完成，此阶段还需要专门的风险投资、股权基金、项目孵化等新兴服务。中游阶段，越来越多的企业专注于产品核心能力，将采购、运输、仓储等生产服务外包。下游阶段，越来越多的企业将市场营销、广告、售后服务、维修及产品回收服务等外包。同时，越来越多的企业对贯穿链条始终的人力资源管理、信息管理、管理咨询等生产服务需求愈加强烈。但是，很多地区的生产服务企业规模小、层次低、服务和业态同质性强，甚至恶性竞争，地区之间的恶性竞争还带来了严重的市场分割、重复建设和资源浪费等问题，第二产业生产服务业与第二产业之间协同程度相当低甚至相互割裂。

长期以来，相对落后的工业发展模式、国际制造业和服务业转移的协同性以及信息技术嵌入度相对较弱等原因阻碍了中国第二产业生产服务业对制造业升级充分发挥引领创新作用，无法满足第二产业发展的动态需求。

五、第三产业生产服务业的发展兴起相对缓慢

从规模及比重来看，近年来中国发达地区和城市开始逐渐涌现出面向第三产业本身提供服务形式生产要素的新兴服务形态，但是规模相对较小、分布较为分散。中国第三产业生产服务对第三产业中间投入占比 2010 年为 44.58%，在 20 年中仅上升了 4.04 个百分点，2010 年第三产业生产服务占第三产业总投入的比重仅为 20.02%，服务产品生产过程中生产资料的投入仍然是以实物生产资料为主。这表明我国第三产业还是处于前期的"数量扩展"阶段，没有进入"质量增进"阶段，生产过程需要农业提供农产品原料，需要工业提供机器设备、工具、服务场地建设材料等"硬件"投入较多，而需要信息、技术、知识等"软件"投入较少。数据表明，1995～2011 年中国第三产业对软要素的完全消耗系数在 0.4 左右徘徊，而对硬要素的完全消耗系数呈上升趋势，2011 年达 0.91。

全球范围来看，生产服务业正呈现以下新趋势，具体表现，一是全球资本流动向服务业集中成为不可逆转的大趋势，以信息技术外包（ITO）、业务流程外包（BPO）、知识流程外包（KPO）等为主要内容的国际离岸服务外包以及跨境电商、服务电子商务、国际商务服务等新兴生产服务业成为全球生产服务业发展的热点。二是互联网技术在人们生产和生活领域的不断渗透，推动着服务企业的品牌理念、研发设计、生产运营、服务营销等生产管理模式的不断创新，对信息和数字的经营能力日益成为企业的核心竞争力。信息技术日新月异和广泛应用不断催生出新的服务业态，云服务、大数据、电子商务、数字传媒、社交网络、物联网、移动互联网、平台经济等依托互联网的新型服务业迅猛发展，引领着全球产业方向，并在改造传统产业、带动产业升级和提升区域综合竞争力的过程中扮演日益重要的角色。三是海量数据成为服务业发展和创新的新形式与重要战略资源。四是第四次工业革命不仅将对现有的生产模式带来冲击，智能化生产所产生的庞大数据处理、信息安全、标准化以及商业模式变革等问题也将对服务业发展提出更高要求，使得生产服务业成为智能化生产条件下的核心竞争要素。

全球性的新趋势为中国生产服务业和产业转型升级提供了重要机遇，然而在机遇面前，中国生产服务业尤其是第三产业生产服务业面临着巨大的挑战。一是中国第三产业生产服务业的知识密集化和技术密集化程度相对较弱，发展起点较低，为第三产业提供专业化的信息传输服务、信息技术服务、研发设计服务、专

业技术服务、商务服务以及科学研究等知识密集型服务还相当欠缺。二是第三产业生产服务业与第三产业之间的协同程度低，中国经济发达地区第三产业价值链的各个环节开始对生产服务业产生强大的潜在需求，但是由于这些生产服务业企业规模小、层次低、服务模式同质化严重，使得第三产业生产服务业与第三产业之间的协同性较差，尚未形成有效的良性循环。三是生产服务业的创新能力较弱，使得第三产业生产服务业的兴起发展缓慢。当前，生产服务业的研发投入尚未成为政策关注的重点，导致我国生产服务业的科技创新能力总体不强，生产服务业对新技术的使用程度也不高，小企业居多，多数企业提供的只是知识和技术服务链上的低端服务产品，远未形成集先进知识和技术的主要推动者、使用者和传播者于一身的良好运行机制。再加上我国生产服务业尤其是与信息传输、信息技术、电子商务支持等新兴服务相关的信息传输、计算机服务和软件业以及与生产性租赁服务、商务服务、研发设计服务、检验检测服务、节能环保服务、生产性专业技术服务等新兴服务相关的租赁和商务服务业、金融服务业等各种专业服务领域创新人才严重短缺，直接导致我国第三产业生产服务业创新能力弱。

与信息技术、信息传输、研究开发、生产支持服务等为第三产业提供生产服务的新兴业态开始在中国发达地区和城市兴起，但是由于信息化、专业化程度相对较弱等方面的原因，中国第三产业生产服务业的起步发展显得步履蹒跚。

六、作为生产要素能够发挥的主导性、控制性和渗透性等作用还相当有限

从主导性作用来看，以研发设计、商务服务为代表的生产服务处于产业链的高端，主导着全产业链的发展，是三次产业稳定发展的核心领域。但是，中国以研发设计、商务服务为代表的生产服务业在提升产业创新能力和企业核心竞争力，引领三次产业攀登价值链高端环节的主导能力还非常薄弱，与发达国家存在很大差距。

从控制性作用来看，以采购分销、物流仓储为代表的生产服务，控制着工农业生产的原材料供应和产品销售渠道，是工农业生产的关键环节。但是，由于信息化和专业化程度相对较低，管理模式和管理系统还较为混乱，行业内部发展参差不齐，基本属于劳动密集型生产服务业，转型升级的进展相当缓慢，因而能够在工农业生产过程和产品销售过程中发挥的高效性还有待提高。

从渗透性作用来看，以信息服务、金融服务为代表的生产服务，对三次产业发展具有很强的渗透能力，对整合不同行业、不同区域的资源，促进三次产业做大做强具有重要的促进作用。虽然中国金融服务业总量上有了较大发展，

但主要是传统金融业务的粗放式发展，产业投资、风险投资、天使投资、金融租赁、资产证券化等新兴金融服务业态的发展还很缓慢，金融服务与产业实体脱节现象严重，无法发挥金融服务业为三次产业生产提供实际的"造血""输血"功能。经过20世纪90年代的第一次全球信息化浪潮后，现在正迎来新一轮信息技术革命，诸多行业和企业尚未做好利用信息技术整合行业资源、重组业务流程的技术准备和人才准备。课题组调研发现，以信息服务、金融服务为代表的生产服务作为生产要素在生产过程中优化配置资源所发挥的渗透性作用比较有限。

从支撑性作用来看，科技服务、生产性支持服务、人力资源管理与培训服务、节能与环保服务是涉及众多企业发展所需的共性、基础性生产服务，对产业发展有重要的支撑作用，也是目前产业链中最为薄弱的环节。

七、对外开放的步伐相对较慢

从总体来看，中国生产服务业对外开放程度相当低。根据2014年经济合作与发展组织（OECD）服务贸易限制性指数数据库公布的服务贸易限制性指数（STRI指数）[①] 显示，中国生产服务业的STRI指数（0.45）高达OECD国家平均水平（0.204）的2.21倍，且高于巴西（0.346）、俄罗斯（0.359）和南非（0.375）。进一步，从中国加入WTO承诺表和相应的市场准入原则来看，中国生产服务业的承诺开放度还不到50%，之所以衡量的开放水平如此低是因为中国生产服务业对自然人流动方式下的服务贸易限制非常严格，没有对这种服务提供方式下的服务贸易做出任何承诺。这说明中国生产服务业总体上的对外开放程度很低，不仅远低于发达国家，而且低于大部分新兴经济体，加快中国生产服务业对外开放的步伐还需要较长的路要走。

从细分行业的开放程度来看，中国生产服务业各细分行业的对外限制程度都高于OECD国家的平均水平。其中在速递服务部门，中国的STRI指数约为OECD平均水平的4倍，在电信、分销、银行和保险四个服务部门的STRI指数也超过了OECD平均水平的3倍。中国在法律、电信、航空运输和速递服务业领域的对外开放程度最低，在计算机、建筑和工程服务业领域的对外开放程度最高。与其他发展中国家的相比，中国在建筑、航空运输、计算机领域的限制程度相对较低，对外开放水平在发展中国家中位于前列。其中，建筑服务和航空运输

---

① STRI指数的值介于0和1之间，0代表限制程度最低，表示本国该部门对外完全开放；1代表限制程度最高，表示该部门对外完全封闭。指数越高，说明限制程度越高，因而对外开放程度越低。

服务业的开放水平处于第 1 位。中国在公路运输、速递、电信、分销和铁路运输领域的限制程度相对较高，对外开放水平在发展中国家中处于末尾，其中公路运输和速递服务业的开放水平处于最后一位。

可以看出，中国加入 WTO 以来，服务业领域对外开放的程度有了显著提高。根据入世承诺，中国已经在商务、通信、建筑和相关工程、分销、金融、运输等所有涉及生产服务的领域做出了开放承诺，在 WTO 分类的 132 个生产服务部门中，中国已经开放了 80 多个，整体开放程度已经接近发达国家水平。但是，在开放透明度和具体实施细则方面，还存在较严格的限制，严重影响了中国生产服务业的实际开放效果。就生产服务业对外开放的限制类型而言，中国在对外资进入的限制、竞争障碍和监管透明性上的限制指数都高于其他五个发展中国家，这与中国在入世承诺的开放水平严重不符。中国生产服务业对外开放步伐的缓慢，将阻碍中国生产服务业融入全球市场的进程，以开放促发展的目的受到限制。

八、区域布局的资源整合与空间集聚作用发挥不足

从生产服务业的特征看，生产服务业本身具有集聚性特征，结合资源禀赋，推动生产服务业区域分工合作、错位发展，充分发挥生产服务业科学合理布局过程中的资源整合与空间集聚作用。但是，现状为：一是中国大多数生产服务业集聚区内的大部分服务企业规模小、层次低、服务和业态同质性强，甚至恶性竞争、鱼龙混杂、良莠不分的问题比较突出，服务水平和质量亟待提高。二是我国生产服务业集群内公共服务平台的建设比较滞后，多数地区尚未建立集中统一的产业发展平台，直接影响着生产服务企业的现实水平、服务质量和增值能力，并导致生产服务业集群的重复性建设问题相当突出。三是许多地方政府对生产服务业的集群发展缺乏整体布局和引导，地区之间存在比较严重的市场分割、重复建设、资源浪费等问题。再加上只追求数量和规模而不注重"质"的提升，从而造成大而不强、产业优势不明显、核心竞争力不足，资源分化情况相当严重的情况，许多产业集群只重招商，来者不拒，没有突出品牌效应和竞争优势，反而不利于当地资源整合和产业经济的长足发展。

总之，目前中国生产服务业的集聚发展与区域布局状况，很难在"一带一路""中国制造 2025"实施过程中充分发挥资源整合作用和集聚效应，难以在全球价值链上获得更多的利益分配甚至获取经济控制力。

第二节　加快发展中国生产服务业的战略定位

一、总体定位

根据生产服务业的发展动因理论与国际经验,针对需求、供给、体制、技术和输出因素造成我国生产服务业发展滞后的成因,基于我国生产服务业发展的机遇与挑战、优势与劣势,立足我国经济发展水平、产业结构和区域分布特点,结合"一带一路""中国制造2025""互联网+"等重大战略任务,从消除短板以扩大容量,未雨绸缪以应对未来的方向,积极推动生产服务业以与国民经济发展相适应的速度加快发展。按照立足当前、前瞻引领、协调发展、重点谋划,市场主导、政府引导的原则,在东部沿海发达地区和大城市为进一步加快深化发展的重点,向中西部地区稳步梯度推进;在全国重点加强推进第二产业生产服务业,在城市加快拓展第三产业生产服务业,在城镇着力发展第一、二产业生产服务业,在农村大力发展第一产业生产服务业。在生产服务业的三个层次中,以生产服务核心层为长期发展的着力点,谋求服务效率的长期大幅度提高,以生产服务外围层为近期发展的突破口,促进农业、工业和服务业投入结构软化和效率提高。加快实施需求创新、供给创新、信息化创新、制度环境创新工程,通过需求拉动、供给推动、制度创新、技术进步和对外开放,加快发展生产服务业。紧抓历史机遇,有序推进重点领域发展,优化重点区域布局,稳步推进对外开放,强化生产服务业核心创新能力,积极构建生产服务业创新应用模式,扩展电子服务应用领域,到2030年实现生产服务业总体规模大幅扩张、门类齐全和质量大幅提高,发展速度较快,能有效推进三次产业生产效率提高的总体发展目标。

二、基本原则

1. 立足当前,前瞻引领。充分分析中国当前经济社会转型的现实需求,立足中国生产服务业发展水平较低、增速较慢、现代化程度较低等滞后问题及成因,提出加快控制性、支持性生产服务业的规模扩张和品质提升。同时,根据生产服务业发展的一般规律与国际经验,综合考虑全球产业发展趋势及"中国制造2025""一带一路""互联网+"等重大战略需求,提出加快战略性、渗透性生产服务业发展。

2. 协调发展，重点谋划。根据中国经济发展阶段和产业结构特点，坚持生产服务业发展与国民经济发展水平相适应，坚持生产服务业与三次产业发展的动态需求协调发展。同时，充分发挥生产服务业的产业引领作用，借鉴发达国家及新兴经济的发展经验，前瞻性地谋划加快中国生产服务业发展的重点领域和重点区域布局等具有实践性和创新性的战略思路。

3. 市场主导，政府引导。正确处理政府与市场的关系，创新体制机制，充分发挥政府在顶层设计、制度建设、政策创新、重大工程实施等方面突出引导作用。同时，更加尊重市场规律，坚持使市场在资源配置中起决定性作用。

三、主要目标

至 2030 年，初步建立起结构优化、功能完备的生产服务业体系，中国生产服务业的产业引领功能与经济控制力得到提升和加强，接近发达国家平均水平。中国生产服务业活力不断增强、结构持续优化、区域布局更加合理、全球影响力不断提升，生产服务业与制造业不断深化融合，在不同区域和地区重点推进第一产业生产服务业、第二产业生产服务业和第三产业生产服务业，推动生产服务业向中心城市、功能性特区、产业集聚区集群发展，形成一批功能完善、辐射能力强的国家级生产服务业中心城市、专业型生产服务业基地、国际性生产服务贸易基地和跨境生产服务业节点。

四、主要路径

加快发展中国生产服务业促进产业转型升级，将中国生产服务业打造成攀登全球产业价值链的"利器"，充分发挥生产服务业在现代产业体系建设和经济新常态发展过程中的主导性地位和控制性作用，积极落实加快中国生产服务业发展的总体战略定位，主要实施路径为：推进三大战略和实施四大工程。

（一）有序推进重点领域发展

1. 优先发展主导性生产服务业。以研发设计、商务服务为代表的生产服务处于产业链的高端，主导着全产业链的发展，是三次产业稳定发展的核心领域，必须优先发展。以提高自主品牌能力为目标，加大研究开发、产业设计、创意产业的发展力度，促进产品、模式、业态创新，推动从"农业大国""制造大国"

向"农业强国""制造强国"转型，提高服务业现代化水平。以有效引导企业发展为目标，优先发展以商务咨询、会议会展等为代表的商务服务业，提高对三次产业生产的主导能力。

2. 大力拓展控制性生产服务业。以采购分销、物流仓储为代表的生产服务，控制着工农业生产的原材料供应和产品销售渠道，是工农业生产的关键环节，必须大力拓展。按照产业发展对商品流通的需求，加快构建现代采购分销体系，努力建设一批门类齐全、布局合理、运营灵活的国际采购中心、分销基地，积极拓展国际流通渠道。针对工农业发展对物流配送服务的迫切需求，大力发展产业物流和国际物流，鼓励物流服务创新，加快构建高效物流体系。

3. 加快发展渗透性生产服务业。以信息服务、金融服务为代表的生产服务，对工农业发展具有很强的渗透能力，对整合不同行业、不同区域的资源，促进工农业做大做强具有重要的促进作用，必须加快发展。鼓励利用信息技术整合行业资源、重组生产流程，增加服务环节和业务，提高产业信息化、电商化水平，促进生产效率、服务质量的提高，推动工农业企业从实物生产型企业向服务型企业转变，促进服务企业信息化程度的提高。发挥产业金融服务作为工农业生产的"血液"功能，加强金融与产业的相互融合、互动发展，通过大力发展专业银行、产业基金、融资租赁和互联网金融，推动生产要素资源和知识产权资本化，有效支持现代产业体系建设。

4. 扶持发展支撑性生产服务业。科技服务、生产性支持服务、人力资源管理与培训服务、节能与环保服务是涉及众多企业发展所需的共性、基础性生产服务，对产业发展有重要的支撑作用，也是目前产业链中最为薄弱的环节，必须扶持发展。以科技成果转化、知识产权转化、检验检测认证服务为主体的科技服务是实现科技创新引领产业升级、推动经济向中高端水平迈进的关键环节。大力扶持发展第一产业售后服务、第二产业售后服务和第三产业售后服务等生产性支持服务，建立居民放心消费环境，为消费者提供消费安全保障。把握产业发展的节能、绿色、低碳、环保新要求，加强节能减排宏观引导，强化农业、工业和服务业企业节能减排，鼓励发展节能、节水型服务企业，推动清洁生产、绿色生产和低碳生产。以现代产业体系建设需求为导向，按照市场化原则，加快发展人力资源管理与职业技术培训服务，努力培养好、配置好能够满足不同产业发展需求、不同发展层次的人力资源和职业技术人才。

(二) 优化推进重点区域布局

1. 打造五大国家级生产服务业中心城市。发挥北京、上海、重庆、广州、深圳五大中心城市经济总量大、服务业比重高、对外辐射能力强的优势，以国际化、高端化、电子化为方向，重点面向第三产业、第二产业，大力发展第三产业生产服务和第二产业生产服务，带动和引领全国生产服务业发展。

2. 打造三大综合型生产服务业基地。根据区域特点和典型城市功能，选择经济规模庞大、经济能量集中、经济活动多样的区域，打造环渤海、长江三角洲和珠江三角洲三大国家级综合型生产服务业基地。具体为：以环渤海地区为载体，以京津冀、辽中南、山东半岛经济发展为依托，打造环渤海综合型生产服务业基地。依托长江黄金水道，借助长江经济带上升为国家战略机遇，利用长江三角洲世界级大城市群的经济集聚能量，以上海为龙头，打造长江三角洲综合型生产服务业基地。以珠江三角洲经济一体化为基础，利用粤港澳合作优势，结合国家打造珠江—西江经济带的战略布局，打造珠江三角洲综合型生产服务业基地。

3. 建设一批专业型生产服务业基地。以具有地方特色的优势产业为依托，建设一批服务于特色产业的主体功能突出、配套功能完备的国家级专业型生产服务业基地。具体为：

——特色工业经济区生产服务业基地。面向我国特色工业经济区域，发展服务于制造业的生产服务业体系，打造5个以满足制造业生产服务需求为主体的国家级特色工业经济区生产服务业基地，包括东北重工业生产服务业基地、成渝现代制造业生产服务业基地、武汉城市群装备制造业生产服务业基地、环长株潭城市群装备制造业生产服务业基地、黔中地区新兴产业生产服务业基地。

——特色资源经济区生产服务业基地。以国家战略层面上确定的3个资源能源区为依托，打造国家级特色资源经济区生产服务业基地，包括山西地区煤炭能源生产服务业基地、鄂尔多斯煤炭能源生产服务业基地、西南地区水电能源生产服务业基地。

——特色农业经济区生产服务业基地。以国家战略层面确定的7个农产品主产区为依托，打造国家级特色农业经济区生产服务业基地，包括东北平原主产区生产服务业基地、黄淮海平原主产区生产服务业基地、长江流域主产区生产服务业基地、汾渭平原主产区生产服务业基地、河套灌区主产区生产服务业基地、华南主产区生产服务业基地、甘肃新疆主产区生产服务业基地。

4. 建设四大生产服务贸易基地。利用我国自贸区建设机遇，以上海、广东、天津、福建四个自由贸易区为依托，建设四个以服务贸易为主体的生产服务基地，构建有效对接国内产业基地、连通国际市场的枢纽性平台，包括上海自贸区生产服务贸易基地、广东自贸区生产服务贸易基地、天津自贸区生产服务贸易基地、福建自贸区生产服务贸易基地。

5. 试点一批跨境生产服务业节点。以"一带一路"倡议涉及的沿线国家、地区、城市为依托，以我国沿边、沿海地区为前沿，尝试建设一批跨境生产服务业节点，促进我国与世界生产服务业的交流与合作，推动生产服务业国际化发展，包括广西北部湾跨境生产服务业节点、新疆跨境生产服务业节点、云南跨境生产服务业节点、马来西亚"海丝路"生产服务业节点、塔吉克斯坦"新丝路"生产服务业节点、欧盟"丝带路"生产服务业节点。

（三）稳步推进对外开放

1. 以战略谋划为前提，加强我国生产服务业对外开放和参与全球经济中高端竞争的前瞻性跟踪研究。从工业化、城市化、市场化、信息化互动的视角进行科学规划和整体谋划，以确保本研究的战略性、宏观性、开放性和可操作性。实现我国生产服务业对外开放和参与全球经济中高端竞争促进工作"落地化"，抓出一批重点平台、龙头骨干企业、项目、政策创新。

2. 实施新的"引进来"和"大外包"战略，突破后发劣势诅咒和低端锁定陷阱。鼓励外商投资生产服务业重点领域和新兴业态。以企业向价值链高端发展、农业生产和工业制造现代化和生产制造与信息技术服务融合为带动，着力吸引外商投资诸如研发设计、融资租赁、信息技术服务和品牌建设等知识、资本密集型行业。重点强化与欧美等发达国家合作，在《中欧合作2020战略规划》、中美战略与经济对话成果的总体框架下，创新招商渠道，加强金融、信息、低碳能源、航空、质量安全等领域合作。

3. 以深化生产服务业与先进制造业互动为导向，探索不同行业对外开放和提升国际竞争力的路径。在推动生产服务业对外开放和提升国际竞争力进程中，一方面要鼓励制造企业深化内部分工，将不具竞争优势的服务业务外部化，为促进生产服务业开放和跨越发展创造条件。制造企业为集中资源培育核心竞争优势，将尽可能利用前后向关联效应，加强与产业链内其他企业优势互补，由此企业在通过外购或者分包的方式满足自身服务需求的同时，也为生产服务业发展创造了潜在的需求市场。另一方面，应加快推动制造企业的转型升级，深化生产服务业与制造业的互动融合。处于产业价值链高端的先进制造业往往需要投入更多的研发设计、营销管理等知识密集型生产服务业，与此同时，生产服务业的知识化将进一步推进先进制造业的技术革新和市场创新，从而形成相互促进的良性循环。

4. 以优先开放中心城市、特殊功能区、自贸区及其拓展区为导向，探索生产服务业渐进式开放和跨越式升级的新路径。首先，重点开放北京、上海、广州、深圳等中心城市，利用其颇具规模的市场潜力和便捷的基础设施大力发展商务、会计、法律等生产服务业，形成服务经济开放和发展的先导示范区，进一步探索生产服务业渐进式开放和跨越式升级的新路径。其次，充分发挥各地各类特殊功能区开放的先导作用,重点培育一批具有国际化视野的中高端服务运营商,同时通过创造与国际生产服务业接轨的体制和制度环境,进一步建成面向全球市场的生产服务业集聚区,从而推进特殊功能区向服务自由贸易区转型,全面提升我国生产服务业的开放水平和质量。还应积极推动临港区与自贸区的政策对接,探索临港"双特"政策与自贸区制度优势结合的方式,加快服务经济空间载体建设和各类支撑平台创新,打造保税展示、金融服务、文化创意等现代服务业功能板块,推动服务经济集聚效应的形成。

5. 以支撑要素的研究和创造为切入点,完善我国生产服务业对外开放和参与全球经济中高端竞争的支持体系。一是要加快构建以企业研发为主体、市场配置创新资源为导向和政产学研相结合的科技创新体系。二是要建设生产服务业标准化研究支持体系,鼓励企业参与生产服务业领域国际标准起草制定工作,争取生产服务业标准化组织落户我国,增强标准话语权。三是要培育和完善人才创新激励的体制机制,优化配置教育资源,加大对企业经营者管理培训和职工技术培训投入力度,加强各类人才培训、交流基地建设。四是要根据生产服务业集聚区的不同特征,有针对性地推进和完善多形式、多层次的专业化公共服务平台建设。

(四) 实施需求创新工程

1. 加快推动制造业自主创新和价值链升级,大力发展高端制造业,创新第二产业生产服务需求。一方面加快制造业技术创新、组织创新和模式创新,推动精细化制造业,发展高端制造业,促进生产环节分工深化,增加生产迂回度,促使原属于企业内部的职能和业务分转给更加专业化的生产服务提供商,包括专业服务业如法律、会计和审计等,营销服务业如广告、市场调查、咨询等和技术服务业如研究开发、产品设计等各种商务服务。另一方面积极鼓励和扶持大型制造业企业在全球产业价值链上向高端环节攀升,实现价值链升级,企业可通过并购、合作或合资等方式,在销售环节符合购买商参数要求后通过贸易方式嵌入全球价值链。在嵌入全球价值链后,企业可以将生产加工环节向东南亚、非洲等劳动力成本更低的国家进行外包,而自身将重点放在全球市场营销、总部管理控制、信息技术提升、人力资源管理、财务管埋等生产服务下游环节或中间环节,或者专注于研发设计、品牌管理、产品开发等生产服务上游环节。进一步夯实和创新制造业与生产服务业之间的互动发展,推动第二产业生产服务需求规模扩张和品质提升。

2. 加快提升农业生产水平,促进农业生产方式升级,释放第一产业生产服务需求。通过在农业生产和流通领域逐步扭转农产品与工业品、服务产品间的价格扭曲,实现工业、服务业发展对农业的反哺和溢出,整合农业生产资源,优化区域间农业生产的空间格局，强化农业良种和技术培育推广，提高政府对农业的财政支持补贴来提升农业生产水平。完善农业基础设施，通过提升农村地区的道路、灌溉、通信、供电等硬件设施，为农业生产中运用第一产业生产服务创造基本条件。系统利用电视、广播、移动通信等信息平台传输及时、覆盖范围广且接入型好的优势，向农户地区高效提供简明易懂、可操作性强的技术咨询和推广服务，传递城市需求端的市场信息。在有条件的地区，积极推动农业规模化经营，释放大规模农机作业服务、农业科技信息推广、农业金融服务等第一产业生产服务需求。

3. 加快推动传统服务业升级和积极培育新兴服务业，提高服务业现代化水平，创新第三产业生产服务需求。进一步推动产业结构高级化，随着我国产业结构的高级化和第三产业内部分工日益深化，第三产业的发展越来越依赖自身对服务产品的消耗，使得第三产业生产服务成为推动第三产业比重持续上升的主要动力。加快推动第三产业现代化，充分重视第三产业生产服务尤其是知识密集型生产服务在第三产业现代化进程中扮演着的重要角色，提高服务基础设施和设备水平，实施规模化经营，提高科技水平和人力资源的整体水平。重视国际化大都市和特大型城市发展与第三产业生产服务业发展之间的互动关系，国际化的大都市主要是通过现代化的生产服务体系，特别是现代知识密集型的生产服务体系来支撑，中心城市中发达的生产服务体系对周边城市群的分工协作和功能整合作用非常显著，率先在特大城市和大型城市开展一批发展第三产业生产服务业的试点，并逐步推进。积极面对新一轮信息技术革命和全球分工深化为中国第三产业生产服务业发展带来的机遇和挑战，随着市场范围的扩大和信息技术的进步，第三产业生产过程的迂回程度不断提高，服务产品的生产流程逐渐解体，从而为第三产业生产服务在产业价值链重组、知识创新和产业控制以及服务贸易等方面提供了前所未有的机会。

（五）实施供给创新工程

1. 通过产业分化的方式，促进传统国有或国有控股企业的主辅业务分离，使生产服务业从原有制造业分化出来，实现生产服务业的外部化和专业化发展。对于那些在组织结构上仍然采用传统的"大而全、小而全"模式的国有或国有控股企业，实行相应的产业政策，引导和推动企业通过管理创新和业务流程再造，实行"主辅分离"，将一些非核心的生产服务环节剥离为社会化的专业服务，以核心竞争优势整合配套企业的服务供给能力，推进企业内置服务市场化、社会化，在降低运营成本，提高主业效率的同时，推动相关生产服务业从原来内生于制造业业务流程中分化出来，推动相关生产服务业的供给创新发展。

2. 通过产业融合的方式，推动制造业的服务化发展，使制造业成为生产服务业的供给创新主体，推动生产服务业的创新发展。对于嵌入全球价值链被锁定于微笑曲线低端的"国际代工"制造企业，由于沿全球价值链向研究开发、品牌经营等关键性生产服务业的延伸经常会受到跨国公司的"横向挤压"和"纵向压榨"，难以依靠内生发展力量推动制造业的服务化发展。因此，必须加强政府政策的扶持和市场制度的完善，进一步完善劳动用工制度，强化企业内部资源、业务整合的自主性；依托高速增长的内需市场规模，培养专业人才，培育自主创新能力和市场势力，逐步将发展重点集中于技术研发、市场拓展和品牌运作，大力发展产业内部的专业化分工体系；利用参与国际品牌代工的机会，通过"干中学"掌握先进的技术和管理知识，推动本土的研发设计和自主品牌创立，并以现代服务业为中心将价值链的各个环节串联起来，通过服务业与制造业的产业融合方式，促进生产者服务业发展和制造业的转型升级。

3. 充分运用互联网和信息技术，通过服务产业融合化发展的集成式创新模式，推动生产服务业的供给创新。新一代信息技术的发展及其超强的渗透性，在带来技术复杂度的提高和增加研发难度的同时，也打破了原有的产业平衡，冲破了一切的产业边界，企业的竞争优势越来越多地建立在对新知识和新技术的应用上。企业对知识产权、商业化、营销和与生产工艺开发等有关的知识密集型等生产服务活动需求增多，单一的生产服务功能远远难以满足企业的一体化需求。因此，需要加强财政支持政策、降低准入门槛、完善竞争制度、加强市场监管等方式，鼓励规模大、信誉高、服务质量好的企业，实施跨地区、跨行业的兼并重组，一方面通过促进生产性服务业的集中化、大型化、组织化的融合发展，推动生产服务业的集成式供给创新发展，来满足企业的一体化生产服务需求；另一方面，创造良好的制度和环境，鼓励以各种虚拟平台及社区为基础的具有自组织性、非组织性、或者超组织性的创新发展活动，有效利用网络资源，整合各类服务资源，实时把握客户需求和灵活分配资源来解决复杂问题，实现社会化服务与企业活动环节的"无缝对接"，促进现有的生产服务业部门的整合和创新，实现规模化和升级化发展。

（六）实施信息化创新工程

1. 创新财政资金的引导作用，推动信贷与融资方式创新，降低企业信息化的成本压力。充分利用技术改造专项资金、电子发展基金、中小企业发展资金等现有各类财政资金对企业信息化建设的引导和带动作用，整合现有政策资源和资金渠道，加大对信息化进程中的共性技术开发、信息化标准、公共信息平台建设、行业协会网站建设、试点示范项目的支持。创新财政支持方式和财政资金管理机制，加大对企业建立覆盖产品全生命周期管理信息系统的引导和扶植。充分认识"信息化不仅是工业的故事，更是服务业的故事"，在进一步夯实工业信息化发展专项资金或基金的基础上，设立服务业信息化基金或专项资金，建立稳定的财政投入增长机制。鼓励银行创新贷款方式，支持面向中小企业的电子商务信用融资业务发展。鼓励地方政府建立信息技术应用项目融资担保机构，鼓励金融机构对中小企业信息技术应用项目给予支持。

2. 创新税收优惠政策，完善企业信息化升级的财税激励机制。固定资产加速折旧属于企业所得税优惠政策，对由于技术进步，产品更新换代较快的固定资产实行加速折旧，可以使企业加快淘汰落后的技术设备，引进新技术、新工艺，提高产品的科技含量。对生产服务业企业新购进 ICT 硬件设备可以采取类似于固定资产加速折旧的政策，以促使企业加快对 ICT 硬件的升级换代。同时，对生产服务业企业新购进 ICT 软件发生的费用可以采取类似于研究开发费用加计扣除的政策，以促使企业加快对 ICT 软件的更新。

3. 鼓励信息技术领域的国际合作，提升信息产业支撑生产服务业与信息化深度融合发展的能力。云计算、大数据、移动互联网和物联网等新一代互联网技术焕发出了强大的生命力，应用这些最新的前沿技术改造产品生命周期的整个流程对增强企业的竞争力至关重要。鼓励信息技术企业和生产服务企业加快国际合作与交流，通过引进消化吸收再创新，建立以企业为主体的信息技术创新体系，掌握集成电路、系统软件等关键领域的产业发展主动权，提升我国信息产业自主创新能力与核心竞争力。鼓励信息技术企业积极参与国际技术标准的制定，加强对信息技术知识产权的保护，积极推动自主知识产权技术标准在海外推广应用。积极发挥行业协会在信息对接沟通方面的中介作用，借鉴国外同类行业企业信息化的先进经验和管理办法，利用好国内和国外两个信息技术产品和服务市场，鼓励企业在全球范围内寻求最佳的信息化解决方案。

（七）实施制度环境创新工程

1. 创新行政管理理念，优化政府的管制制度。一是，完善管制部门的顶层设计。以《国务院机构改革和职能转变方案》为契机，进一步简政放权，推广一站式审批、一个窗口办事，减少生产服务业发展的行政成本，充分发挥企业孵化作用，打破不正当的地方保护主义，试点公平竞争审查制度，创造良好的生产服务业创业环境。二是，实施动态负面清单管理。在生产服务市场的准入方式上，由静态的正面目录向动态的负面清单转变，实施动态负面清单管理方式，简化企业注册等前置性审批，鼓励民营等各类资本进入生产服务业。生产服务业发展日新月异，负面清单要进行定期动态调整，使负面清单具有弹性，才跟得上行业发展的步伐。三是，完善行业和企业的退出机制。对铁路、通信、航空、金融等垄断特征淡化甚至消失的行业或环节，要适时启动垄断行业退出机制，大力引进市场机制，加强反垄断执法，放松管制激发竞争。以完善上市公司的退市制度为切入点，逐渐使全部生产服务企业从注重前置性审批向注重后置性动态监管转变，使企业退出法治化、规范化和透明化，明确企业退出的义务和约束，最大限度地保护小股东、企业员工、消费者及其他相关利益者的合法权益。

2. 加快完善信用管理体系，强化个人隐私信息的保护。加大信用数据的合法采集，建立覆盖政府、行业、企业、个人等各类主体的信用数据库，实现信息互联共享，消除信用信息的"孤岛"和"黑箱"。促进信用数据的国际标准化建设，提高信用数据的可比性和可加工性。培育和规范信用中介市场，支持一批有潜力的信用企业做大做强，提高信用评级权威度。全面推广失信"黑名单"制度，通过新闻媒体等渠道及时大面积曝光失信行为，大幅度提高失信行为的惩戒力度。完善信用联防机制，整合政府、消费者、授信人、征信机构等各方力量共同打击失信行为。加大对守信行为的激励力度，尽快落实为守信主体开辟的"绿色通道"，不断丰富绿色通道内容。对公众进行信用教育，提醒注重个人隐私信息保护，加大对个人隐私泄露和买卖行为的查处力度，在个人隐私案例中探索实施"举证责任倒置"原则，尽量减轻非主观过错导致的信息泄露给受害人带来的严重后果。

3. 创新投融资体系，优化投融资环境。创新发展信用贷款，针对生产服务企业特征，为生产服务业发展提供政银合作信贷、道义担保信贷、信贷池动态调控信贷、网络银行信贷等不同类型的融资支持。探索建立面向小微企业的企业银行，借鉴发达国家经验，由政府提供一定的启动资金，以支持中小企业融资为重点，推动知识产权证券化、知识产权质押融资、专利保险等创新业务开展，以政府信誉为担保，加强金融市场竞争，吸引和鼓励现有金融机构、新的金融机构以及其他民间资本参与对中小企业的融资支持，巩固和拓宽中小企业的融资渠道，重视信贷和股权市场的均衡发展。

4. 创新要素使用及财税优惠政策。针对生产服务业具有的人力资本密集型属性，实施"21世纪生产服务业人才"战略，编制《21世纪生产服务业人才发展规划》，并定期编制《生产服务业人才培养和引进指导目录》，加大生产服务业人才库建设，打造21世纪高素质的生产服务业人才队伍。明确各地区确实消除生产服务业用电、用水、用气与工业差别的责任人和完成期限。针对商贸、物流等与其他行业错峰经营的生产服务企业，给予一定的水、电、气等生产要素的优惠，以降低由于实施峰谷差价计费给这些企业带来的过重成本负担。对工业企业外包服务环节的，给予适当财政补贴，完善人才、企业资质、知识产权保护等配套措施，鼓励服务外包发展，促进工业企业从单一的产品提供商向一揽子方案解决商转变。探索将人力成本纳入商务服务、文化创意、现代物流、科学研究、批发零售等高度依赖人力资本的生产服务行业的增值税进项抵扣范围。对大范围网络布局的生产服务企业，探索给予一定的企业所得税优惠，以减少因属地缴纳原则增加的企业所得税负担。

第七章

中国生产服务业发展重点领域

本课题组对各国产业关联的经验分析表明：发达国家第一、二、三次产业对生产服务的消费都比发展中国家高；各国三次产业消费生产服务的比重随着经济发展水平的提高而上升；国民经济发展水平越高，对生产服务的消耗就越多，对工业品的消耗就越少；在发达国家中，生产服务的主体是第三产业服务；在发展中国家中，生产服务的主体是第二产业服务。在借鉴国际经验，综合考虑我国经济发展水平和产业结构特点，并重点结合"中国制造2025""一带一路""互联网+"等当前中国重大战略任务的基础上，我们认为中国生产服务业发展的重点方向是：在提升第一产业生产服务水平的基础上，短期内应重点发展第二产业生产服务业，同时不断增强第三产业生产服务业发展水平并逐步过渡到以第三产业生产服务业为重点。在生产服务业的三个层次中，以生产服务核心层为长期发展的重点，谋求服务效率的长期大幅度提高。在一定时期内以生产服务外围层为突破口，但要避免发展思路雷同，不能一哄而起。同时完善生产服务业的相关层，以改善投资环境。

具体来讲，在把握生产服务作为一种生产要素在产业发展过程中的主导性、控制性、渗透性和支撑性作用不断增强趋势的基础上，以产业转型升级需求为导向，针对我国生产服务业的短缺、粗放、滞后、弱小问题，实施生产服务业优先增长战略，重点发展四大领域。

一、优先发展主导性生产服务业

以研发设计、商务服务为代表的生产服务处于产业链的高端，主导着全产业链的发展，是三次产业稳定发展的核心领域，必须优先发展。

（一）研发设计

以提高自主品牌能力为目标，加大研究开发、产业设计、创意产业的发展力度，促进产品、模式、业态创新，推动从"农业大国""制造大国"向"农业强国""制造强国"转型，提高服务业现代化水平。

1. 研究开发。突出研究开发在提升产业创新能力和企业核心竞争力的关键作用，鼓励科研机构做好产品深度研究开发工作，加大专利授予力度，提高我国自主创新能力和对自主知识产权的保护力度。针对第一产业，重点提升我国优势农业新品种研究开发能力，支持企业提高育种创新能力，推进国家级种子生产基地建设和现代种业发展，保障国家粮食安全。同时，要加强农业生产设备研究开发力度，推动农业生产设备与互联网结合，提高农业生产机械化、智能化水平。针对第二产业，要加大对工业新材料、新产品、新工艺的研发力度，加强对工业产品溯源系统、物联服务、云制造平台、电商模式创新等新兴领域的研究开发，支撑现代工业新体系的建设。针对第三产业，要利用现代先进信息技术、科技进步，结合居民需求新变化，加强对服务新业态、新模式的研究与开发，整合资源，推出更多业态新、功能全、水平高的服务产品，满足居民需求，增强服务能力，提高服务水平。

2. 产业设计。高度重视产业设计在产业转型升级的核心作用，面向产业发展，大力发展设计服务，积极培育中国设计企业品牌、丰富工业设计产品种类、提高工业产品附加价值，鼓励设立国家产业设计大奖，提高产业设计水平。针对第一产业，鼓励农产品经营企业，按照不同类型的市场细分，加强农产品包装设计、品牌形象设计，培育国家农业品牌。针对第二产业，鼓励建立一批具有专业化、开放型、国际性的产业设计服务企业和产业设计中心，促进企业与产业设计企业的合作与互动发展。加快提升工业设计水平，支持工业设计在新材料、新技术、新工艺、新装备等方面的应用，鼓励发展产品设计、机械设计、外观设计、包装设计等工业设计服务，推动制定设计行业标准，促进工业设计向高端综合设计服务转变。针对第三产业，要把握服务市场细分趋势，增加服务组合设计，丰富服务功能。要注重服务型企业的形象设计、理念设计和企业文化设计，鼓励利用中国元素，打造一批具有丰富中国文化内涵的国际服务品牌。

3. 创意产业。加快创意、动漫、广告、电商视觉与形象、网络游戏等创意产业的发展。鼓励建设创客基地、创客空间等载体，为创意设计人才提供展示才能、创新创业的基地。举办国家创意大赛，激发创意产业活力。针对第一产业，重点鼓励利用绿色、有机、营养、健康、养生、休闲等理念，发展创意农业，推动农业的高端化、个性化、精细化发展。针对第二产业，重点支持能体现中国文化要素的创意工业品生产，深入挖掘中华民族传统工艺和文化特色的创意工业品。针对第三产业，重点鼓励利用中国传统文化，创作更多富含民族特色文化内涵的文艺、影视作品。鼓励利用中国文化开发更富中国特色的服务产品，丰富文化内涵，提升服务品位。

（二）商务服务

以有效引导企业发展为目标，优先发展以商务咨询、会议会展等为代表的商务服务业，提高对三次产业生产的主导能力。

1. 商务咨询。着力提升商务咨询服务专业化、规模化、网络化水平，鼓励商务咨询企业开展咨询策划、设计咨询、一站式集成实施服务、后期运行维护、运行测试评估、应用整体解决方案。针对第一产业，鼓励面向大型农业企业开展提高农产品质量、塑造农业品牌，提升商务咨询服务活动的国际化水平。针对第二产业，支持商务咨询企业以促进工业转型发展为目标，大力发展企业战略研究、发展规划制定、营销策划安排、市场调查研究、管理咨询策划等提升工业发展素质的商务咨询服务，大力发展资产评估、会计审计、税务财务、勘察设计、工程咨询等专业咨询服务。针对第三产业，鼓励咨询企业提供丰富服务功能、提升服务质量、塑造国际服务品牌的咨询活动，促进服务业水平的提升。

2. 会议会展。树立"大会议""大会展"理念，以提高产业国际化为目标，争取举办更多的国际性产业发展研讨会、高峰论坛、国际性产品博览会、商品交易会，引导世界潮流走向，提高我国对世界产业发展的影响力。针对第一产业，积极承办更多的国际性粮食安全会议，承担更多的国际责任，鼓励举办国际性农产品博览会、交易会，在保障我国粮食安全基础上，推动中国农产品走向世界。针对第二产业，积极承办国际工业设计展、装备工业展，举办国际性工业品博览会、交易会，有效吸纳国际先进工业生产技术，助推中国工业品走向世界。针对第三产业，以北京成功申请举办冬奥会为契机，鼓励举办更多的旅游、影视、文化、教育、体育、健康等国际性论坛、大赛，树立国际新形象、展示国家新风貌。

二、大力拓展控制性生产服务业

以采购分销、物流仓储为代表的生产服务，控制着工农业生产的原材料供应和产品销售渠道，是工农业生产的关键环节，必须大力拓展。

(一) 采购分销

按照产业发展对商品流通的需求，加快构建现代采购分销体系，努力建设一批门类齐全、布局合理、运营灵活的国际采购中心、分销基地，积极拓展国际流通渠道。

1. 建设国际采购中心。建设一批集产品采购、商品展示、产品研发、品牌营销、电子商务、物流配送等功能于一体的国家级商品国际采购中心，为我国优势产业开拓国际市场提供枢纽性平台。编制与发布大宗商品交易价格指数，打造具有全球影响力的"中国价格"。针对第一产业，重点支持在我国农产品大型生产基地，建设一批农产品国际采购中心。针对第二产业，以工业集群发展区为载体，鼓励建设一批工业品国际采购中心。针对第三产业，着力打造一批国际文化影视艺术作品交易中心。

2. 进一步做强分销业。鼓励发展总经销、总代理，培育一批品牌代理商和分销商。着力扶持发展农产品经销商、分销商，缓解农产品销售难问题。以建设城市商圈、特色商业街为切入点，发展一批大型购物中心、品牌产品专卖店、工厂直销店、农产品直营店，推动流通企业的规模化、连锁化、网络化、品牌化经营。进一步加快发展网上购物，鼓励百货公司、连锁超市、专卖店开展网上零售业务，构建网络营销渠道，鼓励第三方电子商务平台运营商为中小微企业提供网上销售服务。

3. 进一步拓展流通渠道。以"中国制造"工业品、"中国原产"农产品为依托，以"中国商城"为品牌，以产品溯源系统为支撑，在国外典型城市建设一批"中国商城"，促进我国优势工业品、农产品外销，抢占国际市场。鼓励我国具有较强影响力的专业市场以连锁经营的方式向国外扩张，为中国产品开拓国外市场提供平台。

(二) 现代物流

针对工农业发展对物流配送服务的迫切需求，大力发展产业物流和国际物流，鼓励物流服务创新，加快构建高效物流体系。

1. 产业物流。以工农业发展为基础，加快发展高效的采购物流、生产物流、销售物流、回收物流等产业物流服务，完善供应链体系。支持工业企业从单纯的生产、加工业务，向商品交易、物流配送、产品回收等服务于一体的直销模式方向发展。支持农业企业从单纯的种养、加工业务，向农产品交易、干净安全农产品冷链物流配送等服务于一体的直营模式方向发展，推动建设一批综合型、专业化、全国性的直销物流配送中心。

2. 国际物流。依托国际交通运输网络，以自由贸易区、边贸区、重要海港、空港、陆港为载体，加快物流基础设施与国际重要城市的互联互通，构建集国际货运、国际中转、国际配送等功能于一体高效、便捷的国际物流大通道，形成一批国际货运枢纽，增强对国际货物的物流配送能力，有效支撑我国工业品、农产品的出口。同时，为进口国外先进工业品、优质农产品提供快捷物流支持。

3. 物流创新。推动产业物流精细化管理，以零库存为方向，鼓励集拼分拨、空箱集管等物流模式的创新发展。优化供应链管理，大力发展自动化物流、集成化物流、智能化物流，提高物流企业产品配送的信息化、自动化、智能化水平。强化物流标准化体系建设，进一步提高物流通用设施、设备、器具、托盘的标准化水平。进一步推进制造业与物流业联动发展，加大仓储服务、冷链物流服务发展力度。鼓励发展铁水联运、江海直达、滚装运输、道路货物甩挂运输等联合运输方式，积极推进货运汽车（挂车）、列车标准的国际化。加强城市配送网络体系建设，鼓励开展消费品统一配送和城市共同配送。加快推动城市消费品配送车标准化、标识化，建立健全城市配送车辆运力调配机制，建立健全城市消费品配送车辆便利通行的相关措施。在关系老百姓日常生活的农产品、医药品、快速消费品等领域开展标准化托盘循环共用的示范试点建设。完善农村物流服务体系，加强农产品的产销衔接，扩大农超对接规模和对接力度，加快农产品批发和农贸市场改造升级。

三、加快发展渗透性生产服务业

以信息服务、金融服务为代表的生产服务，对工农业发展具有很强的渗透能力，对整合不同行业、不同区域的资源，促进工农业做大做强具有重要的促进作用，必须加快发展。

（一）信息服务

鼓励利用信息技术整合行业资源、重组生产流程，增加服务环节和业务，提高产业信息化、电商化水平，促进生产效率、服务质量的提高，推动工农业企业从实物生产型企业向服务型企业转变，促进服务企业电商化程度的提高。

1. 信息技术服务。顺应信息时代来临要求，加大信息技术在生产服务业中的应用，提高生产服务信息化水平，促进生产服务业的现代化。针对第一产业，重点扶持农产品溯源系统建设，保障农产品安全；支持信息技术在农业生产过程中的应用，促进智慧农业的发展；加快农村互联网基础设施建设，推进信息进村入户,促进农业电商化发展。针对第二产业,大力发展与网络应用服务新模式相关的信息技术服务,鼓励运用云计算、大数据处理、物联网等信息技术,推动制造业的智能化、柔性化、精准化和精确化,促进个性化定制生产等制造业模式的创新发展。加快建立数字化生产、转换、加工、投送平台。着力加快面向工业行业的信息库建设,鼓励面向专业领域的信息服务模式创新。加强相关软件的研发,提高信息技术服务的信息安全服务水平,重点面向工业企业应用提供一站式的解决方案,促进工业生产业务流程改造再造和优化重组。加速提高工业企业与软件开发商、信息服务提供商共同提升企业生产、经营、管理全过程的数字化水平。支持工业企业的信息服务机构面向全行业提供专业化、集成化的服务。针对第三产业,强化信息技术、互联网技术在旅游、健康、养老、教育、传媒等领域中的应用,促进智慧旅游、智慧医疗、智慧养老、智慧社区等现代服务业的发展。

  2. 电子商务。把握"互联网+"时代要求,加快推动互联网向全产业、全链条中的应用。针对第一产业,大力推进面向农村的电商发展,以原产地优质农产品为切入点,积极培育农产品电子商务,鼓励发展与网上购销对接等现代交易方式。针对第二产业,进一步普及大中型工业企业电子商务应用,促进大宗商品和原材料网上交易、个性化工业产品网上定制、上下游产品关联企业协同发展模式的开展。鼓励和引导小微企业依托第三方电子商务服务平台开展电商业务。鼓励电子商务服务开展集成创新。规范集商品交易、电子认证、在线支付、物流配送、信用评估等服务于一体的第三方电子商务综合服务平台建设,鼓励发展电子商务可信交易保障、交易纠纷处理等服务。加快推进适应电子商务发展的电子合同、电子发票和电子签名的制度建设和体制安排。建设社会化、开放式的电子商务配送信息平台和仓储设施网络,加快布局全国性快件处理中心和航空、陆运集散中心。鼓励大型企业对现有商业设施、邮政便民服务设施、交通基础设施等物流资源的整合,进一步加强共同配送末端网点建设,推动社区商业电子商务发展。配合"一带一路"倡议的实施,支持面向跨境贸易的多语种电子商务平台建设、服务模式创新和平台应用推广。积极跟踪现代信息技术,支持发展移动电子商务,推动移动电子商务应用加快向工业生产经营和生产服务业领域延伸。针对第三产业,鼓励"互联网+"模式在服务业领域中的应用,大力普及和推广以O2O模式为主体的服务交换电子化发展模式,引导实体店与虚拟店一体的服务生产与服务消费线上线下互动模式的发展,积极拓展以虚拟店为主、实体店为辅的服务生产和服务消费模式,扩大服务业电子化的行业和区域覆盖面。努力培育一批网络服务中心,大力培育和积极构建网上服务生产中心、服务交换中心和服务消费中心。

（二）产业金融

发挥产业金融服务作为工农业生产的"血液"功能，加强金融与产业的相互融合、互动发展，通过大力发展专业银行、产业基金、融资租赁和互联网金融，推动生产要素资源和知识产权资本化，有效支持现代产业体系建设。

1. 专业银行。针对第一产业，在巩固提升农信社、村镇银行发展水平的基础上，鼓励发展农业金融投资公司，为农业提供更为灵活、更专业的融资服务。针对第二产业，根据不同类型产业，组建专业银行或投资公司，重点鼓励发展科技银行、能源银行等专业银行或投资公司，有针对性地筹措资金，支持重点产业的发展。针对第三产业，鼓励发展文化类、艺术类等专业银行，促进高端服务业的发展。

2. 产业基金。鼓励发展产业投资基金、风险投资基金，努力吸引天使投资，重点支持新兴产业、高科技产业、高端服务业的发展。加强对"大众创业、万众创新"的金融支持，鼓励设立小微高新企业发展基金，迅速促进科技成果、设计成果、创意成果转化为现实的生产力。筹措资金建立高效农业发展基金，推动高效农业的发展。支持建立包括文化创意产业基金、文化艺术产业基金等产业基金的发展，促进文化创意产业、文化艺术产业载体的发展。

3. 金融租赁。强化融资租赁服务对装备制造业发展的支持作用，紧密联系装备制造业需求，利用现代信息技术，鼓励开展租赁业务模式创新，积极拓展装备制造业企业租赁的业务范围。鼓励租赁企业加强与商业银行、保险公司、信托企业等金融机构合作，充分利用国外资金，多渠道拓展融资租赁服务的业务空间和市场范围。建设交易程序标准化、应用管理规范化、设备运转高效化的租赁物与二手设备流通市场，加快租赁物的公示、查询系统建设，完善融资租赁资产的市场退出机制。针对第一产业，大力推广农业生产设备融资租赁服务，努力推动农业机械化发展。针对第二产业，大力推广大型装备产品、施工设备、运输工具、生产流水线等装备类产品的融资租赁服务，鼓励融资租赁服务支持小微企业的创业与创新发展。引导企业利用融资租赁服务，加快工业装备更新和技术改造步伐。鼓励利用融资租赁方式支持企业开拓国际市场。针对第三产业，鼓励通过融资租赁服务购置检验检测设备、物联设备、物流设备、运输设备、医疗设备等，促进第三产业装备技术水平的提高。

4. 互联网金融。鼓励发展互联网金融。鼓励蚂蚁金融、支付宝、微信钱包等新兴金融模式，支持发展面向农产品、工业品和服务产品交易的移动支付、虚拟银行、第三方支付、微融资、众筹等为主要内容的互联网金融服务，推动传统金融服务与互联网的融合与互通，更好地支持现代产业体系建设。

四、扶持发展支撑性生产服务业

科技服务、生产性支持服务、人力资源管理与培训服务、节能与环保服务是涉及众多企业发展所需的共性、基础性生产服务，对产业发展有重要的支撑作用，也是目前产业链中最为薄弱的环节，必须扶持发展。

（一）科技服务

以科技成果转化、知识产权转化、检验检测认证服务为主体的科技是实现科技创新引领产业升级、推动经济向中高端水平迈进的关键环节。

1. 科技成果转化服务。进一步提高科技成果转化服务机构的市场化、产业化运作能力，强化对科研成果的孵化、中试和产业化服务，大力推进科技成果市场交易模式和交易机制创新，提升技术市场的专业化、智慧化和国际化水平。支持"大众创业、万众创新"，鼓励发展创业创新服务，培育创业服务新业态，大力推广"孵化加创投"等新模式，健全科技中介服务体系，鼓励发展专业化程度高、市场化比例大的技术成果转化服务机构。

2. 知识产权服务。把握科技创新需求方向，大力发展以知识产权代理、法律服务、信息服务、咨询策划、职业培训等服务为主体的知识产权服务，努力提升对知识产权的市场分析、实施潜力、交易价格、知识产权保护与维权、知识产权投融资等服务水平，构建全链条的知识产权服务体系。推动知识产权基础信息资源免费或低成本向社会开放、基本检索工具免费供社会公众使用。支持相关科技服务机构面向高效农业、高新技术产业、现代服务业等重点产业领域，建立知识产权信息服务平台，提升产业创新服务能力。

3. 检验检测认证服务。鼓励发展以第三方提供的检验检测认证服务，支持不同所有制检验检测认证机构（企业）参与市场竞争，增强检验检测认证机构的行业权威性和市场公信力。着力加强产品计量、技术测试、装备检测等基础服务能力建设，发展面向研究开发、创意设计、加工制造、售后服务全过程的分析评价、技术测试、产品计量、性能检验等服务。建设一批专业性强、功能强大的国家产业检验检测中心，构建国家产业检验检测服务体系。整合资源，设立检验检测城，引导社会各类检验检测认证机构集聚与集中发展，推动业务相同或相近的检验检测认证机构的合作与合并，提高检验检测能力，共同参与制定国际检验检测标准，促进检验检测认证结果和技术服务能力与资质的国际互认。努力培育一批专业性强、技术水平高、服务质量好、规模效益佳、具有国际影响力的国家检验检测认证品牌机构（企业）。加大生产服务业标准推广和应用力度，开展国家级服务业标准推广应用试点。针对第一产业，重点加强农产品质量安全检验检测。针对第二产业，着力加强先进装备产品、新材料产品、新能源汽车等行业的第三方检验检测认证服务，加快发展药品、医疗器械、食品安全、进出口产品的检验检测检疫认证服务，鼓励发展在线检测服务，完善检验检测认证服务体系。针对第三产业，成立第三方检验认证机构，着力开展医疗服务、健康管理、养生服务、养老服务、体育健身、教育服务等机构（企业）服务能力的认证，保护消费者权益。努力开拓电子商务等服务认证领域，保障电商产业的健康发展。

（二）生产性支持服务

大力扶持发展第一产业售后服务、第二产业售后服务和第三产业售后服务等生产性支持服务，建立居民放心消费环境，为消费者提供消费安全保障。

1. 第一产业售后服务。高度重视农产品安全保障问题，推行农产品产销一体化，提供从种子、化肥、饲料的购买、生产、包装到销售的一条龙服务，规范农产品销售市场，保障农产品的品质。鼓励运用互联网、物联网、大数据等信息技术，建设优质农产品溯源系统，跟踪农产品从种子、化肥、种植到包装、运输、销售的全部过程，为消费者提供全产业链条的溯源跟踪服务，保障农产品安全消费。着力发展农业机械的使用指导、产品维护、设备维修等售后服务，运用互联网、物联网等技术，发展安装指导、运营维护、遥控检测、远程诊断、技术支持等售后服务。鼓励农业机械公司提供围绕农业机械的租赁、维修、指导使用、回收等全方位的专业售后服务。

2. 第二产业售后服务。支持工业企业将售后服务作为进一步开拓市场、提高企业竞争力的重要手段，努力增强售后服务功能，提升售后服务质量，健全售后服务网络体系。在完善产品"三包"制度的基础上，进一步推动产品物流配送、安装调试、运行维护、旧品回收、以旧换新等售后服务，鼓励运用云计算、物联网、大数据等技术，发展遥控检测、远程诊断、运营维护、技术支持等售后服务。鼓励发展专业维护、保养、维修服务，鼓励维护、保养、维修服务业务和服务模式创新，鼓励开展设备监理、运行维护、产品修理和运行监控等全生命周期服务。鼓励发展专业化、社会化的第三方维护保养维修服务，鼓励工业企业内设维护保养维修机构向专业化、社会化公司的转型发展。进一步完善售后服务标准，加强售后服务专业队伍建设，健全售后服务资质认证制度和服务质量监测体系，不断提高用户的满意度。

3. 第三产业售后服务。全面加强服务质量跟踪管理，重点加强医疗、教育、养老、旅游、健身、艺术表演等服务的质量检查与消费跟踪，建立顾客满意度评价体系，鼓励发展一批以第三方服务质量安全评价、检查认证为主体功能的服务机构（企业），强化放心消费与安全服务，保障服务质量，提升服务水平。

（三）节能、节水与环保服务

把握产业发展的节能、绿色、低碳、环保新要求，加强节能减排宏观引导，强化农业、工业和服务业企业节能减排，鼓励发展节能、节水型服务企业，推动清洁生产、绿色生产和低碳生产。

1. 节能服务。建立健全节能环保法规和标准体系，增强产业发展的节能环保指标的刚性约束，加大奖惩力度。鼓励发展节能减排的投融资服务、能源审计、清洁生产审核、节能工程咨询、节能环保产品认证、节能技术评估等第三方节能环保服务，重点引导建材、冶金、能源等能耗型企业协同开展城市及产业废弃物的资源化处理，建立节能量交易市场。

2. 节水服务。针对我国资源型用水缺乏、区域水量不均、季节性用水短缺问题，按照循环经济发展要求，鼓励发展节水型农业，大力推广工业节水生产技术，限制高耗水服务业，保持产业生产的可持续发展。针对第一产业，加强节水型农业种植技术研究，以优质农产品种植为切入点，引入国际先进的节水种植技术，开展节水型农业发展试验，建设我国节水型农业发展示范区。针对第二产业，针对我国石化、造纸、纺织、食物与发酵等用水量大的产业，支持工业用水重复利用技术、冷却节水技术、洗涤节水技术和废水处理节水技术，发展节水型工业。针对第三产业，加大对高耗水服务业发展的管理力度，重点加强洗车场所、洗浴场所、人工造雪等服务业用水的管理，发展节水型服务业。

3. 环保服务。支持结合改善环境质量和污染治理的需要开展环保服务。重点鼓励发展优化系统设计、供应成套设备、工程包揽、设备运行调试和日常维护管理等环保服务总承包模式。鼓励大型能耗单位利用自身技术优势和节能管理经验，开展专业化、社会化节能环保服务。进一步推广合同能源管理模式，建设"一站式"合同能源管理综合服务平台。鼓励建设再生资源回收体系和危废物逆向物流回收平台。鼓励发展再制造专业技术服务，建立旧件回收、产品营销、产品溯源等信息化管理系统。鼓励推行环境污染的第三方治理。

（四）人力资源管理与职业培训服务

以现代产业体系建设需求为导向，按照市场化原则，加快发展人力资源管理与职业技术培训服务，努力培养好、配置好能够满足不同产业发展需求、不同发展层次的人力资源和职业技术人才。

1. 人力资源管理服务。以产业发展需求为导向，大力推进人力资源管理服务模式创新，鼓励开发能满足不同群体、不同层次需求的人力资源管理服务产品。提高人力资源服务水平，促进人力资源服务供需对接，通过专业化的人力资源管理服务提高人力资源管理开发和使用水平，提升劳动者素质和人力资源配置效率。加快培育一批具有国际竞争能力的综合型、专业化人力资源服务机构。统筹利用好高等院校、科研院所、职业院校、社会培训机构和企业等培训资源，强化生产服务所需的创新型、应用型、复合型、技术技能型人才开发培训。积极推广中关村科技园区的股权激励试点经验，努力调动科研人员创新创业进取精神。营造尊重人才、有利于人才脱颖而出和作用发挥的社会氛围。

2. 职业技术培训服务。加快发展生产服务业职业教育，着力加强从业人员培训服务，推动形成功能完善、规范有序、服务成熟的培训服务市场，不断满足多样化、个性化的学习需要。大力支持社会资本、民营资本投资发展培训服务，鼓励高等院校、职业学校、龙头企业、行业协会和其他社会组织开展培训服务，推动培训教育主体的多元化。规范和丰富培训内容，扩展和创新培训形式，健全质量评价机制，规范培训市场秩序。

第八章

中国生产服务业发展重点区域[①]

本章对中国生产服务业发展重点区域进行分析。加快全国生产服务业发展，要充分结合各地产业特点和资源禀赋推动区域分工合作、实现错位发展。在全国重点推进第二产业生产服务业，在特大城市拓展第三产业生产服务业，在农村和乡镇地区着力发展第一产业生产服务业。具体来讲，按照生产服务业向大城市集聚、向产业集聚区集聚发展的"双集聚"原则，充分发挥中心城市、功能性特区、产业集聚区在资源整合、产业链拓展和服务功能提升方面的核心作用，推动生产服务业向中心城市、功能性特区、产业集聚区的集群发展，通过突出特色、错位发展，着力打造四类功能完善、辐射能力强的国家级生产服务业中心、基地、节点，带动全国生产服务业的发展。

一、国家生产服务业中心城市

发挥北京、上海、重庆、广州、深圳五大中心城市经济总量大、服务业比重高、对外辐射能力强的优势，以国际化、高端化、电子化为方向，重点面向第三产业、第二产业，大力发展第三产业生产服务和第二产业生产服务，带动和引领全国生产服务业发展，打造国家级生产服务业中心。

[①] 一般来说，产业布局须配布局图才能够完整、形象地呈现产业发展战略的区域重点。按照有关规定省略区域布局图。

（一）北京

紧紧围绕京津冀协同发展战略，着力推动北京市生产服务业现代化和提升生产服务贸易发展水平，建立健全具有中国特色、首都特点、时代特征的生产服务业发展体制机制，构建与国际规则相衔接的生产服务业体系。

1. 着力发展高端生产服务业。依托北京人才集中、科技研发水平高的优势，着力发展科学技术服务、互联网和信息服务、文化创意、金融服务、商务服务等高端生产服务业，率先形成与国际水平一致的生产服务业发展高地。

2. 推动生产服务业国际化发展。注重与国家全面深化改革政策和国际经贸规则相衔接，率先在检验检测、产品认证、品牌塑造等方面构建与国际规则相衔接的生产服务业扩大开放新格局。

3. 积极探索生产服务业发展体制机制创新。顺应现代技术进步、生产服务新需求变化趋势，把握京津冀一体化发展要求，创新投融资体制、降低生产服务准入门槛、提高通关便利化水平，促进生产服务的业态、模式创新，引领全国生产服务业的发展。

（二）上海

以建设中国（上海）自由贸易试验区为契机，大胆先行先试，加快建立符合国际化和法治化要求的生产服务业发展规则，提高生产服务业的"引进来"水平，加快生产服务业"走出去"步伐，打造国家生产服务业发展高地，有效带动长江经济带的发展。

1. 探索生产服务业创新发展体制和机制改革的路径。积极利用中国（上海）自由贸易试验区建设的机遇，探索处理好生产服务业发展的政府与市场关系，积极推行生产服务领域负面清单管理模式，推进简政放权、放管结合，努力完善生产服务企业事中、事后监管，激发生产服务业发展的活力，增强发展动力。

2. 打造国家金融服务高地。利用"金改"措施，按照统筹规划、服务实体、风险可控、分步推进的原则，进一步拓展自由贸易账户功能，逐步提高资本项下各项目的可兑换程度，进一步便利企业和个人开展境内外投融资活动。进一步扩大人民币的跨境使用，推动中国资本和人民币走向世界，扩大境外人民币进入国内投资金融产品的产业领域和区域范围，使人民币可以成为全球主要的支付、清算、储备和定价的货币。

3. 打破行政区划分割，带动长江经济带发展。完善长江流域生产服务业协调合作和支持促进机制，重点围绕区域产业发展协调、利益协调，破除地方行政壁垒，有效整合资源，促进区域间人流、物流、资金流、信息流、技术流的合作与交流，提升区域间生产服务业发展的综合优势和总体效益，带动长江经济带生产服务业发展，支撑产业转型升级。

（三）重庆

发挥重庆作为中国长江上游地区唯一的集水、陆、空交通运输资源于一体的特大型城市优势，以成渝经济区产业发展为基础，面向西南经济圈，强化生产服务的集聚、集中发展，打造长江上游国际服务贸易中心、现代商贸中心、现代物流中心和金融服务中心。

1. 积极拓展国际服务贸易。利用"渝新欧"合作平台，加强铁路国际口岸建设，积极发展平行国际贸易，扩大对欧洲的进出口贸易。发挥国际保税功能，强化国际优质商品展示交易平台建设，大力吸引国际商家，丰富国际优质商品进驻，创新国际交易模式，做大国际交易规模。积极利用"互联网+"，大力拓展跨境电子商务的创新发展。加快拓展国际数据业务，开展国际数据服务贸易，形成基于国际数据服务的产业集群。

2. 大力发展现代商贸和现代物流业。加强以总部经济、会议会展、人力资源等商务服务业的发展，建设中央商务区，加快形成西南地区的商务服务高地。大力发展现代流通市场，依托西南地区原产地农产品和品牌工业品，打造一批专业市场，形成西南地区的专业市场集聚发展地。鼓励发展大宗商品交易，推动形成一批具有国际影响力的商品价格指数。积极发展电子商务，加快实体展示体验店、体验商城建设，形成线上线下一体互动的商品交易平台。依托优势农产品、工业生产基地，着力建设一批现代物流基地。积极推动物流服务模式创新，形成现代商贸与现代物流一体、协调互动发展的局面。

3. 积极推动产业金融发展。面向西南产业发展需要，积极推动产业金融的发展，在进一步做强银行、证券、保险业的基础上，着力发展金融租赁、金融担保、互联网金融等新型金融业态。利用国际贸易业务不断扩大的有利时机，积极拓展离岸金融结算和人民币跨境支付业务，推动人民币国际化步伐，促进人民币国际地位的提高。

（四）广州

把握中国（广东）自由贸易试验区建设机遇，紧紧围绕建设国家中心城市的目标，以集群化、高端化、国际化为方向，加快建设以国际商贸为特色的高效生产服务体系，把广州建设成为立足广东、连接港澳、服务全国、面向世界的具有较强辐射力的国家生产服务业中心。

1. 打造国际商贸中心。把握丝路经济带建设机遇，以广交会为切入点，发挥广州作为全国重要的大宗商品集散中心、定价中心，以及拥有世界一流的现代展贸市场和国际会展中心的优势，努力推动广州市从"千年商都"向"现代商都"转变，打造国际商贸中心和国际会展之都，成为国内外贸易重要交易地、国际品牌重要集聚地和跨国商贸公司总部汇集地。

2. 打造跨境网络商都。以国家电子商务示范城市跨境贸易电子商务服务试点城市建设为契机，积极利用中国（广东）自由贸易试验区政策，推动跨境电商发展，建设跨境电商平台和实体载体，创新通关、通检、结汇和退税机制，推进传统国际贸易的商业模式升级，打造网络商都，利用互联网真正实现"买全球、卖全球"目标。

3. 建设穗港澳经济圈生产服务业高地。与港澳错位、互补发展生产服务业，重点加强与香港、澳门在科技研发、信息服务、文化产业、创意设计、服务外包、现代物流、商务会展、法律服务、知识产权、市场调研、广告策划、商业咨询等领域的合作和对接。利用 CEPA 政策，规划建设港澳生产服务业集聚区，积极引进港澳品牌生产服务业机构，推动穗港澳生产服务业集聚发展。

（五）深 圳

把握中国（广东）自由贸易试验区建设机遇，以深圳的前海深港现代服务业合作区为切入点，强化与香港生产服务业领域的合作，建设全国最具活力、创新力的生产服务业发展新高地。

1. 打造生产服务国际创新城市。充分发挥深圳现有开放基础优势，努力在全球范围集聚配置创新资源，在更高层次上参与全球科技合作竞争，着力推动研发设计、知识产权、检验检测、成果转化、信息技术、生物技术、数字内容、电子商务等重点高技术领域服务业的突破发展，积极利用国外高新技术和世界先进管理方式改造传统生产服务模式，提升生产服务水平，构建高效生产服务体系。

2. 建设生产服务业深港合作示范区。以中国（广东）自由贸易试验区建设为契机，以前海深港现代服务业合作区为主载体，强化与香港生产服务业的合作，着力引进香港的金融、现代物流、信息服务、科技服务和专业服务，提高生产服务业发展水平，为中国加入新型服务贸易规则谈判提高议程设置能力和话语权。

3. 打造丝路经济带生产服务业前沿。加强与 21 世纪海上丝绸之路沿线国家（地区）的国际贸易和国际投资，强化生产服务领域的合作，着力在国际物流、国际贸易、国际金融、技术服务等领域打造具有国际竞争力的自由贸易港区和 21 世纪海上丝绸之路的重要枢纽，为海上丝绸之路建设提供重要支撑。

二、综合型生产服务业基地

选择经济规模庞大、经济能量集中、经济活动多样的区域,打造三大国家级综合型生产服务业基地。

(一) 环渤海综合型生产服务业基地

以环渤海地区为载体,以京津冀、辽中南、山东半岛经济发展为依托,打造环渤海综合型生产服务业基地。

1. 京津冀地区。加快推进京津冀一体化,利用京津资金、技术、智力等优势资源,发挥天津自贸区以及天津、秦皇岛等港口优势,面向先进制造业、现代服务业、高新技术产业、钢铁、煤炭等优势产业,重点发展金融服务、研发设计、文化创意、技术成果转化、知识产权及相关法律服务、检验检测认证、信息服务、电子商务、货物仓储、国际航运、国际物流等生产服务业,建设面向我国东北、华北和西北"三北"地区的重要枢纽和出海通道。

2. 东北老工业基地。利用东北老工业基地发展基础,发挥辽中南地区作为向东北亚开放重要门户和重要的商贸物流节点的优势,面向辽中南地区先进装备制造业、新型原材料基地以及东北亚地区对生产服务的需求,重点发展先进装备研发设计、新材料开发、大型设备融资租赁、节能环保技术支持、国际航运、国际物流、船舶先进制造技术等生产服务业,打造东北地区生产服务业发展的龙头。

3. 黄河三角洲经济圈。发挥黄河三角洲经济圈的水上交通优势,面向山东半岛先进制造业、高新技术产业、现代服务业、蓝色经济、石油化工等优势产业,面向海洋产业,重点发展研发设计、信息服务、渔业技术、海洋化工、石油化工等生产服务业。

4. 环渤海海洋经济带。发展环渤海地区海洋经济,面向海洋渔业、海洋船舶、海洋油气、海洋盐化等海洋产业,发展海洋工程装备研发、海水利用技术突破、海洋药物和生物药品开发等海洋生产服务业,将环渤海地区打造成为我国北方生产服务业高地。

(二) 长江三角洲综合型生产服务业基地

依托长江黄金水道,借助长江经济带上升为国家战略机遇,利用长江三角洲世界级大城市群的经济集聚能量,以上海为龙头,打造长江三角洲综合型生产服务业基地。

1. 发挥东部沿海与长江流域结合部的水上交通优势，利用面向国际、连接南北、辐射中西部的密集立体交通网络和现代化港口群的硬件设施基础条件，以及地处亚太经济区、太平洋西岸的中间地带、占据西太平洋航线要冲的优越地理条件，重点发展国际航运、国际物流、货物仓储、检验检测认证、航运金融等生产服务业。

2. 重点利用上海国际金融中心、国际性大都市地位，发展国际金融、保险经纪与代理、信用评估、担保服务、金融信托与管理、融资租赁、工业设计、节能服务、战略咨询、成果转化、法律服务、咨询策划、会计审计、认证许可、广告服务、会议会展、软件制作、信息服务、计算机信息系统集成等生产服务业。

3. 着力提升南京、杭州作为长江三角洲两翼中心城市的功能，发挥南京在长江中下游地区承东启西枢纽城市作用，着力强化南京的金融服务、商贸物流功能。利用杭州"网上商都"优势，重点发展电子商务、跨境电商、商子商务支持服务、广告会展、文化创意等生产服务业，将长三角地区打造成为服务长三角、辐射长江流域、对接亚太地区的我国东部生产服务业高地。

（三）珠江三角洲综合型生产服务业基地

以珠江三角洲经济一体化为基础，利用粤港澳合作优势，结合国家打造珠江—西江经济带的战略布局，打造珠江三角洲综合型生产服务业基地。

1. 把握中国（广东）自由贸易区建设的机遇，充分利用广州南沙、深圳前海、珠海横琴的政策、区位以及经济发展前沿优势，开展与港澳生产服务业深度合作，按照突出特色、错位发展的原则，重点发展商贸物流、资本投资服务、会议会展、检验检测、体系互认等生产服务业，配合香港国际金融中心，积极发展与之相配套的金融服务，着力建设以航运服务、物流仓储、商品交易、会议会展等为主体的生产服务业体系。

2. 依托珠三角电子信息产业、灯具家具等传统优势制造业，以及各具特色的装备、汽车、石化、船舶制造等制造业，满足商贸旅游、餐饮住宿、商务服务等服务业发展对生产服务业的需求，配合现代服务业和先进制造业双轮驱动主体产业战略，重点面向珠三角地区、珠西地区、粤港澳合作区域，以广州、深圳为核心，以珠海、佛山、东莞等多基地为支撑，着力发展工业设计、文化创意、会议会展、人力资源、法律会计、信息服务、专业服务、总部经济、国际金融、国际航运、国际物流等生产服务业，将珠三角地区打造成为华南生产服务业高地。

三、专业型生产服务业基地

以具有地方特色的优势产业为依托,建设一批服务于特色产业的主体功能突出、配套功能完备的国家级专业型生产服务业基地。

(一) 特色工业经济区生产服务业基地

面向我国特色工业经济区域,发展服务于制造业的生产服务业体系,打造5个以满足制造业生产服务需求为主体的国家级特色工业经济区生产服务业中心。

1. 东北重工业生产服务业基地。以国家全面振兴东北老工业基地为契机,以服务东北地区重工业为重点,建设东北地区重工业国家级生产服务业中心。依托现有以钢铁、机械、石油、化工、建材、煤炭等重工业为主体的产业发展格局,通过发展生产服务业,调整改造老工业基地的落后产能,优化工业产业结构,重点以沈阳、大连、长春、哈尔滨、吉林和齐齐哈尔等重工业城市为基础,发展研发设计、工业设计、高新技术开发和成果转化、生产流程改造、信息服务等生产服务业支持重工业结构转型,发展融资租赁、互联网金融、多层次资本市场、社会资本投资平台等金融服务支持重工业设备更新及企业改造,发展会议会展、物流配送、人力资源服务、专业技术服务、法律服务、会计服务等生产服务业,支持重工业企业增强市场竞争力和拓展市场空间,积极引进东北亚区域优势生产服务,实现东北地区重工业由传统工业成功迈向新型工业化道路。

2. 成渝现代制造业生产服务业基地。以西部地区的重要经济中心重庆和成都两大城市为依托,以优势装备制造业为基础,打造成渝经济区生产服务业中心。重点面向装备制造业、汽车、航空航天产业、电子信息、石油化工、生物医药等优势装备制造业,大力发展研发设计、流程再造、检验检测、金融服务、商务服务、商贸物流、人力资源、信息技术服务、新材料技术开发等生产服务业,打造成为服务成渝经济区工业转型升级、辐射西部地区的重要生产服务业中心。

3. 武汉城市群装备制造业生产服务业基地。以武汉为中心,扩展到长江沿线和沿京广线产业带,打造武汉城市群重化工业生产服务业中心。依托武汉城市群的钢铁、汽车、光电子、化工、冶金、纺织、造船、医药等制造业,发展研发设计、信息技术、检验检测、节能环保、科技成果转化等科技服务,促进企业与武汉大学等高等院校进行产学研合作。发展批发业、电子商务、物流仓储等流通服务,满足制造业对物流服务的需求,增强武汉城市群物流中心地位。发展融资服务、商务咨询、会议会展、人力资源、售后服务等辅助性生产服务业,促进制造业企业提升核心竞争力，打造成为我国中部重要的生产服务业中心。

4. 环长株潭城市群装备制造业生产服务业基地。着力以长株潭为主体，以衡阳、岳阳、益阳、常德、娄底等节点性城市为支撑，打造环长株潭城市群国家级生产服务业中心。以长株潭机车车辆、工程机械、节能环保装备制造、新能源装备、新材料、生物医药、信息产业、有色金属等制造业基础，重点进行交通设备制造、节能环保装备、新能源装备等关键技术突破，着力进行新材料、生物医药等高新技术开发，加快现代物流业、金融服务业、信息服务业以及金融商务、服务外包、总部经济、会展经济等生产服务业发展，打造成为我国中南部重要的生产服务业中心。

5. 黔中地区新兴产业生产服务业基地。以贵阳为中心，以贵州省中部的部分地区为依托，打造黔中地区国家级生产服务业中心。重点面向黔中地区能源原材料、以航天航空为重点的装备制造业、烟草工业等制造业产业，发展新材料、通用航空技术，加大民用航空产品和实用性航空产品开发，引进内外研究力量，促进航空领域产学研结合，推动航空技术向民用技术转化。通过技术创新，改造升级烟草工业。加快发展金融服务、物流服务等生产服务，满足大型项目或大型装备的融资和运输需求。依托贵州大数据基地建设的优势，重点发展数据存储、数据挖掘、数据分析等为本地区和更大区域提供大数据服务，打造成为我国西南地区连接华南地区重要的生产服务业中心。

（二）特色资源经济区生产服务业基地

以国家战略层面上确定的3个资源能源区为依托，打造国家级资源经济区生产服务业中心。

1. 山西地区煤炭能源生产服务业基地。以山西煤炭、焦化、煤层气、电力等产业为基础，重点发展煤炭集约绿色开采技术、采气采煤一体化技术、煤化工技术、新型煤化工装备制造关键技术等核心层生产服务，同时针对企业融资难、市场拓展难、环境保护滞后等问题，加快发展股权融资、融资租赁、市场营销、物流服务、节能技术、循环经济技术等外围层生产服务业。

2. 鄂尔多斯煤炭能源生产服务业基地。以鄂尔多斯煤炭、火力发电、石油、天然气、煤层气、风能开发等产业为基础，加大生产服务投入力度，助推解决产能过剩问题，促进产业转型，重点发展煤炭集约绿色开采技术、采气采煤一体化技术、煤化工技术、清洁能源技术等生产服务业，同时针对企业融资难、市场拓展难、环境保护滞后等问题，加快发展股权融资、融资租赁、市场营销、物流服务、节能技术、循环经济技术等外围层生产服务业。

3. 西南地区水电能源生产服务业基地。以西南地区水力发电、四川盆地天然气资源开发等产业为基础，重点发展水电信息系统、自动化技术、输电设备制造关键技术、特高压输电技术、采气采煤一体化技术、清洁能源技术等核心层生产服务业，同时针对水电供需不协调、输电不畅通等问题，加快发展市场研究、送电与受电市场协调性分析等外围层生产服务业。

（三）特色农业经济区生产服务业基地

以国家战略层面确定的7个农产品主产区为依托，打造国家级特色农业经济区生产服务业基地。

1. **东北平原主产区生产服务业基地。**面向水稻产业带、专用玉米产业带、大豆产业带和畜产品产业带等农业产业，大力发展良种供应、优质化肥、农药、优质饲料、现代化农业机械、农技推广与应用、信息咨询、智慧农业应用以及农产品供求信息、质量检测、物流仓储、产品包装与销售等农业支持性生产服务业。

2. **黄淮海平原主产区生产服务业基地。**面向优质专用小麦产业带、优质棉花产业带、专用玉米产业带、大豆产业带和畜产品产业带，大力发展良种供应、优质化肥、农药、优质饲料、现代化农业机械、农技推广与应用、信息咨询、智慧农业应用以及农产品供求信息、质量检测、物流仓储、产品包装与销售等农业支持性生产服务业。

3. **长江流域主产区生产服务业基地。**面向优质水稻产业带、优质专用小麦产业带、优质棉花产业带、优质油菜产业带、畜产品产业带和水产品产业带，大力发展良种供应、优质化肥、农药、优质饲料、现代化农业机械、农技推广与应用、海产品养殖技术推广与应用、信息咨询、智慧农业应用以及农产品供求信息、质量检测、存储、冷链物流、产品包装与销售等农业支持性生产服务业。

4. **汾渭平原主产区生产服务业基地。**面向优质专用小麦产业带、专用玉米产业带，大力发展良种供应、优质化肥、农药、现代化农业机械、农技推广与应用、信息咨询、智慧农业应用以及农产品供求信息、质量检测、物流仓储、产品包装与销售等农业支持性生产服务业。

5. **河套灌区主产区生产服务业基地。**面向优质专用小麦产业带，大力发展良种供应、优质化肥、农药、现代化农业机械、农技推广与应用、信息咨询、智慧农业应用以及农产品供求信息、质量检测、物流仓储、产品包装与销售等农业支持性生产服务业。

6. **华南主产区生产服务业基地。**面向优质水稻产业带、甘蔗产业带、水产品产业带，大力发展良种供应、优质化肥、低毒农药、现代化农业机械、农技推广与应用、信息咨询、智慧农业应用以及农产品供求信息、质量检测、存储、冷链物流、产品包装与销售等农业支持性生产服务业。

7. 甘肃新疆主产区生产服务业基地。面向优质专用小麦产业带、优质棉花产业带，大力发展良种供应、优质化肥、农药、现代化农业机械、农技推广与应用、信息咨询，以及农产品供求信息、质量检测、物流仓储、产品包装与销售等农业支持性生产服务业。

四、生产服务贸易基地

利用我国自贸区建设机遇，以上海、广东、天津、福建四个自由贸易区为依托，建设四个以服务贸易为主体的生产服务基地，构建有效对接国内产业基地、连通国际市场的枢纽性平台。

（一）上海自贸区生产服务贸易基地

利用上海综合型自由贸易区的政策优势和区位交通优势，打造综合型生产服务贸易基地。

在现有服务贸易开放领域的基础上，进一步加大金融服务、航运服务、商贸服务、专业服务等生产服务业的开放力度。强化大宗商品和金融产品等交易平台的商品交易功能，大力发展跨境电子商务，与支付清算系统、物流运输系统有效对接，提供无缝商品流通服务。搭建构建共性技术平台，吸引国内和国外研究力量通力合作，进行重大技术攻关，促进科技成果落地转化。支持自贸区位于价值链高附加值环节的企业提供更加优质的品牌设计、市场营销、质量监督、检验检测等生产服务，发展总承包、总集成、总代理等服务提供新模式，支撑企业形成外贸竞争新优势，提高综合竞争力，未来打造成为我国通向世界的重要的综合型生产服务业国际化生产服务贸易节点。

（二）广东自贸区生产服务贸易基地

利用广东地区经济发展前沿地位和毗邻港澳的区位优势，建设粤港澳一体的生产服务贸易基地。

依托广州南沙、深圳前海蛇口、珠海横琴，重点发展国际航运、现代物流、特色金融、信息服务、科技服务等生产服务业。进一步降低港澳投资者对生产服务业的进入壁垒，加强粤港澳地区在金融服务、国际物流、检验检测认证、资格互认、产业标准制定、文化创意、节能环保等生产服务业领域的交流合作。大力发展司法替代性社会化纠纷解决机制、风险监测与评估、三地认可的会计法律等中介服务，未来打造成为粤港澳生产服务业深度合作示范区和重要的国际化生产服务贸易节点。

（三）天津自贸区生产服务贸易基地

利用天津自贸区建设政策优势和对接京津冀协同发展战略有利条件，建设京津冀协同发展的生产服务贸易基地。

依托天津港、天津机场和滨海新区，大力发展国际贸易、航运物流、航空物流、研发设计、特色金融、融资租赁、总部经济等生产服务业；搭建服务贸易公共服务平台、服务贸易促进平台，帮助中小服务贸易企业进行投融资活动；加快发展由第三方社会机构承担的资产评估、产品鉴定、策划咨询、会计审计、企业信用评估、检验检测认证等专业型生产服务业。探索建立绿色供应链管理体系，鼓励开展绿色贸易。加强天津自贸区与京津冀协同发展战略的互联互动，推动两大战略在产学研结合、协同创新、知识产权转让、科技成果转化、人力资源开发等生产服务业领域的合作，未来打造成为京津冀协同发展的重要生产服务业国际化生产服务贸易节点。

（四）福建自贸区生产服务贸易基地

利用福建自贸区处于海峡两岸经济区和国家"一带一路"倡议核心区的优势，建设海峡两岸一体发展的生产服务贸易基地。

在现有服务贸易开放领域的基础上，进一步加大金融服务、商务服务、电信和运输服务、产品检验检测认证等生产服务业的开放力度。重点在企业和个人跨境贸易与投资服务、科研活动、品牌建设、技术交流和成果转化、资格互认、产业标准制定、文化贸易服务、知识产权服务等生产服务业领域加强两岸合作，并加强与"一带一路"沿线国家和地区在生产服务业领域的合作，未来打造成为海峡两岸生产服务业重要的合作交流平台和国际化生产服务贸易节点。

五、跨境生产服务业节点

以"一带一路"倡议涉及的沿线国家、地区、城市为依托，以我国沿边、沿海地区为前沿，建设一批跨境生产服务业节点，促进我国与世界生产服务业的交流与合作，推动生产服务业国际化发展。

（一）广西北部湾跨境生产服务业节点

把握中国与东盟经贸合作愈加紧密机遇，利用广西北部湾直接面向东盟地区的区位优势和水上交通运输条件，以南（宁）北（海）防（城港）钦（州）玉（林）崇（左）城市群为基础，建设广西北部湾生产服务业节点。

以我国与东盟双边贸易为基础，大力发展现代物流、电子商务、供应链金融、股权交易、信托保险等生产服务业。以中国—东盟博览会为依托，进一步扩大中国—东盟会议会展辐射能力，促进商贸互动发展；加强中国—东盟在研发设计、创意产业、技术合作、成果转化、科技金融、知识产权等生产服务业领域的交流与合作。促进华南地区具有优势的物流服务、金融服务、科技服务、研发设计、咨询策划、广告代理等生产服务向东盟国家的出口，打造成为我国与东盟生产服务合作发展双向流动、对接"一带一路"倡议的重要生产服务业国际化网络节点。

（二）新疆跨境生产服务业节点

利用新疆与土库曼斯坦、吉尔吉斯斯坦、乌兹别克斯坦等中亚地区接壤以及亚欧大陆桥必经之地的区位优势，把握建设"一带一路"核心区机遇，建设新疆对中亚开放桥头堡生产服务业节点。

以中欧货运班列为重点，发展现代物流业，构建面向中亚的及欧洲地区重要的物流通道和区域性物流中心。作为东部发达地区向西输出生产服务的重要中转地，支撑内地企业依托新疆地区进行境外投资、工程承包和劳务合作。面向各国特色产品，发展边境贸易、跨境电子商务、物流服务等生产服务，支撑中亚国家、欧洲地区商品和服务进入国内。加快中国—中亚科技领域的合作，打造成为向西开放、对接"一带一路"倡议的重要生产服务业国际化网络节点。

（三）云南跨境生产服务业节点

利用云南面向"三亚"（东南亚、南亚、西亚）和肩挑"两洋"（太平洋、印度洋）的独特区位优势，以及结合国家对云南"通往东南亚和南亚的重要陆上通道"和向西南开放桥头堡的定位，建设云南向西南开放生产服务业节点。

依托现有高铁、公路、航空、水运构成的立体化现代交通网络，发展物流运输服务，建设与周边国家的国际运输通道。深化大湄公河次区域经济合作机制，发展跨境贸易、跨境结算、技术合作、检验检测认证等生产服务业。利用现有沿边金融综合改革试验区等政策优势，创新金融服务，打造成为向西南开放、具有

"一带一路"门户作用的重要生产服务业国际化网络节点。

(四) 马来西亚"海丝路"生产服务业节点

把握海上丝绸之路发展战略机遇，利用中国与东盟经贸合作日益紧密优势，探索在海上丝绸之路重要节点马来西亚建设生产服务业节点。

与广西北部湾紧密合作，鼓励我国生产服务业企业到马来西亚设立机构提供生产服务，支持马来西亚本地企业提供生产服务，为中国与马来西亚的经济贸易合作提供生产服务支撑。以马来西亚节点为中心，逐渐向东盟各国拓展，最终形成中国与东盟生产服务业网络体系。

(五) 塔吉克斯坦"新丝路"生产服务业节点

把握新丝绸之路经济带发展战略机遇，利用中国与中亚五国经贸合作日益紧密优势，探索在新丝绸之路经济带重要节点塔吉克斯坦建设生产服务业节点。

针对原材料贸易、劳务合作等双边贸易，发展跨境物流、跨境结算、中介服务、人力资源培训等生产服务业，并以塔吉克斯坦为据点逐渐扩大到中亚五国，建设中亚地区生产服务业体系，为中国与中亚地区的更紧密合作提供支撑。

(六) 欧盟"丝带路"生产服务业节点

"一带一路"倡议西部终点连接欧盟经济圈，以"一带一路"倡议为契机，加强与欧盟发达经济体的经济、技术联系，探索建立欧盟地区丝带路生产服务节点。

以中国与欧盟商品和服务国际贸易为基础，扩大陆上运输和海上运输通道，打造新欧亚大陆桥，加快发展国际物流、国际会展、国际金融、跨境结算、跨境电商、检验检测、质量认证、产品代理等生产服务业；积极与欧盟进行研发设计、技术转让、成果转化、信息服务、软件设计与外包、大数据服务、金融服务、保险服务等领域的深度合作，提升我国生产服务业层次；加快发展国际会展行业，促进国内消费品走向欧盟地区和欧盟优质产品进口国内，构建并逐渐形成服务于中国与欧盟进行国际贸易往来的生产服务体系。

第九章

加快发展中国生产服务业的对策建议

本章在把握生产服务业形成发展的理论机制，借鉴发达国家（地区）发展生产服务业的成功经验，掌握中国生产服务业发展滞后成因和面临突出问题的基础上，结合全球生产服务业的发展趋势和中国面临重大的战略任务，提出加快发展中国生产服务业的对策建议。

一、深化行政管理体制改革

在推动生产发展过程中，各级政府应将深化行政管理体制改革放在突出位置。首先，要扎实推进简政放权，进一步减少审批事项、审批环节、审批机构，及时清理文件掣肘、政策重复、利益冲突、多头管理、职能不明、职责不清、税费负担过高等问题。加快面向生产服务业的行政审批管理机制改革和创新，必须审批的内容要尽量规范审批行为、压缩审批时间、下放审批权限、推广联合审批，集中审批、现场审批，有效解决行政审批过多、过滥、过繁的弊端，形成上下联动、部门互动，确实提高行政审批效率，增强行政服务能力。其次，各级政府要顺应产业创新发展日新月异、产业融合发展趋势加强、产业划分界限日趋模糊的潮流，积极调整按照僵化产业分类范围划分的政府职能部门服务范围和政策覆盖面，根据市场创新变化及时做出调整，努力提高行政部门信息化水平，部门地区之间形成政策合力，不能单独就工业论工业，就服务业论服务业，要有整体产业观，要把工作重点从片面的产业扶持向生产要素培育和市场环境营造上。最后，要整合不同行政管理部门和行政区域对同类生产服务业的优惠政策和发展资源，实行错位发展，"集中力量办大事"，把有限资源聚焦在重点产业和重点领域，形成长效机制，培养内生创新能力，打造合理区域分工格局、培育更多中国的国际生产服务品牌，避免"撒胡椒面"式的政策重复和低水平产业发展平台重建。

二、提高政绩考核科学化水平

政绩考核是促进我国各级地方政府发展经济的主要动力，也是改革开放以来我国经济快速发展的重要法宝。通过量化的经济指标考核（或行政引导）是当前我国鼓励先进产业发展、推动产业结构调整的重要举措。经济发展中许多规律性的量化指标都是在一定的经济社会历史条件、资源禀赋条件和可比的经济规模条件下总结出来的，脱离了相应的条件其规律性就不一定有科学性。如果机械地将经济发展中的一些量化指标在不同地区层层分解、层层下派，结果是反而削足适履、刻舟求剑甚至滋生造假，干扰了正常的产业发展路径。在新的历史发展阶段，国际环境、科学技术、国内发展条件等都在发生变化，相应的政绩考核指标也要适时调整。

首先，要改变"唯GDP""重GDP"的政绩考核观，确实扭转重经济轻社会、重政绩轻民利、重硬件投资轻公共服务、重眼前轻长远、重速度轻质量的产业发展老路子，政绩考核指挥棒要引导各级政府重视创业软环境、消费软环境、生活软环境上。

其次，上级政府部门考核下级部门要更加注重地区之间的资源禀赋和区域分工，不能不加区分地机械套用同一套指标（如三产比重等）进行考核。量化指标要充分结合当地实际，要相对指标与绝对指标相结合、定量指标与定性指标相结合，将经济考核指挥棒指向鼓励下级政府打造本地比较优势、开展区域分工联动、营造公平自由市场环境和提供优质公共服务上。

最后，产业主管部门考核要打破机械的产业分类边界，要有产业融合和大产业观念，不能鼓励部门将公共资源、政策和服务局限在本部门眼皮底下的狭隘范围，要鼓励各行政部门跳出狭隘的部门利益和藩篱，鼓励部门之间及时信息沟通、形成联动，将有限的公共资源用在培育本地区竞争优势和优势产业创新上。

三、增强立法执法保障

在市场经济环境下，建立健全法律法规体系，做到有法可依、有法必依、执法必严、违法必究是保障产业健康发展的必要条件，加快我国生产服务业发展必须加强有关生产服务业的立法执法。

首先，要注重产业立法。以法律法规形式保障生产服务业发展规划、发展思路、产业重点、产业政策的科学性、严肃性和稳定性，避免班子换届和领导更替对生产服务业的盲目干预，杜绝在产业定位和重点方向上的摇摆不定、朝三暮四、邯郸学步和乱翻烧饼。

其次，要创新立法机制。紧跟生产服务业创新变革潮流和产业融合发展趋势，不断建立健全大数据、电子商务、文化创意、互联网、信息服务等新兴生产服务业领域的法律法规，及时弥补产业界限模糊、创新变革快的生产服务业领域执法空白，规范产业发展秩序，为生产服务业创新发展营造公平竞争环境。

最后，要加强知识产权保护。重点加强文化创意、研发设计、大数据、信息互联网等创新变革迅速的生产服务业领域的知识产权保护，通过宣传普及知识产权相关法律法规、加大监督执法力度、打击假冒侵权行为、健全维权援助机制等手段激励生产服务业创新发展。

四、夯实整个服务业产业基础

生产服务业是服务业的重要组成部分，生产服务业不仅与工业、农业有着密切的产业关联，同时与服务业自身也联系密切。"要从为第三产业服务的角度拓宽发展第三产业的视野，了解和重视第三产业为本产业提供服务产品的重要功能"（李江帆等，2001）。从发达国家的实践经验来看，农业、工业和服务业三大产业中来自服务业自身的生产服务需求最大，也就是说服务业自身的内生循环是生产服务业发展的第一需求拉动力（魏作磊等，2005）。由于产品不可储存性，生产服务企业只有在稳定客户群达到一定规模之后才有生存可能，所以来自服务业本身的需求就成了支撑生产服务企业发展的主要因素。除了需求拉动，发达的服务业环境一方面有利于形成生产服务业发展所需的各层次专业人才市场和专业技术市场，另一方面发达的服务业环境也是吸引各类企业总部、区域总部、职能总部的重要条件，这将有利于生产服务产品尤其是各类专业知识服务企业的服务产品销售。

与发达国家相比，无论是从服务业占 GDP 比重还是从服务业内部结构来看，目前我国服务业发展都处于较低水平，生产服务业发展的产业基础和市场需求基础不雄厚，服务业总体水平尤其是公共社会服务水平不高已成为制约我国生产服务业发展的重要因素。各地区加快生产服务业发展不能简单地就生产服务业论生产服务业，要树立大服务业概念，要注重服务业的生产服务需求、注重生产服务业发展的服务配套保障。

五、推动制造业服务化

发达国家的经验表明,由制造业服务化带来的产业链延伸和制造业交易内生的服务需求是生产服务业增长的主要动力机制,制造业服务化也是生产服务业发展的主要表现形式。从中国目前所处产业发展阶段来看,以发展第二产业生产服务业为重点推动制造业服务化、实现生产服务业与制造业融合发展是短期内我国生产服务业发展的工作重心。具体可从三方面抓起。

首先,推动互联网、物联网、云计算、大数据、普适计算、泛在网络等信息技术在研发设计、加工制造、运营管理和售后服务等制造业诸环节的渗透和应用,加快产品服务、生产方式和商业模式创新,积极适应新常态阶段个性化、多样化、互动体验式的消费潮流和灵活多变的生产组织方式,推动制造业向数字化、网络化、智能化、个性化方向发展。

其次,要充分利用价格杠杆激励企业用服务要素投入代替物质消耗,提高制造业"软化"程度。鼓励各级政府通过财税政策、土地政策、人才政策和融资帮扶等优惠措施推动文化创意、研发设计、技术咨询等知识技术密集型生产服务业与制造业企业尤其是中小微企业合作,推动企业通过"实物产品+服务产品"形式向服务环节延伸产品价值链。鼓励政府相关部门联合行业协会开展主要针对中小微制造业企业的培训宣传,让企业及时了解全球科研技术进步、组织方式创新和商业模式变革,积极吸收现代生产服务业先进成果、推动制造业投入服务化。

最后,要支持有实力的制造业大型骨干企业依托技术和品牌优势拓展研发设计、市场服务、技术咨询、检验检测、金融投资、解决方案、人力资源服务等服务业务,并逐步剥离非核心的制造加工环节,专注研发设计、品牌开发、增值服务等核心服务环节,实现由制造业品牌企业向专业生产服务品牌企业转变。支持有实力的装备制造企业积极开展全生命周期管理(product lifecycle management,PLM),推动企业价值增值由单一加工制造环节向需求分析、方案设计、加工制造、运输销售、融资租赁、安装运营、使用辅导、维修保养、废旧处理等产品生命周期各个环节延伸。

六、注重生产服务业内生能力培养

招商引资是改革开放以来我国各级地方政府推动地区经济发展的主要抓手,也是我国快速工业化的一条成功经验。受惯性思维影响,我国各地在发展生产服务业过程中仍将招商引资放在经济工作突出位置。成功的招商引资对短期内扩大产业规模、增加地方 GDP 和财政收入、显示地方官员政绩具有显著效果。但是长期来看，招商引资频频打出的政策优惠牌助长了企业投机心理，一些投资者往往为了套取地方政府的政策资源不顾市场健康发展而盲目投资、造成恶性竞争和产能过剩，扭曲了产品和要素市场价格，对本地正常发展的企业造成严重干扰，长远来看培育不出内生于本土具有竞争优势的品牌企业，而内生于本地具有核心竞争力的企业是一个地区产业长远发展的重要保障。各级地方政府在发展生产服务业过程中将注重企业在本地内生能力的培养。

一方面，各级政府要通过顶层设计和体制创新，改变生产服务业平台资源分散、产业特色不突出、产业资源支持政出多门、政策扶持虎头蛇尾、"撒胡椒面"式的政策重复等散乱状况，紧密结合全球产业发展潮流和地方资源禀赋和产业基础，科学规划、找准生产服务业发展重点方向，整合集中不同部门和各级政府针对同一产业或发展平台的优惠政策，"集中力量办大事"，把有限资源聚集在重点产业和重点平台，形成拳头效应和长效机制，凝练出产业特色，培养创新内生能力，打造国际品牌，提升国际竞争力。

另一方面，各级政府要积极转变为了追求短期 GDP 和财政税收增长的锁定产业链单一环节招商、低水平重复招商，围绕"中国制造 2025"战略规划要求和本地区特色优势产业的关键领域和薄弱环节进行精准招商，把宝贵的政策资源用在刀刃上。从长远看，工作重心必须放在强化培育本土龙头企业的发展、推进国际品牌本土化、增强产业根植性，这样才能确实提高产业竞争力、推进生产服务业与制造业融合发展。

七、提高生产服务业信息化智能化水平

以现代互联网、云计算、物联网、大数据等为依托的现代信息技术飞速发展，已经广泛渗透到了生产生活的各个领域环节，并在深刻变革现代产业发展格局和发展模式。主动拥抱"互联网+"已成为现代企业获取竞争优势甚至赢得一席生存空间而必须采取的行动，现代生产服务业的发展也必须依托信息化。另外，以数字化、网络化、智能化为核心的"中国制造 2025"战略也要求生产服务业发展必须加快信息化、智能化步伐。提高生产服务业发展水平必须加快生产服务业的信息化、智能化水平既是形势所迫也是时代要求。

一方面，各级政府行政服务部门要率先加快行政服务信息化步伐，扩大电子政务覆盖面，提高信息化服务水平，为企业通过网络申请报批、纳税缴费、报关通关等创造通畅便利条件。加快推进适应数字信息化发展的电子审批、电子合同、电子发票和电子签名的法律法规和制度建设。同时还要注重围绕专业服务、

要素市场、服务产品市场等领域打造基于互联网的公共信息服务平台、推动各类公共信息平台互联互通，为企业尤其是中小服务企业提供信息化应用服务平台。

另一方面，各级政府在推动生产服务业发展过程中要支持服务企业积极应用现代信息网络技术、借助信息平台、大数据、云计算、物联网、威客平台等开展服务产品、商业模式和组织管理创新，支持生产服务企业通过大数据分析、数据挖掘推广个性化、多样化的精准营销、精准服务，支持生产服务企业积极吸收智能制造成果开展智能服务。

八、注重一、二、三产业融合发展

伴随信息技术发展和产业组织变革，近年来全球范围内出现了一、二、三产业融合发展的趋势，三大产业之间你中有我、我中有你、界限模糊、共生发展。这就要求各级政府和主管部门在加快生产服务业发展过程中要跳出本部门、本地区的局部利益限制，强化产业协同、部门联动和区域合作的工作思路，以大产业、全价值链和产业生态观念指导生产服务业发展。从当前产业发展趋势来看，当前应重点推动以"互联网＋"为代表的信息产业、研发设计、文化创意、金融保险、现代物流等生产服务业与第一产业、第二产业以及第三产业自身的深度融合，通过跨界融合、横向嫁接和纵向延伸促进产业组织和商业模式创新，推动产业链向高附加值环节攀升。顺应产业融合发展趋势，各级政府在工作开展过程中要打破传统产业管制和资源分配的条块分割、部门垄断和地方保护等，为不同产业发展营造统一开放市场和公平竞争环境，促进生产要素和政策资源跨行业、跨地区、跨部门自由流动。同时还要针对生产服务业与第一产业、第二产业和第三产业融合发展的不同特点，做好复合型通用人才培养，搭建好公共产业载体和信息平台，为产业融合发展创造良好外部环境。

九、建立健全行业协会（商会）组织

发达的行（商）会组织是制造业企业尤其是中小企业实现与专业生产服务供应商有效对接的组织保障，这也是发达国家（地区）专业服务机构与制造业互动发展的成功经验。中小企业是我国产业发展的主力军，但是目前各类行（商）会组织发展仍然落后，行（商）会的组织机构少、社会地位低、协调职能弱，无法承担连接中小企业与专业服务商的桥梁作用。加快生产服务业与制造业的对接互动发展必须尽快建立发达的行（商）会组织。

一方面，对各地已形成规模尚未建立行业协会的行业，由行业主管部门牵头行业龙头企业或代表性企业尽快组织建立行业协会，让行业协会成为各类专业生产服务商与生产服务需求者对接互动的桥梁以及信息、咨询、法律、培训、公共网络平台等共性生产服务的有效提供者。对已经成立的行业协会，通过宣传教育和政策扶持等方式强化行业协会在行业自律、监督协调、品牌塑造、标准制定、投资促进、融资担保、信息交流、人才培训以及知识产权保护等方面的重要作用，为各类专业生产服务业健康发展提供有力组织保障。

另一方面，要进一步加快行业协会改革，撇清各类行业协会与政府机构的行政关联，让行业协会充分承担起社会中介组织职能。同时结合政府职能转变和行政审批制度改革，逐步把可以由行业协会承担的行业秩序管理、产业信息搜集发布、网络平台、行业统计、行业调查、产业政策制定、产品标准、服务标准、信息交流、职业培训、产品服务展览推销、价格协调、制定并督促实施产品安全和质量标准、行业评估论证、行业品牌塑造等职能转移或委托给行业协会承担。

十、加大政府培育扶持力度

不同于工农业产品可以实行标准化大规模生产进行跨距离运输销售，服务业产出具有不可储存性的特性，而各类信息、知识和技术密集的专业服务还具有定制性、个性化以及客户需求的零星性、偶发性等特性，这就使得生产服务企业只有达到一定规模的稳定客户群才能生存下去，也只有达到一定规模服务外包的成本优势才能显现。我国各地普遍存在的制造业非核心职能服务外包动力不足的一个主要制约因素就是服务外包企业由于客户规模不够成本难以有效下降。服务外包发展初期往往需要政府扶持引导，这也是许多发达国家发展服务外包尤其是科技知识密集型服务外包产业的通行做法（熊小奇，2007；阎俊爱，2007）。我国各类专业生产服务产业发展总体上仍处于初级阶段，生产服务业的发展壮大仍需要政府的有效支持。除了通过构筑合作平台、引导鼓励企业开展服务外包、为产学研合作牵线搭桥、消除市场发展障碍、保护知识产权等营造良好外部环境之外，政府还需要通过促进风险投资、特定行业税费减免、鼓励金融机构创新金融工具支持服务业发展以及人才培训等方面给予生产服务业以具体帮扶。

十一、强化专业人才保障

现代生产服务业是智力、知识、技术密集型行业，各类专门技术人才是把生产服务有效地嵌入到商品和服务生产过程中、实现服务业与制造业协同融合与互动发展的主要实施者。各类高素质专业人才对发展现代生产服务业尤为重要。专业人才不足是制约我国各地生产服务业发展一个普遍突出因素。这就要各级政府要重视生产服务业的人才保障工作。

首先，借鉴发达国家的成功经验，通过依托各类中高等院校加快生产服务业人才培养，强化职业资格证书制度和培训考核，提升专业服务水准。同时依据市场需求变化及时调整专业设置和培养方案，为生产服务业发展提供强有力的人才保障。

其次，充分利用国家人社部、各省人社厅有关人力资源培训政策并加大地方财政支持力度，由人社部门牵头联合行业协会定期开展生产服务行业通用技能知识培训，由教育和人社部门共同牵头促进行业协会和有关大中专院校之间的校企合作，针对地方紧缺服务业人才开展订单式人才培养、培训。

最后，树立不唯学历、不唯职称、不唯身份的科学人才观，参照各类科研技术人才奖励扶持办法加大对生产服务业人才奖励扶持引进力度，尤其是对于学历职称不高但实践经验丰富的生产服务业紧缺人才要加大奖励扶持力度、提升其社会地位、增强其职业荣誉感。打破阻碍人才自由流动的户籍、学历等身份限制，尽快建立全国统一生产服务业人才市场。

十二、加大金融支持力度

综合运用财税政策鼓励金融机构支持生产服务业发展。结合全国"大众创业、万众创新"浪潮，大力发展面向中小微生产服务企业的中小金融机构，积极发展种子资本、导入资本、发展资本、风险并购资本等各类面向创新型生产服务业的风险投资和股权投资。支持各类商业银行发行服务中小微服务企业的专项金融债券。鼓励开展面向知识密集型生产服务业的信用贷款、信用保险保单质押、知识产权质押贷款、仓单质押、科技保险、网络融资、服务换股权、股权质押、商业保理等各类金融创新，通过税费减免等政策鼓励融资性担保机构扩大创新型生产服务业企业担保业务规模。加大政府资金支持，以提供贷款担保、政府软贷款等形式加大为处于快速成长阶段的技术密集型服务业提供必要的资金，扩大对生产服务产品的政府采购。建立完善小企业信贷审批和风险定价机制，提升生产服务业中小企业的信贷审批和发放效率。支持符合条件的生产服务企业通过主板、中小板、创业板和境外上市融资。鼓励探索通过土地资本、金融资本、产业资本与知识产权资本的融合发展，以及不动产与土地空间产权的"产权分离"等多种制度创新破除生产服务业发展过程中遇到的资金土地瓶颈问题。整合各类信用信息资源，加大社会诚信建设力度，尽快建立完善覆盖全国的企业诚信经营信用信息共享交换系统。综合运用法律、经济、舆论等手段强化信用监督，建立惩戒失信和褒奖守信机制。

十三、加快国内外市场一体化发展

从生产服务业形成发展的动力机制来看，分工交易深化和市场化水平提升是生产服务业发展的最基本动力，加快我国生产服务业发展必须提升全国市场化水平、深化全国范围内分工交易、促进服务产品和生产要素在全国范围内自由流动。这就要求各级政府在加快生产服务业发展过程要始终坚持市场主导原则，凡是市场能够发挥作用的领域，政府要尽快放宽市场准入、简化审批手续、降低准入门槛，着力清除生产服务产品市场发展壁垒。需要政府监管的领域，要加强不同部门、不同地区之间的联动整合，打破生产服务业发展地区之间的政策歧视、部门之间的信息阻梗、企业产品之间的标准差异，依托现代信息网络平台在更大范围内推广一卡通、一证通、行政审批一体化等便民惠民措施，尽快建立产品标准、政策标准、执法标准统一的全国生产服务业大市场，为生产服务产品和生产要素流动创造公平自由市场环境，降低市场交易费用和企业运营成本，提高社会资源配置效率，促进生产服务业内生发展。

在统一国内生产服务业市场的同时，还要以"一带一路"倡议和四大自贸区建设等国家重大战略实施为契机，加快国内生产服务业领域的行业标准、劳工标准、环境标准、贸易规则、商业惯例、人权和知识产权保护等与国际规则和标准的对接，推动国内生产服务产品和生产要素市场与国际市场一体化发展，将中国服务产品市场拓展到国际市场，在世界范围内实现中国生产服务业资源的优化配置。

十四、进一步扩大服务业对外开放

扩大对外开放是30多年来我国工业快速发展和经济保持快速增长的重要条件。但是与工业相比，我国服务业尤其是各类专业生产服务业的对外开放程度仍然很低，这是造成我国生产服务业相对制造业明显落后的一个重要因素。在全球资本流动和产业转移日益向服务业集中的国际背景下，顺应世界产业发展和新技术变革的潮流，充分利用制造业招商引资积累的国际经验，抢抓国际产业转移新机遇，加强与专业生产服务业发达国家的交流合作，积极引进研发、设计、检测、营销、咨询、客服、行政等涉及价值链高端服务环节，推动有竞争优势的生产服务业走出国门，提升我国生产服务业产业化、国际化水平是新时期加快我国生产服务业发展的重要着力点。

首先，要努力提升我国生产服务业发展的市场化、法制化、网络化和国际化水平，加快行政服务国内网络一体化、便利化，加快生产服务业标准和规则国际化，积极对接国际先进行业服务标准，积极吸引国际标准、计量、检测、认证服务机构入驻提升我国生产服务业标准。支持我国专业技术服务机构、知识产权服务机构开展境外服务、参与制定国际标准，加快我国专业技术服务国际化步伐。

其次，及时总结上海、广东、福建、天津四大自贸区建设和北京市服务业扩大开放综合试点过程中服务业对外开放的成功经验并在全国普遍推广，减少审批程序、破除准入障碍、降低准入门槛、提高服务水平，为外商外资进入我国服务业领域创造更好条件，促进企业投资和贸易便利化。

再次，加快简化境外投资核准程序，加快确立企业和个人对外投资的主体地位，实行以备案制为主的管理模式，支持具有比较优势的企业通过直接投资、收购参股、合资合作等方式开展境外投资与跨国经营，拓展海外销售服务网络、研发中心、服务外包接单服务中心，增强国际服务合作能力。

最后，在推动生产服务业开放进程中，政府还应重视生产服务输出战略，以制造业出口带动生产服务输出，以生产服务输出促进制造业出口优势和效率。在新一轮科技产业变革和对外开放浪潮中，抓住"一带一路"倡议、"中国制造2025"等战略规划的重要机遇，充分发挥生产服务业与制造业的相互促进作用，结合高铁、核电设备等中国装备制造业"走出去"战略实施，通过"产品+服务"输出模式构建中国生产服务输出的竞争优势。加快中国生产服务业行业标准、商业惯例、法律法规等与国际对接，通过部门联动简政放权、促进服务贸易便利化和必要的投融资支持等手段支持远洋航运、信息服务、金融服务等行业生产服务企业积极"走出去"，充分利用国际市场和优质要素提高自身竞争力。

第二篇

行业发展篇

第十章

生产服务业的层次与重点

本章根据生产服务业的发展层次形式与重点，通过生产服务业内部细分行业的比较优势分析，结合国内外生产服务业发展的经验和教训，生产服务的核心层和外围层所包含的行业是未来我国生产服务业发展的重点行业，我国生产服务业的重点行业选择应以核心层和外围层为主、相关层为辅，新兴服务业为主、传统服务业为辅。

第一节 生产服务业的层次与特点

生产要素以是否为实物形态为标准可以分为实物形式的生产要素和服务形式的生产要素，后者即为生产服务。根据服务对象，生产服务可以分为第一产业生产服务（农业生产服务）、第二产业生产服务（工业生产服务）、第三产业生产服务（服务业生产服务）。生产服务业按其作用点可分为核心层、外围层和相关层三个层次。生产服务业的不同层次在经济发展的不同阶段表现出不同规律和特点，这是确定生产服务业的发展重点时需要把握的。

一、生产服务业的发展层次形式

根据服务对象，生产服务可分为第一产业生产服务（农业生产服务）、第二产业生产服务（工业生产服务）、第三产业生产服务（服务业生产服务）。相应地，生产服务业指为三次产业提供服务形式生产要素的行业。生产服务业按其作用点可分为三个层次：一是生产服务的核心层，这是直接作用于生产过程的生产服务，如研发、科技、信息、文化创意、生产管理等服务；二是生产服务的外围层，这是作用于流通过程的生产服务，如物流、商贸、金融、会展等服务；三是生产服务的相关层，这是作用于生产者和投资环境的生产服务，如为生产者服务的商务旅店、餐饮、娱乐、休闲服务、配套商务服务等。[①]

从存在形式看，生产要素包括两个方面：一是实物形式的生产要素，如设备、工具、原料、材料、燃料和能源等生产要素。二是服务形式的生产要素，如研发、设计、生产管理、科技、信息、商务、金融、物流服务等生产要素。在生产要素中，服务形式生产要素比重增大，实物形式生产要素比重下降，就是生产要素的软化。因生产服务业生产软生产要素，所以，生产要素软化与生产服务业发展，是同一现象的两种说法，意味着服务形式生产要素在一定程度上对实物形式生产要素的替代。

服务形式生产要素的增长，即生产过程中软生产要素对硬生产要素的替代，具有推进国民经济效率提高的作用。三次产业消耗生产服务占生产要素的比重随经济发展水平提高而上升；发达国家三次产业消耗生产服务的比重高于发展中国家。随着国民经济发展水平提高，农业、工业和服务业对服务形式生产要素的需求都日趋增长，服务形式生产要素占生产要素的比重趋于上升，而实物形式生产要素的比重趋于下降。

二、生产服务业的发展层次重点

目前国务院发展生产服务业的主要关注点是工业生产服务，主要通过工业生产要素软化，引领工业提质增效升级。基本方法是通过生产服务供给的增大和创新，刺激工业服务需求的增大和升级。一方面，通过放宽市场准入，在人力、财力、物力上对工业生产服务投入实施优惠政策，鼓励国内生产服务业供给的增加。另一方面，在生产服务业的部分领域（建筑设计、会计审计、商贸物流等）有序放开外资准入限制，并以简化审批、投资便利化等手段鼓励中国企业境外投资。这是在当前中国经济下行压力较大情况下宏观调控思路的创新：不再依赖刺

[①] 本部分关于生产服务业层次划分的内容已经作为课题中期成果发表，详见：李江帆、蓝文妍、朱胜勇：《第三产业生产服务业：概念与趋势分析》，载于《经济学家》，2014年第1期和李江帆：《推进服务形式的生产要素发展》，载于《南方日报》，2014年5月19日。

激投资和工业外延扩大，而是通过刺激生产服务业扩大服务需求，把调结构和稳增长结合起来，促进国民经济稳定增长和提质增效。

需要指出，第三产业也是生产服务业的重要服务对象，第三产业的产出有相当大的比重被作为生产要素投入服务业生产过程。这在发达国家表现得尤为明显。在我国，第二产业生产服务仍是生产服务的主体，但在发达地区和大城市，第三产业生产服务的发展已初露端倪。按国务院规划，到 2020 年全国将实现向服务经济为主的产业结构的转型。这意味着，全国第三产业占国民经济的比重将超过 50%，第三产业生产服务占生产服务业的比重也将大大提高。根据生产服务业发展规律，并借鉴国际经验，我国生产服务业发展应采取如下战略定位：在全国重点推进第二产业生产服务业，在特大城市拓展第三产业生产服务业，在农村和城镇地区着力发展第一产业生产服务业。全国重点推进第二产业生产服务业，考虑了我国产业结构以工业为主的实际，而在特大城市拓展第三产业生产服务业，则体现了产业结构的发展将引起第三产业生产服务比重的上升趋势。因此，在全国贯彻国务院部署发展工业生产服务时，东部沿海发达地区和大城市，应该重点推进第三产业生产服务业的发展。

第二节 生产服务业的重点行业选择

李克强总理在 2014 年 5 月 14 日主持召开国务院常务会议，部署加快生产性服务业重点和薄弱环节发展促进产业结构调整升级。其主要思路是通过促进投入工业的服务形式生产要素的增长（即投入软化），引领工业提质增效升级。涉及服务投入主要有：(1) 通过鼓励新材料、新产品、新工艺研发应用和研发设计等工业服务（生产服务的核心层）的投入和交易，增加工业生产过程中的软投入，引领产业提升。(2) 通过提高工业信息化水平，流程再造和优化，农村互联网建设，鼓励能源管理、环保服务（生产服务的核心层）发展，增加工农业的软投入。(3) 通过建设物流公共信息平台和货物配载中心，加快标准化设施应用（生产服务的外围层），推进第三方物流与制造业联动发展，增加工业流通过程的软投入，提高流通效率。(4) 通过服务外包获得分工协作优势，提高制造业效率。(5) 依靠人才建设，支撑服务形式生产要素的发展。从中可以看出，生产服务的核心层和外围层所包含的行业是未来我国生产服务业发展的重点行业。①

一、选择原则

(一) 市场需求原则

市场经济条件下,服务需求量决定服务业内部结构调整的空间,服务需求结构牵动着服务业内部结构调整的方向。通常对不同服务行业的市场需求可以从两方面进行衡量：一是增加值比重。二是服务需求的收入弹性,也就是指服务产品的需求在其他条件不变情况下,由于消费者收入增长所带来的变化程度大小。一般来说,拟被确立为发展重点的行业的增加值比重应在经济总量中占有较大的份额,且其需求收入弹性系数也应比其他行业高。在选择重点行业时,不仅要注意有巨大现实需求的行业,还应注意有着巨大潜在需求的行业。

(二) 经济增长与贡献原则

重点行业在选择时要注意行业所具有的现在和未来的发展潜力,必须拥有较强的经济带动能力,比如有效提升税收收入、增加就业等。而生产服务业的重点行业,从产业特性来说,应具有较高的增长率和发展潜力,可以能够充分吸收高新技术成果,不断满足消费者日益提升的需求。

(三) 深化体制改革原则

重点行业应该对建立社会主义市场经济和加快体制改革进程发挥重要作用。重点服务行业应该能够通过提供特殊形态的服务产品（如信息、金融、交通运输、商贸等）,为培育和完善市场功能、调整产品和产业结构、引进高新技术、加快流通环节、增强地区竞争力,贡献独特的力量。

(四) 产业关联原则

生产服务业内部各行业之间以及这些行业与三次产业之间都有着广泛而密切的关联关系（前后向关联）。生产服务业的重点行业应能通过这种产业关联,有效带动相关产业发展,从而促进地区乃至国家国民经济的提升。

---

① 新华网。

(五) 经济开放度原则

作为一国经济开放性的综合性指标，经济开放度衡量的是国家经济融入世界经济的程度。针对生产服务业，经济开放度由服务贸易开放度和投资开放度构成。一般来讲，某服务行业的对外开放度越大，特别是该行业对外直接投资的比重越高，以及服务贸易实现顺差，说明该行业的竞争力较强。

二、服务业内部行业比较优势分析[①]

(一) 从增加值贡献指标看，生产服务业的外围层和相关层的贡献能力较强

从图 10-1 和图 10-2 可以看出，生产服务业的外围层增加值对 GDP 的贡献最强，其次是相关层，最后是核心层。具体而言，2008~2011 年生产服务业三个层次占服务业增加值的平均比重从高到低依次是：外围层 (43.64%)、相关层 (43.42%)、核心层 (12.94%)。其中外围层的批发和零售业、金融业与交通运输、仓储和邮政业占服务业增加值的平均比重分别为 20.32%、11.89% 和 11.43%；外围层的房地产业、公共管理和社会组织、教育占服务业增加值的平均比重分别为 12.5%、9.71% 和 6.95%；核心层的信息传输、计算机服务和软件业、租赁和商务服务业与科学研究、技术服务和地质勘查业占服务业增加值的平均比重虽然较低，分别为 5.35%、4.38% 和 3.22%，但由于其直接作用于生产过程并对其他行业增加值的提升起着极为关键的作用，其地位不能因其比重偏低而予以忽视。因此，我国在未来生产服务业重点行业选择方面，应继续加强以信息传输、计算机服务和软件业、租赁和商务服务业与科学研究、技术服务和地质勘查业为主要组成部分的核心层的主导地位，同时强化以批发和零售业、金融业与交通运输、仓储和邮政业等为主要组成部分的外围层和相关层的发展，最终形成"以核心层为主导、外围层与相关层并驾齐驱，共同繁荣"的生产服务业发展格局。

---

① 本部分数据来自 2009~2012 年统计年鉴。

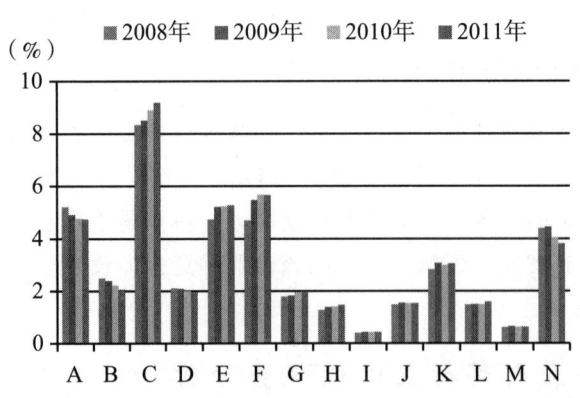

图 10-1 2008~2011年服务业各行业增加值占整个GDP的比重

注：A-交通运输、仓储和邮政业；B-信息传输、计算机服务和软件业；C-批发和零售业；D-住宿和餐饮业；E-金融业；F-房地产业；G-租赁和商务服务业；H-科学研究、技术服务和地质勘查业；I-水利、环境和公共设施管理业；J-居民服务和其他服务业；K-教育；L-卫生、社会保障和社会福利业；M-文化、体育和娱乐业；N-公共管理和社会组织。

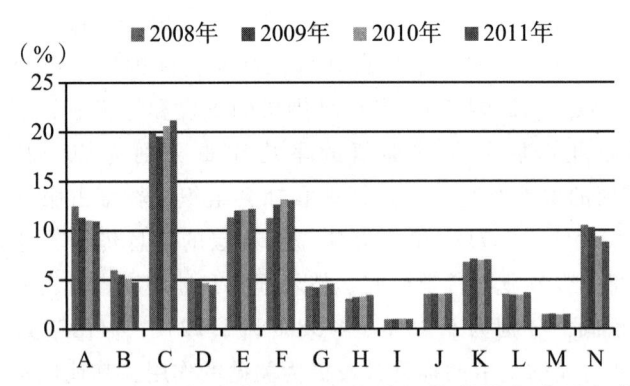

图 10-2 2008~2011年服务业各行业增加值占服务业增加值的比重

注：A-N的含义同图10-1。
资料来源：根据2009~2012年中国统计年鉴计算得出。

（二）从服务业增长贡献和贡献率指标看，生产服务业外围层和相关层贡献较大

从生产角度来看，服务业增加值等于各服务行业增加值之和，服务业增加值增量等于各服务行业增加值增量之和。各服务行业对服务业增长的贡献是指各服务行业增加值的增长所引起的服务业增加值增长率（即服务业增长率）的增加额。计算公式如下：

$$r_t^i = (y_t^i - y_{t-1}^i)/y_{t-1} \times 100 \tag{10.1}$$

其中，r_t^i 表示就是第 i 个服务行业在 t 年对服务业增长率的贡献。y_t^i、y_{t-1} 代表第 i 个服务行业在 t 年的增加值以及整个服务业在 $t-1$ 年的增加值。

各服务行业对服务业增长的贡献率，指在服务业增长率中各服务行业的贡献所占的份额。计算公式如下：

$$p_t^i = (y_t^i - y_{t-1}^i)/(y_t - y_{t-1}) \times 100 \qquad (10.2)$$

由公式（10.1）和公式（10.2）可知，某个行业对服务业增长的贡献或贡献率的大小通常取决于两个因素：一是本身增加值份额的大小；二是本身增加值增长的幅度。有些传统服务行业虽然增加值份额比较大，但增幅缓慢，其对整个服务业增长的贡献可能并不大。相反，某些新兴服务行业虽然增加值份额较小，但由于增幅快，其对整个服务业增长的贡献反而可能比较大。为了促进服务业尽快增长，在选择重点行业时，应优先选择那些具有较高服务业增长贡献和贡献率的行业。

从表10-1来看，生产服务业外围层的批发零售业、金融业、交通运输对服务业增长的拉动效用较强。其次是相关层的房地产、教育、公共管理，以及核心层的租赁和商务服务、科学研究、技术服务和地质勘查业。

表10-1　我国各服务行业对服务业增长的贡献和贡献率　　　单位：%

	2009年		2010年		2011年	
	贡献	贡献率	贡献	贡献率	贡献	贡献率
交通运输、仓储和邮政业	0.28	2.18	1.62	9.41	1.90	10.44
信息传输、计算机服务和软件业	0.23	1.82	0.49	2.81	0.52	2.84
批发和零售业	2.13	16.78	4.57	26.46	4.44	24.36
住宿和餐饮业	0.38	3.01	0.64	3.72	0.64	3.49
金融业	2.21	17.39	2.17	12.57	2.29	12.58
房地产业	2.98	23.45	2.79	16.15	2.31	12.66
租赁和商务服务业	0.44	3.49	1.08	6.24	0.93	5.13
科学研究、技术服务和地质勘查业	0.55	4.36	0.62	3.58	0.77	4.20
水利、环境和公共设施管理业	0.16	1.29	0.18	1.06	0.17	0.91
居民服务和其他服务业	0.49	3.85	0.56	3.25	0.68	3.73
教育	1.21	9.55	1.05	6.11	1.38	7.55
卫生、社会保障和社会福利业	0.35	2.72	0.61	3.51	0.87	4.79
文化、体育和娱乐业	0.23	1.85	0.18	1.04	0.29	1.62
公共管理和社会组织	1.05	8.25	0.71	4.10	1.03	5.68

资料来源：根据2009~2012年中国统计年鉴计算得出。

（三）从产业带动效应指标看，生产服务业的核心层和外围层能产生较强的关联效应

这一指标主要是通过计算服务业内部各行业的产业关联度来确定服务业的发展重点。产业关联度反映了产业链上各产业间关联的程度，产业关联度大，则拥有较大的产业带动能力，因此可以作为重点发展的对象。结合不同产业的前、后向关联指标（感应度系数和影响力系数）的结果，可以确定发展的重点产业。值得注意的是，在利用产业关联度确定重点产业时，还应结合产业在国民经济中的比重指标。产业关联度大但占比较低的产业，对其他产业的带动作用相对较弱。

从表10-2可以看出，生产服务业核心层的租赁和商务服务业、研发，以及相关层的卫生、社会保障和社会福利业的影响力系数较大，对经济发展的推动作用较明显。而外围层的交通运输与仓储业、金融业和批发零售业的感应度系数较大，国民经济发展对其的拉动作用较大。除外围层的各行业外，其他服务行业的影响力系数基本上都大于感应度系数，说明通过发展这些行业，可以对经济发展起到较好的带动作用。

表10-2 我国服务业内部各行业产业影响力和感应度

	2005年		2007年		2010年	
	影响力系数	感应度系数	影响力系数	感应度系数	影响力系数	感应度系数
交通运输及仓储业	0.946	1.797	0.916	1.468	0.927	1.603
邮政业	0.946	0.374	0.895	0.382	0.932	0.378
信息传输、计算机服务和软件业	1.003	0.825	0.811	0.585	0.821	0.567
批发和零售贸易业	0.675	1.149	0.752	1.051	0.600	1.046
住宿和餐饮业	0.857	0.843	0.848	0.778	0.914	0.789
金融业	0.741	0.959	0.641	1.130	0.632	1.196
房地产业	0.566	0.491	0.534	0.536	0.564	0.539
租赁和商务服务业	1.238	0.995	1.122	0.796	1.005	0.852
研究与事业发展业	1.122	0.392	0.992	0.412	1.021	0.403
综合技术服务业	1.058	0.527	0.871	0.516	0.842	0.555
水利、环境和公共设施管理业	0.963	0.404	0.856	0.401	0.956	0.398
居民服务和其他服务业	0.911	0.626	0.949	0.581	0.837	0.533
教育	0.760	0.417	0.811	0.399	0.585	0.349

续表

	2005 年		2007 年		2010 年	
	影响力系数	感应度系数	影响力系数	感应度系数	影响力系数	感应度系数
卫生、社会保障和社会福利业	1.149	0.455	1.119	0.398	1.065	0.370
文化、体育和娱乐业	0.941	0.477	0.938	0.448	0.839	0.428
公共管理和社会组织	0.820	0.343	0.820	0.348	0.679	0.337

资料来源：根据 2005 年、2007 年、2010 年中国投入产出表计算得出。

（四）从农业和制造业转型升级看，生产服务业的核心层和外围层的发展较为迫切

目前我国已进入经济转型期，农业和制造业都迫切需要转型升级，提升质量和效率。作为制造业大国，从全球价值链和产业链来看，我国制造业出口均处于低端环节，相应需要的生产服务多是低层次的物流仓储、批发零售、维修安装，或停留在企业内部的财务管理、人员培训服务上。制造业要实现转型升级，向产业链高端延伸，就必然需要高端生产服务业与之配套，如研发设计、金融保险、信息传输、计算机服务和软件业、产品质量控制、咨询、品牌策划、法律服务、科技服务等。

此外，教育事业对于国民素质的提高、国家综合实力的提升具有重要的促进作用。成熟的教育体系可以为全面建设小康社会、实现制造大国向制造强国转变提供智力支持和人才保障。而科学研究及技术服务业，作为生产服务业的核心，具有高知识密集度的特点。科技服务业的发展，可以缩短科技成果转化为生产力的时间，有效提升实物和服务产品的科技含量，从而增强核心竞争力。发展知识密集度较高的产业可以提升服务业的层次，缓解我国被俘获于产业链低端环节的现状，因此要大力发展教育、科研技术服务等行业。

（五）从政府引导政策看，生产服务业的核心层和外围层一直被列为发展重点

2012 年国务院关于《服务业发展"十二五"规划》的通知中明确指出，要推动生产性服务业向中、高端发展，深化产业融合，细化专业分工，增强服务功能，提高创新能力，不断提高我国产业综合竞争力。生产性服务业中重点发展核心层的高技术服务业、设计咨询、科技服务业、商务服务业、电子商务、工程咨询服务业、人力资源服务业，以及外围层的金融服务业、交通运输业、现代物流

业和新型业态、新兴产业。2012年科技部编制的《现代服务业科技发展"十二五"专项规划》①中明确指出,从"制造大国"向"制造强国"的转型迫切需要大力提升和发展生产性服务业。围绕生产性服务业共性需求及关键环节,加强网络信息技术集成应用,大力改造提升生产性服务业,重点推进电子商务、现代物流、系统外包等的发展,增强服务能力,提升服务效率,提高服务附加值。

(六)从经济开放程度看,生产服务业的核心层和外围层的服务对外输出能力较强

投资开放度包括外商直接投资和对外直接投资两个方面,可采用 i 行业实际使用外资金额占当年实际使用外资总额的比重衡量资本流入程度,i 行业对外直接投资净额占当年对外投资总净额的比重衡量资本流出程度。从实际使用外资情况看,相关层的房地产业和住宿餐饮业、核心层的租赁和商务服务业,以及外围层的住宿餐饮业、交通运输、仓储和邮政业的实际使用外资的比重较高(见表10-3)。从对外直接投资的情况看,核心层的租赁和商务服务业、金融业,以及外围层的批发零售业、交通运输、仓储和邮政业的对外投资所占比重较高,说明这些行业的竞争力较高。

表10-3　　　　　我国服务行业投资开放度　　　　　单位:%

	实际使用外资比重			对外直接投资比重		
	2010年	2011年	2012年	2010年	2011年	2012年
批发和零售业	2.12	2.75	3.11	8.22	13.83	14.86
交通运输、仓储和邮政业	2.35	2.33	3.01	0.74	3.43	3.40
住宿和餐饮业	6.24	7.26	8.47	9.78	0.16	0.16
信息传输、软件和信息技术服务业	0.88	0.73	0.63	0.32	1.04	1.41
金融业	1.06	1.65	1.90	12.54	8.13	11.47
房地产业	22.68	23.17	21.59	2.34	2.64	2.30
租赁和商务服务业	6.74	7.23	7.35	44.01	34.29	30.46
科学研究和技术服务业	1.86	2.12	2.77	1.48	0.95	1.68
水利、环境和公共设施管理业	0.86	0.74	0.76	0.10	0.34	0.04
居民服务、修理和其他服务业	1.94	1.62	1.04	0.47	0.44	1.01

---

① 中华人民共和国科学技术部官网。

续表

	实际使用外资比重			对外直接投资比重		
	2010 年	2011 年	2012 年	2010 年	2011 年	2012 年
教育	0.01	0.00	0.03	0.00	0.03	0.12
卫生和社会工作	0.09	0.07	0.06	0.05	0.01	0.01
文化、体育和娱乐业	0.41	0.55	0.48	0.27	0.14	0.22
公共管理、社会保障和社会组织	0	0	0	0	0	0

资料来源：根据 2011~2013 年中国统计年鉴计算所得。

从服务贸易额看（见表 10-4），虽然 2010~2013 年我国服务贸易均为逆差，且逆差逐渐扩大。但从各服务行业看，咨询、其他商业服务、计算机和信息服务、建筑服务、广告宣传和通信服务一直保持顺差，说明生产服务业核心层的商务服务业、信息传输、计算机和软件业，以及相关层的房地产业能够实现服务净输出，是竞争力较强的行业。

表 10-4　　　　　　　我国服务贸易净额　　　　　单位：亿美元

年份	2010	2011	2012	2013
服务贸易	-221	-616	-897	-1 245
运输	-290	-449	-469	-567
旅游	-91	-241	-519	-769
通信服务	1	5	1	0
建筑服务	94	110	86	68
保险服务	-140	-167	-173	-181
金融服务	-1	1	0	-5
计算机和信息服务	63	83	106	94
专有权利使用费和特许费	-122	-140	-167	-201
咨询	77	98	134	169
广告、宣传	8	12	20	18
电影、音像	-2	-3	-4	-6
其他商业服务	184	76	89	135
别处未提及的政府服务	-2	-3	-1	0

资料来源：国家外汇管理局。

三、生产服务业重点行业确定

将前面选定的指标以及由此挑选出的重点行业列成表10-5。

表10-5　　　　　我国服务业重点行业选择指标和结果

指标	重点行业
增加值贡献	外围层的批发零售业、金融业与交通运输业，相关层的房地产业、公共管理、教育
服务业增长贡献和贡献率	外围层的批发零售业、金融业与交通运输业，相关层的房地产业、教育、公共管理
产业带动效应	核心层的租赁和商务服务业、研发，相关层的卫生、社会保障和社会福利业，外围层的批发零售业、金融业与交通运输业
农业和制造业转型升级	核心层的商务服务业、科研技术服务业、信息传输、计算机软件业，相关层的教育
政府引导政策	核心层的商务服务业、科研技术服务业、信息传输、计算机软件业，外围层的金融、交通运输业
经济开放程度	核心层的商务服务业、信息传输、计算机软件业，相关层的房地产业

结合国内外生产服务业发展的经验和教训，我国生产服务业的重点行业选择应以核心层和外围层为主、相关层为辅，新兴服务业为主、传统服务业为辅。具体而言，可以考虑按以下方针确定：

1. 大力发展生产服务业核心层：租赁和商务服务业、科学研究、技术服务和地质勘查业、信息传输、计算机服务和软件业等。此类生产服务特别以研发设计、商务服务为代表，处于产业链的高端，主导着全产业链的发展，是三次产业稳定发展的核心领域。在研发设计方面，要以提高自主品牌能力为目标，加大研究开发、产业设计、创意产业的发展力度，促进产品、模式、业态创新，推动从"农业大国""制造大国"向"农业强国""制造强国"转型，提高服务业现代化水平。而在商务服务方面，要以有效引导企业发展为目标，优先发展以商务咨询、会议会展等为代表的商务服务业，提高对三次产业生产的主导能力。

2. 巩固提升生产服务业外围层：批发零售业、金融业、交通运输、仓储与邮政业。外围层的生产服务业主要包括两大领域：

（1）控制性生产服务业。此类生产服务业作用于流通过程，主要以采购分销、物流仓储为代表，控制着工农业生产的原材料供应和产品销售渠道，是工农业生产的关键环节。因此必须大力拓展控制性生产服务业。具体来说，按照产业发展对商品流通的需求，加快构建现代采购分销体系，努力建设一批门类齐全、布局合理、运营灵活的国际采购中心、分销基地，积极拓展国际流通渠道。同时针对工农业发展对物流配送服务的迫切需求，大力发展产业物流和国际物流，鼓励物流服务创新，加快构建高效物流体系。

（2）渗透性生产服务业。此类生产服务主要以信息服务、金融服务为代表，对工农业发展具有很强的渗透能力，对整合不同行业、不同区域的资源，促进工农业做强做大具有重要的促进作用，必须加快发展。在信息服务方面，要鼓励利用信息技术整合行业资源、重组生产流程，增加服务环节和业务，提高产业信息化、电商化水平，促进生产效率、服务质量的提高，推动工农业企业从生产型企业向服务型企业转变，促进服务型企业电商化程度的提高。在金融服务方面，要发挥产业金融服务作为工农业生产的"血液"功能，加强金融与产业的相互融合、互动发展，通过大力发展专业银行、产业基金、融资租赁和互联网金融，推动生产要素资源和知识产权资本化，有效支持现代产业体系建设。

3. 推进生产服务业相关层：房地产业、教育、公共管理和社会组织。此类生产服务是涉及众多企业发展所需的共性、基础性生产服务，对产业发展有重要的支撑作用，也是目前产业链中最为薄弱的环节，必须扶持发展。

第十一章

生产服务的三次产业分布

生产服务本质上是服务型生产资料（李江帆，1987），按服务对象，生产服务可划分为第一产业生产服务、第二产业生产服务和第三产业生产服务（李江帆，2008，2013）。生产服务与三次产业之间的关系一直是中国学者们研究的重点。程大中（2006，2008）通过计算中国和美国、英国等国家的生产服务投入结构发现，中国生产服务有一半以上分配给第二产业，其次约三分之一分配给第三产业，最后不到10%分配给第一产业，而美国和英国则分别约有75%和80%分配给第三产业，并且在考察期内两国分配给第三产业的份额有缓慢上升的趋势而分配给第二产业的份额则有下降的趋势。

生产服务作为满足中间需求的服务产品，既是服务产出又是后续生产过程的投入，与初始生产要素如劳动、土地、资本等相比较，在"就业"方面本应该具有更大的适应性和灵活性，所以从逻辑上讲，生产服务结构与产业结构本应该有密切的联系和比较稳定的数量匹配关系。本章尝试着在奈特（Knight，1921）经济框架下通过对1995~2011年间40个经济体的生产服务业进行经验研究，来揭示生产服务结构与产业结构之间在数量匹配上的相似关系。

第一节 理论分析与研究假设[①]

在市场经济条件下，经济活动是复杂的，但它又明显存在着一种趋向均衡的

[①] 本节部分内容已经作为课题中期成果发表，见孙得将、李江帆：《生产服务业比率时序稳定性研究：1996~2009年》，载于《数量经济技术经济研究》，2013年第10期，第35~48页。

真实趋势。市场竞争的基本特征就是消除利润或损失并使产品的价值与成本趋于相等（Knight，1921）。生产投入在各种不同的用途之间进行配置时，都倾向于使其总报酬最大化，倾向于在每一种用途下获得均等报酬。企业和企业家追逐利润的过程就是利润趋于消失的过程。最终，各类生产投入都趋向于按照其边际价值产品获得报酬，收入在各种投入之间进行无剩余分配，同一生产投入在任何具体用途中都能够且仅能够获得等量报酬，同一产出利用任何可行的投入组合进行生产必须支付相等的成本。

生产服务是用来生产货物或其他服务的中间投入要素，不直接用来消费因而也不直接产生效用，扮演着中间连接的重要角色。生产服务作为顾客生产过程中的投入要素，在满足顾客生产消费的过程中存在边际价值产品递减规律。边际价值产品递减是生产服务作为投入要素的边际产量递减与使用该要素的产品价格下降的综合结果。顾客能够通过对生产服务购买多一点或者少一点的调整来最大化自己的净收益。如果1价量（pa）的生产服务（即1元的生产服务）为顾客带来的收益超过1元，那么顾客就可以通过增加1价量（pa）的购买来获取超出成本1元的那部分净收益，如此不断调整的结果，最终会在新增1价量（pa）的生产服务投入仅仅为使用者新增1元收入的均衡点上稳定下来。此时企业不再有动力增加生产服务的购买，因为根据投入要素的边际价值产品递减规律，再多买1价量（pa）就要损失一点净收益。同理，当使用生产服务的边际成本大于边际收益时，企业可以通过减少对生产服务的购买而走向均衡点。企业对生产服务投入竞争性调整的均衡结果是：每1价量（pa）生产服务的购买和投入给顾客企业所带来的边际收益均为1元。

同样的逻辑也适用于分析各行业的中间投入与增加值之间的均衡关系。增加值在本质上反应的是生产过程中内置于企业中的要素组合的收益。在市场经济条件下，内置于企业生产中的生产要素都存在机会成本。企业在生产过程中所面临的生产服务内置或外包抉择在本质上体现的是内置于企业的要素组合收益与从市场购买生产服务之间的竞争替代关系。在追逐净收益最大化的过程中，生产要素内置或者生产服务外购之间的竞争推动着企业在资源配置方面走向均衡。在均衡点，生产1价量（pa）的产品，使用内部要素组合所支付的成本（增加值）与外购生产服务所支付的成本均等，并且都等于1元，即等于1元的边际价值产品。在均衡点上，边际价值产品（边际收入）、外购生产服务的所支付的边际成本、边际增加值（内置生产要素的边际成本）都相等，否则就可以通过对其中的一个或多个变量的调整而增加净收益。

中间投入品的边际价值产品递减规律在市场竞争机制下所造成的零利润一般均衡和收入在各投入要素间进行无剩余分配是对企业、行业在现实经济中的发展趋势的近似描述。如果不考虑市场交易成本,在一般均衡条件下,生产服务在整个国民产出中的使用将趋向于均等化,所有企业、行业、部门每生产1价量(pa)的产出都趋向于从服务业中购买相等比率(小于1)的生产服务。如果市场"无摩擦",均衡条件下各行业对服务的直接消耗系数趋于均等,中间投入率趋于均等,增加值率趋于均等,生产服务在每一行业的分配趋于"匀洒",即生产服务分配给各行业的数量占生产服务总额的份额与各行业增加值占GDP的份额趋于均等。如果不考虑市场交易成本,根据现行的三次产业分类框架,生产服务在三次产业的分配份额与三次产业增加值占GDP份额将一一对应,也就是说,如果一个经济体的三次产业增加值构成为10∶47∶43,那么生产服务在三次产业的分布份额也为10∶47∶43,此时生产服务结构与产业结构完全相似。

在现实经济运行中市场是存在摩擦的,诸如生产要素流动的阻碍、地理空间的异质性、技术差异、产品的交易成本及交易限制、税收、不确定性等摩擦因素,会干扰生产服务的分配方向及分配给三次产业的份额,从而导致生产服务结构与产业结构的对应关系不再那么精准,在一定程度上给这种对应关系增添了模糊性和偏离性。但是不能借此来否认生产服务结构与产业结构之间所存在的数量上的匹配关系。在有摩擦的条件下,二者之间仍有相似性,只是相似度程度的高低会因"摩擦"程度的不同而变化,一般来说相似程度与摩擦在产业间的差异程度成反比。从理论上看,市场竞争规律引致的零利润一般均衡和收入在各投入要素间无剩余分配实现的程度将直接制约生产服务结构与产业结构的相似程度。从现实看,只要实行市场经济,竞争规律和价值规律就必然存在,生产服务对三次产业投入时的"匀洒"的趋势就必然存在,生产服务分布结构与产业结构的相似性就必然存在。

综上所述,本章提出待检验的研究假设:生产服务分布结构与三次产业结构具有相似性。

第二节 数据和检验方法

一、数据说明

(一)数据来源和主要指标

1. 数据来源。基本数据来源于世界投入产出数据库(world input-output data-

base，WIOD），包含 40 个经济体 1995~2011 年的 680 份投入产出表。

2. 主要指标。根据投入产出表，分别整理出衡量绝对价值量的指标第一产业生产服务（PS1）、第二产业生产服务（PS2）、第三产业生产服务（PS3），第一产业增加值（VA1）、第二产业增加值（VA2）、第三产业增加值（VA3），第一产业中间投入（ZJ1）、第二产业中间投入（ZJ2）、第三产业中间投入（ZJ3），本章以大写字母表示对于绝对量指标，单位为 100 万美元。根据绝对量指标，分别整理出三次产业的生产服务投入对增加值比率（psv_j，$j=1,2,3$）、第一产业生产服务份额（$sps1$）、第二产业生产服务份额（$sps2$）、第三产业生产服务份额（$sps3$）、第一产业增加值份额（agr）、第二产业增加值份额（ind）、第一产业增加值份额（ser）、第一产业生产服务份额与第一产业增加值份额的相似度（$sml1$）、第二产业生产服务份额与第二产业增加值份额的相似度（$sml2$）、第三产业生产服务份额与第三产业增加值份额的相似度（$sml3$）、三次产业生产服务份额与三次产业增加值份额的相似度（sml），本章以小写字母表示比率指标。变量的详细说明参见表 11-1。

表 11-1　　　　　　　　　　变量说明

指标名称	符号	定义	单位
三次产业（下标序号）	j	对应于第一、二、三产业，分别取值 1、2、3	百万
三次产业生产服务	PS_j	分配给第一、二、三产业的生产服务	现价
三次产业增加值	VA_j	第一、二、三产业的增加值	美元
三次产业中间投入	ZJ_j	第一、二、三产业消耗的中间投入	
生产服务投入与增加值比率	psv_j	生产服务投入与对应需求部门增加值的比率	%
第一产业生产服务份额	$sps1$	第一产业生产服务占生产服务比率	
第二产业生产服务份额	$sps2$	第二产业生产服务占生产服务比率	
第三产业生产服务份额	$sps3$	第三产业生产服务占生产服务比率	
第一产业增加值份额	agr	第一产业增加值占 GDP 比率	
第二产业增加值份额	ind	第二产业增加值占 GDP 比率	
第三产业增加值份额	ser	第三产业增加值占 GDP 比率	
三次产业服务依赖度	ds_j	生产服务占中间投入的比率	
生产服务与第一产业的相似度	$sml1$	第一产业生产服务份额与第一产业份额的相似度	

续表

指标名称	符号	定义	单位
生产服务与第二产业的相似度	sml2	第二产业生产服务份额与第二产业份额的相似度	
生产服务与第三产业的相似度	sml3	第三产业生产服务份额与第三产业份额的相似度	
生产服务与三次产业的总相似度	sml	三次产业生产服务份额与三次产业份额的相似度	

(二) 主要变量的描述性统计

1. 主要绝对价值量指标。通过整理，获得 1995~2011 年 40 个经济体的以价值量表示的三组 9 个指标，每个指标对应有 680 个观测值（17×40=680），共有 6 120 个观测值（680×9）。如果以列表方式对各个国家或地区在 1995~2011 年的均值、标准差、最小值和最大值进行描述性统计，那么数值部分 1 440 个单元格，占用篇幅过大且不直观。为节省篇幅，本书以箱线图及条形图的方式对价值指标进行统计描述。

在考察期 1995~2011 年间，美国 GDP 总量远远超过其他样本经济体，平均是日本的 2.49 倍、中国的 4.47 倍、德国的 4.73 倍、法国的 6.46 倍、英国的 6.59 倍、意大利的 7.96 倍，美国与小经济体的体量差距更是惊人，GDP 平均为塞浦路斯的 825 倍、拉脱维亚的 840 倍、爱沙尼亚的 1 087 倍、爱沙尼亚的 2 321 倍。如果将美国与其余经济体放在一起绘图，那么其他国家或地区的箱线图将变得非常小，故将美国的数据进行单独描述。

图 11-1 描述统计的是除美国以外的 39 个经济体的三次生产服务（第一产业生产服务、第二产业生产服务、第三产业生产服务）、三次产业增加值（第一产业增加值、第二产业增加值、第三产业增加值）、三次产业中间投入（第一产业中间投入、第二产业增加值、第三产业增加值）在 1995~2011 年间的分布状况。

通过图 11-2 可以直观地看出：在考察期内，多数国家第三产业生产服务大于第二产业生产服务、第二产业生产服务大于第一产业生产服务；第三产业增加值大于第二产业增加值、第二产业增加值大于第一产业增加值；第三产业中间投入大于第二产业中间投入、第二产业中间投入大于第一产业中间投入。但中国的第二产业生产服务大于第三、第一产业生产服务，第二产业增加值大于第三、第一产业增加值，第二产业中间投入大于第三、第一产业中间投入。

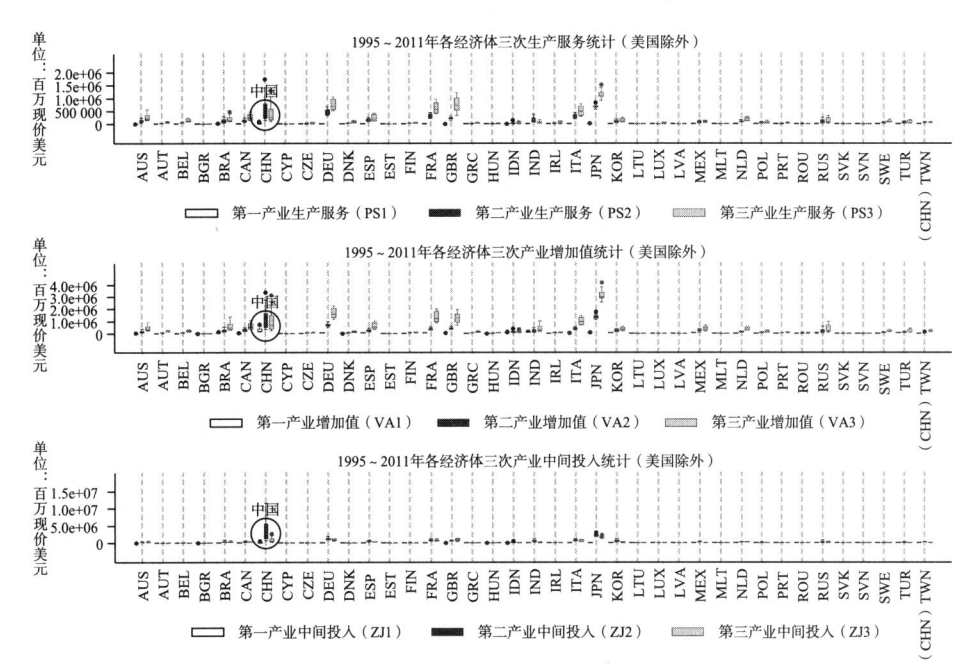

图 11-1 1995~2011 年各经济体生产服务、增加值、中间投入分行业统计（美国除外）

资料来源：根据 WIOD 数据计算整理。

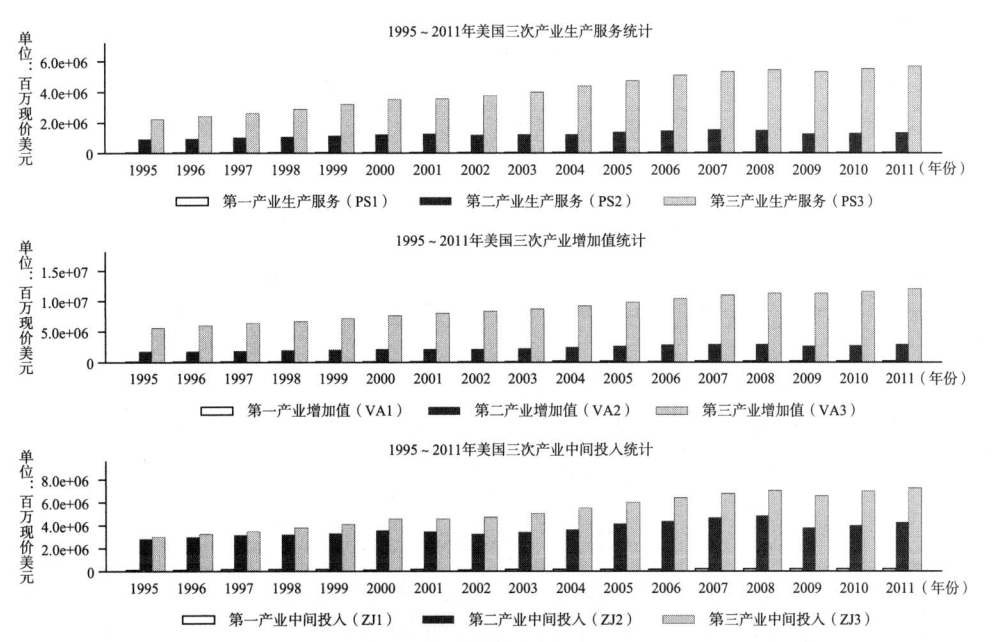

图 11-2 1995~2011 年美国生产服务、增加值、中间投入分行业统计

资料来源：根据 WIOD 数据计算整理。

图 11-2 描述统计的是美国的三次生产服务、三次产业增加值、三次产业中间投入在 1995~2011 年间的分布状况。从中可以直观地看出：在考察期内美国的第三产业生产服务逐步上升、第二产业生产服务小于第三产业生产服务且上升缓慢、第一产业生产服务微乎其微；第三产业增加值逐步上升、第二产业增加值小于第三产业增加值、第一产业增加值微乎其微；第三产业中间投入大于第二产业中间投入、第一产业的中间投入微乎其微。同时，美国第二产业中间投入与第三产业中间投入之间的差距小于第二产业增加值与第三产业增加值之间的差距，也小于第二产业生产服务与第三产业生产服务之间的差距。

2. 生产服务投入对增加值的比率（$psvj$）。生产服务投入对增加值的比率（$psvj$）是指三次产业新创造一单位的增加值所需要投入的生产服务数量，是从创造增加值的角度来揭示生产软化程度的指标。从时序上看（见图 11-3 上部），1995~2011 年，总体而言 40 个经济体的第二产业生产服务投入对第二产业增加值的比率（$psv2$）最高，平均为 0.599；第三产业生产服务投入对第三产业增加值的比率居于第二位，平均为 0.467；第一产业生产服务投入对第一产业增加值的比率（$psv1$）最低，平均为 0.328。三个指标在时序上还有逐渐上升的共同特征。

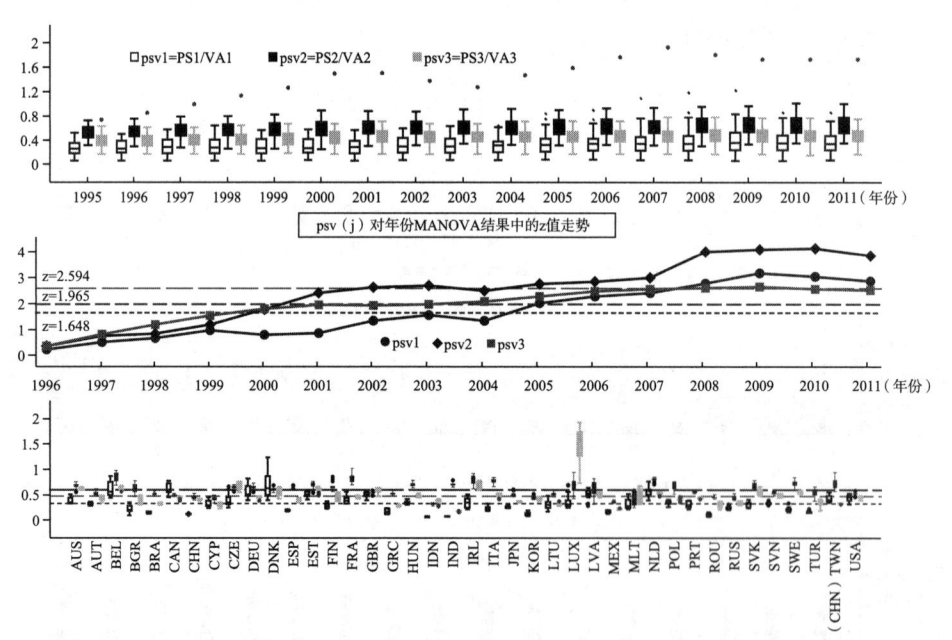

图 11-3　各经济体 1995~2011 年三次产业的生产服务投入对增加值比率

注：方差分解分析（MANOVA）是在自助抽样 50 000 次的基础上进行的，参照线对应于 10%、5%、1% 显著水平。

资料来源：根据 WIOD 数据计算整理。

为检验 $psvj$ 时序上的上升趋势，分别在自助抽样 50 000 次的基础上将 $psv1$、$psv2$、$psv3$ 对年份进行方差分解分析（MANOVA）。结果发现：随着时间的推移 z 值逐渐上升（见图 11-3 中部），其中 $z(psv1)$ 在 2005 年达到显著水平，$z(psv2)$ 在 2000 年即达到显著水平然后一直居于高位，$z(psv3)$ 也于 2000 年即达到显著水平，说明与基期 1995 年相比较，单位增加值所投入的生产服务，无论是农业、工业还是服务业，均存在显著的上升趋势。从长期看，这是增加值率下降趋势与生产服务投入占总投入比率上升趋势综合作用的结果。增加值率在长期趋于下降而中间投入率趋于上升是社会劳动分工深化和生产迂回程度增加的自然结果，生产服务投入占中间投入比率的上升是国民经济软化的结果和反应。

从国家或地区看（见图 11-3 下部），第一产业生产服务投入对第一产业增加值的比率（$psv1$）较高的依次是丹麦、加拿大、比利时、德国、荷兰、拉脱维亚、爱沙尼亚、英国、美国、中国台湾地区、卢森堡和法国等，较低的依次有印度尼西亚、印度、罗马尼亚、中国、韩国、巴西、墨西哥和土耳其等。第二产业生产服务投入对第二产业增加值的比率（$psv2$）较高的依次是比利时、法国、荷兰、爱尔兰、意大利、中国台湾地区、瑞典、印度等，较低的依次有印度尼西亚、墨西哥、塞浦路斯、俄罗斯等。第三产业生产服务投入对第三产业增加值的比率（$psv3$）较高的依次是卢森堡、爱尔兰、捷克共和国、比利时等小型开放经济体，较低的依次有印度、墨西哥、希腊、塞浦路斯、立陶宛、罗马尼亚等。

值得注意的是，这些比率指标并非越高越好，也并非越低越好，关键在于适度，极端状态都将导致社会分工和产业发展的失衡。从目的与手段之间的辩证关系看，在一定程度上可以将作为指标分母的增加值视为"目的"，而将分子的生产服务投入视为"手段"，能够做到两者之间有效平衡是最好的，特别对组织形式高度复杂的第三产业和第二产业而言尤其如此。以美国和德国为例：根据 $psv3$ 由高到低排名，分别居第 20 位和第 22 位，根据 $psv2$ 分别居第 28 位和第 16 位，根据指标排名美国、德国均处于中间位次，但谁能否认它们的经济在考察期内的出色表现呢。另一个极端例子是印度，印度的 $psv2$ 为 0.709，居于第 8 位，领先于德国、美国和中国（0.452、第 35 位），而印度的 $psv3$ 为 0.168，倒数第一，远远落后于美国、德国和中国（0.410、第 27 位）。事实上印度的工业远落后于中国、美国和德国，而印度的服务业至少不会比中国的差。因此在衡量生产服务发展时，生产服务投入对增加值的比率（$psvj$）仅是一个参考性指标。

3. 服务依赖度（dsj）。服务依赖度是指生产服务投入占中间投入总额的比例，是从中间投入角度来衡量一个行业或经济的软化程度的指标。服务依赖度指标的分子与分母属于部分与总体的关系，经济意义更直接。一般来说，在社会分工演进和经济发展过程中，生产服务投入占中间投入总额的比率将逐渐上升，中间投入软化程度将逐渐提高。

图 11-4 是对三次产业的服务依赖度的描述性统计。从时序上看,在 1995~2011 年间第三产业的服务依赖度($ds3$)最高,平均为 0.670,第二产业的服务依赖度($ds2$)与第一产业的服务依赖度($ds1$)分别为 0.302 与 0.304、两者相差不大。这似乎暗示着生产服务在行业间的中间投入分配时存在着"近水楼台先得月"的效应,生产服务本属于服务产品,服务部门的生产服务投入占中间投入总额的比重平均是实物产品生产部门(工农业)生产服务投入占中间投入总额的 2 倍。也就是说,从中间投入的角度看,服务产品生产部门投入相对较多的服务型生产资料,实物产品生产部门投入相对较多的实物型生产资料。这种中间投入使用上所表现出的"近水楼台效应"很可能与同行业间的技术和习惯相似度高因而容易在知识尤其是隐性知识方面进行沟通有关。这一特征的一个推论是:在其他条件保持不变的情况下,服务产出占总产出的份额越高,国民经济服务依赖度越高。在服务经济崛起的背景下,多数经济体的服务产出份额的确在逐步提高,故其经济的服务依赖度在不断提高。

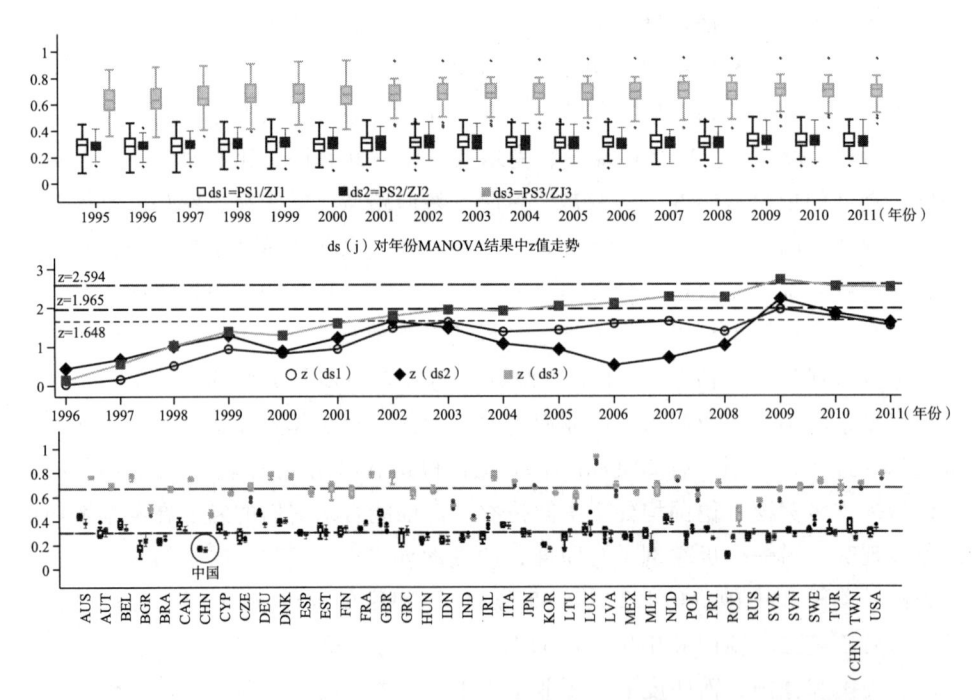

图 11-4　各经济体 1995~2011 年三次产业对生产服务的依赖度

注:MANOVA 是在自助抽样 50 000 次的基础上进行的,参照线分别对应于 10%、5%、1% 显著水平。

资料来源:根据 WIOD 数据计算整理。

国民经济服务依赖度在时序上不断提高不仅源于服务产出份额提升与生产服

务在产业间分配过程中的"近水楼台效应"的共同作用,这部分仅是国民经济软化中对生产服务的结构奖励而已,更重要的是三次产业的服务依赖度在时序上是逐渐上升的。图11-4中间区域报告的是三次产业的服务依赖度对时间进行方差分解分析(MANOVA)结果中的 z 值,可以看出:第三产业服务依赖度上升得最快,与基期1995年相比2002年则显著上升;第一、第二产业的服务依赖度同期也均有显著上升。这种长期上升趋势能够推动生产服务发展,从而推动服务业发展,反过来又通过结构奖励推动生产服务以更快的速度发展,最终形成生产服务与服务业之间乃至整个国民经济的良性循环。

4. 生产服务分布结构与产业结构。图11-5给出的是第一产业生产服务份额与第一产业增加值份额、第二产业生产服务份额与第二产业增加值份额、第三产业生产服务份额与第三产业增加值份额三对指标分别按照年份与国家或地区的统计汇总。从时序上看,每对指标在高度上重叠的部分都比较多。趋势上看,第一产业生产服务份额与第一产业增加值份额、第二产业生产服务份额与第二产业增加值份额趋于逐步下降,而第三产业生产服务份额与第三产业增加值份额则趋于逐步上升。从国家或地区来看,三对指标在各经济体尽管高低相差悬殊,但是每对内部之间则形影相随。

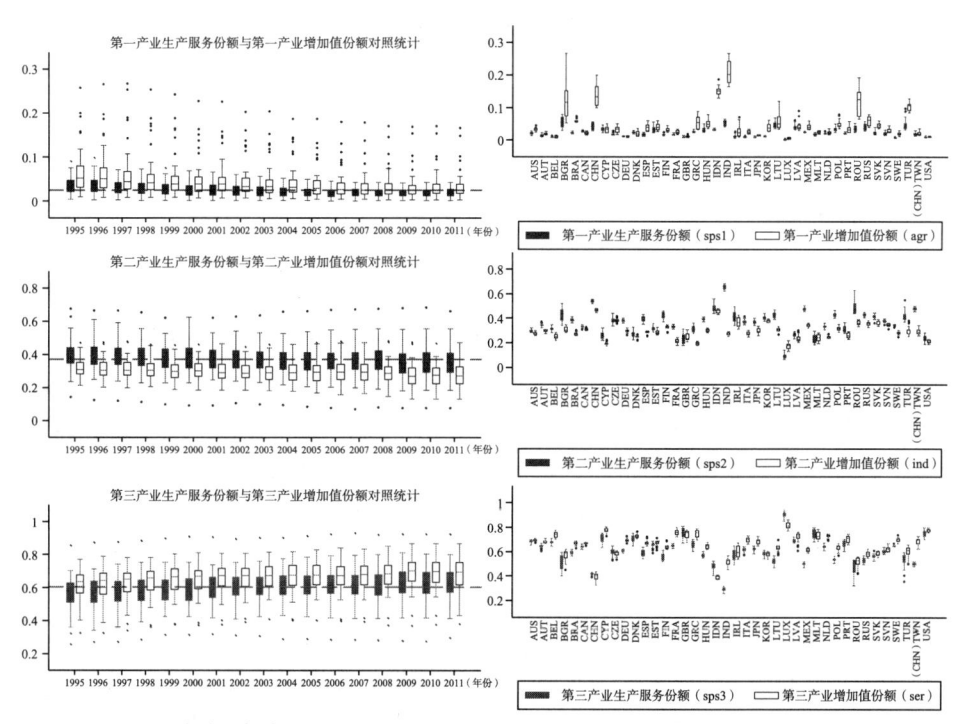

图11-5　各经济体1995~2011年三次产业的生产服务份额与增加值份额

资料来源:根据WIOD数据计算整理。

二、研究方法

为检验生产服务分布结构与产业结构之间的相似性，首先应用皮尔逊相关系数（Pearson correlation coefficient）、斯皮尔曼秩相关系数（Spearmanrank correlation coefficient）或者肯德尔秩相关系数（Kendallrank correlation coefficient）证明生产服务份额与增加值份额之间不是彼此独立无关而是密切相关的。在此基础上，再利用相似函数公式计算出对应的相似度指标，然后再对相似度指标进行分析。

对于第一产业生产服务份额（$sps1$）与第一产业增加值份额（agr）、第二产业生产服务份额（$sps2$）与第二产业增加值份额（ind）、第三产业生产服务份额（$sps3$）与第三产业增加值份额（ser）之间的关系，Pearson 相关系数分别为：0.7570、0.6804、0.8213；Spearman 秩相关性检验的 Spearman's rho 分别为：0.8298、0.7469、0.8590；Kendall 秩相关性检验的 Kendall's tau-a 分别为：0.6356、0.5579、0.6757；三种检验的显著水平均为 0.0000。检验结果均说明第一产业生产服务份额与第一产业增加值份额、第二产业生产服务份额与第二产业增加值份额、第三产业生产服务份额与第三产业增加值份额之间分别显著相关。

（一）相似度计算公式

皮尔逊相关系数检验（Pearson correlation coefficient）、斯皮尔曼秩相关系数检验（Spearmanrank correlation coefficient）或者肯德尔秩相关系数检验（Kendallrank correlation coefficient）是从样本空间的角度来解释成对指标之间的独立性或相关性，最后报告的仅仅一个综合结果，无法进一步揭示其他更细致、更连续的信息，比如，这三种方法均无法揭示中国某一具体年份如 2000 年的第二产业生产服务份额与第二产业增加值份额之间的联系程度到底是多少等详尽信息。如果要进一步揭示三对指标的相似性在时序上的演进规律，那么构造一个反映其联系程度的指标则更容易达到目的。因此本章引入一个反映相似度的指标。

本章借鉴谷本系数（Tanimoto Coefficient）的结构，定义如式（11.1）的相似函数。若 a、b 均为正，那么 a、b 之间的相似度为：

$$sml_{ab} = \frac{ab}{a^2 + b^2 - ab} \tag{11.1}$$

根据式（11.1），a、b 均为正时，$ab > 0$，根据完全平方公式 $(a-b)^2 \geq 0 \Rightarrow a^2 + b^2 - ab \geq ab \Rightarrow sml_{ab} \leq 1$，当且仅当 $a = b$ 时 sml_{ab} 达到其最大值 1。另根据 $ab > 0$，有 $sml_{ab} > 0$，因此有 $0 < sml_{ab} \leq 1$，该指标的含义与人们惯常的思维是一

致的：越接近1，相似度越高，反映的联系越紧密；反之，在（0，1］构成的区间上，取值越小，相似度越低，联系越不紧密。如果定义 a 与 b 的重合度为：$O_{ab} = \frac{\min(a, b)}{\max(a, b)}$，那么 sml_{ab} 是重合度 O_{ab} 的单调增函数。在数学运算上，由于 O_{ab} 的算式不属于四则运算，计算比较麻烦，不如 sml_{ab} 的算式简便，所以本书通过式（11.1）来计算相似度。由于 sml_{ab} 是 O_{ab} 的单调增函数，两者之间是对应的，因此必要时可以把 sml_{ab} 转化为 O_{ab}，以重合度指标来直观地理解相似度指标。

根据人们对事物评级的习惯，在此用类似"不及格、及格、中等、良好、优秀"的评级标准把相似度区分为"非相似、低度相似、中度相似、高度相似、超级相似"共5个等级。如果重合度 O_{ab} 的取值小于60%，那么把它所对应的相似度区间（0，0.7895）称为非相似，相当于"不及格"；把重合度取值为60% ~ 70%其所对应的相似度区间 ［0.7895，0.8861）称为低度相似，相当于"及格"；同理，把重合度取值为 70% ~ 80%所对应的相似度区间 ［0.8861，0.9524）称为中度相似，相当于"中等"；把重合度取值为80% ~ 90%所对应的相似度区间 ［0.9524，0.9890）称为高度相似，相当于"良好"；把重合度取值为90% ~ 100%所对应的相似度区间 ［0.9890，1.0000］称为超级相似，相当于"优秀"。

同样的思路也可以用于构造出综合反映两对或更多对数据的相似度指标。本书涉及由生产服务与三次产业匹配成的三对数据，所以综合相似度的计算公式如下：

设 a_1 与 b_1、a_2 与 b_2、a_3 与 b_3 分别表示成对出现的生产服务在三次产业的分配份额与三次产业增加值占 GDP 份额，那么有：

$$sml_{vaerall} = \frac{a_1 b_1 + a_2 b_2 + a_3 b_3}{a_1^2 + b_1^2 + a_2^2 + b_2^2 + a_3^2 + b_3^2 - (a_1 b_1 + a_2 b_2 + a_3 b_3)} \quad (11.2)$$

式（11.2）的取值范围与 sml_{ab} 完全相同，并且具有加权平均的性质，能够全面准确地反映结构相似度的综合信息，因此本书在进行结构相似分析时把它作为首选指标。

根据式（11.1）、式（11.2）可以计算出生产服务结构与产业结构的相似度（见图11-6），按照相似度的均值进行降序排列的结果为：$sml3$、sml、$sml2$ 和 $sml1$。平均而言，第三产业生产服务份额与第三产业增加值占 GDP 份额的相似度最高，均值为0.980；其次是生产服务分布结构与三次产业结构总体的相似度，均值为0.964；再次是第二产业生产服务份额与第二产业增加值占 GDP 份额的相似度，均值为0.927；最后为第一产业生产服务份额与第一产业增加值占 GDP 份额的相似度，均值为0.744。如果把相似度转换为相应的重合度，平均而言，生产服务与第三产业的重合度为 86.7%，匹配"良好"；与三次产业的重合度为 82.5%，匹配"良好"；与第二产业的重合度为 75.6%，匹配"中等"；与第一产业的重合度为 56.1%，匹配"不及格"。

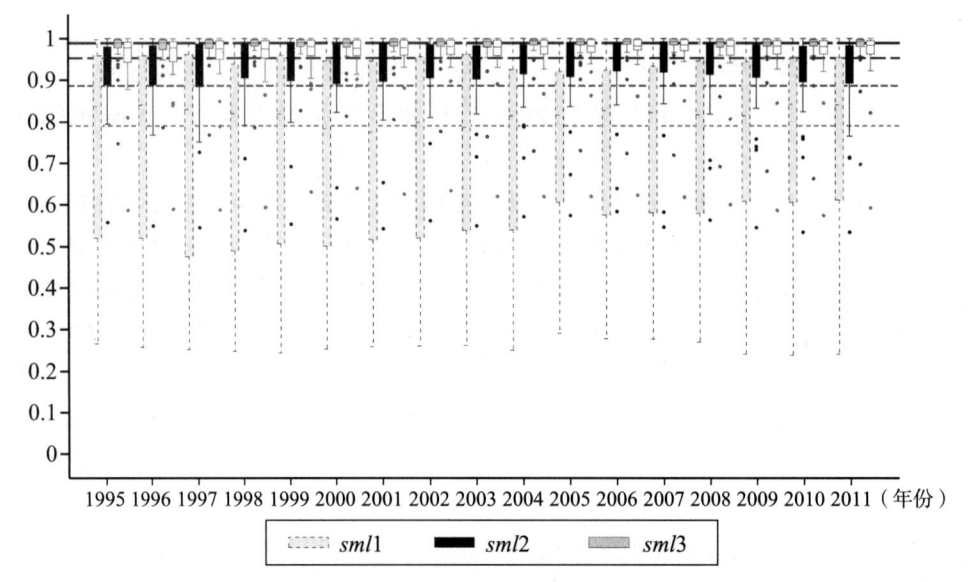

图 11-6　各经济体 1995~2011 年生产服务结构与产业结构相似度的描述性统计

注：参照线自下而上依次为 0.7895、0.8861、0.9524、0.9890，对应于低度、中度、高度、超级相似的临界值。

资料来源：根据 WIOD 数据计算整理。

（二）t 检验

通过 t 检验，可以判断一个随机变量的均值的是小于、等于或大于另一随机变量的均值并且能够直接得到相应的伴随概率。在此，通过对 $psv1$、$psv2$、$psv3$（变量含义见表 11-1）两两之间的 t 检验，发现：$psv1 < psv2$，伴随概率为 1.0000；$psv2 > psv3$，伴随概率为 1.0000；$psv1 < psv3$，伴随概率为 1.0000；综合看，有 $psv1 < psv3 < psv2$。说明在三次产业中，单位增加值所消耗的生产服务投入，第二产业最多、第三产业次之、第一产业最少。一个可能的原因是，市场"摩擦"程度因产业而异。如果把服务业的生产与销售条件作为比较基准，那么，在一般情况下，第一产业的再生产过程是与自然再生产过程结合在一起的，其对自然条件的依赖程度高于其他产业，其生产在地理空间上的分布也最为分散，这种分散性不利于生产服务的有效传递，所以单位增加值所投入的生产服务在第一产业最少。第二产业不仅在生产的地域布局上能够做到高度集中（相对于第一产业）而且其销售市场几乎不受地理空间的限制（相对于第三产业）。如果把销售

市场的地理空间看作"产出"而生产场地的地理空间看作"投入",那么在空间使用效率上第二产业最高、第三产业次之、第一产业最差,从而致使"摩擦"成本也按第二、第三、第一的产业顺序由低到高依次排列。

如果以产业结构为标准,那么在有"摩擦"条件下,生产服务分配给第一产业的份额会略低于第一产业占 GDP 份额,分配给第二产业的份额会略高于第二产业占 GDP 份额,分配给第三产业的份额会与第三产业占 GDP 份额大致接近。需要指出的是,由于分配给第三产业的生产服务份额与第三产业增加值份额大致接近,从而使得 $sml3$ 高于 $sml2$、$sml1$,也高于作为三者的加权平均值数的综合相似度 sml。例外一个推论是:在服务业崛起的背景下,随着第三产业份额的逐步提高,综合反映生产服务结构与产业结构的 sml 将逐步提高。在产业结构转化中第三产业提升每提高 1 个百分点所新增的相似度为 $sml3$,同时第二产业或第一产业每降低 1 个百分点所降低的相似度为 $sml2$ 或 $sml1$,而 $sml3$ 高于 $sml2$、$sml1$,相似度的边际增加量大于边际减少量,故 sml 将随着产业结构升级而逐步提高。这是在有"摩擦"和生产服务的"匀洒"过程受到干扰的条件下,在产业结构升级过程中由于第三产业份额提高所带来的 sml 提高的效应,暂且称之为"结构升级效应"。

在经济发展过程中除"结构升级效应"能够提高 sml 之外,经济运行的优化导致生产服务流向各行业的壁垒在降低的基础上日趋均衡化,也能够提高生产服务份额与增加值份额之间的相似度,暂且称之为"摩擦均衡化效应"。为分析"摩擦均衡化效应",下节将分别对 $psv1$、$psv2$、$psv3$ 进行一阶差分,然后对差分后的值进行两两 t 检验,以揭示 $psv1$、$psv2$、$psv3$ 的增量在时序演变中的关系。

第三节 经验研究结果

一、相似度在各经济体的分布及演变趋势

按照总相似度(sml)降序排列,在 40 个经济体中,生产服务结构与产业结构超级相似(相似度在 0.989~1.000)的有 15 个,占比为 37.5%,依次为:英国、澳大利亚、捷克共和国、加拿大、爱沙尼亚、斯洛文尼亚、马耳他、美国、韩国、丹麦、爱尔兰、奥地利、葡萄牙、斯洛伐克共和国、拉脱维亚。高度相似(相似度在 0.952~0.989)的有 17 个,占比为 42.5%,依次为:瑞典、比利时、

塞浦路斯、日本、卢森堡、俄罗斯、德国、荷兰、匈牙利、意大利、芬兰、巴西、中国、西班牙、希腊、法国、波兰。中度相似（相似度在 0.890~0.952）的有 6 个，占比为 15%，依次为：土耳其、拉脱维亚、印度尼西亚、墨西哥、保加利亚、罗马尼亚。低度相似（相似度在 0.789~0.890）仅有中国台湾地区一个样本，其相似度（sml）为 0.875，略微低于中度相似的临界值 0.890，但相似度 0.875 折算为重合度为 0.687，属于低度相似区域中较高的数值。不相似（相似度低于 0.789）的仅有印度，其相似度为 0.608，折合为重合度为 0.457，是 40 个经济体中唯一"不及格"的。

总体来看，高度相似及以上级别的经济体共 32 个，占比达 80%，说明生产服务结构与产业结构之间具有相似性的命题能够成立。值得一提的是，中国的 sml 均值为 0.961，居 40 个经济体中的第 28 位，属于高度相似、表现"良好"的一组，中国生产服务结构与产业结构之间重合的部分平均达 0.818，说明在考察期内中国的生产服务与三次产业之间的互动关系逐渐趋于合理。

为揭示相似程度的时序演进趋势，在自助抽样 50 000 次的基础上分别将 sml、$sml1$、$sml2$、$sml3$ 对年份进行方差分解分析（MANOVA），将 MANOVA 结果中的 z 值按年份进行汇总（见图 11-7）。同时将中国在 1995~2011 年的相似度指标进行标准化处理，再对基期 1995 年进行中心化处理，将处理结果（实际上就是 t 值）按年份进行汇总。图 11-7 显示：40 个经济体 sml 的 z 值在 1995~2006 年有缓慢上升的迹象，2007 年后有缓慢下降的迹象，但是无论上升或下降均离 10% 水平的参照线非常远，说明 40 个经济体的 sml 在考察内是相对稳定的，生产服务结构与产业结构的匹配程度在考察期内是相对稳定的。同理，$sml1$、$sml2$ 和 $sml3$ 的 z 值也离 10% 水平参照线很远，说明 $sml1$、$sml2$ 和 $sml3$ 在考察期内也是相对稳定的，第一产业生产服务份额与第一产业增加值份额、第二产业生产服务份额与第二产业增加值份额、第三产业生产服务份额与第三产业增加值份额之间的匹配程度在考察期内是相对稳定的。

从中国各年度的 t 值看，$t(sml)$ 在考察期内逐渐上升并且先后超过 10%、5% 和 1% 水平的参照线，说明中国的生产服务业结构与产业结构之间的匹配程度在考察期内有显著提高。从行业看，反映第三产业情况的 $t(sml3)$ 在考察期内先下降后上升再稳定，先后在 2000 年和 2001 年分别突破 10%、5% 水平的参照线，然后稳定在 5% 水平参照线附近，说明中国第三产业生产服务份额与第三产业增加值份额之间的匹配程度在考察期内趋于优化。反映第二产业情况的 $t(sml2)$ 在考察期内围绕 0 上下波动，但是除在 1997 年和 1998 年上行穿过 10% 参照线外，其他年份均在不显著区域运行，说明 $sml2$ 在考察期内起伏不定，中国第二产业生产服务份额与第二产业增加值份额之间的匹配程度在考察期内起伏

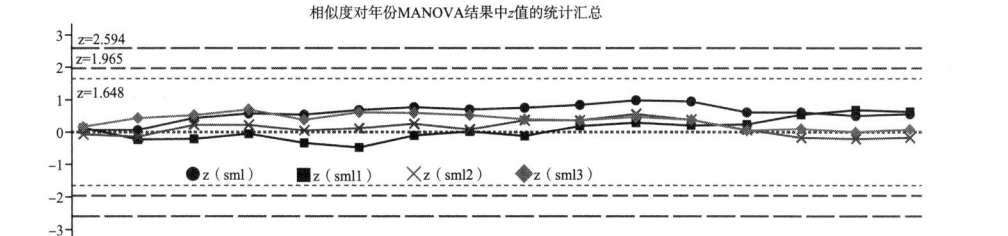

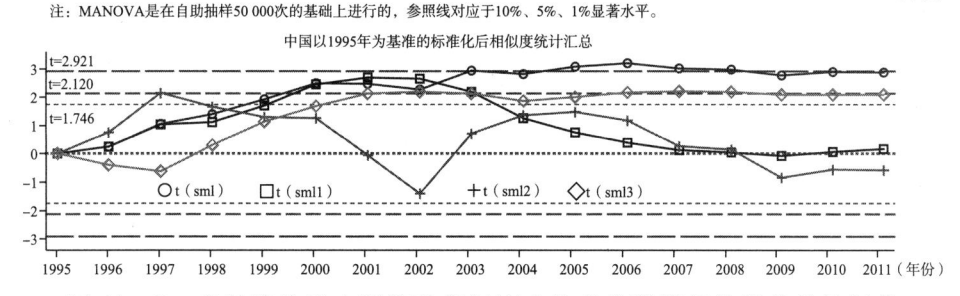

图 11－7　各经济体及中国衡量相似度走势的检验指标按行业统计汇总

注：标准化是指将观察值减去均值再除以标准差，1995 年为基准是指将指标值减去 1995 年的值；t 的自由度为 16，参考线分别对应于双侧 t 检验 10%、5%、1% 显著水平。

资料来源：根据 WIOD 数据计算整理。

不定但总体看不太显著。$t(sml1)$ 的呈先逐步上升后逐步下降的走势，自 1995 年上升至 2001 年的极大值后逐步下降至 2009 年的极小值，然后紧逼 0 参照线运行，说明中国第一产业生产服务份额与第一产业增加值份额之间的匹配程度在考察期内先上升后下降。总之，中国生产服务结构与产业结构之间的匹配程度在逐步上升，但是不能忽视 2006 年以后在第一产业、第二产业存在的匹配度下降的问题。

二、t 检验结果

现实经济中的"摩擦"会对生产服务在三次产业中的"匀洒"产生干扰，从而导致 $psv1 < psv3 < psv2$ 而不是理论上的 $psv1 = psv3 = psv2$，但是这种干扰在生产服务结构演进过程中逐渐趋于弱化。图 11－8 统计汇总的是 $psv1$、$psv2$ 和 $psv3$ 的一阶差分 $dt(psv1)$、$dt(psv2)$ 和 $dt(psv3)$ 在不同国家或地区的分布，以及各经济体的差分对 0 的 t 检验、两两之间 t 检验结果中的统计量。从差分对 0 的 t 检验结果中 t 统计量分布情况看，除极其少数国家的 t 统计量小于 0 但是在 10% 水平下不显著外，其他大部分经济体的 t 统计量都大于 0。反映第三产业生产服务对第三产业增加值比率变动趋势的 $dtpsv3$ 在 15 个经济体显著为正，说明 $dtpsv3$ 在

这些经济体显著大于 0、psv3 在考察期内显著上升；其他产业情况与此类似，$dtpsv2$ 的 t 统计量 10 个经济体显著，$dtpsv1$ 的 t 统计量 6 个经济体显著。这从各经济体维度揭示生产服务对增加值比率有上升趋势，是生产服务发展的直接体现。但在生产服务发展过程中是否存在生产服务在三次产业进行"匀洒"的趋势呢，抑或"摩擦均衡化效应"在生产服务发展过程中是否存在呢？通过对三次产业之间的生产服务与增加值比率的一阶差分进行两两 t 检验，有助于回答这两个问题。

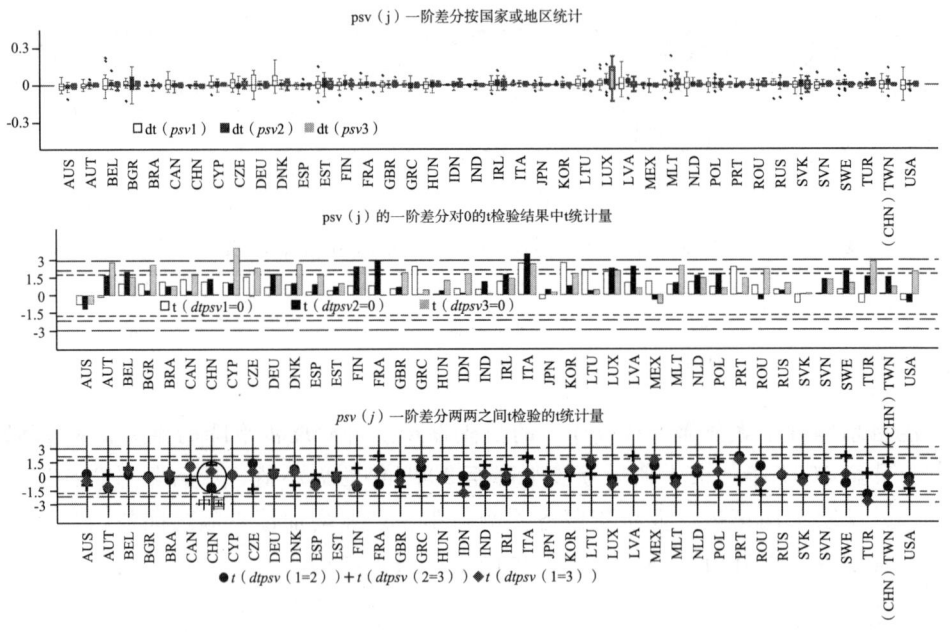

图 11-8 各经济体的 $dtpsv_j$ 描述性统计及检验结果

注：t 检验的自由度为 15，参照线分别对应于 10%、5%、1% 显著水平；$t(dtpsv(1=2))$ 表示 $t(dtpsv1 = dtpsv2)$，依此类推。

资料来源：根据 WIOD 数据计算整理。

从图 11-8 中 $t(dtpsv1=2)$、$t(dtpsv2=3)$ 和 $t(dtpsv1=3)$ 三个 t 统计量的分布可以看出，三个 t 统计量均未超出 1% 水平参照线，说明在 1% 的显著水平上，$dtpsv1$、$dtpsv2$、$dtpsv3$ 的均值两两相等，即 $dtpsv1 = dtpsv2 = dtpsv3$。即使在 10% 的显著水平上，$dtpsv1$ 与 $dtpsv2$ 之间 t 检验 t 统计量除土耳其（-2.018）和葡萄牙（1.997）两国显著之外，其他 38 个经济体的 t 统计量均不显著，说明 $dtpsv1 = dtpsv2$ 的结论在 95% 的国家或地区都能够成立。同理，在 10% 的显著水平上，$dtpsv2$ 与 $dtpsv3$ 之间的 t 统计量除法国（2.139）、拉脱维亚（2.096）、瑞典（2.006）和意大利（1.923）四个国家显著之外，其他 36 个经济体的 t 统计量均不显著,说明 $dtpsv2 = dtpsv3$ 的结论在 90% 的国家或地区都能够成立。在 10% 的显著水平上,$dtpsv1$ 与 $dtpsv3$ 之间的 t 统计量除土耳其(-2.808)和印度尼西亚(-1.845)两国显著之外,其他 38 个经济体的 t 统计量均不显著,说明 $dtpsv1 = dtpsv3$ 的结论在 95% 的国家或地区都能够成立。综合看,$dtpsv1$、$dtpsv2$、$dtpsv3$ 三个指标之中,即使在 10% 水平下任意两个之间相等的概率不低于 90%,有 7 个经济体至少在一个 t 统计量指标上显著,其他 33 个经济体任意两两比较的 t 统计量均不显著,故 $psvj$ 一阶差分的均值在 82.5% 的国家或地区能够保持彼此相等,即 $dtpsv1 = dtpsv2 = dtpsv3$。在 1% 水平下,在所有国家或地区 $dtpsv1 = dtpsv2 = dtpsv3$ 都能够成立。这说明从增量的角度看,在经济发展过程中阻碍生产服务在三次产业间进行"匀洒"的摩擦因素趋于均衡化,确实存在"摩擦均衡化效应"。生产服务份额与增加值份额之间或者生产服务结构与产业结构之间的相似度逐渐提高是"摩擦均衡化效应"作用的自然结果。

本节通过分组统计和 t 检验,发现生产服务结构与产业结构具相似性并且相似度在缓慢上升,说明第二节的研究假设能够成立。结构升级效应与摩擦均衡化效应是促进生产服务分配结构与产业结构之间的相似度提高的两个渠道。

三、稳健性检验

以上结论是根据 1995~2011 年 40 个经济体的观测样本得到的,能否有效外推至其他年度或其他经济体则取决于结论的稳健性程度。为检验结论的稳健性,通过查找文献中能够利用得上的数据和 OECD 数据库中包含而 WIOD 数据库不包含的所有国家或地区的数据,力所能及地利用穷举的方式搜集其他样本,分别整理出美英法德日五国 1990 年以前的数据、40 个样本经济体之外的其他经济体的数据和中国 1992 年以前的数据作为外推样本。

结果(见表 11-2)发现:美国 1972~1990 年的 sml 都在 0.9524 以上,100% 通过了高度相似检验,并于 1990 年达到 1.000;英国 1968~1990 年的 sml 自 1984 年以后都在 0.9524 以上,通过了高度相似检验,而 1968~1979 年在 0.8861 以上,属于中度相似,但是从时序上看,英国的 sml 逐渐提高到 1990 年的 1.000;法国 1985 年以前的 sml 低于 0.9524 但高于 0.8861 属于中度相似,而在 1990 年达到 0.964;德国的 sml 徘徊在 0.948~0.960 之间,1986 年前大于 0.9524 而 1990 年接近 0.9524;日本 1970~1990 年 sml 逐渐由 0.793 上升至 0.958。从总体上看,在 1990 年之前的 22 个观察值中,sml 在 0.8861 以上的有 20 个,占比 90.9%;0.9524 以上的有 11 个,占比 50%;0.9890 以上的有 4 个,占比 18.2%。如果以高度相似及以上作为衡量标准($sml \geq 0.9524$),那么 1990

年以前美英法德日五国的比率（50%）低于1995~2011年40个经济体的比率（96.5%）[①]，说明生产服务结构与产业结构的相似度即使在美英法德日等发达国家也是随着经济演进过程而逐步提高，最后收敛到当前的超级相似状态的。

1995~2005年40个样本经济体以外的其他国家（包括阿根廷、智利、以色列、新西兰、挪威、南非、瑞士、泰国和越南9个国家）的生产服务结构与产业结构的相似度显示：在17个观察值中，sml都在0.8861以上；在0.9524以上的有14个，占比为82.4%；在0.9890以上的有8个，占比为47.1%。同期（1995~2005年）40个经济体的观察样本为440，sml大于0.9524的观察值个数为348，占比为79.1%，sml大于0.9890的观察值个数为165，占比为37.5%，略低于外推样本的比率，可能的原因是外推样本的生产服务发展平均水平略高于40个经济体样本的平均水平。总体而言，外推样本结论与40个经济体的比较接近，说明生产服务结构与产业结构的相似性规律能够外推至同期的其他国家或地区。

中国1981~1992年的相似度则从反面提供了5个观测值，佐证了这样一个结论：sml与市场机制的完善程度有密切关系。也就是说，只有在市场机制完善到使市场"摩擦"足够小的条件下，生产服务的"匀洒"趋势才会明朗，sml才会达到88.61%以上（"及格"水平）。1981~1992年中国处于改革开放初期，正在由计划经济体制向市场经济体制逐渐过渡。理论上讲，当时中国的生产服务结构与产业结构不匹配是不言而喻的，否则就没必要进行经济体制改革了。从1981~1992年中国的sml看，伴随着中国早期的改革开放，它缓慢地由1981年的82.3%提升至1992年的88.7%，折合成直观的重合度分别为63.2%与70.1%，说明在改革开放最初的20年间，中国生产服务结构与产业结构的相似度由最初的刚刚"及格"逐步跨进了"中等"水平。sml数值的演变生动地反映了中国早期经济体制改革的成绩，从另一个视角看，说明sml可以作为衡量市场机制完善程度的一个指标。此外，从$sml1$来看，1981~1992年中国的$sml1$一直都在31.3%~39.0%之间徘徊，说明中国第一产业生产服务与第一产业匹配上"不及格"，这可能与当时经济的城乡二元结构有关。从$sml2$看，在87.6%~93.0%之间，属于中等水平的匹配。从$sml3$看，1981~1992年在89.7%~100.0%之间，相似度比较高。

[①] 在1995~2011年美英法德日五国的sml只有法国在2009年、2010年、2011年的值分别为0.9273、0.9212、0.9227略低于0.9524之外，其他82个观察值均高于0.9524。82÷85×100% = 96.5%。

表 11-2　外推样本的生产服务结构与三次产业结构的相似度　　单位:%

地区	年份	sml	sml1	sml2	sml3
美国	1972	99.6***	72.6	99.8	99.5
	1977	98.7**	84.6	99.4	98.4
	1982	97.5**	97.1	95.9	98.1
	1985	99.9***	99.3	99.8	0.999
	1990	100.0***	100.0	100.0	100.0
英国	1968	94.0*	78.4	95.4	91.9
	1979	92.4*	47.8	93.6	91.3
	1984	98.2**	100.0	97.7	98.6
	1990	100.0***	84.0	100.0	100.0
法国	1972	90.7*	85.3	88.3	92.7
	1977	90.0*	95.6	87.7	91.7
	1980	90.6*	91.9	87.1	92.9
	1985	91.2	85.1	85.8	94.1
	1990	96.4**	62.9	91.9	98.2
德国	1978	96.0**	92.3	96.0	96.1
	1986	95.6**	100.0	94.5	96.3
	1990	94.8	94.6	92.6	96.0
日本	1970	79.3	43.2	74.8	83.8
	1975	85.8	68.4	81.6	89.0
	1980	89.1*	71.9	85.9	91.4
	1985	93.9	78.4	91.8	95.4
	1990	95.8**	80.5	94.4	96.8
阿根廷	1995	96.8**	55.6	90.9	98.7
智利	1995	99.0***	61.8	100.0	99.4
	2005	99.0***	95.3	98.3	99.2
以色列	1995	95.4**	70.7	79.6	100.0
	2005	96.0**	76.7	71.7	99.9
新西兰	1995	99.9***	99.0	99.7	99.9
	2000	99.8***	91.3	99.8	100.0

续表

地区	年份	sml	sml1	sml2	sml3
挪威	1995	99.5***	63.5	99.4	99.6
	2000	93.0*	64.3	87.0	95.0
	2005	90.8	74.8	81.9	93.7
南非	1995	97.0**	84.8	94.7	98.1
	2000	99.8***	93.3	99.3	99.9
	2005	99.8***	95.0	99.3	99.9
瑞士	2000	97.4**	71.4	92.3	98.5
	2005	99.9***	99.8	99.4	99.9
泰国	2005	98.9**	62.2	99.9	99.3
越南	2000	89.1*	52.1	89.4	100.0
中国	1981	82.3	39.0	93.0	89.7
	1983	81.9	39.0	93.0	89.7
	1987	82.9	31.3	87.6	100.0
	1990	84.5	36.2	89.0	100.0
	1992	88.7*	32.4	91.5	100.0

注：*、**、*** 分别表示相似度在 88.61%、95.24%、98.90% 以上。

资料来源：美英法德日五国 1990 年以前的基础数据摘自马风华（2011）；其他国家 1995～2005 年 OECD 投入产出数据库和世界银行数据库；中国 1981～1995 年生产服务数据摘自程大中（2006），其他数据来自国家统计局提供的《中国统计年鉴 2012》；表中所报告的指标均为把基础数据代入相似度公式计算而得。

通过对生产服务结构与产业结构之间的相似度的统计分析、对投入到各次产业的生产服务与增加值比率的一阶差分两两之间的 t 检验和稳健性检验，发现：市场经济条件下，生产服务结构与产业结构之间具有高度的相似性；从长期看生产服务在三次产业的分配中存在"匀洒"的趋势，生产服务结构与产业结构之间存在完全匹配（相似度等于 1）的趋势；生产服务结构与产业结构的相似程度在一定意义上能够反映市场体系的完善程度；改革开放以来中国生产服务结构与产业结构的匹配程度逐渐提高。

应特别注意的是，在经济发展过程中生产服务与三次产业之间是相互作用、互为因果的，相似度指标所衡量的是两者结构在经济发展过程中的动态协调程度。但是，既不能简单地认为三次产业的结构决定了生产服务的结构并以此来否定产业政策的意义，也不能不顾国民经济结构而单枪匹马地发展生产服务，要避免机械决定论和盲目超越论的错误倾向。产业升级的过程可以通过重点突破来推动全局，在此过程中生产服务必将有所作为；产业升级的结果是国民经济软化，第三产业比重提高，反过来又促进了生产服务的发展壮大。生产服务结构与产业结构的相似性是通过国民经济结构升级和经济发展的具体历史过程来实现的。

第四节 结论与启示

近10年生产服务为越来越多的中国学者所关注，但是从目前所掌握的文献看，缺乏对生产服务的一般均衡分析和对生产服务结构与产业结构之间数量匹配关系的系统性阐述。生产服务作为满足中间需求的行业，既是利用初级生产要素进行生产的生产部门又是中间投入品的供应部门，连接着初级要素市场和中间投入品市场，处于中间人的地位。在一般均衡趋势的作用下，来自初级要素市场和中间投入品市场的双重竞争必然使生产服务结构与产业结构高度相似。本书通过在奈特（Knight, 1921）经济框架下的一般均衡分析，论证了生产服务结构与产业结构之间的相似性。然后，通过构造相似函数，并利用1995~2011年40个经济体共680份投入产出表数据计算出生产服务的相应比率及相似度指标，运用统计分析和对变量的一阶差分两两之间的 t 检验方法进行了经验研究，并利用其他样本对结论进行了稳健性检验。经验研究发现：在市场经济条件下，生产服务结构与产业结构之间具有高度的相似性，从长期看生产服务在三次产业的分配中存在"匀洒"趋势，因此，生产服务结构与产业结构之间存在完全相似（相似度和重合度都等于1）的长期趋势；生产服务结构与产业结构的相似程度在一定程度上能够反映市场机制的完善程度；改革开放以来中国生产服务结构与产业结构的相似度逐渐提高，1996年以来两者之间的匹配程度相对比较合理，但在全球仍处于中等偏下水平，基础仍比较薄弱。

本章的结论对中国生产服务发展具有以下政策含义：加快发展生产服务，不仅要做到生产服务与第二产业的互动与相似，而且要根据产业结构优化升级的趋势做到生产服务与第三产业的互动与相似，更要做到生产服务与三次产业整体的互动与相似。具体包括：

1. 积极发展第一产业生产服务，促进现代农业的发展和推进新农村建设的推进。中国农业的基础地位和人多地少、农产品需求总量刚性增长、消费结构加速升级的现实，亟须生产服务与第一产业尽快地互动起来、形成良性循环。但中国生产服务与第一产业的相似度（平均0.392）一直都远远低于世界平均水平（0.744），成为生产服务发展中最突出的一块短板。鉴于多年来政府对"三农"问题的高度重视，今后在加大财政和政策对农业发展的直接支持力度之外，还必须积极发展第一产业生产服务，鼓励和支持为农业产前、产中、产后服务的行业和企业的发展，尤其是鼓励和支持为农业提供产品质量安全认证、流通、信息、技术、融资、保险、市场化运作、农资供应等服务的行业和企业的发展。

2. 大力发展第二产业生产服务，加快新型工业化发展进程。工业大而不强是我国目前面临的一个严峻问题。中国第二产业单位增加值所对应的生产服务投入平均为0.454，在40个经济体中居第34位，远低于平均水平的0.599；同时，第二产业增加值率平均为0.262，居倒数第二，低于40个经济体平均水平的0.338；第二产业对生产服务的依赖度平均为0.159，居倒数第一名，远低于40个经济体的均值0.301。中国生产服务与第二产业之间的互动、融合、相似的基础远低于世界水平。为加快新型工业化发展进程、提高资源配置效率、降低社会交易成本，亟须大力发展第二产业生产服务，亟须以运输、信息、金融保险、科技服务、商务服务为突破口来促进服务业与第二产业在更高的水平上的融合与互动发展。

3. 培育拓展第三产业生产服务，夯实服务业发展基础。1996～2009年中国第三产业生产服务份额与第三产业增加值占GDP份额的相似度均值为0.9908，在40个经济体中排名第19位，处于中等水平。但是第三产业单位增加值所对应的生产服务投入平均为0.4103，低于平均水平的0.467，在40个经济体中居第26位，并且一直在0.383～0.429之间徘徊，服务业自我强化机制作用不甚明显。因此，需要在促进服务业发展和深化服务业领域分工的基础上进一步完善服务业的自我强化机制，夯实服务业发展基础，促进第三产业内部各行业、部门和企业之间的更高水平的互动和良性循环。

4. 进一步完善市场机制，优化服务业发展环境。市场机制的完善程度制约着生产服务结构与产业结构的相似程度，同时，后者的数值在一定程度上是前者水平的反映。为加快生产服务发展和促进产业结构优化升级，今后要进一步打破区域间的市场分割，加强地区之间的分工与合作，推进建立统一开放、竞争有序的全国性市场体系，进一步健全市场机制、消减阻碍竞争的因素，为资源的高效配置提供更加完善的宏观环境。

第十二章

第一产业生产服务业发展

本章将中国第一产业生产服务业发展与典型发达国家及发展中国家进行对比分析,进一步解析中国生产服务业发展的影响因素和滞后成因,从提升农业服务需求层级、优化农业服务供给模式、加强农业基础设施建设等方面提出中国第一产业生产服务业发展的对策建议。

第一节 第一产业生产服务业发展的理论与经验

一、第一产业生产服务业发展的理论

改革开放以来,中国农村地区推行的家庭联产承包责任制在明晰农业产权收益、调动和激发基层微观经济主体的生产积极性上发挥了巨大的作用,同时也使得中国的农业生产碎片化、农村家庭原子化。在此背景下,农村地区农业生产服务业的发展,农业生产中相关服务投入的增加不但能够以传播新劳作方法、提高生产者劳动技能的方式带来农业中的技术创新,而且有利于整合分散的资源和经济个体,产生农业生产的组织创新,为统筹城乡发展、强化农业在国民经济中的基础保障功能,提高农业生产效率,促进农民增收创造条件。

农业服务体系伴随农业生产力的发展和农业市场化程度的深化而衍生和发育（吕滔和陈俊红，2011），依据农业生产的客观需要，表现为多种供给模式，多层次、多环节的相互配合，全面系统化的服务组合（王方红，2007），作用于农业生产的产前、产中和产后各阶段。服务的供给主体包括政府、非政府组织、企业、农村社团和个人，供给模式包括市场化销售、作为公共品免费提供或政府补贴下的折价销售。以农业服务的类别属性划分，农业生产对服务中间投入的需求主要集中于以下五大类：（1）农业产中服务。包括：农业机械的租赁与跨区作业、农产品初加工、农业病虫害检验、检疫与防治、农业生产基础设施维护服务、农产品质量监测、农业生产技术应用、农业生产计划制定、种植业结构调整等。（2）农业生产技术研发与推广。包括：良种培育与推广、农业种植、养殖技术研发与推广、农业从业人员培训等。（3）农产品和农业生产资料流通。包括：农产品营销、批发、配送，农资供销、农产品期货交易等。（4）农业信息服务。包括：农业通信、农业信息发布、灾害性天气预报等。（5）农业金融服务。包括：面向农业生产与销售的融资贷款、农业保险等。①

二、第一产业生产服务发展的国内外比较

（一）中国农业与农业中间投入的增长趋势

从图 12-1 来看，劳动力投入的农业增加值由 1990 年的 5 062 亿元增长为 2010 年的 40 534 亿元，年均复合增长率为 23%；中间投入中，来自农业自身的投入由 1990 年的 1 370 亿元上升为 2010 年的 9 220 亿元，年均复合增长率 21%；工业中间投入由 979 亿元上升为 15 087 亿元，年均复合增长率 31%；服务中间投入由 1 257 亿元上升为 4 479 亿元，年均复合增长率 14%，工业投入增长快于农业和服务业投入。上述演变趋势表明，劳动力和工业品是中国农业生产的主要投入要素，尽管服务投入并不构成最主要的部分，但服务投入的增加对应更大份额的其他要素投入和农业产出的增加，能够拓展农业生产和销售地域的深度和广度，提升农业生产的效率和柔性。

---

① 杨振宇：《农业生产对服务需求的实证分析》，中山大学硕士论文，2008 年。

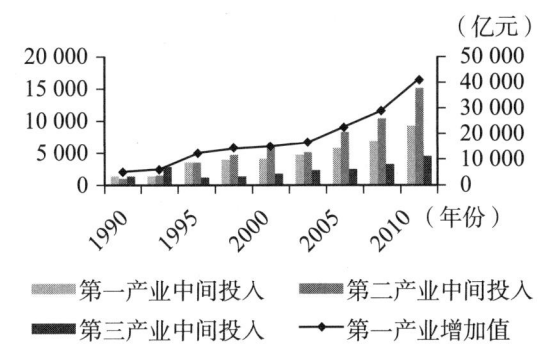

图 12-1　中国农业增加值与中间投入变动趋势

资料来源：根据历年《中国统计年鉴》和《中国投入产出表》计算得出。

（二）中国农业生产中间投入构成

图 12-2 中，中国农业生产中农业、工业和服务业三大产业中间投入结构从 1990 年的农业（38%）、服务业（35%）、工业（27%），转变为 2010 年的工业（52%）、农业（32%）、服务业（16%），农业生产由密集依赖农业品投入转向依赖工业品中间投入。现阶段中国农业生产对服务的需求还集中于传统的物资流通部门，该部门面对的需求收入弹性，具备的技术和组织创新能力均较弱，导致农业生产中服务投入占比呈下滑趋势，但这也昭示着中国农业服务存在较大的增长空间。

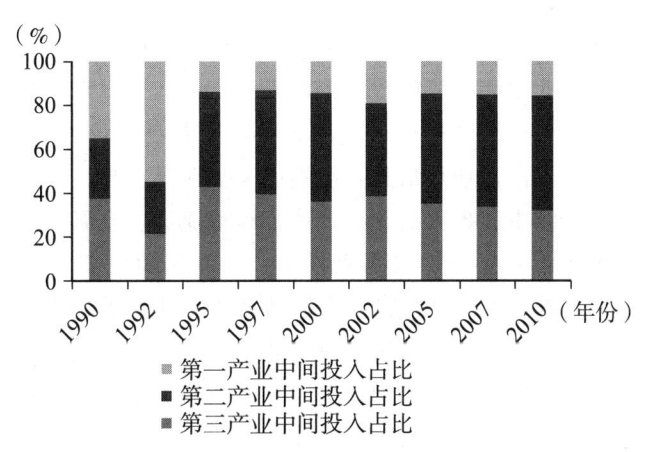

图 12-2　中国农业生产中间投入比率变动趋势

资料来源：根据历年《中国统计年鉴》和《中国投入产出表》计算得出。

（三）中国省区间农业生产水平与农业中间投入比较

以劳均农业产值测度不同省区中的农业生产水平，将中国30个省（区、市）划分为高水平组、中水平组和低水平组，检验比较不同组别间农业生产中间投入占比差异[1]（见表12-1）。

表12-1　中国省（区、市）间农业生产水平与中间投入

	高水平组	中水平组	低水平组	高—中	高—低	中—低
劳均农业产值（元）	16 471.6	12 793.8	6 832.3	5.23***	12.33***	8.29***
农业投入占比（%）	40.6	31.2	37.8	1.69**	0.55	-1.49*
工业投入占比（%）	44.6	53.4	50.4	-2.06*	-0.99	0.77
服务投入占比（%）	14.8	15.3	11.7	-0.16	1.07	1.14

注：（1）各组间均值检验均进行了双样本异方差检验，表格后三列为均值检验的t值；（2）* 为10%水平统计显著，** 为5%水平统计显著，*** 为1%水平统计显著。表12-2同。
资料来源：2012年《中国地区投入产出表》和2012年《中国统计年鉴》。

可以看到劳均农业产值均值呈现高、中和低的分组排序。在农业中间投入方面，高、低水平省（区、市）中农业中间投入占比显著高于中水平省（区、市），农业中间投入与农业生产水平间呈现U型特征，同时，中水平省（区、市）的工业中间投入占比在10%的显著水平高于高水平方面，而各水平分组省（区、市）中服务中间投入的占比则没有显著差别。所有组别中，工业中间投入占比超过农业中间投入，表明来自工业部门的生产资料已成为中国农业生产中最重要的投入要素，农业生产效率的改善依赖工业产品和技术对传统农业耕种方式的改进，农业产品和生产资料的生产、流通也需要源自工业的燃料和原料投入。各组别中服务中间投入占比均最低且在组别间未见明显差异，说明现阶段中国农业生产还主要依靠实物中间投入的支撑，诸如运输流通、金融、技术信息等更具柔性的服务要素投入运用不足。在微观层面，这将阻碍农户个体克服自身的技术、信息劣势，使其难以在农业生产中及时普及更新耕种养殖方式，难以融入并响应市场需求的变化；宏观层面，服务投入的不足不利于跨区域农资和农产品市场的整合，农业生产不能充分利用规模经济和范围经济下的分工协同收益。

---

[1]　高水平组包括江苏、上海、海南、辽宁、北京、福建、吉林和新疆8个省（区、市），中水平组包括浙江、天津、内蒙古、湖北、山东、河北、黑龙江和广东8个省（区、市），低水平组包括江西、四川、湖南、广西、河南、安徽、宁夏、重庆、青海、陕西、甘肃、云南、山西和贵州14个省（区、市）。

(四) 中国省(区、市)间第一产业生产服务中间投入的内部结构

第一产业生产服务随农业整体生产水平的变化不仅体现为服务形式的中间投入在全部中间投入中比率的变化,且体现为第一产业生产服务内部构成的变化。依照不同服务行业供给农业生产的中间投入要素具备的属性,农业服务可被归并为农产品和农业生产资料流通服务、金融服务、技术服务和管理服务四类。表12-2结果显示,随着农业生产水平的提高,技术服务和管理服务占比趋于上升而流通服务占比趋于下降,表现为流通服务在高水平组中的均值为58.7%,在中水平组中为61.1%,而在低水平组中为70.4%,技术服务和管理服务占比则由低水平组的5.6%和5.4%上升为11.6%和7.5%。

表12-2　　中国省(区、市)间第一产业生产服务内部结构　　　　单位:%

	高水平组	中水平组	低水平组	高—中	高—低	中—低
流通服务占比	58.7	61.1	70.4	-0.224	-1.181	-0.951
金融服务占比	12.1	14.1	6.8	-0.370	1.199	1.811**
技术服务占比	11.6	9.4	5.6	0.550	1.560*	1.552*
管理服务占比	7.5	5.7	5.4	0.453	0.516	0.088

资料来源:2012年《中国地区投入产出表》和2012年《中国统计年鉴》。

上述趋势表明,虽然农产品和农业生产资料流通服务在不同农业生产水平的省(区、市)中均是最主要的农业中间投入要素,但在农业生产较发达的地区,传统的流通服务的重要性下降,与之对应的是农业生产技术研发与推广、涉农管理协调服务重要性的上升。虽然组别间比重均值的t检验值均未达到统计显著的水平,但该趋势变化仍然清晰明显。在低水平组中,技术服务投入占比仅为5.6%,在高水平组中上升至11.6%,增加6个百分点。金融服务占比则表现为中水平组高于高水平组继而高于低水平组,值得注意的是,高水平组和中水平组占比均值均超过了10%,而在低水平组中仅为6.8%,造成该趋势的原因或许在于当农业生产水平较高时,依靠农业和农户自身的积累已经能够满足农业扩大再生产对于金融资源的需求,而在低水平组中,较低的农业生产水平和落后的农业生产方式制约了农业价值创造功能,农户金融知识的缺乏和新生产领域的匮乏也遏制了金融资源的流入,这些省(区、市)农业生产的金融需求主要依靠国家政策性扶持得到满足,供给端和需求端均未形成自生能力。

从服务的属性看,农业流通服务市场属性较强,而农业管理服务和技术服务、部分的金融服务往往具有外在公共品特征,需要政府的资源的配置中予以后

发地区一定的政策性优惠和扶持,对生产、提供这些服务的行业和企业予以补贴激励,高水平组省区中较为完善发达的国民经济体系和充实的地方财政保证了对农业生产的反哺。

(五) 第一产业生产服务投入的国别比较

从表 12-3 来看,发达国家和发展中国家间农业生产整体水平差异巨大。印度、中国和印度尼西亚三个农业人口大国的劳均年农业增加值均未超过 1 000 美元,而最高的法国、荷兰和加拿大三国劳均年农业增加值依次为 76 585.8 美元、58 089.2 美元和 57 843.5 美元。造成上述差异的原因一方面在于发达国家和发展中国家在自然禀赋和农业生产效率上差距明显;另一方面在于三个发展中国家均处在产业结构和人口城乡结构转换之中,劳动力从农业向工业、服务业,从农村向城市的转移进程滞后,农业部门中存在大量隐性失业的过剩劳动力,拉低了劳均农业增加值,也使得农业生产长期依赖传统生产要素投入获得低水平产出,抑制了农业生产中工业品和服务产品的使用。

从中间投入的产业构成看,大部分农业生产发达国家中来自农业自身的中间投入低于发展中国家,劳均农业增加值前十的国家中农业中间投入占全部中间投入的比重均未超过30%,工业和服务业是提供农业生产中间投入最多的部门。全部国家中工业品占全部中间投入的比重则未显示出明显的分布趋势。服务占比则表现为发达国家明显高于发展中国家,劳均农业增加值最高的五个国家中服务投入占比最低为美国的 31.5%,最高为澳大利亚的 44%,均值为 38.6%,而三个发展中国家中最低值为中国的 16.9%,最高为印度的 27.3%。中国农业生产中服务占中间投入的比重是样本国家中最低的,这意味着随着中国农业生产水平的提高,农业生产服务的发展空间高于工业品和农业品,农业生产方式改进的特征之一即是农业生产中服务要素的绝对量增加,重要性上升。

表 12-3　　　　代表性国家农业服务投入的国别比较　　　单位:美元,%

国别	劳均农业增加值	农业投入占比	工业投入占比	服务投入占比	流通服务占比	金融服务占比
法国	76 585.8	28.9	37.3	33.8	64.0	32.4
荷兰	58 089.2	18.2	39.5	42.3	53.1	30.4
加拿大	57 843.5	27.6	31.0	41.4	68.9	19.5
美国	57 767.4	29.2	39.3	31.5	39.4	42.6
澳大利亚	48 455.2	22.7	33.3	44.0	60.4	29.4

续表

国别	劳均农业增加值	农业投入占比	工业投入占比	服务投入占比	流通服务占比	金融服务占比
意大利	39 185.6	21.4	39.6	38.9	73.0	20.6
日本	37 075.8	23.8	48.2	28.0	59.2	31.6
西班牙	34 363.0	11.0	59.0	30.0	67.6	20.5
德国	30 819.3	8.2	42.2	49.6	29.7	59.0
韩国	21 524.6	16.7	63.5	19.8	40.7	37.3
俄罗斯	5 715.9	35.0	36.8	28.2	85.4	5.4
巴西	4 313.6	21.7	54.5	23.9	76.2	16.8
墨西哥	3 774.4	29.2	44.1	26.7	71.5	27.9
印度尼西亚	883.3	28.1	50.9	21.0	74.3	3.7
中国	650.9	35.4	47.7	16.9	50.1	33.0
印度	600.4	42.8	29.9	27.3	88.8	9.7

注：流通服务涉及包括机械车辆的售卖与维护、燃料销售、批发和零售业、内陆运输业、水路运输业、航空运输和其他运输业、邮政电信业，金融服务涉及的服务行业包括金融中介和租赁行业。

资料来源：根据《世界投入产出表》计算得出。

从不同农业生产水平国家间农业服务投入的内部构成看，农产品和农业生产资料流通服务占比和农业金融租赁服务占比并未随农业整体生产水平的不同显现明显的变动趋势。如劳均农业增加值最低的印度，流通服务占比在全部国家中最高，达到88.8%，而农业和经济发达的德国和美国，该指标仅为29.7%和39.4%，这主要源于占比指标仅反映了农业服务投入内部构成间此消彼长的相互联系，在金融体系发达的德国和美国，农业中金融服务的占比分别达到59.0%和42.6%，处于全部国家中最高值，这说明农业生产中服务投入不仅受到农业自身生产水平决定的服务需求水平的影响，也决定于相关服务行业的供给能力。再如印度和印度尼西亚两国，农业生产中流通服务投入占比高达88.8%和74.3%，但对应的金融服务占比仅为9.7%和3.7%，这表现了两国羸弱的金融部门和金融体系对农业支持不足。中国在两项指标上表现较为均衡，农业流通服务占比和金融服务占比分别为50.1%和33.0%。

（六）农业服务投入的时序比较

表12-4对比了代表性国家2000年和2009年农业流通服务和涉农金融服务

在全部服务投入中占比的变化。可见，多数国家尤其是发达国家农业生产流通服务占比基本维持稳定，这表明流通服务作为第一产业生产服务的主要构成部分，重要性并未随农业生产水平的提高，相关服务行业供给能力的增加而出现波动，这决定于农业中相对较慢的生产方式转换和效率提升，同时有别于服务业自身内部结构逐步高级化的演化趋势。具体到中国，农业生产中流通服务占比由2000年的62.6%下降为2009年的50.1%，表现了农业生产方式和农业生产中间投入结构的优化。涉农金融服务占比除美国由2000年的27.4%大幅上升至2009年的42.6%外，在发达国家中也基本维持不变。中国的占比则由31.3%小幅上升至33.0%，意味着相关农业服务投入的增长具有同步性，现阶段中国农业服务的内部构成比率将维持稳定。

表12-4　代表性国家农业服务投入的时序比较　　单位：%

国别	流通服务占比 2009年	流通服务占比 2000年	金融服务占比 2009年	金融服务占比 2000年
法国	64.0	63.5	32.4	32.0
荷兰	53.1	52.1	30.4	32.2
加拿大	68.9	67.0	19.5	19.5
美国	39.4	40.5	42.6	27.4
澳大利亚	60.4	63.9	29.4	25.9
意大利	73.0	75.6	20.6	17.0
日本	59.2	59.1	31.6	32.5
西班牙	67.6	73.0	20.5	16.4
德国	29.7	36.0	59.0	48.1
韩国	40.7	35.3	37.3	47.8
俄罗斯	85.4	85.3	5.4	5.5
巴西	76.2	66.2	16.8	23.6
墨西哥	71.5	77.4	27.9	22.0
印度尼西亚	74.3	82.0	3.7	13.3
中国	50.1	62.6	33.0	31.3
印度	88.8	88.9	9.7	9.7
均值t检验	-1.2174		0.5848	

资料来源：根据《世界投入产出表》计算得出。

(七) 农业服务供给模式的国际经验

相比美国较为松散的农业服务组织结构，日本涉农服务体系显示出政府引导、社会力量整合下的高度组织性。日本"农业协同组合"组织贯穿中央到地方的农业服务层级，在政府倡导下形成由上至下紧密结合的综合组织，覆盖全国农业和农村的各个领域，是事实上的行政辅助机构。中央农协管理下层农协，并利用自身资源展开游说，为农业生产和农户争取较为有利的政策支持，同时，充当全国性的生产管理协调组织。地方农协是区域性的生产协作组织，提供农业生产跨区域协作，农资调度和农产品跨区域销售协调服务，主导解决区域性的农业生产问题。基层农协是农业服务的直接提供者，服务类别主要包含代购农业生产资料、代销农产品，争取优惠价格；以高于市场的利率吸纳会员存款并以低息发放贷款，提供金融担保、金融救济和保险；帮助农户制订生产计划，推广农业种植养殖技术、提供销售指导等（见表12-5、图12-3）。

表12-5　　　　　　　　　美国农业服务体系构成

类别	细类	提供者	农业服务
公共农业服务系统	涉农教育	高等学校、社区大学、联邦农业部和州农业局	种植养殖方法、农业科技教育与普及
	研发推广	农业研究局、林业研究局、联邦和地方农业试验推广站、高等学校	农业品种改良、农业新种养殖技术研究、农业病虫害防治
	宏观管理	联邦和州气象局、食品药品监督管理局、农业经济研究局	农业市场信息搜集与播报、灾害性天气预警
准公共农业服务系统	生产购销合作	农户合作社	大宗农业生产资料购买、农产品销售
	农业信贷合作	农户合作组织	充当银行贷款渠道和资金来源的补充
	农业基础设施建设	地方政府和农户组织	农业生产道路、电力等设施的建设

续表

类别	细类	提供者	农业服务
私营农业服务系统	农业产业链构建	农户和工商业企业	农产品的采摘、运输和加工销售
	农业技术研发和商业贷款	农业企业和银行	农业技术和良种研发、商业贷款

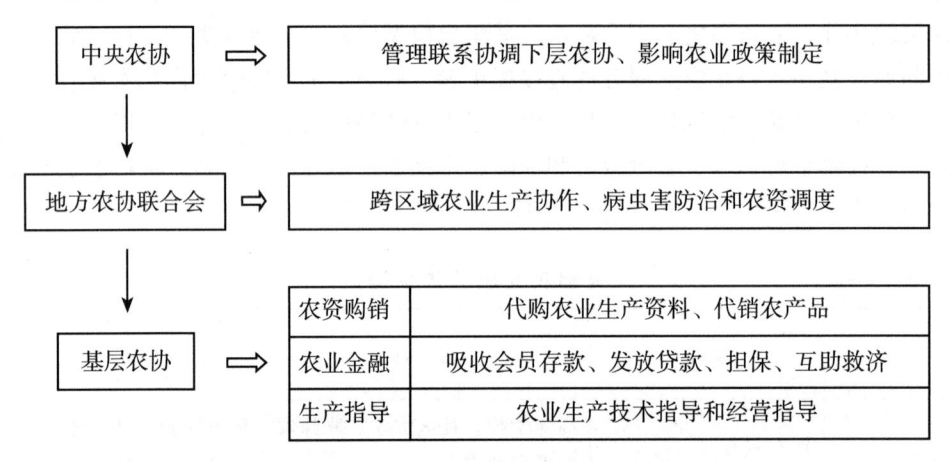

```
中央农协 ⇒ 管理联系协调下层农协、影响农业政策制定
   ↓
地方农协联合会 ⇒ 跨区域农业生产协作、病虫害防治和农资调度
   ↓
基层农协 ⇒ 农资购销  代购农业生产资料、代销农产品
            农业金融  吸收会员存款、发放贷款、担保、互助救济
            生产指导  农业生产技术指导和经营指导
```

图 12-3 日本农业服务体系构成

第二节 第一产业生产服务发展的影响因素

一、中国省际间农业服务的影响因素

(一) 中国东中西部省份间农业产出和农业服务的比较

从表 12-6 来看，无论是劳均农业产值还是劳均服务投入，都呈现自东向西的非均衡性，表明农业生产中服务投入的水平受到农业自身生产水平的显著影响。从服务投入占全部中间投入的比重看，东部地区和中部地区显著高于西部地区而东中部地区间未呈现显著的差异，意味着东中部农业生产的中间投入具有相

近的结构而西部地区的农业生产还主要依赖实物生产要素，服务要素在中间投入中占比较低，这不仅制约了农业生产中新品种、新技术的采纳和运用，而且导致在以农业为核心的产业链条中缺乏服务要素带来的市场拓展和价值延伸，使得农业生产效率和价值创造能力长期徘徊在低水平。

表 12 – 6　　　　　东中西部省份农业服务发展水平比较检验

	劳均农业产值 F 检验	劳均农业产值 t 检验	劳均服务投入 F 检验	劳均服务投入 t 检验	服务投入占比 F 检验	服务投入占比 t 检验
东部 VS 中部	0.867	2.375**	0.995	1.456*	0.658	0.269
中部 VS 西部	0.981	1.642*	1.886	1.903**	3.780*	1.830**
东部 VS 西部	0.850	4.002***	1.876	3.506***	1.665	2.388**

资料来源：2012 年《中国地区投入产出表》和 2012 年《中国统计年鉴》。

（二）中国省份间农业服务投入的回归分析

以中国省际截面数据为样本，对中国农业生产中服务投入的绝对量，农业服务网中流通服务与科技服务占比进行回归分析。表 12 – 7 中模型（1）估计了仅将劳均农业产值作为解释变量时其对劳均服务投入的影响，系数在 1% 的水平统计显著，表明农业生产水平是决定农业生产中服务投入的主要影响因素。从系数值看，劳均农业产值每上升一个单位，相应的劳均服务投入增加 0.12 个单位，仅劳均产值一项就可以解释省际间农业生产劳均服务投入 50% 的差异。模型（2）中除劳均农业产值外，加入了劳均农业财政投入以控制源自政府的非市场影响，结果显示该变量并不统计显著，表明现阶段政府对农业部门的投入并不能明显地提高农业中服务投入的绝对水平。模型（3）中继续加入各省的人均服务产值以控制省际间服务业发展差异的影响，结果显示该变量也不显著，意味着区域服务业发展水平的差异即服务的生产与供给能力并不影响农业中服务的投入，这可能是由于农业对服务的需求仅占经济体系中服务需求的较少部分，服务业的供给能力完全能够满足源自农业的需求。此外，农业生产对服务的需求仅局限于服务业中的少数行业，因而更高的服务供给水平并不对应更高的农业服务投入水平。为避免三变量相关可能导致较为严重的多重共线性，令系数产生向下的偏误，模型（4）则采用了广义岭回归估计来控制三个解释变量间的相关性来确定三个变量被同时纳入模型时各自的影响，岭回归参数为 0.154，对数 AIC 为 12.437。

表 12-7　　　　　　　省际间劳均服务投入的回归估计

模型	(1)	(2)	(3)	(4)
劳均农业产值	0.120*** (0.0213)	0.103*** (0.0238)	0.0776*** (0.0285)	0.068** (2.34)
劳均财政投入		0.195 (0.129)	0.133 (0.108)	0.132 (1.14)
人均服务业产值			0.0635 (0.0431)	0.063 (1.51)
N	26	26	26	26
Adj. R-sq	0.509	0.548	0.573	0.569
F	31.87***	18.25***	14.78***	10.34***
Wald				31.02***
rmse	499.4	479.0	465.4	467.9

注：(1) 模型 (4) 采用广义岭回归估计；(2) *、**和***分别表示在10%、5%和1%的水平上统计显著。

资料来源：2007年中国分省份投入产出表、《中国统计年鉴》和《中国财政年鉴》。表12-8同。

(三) 省际间流通服务和科技服务占比的回归分析

经过探索性回归分析，模型中纳入了原有的劳均农业产值即农业生产水平、人均货运量和耕地面积三个解释变量。其中，省份内的人均货运量用来控制流通行业发展水平，耕地面积用来控制相关的农业生产自然条件，预期更大的耕地面积即农业生产地域范围将诱发更大规模的流通服务需求。

模型 (1) ~ 模型 (3) 的估计显示，劳均农业产值即单位劳动力农业产出水平并不显著影响农业生产中流通服务占全部服务投入比重而人均货运量即地区流通部门发展状况和耕地面积均与流通服务所占比重正相关。更为发达的流通部门不仅延展了农业生产资料的输入范围和农产品的输出区域，扩大了涉农物资、产品的市场，而且高效的流通服务降低了运输成本和运输途中的损耗，这进一步提高了农业产前、产中和产后对服务的需求。省区内耕地面积与流通服务的正相关性则更为易于理解，即农业生产范围的扩大也会产生对于流通服务的更多需求。表12-8针对流通服务部门的估计展示了农业对具体服务门类需求的不同规律，就提升涉农流通服务而言，更为重要的是促进流通服务行业的发展，提高服务效率，降低流通成本。

表 12 – 8　　　　　　　省际间流通服务比重的回归估计

	（1）	（2）	（3）
劳均农业产值	-0.001 (-1.14)	-.0014 (-1.44)	-.0014 (-1.36)
人均货运量		0.570* (1.77)	0.556* (1.84)
耕地面积			0.31* (1.82)
N	26	26	26
Adj. R – sq	0.057	0.112	0.236
F	1.29	3.24*	3.14**
rmse	21.876	21.677	20.557

表 12 – 9 的估计结果显示，劳均农业科技投入即政府在农业科技部门的投入强度与农业生产中的科技投入比重正相关而农业生产水平和种植结构影响均不显著。一般而言，农业科技服务具有公共品或准公共品特征，供给的产生需要大量前期投入而市场机制下的支付并不能够弥补技术开发、推广和应用中的成本，因而需要政府部门以直接或间接的方式予以补贴和支持，农业科技服务份额与政府在农业科技部门中的投入显著正相关。

表 12 – 9　　　　　　省际间农业科技服务比重的回归估计

	（1）	（2）	（3）
劳均农业产值/10^3	0.357 (1.29)	-0.923 (-0.03)	-0.189 (-0.65)
劳均农业科技投入		0.0130*** (3.57)	0.0141 (3.93)
人均经济作物面积			-2.581 (-1.22)
N	26	26	26
Adj. R – sq	0.072	0.303	0.385
F	1.67	8.10***	10.54***
rmse	5.641	4.9936	4.836

资料来源：2007 年中国各省投入产出表、《中国统计年鉴》和《中国财政年鉴》。

二、中国农业服务发展滞后的原因

（一）中国农业生产水平偏低，农业服务需求不足

农业生产水平是决定农业对服务需求的最主要因素。落后的中国农业生产水平严重制约了第一产业生产服务的发展。2009 年中国劳均农业增加值为 651 美元，同期劳均农业增加值最高的五个国家平均为 61 091 美元，是中国的 94 倍。处于相近发展阶段的巴西，劳均增加值为 4 313 美元，是中国的 6.6 倍。与同期国内工业和服务业相比，农业与两个产业的产值差距有逐年增大的趋势。此外，农业生产中过低的要素回报难以吸引人才、技术等先进要素的流入，难以依靠市场配置形成对农业服务供给主体的足够激励。不仅如此，农产品比价长期低于工业品和服务产品，也使得农业中的劳动力、资金等传统生产要素流失至工业和服务业，进一步制约农业服务需求的增长。

（二）农业服务的供给模式单一且落后，供给能力不足

中国农业服务的供给模式始终未能走出资源分散、多头管理、定位不清、权责不明的困境。如图 12-4 所示，一方面，不同类型农业服务的供给分散在不同职能属性的主体中，服务的供给缺乏协调性和统一性；另一方面，政府往往插足干预本应属于市场化生产供给的农业服务以从中获得财政收入，同时，政府对需要先期投入、风险较大、收益较低的准公共服务缺乏系统性的支持。此外，不同层级政府间公共服务供给职能重叠，效率较低。

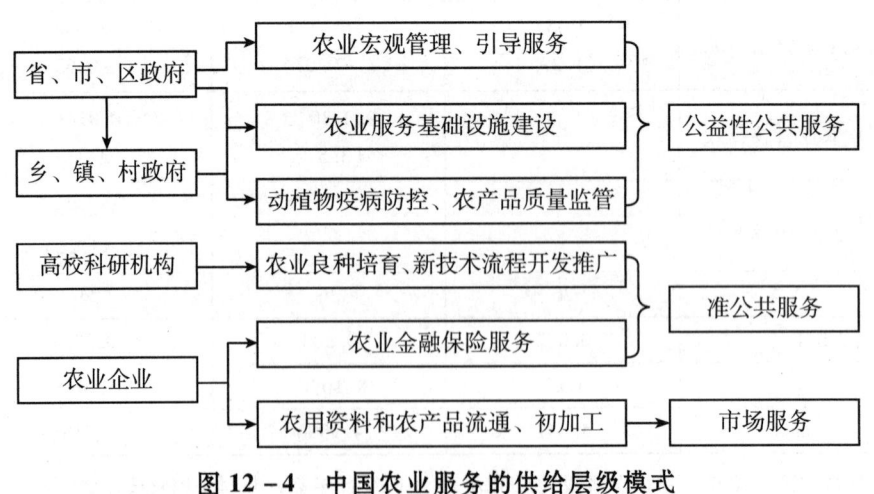

图 12-4 中国农业服务的供给层级模式

同时受限于现阶段中国的城乡发育水平差距，城乡间的要素、产品流动更多地体现为单向的、低端的互动，乡村向城市输送初级产品和劳动力而城市向乡村输送基本的农业生产资料和生活用品，并未实现城乡合理分工、融合发展，抑制了城市服务资源的向外辐射。

(三) 农村基础设施滞后，配套服务设施不完善

农村、农业基础设施的改善不仅提升了农业自身的生产能力和对其他产业产品的支付能力，而且农业服务中流通、信息、科技等部门的生产与传递也依赖道路、通信等基础设施的支持或投送。相关的估计已经证明，以道路通行条件为代表的基础设施对农业服务投入强度和内部结构均有显著正向影响。以该指标为例，2009年中国的道路密度为每百平方公里40千米，同期农业发达国家均值为每百平方公里116千米。考虑到中国基础设施在沿海和内地、东中西部间的严重不平衡，基础设施的滞后，特别是落后地区基础设施的欠缺，已经严重制约了这些地区农业和农业服务的发展。

(四) 政府投入水平低，难以支撑公共农业服务需求

政府投入能够促进农业对服务需求的增加。政府可以通过制定规划、出台政策、建立产业基金、加大基础设施建设投入等方式合理促进农业的发展。以农业技术推广应用为例，政府可以通过相关意见、补贴等各类优惠激发企业对新型技术的应用，通过补贴等各类优惠激发企业对建设投入。与发达国家相比，中国农业政府投入总量虽然处于中等水平，但劳均占有量低，总体比重低，运用方式不合理。以农林水务支出为例，2007年全国均值为995元，折合131美元，同期OECD其他国家平均为3 422美元，是前者的26倍。因为WTO限制了政府对农业采取直接补贴的方式促进农业发展，欧美发达经济体就通过包括绿箱条款在内的间接补贴的方式对农业技术服务、农业金融服务等领域进行支持。现阶段中国仍未做到对政策的合理运用，未能充分挖掘作为发展中国家可获取的各类支持。

(五) 农业劳动力过剩，抑制农业中服务要素的投入

由于户籍等制度性障碍和城镇中偏高的生活成本，大规模的劳动人群长期滞留在中国农村，这不仅拉低了劳均农业增加值和服务投入量。同时由于劳动力过剩，劳动力的雇用成本低，农业企业家倾向于以劳动代替包括服务在内的其他中间投入。而这种对传统生产要素如土地、人力等的过度使用，影响了服务等中间

投入，很大程度上限制了农业生产的层次提升。

（六）体制制约

以农村金融体系和农业技术推广体系为例，长期以来中国农村的基层金融机构只有各级信用合作社，民间借贷得不到政府的承认和保护，信用合作社实际充当了将资金从农村吸收回城市、从农业注入工业的"抽水机"，农业生产缺乏资金支持，导致地下钱庄、高利贷泛滥，政府的行政干预造成人为的限制进入和垄断现象，抑制了服务的发展和需求增加；而原来由政府财政支持的农村基层技术推广体系则被推向市场，当中的大部分或缺乏资金难以运转或转而以盈利为目标，基本丧失了原本公共服务的职能，政府的缺位导致具有公共物品属性的服务供给不足。[①] 此外，由于中国服务业统计体系尚未完善，造成统计中农业服务统计值比实际值偏低。

第三节　中国第一产业生产服务发展对策

一、提升农业生产水平，促进农业生产方式升级

通过在农业生产和流通领域逐步扭转农产品与工业品、服务产品间的价格扭曲，实现工业、服务业发展对农业的反哺和溢出，整合农业生产资源，优化区域间农业生产的空间格局，强化农业良种和技术培育推广，提高政府对农业的财政支持补贴来提升农业生产水平。中国农村地区在稳定粮食作物生产的基础上，应结合地区自然条件、要素禀赋发展经济作物种植业和特色养殖业，特别在濒水、山地地区发展渔业、林业和牧业等多领域、多方式经营，延伸农业产业链，构建现代符合农业产业体系，从而使农业服务由传统的流通服务向技术、信息、涉农金融等方向升级。通过市场改革和产业化经营逐步扭转农村只为城市提供初级产品的格局，推动农业从平面化转向立体化，促进农业和工业、服务业的融合互动发展。

[①] 杨振宇：《农业生产对服务需求的实证分析》，中山大学硕士论文，2008年。

二、加大政府投入，优化整合农业服务供给模式

加大涉农服务开发、推广等相关项目的财政投入和政府综合指导，制定科学有效的涉农服务发展规划，在农业生产较为落后的地区配套相应的财政资金，以种养殖新技术、产后初加工等具体项目为依托，用好用活涉农服务资金，最大化政府先期投入对涉农服务发展的撬动、示范和引领作用。

在强化政府涉农服务投入的同时，创新农业服务供给模式，理顺运行机制，吸引整合农村地区个人、企业和社会资源的进入，在农村地区家庭承包经营的基础上构建社会化、系统化和组织化的农业供给体系。区别不同性质的涉农服务项目，完善市场在涉农服务供给中的资源配置功能和政府的介入支持方式。对诸如农产品和农业生产资料流通等市场机制能够基本实现充分竞争、有效供给的涉农服务产品，应破除城乡、地区间市场壁垒，促进相关服务生产要素由城市向农村的辐射，推动此类涉农服务在农业、农村的投送供给。对涉农金融和保险等具有显著外溢效应但仅依靠市场均衡不能达到最优水平的服务项目，应在遵循市场化原则中调整政府财政补贴支持的策略，调动金融机构的参与积极性和农户的支付意愿。对疫病防治、技术推广、农产品和生产资料质量监管和农业信息化等急需的公共涉农服务，应切实承担起政府职责并在基层部门构建科学有效激励机制，促进公共服务的供给和质量改进。

重新调整匹配各层级政府和涉农服务供给主体的对应关系，让涉农服务在农业生产中"下得去、用得起、铺得开"。省、市级政府着重于宏观层面的信息吸纳和管理，对接农业科研机构和高等院校，为所辖地区的农业生产提供基础性和全局性的涉农服务，如良种培育与技术开发等。乡、镇级政府则主要负责农民互助机构、乡镇企业等服务供给主体的组织管理，引导、支持和推广涉农技术服务和农村小额贷款和互助保险等金融服务。

三、加强涉农基础设施建设，实现工业、服务业反哺农业

完善涉农服务应注重配套设施的建设，通过提升农村地区的基础设施水平，特别是偏远地区农村的道路、灌溉、通信、供电等硬件设施，为农业生产中运用服务创造基本条件。此外，应系统利用电视、广播、移动通信等信息平台传输及时、覆盖范围广且接入型好的优势，向农户地区高效提供简明易懂、操作性强的技术咨询和推广服务，传递城市需求端的市场信息。中国农村地区的基础设施建设应注重切合农村生产实际，与农业服务体系的建设并行推进，借助基础设施的

完善推广新型涉农服务，降低服务成本，提高服务的效率和适用性。

四、引导农业服务内部结构向高级化发展

现阶段，中国农业生产的机械化、信息化和组织化程度依然较低，意味着一方面在传统的粮食作物生产中，集成大规模的农机播种收割服务，代替以往以家庭为单位的分散化生产依然存在巨大的市场需求；另一方面在高附加值的特色种植业、养殖业中，以信息技术服务衔接市场供需两端的变动，增强种养殖行业对市场需求反应的及时性、准确性也存在较大空间。同时，农业生产与工业、服务业的融合，在农村地区发展就地农产品初加工和农业旅游、农业休闲等也需要金融部门的有力支持。政府、社会组织和服务业企业应注重引导、发掘农业未来发展中对新型服务的需求，促进中国农业服务内部向高级化发展。

五、推进配套制度改革，扩大农业服务需求

中国农业生产和农村发展逐渐落后于中国整体经济发展的重要原因在于改革开放初期存续至今的一些制度安排已经不适应今后的发展需要。在原子化、分散的家庭承包格局下，农业生产的规模化效益不能充分发挥，在农业和农村劳动力向城镇转移困难的局面下，大量隐性失业的劳动力长期滞留农村，不能形成对涉农服务中诸如跨区域农机作业，大规模良种推广的有效需求，使得农业生产长期依靠密集的劳动力等传统要素投入获得低水平产出，制约了农业生产方式升级和涉农服务的运用。在推广涉农服务和建设农业服务体系中，应配套推进相关的制度改革，促进农业生产资料的整合使用，引导劳动力逐步向工业、服务业转移，形成涉农服务替代劳动力的现实需求，同时，增加工业、服务业产出，丰富涉农服务供给。

六、结合地方实际，发展特色农业服务

在推进和推广涉农服务中，应注重结合当地农业生产实际，避免资源错配和浪费。在河南、河北、山东等粮食作物产区，农资流通服务和农机作业服务仍然是涉农服务的主要构成部分，而在东南沿海种植业和养殖业发达地区，新型种养殖技术服务、疫病防治服务是发展重点。在经济发达省区，应注重依靠市场机制形成对经营性涉农服务的有效供给，提高涉农服务的生产配置效率。在经济欠发

达地区，特别是西部贫困山区，现阶段还应发挥政府在服务项目甄选，涉农服务管理中的主导作用，克服农户信息和能力上的不足。涉农服务的产品创新和组织创新应紧密结合各地农业生产、农村环境和农户能力实际，提高服务供给的针对性和有效性。

第十三章

第二产业生产服务业发展

本章将中国第二产业生产服务业的发展趋势与西方七国和典型发展中国家进行对比分析,探索和归纳第二产业生产服务业发展的作用机制和影响效应以及制造业服务化的趋势与演变机理,剖析中国第二产业生产服务业发展的滞后原因,并提出相应的政策建议。

第一节 第二产业生产服务业发展的理论与国际经验

一、第二产业生产服务业发展的理论分析

第二产业生产服务业与第二产业是相互补充、相互依赖的关系。一方面,第二产业的发展离不开第二产业生产服务业的支撑。首先,生产的社会化、专业化发展,使制造企业在生产经营中的纵向和横向联系加强,相互依赖程度加深,引起对商业、金融、保险、运输、通信、广告、咨询、情报、检验、维修等服务需求量迅速上升(李江帆,1994)。其次,生产服务业有助于提高制造业劳动生产率和产品的附加值(Hansen,1994)。制造业中75%~85%的增加值和成本源于服务活动(奎恩,1988)。再次,生产服务企业在制造业的创新活动中起着重要作用,如信息通信技术在准确反馈市场信息、订制产品等方面发挥的作用。生产

服务企业自身就是第二产业产品的主要消费者。最后，服务也是很多制造企业产品区别于其他企业的重要途径。另一方面，第二产业生产服务业又依赖于第二产业的发展而发展。首先，作为制造业中间产品的服务需求是决定服务业发展的重要因素（弗朗科斯，1990；Rwothorn and Ramaswamy，1999；克劳特，2000）。其次，生产服务企业的布局要考虑制造企业的布局，虽然一些生产服务企业可能不受制造企业迁移的影响（马歇尔，1989）。

随着历史的发展，分工和专业化程度的变化具体表现为几种不同的形态的演进。按着历史顺序，第一种专业化形态是部门专业化，即马克思所说的一般分工，例如人类历史早期的农业、手工业和商业的分工。第二种专业化形态是产品专业化，即以完整的最终产品为对象的专业化，例如汽车、电视机等的生产。第三种专业化形态是零部件专业化，即一个个人或一个企业仅生产某种最终产品的一部分，例如在汽车工业中，某些企业只生产发动机，甚至只生产发动机的一个零件。第四种专业化形态是工艺专业化，即专门进行产品或零部件生产的一个工艺过程，例如专门进行铸造、锻造、热处理、电镀等工艺过程。第五种专业化形态是生产服务专业化，即直接生产过程之外的，但又为生产过程服务的那些职能的专业化，例如专门进行工具及其他工艺装备准备、维修设备、运输等服务活动[①]。

沿着这一历史轨迹，第二产业生产服务的发展大致可以分为以下几个阶段：

1. 第二产业发展起步阶段，外部生产服务市场未完全形成，第二产业企业主要依靠企业内部提供所需的服务职能。

2. 随着专业化分工加深，内部交易成本的增加，第二产业开始将生产服务外包，外部生产服务市场逐渐形成。与此同时，生产服务业需要向第二产业购买设备、办公用品或其他产品。

3. 生产服务业开始向第二产业和其他产业提供服务产品，这些服务产品可以帮助制造企业降低成本、提高生产效率。这时，生产服务业对第二产业来说，更多的只是一种服务产品的提供者。

4. 随着生产服务业专业化水平的提高，市场进一步细分，第二产业对服务的中间需求层次进一步加深，生产服务业提供的服务产品对第二产业生产的产品来说已经成为重要的补充，生产服务提供商与第二产业的企业共同创造了有形产品增加值。

第一阶段，第二产业企业采取企业内交易方式而非市场交易方式获取所需服

---

① 盛洪：《分工与交易——一个一般理论及其对中国非专业化问题的应用分析》，上海三联书店1992年版，第51页。

务职能的主要原因在于企业内生产服务产品的成本低于从市场上购买服务产品的成本。第二阶段，随着外部生产服务市场的形成，第二产业企业发现采取与专业化选择有关的市场交易方式获取所需服务的成本低于企业内生产的成本，所以选择了外购生产服务。此时，受需求推动的影响，生产服务业的生产活动开始需要知识或技术等方面的投入。第三阶段可称为第二产业投入服务化阶段，生产服务业提供的服务能够帮助制造企业减少采购成本、改善供应链管理、降低融资成本，等等，从而提高企业的生产效率。生产服务成为第二产业产品生产过程中必不可少的中间投入。第四个阶段可以称为第二产业产出服务化阶段，随着第二产业生产专业化程度的加深，第二产业产品的市场细分化和差异化的特点就会更加显著，企业企图通过改变其制造产品的特征来避免市场上的激烈竞争，在产品上附加服务功能就成为区别于竞争对手产品的一个重要途径。

二、西方七国第二产业生产服务业的发展特征

（一）西方七国[①]第二产业生产服务业的整体特征

2005年西方七国第二产业生产服务业占生产服务业的平均比重为30.94%，由高到低依次为日本（38.83%）、西班牙（34.97%）、意大利（33.97%）、德国（32.99%）、法国（31.1%）、美国（24.22%）、英国（20.53%）。西方七国生产服务业的构成中，第三产业生产服务业则占其中的七成左右，说明进入"服务经济"时代后，发达国家服务业的发展已经从单纯的"规模扩张"阶段发展到"质量提升"阶段，服务业对实物产品的中间需求将趋于稳定，对服务的需求将呈上升趋势（见表13-1）。

表13-1　　2005年西方七国第二产业生产服务业占生产服务业的比重

单位：%

	美国	日本	德国	英国	法国	意大利	西班牙	均值
第一产业生产服务业	0.84	0.92	1.03	0.87	1.49	0.68	1.23	1.01
第二产业生产服务业	24.22	38.83	32.99	20.53	31.1	33.97	34.97	30.94
第三产业生产服务业	74.94	60.25	65.98	78.6	67.41	65.35	63.8	68.05

资料来源：根据 OECD 2009 年版投入产出表计算所得。表13-2同。

[①] 七国是美国、日本、德国、英国、法国、意大利和西班牙。本部分数据均来自OECD投入产出数据库。

2005年西方七国第二产业中间投入构成中,服务投入占第二产业中间投入的平均比重为29.77%,实物投入占第二产业中间投入的平均比重为70.22%。第二产业的总投入构成中,生产服务占第二产业总投入的七国平均比重为19.41%,实物投入占第二产业总投入的平均比重则为46.01%(见表13-2),第二产业增加值占第二产业总投入的平均比重为34.58%。西方七国第二产业生产的总投入中,实物投入仍然是最主要的部分,占到约45%,服务投入的比重低于实物投入的比重,占到约20%,增加值的比重约为35%。这说明第二产业的生产需要的实物形式的生产资料超过服务形式的生产资料。

表13-2　2005年西方七国服务投入占第二产业中间投入及总投入的比重

单位:%

	美国	日本	德国	英国	法国	意大利	西班牙	均值
生产服务/中间投入	35.15	26.77	30.03	33.18	31.39	30.85	20.99	29.77
实物投入/中间投入	64.85	73.23	69.97	66.72	68.61	69.15	79.01	70.22
生产服务/总投入	21.51	17.48	19.53	20.28	21.22	21.13	14.74	19.41
实物投入/总投入	39.1	47.2	45.52	40.85	46.4	47.61	55.42	46.01
增加值/总投入	39.39	35.32	34.95	38.87	32.38	31.26	29.84	34.58

注:第二产业中间投入=实物投入+生产服务投入,第二产业总投入=实物投入+生产服务投入+增加值。

资料来源:根据OECD 2009年版投入产出表计算所得。

(二) 西方七国第二产业生产服务业的部门特征

1. 批发零售服务。在表13-3中,西方七国批发零售服务占第二产业生产服务业的平均比重为28.04%,批发零售服务在第二产业生产服务业中所占的比重仅次于商务服务业。这反映出随着第二产业国际化的发展,第二产业的全球竞争更加激烈,尤其是跨国公司的全球销售和采购网络的竞争,所以发达国家第二产业生产过程中需要投入更多的批发零售服务。

2. 交通运输服务。西方七国交通运输服务占第二产业生产服务业的平均比重为14.62%。交通运输服务可以分为旅客运输和货物运输两大类。其中的货物运输为第二产业实物产品的全球流通提供物流服务,旅客运输为第二产业中的企业工作人员提供人员流动服务。这两方面的作用使得交通运输服务在第二产业生产服务业中所占的比重较高。

3. 邮政通信服务。西方七国邮政通信服务所占平均比重为3.29%。七国的比重相差极小,主要原因在于七国信息化发展起步较早,信息通信网络建设相对完善，相关技术早已广泛应用于工业领域。

4. 金融保险服务。西方七国金融保险服务占第二产业生产服务业的平均比重为 8.94%，从高到低依次为英国（17.49%）、法国（8.93%）、美国（7.69%）、日本（7.4%）、意大利（7.27%）、西班牙（7.25%）、德国（6.57%）。除英国外，其他六国金融保险服务占第二产业生产服务业的比重比较接近。金融保险服务在各国第二产业生产服务业中所占的比重相对较大，西方七国金融保险服务起步早，服务体系相对成熟完善，所提供的资金融通服务和风险管理服务等在第二产业的应用程度较高。

5. 租赁及商务服务。西方七国商务服务所占平均比重为 32.63%。西方七国第二产业生产服务业构成中，商务服务所占的比重最大，商务服务已经成为第二产业生产服务业中最主要的组成部分。

在西方七国商务服务的构成中，其他商务服务在第二产业生产服务业中所占的比重最高，平均比重为 20.34%。其他商务服务主要为第二产业提供企业管理、法律、咨询与调查、知识产权、广告、会展、市场管理等服务，这些服务关系到第二产业生产活动的顺利开展和专业化水平的提高。其次是研究开发服务，平均比重为 5.6%。根据 OECD 最新统计数据显示，美国、加拿大、英国和日本高技术产业（航空航天制造业、电子及通信设备制造业、医药制造业和医疗设备及仪器仪表制造业、计算机及办公设备制造业）的 R&D 强度[①]都在 10% 以上，德国和法国也在 8% 左右。

再者是设备租赁服务，平均比重为 4.14%。发达国家设备租赁服务已经创新出多种融资租赁产品，如杠杆租赁、转融资租赁、合成租赁、风险租赁等方式，开辟了第二产业企业融资的新途径。

在西方七国商务服务构成中，计算机及相关服务在第二产业生产服务业中的比重较低，平均比重为 2.55%。西方七国计算机及相关服务的比重较为接近。在发达国家第二产业信息化的发展趋势下，信息技术、自动化技术、现代管理技术与制造技术相互结合，计算机及相关服务所提供的计算机系统服务、数据处理服务、维修咨询服务、软件设计及咨询服务在其中发挥了重要作用，带动产品设计、企业管理模式、企业协作关系等方面的创新发展，全面提升了第二产业的竞争力。

6. 房地产服务：西方七国房地产服务占第二产业生产服务业的平均比重为 4.46%，从高到低依次为德国（9.4%）、西班牙（5.34%）、英国（5.11%）、意大利（4.45%）、法国（2.63%）、美国（2.44%）、日本（1.85%）。房地产

---

① 即 R&D 经费占工业总产值的比重。

业主要为第二产业企业提供厂房、办公和居住场所的物业管理服务及房地产咨询、价格评估、经纪等中介服务。西方七国房地产服务占第二产业生产服务的比重差异较大，比重最高的德国与比重最低的日本高出约8个百分点。

7. 公共社会居民服务和住宿餐饮服务：公共社会居民服务包括公共服务、教育、卫生与社会服务、其他社会及个人服务，基本上属于政府支持性的公益服务。西方七国这四类服务合计占第二产业生产服务业的平均比重为6.29%。从内部结构来看，差异最大的是其他社会及个人服务占第二产业生产服务的比重。比重最高的美国比最低的日本高约6个百分点，其他国家则差别不大。其他社会及个人服务主要包括环保和废物处理服务、社会团体活动（包括行业协会、工会、贸易组织、宗教团体等）、娱乐文化和体育活动（包括电影电视制作与放映、电台及电视台活动、艺术及娱乐活动、图书馆、博物馆和公园、体育及健身）和其他服务（洗衣、理发美容、殡葬等）。由于其他社会及个人服务所含的服务种类较多，且受各国社会制度、文化习俗、经济环境、法律等因素的影响，容易造成各国此类服务占第二产业生产服务比重上较大的差异。

西方七国的住宿餐饮服务占第二产业生产服务业的比重较低，平均比重为1.35%。除意大利外，其他国家住宿餐饮服务占第二产业生产服务业的比重都较低，但住宿餐饮业为第二产业企业的员工和客户提供了良好的商务环境，有助于激发员工的积极性和客户的消费欲望。

表13-3　　2005年西方七国第二产业生产服务业的部门构成　　　　单位：%

国家	美国	日本	德国	英国	法国	意大利	西班牙	均值
批发零售	27.7	30.46	20.14	32.99	27.75	34.31	22.91	28.04
住宿餐饮	1.45	0	0.82	1.01	1.66	3.31	1.21	1.35
交通运输	12.81	14.12	11.77	10.87	11.66	19.07	22.05	14.62
邮政通信	3.38	2.45	3.14	2.78	2.93	3.41	4.96	3.29
金融保险	7.69	7.4	6.57	17.49	8.93	7.28	7.25	8.94
房地产	2.44	1.85	9.4	5.11	2.63	4.45	5.34	4.46
设备租赁	4.03	6.79	5.48	4.95	2.9	1.26	3.58	4.14
计算机及相关服务	2.32	3.4	1.73	2.94	3.44	3	1.05	2.55
研究开发	15.55	16.03	1.43	0.78	3.59	1.22	0.58	5.60
其他商务服务	12.27	12.28	31.43	16.27	27.67	17.41	25.05	20.34
公共服务	2.19	0	2.82	0.61	1.28	0.15	1.87	1.27

续表

国家	美国	日本	德国	英国	法国	意大利	西班牙	均值
教育	0.34	0.16	0.81	0.65	1.53	0.53	0.99	0.72
卫生与社会服务	0.07	0	0.08	0.55	0.78	0.11	0.51	0.30
其他社会及个人服务	7.73	1.63	4.37	2.99	3.24	4.66	2.65	3.90

注：第二产业中间投入＝实物投入＋生产服务投入，第二产业总投入＝实物投入＋生产服务投入＋增加值。

资料来源：根据OECD 2009年版投入产出表计算所得。

三、发展中国家第二产业生产服务业的发展特征

（一）发展中国家[①]第二产业生产服务业的整体特征

由表13-4可知，五国第一产业生产服务业、第二产业生产服务业和第三产业生产服务业占生产服务业的平均比重分别为2.89%、42.71%和54.39%。发展中国家的第二产业生产服务业占生产服务业的比重都明显高于西方七国的平均水平（30.94%），第三产业生产服务业占生产服务业的比重则明显低于西方七国的平均水平（68.05%）。发展中国家生产服务业的内部结构，除中国之外，都具有与西方七国相似的结构特征（即生产服务内部呈现三二一的排序）。中国生产服务业的结构特征是，第二产业生产服务业的比重最大，第三产业生产服务业的比重排第二位，第一产业生产服务业的比重最小。这与中国正处在工业化进程中有关，目前第二产业在中国国民经济中所占的比重较高，因此第二产业生产服务业的比重较高，第三产业生产服务业的比重偏低[②]。印度尼西亚、巴西、匈牙利、波兰四国的生产服务业内部结构比较接近，第二产业生产服务业的比重高于发达国家，而第三产业生产服务业的比重低于发达国家。

表13-5中，发展中国家第二产业生产服务占第二产业中间投入的平均比重为21.48%，五国中仅有中国比重低于20%。实物投入占第二产业中间投入的平均比重为78.52%，从高到低依次为中国（83.61%）、印度尼西亚（79.58%）、匈牙利（78.71%）、巴西（77.73%）、波兰（72.95%）。发展中国家第二产业中间投入的构成与西方七国有很大差距，中间投入中的服务投入比重明显低于西

[①] 选取中国、印度尼西亚、巴西、波兰、匈牙利五国作为代表新兴市场和发展中国家的样本，以下简称"五国"。

[②] 这里也不能排除第三产业统计中对生活服务业的漏统所导致的第三产业比重被低估的情况。

表 13 – 4　　　2005 年发展中国家第二产业生产服务业
占生产服务业的比重　　　　　　单位：%

	中国	巴西	印度尼西亚	匈牙利	波兰	均值
第一产业生产服务业	3.55	2.24	3.05	2.38	3.25	2.89
第二产业生产服务业	57.01	38.12	44.09	35.06	39.29	42.71
第三产业生产服务业	39.45	59.64	52.86	62.55	57.46	54.39

资料来源：根据 OECD 1995 年版和 2009 年版投入产出计算所得。

方七国，实物投入比重则明显高于西方七国。第二产业总投入的构成也反映了与第二产业中间投入构成类似的情况。发展中国家第二产业生产服务占第二产业总投入的平均比重为 14.47%，低于西方七国的平均水平（19.41%）。实物投入占第二产业总投入的平均比重为 53.05%，明显高于西方七国的平均水平（46.01%），而增加值占第二产业总投入的平均比重为 32.48%，低于西方七国平均水平。发展中国家第二产业的发展对实物投入的依赖偏高，而对服务投入的依赖偏低。

表 13 – 5　　　2005 年发展中国家服务投入占第二产业中间投入及
总投入的比重　　　　　　单位：%

	中国	巴西	印度尼西亚	匈牙利	波兰	均值
服务投入/中间投入	16.39	22.27	20.42	21.29	27.05	21.48
实物投入/中间投入	83.61	77.73	79.58	78.71	72.95	78.52
生产服务/总投入	12.26	14.51	11.78	15.61	18.19	14.47
实物投入/总投入	62.54	50.64	45.85	57.15	49.06	53.05
增加值/总投入	25.2	34.85	42.37	27.24	32.75	32.48

资料来源：根据 OECD 1995 年版和 2009 年版投入产出表计算所得。

（二）发展中国家第二产业生产服务业的部门特征

1. 批发零售服务。五国批发零售服务占第二产业生产服务业的平均比重最高，达到 34.14%，比排名第二的商务服务所占比重高约 15 个百分点，从高到低依次为波兰（49.32%）、印度尼西亚（39.76%）、巴西（30.11%）、匈牙利（27.9%）、中国（23.6%）。五国批发零售服务所占比重差距较大，其中波兰和印度尼西亚的批发零售服务占第二产业生产服务的比重远远超过其他国家，分别占到五成和四成左右。

2. 交通运输服务。五国交通运输服务占第二产业生产服务业的平均比重为19.12%。五国交通运输服务所占比重差距较大，比重最高的中国与比重最低的波兰相差约15个百分点。主要原因是中国第二产业占国民经济的比重较大，生产的实物产品较多，所需的交通运输服务就会较大。五国交通运输服务占第二产业生产服务业的比重均超过西方七国。

3. 邮政通信服务。五国邮政通信服务的比重为5.63%。其中，中国和巴西的比重明显高于其他几国，这与两国政府对通信技术行业的重视与投资有关。五国邮政通信服务占第二产业生产服务业的平均比重超过了西方七国的平均比重，说明发展中国家的信息通信技术也比较成熟，第二产业对信息传输服务的需求也比较普遍。

4. 金融保险服务。五国金融保险服务占第二产业生产服务业的平均比重为9.1%，与西方七国的差距不大，说明发展中国家第二产业的发展与金融保险业的联系非常紧密，金融保险业为第二产业提供的资金融通和风险管理等服务也非常普遍。

5. 商务服务。五国商务服务占第二产业生产服务业的平均比重为19.83%，除匈牙利之外，其他四国商务服务占第二产业生产服务业的比重与西方七国的平均比重相比偏低，低约13个百分点。发展中国家的商务服务投入在第二产业发展过程中所起的作用远低于西方七国。与西方七国相同，发展中国家的商务服务构成中，其他商务服务所占的比重最高，但其平均比重仅为17.55%。除匈牙利外，其他四国其他商务服务占第二产业生产服务业的比重均低于平均水平。与西方七国相比，中国的研发服务在第二产业生产服务业中所占的比重明显偏低，仅有0.46%，研发服务水平与其他国家存在很大差距。中国、巴西、印度尼西亚的设备租赁服务和计算机及相关服务的统计缺失，匈牙利、波兰设备租赁服务占第二产业生产服务业的比重分别为1.45%、1.07%，计算机及相关服务占第二产业生产服务业的比重分别为2.92%、1.69%。与西方七国相比，两国的设备租赁服务和计算机及相关服务占第二产业生产服务业的比重均低于西方七国的平均水平。

6. 房地产服务。五国房地产服务占第二产业生产服务业的平均比重为2.74%，从高到低依次为匈牙利（5.49%）、巴西（4.12%）、波兰（2.4%）、印度尼西亚（0.91%）、中国（0.8%）。与西方七国相比，发展中国家的房地产服务占第二产业生产服务业的比重相对较低。

7. 公共社会居民服务和住宿餐饮服务。五国公共社会居民服务占第二产业生产服务业的平均比重为6.58%，与西方七国的平均水平（6.29%）比较接近。在公共社会居民服务的构成中，其他社会及个人服务所占的比重最高，平均比重为4.32%。公共服务、教育、卫生与社会服务占第二产业生产服务业的比重均不及1%。发展中国家公共社会居民服务的构成与西方七国的平均水平比较类似。

发展中国家住宿餐饮服务占第二产业生产服务业的比重较低，平均比重为2.86%，由高到低依次为中国（7.76%）、印度尼西亚（3.76%）、巴西（1.01%）、波兰（0.93%）、匈牙利（0.84%）。发展中国家住宿餐饮服务占第二产业生产服务业的比重差距较大，比重最高的中国与比重最低的匈牙利相差约7个百分点（见表13-6）。

表13-6　　　　发展中国家第二产业生产服务业的部门构成　　　单位：%

国家	中国	巴西	印度尼西亚	匈牙利	波兰	均值
批发零售	23.6	30.11	39.76	27.9	49.32	34.14
住宿餐饮	7.76	1.01	3.76	0.84	0.93	2.86
交通运输	27.21	24.07	20.37	12.17	11.78	19.12
邮政通信	10.47	8.18	2.72	3.42	3.38	5.63
金融保险	7.84	13.06	9.84	9.09	5.65	9.10
房地产	0.8	4.12	0.91	5.49	2.4	2.74
设备租赁	0	0	0	1.45	1.07	0.50
计算机及相关服务	0	0	0	2.92	1.69	0.92
研究开发	0.46	0	0	2.16	1.63	0.85
其他商务服务	13.65	15.46	14.81	26.87	16.97	17.55
公共服务	0	1.54	0.06	1.55	1.4	0.91
教育	0.84	0.17	0.28	1.29	0.32	0.58
卫生与社会服务	1.79	0.26	1.11	0.28	0.39	0.77
其他社会及个人服务	5.57	2.02	6.39	4.57	3.07	4.32

四、第二产业生产服务的发展趋势

（一）第二产业生产服务业的整体发展趋势

发达国家生产服务业内部结构变化最显著的特征就是第一产业生产服务业和第二产业生产服务业的比重显著下降，第三产业生产服务业的比重显著上升（见表13-7）。与此同时，国际第二产业和生产服务业转移呈现出协同性，国际第二产业的转移引致相关生产服务业的国际转移。

从各国具体情况来看，生产服务业内部结构的变化呈现出显著的差异。美国早在20世纪70年代初第三产业生产服务业占生产服务业的比重就已经超过第二产业生产服务业，法国和英国是在80年代中期，德国是在90年代初期，日本则是在90年代中期，这与各国产业结构演变的进程有关。美国较早进入服务经济时代，第二产业国际转移速度较快，第三产业发展较为成熟，专业化分工程度较深，第三产业生产服务需求增长较快，第三产业生产服务业较早地取代第二产业生产服务业成为生产服务业的主体。日本的第二产业，特别是其中的中高技术型和高技术型制造业长期保持着优势，国际产业转移的步伐相对其他四国较慢，第三产业生产服务业成为生产服务业主体的时间也较晚。

表13-7　美、德、法、英、日五国第二产业生产服务业占生产服务业的比重　　　单位：%

	20世纪70年代初期	20世纪70年代中期	20世纪80年代初期	20世纪80年代中期	20世纪90年代初期	20世纪90年代中期	2000年	2005年
第一产业生产服务业	2.96	2.83	2.85	2.35	1.63	1.52	1.10	1.01
第二产业生产服务业	53.75	50.21	50.05	46.01	41.39	34.85	30.88	30.94
第三产业生产服务业	43.30	46.96	47.10	51.64	56.98	63.63	67.98	68.05

资料来源：根据OECD 1995年版和2009年版投入产出表计算所得。

从第二产业中间投入的构成看，五国服务投入占第二产业中间投入的平均比重呈持续上升趋势，从20世纪70年代初期的19.91%上升到2005年的29.77%（见表13-8）。五国实物投入占第二产业中间投入的平均比重则呈下降趋势，从70年代初期的80.2%降至2005年的70.22%。五国第二产业总投入的构成也呈现出与其中间投入构成类似的趋势，五国服务投入占第二产业总投入的比重也呈增长趋势，平均比重从70年代初期的12.15%升至2005年的19.41%（见表13-8），实物投入的比重持续下降。这一趋势表明服务投入的增加对第二产业的发展起着越来越重要的作用。

表 13-8　　五国服务投入占第二产业中间投入及总投入的比重　　单位：%

	20 世纪 70 年代初期	20 世纪 70 年代中期	20 世纪 80 年代初期	20 世纪 80 年代中期	20 世纪 90 年代初期	20 世纪 90 年代中期	2000 年	2005 年
服务投入/中间投入	19.91	20.92	21.86	23.23	28.48	29.36	32.25	29.77
实物投入/中间投入	80.20	79.08	78.14	76.77	71.52	70.64	67.75	70.22
服务投入/总投入	12.15	13.17	14.80	14.5	17.72	18.15	20.46	19.41
实物投入/总投入	49.46	49.93	42.85	48.1	44.46	44.63	44.87	46.01
增加值/总投入	38.39	36.90	49.55	36.4	37.83	37.22	34.67	34.58

资料来源：根据 OECD 1995 年版和 2009 年版投入产出表计算所得。

同时，发达国家服务投入的比重在 2005 年后出现了小幅下降的趋势。主要原因在于日本 2005 年服务投入占第二产业中间投入和总投入的比重比 2000 年分别下降了 6.59 个百分点和 4.03 个百分点，而法国和英国出现微幅上升，美国和德国则基本没有变化。随着发达国家国际产业转移的进一步发展，第二产业投入与产出服务化的趋势不会改变，产品中的服务功能，如维修服务、培训服务、数据分析管理服务、资本服务、IT 服务等的比重不会下降，而是会继续上升。

（二）发达国家第二产业生产服务业的部门发展趋势

1. 批发零售服务。在表 13-9 中，五国批发零售服务占第二产业生产服务业比重呈现先降后升的趋势，且都上升到初始年份水平以下。英国、德国、法国批发零售服务的比重在 20 世纪 90 年代初期和中期达到最低，之后出现上升。日本和美国批发服务的比重在 80 年代初期和中期达到最低，之后出现回升。除法国外，美国、日本和英国批发零售服务占第二产业生产服务业的比重在 90 年代初期和中期之前都位居第一，德国批发零售服务的比重在 80 年代中期前位居第一。随后，各国批发零售业服务第二产业生产服务业的比重则让位于商务服务，位居第二。

表 13-9　　　　　　　五国第二产业生产服务业的部门构成　　　　　　单位：%

	20世纪70年代初期	20世纪70年代中期	20世纪80年代初期	20世纪80年代中期	20世纪90年代初期	20世纪90年代中期	2000年	2005年
批发零售	31.05	29.29	26.29	24.36	24.26	28.52	27.40	28.04
住宿餐饮	3.27	4.15	3.49	3.00	3.04	1.31	1.04	1.35
交通运输	21.68	16.82	18.01	16.92	14.19	11.51	11.35	14.62
邮政通信	3.36	3.37	3.75	3.12	2.56	3.03	2.89	3.29
金融保险	18.28	22.90	11.46	13.33	12.75	11.78	9.33	8.94
房地产	12.86	16.72	23.77	29.75	35.72	5.67	4.22	4.46
商务服务	—	—	—	—	—	32.72	37.02	32.63
公共社会居民服务	9.68	6.25	12.60	7.33	7.06	4.83	6.50	6.19

资料来源：根据 OECD 1995 年版和 2009 年版投入产出表计算所得。

2. 交通运输服务。五国交通运输服务的平均比重呈下降态势，20 世纪 90 年代中期后比重基本趋于稳定。其中，英国下降的幅度最大，从 70 年代初期的 30.73% 降至 2005 年的 10.87%，特别是在 80 年代中期后出现大幅下降。日本和美国交通运输服务的比重也出现了下降趋势，德国和法国交通运输服务的比重在 1995 年降至最低点后，又小幅上升。在后工业社会，随着技术、资本密集型行业的发展，第二产业出现投入服务化趋势，工业品中内含的服务产品比重上升，实物产品比重相对下降，生产工业品需要消耗的运输服务量趋于下降或稳定。

3. 信息通信服务。五国的这一比重变化幅度不大，大多稳定在 3% 上下。表明发达国家信息通信技术已基本处于饱和稳定状态。

4. 金融保险服务。这一趋于波动下降，从 20 世纪 70 年代初期的 18% 降到 2005 年的 9% 左右。美国的这一比重呈波动上升趋势，上升幅度不大，约 3 个百分点。日本、德国和法国金融保险服务比重均呈波动下降趋势。法国金融保险服务占第二产业生产服务业的比重在 70 年代初期和 70 年代中期一度达到 51.67% 和 54.22%，这是由于将房地产业和商务服务业并入金融保险业统计的缘故。英国金融保险服务比重呈先升后降趋势，60 年代末到 70 年代末金融保险服务比重还较低，80 年代中期开始金融保险服务的比重维持在较高的水平。五国金融保险服务在七八十年代的比重都出现过较高的一段时期，这可能与当时发达国家第二产业受几次经济危机影响较大、很多国家采取了信贷扩张政策有关。

5. 商务和房地产服务。两者合计的比重均呈持续上升趋势，从20世纪70年代初期的约13%升至2005年的33%。其中五国的商务服务所占比重较高，约为35%。除德国外，其他四国房地产服务占第二产业生产服务业的比重从1995年开始均已降至1%~5%。从90年代中期开始，五国商务服务已经成为第二产业生产服务业中比重最高的行业。商务服务之所以在发达国家第二产业生产服务业中占据如此重要的地位，主要原因在于商务服务所包括的知识密集型服务内容，如研究开发、计算机软件及相关服务、咨询、管理、法律等，可以有效促进第二产业投入服务化和产出服务化，提升第二产业竞争力。

6. 公共社会居民服务和住宿餐饮服务。五国公共社会居民服务占第二产业生产服务业的比重变化差异较大。英国和日本公共社会居民服务占第二产业生产服务业的比重在波动中呈先升后降趋势，其中英国在20世纪80年代初期、日本在90年代中期公共社会居民服务比重下降的幅度很大。德国公共社会居民服务比重则呈上升趋势。法国公共社会居民服务的比重较为稳定，保持在5%左右。总体上看，公共社会居民服务占第二产业生产服务业的比重较小，变化趋势不明显，主要是因为其受多种社会因素的影响。

第二节　第二产业生产服务业发展的作用机制和影响效应

一、第二产业生产服务与第二产业的互动作用机制

（一）企业内部的作用机制

第二产业企业生产过程中与生产服务活动相互作用的路径如图13-1所示。

在上游环节中，企业需要的投融资、采购、咨询服务，以及研发过程中的设计、创意、模具制作等服务，提高了企业掌控市场的水平和产品差异化程度。根据美国工业设计协会的测算，在工业设计上每投入1美元，平均会有47美元的

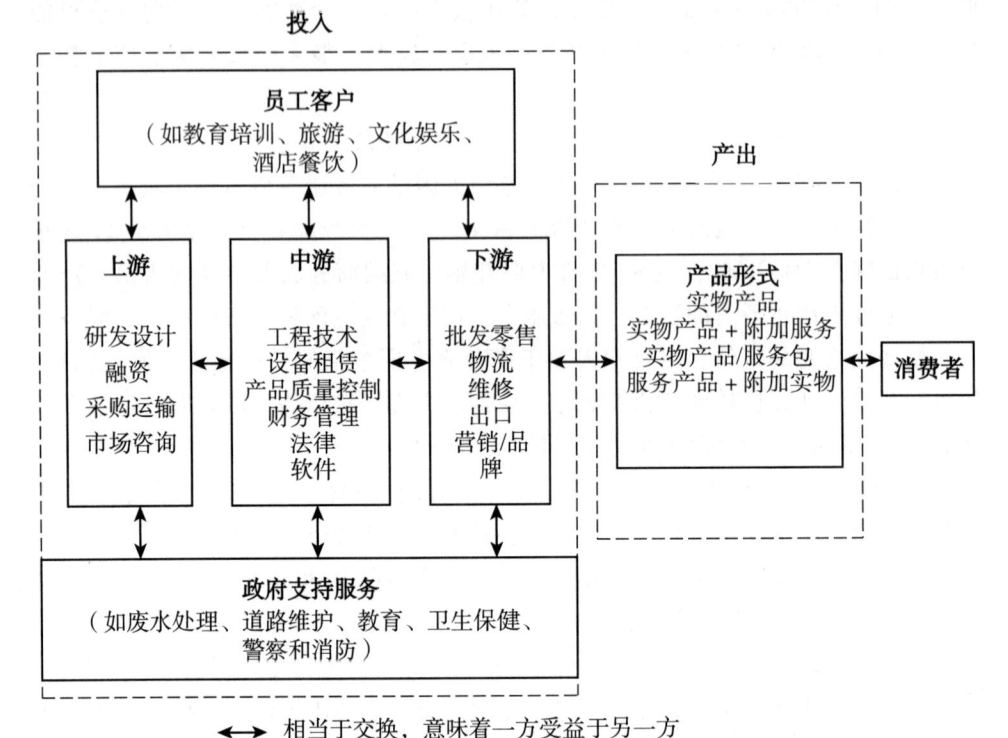

```
                        投入
┌─────────────────────────────────────────┐
│  ┌─────────────────────────────────┐    │
│  │         员工客户                 │    │
│  │ （如教育培训、旅游、文化娱乐、    │    │
│  │        酒店餐饮）                │    │      产出
│  └─────────────────────────────────┘    │ ┌──────────────────────┐
│      ↕         ↕            ↕           │ │                      │
│  ┌──────┐ ┌────────┐  ┌────────┐       │ │   ┌──────────────┐   │
│  │ 上游 │ │  中游  │  │  下游  │       │ │   │   产品形式    │   │
│  │研发设│ │工程技术│  │批发零售│       │ │   │  实物产品     │   │
│  │计 融 │↔│设备租赁│↔ │物流    │ ↔ ←──┼─┤   │实物产品+附加服务│ ↔ │ 消费者 │
│  │资 采 │ │产品质量│  │维修    │       │ │   │实物产品/服务包│   │
│  │购运输│ │控制 财务│ │出口    │       │ │   │服务产品+附加实物│ │
│  │市场咨│ │管理 法律│ │营销/品牌│      │ │   └──────────────┘   │
│  │询    │ │软件    │  │        │       │ │                      │
│  └──────┘ └────────┘  └────────┘       │ └──────────────────────┘
│      ↕         ↕            ↕           │
│  ┌─────────────────────────────────┐    │
│  │         政府支持服务             │    │
│  │ （如废水处理、道路维护、教育、    │    │
│  │    卫生保健、警察和消防）        │    │
│  └─────────────────────────────────┘    │
└─────────────────────────────────────────┘

         ←→  相当于交换，意味着一方受益于另一方
```

图 13-1　制造企业生产过程中与生产服务活动的相互作用

利润回报，一般的公司在工业设计上每投入 1 美元会得到 2 500 美元的销售增长[①]。制造企业生产过程中需要的工程技术服务、设备租赁服务、企业管理服务、产品质量控制服务、法律及知识产权服务等，提高了企业的生产经营效率。产出后企业所需的物流运输、品牌推广、销售、出口、售后服务等，利于企业增强产品和品牌知名度、提高产品竞争力和市场份额。企业的价值活动中还涉及对产品生产过程未起到直接作用的生产服务活动，例如为提高员工的素质和凝聚力、宣传企业文化、与客户建立合作关系而涉及的教育培训服务、酒店餐饮服务、旅游服务、文化娱乐服务等。此外，政府在制造企业生产过程中提供的支持服务在保证企业正常运转方面也起到了重要作用，如废水处理、道路维护、卫生保健、警察和消防服务等。

经过第二产业企业上、中、下游三个环节中生产活动与服务活动的相互作用后，第二产业企业便创造出自己的产品。根据奎恩等、怀特等对制造企业所提供产品形式演变过程的描述，制造企业向消费者提供的产品形式经历了四个阶段，

---

① 《创新设计：家电产业升级新路径》，载于《经济日报》，2007 年 6 月 19 日。

即实物产品、实物产品和附加服务、实物产品/服务包、服务产品和附加实物产品。例如，当今世界汽车制造企业的业务已向金融、汽车租赁、电子商务等服务行业延伸。

(二) 全球价值链上的作用机制

全球产业价值链上，呈现出利润由生产制造环节向研发和销售环节、由价值链中间环节向上、下游环节扩展的趋势。具体表现为：前端的技术创新、研发设计环节以及后端的产品营销环节才能获取高额利润，而制造加工环节由于附加值低则获利最少。因此，企业更应注重加强对价值链中设计、研发和营销等高附加值服务环节的投入。

(三) 空间结构上的作用机制

由于追求规模经济和范围经济的制造企业的大量集聚，发达国家和发展中国家均出现制造业产业集群（Krugman, 1991; Ellision, 1997; Guimaraes and Figueiredo, 2000; Clancy et al., 2001）。20世纪70年代以来，生产服务业主要向工业化国家集聚，尤其是一些重要的大城市，且这些高度集中的服务企业在国内外相继建立分支机构，并靠近制造业聚集区域（马蒂奈利，1991）。萨森（1991）认为制造业与生产服务业的关系相辅相成：一方面，制造业是生产服务业的重要市场，制造业发展是生产服务业发展的一个因子；另一方面，生产服务业未必一定聚集在制造业周围，特别是高级生产服务业并不一定以制造业为中心。

二、第二产业生产服务业的影响效应[①]

(一) 第二产业生产服务对第二产业生产率的影响

1. 研究方法与数据。建立第二产业生产服务与第二产业生产率的回归模型：

$$ILE_{it} = a_1 + \alpha ISIC_{it} + \varepsilon_{it} \qquad (13.1)$$

$$ILE_{it} = a_2 + \beta ISIC_{it} + \mu_{it} \qquad (13.2)$$

其中，i 代表国家，t 代表年份，ILE 为第二产业生产率，用第二产业增加值

[①] 本部分各国第二产业和第三产业增加值的数据来源于世界银行网站数据库，各国第二产业和第三产业就业人数的数据来源于国际劳工组织网站数据库。

除以第二产业就业人数表示。ISIC 和 ISIO 分别表示第二产业生产服务占第二产业中间投入的比重和第二产业生产服务占第二产业总产出的比重。

第二产业生产服务对就业的影响由如下回归模型表示：

$$IL_{it} = a_1 + \alpha ISIC_{it} + \varepsilon_{it} \quad (13.3)$$

$$IL_{it} = a_2 + \beta ISIC_{it} + \mu_{it} \quad (13.4)$$

其中，i 代表国家，t 代表年份，IL 表示取过自然对数后的第二产业就业人数。第二产业生产服务对其总产出影响的估计式只要将两式中的第二产业就业人数更换为第二产业总产出即可，并对总产出取自然对数。

2. 实证结果分析。

（1）第二产业生产服务能够提高第二产业生产率。检验结果说明，前两式采用固定效应模型优于随机效应模型。其调整后的 R^2 值均超过了 90%。结果表明第二产业生产服务极大地促进了第二产业生产率的提高（见表 13-10）。

表 13-10　　　　　　第二产业生产服务发展对第二产业生产率的影响

	因变量 ILE			
	ISIC		ISIO	
	固定效应	随机效应	固定效应	随机效应
Intercept	1.359 (0.133)	-37.552** (-2.738)	-8.201 (-0.395)	-35.723 (-2.616)
ISIC	1.970*** (5.020)	3.469*** (6.848)		
ISIO			3.567** (2.935)	5.184*** (6.743)
Hausman 检验		3.336*		5.209**
调整后的 R^2	0.940	0.385	0.928	0.371
F 值	47.393	45.386	39.377	42.895
观测值	72	72	72	72

注：括号内为 t 值，* 表示在 10% 的显著性水平统计显著；** 表示在 5% 的显著性水平上统计显著；*** 表示在 1% 的显著性水平上统计显著。

（2）第二产业生产服务对就业没有显著影响。从表 13-11 来看，ISIC 和 ISIO 对第二产业就业产生正向影响，但统计上都不显著。因此，第二产业生产服务对第二产业就业的影响并不明显。

表13-11　第二产业生产服务发展对第二产业就业的影响

	因变量 IL			
	ISIC		ISIO	
	固定效应	随机效应	固定效应	随机效应
Intercept	7.836*** (119.59)	7.812*** (20.824)	7.813*** (140.662)	7.812*** (21.275)
ISIC	0.002 (0.709)	0.003 (0.685)		
ISIO			0.004 (1.257)	0.004 (0.748)
Hausman 检验		0.852		1.63
调整后的 R^2	0.999	-0.007	0.999	-0.006
F 值	3 940.465	0.471	4 247.856	0.555
观测值	72	72	72	72

注：括号内为 t 值，*表示在10%的显著性水平统计显著；**表示在5%的显著性水平上统计显著；***表示在1%的显著性水平上统计显著。

（3）第二生产服务能提高第二产业产出产业。检验结果表明，第二产业生产服务非常有利于第二产业总产出的提高（见表13-12）。

表13-12　第二产业生产服务发展对第二产业产出的影响

	因变量 IAV			
	ISIC		ISIO	
	固定效应	随机效应	固定效应	随机效应
Intercept	10.258*** (44.353)	10.202*** (19.378)	10.204*** (47.923)	10.179*** (20.381)
ISIC	0.048*** (5.412)	0.050** (3.196)		
ISIO			0.076*** (6.138)	0.078*** (3.615)
Hausman 检验		0.161		0.006
调整后的 R^2	0.985	0.116	0.986	0.147
F 值	200.556	10.340	212.399	13.255
观测值	72	72	72	72

注：括号内为 t 值，*表示在10%的显著性水平统计显著；**表示在5%的显著性水平上统计显著；***表示在1%的显著性水平上统计显著。

（二）第二产业生产服务对第三产业生产率的影响

1. 研究方法与数据。建立第二产业生产服务与第三产业生产率的回归模型：

$$SLE_{it} = b_1 + \alpha ISIC_{it} + \varepsilon_{it} \quad (13.5)$$

$$SLE_{it} = b_2 + \beta ISIC_{it} + \varepsilon_{it} \quad (13.6)$$

其中，i 代表国家，t 代表年份，SLE 为第三产业生产率。第二产业生产服务对第三产业就业产生的影响由如下模型表示：

$$SL_{it} = b_1 + \alpha ISIC_{it} + \varepsilon_{it} \quad (13.7)$$

$$SL_{it} = b_2 + \beta ISIC_{it} + \varepsilon_{it} \quad (13.8)$$

其中，i 代表国家，t 代表年份，SL 表示第三产业就业人数，对其取自然对数。第二产业生产服务对第三产业总产出影响的估计式要将两式中的第三产业就业人数更换为第三产业总产出，并对其取自然对数。这里以第三产业增加值表示总产出。

2. 实证结果分析。

（1）第二产业生产服务能够提高第三产业生产率。表 13 - 13 表明，两个模型采用随机效应模型较优，发展第二产业生产服务业能较强地促进第三产业生产率的提高，以及第三产业生产的分工和专业化程度。

表 13 - 13　　　　　第二产业生产服务发展对第三产业生产率的影响

	因变量 SLE			
	ISIC		ISIO	
	固定效应	随机效应	固定效应	随机效应
Intercept	-6.382 (-0.521)	-31.546** (-2.419)	-5.217 (-0.456)	-31.649** (-2.436)
ISIC	2.099*** (4.461)	3.068*** (6.363)		
ISIO			3.134*** (4.677)	4.687*** (6.403)
Hausman 检验		1.179		1.967
调整后的 R^2	0.929	0.357	0.917	0.357
F 统计量	39.864	40.395	33.774	40.434
观测值	72	72	72	72

注：括号内为 t 值，* 表示在 10% 的显著性水平上统计显著；** 表示在 5% 的显著性水平上统计显著；*** 表示在 1% 的显著性水平上统计显著。

（2）第二产业生产服务能促进第三产业就业的增加。检验结果表明，两个模型采用随机效应模型较优，第二产业生产服务的发展能有效地提高第三产业就业（见表 13-14）。

表 13-14　　　　第二产业生产服务发展对第三产业就业的影响

	因变量 SL			
	ISIC		ISIO	
	固定效应	随机效应	固定效应	随机效应
Intercept	8.123*** (232.659)	8.170*** (21.568)	8.106*** (366.834)	8.127*** (22.061)
ISIC	0.024*** (18.030)	0.022*** (4.487)		
ISIO			0.038*** (29.386)	0.036*** (5.750)
Hausman 检验		0.573		1.379
调整后的 R^2	0.999	0.213	0.999	0.310
F 统计量	4 820.079	20.261	7 379.705	32.884
观测值	72	72	72	72

注：括号内为 t 值，* 表示在 10% 的显著性水平统计显著；** 表示在 5% 的显著性水平上统计显著；*** 表示在 1% 的显著性水平上统计显著。

（3）第二产业生产服务能促进第三产业产出的增加。检验结果表明，两个模型采用随机效应模型较优，第二产业生产服务的发展能有效促进第三产业产出的提高（见表 13-15）。

表 13-15　　　　第二产业生产服务发展对第三产业产出的影响

	因变量 SAV			
	ISIC		ISIO	
	固定效应	随机效应	固定效应	随机效应
Intercept	10.258*** (44.353)	10.202*** (19.378)	10.307*** (32.363)	10.277*** (18.421)
ISIC	0.048*** (5.412)	0.050** (3.196)		

续表

	因变量 SAV			
	ISIC		ISIO	
	固定效应	随机效应	固定效应	随机效应
ISIO			0.076*** (6.232)	0.077*** (4.421)
Hausman 检验		0.161		0.175
调整后的 R^2	0.985	0.116	0.978	0.209
F 统计量	200.556	10.340	126.278	19.776
观测值	72	72	72	72

注：括号内为 t 值，* 表示在 10% 的显著性水平统计显著；** 表示在 5% 的显著性水平上统计显著；*** 表示在 1% 的显著性水平上统计显著。

第三节 制造业服务化的趋势与演变机理

一、制造业投入服务化趋势分析[①]

（一）方法与数据

本部分运用计算依赖度的方法，分析制造业对服务投入依赖程度的演变规律。依赖度是指在某个行业的生产中，某项中间产品的投入系数（又称直接消耗系数）占全部中间产品投入系数的比重。用公式表示为：$d_{ij} = a_{ij} / \sum_i a_{ij}$。其中，$a_{ij}$ 是投入系数，$\sum_i a_{ij}$ 是第 i 个行业的全部中间产品投入系数之和。由于各国投入产出表的年份不同，为便于分析和比较，把时间大致分成 20 世纪 70 年代早期、70 年代中期、80 年代早期、80 年代中期、90 年代早期和 90 年代中期和 21 世纪初，并新增加了各国 2005 年的数据，数据均来自 OECD 投入产出表（见表 13-16）。

[①] 此部分结果主要引自刘继国、赵一婷 2006 年发表于《经济与管理》中《制造业中间投入服务化趋势分析——基于 OECD 中 9 个国家的宏观实证》一文的成果。

表 13-16　　OECD 中 9 个国家各时期的投入产出年代表　　单位：年

年代	日本	加拿大	美国	法国	丹麦	澳大利亚	英国	荷兰	德国
20 世纪 70 年代早期	1970	1971	1972	1972	1972	1968	1968	1972	—
20 世纪 70 年代中期	1975	1976	1977	1977	1977	1974	—	1977	—
20 世纪 80 年代早期	1980	1981	1982	1980	1980	—	1979	1981	1978
20 世纪 80 年代中期	1985	1985	1985	1985	1985	1986	1984	1986	1986
20 世纪 90 年代早期	1990	1990	1990	1990	1990	1989	1990	—	1990
20 世纪 90 年代中期	1995	1997	1997	1995	1997	1994~1995	1998	1995	1995
21 世纪初期	2000	2000	2000	2000	2000	1998~1999	2000	2000	2000
2005 年	2005	—	2005	2005	2005	2004~2005	2003	2005	2005

（二）结果与分析

1. 制造业对服务业依赖度的变化趋势。总体来看，制造业对服务业的依赖度基本上呈上升趋势。日本、加拿大、美国、法国、丹麦、澳大利亚、英国、荷兰 21 世纪初期比 20 世纪 70 年代早期增长超过 10 个百分点，而德国 21 世纪初期比 20 世纪 80 年代早期也增长了近 10 个百分点；如果不考虑 90 年代中期的数据，依赖度增长幅度不大，增长 1~3 个百分点，如果考虑 90 年代中期数据，依赖度增长幅度则较大（见表 13-17）。

表 13-17　　OECD 中 9 个国家制造业对服务业的依赖度　　单位：%

年代	日本	加拿大	美国	法国	丹麦	澳大利亚	英国	荷兰	德国
20 世纪 70 年代早期	15.57	8.29	21.14	16.26	14.72	17.1	15.59	11.05	—
20 世纪 70 年代中期	17.69	8.9	19.01	18.02	15.83	18.98	—	10.12	—

续表

年代	日本	加拿大	美国	法国	丹麦	澳大利亚	英国	荷兰	德国
20 世纪 80 年代早期	17.58	11.97	21.29	20.03	15.52	—	23.22	11.7	19.42
20 世纪 80 年代中期	19.7	12.03	22.86	22.4	16.21	23.44	18.18	12.12	21.66
20 世纪 90 年代早期	24.7	11.06	24.12	24.73	16.79	23.15	21.91	—	24.23
20 世纪 90 年代中期	26.43	18.23	26.55	26.82	24.83	26.27	30.89	27.79	28.82
2000 年	29.74	18.94	33.19	28.32	23.31	28.87	34.52	21.35	28.35
2005 年	24.47	—	33.15	30.81	26.13	30.79	35.54	25.74	28.53

2. 制造业对生产服务业依赖度的变化趋势。从表 13-18 可以看出，除美国以外，其他国家依赖度的增长幅度都较大，尤其是英国，从 20 世纪 70 年代早期的 1.67% 增长到 90 年代早期的 11.02%，到 90 年代中期则为 16.71%，增长了 9 倍。尽管澳大利亚进入 80 年代中期以来依赖度变化不大，甚至 90 年代早期比 80 年代中期还下降了 1.6 个百分点，但是 2005 年与 70 年代早期相比，还是增长了 8.6 倍。德国 90 年代中期与 80 年代早期相比增长了 7 个百分点，增长幅度近 1 倍。而其他国家，包括日本、加拿大、法国、丹麦、荷兰，2005 年的依赖度比 70 年代早期都增长了 2~4 倍。

表 13-18　OECD 中 9 个国家制造业对生产服务业的依赖度　　单位：%

年代	日本	加拿大	美国	法国	丹麦	澳大利亚	英国	荷兰	德国
20 世纪 70 年代早期	4.12	2.78	7.27	7.63	3.98	1.31	1.67	3.78	—
20 世纪 70 年代中期	5.58	3.22	5.03	8.93	4.9	1.14	—	4.29	—
20 世纪 80 年代早期	4.8	4.77	6.03	10.45	5.14	—	3.04	5.1	8.76
20 世纪 80 年代中期	6.15	5.06	7.35	11.98	5.88	7.62	8.02	5.56	11.61

续表

年代	日本	加拿大	美国	法国	丹麦	澳大利亚	英国	荷兰	德国
20世纪90年代早期	6.67	4.18	9.03	13.86	6.43	6.03	11.02	—	13.38
20世纪90年代中期	12.89	6.36	8.23	17.48	8.8	7.3	16.71	11.01	15.85
2000年	16.42	8.47	14.27	15.53	8.54	9.92	13.54	11.32	14.40
2005年	12.28	—	14.76	14.52	11.24	11.21	13.28	13.63	15.72

3. 制造业对分销服务业依赖度的变化趋势。除加拿大、法国、英国和澳大利亚制造业对分销服务业的依赖度有一定程度的增长外，其他国家在20世纪70年代早期到2005年的依赖度或增或减，变化幅度都不大，基本上是1~2个百分点，只是在90年代早期或中期才有较大的增长（见表13－19）。

表13－19　OECD中9个国家制造业对分销服务业的依赖度　　单位：%

年代	日本	加拿大	美国	法国	丹麦	澳大利亚	英国	荷兰	德国
20世纪70年代早期	8.59	4.38	10.39	7.23	9.15	9.3	10.68	5.46	—
20世纪70年代中期	8.76	4.68	10.37	7.46	9.07	11.72	—	4.3	—
20世纪80年代早期	9.29	5.63	11.45	7.81	8.61	—	10.5	4.76	8.89
20世纪80年代中期	9.16	5.52	10.22	7.96	8.72	14.01	9.32	4.7	8.26
20世纪90年代早期	11.82	5.41	10.94	8.05	8.75	14.12	8.61	—	8.84
20世纪90年代中期	12.64	8.16	15.81	7.73	12.34	16.46	11.13	9.67	9.68
2000年	12.15	9.16	13.95	11.19	12.22	16.18	18.01	7.39	9.75
2005年	11.32	—	13.82	13.40	11.97	17.3	19.33	10.06	9.85

4. 制造业对通信服务业依赖度的变化趋势。除极个别年份外，其余年份的依赖度都不到1%，表明在制造业的全部中间投入中通信服务业只占很小的比重。从变化规律来看，日本从20世纪70年代早期开始到90年代早期依赖度呈

下降趋势,只是在90年代中期略有回升;美国和澳大利亚是先升后降,90年代中期的依赖度低于最早期的依赖度;其余国家的依赖度基本上都呈现上升的趋势,但变化幅度不大(见表13-20)。

表13-20　　OECD中9个国家制造业对通信服务业的依赖度　　单位:%

年代	日本	加拿大	美国	法国	丹麦	澳大利亚	英国	荷兰	德国
20世纪70年代早期	0.64	0.31	0.85	0.45	0.58	0	0.53	0.58	—
20世纪70年代中期	0.53	0.38	0.85	0.54	0.69	0	—	0.53	—
20世纪80年代早期	0.53	0.79	1.23	0.67	0.7	—	0.62	0.66	0.54
20世纪80年代中期	0.35	0.85	0.96	0.9	0.71	0.73	0.79	0.71	0.58
20世纪90年代早期	0.35	0.83	0.89	1.06	0.84	0.93	0.64	—	0.7
20世纪90年代中期	0.43	1	0.69	0.86	1.21	0.64	0.9	0.79	1.1
2000年	0.61	0.52	1.09	0.48	1.24	1.32	0.96	0.75	1.09
2005年	0.46	—	1.05	0.86	1.12	1.10	1.00	0.58	0.96

5. 制造业对社会及居民服务业依赖度的变化趋势。从表13-21可以看出,日本、法国、德国制造业对社会及居民服务业的依赖度基本上呈上升趋势,但日本和澳大利亚在2005年的依赖度要低于20世纪90年代早期,尤其是日本下降幅度很大,下降了5.45个百分点;澳大利亚的依赖度基本上呈下降趋势,80年代以后的依赖度要低于70年代5个百分点左右;其余国家依赖度的变化趋势不明显,时升时降,但总体的变化幅度不大(除英国80年代中期和荷兰90年代中期的依赖度以外)。

表13-21　OECD中9个国家制造业对社会及居民服务业的依赖度　　单位:%

年代	日本	加拿大	美国	法国	丹麦	澳大利亚	英国	荷兰	德国
20世纪70年代早期	2.41	0.82	2.62	0.95	1.01	6.49	2.71	1.23	—
20世纪70年代中期	2.81	0.62	2.77	1.09	1.17	6.11	—	1	—

续表

年代	日本	加拿大	美国	法国	丹麦	澳大利亚	英国	荷兰	德国
20世纪80年代早期	2.96	0.78	2.59	1.1	1.08	—	9.06	1.18	1.23
20世纪80年代中期	4.05	0.6	4.33	1.56	0.9	1.08	0.06	1.14	1.21
20世纪90年代早期	5.86	0.65	3.26	1.76	0.77	2.06	1.64	—	1.3
20世纪90年代中期	0.46	2.71	1.82	0.75	2.48	1.87	2.15	6.32	2.19
2000年	0.56	0.80	3.88	1.78	1.78	1.45	2.01	1.88	1.83
2005年	0.41	—	3.53	2.02	1.80	1.17	1.93	1.47	2.00

20世纪70年代以来，OECD中9个成员国制造业对服务业的依赖度基本上呈上升趋势，制造业中间投入出现服务化趋势，并且这种趋势很大程度上是由于制造业对生产服务业依赖度的大幅上升所致，分销服务业、通信服务业、社会及居民服务业对投入服务化趋势的影响较小，甚至由于制造业对其依赖度的不断下降而产生相反的作用。

二、投入服务化战略的影响因素与绩效

（一）投入服务化战略的影响因素

基于权变理论以及已有的关于探讨生产性服务业与制造业关系、生产服务业成长规律的相关文献，可将影响制造业企业采取投入服务化战略的因素归纳为两类：一是环境因素，即影响企业是否采取投入服务化战略的外部环境，包括资源约束、市场波动、技术波动；二是组织因素，即影响企业是否采取投入服务化战略的内部环境，包括高层管理者重视、员工文化程度、组织专业化分工。

（二）投入服务化战略的绩效

投入服务化战略的绩效主要体现在两个方面：一是创新能力。制造业企业采取投入服务化战略，可以充分发挥知识密集型的商务服务业的作用，提高创新能力；二是生产效率。

（三）投入服务化战略的概念模型

从图 13-2 来看，投入服务化演变机理模型反映了各驱动因素与投入服务化战略之间、投入服务化战略与其绩效之间的关系，认为投入服务化是资源约束、市场波动、技术波动等环境因素与高层管理者重视、员工文化程度、组织专业化分工等组织因素共同作用的结果，同时也是企业追逐绩效的结果。

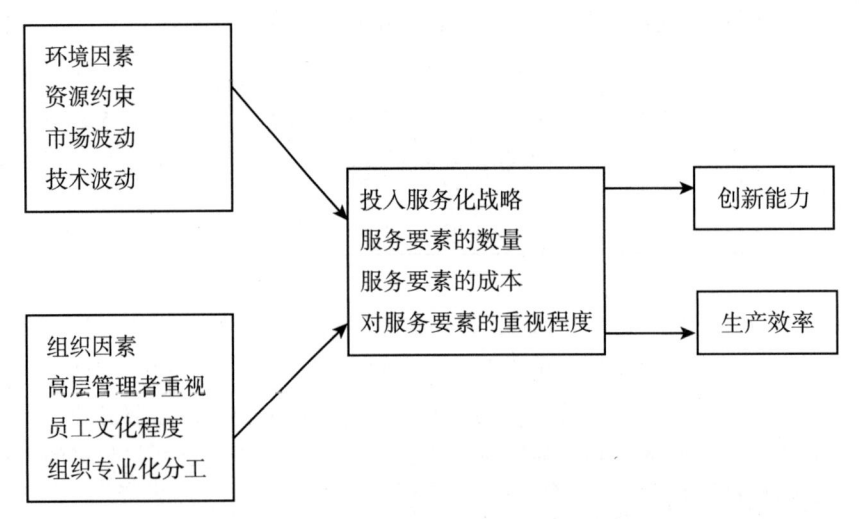

图 13-2 投入服务化演变机理的概念模型

三、产出服务化战略的影响因素与绩效

（一）产出服务化战略的影响因素

基于权变理论以及已有的相关文献，可将影响制造业企业采取产出服务化战略的因素归纳为三类：一是环境因素，主要包括环境管制、行业竞争、行业创新。二是组织因素，包括高层管理者态度、员工构成特点、产品成本。三是客户因素，此处主要考虑客户的价格意识。

（二）产出服务化战略的绩效

产出服务化战略的绩效以两条途径体现出来：一是服务通过创造差异化优势，提高产品竞争力，称为间接绩效；二是服务直接提高企业利润，成为企业价值增长的新源泉，称为直接绩效。

（三）产出服务化战略的概念模型

如图 13-3 所示产出服务化演变机理模型反映了各影响因素与产出服务化战略之间、产出服务化战略与其绩效之间的关系，认为产出服务化战略是环境、组织、顾客等内外部因素共同作用的结果，同时也是企业追逐绩效的结果。

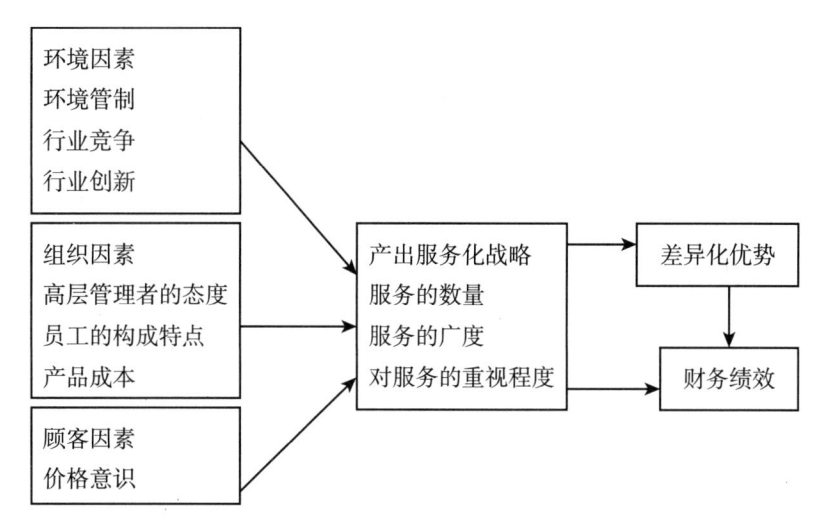

图 13-3 产出服务化演变机理的概念模型

第四节 推动第二产业生产服务业发展的对策

一、中国第二产业生产服务业的发展特征

（一）第二产业生产服务难以满足第二产业需求

根据 OECD 与中国投入产出表计算 2007 年我国第二产业生产服务业占生产服务业的比重为 56.07%，不仅明显高于 2005 年 5 个发展中国家的平均水平（42.71%），也显著高于西方七国的平均水平（30.94%）。但 2007 年我国第二产业生产服务占第二产业中间投入和总投入的比重，不仅远低于 2005 年西方七国的平均水平，而且远低于 5 个发展中国家的平均水平（21.48% 和 14.47%），

难以满足第二产业的服务需求。

（二）第二产业生产服务构成以劳动密集型为主，知识密集型服务发展缓慢

从2007年我国第二产业生产服务业的部门结构看，交通运输、住宿餐饮、公共社会居民等劳动密集型服务行业的比重明显高于5个发展中国家的平均水平，而且也明显高于西方七国的平均水平。批发零售、交通运输、住宿餐饮这些劳动密集型行业的比重合计占到第二产业生产服务业的57.3%，高于5个发展中国家的平均比重（56%），也高于西方七国的平均比重（44%）。

从2005年我国知识密集型服务构成看，除邮政通信服务外，研究开发服务、计算机及相关服务、其他商务服务、设备租赁服务、金融保险服务的比重均明显低于西方七国和5个发展中国家的平均水平。这些知识密集型服务行业的比重合计占到第二产业生产服务业的32.43%，低于5个发展中国家的平均水平（34.66%）和西方七国的平均水平（45.34%），表明我国知识密集型服务发展缓慢，第二产业部门的知识密集型服务投入明显偏低。

二、中国第二产业生产服务业发展特征的形成原因

（一）制度因素使第二产业生产服务发展滞后

中国政府长期以来重工农业轻第三产业，很多地方政府制定相关政策往往偏重于鼓励投资巨大、见效快的重工业发展而忽视多是中小企业的第三产业发展，经济发展战略片面停留在发展工业的层面上，把第三产业发展置于经济发展战略之外，忽视生产服务业的发展。同时政府在第三产业准入上设置的门槛较高，甚至超过了一般竞争性领域，进入后的限制与干预也很多，导致生产服务业难以像竞争性领域的第二产业那样顺利发展。这种状态使服务机构缺乏动力提高服务效率、改善经营和管理，第二产业生产服务水平难以提高并满足第二产业需求。

（二）相对落后的第二产业发展模式制约了服务需求

我国第二产业在经济总量和出口总量中占很高比例，但核心发展模式落后，产品附加值低，自主创新能力和技术水平不高。很多外资企业控制了我国的第二产业企业，比如中国的外资企业掌控了我国高技术产业出口的80%以上，这些企业对其核心技术和核心服务环节控制严密。落后的第二产业发展模式制约了第

二产业企业向全球价值链具有高附加值的服务环节的嵌入，从而制约了对生产服务的高端需求。

（三）外部市场环境制约着第二产业生产服务的发展

虽然生产服务业有降低第二产业企业交易成本的功能，而我国市场秩序还不规范，知识产权问题一直没有得到有效解决，社会诚信体系未完全建立，这会直接影响生产服务业的进一步发展。一些服务行业知识产权意识淡薄，盗版软件、盗版光碟、网络侵权等侵犯知识产权事件时有发生。一些服务行业如信息咨询、商务服务、物流业等没有服务标准，质量监管困难，侵害消费者利益事件时有发生。这些都对生产服务业市场秩序的建立产生了不良影响，制约了生产服务业的健康发展。

（四）国际制造业和服务业转移的协同性阻碍了第二产业生产服务的本土化发展

随着各国服务管制的不断放松，国际制造业和服务业转移在规模、结构、区位上表现出一定的协同性，它们"集群式"转移对当地相关产业的前向、后向关联效应不高，对当地制造企业和服务企业的技术溢出效应和知识溢出效应就会大打折扣，一定程度上阻碍了第二产业生产服务的本土化发展，加大了本土制造企业和服务企业嵌入其全球价值链的难度。

（五）技术因素制约了第二产业生产服务的专业化信息化发展

我国生产服务业的信息应用尚有很大差距，为第二产业服务的信息嵌入技术在应用上远远不够，未能充分发挥其潜能。生产服务业总体技术水平不高，严重制约着生产服务业社会化、专业化、信息化的发展。

三、中国第二产业生产服务的发展战略

（一）第二产业企业争取嵌入全球价值链高端

若处于低层的加工生产环节，企业可通过并购、合作或合资等方式，在销售环节符合购买商参数要求后通过贸易方式嵌入全球价值链。之后企业需要逐渐提升技术水平和生产能力，利用先进技术的引进或是生产系统的重组，推动流程升

级。之后，再转向推动实现产品升级。最后，通过企业掌握核心技术，来增强核心竞争力和树立良好的品牌形象，实现功能升级。

在嵌入全球价值链后，企业可以根据实际情况选择适合自己的升级路径。一方面，我国劳动密集型企业在代工生产过程中，将生产加工环节向越南等南亚地区劳动力成本更低的国家进行外包，而把自己的业务重点放在市场扩张方面，推广到全球市场。另一方面，企业通过提高自主创新能力，将产品设计向中高端市场渗透，培育出真正的自主品牌。

（二）大力发展知识密集型服务业

1. 建立第二产业金融创新服务体系。首先，提高金融保险中介机构的专业化服务水平。金融机构在第二产业企业引进外资和去海外投资过程中，应该在传统融资服务的基础上，拓宽服务范围，为企业提供专业化的金融咨询、兼并收购、风险投资、信用评级等服务，并且尽快使服务水平达到国际化标准。其次，加快发展股票、债券、产权交易等直接融资市场，拓宽和完善企业的融资渠道。最后，政府、国内外金融机构和个人投资者共同出资设立风险投资基金，通过吸引外资，在国际范围内找到最合适的技术、产品、市场、资本和人才，从而推动我国高科技制造企业和传统制造企业的创新活动。

2. 把商务服务业作为生产服务业发展的龙头。全面提高对研究开发的认识，加大对企业研发的财政资金投入，支持企业开拓研发服务领域，推动研发服务向技术集成、产品设计、工艺配套等服务领域拓展，使研发机构向专业化、规模化方向发展。此外，还要特别重视计算机及相关服务所提供的计算机系统服务、数据处理服务、维修咨询服务、软件设计及咨询服务在第二产业生产过程中发挥的重要作用。

（三）提升劳动密集型服务业

1. 提升交通运输服务水平。一方面，企业可引进物流信息系统和电子数据交换技术，以及网络、条形码、卫星定位系统及无线电射频技术加速企业向信息化、自动化和决策上的智能化方向发展。另一方面，企业要改变传统大而全的观念，通过兼并收购，发挥各自所长，专注于专业化服务水平的提升，从而降低物流成本。

2. 推进批发零售业的现代化发展。以产业升级为依托，创新经营方式。大力促进传统经营方式向展览展示、商品信息服务、物流配送、网络批发零售等多种服务功能转变。

(四) 建立生产服务业保障体系

政府应基于对生产服务业发展对产业升级重要作用的正确认识，建立起一套运行顺畅的生产服务业政策保障体系，为需要重点扶持的生产服务行业制定细化的配套政策和行业发展重点规划。以研发服务业为例，虽然一些地区制定了鼓励制造企业设立研发中心或机构的政策措施，但支持力度较小，奖励范围有限，未针对全部研发投资活动。政府要积极为企业研发投资提供制度和资金保障。

第十四章

第三产业生产服务业发展

本章分析不同因素对第三产业生产服务发展的影响以及第三产业生产服务对第三产业增长率、劳动生产率和服务贸易的贡献,归纳第三产业生产服务发展的趋势与规律,并通过将中国第三产业生产服务业发展与西方七国及典型发达国家对比分析,剖析中国第三产业生产服务业发展的滞后成因,进而提出相应的政策建议。

第一节 第三产业生产服务发展的影响因素

本部分主要考察经济发展水平、城市化水平、信息技术水平、人力资源状况以及制度因素(政府规模、法治水平、市场开放程度)对第三产业生产服务发展的影响。第三产业生产服务的发展状况,用第三产业生产服务占国民经济总产出的比重(TPST)和第三产业生产服务占第三产业总投入的比重(TPSIT)表示。

将模型设定为如下形式:

$$TPST_{it} = C_1 + \alpha X_{it} + \mu_{it} \tag{14.1}$$

$$TPSIT_{it} = C_2 + \beta X_{it} + \mu_{it} \tag{14.2}$$

其中,$TPST_{it}$ 和 $TPSIT_{it}$ 为被解释变量,表示第三产业生产服务的发展水平(i 表示国家,t 表示年份),$X'_{it} = (X_{1it}, X_{2it}, \cdots, X_{kit})$ 为解释变量向量,包括人均 GDP(PGDP)、信息技术(COM)、政府规模(GOV)、法治水平(LAW)、

市场开放程度（OPEN）、城市化水平（URBAN）、人力资本状况（EDU）。残差项 μ_{it} 代表了模型中被遗漏的体现随截面和时序同时变化的因素的影响。

一、人均 GDP 对第三产业生产服务的影响

人均国内生产总值可以衡量一国的经济发展水平。人均 GDP 综合反映了社会劳动生产率、生产总额、消费与生产者的比例、人口、收入水平以及整个国民经济发展水平等方面的总体状况，与第三产业有某种内在的联系，因此，它就成为影响服务需求的关键因素（李江帆，1983、1990、1994）。随着经济发展水平的提高和市场规模的扩大，产业内部分工不断深化，扩大到第三产业内部行业，从而使得服务企业内部的生产服务环节形成"外部化"趋势，原来存在于企业内部的生产服务活动形成了市场化的新兴生产服务行业，这些新产生的服务行业不但为原来所从属的服务行业提供服务，而且还开拓新的市场，为其他服务行业提供生产服务。从产业层面看，这表现为生产服务业向第三产业投入的更多的生产服务。

表 14-1 显示了人均 GDP 对第三产业生产服务发展的影响。两个模型的结果是一致的，都显示人均 GDP 与第三产业生产服务具有正的相关关系，模型 2 的系数分别为 0.62 和 0.371，且都在 1% 的显著性水平上统计显著。第三产业生产服务的发展受经济发展水平的影响较大。随着经济发展水平的提高，第三产业内部各行业之间的分工和专业化程度日益加深，在分工与专业化的基础上，服务行业之间的产业关联程度增强，使第三产业的发展从以前主要依赖于实物型生产资料转变为"愈来愈大的程度上依赖第三产业本身对服务产品的消耗"。

表 14-1　　　　　　　人均 GDP 对第三产业生产服务的影响

	模型一：因变量 TPST			模型二：因变量 TPSIT		
	模型 1（OLS）	模型 2（FE）	模型 3（RE）	模型 1（OLS）	模型 2（FE）	模型 3（RE）
Intercept	-0.114 (-1.325)	-1.488*** (-3.232)	-0.175 (-1.417)	0.842*** (13.276)	-0.15 (-0.537)	0.724*** (7.635)
PGDP	0.293*** (14.438)	0.620*** (5.660)	0.308*** (10.563)	0.135*** (8.976)	0.371*** (5.583)	0.162*** (7.264)
Redundant FE 检验（P 值）		0.000			0.000	

续表

	模型一：因变量 TPST			模型二：因变量 TPSIT		
	模型 1（OLS）	模型 2（FE）	模型 3（RE）	模型 1（OLS）	模型 2（FE）	模型 3（RE）
Hausman 检验（P 值）			0.003			0.0009
调整后的 R^2	0.66	0.862	0.491	0.426	0.843	0.311
F 统计量		18.972	104.237		16.529	48.057
观测值	108	108	108	108	108	108

注：括号内为 t 值；*、** 和 *** 表示在 10%、5% 和 1% 的显著性水平上统计显著。

资料来源：（1）ERS International Macroeconomic Data，为 2000 年不变价美元。

（2）OECD 数据库投入产出表。

二、城市化对第三产业生产服务的影响

李江帆（1994）指出"城市是第三产业的基地，它集中了第三产业的大部分劳动力，提供大部分第三产业产值"。"城市化水平高，说明第三产业的发展基地多"。[①] 城市化水平也普遍被认为是影响第三产业发展的重要因素，是另一个文献中较多涉及的因素（江小涓等，2004）。在城市，经济活动更为多样化，生产服务业也更加专业化。以我国为例，2002 年第三产业在地级以上城市创造的增加值占全部服务业增加值的 84.8%（倪鹏飞，2004）。其次，就生产服务业来说，城市也是生产服务业的集中地。生产服务业集聚在城市中更容易接近劳动力市场、研究机构和地方市场，尤其是对生产服务具有较高需求的企业总部在城市高度集中，使生产服务业有向城市聚集的趋势。城市中集聚的服务行业形成相互提供生产服务，分工协作的产业体系，使城市成为第三产业生产服务发展的空间载体。城市化进程促进了生产服务行业的空间集聚，地理上的接近也加强了各生产服务行业之间的关联程度。

表 14-2 显示了城市化水平和人力资本水平对第三产业生产服务的影响。城市化与第三产业生产服务具有正相关关系，第一个模型 3 系数为 1.184，在 1% 的显著性水平上统计显著，第二个模型 3 的系数为 0.574，在 1% 的显著性水平

[①] 李江帆：《第三产业的产业性质、评估依据和衡量指标》，载于《华南师范大学学报》，1994 年第 3 期，第 8 页。

上统计显著。发达国家宏观经济的"离工业化"趋势在城市经济中表现得尤为明显,生产服务行业成为填补城市产业空心的重要战略选择。在过去几十年里,生产服务业存在向城市集中的趋势,金融保险、房地产、法律顾问、广告、市场营销、信息系统管理、研究与开发等生产服务行业在国际性大城市的发展成为令人瞩目的现象。城市化进程有利于生产服务业在城市内部集聚发展,在城市中的生产服务行业互相为对方提供生产服务,形成分工协作的生产服务体系。

表14-2　　　　　　　城市化对第三产业生产服务的影响

	因变量 TPST			因变量 TPSIT		
	模型1（OLS）	模型2（FE）	模型3（RE）	模型1（OLS）	模型2（FE）	模型3（RE）
Intercept	-0.896*** (-4.324)	-2.228*** (-2.789)	-1.053*** (-3.389)	0.511*** (3.765)	-0.432 (-0.879)	0.354* (1.738)
CITY	1.099*** (9.738)	1.827*** (4.188)	1.184*** (7.012)	0.490*** (6.623)	1.004*** (3.742)	0.574*** (5.178)
Redundant FE 检验（P值）		0.000			0.000	
Hausman 检验（P值）			0.1099			0.078
调整后的 R^2	0.47	0.839	0.316	0.288	0.809	0.191
F 统计量	94.828	16.382	48.536	43.862	13.513	26.07
观测值	107	107	107	107	107	107

注：(1) 括号内为t值；*、**和***表示在10%、5%和1%的显著性水平上统计显著。
　　(2) 城市化（CITY）用城市人口占总人口的比重表示。
资料来源：(1) 国家统计局网站国际数据库。
　　　　　(2) 联合国 The 2007 Revision Population Database。
　　　　　(3) OECD 数据库投入产出表。

三、信息技术对第三产业生产服务的影响

生产向信息化发展,使与信息的生产、传递和处理有关的生产服务的需求以超过实物型生产资料的速度增长（李江帆,1990,1994）。随着技术的进步,电报、电话、广播、电视等一系列新的信息传递手段逐渐应用推广,使得信息传递的载体从原始的口头和文字发生了变化,从而改变了远距离交流时带来的高昂成

本和信息传递失效或迟滞的情况。信息技术的变革，特别是以计算机、互联网、移动电话为代表的通信方式及信息数据库的出现与发展，使得大容量与高密度的信息流传递成本与空间距离远近不再具有显著联系（Cairncross，1997）。当代各国经济服务化的实质，是经济的信息化和知识化（刘志彪，2001；吴敬琏，2006）。知识密集型商务服务业（KIBS）与信息和通信技术（ICT）之间具有较为明显的"协同演进"（co-evolution）关系（Antonelli，1998）。信息技术及其在生产服务业中的应用，引发了创造性破坏（creative destruction）的产业动态演变过程，使第三产业各行业之间的联系更加紧密，促进了生产服务业与第三产业之间的产业互动和融合，成为第三产业生产服务发展的加速器。传统的服务产品具有无形性、不可储存性、生产消费同时性的特点，而信息技术的发展使服务产品的生产和交付在一定程度上突破了空间的界限，促进了服务业的"可贸易性革命"（tradability revolution）（朱胜勇，2009）。这也推动了以生产服务为主要内容的服务外包这一新的管理模式和分工形态的发展（卢峰，2007）（见表14-3）。

表14-3　　　　　　信息技术对第三产业生产服务的影响

	因变量 TPST			因变量 TPSIT		
	模型1（OLS）	模型2（FE）	模型3（RE）	模型1（OLS）	模型2（FE）	模型3（RE）
Intercept	0.825*** (18.928)	0.955*** (29.097)	0.932*** (24.785)	1.244*** (50.531)	1.311*** (65.914)	1.294*** (58.764)
TELECOM	0.667*** (7.217)	0.374*** (5.181)	0.432*** (6.451)	0.372*** (7.121)	0.222*** (5.065)	0.26*** (6.467)
Redundant FE 检验（P值）		0.000			0.000	
Hausman 检验（P值）			0.0326			0.031
调整后的 R^2	0.327	0.851	0.275	0.321	0.887	0.273
F 统计量	52.084	17.686	40.755	50.711	14.972	40.456
观测值	106	106	106	106	106	106

注：(1) 括号内为t值；*、**和***表示在10%、5%和1%的显著性水平上统计显著。

(2) 信息技术水平（TELECOM）用计算机及相关服务（Computer & related activities）占第三产业总投入的比重表示。

资料来源：OECD数据库投入产出表。

结果表明信息技术与第三产业生产服务有正的相关关系，两个模型2的系数分别为0.374和0.222，且都在1%的显著性水平上统计显著，信息技术对第三产业生产服务具有很强的促进作用。现代信息技术的进步及信息网络化的发展克服了地域局限，扩展了市场范围，这将促进第三产业内部分工的进一步细化，使第三产业生产服务的功能更加丰富，内容更为广泛。信息技术在第三产业中的应用转变了生产服务企业的管理模式，提高了运营效率，促进了服务产品的创新，降低了第三产业生产服务的供给成本并提高了服务质量。

四、人力资本对第三产业生产服务的影响

在现代经济中，实物资本充裕程度的相对禀赋差异的重要性降低，而人力资本的相对禀赋差异变得日益重要。劳动力成本在服务活动运营成本的比重极大，服务产品的质量和数量大大依赖于所使用的人力资本的质量和数量。当人力资源丰富、劳动力成本较低时，劳动密集型的服务行业就会有很好的发展条件。相反，当劳动力稀缺、雇佣成本较高时，服务业会倾向往知识和技术密集型转型。人力资源的积累状况对于第三产业特别是生产服务业的发展尤为重要。与发展中国家相比，发达国家劳动力的受教育程度更高，拥有较多的专业服务人才，在高素质人力资本禀赋方面占有较大优势，在国际产业体系中人力资本的比较优势转化为生产服务环节的比较优势，而发展中国家的情况则正好相反。第三产业所使用的法律、会计、审计、市场研究、商务和管理咨询、广告、建筑和工程服务等知识密集型的生产服务实质上构成了第三产业对人力资本的间接消耗。知识密集型的第三产业生产服务起到人力资本进入第三产业的桥梁作用。

表14-4表明人力资本状况与第三产业生产服务具有正相关关系，与本文的假设一致，模型3的系数分别为1.078和0.61，且都在1%的显著性水平上统计显著。第三产业生产服务业尤其是知识密集型的第三产业生产服务业往往需要较多的专业服务人才。专业服务人才的投入，能提高生产效率，促进服务产品的创新，并提高服务质量。

表14-4　　　　　人力资本对第三产业生产服务的影响

	因变量 TPST			因变量 TPSIT		
	模型1 (OLS)	模型2 (FE)	模型3 (RE)	模型1 (OLS)	模型2 (FE)	模型3 (RE)
Intercept	-1.792*** (-4.224)	-0.625 (-1.428)	0.960*** (-2.515)	0.104 (0.402)	0.284 (1.096)	0.230 (1.006)

续表

	因变量 TPST			因变量 TPSIT		
	模型1（OLS）	模型2（FE）	模型3（RE）	模型1（OLS）	模型2（FE）	模型3（RE）
EDU	1.507***	0.903***	1.078***	0.675***	0.582***	0.610***
	(6.863)	(3.983)	(5.462)	(5.036)	(4.329)	(5.157)
Redundant FE 检验（P值）		0.000			0.000	
Hausman 检验（P值）			0.116			0.66
调整后的 R^2	0.31	0.836	0.213	0.187	0.82	0.195
F 统计量	47.1	16.031	39.626	25.361	14.385	26.67
观测值	107	107	107	107	107	107

注：(1) 括号内为 t 值；*、** 和 *** 表示在10%、5%和1%的显著性水平上统计显著。

(2) 人力资本状况（EDU）是对各国居民教育状况的一个综合评分，度量各国人力资本积累状况，主要包含居民识字率、入学率、入学平均年限等方面的评价，评分越高表明居民的教育状况越好。

资料来源：(1) 联合国 Human Development Report.

(2) OECD 数据库投入产出表。

五、制度因素对第三产业生产服务的影响

一般来说，政府规模越大，其控制的经济资源就越多，这意味着它更容易渗透到经济运行的各个方面，对市场具有更强的干预和控制能力。政府规模可以从三个方面影响第三产业生产服务的发展：第一，第三产业的自由进入和开放对其发展非常重要。然而对于许多国家的政府来说，一些服务行业经济属性之外的兼有属性可能会被过分看中，从而对其实行国有垄断经营（江小娟等，2004）。例如在第三产业生产服务中比重较高的金融行业、电讯行业涉及金融安全、信息安全问题，对这些行业的国有垄断可能抑制这些行业的发展。第二，政府对于经济运行有较强控制能力，尤其是其自身可以进行投资或者能够控制投资流向时，出于拉动经济增长或增加税收等方面的考虑，往往有很强的动力对于大型工业企业进行投资或者提供相应的优惠，而忽视服务企业的需求（汪德华等，2007）。第三，相对于私营部门，政府部门的利润机制较弱，缺乏成本控制的动机，其外购生产服务的动力往往不足，从而限制了政府部门对第三产业生产服务的需求。

良好的法律环境会促进投资和消费的增加，还对科学技术等创新活动有重要

影响。就第三产业生产服务来说，法治水平对其发展也有重要的影响。首先，服务产品具有使用价值非实物性和无形性，与制造业的产品不同，其使用价值是运动形态的使用价值（李江帆，1990）。由于没有实物形态的使用价值，相对于有形的实物产品而言，产权保护更为困难。因此，一国的法律制度特别是物权法和知识产权法律制度对创新型服务产品的产权保护就显得尤为重要。其次，由于服务产品的非实物性和无形性，使服务产品的个性化和差异化更强，一个有组织的交易市场对于服务产品来说更为缺乏。当外部法律环境不能保证交易契约得到有效实施，生产服务的交易双方锁定威胁及其伴随的机会主义行为可能造成交易无法完成，继而使企业外购生产服务遇到障碍（汪德华等，2007）。再次，第三产业生产服务的主要行业如金融保险、商务服务、房地产行业具有"契约密集型"服务业的特点，一国法律体系对契约的保护力度同样非常重要。最后，一些具体的法律制度安排也会对第三产业生产服务的发展造成影响，有些服务产品按照法律规定必须外购，由独立的第三方提供，如财务审计、质量检测等，这些硬性的法律规定的意义在于，为企业之间的信任度提供制度保证。总体来看，良好的法治水平将为生产服务的市场交易创造条件，有利于第三产业生产服务的发展。

在经济和服务全球化进程日益加剧的时代，任何一个国家的经济发展都已离不开与其他国家的密切合作。随着各国市场开放程度的提高，社会分工突破了国家的界限，导致了资本、技术、信息、劳动力等生产要素和产品的跨国流动。经济全球化的发展态势以及世界各国服务业市场开发程度的提高为服务贸易和服务业国际投资创造了条件，也为世界各国基于资源禀赋和比较优势更为深入地参与国际分工提供了前提和可能。服务业市场的开放促进了国际服务贸易的发展，生产服务的出口，可以推动国内第三产业生产服务的发展；生产服务的进口可以弥补本国产业的不足，为本国第三产业生产服务的发展创造条件。另外，市场开放程度的提高有利于本国服务业国际投资的发展。对外投资会导致本国生产服务业的对外转移，外国投资则促使国外先进的生产服务业引入国内。其中，外国直接投资对本国第三产业生产服务的发展影响更为直接和深远。

对于政府规模因素，两个模型2的系数较小，方向预期相反，但通过显著性检验。这可能是由于政府规模对第三产业生产服务的发展具有正负两方面的影响。一方面，政府规模过大，创租和寻租活动增多，可能使市场机制发生扭曲，阻碍了服务企业之间正常的市场互动关系；另一方面，在多数国家的统计中，政府活动也被统计到第三产业的产值中，政府部门既是第三产业生产服务的供给者，也是第三产业生产服务的需求者。政府规模越大，为服务企业提供的公共服务越多。政府也可能将一些服务工作外包，通过政府采购的方式获取生产服务。由于正负两方面的影响，使政府规模对第三产业生产服务发展的影响具有不确定性。

根据模型 2 的结果,法治水平与第三产业生产服务具有负相关关系,与本章的假设相反,且没有通过显著性检验。这可能是由于所选择的样本国家既包括先进经济体,也包括新兴市场和发展中国家,法治水平对这两类国家第三产业生产服务的影响存在差异。可以肯定的是,司法体系对产权保护和契约保护水平的提高可以大大降低市场交易成本,为生产服务市场的形成和发展创造条件,对于第三产业生产服务,特别是比重日益提高的创新型服务产品而言,良好的知识产权法律保护体系非常重要。一个广泛引用的例子是印度软件和服务外包产业,从服务的行业来看,印度软件和服务外包产业的主要客户为服务企业,以提供第三产业生产服务为主[①]。在国际软件服务外包方面,欧美发包商在选择承包商时,对于东道国的知识产权保护问题极为关注,印度政府顺应了这一趋势,2001 年颁布了《信息技术法》,对侵犯知识产权的行为进行严厉打击,促进了印度服务和软件外包产业的发展(朱胜勇,2009)。

市场开放程度与第三产业生产服务具有正相关关系,两个模型 2 的系数分别为 0.229 和 0.162,在 1% 水平的显著性水平上统计显著。市场开放程度的提高不仅为生产服务贸易的发展创造良好的外部条件,而且也有利于生产服务业国际投资的开展。在服务贸易方面,《服务贸易总协定》把最惠国待遇和国民待遇原则运用到服务贸易领域,并由各缔约方在市场准入方面提出各自减让表。服务贸易总协定的签署和服务贸易自由化进程的加速极大削弱了贸易壁垒等带来的制约,从而有效推动了生产服务贸易的发展。在服务业国际投资方面,OECD(1987)的研究表明,东道国政府的政策与规章是影响当地服务业外商直接投资的最重要的因素之一。由于生产服务业的 FDI 与产业链中上下游企业的 FDI 具有较强关联性,生产服务业的 FDI 促进了服务业产业链的跨国延伸,加强了世界各国服务企业之间的互动与联系(见表 14-5)。

表 14-5　　　　制度因素对第三产业生产服务的影响

	因变量 TPST			因变量 TPSIT		
	模型 1（OLS）	模型 2（FE）	模型 3（RE）	模型 1（OLS）	模型 2（FE）	模型 3（RE）
Intercept	-0.911*** (2.834)	0.604* (1.679)	-0.107 (-0.366)	0.622*** (3.40)	1.058*** (4.995)	0.791*** (4.608)

---

① 印度服务外包的对象包括银行金融保险(40.4%)、高科技和通信(19.1%)、制造业(15.0%)、零售业(8.0%)、媒体、出版和娱乐(3.3%)、建筑设施(3.5%)、健康服务(2.5%)、航空和运输(3.4%)、其他(4.7%)。数据来源:印度国家软件和服务公司协会(NASSCOM)。

续表

	因变量 TPST			因变量 TPSIT		
	模型1（OLS）	模型2（FE）	模型3（RE）	模型1（OLS）	模型2（FE）	模型3（RE）
GOV	0.099*** (1.005)	0.272** (2.544)	0.145 (1.625)	-0.025 (-0.444)	0.139** (2.201)	0.053 (1.018)
LAW	0.872*** (6.661)	-0.11 (-0.662)	0.379*** (2.995)	0.352*** (4.718)	-0.036 (-0.365)	0.180** (2.428)
OPEN	0.215*** (5.274)	0.229*** (3.779)	0.247*** (5.666)	0.155*** (6.680)	0.162*** (4.543)	0.170*** (6.630)
Redundant FE 检验（P值）		0.000			0.000	
Hausman 检验（P值）			0.0001			0.003
调整后的 R^2	0.477	0.841	0.411	0.469	0.828	0.300
F 统计量	33.251	15.791	13.001	32.19	14.43	16.182
观测值	107	107	107	107	107	107

注：(1) 括号内为 t 值；*、** 和 *** 表示在 10%、5% 和 1% 的显著性水平上统计显著。

(2) 政府规模（GOV）指标从政府消费支出占总消费的比例、转移支付占 GDP 比例、政府以及政府控制企业的投资占总投资的比例、总边际税率 4 个方面衡量。法治水平（LAW）指标从司法独立、法庭公正、产权保护、公权力干预司法过程、法律体系完整性、法律对契约的保护、对交易的限制 7 个方面衡量。市场开放程度（OPEN）指标从国际贸易税率、贸易壁垒、贸易部门比重、黑市汇率、对国际资本的控制 5 个方面衡量。

资料来源：(1) Economic Freedom of the World 2007 Annual Report.

(2) OECD 数据库投入产出表。

第二节　第三产业生产服务对第三产业的影响

一、第三产业生产服务对第三产业生产率的影响

（一）第三产业生产服务促进第三产业生产率提高的机制分析

笔者认为第三产业生产服务可以从生产率创导作用、促进服务生产环节的链

接作用、提升知识和人力资本密集度、促进服务创新、提高服务业信息化程度五个方面提升第三产业的生产率。

1. 第三产业生产服务的某些行业具有较高的生产率，通过产业关联作用提高了其他服务行业的生产率。从占第三产业生产服务业比重较高的行业如商务服务、金融保险、通信服务、计算机技术服务等行业来看，它们信息技术的应用程度高、管理方式较为先进，本身就具有较高的生产率。一方面，这些生产服务对于第三产业现代化的生产方式来说是必不可少的，第三产业对它们的需求越来越大；另一方面，随着第三产业市场的扩大，这些生产服务被投入第三产业的比重也越来越高。第三产业生产服务行业通过与其他服务行业频繁而密切的产业关联，通过为其他服务行业提供服务型生产资料，将其自身较高的生产率传导到其他服务行业。

2. 第三产业生产服务对服务业生产链中不同生产环节的链接作用提高了第三产业生产率。一方面，生产率的增长取决于生产本身的状况，依赖于生产的分工和专业化程度；另一方面，生产率的提高还要依靠不同经济行为之间相互联系程度的加强，而第三产业生产服务对于连接服务业生产链中不断增长的差异化和专业化的分工环节具有特别重要的作用。随着全球市场的融合以及信息技术发展带来的市场容量的扩张，促进了第三产业内部分工的深化，第三产业生产效率的提高越来越取决于在不同服务生产环节之间建立起来的相互联系，而不再仅仅取决于服务生产活动本身的效率状况。

3. 第三产业生产服务提升了第三产业知识密集程度。表 14-6 显示了 1992 年美国制造业与非制造业人力资本的投入状况，其中非制造业部门中科学家、工程师和计算机专家的就业比例都已超过了制造业，在计算机服务和金融服务方面，计算机专家的比例最高。根据 1998 年数据，美国科学家和工程师在制造业和服务就业人数比为 0.36:0.61。生产服务业大多是以知识和人力资本为主要投入对象，其产出中知识和人力资本含量相对较高 (Markusen, 1989)。第三产业生产服务发挥了知识和人力资本进入第三产业迂回生产过程的媒介作用。第三产业知识和人力资本密集程度的提高将提升第三产业的生产率。

4. 第三产业生产服务促进了服务创新，提高了第三产业生产率。产品创新、生产工艺创新、组织创新、开发新市场都与服务创新有关。与制造业所强调的"技术创新"范式相比，服务创新不仅关注技术维度，也关注非技术形式的创新。服务产品自身的无形性等特性，使得与之相应的服务创新具有客户参与性、形式多样性等特点。首先，第三产业生产服务行业自身创新程度较高，商务服务和邮电等生产服务行业具有高程度的创新内涵，是创新的载体。其次，第三产业生产服务通过促进服务企业之间的"交互作用"促进服务创新。在生产服务企业向其他服务企业提供生产服务的过程中，服务的需求方可能成为创新思想的重要来源，服务需求者也可能作为"合作生产者"参与服务创新过程，服务企业之间还可能结合成"知识联盟"。通过持续不断的交互作用，生产服务企业充分了解需求，通过服务创新改善服务质量，并且在交互过程中实现了创新知识的流动，产生创新知识的"溢出效应"（马风华，2010）。

表14-6　1992年美国科学家和工程师在各行业的就业比重　　　单位：%

行业	科学家和工程师就业比例	计算机专家比例
制造业	48.1	10.9
非制造业	51.9	23.7
工程服务	9.1	3.2
计算机服务	8.3	51.8
金融服务	6.1	58.5
贸易	5.2	25.5

资料来源：克利斯·弗里曼、罗克·苏特著，华宏勋、华宏兹等译：《工业创新经济学》，北京大学出版社2004年版，第510页。

5. 信息服务业促进了第三产业的信息化，提升了生产率。随着计算机、互联网、卫星通信等高新信息技术的发展，使得第三产业的信息传播和管理领域产生了巨大的技术变革。发达国家的经验表明，服务业已成为信息化的主要领域。表14-7显示了美国1995~2000年服务行业中IT资本的应用对劳动生产率加速的贡献已超过了非IT资本对劳动生产率加速的贡献。信息服务业也是第三产业生产服务业的主要行业之一，信息服务业对于促进信息技术的应用发挥关键作用，使得信息技术的成果能够顺利地扩散到其他服务行业。在信息技术硬件水平改进的基础上，第三产业信息化越来越表现为信息服务投入的增加。信息服务业提高了第三产业的信息化程度，对第三产业生产效率具有积极影响。

表14-7　1995~2000年美国服务业劳动生产率加速增长的贡献因子

平均值	劳动生产率增加速度	多要素生产率	IT资本对劳动生产率加速的贡献	非IT资本对劳动生产率加速的贡献
22个服务行业	1.4	0.9	0.2	0.1
21个服务行业	0.8	0.5	0.2	0.1
15个服务行业	3.0	1.7	0.3	0.1
14个服务行业	2.2	1.1	0.3	0.2

注：1995~2000年劳动生产率加速增长是与1977~1995年相比而言的，表中平均数未经加权计算出来的；21个服务行业与22个服务行业、14个服务行业与15个服务行业的差别在于经纪业（brokerage）的有无。

资料来源：Bosworth and Triplett (2003) 中的表二。

（二）第三产业生产服务促进第三产业生产率提高的实证检验

基于以上分析，第三产业生产服务的发展与第三产业生产率正相关。

1. 模型的设定和数据来源。建立第三产业生产服务与第三产业劳动生产率的回归模型如下：

$$LP_{it} = C_1 + \alpha TPST_{it} + \mu_{it} \qquad (14.3)$$

$$LP_{it} = C_2 + \beta TPSIT_{it} + \mu_{it} \qquad (14.4)$$

第三产业的生产率：用第三产业劳动生产率（LP）表示，为第三产业增加值/第三产业劳动力数量，各国第三产业增加值来源于世界银行 WDI 数据库，劳动力数据来源于我国国家统计局网站国际数据共包括 36 个国家。

第三产业生产服务状况：用各国第三产业生产服务占国民经济总产出的比重（TPST）和第三产业生产服务占第三产业总投入的比重（TPSIT）表示。

2. 结果分析。表 14-8 分别给出了混合估计（OLS）、固定效应模型（FE）和随机效应模型（RE）的估计结果，模型一中固定效应模型较为理想，模型 2 的系数为 2.387，通过了 1% 水平的显著性检验；模型二中的随机效应模型较为理想，模型 3 的系数为 3.996，也通过了 1% 水平的显著性检验。计量模型结果表明第三产业生产服务的发展对第三产业的劳动生产率具有较强的促进作用。

表 14-8　第三产业生产服务对第三产业劳动生产率的影响

	因变量 LP					
	模型一			模型二		
	模型 1（OLS）	模型 2（FE）	模型 3（RE）	模型 1（OLS）	模型 2（FE）	模型 3（RE）
Intercept	5.494*** (11.382)	7.619*** (20.142)	7.251*** (20.042)	2.072* (1.662)	5.239*** (5.430)	4.665*** (5.282)
TPST	4.262*** (10.143)	2.387*** (7.166)	2.703*** (8.949)			
TPIST				5.837*** (6.638)	3.597*** (5.273)	3.996*** (6.460)
Redundant FE 检验（P 值）		0.000			0.000	
Hausman 检验（P 值）			0.025			0.166

续表

| | 因变量 LP ||||||
| | 模型一 ||| 模型二 |||
	模型1（OLS）	模型2（FE）	模型3（RE）	模型1（OLS）	模型2（FE）	模型3（RE）
调整后的 R^2	0.523	0.964	0.438	0.316	0.954	0.303
F 统计量	102.883	71.263	73.342		55.565	41.485
观测值	94	94	94	94	94	94

第三产业生产服务业的主要行业如金融保险、商务服务、通信服务、计算机服务等行业具有较高的生产率，它们为第三产业提供服务型生产资料，通过产业关联作用将自身较高的生产率传导到其他服务行业。第三产业生产服务发挥了对服务业生产链中不同生产环节的链接作用，增强了各个生产环节之间的协同关系。第三产业生产服务起到了知识和人力资本进入第三产业的媒介作用，提高了第三产业知识和人力资本的密集程度。第三产业生产服务促进了服务企业之间的交互作用，提高了服务创新水平。信息服务业促进了信息技术在第三产中的应用，提高了第三产业的信息化水平。以上几个方面的共同作用，提高了第三产业的劳动生产率。

二、第三产业生产服务对第三产业比重的影响

（一）第三产业生产服务促进第三产业比重上升的机制分析

李江帆（2001）指出"随着第三产业比重的增大，第三产业的发展将在愈来愈大的程度上依赖第三产业本身对服务产品的消耗"，"要从为第三产业服务的角度拓宽发展第三产业的视野，了解和重视第三产业为本产业提供服务产品的重要功能"，揭示了第三产业的自我依赖、自我增强的发展态势。在产业层面，圭列里和梅利恰尼（Guerrieri and Meliciani，2005）在对 OECD 国家生产服务业的研究中指出，生产服务业的发展存在一种"自我增强机制"（self-enforcing mechanism）（良性循环），即生产服务行业之间存在相互依赖，协同发展的态势。在企业层面，戈伊（Goe，1994）在对美国都市区生产服务企业的研究中也发现，生产服务企业为其他服务企业提供服务支持活动，生产服务业存在"自容性乘数效应"（self-contained multiplier effect）。由于第三产业对生产服务的需求扩大，

并且在市场经济利益传导机制发挥作用的条件下，生产服务业向第三产业供给的生产服务也相应增长。第三产业对生产服务需求和供给的增长使第三产业内部各行业形成更为紧密的产业关联关系。

1. 在需求方面，第三产业分工和专业化的发展以及信息化水平的提高扩大了第三产业对生产服务的需求。从第三产业生产过程的演变来看，随着第三产业分工的深化，生产过程的迂回程度日益提高，服务生产链不断延长，不但使服务生产过程比以往需要更多的实物资本品，而且服务型资本品被作为中间投入进入第三产业生产过程的深度和广度也在不断提高，这势必将引起第三产业对生产服务需求的增长。随着第三产业的生产向信息化发展，信息的生产、处理和传输成为服务企业日益重要的活动。第三产业信息化水平的提高，将引起对与信息相关的生产服务需求的扩大。

2. 在供给方面，在市场机制的作用下，成本因素和非成本因素共同促进了第三产业生产服务供给水平的上升。在生产经营成本方面，一是第三产业生产服务的供应方同时满足多个服务企业的需求，通过供应方的规模经济获得成本的节约，从而以更低的价格为企业提供生产服务。二是生产服务企业通过为服务企业提供多种服务项目，可以通过范围经济效应降低成本。三是生产服务供应商在向服务企业提供生产服务的过程中通过不断学习、熟悉先进技术、获取创新能力、提高管理水平的方式降低成本。此外，一些非成本因素对第三产业生产服务的供给也有影响。一是由于第三产业生产服务有相当大的比重是知识密集型的服务，作为需求方的服务企业由于知识和技术的不足，只能通过外购的方式获得。二是由于生产服务的日益专业化，特别是在技术快速进步、服务专业化水平迅速提高的背景下，在企业内部维持这类服务活动，并保持规模经济将变得越来越困难。三是由于面对需求的不确定性，外部供给的生产服务可以帮助服务企业规避风险，并将成本锁定。四是一些制度方面的因素也使外购生产服务成为必须，例如企业对外部独立审计服务的法律规定。

需求和供给两方面的作用加强了第三产业生产服务行业与其他服务行业之间的相互关系，促进了第三产业自我增强机制的形成并发挥作用，第三产业对服务资本品需求和供给相应增长，进而提高了第三产业的整体比重。

（二）第三产业生产服务对第三产业比重增长影响的实证检验

基于以上分析，第三产业生产服务的发展与第三产业比重正相关。

1. 模型的设定和数据来源。建立第三产业生产服务与第三产业比重的回归模型如下：

$$TV_{it} = C_1 + \alpha TPST_{it} + \mu_{it} \tag{14.5}$$

$$TV_{it} = C_2 + \beta TPSIT_{it} + \mu_{it} \tag{14.6}$$

第三产业比重：用各国第三产业的增加值比重表示（TV）。第三产业生产服务状况：用各国第三产业生产服务占国民经济总产出的比重（TPST）和第三产业生产服务占第三产业总投入的比重（TPSIT）表示。根据 OECD 投入产出数据库 2002 年、2006 年及 2009 年投入产出表计算得出。

2. 结果分析。

表 14-9 分别给出了混合估计（OLS）、固定效应模型（FE）和随机效应模型（RE）估计，根据检验的结果，模型一中的固定效应模型较为理想，模型 2 的系数为 0.196，模型二中的随机效应模型较为理想，模型 3 的系数为 0.244，且都通过 1% 水平的显著性检验，表明第三产业生产服务对第三产业比重的提高具有较强的促进作用。

表 14-9　　第三产业生产服务对第三产业增加值比重的影响

	因变量 TV					
	模型一			模型二		
	模型 1 （OLS）	模型 2 （FE）	模型 3 （RE）	模型 1 （OLS）	模型 2 （FE）	模型 3 （RE）
Intercept	1.409 *** （47.449）	1.578 *** （44.183）	1.522 *** （50.128）	1.253 *** （13.503）	1.513 *** （17.596）	1.457 *** （18.864）
TPST	0.347 *** （13.243）	0.196 *** （6.147）	0.249 *** （9.510）			
TPIST				0.387 *** （5.887）	0.202 *** （1.971）	0.244 *** （4.507）
Redundant FE 检验（P 值）		0.000			0.000	
Hausman 检验（P 值）			0.004			0.131
调整后的 R^2	0.622	0.926	0.446	0.241	0.935	0.157
F 统计量	175.377	37.705	86.415	34.658	27.838	20.774
观测值	107	107	107	107	107	107

在第三产业发展的早期阶段，其发展主要依靠消费者的最终需求。在这一阶段，消费服务业是推动第三产业发展的主要动力，这也是早期学者在研究第三产业比重增长中特别强调最终需求因素的原因。随着社会化的大生产扩展到第三产

业、工业化进程的推进以及与此相伴随的农业现代化过程，第一产业和第二产业（特别是制造业）对第三产业的中间需求发挥了重要作用。在这一阶段，农业生产服务和工业生产服务成为促进第三产业发展的主要动力之一。在国民经济持续软化的背景下，后工业化社会趋势逐渐显现，第三产业内部分工的深化促进了服务产品的生产方式转变为更加"迂回"的生产过程。在这一趋势下，除了最终消费，第一、第二产业对服务产品的中间需求之外，第三产业对服务产品的中间需求日益增大，生产服务业为第三产业供给的服务型生产资料也相应增加，第三产业的"自我增强机制"形成并发挥作用。在这一阶段，第三产业生产服务成为第三产业比重持续上升的主要推动力量。

三、第三产业生产服务对服务贸易的影响

（一）第三产业生产服务促进服务贸易的机制分析

生产流程的初始分解发生在国内，但当生产段跨越国界之后，新的贸易模式便产生了，在新的贸易模式下生产服务投入起到了关键性的作用。从生产段和生产服务链理论来看，第三产业生产服务在"服务生产段"和"生产服务链"两个方面促进了服务贸易的发展。

1. 从服务生产段来看，"生产段和生产服务链理论"并没有将生产段局限于实物产品的生产，服务产品的生产过程也存在着解体的现象，可以分解成为独立的生产区段。在这种情况下，前一生产段的服务作为中间产品进入后一生产段的生产过程，前一生产段是第三产业生产服务的供给方，后一生产段成为第三产业生产服务的需求方。如果两个生产段分属于不同国家，服务贸易就产生了。随着国际分工的发展，服务生产过程的跨国解体促进了以生产服务为主要内容的服务生产段的跨国贸易，从而推动服务贸易的增长。琼斯和凯日科夫斯基（Jones and Kierzkowski, 2000）提供了澳大利亚电影行业的例子。电影制作行业大致分为两个相互独立又彼此联系的生产段，前期拍摄阶段和后期制作阶段。美国好莱坞在电影拍摄方面具有突出的比较优势。过去10年间，澳大利亚在电影后期制作方面发展了具有成本优势的专业化服务能力，承接了许多来自美国好莱坞的电影后期制作任务。美国电影制作流程分解为国内外两个生产段，呈现分散化的态势。随着服务生产过程的解体，如果某国能够基于资源禀赋，发展出具有成本优势的专业化服务能力，将有助于服务生产段的跨国扩散，加深其参与国际分工的程度，促进相关服务贸易的发展。国际服务外包领域的发展也为服务生产段的国际贸易提供了佐证。

2. 从生产服务链来看，第三产业生产服务在服务生产段过程中起到了桥梁的作用。通过第三产业生产服务的发展，使得服务生产段的跨国合作得以实现。生产区段分散于不同国家，对生产服务链接作用的需求将诱发信息通信服务、商务服务、金融服务等"生产服务链"贸易的开展。技术进步、服务贸易壁垒的降低以及各国在服务领域放松管制等方面的变化为相关"生产服务链"贸易创造了条件。首先，技术进步及其在服务部门的应用在全球范围内极大地降低了国际通话、国际物流、国际商务旅行等服务的成本，互联网的发展使快捷和低廉的金融服务得以实现。其次，许多国家在服务业方面有放松管制的倾向，以美国为例，航空运输和电信业放松管制和竞争程度的提高极大地降低了运输和通信成本。再次，在国际方面，各国服务贸易壁垒的降低促进了服务生产链的跨国分解。如果某国在没有政府干预的情况下，可以直接在国际市场获得相关生产链接服务，成本将显著的降低。最后，琼斯和凯日科夫斯基（2000）认为对于生产段所属国的文化和法律制度知识的获取也非常重要。在服务国际贸易的过程中，法律契约内容的全面性对于安排分散的服务生产段的顺利对接具有至关重要的作用。这将促进相关的法律服务、咨询服务等商务服务贸易的开展。

（二）第三产业生产服务对服务贸易促进作用的实证分析

根据以上分析，第三产业生产服务的发展与服务贸易水平正相关。

1. 模型的设定和数据来源。建立第三产业生产服务与服务贸易的回归模型如下：

$$TRADE_{it} = C_1 + \alpha TPST_{it} + \mu_{it} \qquad (14.7)$$

$$TRADE_{it} = C_2 + \beta TPSIT_{it} + \mu_{it} \qquad (14.8)$$

服务贸易水平：用各国的服务贸易额（进口+出口）占 GDP 的比重（TRADE）表示。第三产业生产服务状况：用各国第三产业生产服务占国民经济总产出的比重（TPST）和第三产业生产服务占第三产业总投入的比重（TPSIT）表示。根据 OECD 投入产出数据库 2002 年和 2006 年投入产出表计算得出。

2. 结果分析。表 14 10 分别给出了混合估计（OLS）、固定效应模型（FE）和随机效应模型（RE）估计，根据检验的结果，模型一和模型二中的随机效应模型较为理想，两个模型 3 的系数分别为 0.764 和 1.374，并且都通过了 1% 水平的显著性检验。表明第三产业生产服务的发展对服务贸易具有很强的促进作用。

表 14-10　　　　　第三产业生产服务对服务贸易的影响

	因变量 TRADE						
	模型一			模型二		
	模型 1 (OLS)	模型 2 (FE)	模型 3 (RE)	模型 1 (OLS)	模型 2 (FE)	模型 3 (RE)
Intercept	0.075 (0.439)	0.331* (1.947)	0.274*** (1.753)	-1.564*** (-4.455)	-0.548 (-1.529)	-0.805** (-2.565)
TPST	0.938*** (6.254)	0.708*** (4.662)	0.764*** (5.746)			
TPSIT				1.908*** (7.674)	1.868*** (4.661)	1.374*** (6.226)
Redundant FE 检验（P 值）		0.000			0.000	
Hausman 检验（P 值）			0.444			0.140
调整后的 R^2	0.264	0.898	0.233	0.353	0.898	0.260
F 统计量	39.115	26.990	33.262	58.884	26.989	38.324
观测值	107	107	107	107	107	107

如果一国在某种服务产品的生产上具有总体比较优势，但并非在服务产品的每一个生产段和生产服务链的成本都是最低的，可以通过分散服务生产流程的方式发挥自身的比较优势。此时，以生产服务为主要内容的生产段为另一服务生产段提供第三产业生产服务，引起"服务生产段"相关贸易的开展。由于生产区段位于不同国家，链接服务可以由不同国家的服务供给者供应，由于技术的迅速发展、服务业管制的放松带来的市场竞争，大幅度地降低了国际生产服务链的相对成本，为服务生产区段国际分散创造条件，也引起"生产服务链"贸易的发展。

第三节　第三产业生产服务的特征和发展趋势

首先，本节分析中国第三产业生产服务的发展现状，并通过国际比较分析中国与其他国家之间的差距；其次，采用历史投入产出表分析西方七国中的美国、日本、法国、英国、德国五个主要发达国家第三产业生产服务的发展趋势；最后对这些国家第三产业生产服务的发展特征和趋势作概括总结。

一、中国第三产业生产服务的发展现状

我国第三产业生产服务占生产服务的比重从 1992 年的 35.41% 增长到 2002 年的 41.53%。从 2002 年开始，则出现了下降，2007 年达 40.68%，之后出现了上升，2010 年达 48.16%。在生产服务的投入结构中，工业是生产服务最主要的投入方向，稍稍超过投入第三产业和农业的比重。工业生产服务仍然是中国生产服务业最主要的组成部分。但是，从第三产业生产服务总量来看，第三产业生产服务增长较快，2012 年比 2002 年增加了 5 倍（见表 14-11）。

表 14-11　中国第三产业生产服务占生产服务的比重　　　　单位：%

年份	1992	1997	2002	2007	2010
第三产业生产服务总量（亿元）	3 380.06	8 058.80	19 100	38 700	114 672.83
第三产业生产服务占生产服务的比重	35.41	36.44	41.53	40.68	48.16
第二产业生产服务占生产服务的比重	58.91	57.64	53.55	56.07	49.96
第一产业生产服务占生产服务的比重	5.68	5.92	4.92	3.25	1.88

资料来源：根据中国投入产出表计算得到。表 14-12 同。

2012 年，我国第三产业生产服务占第三产业中间投入的比重为 55.25%，与 1992 年相比，上升了 14.71 个百分点。2012 年第三产业生产服务占第三产业总投入的比重为 25.61。在我国第三产业的生产中，生产资料的投入以服务型生产资料为主，2012 年第三产业生产所需要的服务形式的生产资料大幅高于实物形式的生产资料。这表明我国第三产业生产过程需要农业提供农产品原料，需要工业提供机器设备、工具、服务场地建设材料等"硬件"投入较少，而需要信息、技术、知识等"软件"投入较多（见表 14-12）。

表 14-12　中国第三产业生产服务占第三产业中间投入及总投入比重

单位：%

年份	1992	1997	2002	2007	2012
第三产业生产服务占第三产业中间投入的比重	40.54	38.22	43.33	43.28	55.25
实物投入占第三产业中间投入的比重	59.46	61.78	56.67	56.72	44.75

续表

年份	1992	1997	2002	2007	2012
第三产业生产服务占第三产业总投入的比重	19.92	18.99	20.3	20.13	25.61
实物投入占第三产业总投入的比重	29.22	30.7	26.54	26.39	20.74

采用我国2007年各省市的投入产出表,从东部、中部、西部三大地区来分析我国第三产业生产服务业的地区发展特征。

东部地区10个省市生产服务占第三产业总产出的平均比重达54.58%,高于中部和西部地区的平均值。东部地区10个省市第三产业生产服务占生产服务的平均比重为43.27%,由高到低依次是北京(75.98%)、上海(54.38%)、广东(45.37%)、河北(43.18%)、辽宁(42.11%)、浙江(36.96%)、山东(36.51%)、福建(34.65%)、江苏(32.77%)、天津(30.81)。北京、上海和广东第三产业增加值的比重位于东部地区10个省市的前三位次,相对地第三产业生产服务占生产服务的比重也位于前三位次,其他省市第三产业增加值比重的位次与第三产业生产服务占生产服务比重的位次并不完全一致。由此可以看出,第三产业生产服务的发展的影响因素不仅局限于自身发展。东部地区10个省市第三产业生产服务占第三产业中间投入的平均比重为49.73%,比重由高到低依次是上海(63.97%)、北京(54.99%)、天津(53.49%)、广东(52.07%)、辽宁(50.42%)、浙江(47.38%)、河北(46.99%)、福建(45.70%)、江苏(43.56%)、山东(38.76%)。东部地区10个省市第三产业生产服务占第三产业中间投入的平均比重高出中部、西部地区的平均水平约2个百分点(见表14-13)。

表14-13 我国东部地区生产服务业及第三产业生产服务的主要指标

单位:%

	北京	天津	河北	辽宁	上海	江苏	浙江	福建	山东	广东	均值
第三产业生产服务	75.98	30.81	43.18	42.11	54.38	32.77	36.96	34.65	36.51	45.37	43.27
第二产业生产服务	23.47	68.37	54.08	53.86	45.30	65.00	60.64	62.56	60.85	53.15	54.73
第一产业生产服务	0.54	0.82	2.74	4.03	0.32	2.22	2.40	2.79	2.65	1.48	2.00

续表

	北京	天津	河北	辽宁	上海	江苏	浙江	福建	山东	广东	均值
生产服务占第三产业中间投入的比重	54.99	53.49	46.99	50.42	63.97	43.56	47.38	45.70	38.76	52.07	49.73
实物投入占第三产业中间投入的比重	45.01	46.51	53.01	49.58	36.03	56.44	52.62	54.30	61.24	47.93	50.27
生产服务占第三产业总投入的比重	29.95	25.34	22.52	21.61	36.42	17.42	20.08	17.43	17.91	21.25	22.99
实物投入占第三产业总投入的比重	24.52	22.03	25.41	21.26	20.52	22.57	22.30	20.70	28.30	19.56	22.72

资料来源：根据2007年中国各省市投入产出表计算得。表14-14同。

中部地区10个省份第三产业生产服务占生产服务的平均比重为41.85%，由高到低依次是吉林（53.09%）、湖南（51.41%）、湖北（46.59%）、黑龙江（41.44%）、江西（40.69%）、安徽（39.79%）、广西（39.14%）、河南（37.96%）、内蒙古（35.81%）、山西（32.59%）。中部地区10个省份第三产业生产服务占第三产业中间投入的平均比重为47.79%，比重由高到低依次是湖北（56.35%）、江西（53.88%）、湖南（50.96%）、河南（48.83%）、内蒙古（48.81%）、广西（47.93%）、山西（47.43%）、黑龙江（46.50%）、安徽（44.50%）、吉林（32.72%）。中部地区10个省市第三产业生产服务占第三产业中间投入的平均比重低于东部地区的平均水平约2个百分点，与西部地区相近（见表14-14）。

表14-14　　我国中部地区生产服务业及第三产业生产服务的主要指标

单位：%

	山西	内蒙古	吉林	黑龙江	安徽	江西	河南	湖北	湖南	广西	均值
第三产业生产服务	32.59	35.81	53.09	41.44	39.79	40.69	37.96	46.59	51.41	39.14	41.85
第二产业生产服务	64.62	57.80	44.72	52.92	54.03	54.98	60.37	51.88	42.50	55.55	53.94

续表

	山西	内蒙古	吉林	黑龙江	安徽	江西	河南	湖北	湖南	广西	均值
第一产业生产服务	2.78	6.39	2.20	5.63	6.19	4.34	1.66	1.53	6.09	5.31	4.21
生产服务占第三产业中间投入的比重	47.43	48.81	32.72	46.50	44.50	53.88	48.83	56.35	50.96	47.93	47.79
实物投入占第三产业中间投入的比重	52.57	51.19	67.28	53.50	55.50	46.12	51.17	43.65	49.04	52.07	52.21
生产服务占第三产业总投入的比重	17.35	19.25	14.28	19.77	20.41	27.22	22.95	22.97	20.08	17.04	20.13
实物投入占第三产业总投入的比重	19.23	20.19	29.36	22.74	25.46	23.30	24.05	17.79	19.32	18.51	21.99

西部地区9个省份第三产业生产服务占生产服务的平均比重为45.12%，由高到低依次是甘肃（52.20%）、四川（47.26%）、陕西（46.57%）、重庆（45.68%）、青海（45.50%）、宁夏（45.18%）、新疆（42.74%）、贵州（42.54%）、云南（38.43%）。西部地区9个省份第三产业生产服务占第三产业中间投入的平均比重为47.86%，比重由高到低依次是贵州（58.21%）、四川（53.55%）、新疆（50.99%）、宁夏（47.99%）、重庆（47.01%）、云南（46.79%）、陕西（45.58%）、甘肃（41.79%）、青海（38.79%）（见表14-15）。

表14-15　　我国西部地区生产服务业及第三产业生产服务的主要指标

单位：%

	四川	重庆	贵州	云南	陕西	甘肃	青海	宁夏	新疆	均值
第三产业生产服务	47.26	45.68	42.54	38.43	46.57	52.20	45.50	45.18	42.74	45.12
第二产业生产服务	49.96	50.09	54.18	59.56	51.89	46.43	52.77	53.77	52.04	52.30
第一产业生产服务	2.78	4.22	3.28	2.02	1.54	1.38	1.73	1.05	5.22	2.58
生产服务占第三产业中间投入的比重	53.55	47.01	58.21	46.79	45.58	41.79	38.79	47.99	50.99	47.86

续表

	四川	重庆	贵州	云南	陕西	甘肃	青海	宁夏	新疆	均值
实物投入占第三产业中间投入的比重	46.45	52.99	41.79	53.21	54.42	58.21	61.21	52.01	49.01	52.14
生产服务占第三产业总投入的比重	25.22	20.16	24.03	20.60	19.21	16.42	17.48	21.48	22.74	20.81
实物投入占第三产业总投入的比重	21.88	22.72	17.25	23.43	22.93	22.86	27.58	23.27	21.86	22.64

资料来源：根据2007年中国各省市投入产出表计算得出。

二、我国第三产业生产服务的国际比较

2011年，我国生产服务占第三产业总产出的比重为58.87%，不但高于新兴市场和发展中国家的平均比重，也高于先进经济体的平均比重。虽然我国生产服务占第三产业总产出的比重较高，但不能以此认为我国生产服务业的发展水平较高。生产服务占第三产业总产出的比重反映了第三产业的产出用于中间需求（生产服务）和最终需求（消费服务）之间此消彼长的关系。这可能是由于我国生活服务消费水平较低，面向居民的服务产品最终消费市场没有充分启动，导致服务产品中间消耗的比重偏高。生产服务占国民总产出的比重能更充分地反映生产服务业在国民经济中的地位。受制于我国第三产业的低比重，我国生产服务占国民总产出的比重仅为15.93%，远远低于先进经济体的平均水平，整体发展水平较低。

如表14-16所示，我国第三产业生产服务占生产服务的比重为41.85%，不但显著低于先进经济体，而且也低于新兴市场和发展中国家的平均水平。并且，我国第三产业生产服务占生产服务的比重低于工业生产服务。从平均水平来看，无论是先进经济体还是新兴市场和发展中国家，第三产业生产服务占生产服务的比重都高于工业生产服务的比重。

表14-16　我国生产服务业及第三产业生产服务的国际比较　　单位：%

	A	B	C	D	E	F	G	H	I
中国	43.50	58.87	41.13	15.93	41.85	55.40	51	49.04	24.64
先进经济体（25个）	72.77	45.42	54.58	27.46	66.57	31.92	74.43	25.57	30.28
西方七国（7个）	73.83	43.10	56.90	26.53	67.55	31.18	74.86	25.14	29.00

续表

	A	B	C	D	E	F	G	H	I
其他先进经济体（18个）	71.70	47.73	52.27	28.40	65.58	32.65	74.00	26.00	31.55
新兴市场和发展中国家（11个）	59.75	48.81	51.19	21.98	52.42	44.49	64.50	35.5	25.62
金砖四国（4个）	56.36	46.93	53.07	19.08	45.57	51.38	56.49	43.51	21.34
其他发展中国家（7个）	60.23	49.08	50.92	22.40	53.40	43.51	65.64	34.36	26.23

注：A~I：A第三产业增加值比重；B生产服务占第三产业总产出的比重；C消费服务占第三产业总产出的比重；D生产服务占国民总产出的比重；E第三产业生产服务占生产服务的比重；F工业生产服务占生产服务的比重；G第三产业生产服务占第三产业中间投入的比重；H实物投入占第三产业中间投入的比重；I第三产业生产服务占第三产业总投入的比重。先进经济体及新兴市场和发展中国家为均值。

资料来源：根据OECD组织投入产出数据库计算得到。

我国第三产业生产服务占第三产业中间投入的比重仅为51%，也低于新兴市场和发展中国家的平均比重。从平均水平来看，无论是先进经济体还是新兴市场和发展中国家第三产业生产服务占第三产业中间投入的比重都要高于实物投入占第三产业中间投入的比重。第三产业生产服务占第三产业总投入的比重也高于实物投入占第三产业中间投入的比重。通过国际比较可以得出一个基本判断：一方面，我国第三产业生产服务占生产服务的比重过低，生产服务业为第三产业供给的服务型生产资料不足；另一方面，第三产业自身生产过程中所投入的实物型生产资料较多，服务型生产资料较少。总的来看，我国第三产业生产服务正处于发展初期，整体发展水平还较为弱小，对第三产业的影响程度不高。

在第三产业生产服务的部门结构特征方面，我国研究开发行业和计算机服务业的比重低于西方七国的平均比重（见表14-16）。其中，研究与开发行业与西方七国相差很大，投入第三产业的研发服务较少，显示了我国在服务创新领域与发达国家之间的差距。批发零售贸易与修理业和交通运输业的比重远高于西方七国。由于我国第三产业中实物投入的相对比重偏高，导致与实物投入密切相关的批发零售贸易和修理业以及交通运输业占第三产业生产服务业的比重较高。我国邮政通信业的比重高于西方七国的平均水平。邮政通信业主要为第三产业提供信息流通服务，信息流通服务可以代替服务消费过程中生产者和消费者的相对位移。邮政通信业的比重高，说明我国信息流通对人员流动的替代作用要高于西方七国的水平。我国金融业的比重低于西方七国的平均水平。金融业主要为第三产业提供金融服务，主要是资金融通服务。金融业的比重低，说明我们金融业对第三产业发展的金融支持作用要低于西方七国的水平。住宿餐饮业的比重较高，远高于西方七国，显示我国第三产业生产服务业的劳动密集程度较高。商务服务业（其他商务服务和机器设备租赁）的比重远低于西方七国，这也是我国与西方七国差异最大的行业，表明我国第三产业生产服务的知识密集程度较低，为第三产业提供的专业化的知识密集型服务较为欠缺。教育、其他社会及个人服务业与西方七国差异不大，而卫生与社会服务业的比重低于西方七国的平均水平。

总体来看，我国第三产业生产服务业中传统的劳动密集型行业如批发零售、住宿餐饮等仍占据较大比重，而研究与开发、计算机服务、商务服务等知识和技术密集型的行业比重较低。需要指出的是，第三产业生产服务业的行业构成仅反映了第三产业生产服务业的内部结构，考虑到我国第三产业生产服务的整体比重低于西方七国，且差距较大，即使是占第三产业生产服务比重较高的服务行业，其提供的第三产业生产服务仍然是偏低的（见表14-17）。

表14-17　　第三产业生产服务内部行业的国际比较　　　单位：%

行业	美国	日本	英国	德国	法国	意大利	加拿大	七国平均	中国
1 批发零售贸易与修理	8.33	19.06	9.78	6.22	8.78	17.00	14.22	11.91	6.86
2 住宿餐饮	2.01	5.49	2.02	1.02	1.99	3.60	1.67	2.54	10.38
3 交通运输	6.17	9.28	13.84	16.67	10.94	16.49	10.51	11.99	12.37
4 邮政通信	6.46	6.45	6.26	4.49	6.23	4.82	5.97	5.81	5.17
5 金融保险	24.49	11.6	13.03	15.89	17.78	13.96	19.12	16.55	16.67
6 房地产	10.46	5.53	3.27	12.16	10.31	9.92	7.49	8.45	9.49
7 机器设备租赁	1.17	4.41	1.41	3.40	2.50	2.14	2.21	2.46	0.42
8 计算机服务	4.99	6.23	5.69	4.42	4.84	4.82	2.41	4.77	3.12
9 RD及其他商务服务	26.95	25.38	27.10	24.32	29.16	19.80	14.27	23.85	23.60
10 公共服务	2.90	0.70	2.03	1.71	0.95	0.120	1.61	1.43	0.32
11 教育	1.36	0.22	3.81	1.60	1.24	0.70	1.80	1.53	3.84
12 卫生与社会服务	0.60	0.93	5.86	1.57	0.88	1.27	12.40	3.36	0.64
13 其他社会及个人服务	4.10	4.71	5.90	6.53	4.40	5.36	6.32	5.33	7.11

资料来源：根据OECD组织投入产出数据库计算得到。

三、第三产业生产服务的发展趋势[①]

使用 OECD2002 年、2006 年、2009 年及 2011 年投入产出表对美国、英国、法国、德国、日本 5 个发达国家（以下简称五国）作统计分析[②]，可发现其第三产业生产服务呈现三个明显发展趋势。

趋势一：随着第三产业在国民经济中的比重提高，第三产业对生产服务的需求增大，第三产业生产服务在生产服务中的比重增大。

2011 年五国第三产业生产服务占生产服务的平均比重为 68.53%。在生产服务的投入结构中，第三产业是生产服务最主要的投入方向，远超过投入工业和农业的比重。第三产业生产服务已成为生产服务最主要的组成部分，第三产业增加值比重和生产服务投入占第三产业的比重都在 70% 左右。这表明第三产业生产服务的发展依赖于第三产业的总体发展状况，一个国家第三产业的比重越高，第三产业内部的自我增强机制越强，第三产业对生产服务的需求越大，第三产业生产服务在生产服务中的比重也越高。

在生产服务比重增长的趋势下，第三产业生产服务呈现更为显著的增长态势，第三产业生产服务占生产服务的比重大幅度提高，到 2011 年第三产业生产服务占生产服务的比重在 60.25% ~ 77.927%。同期第一、第二产业生产服务比重显著下降。20 世纪 70 年代早期至 21 世纪初，发达国家生产服务业内部的结构演变主要表现为第三产业生产服务比重显著上升，第二产业生产服务比重显著下降。第三产业生产服务业成为促进生产服务业增长的最主要动力。各国生产服务业内部结构转换存在明显的时间差异，在服务经济发端最早的美国，第三产业生产服务在较早的阶段就已成长为生产服务的主体。在产业结构转换较慢的日本，工业在较长时期内保持优势，第三产业生产服务取代工业生产服务的时间最晚。英国第三产业生产服务比重上升幅度最大，生产服务业内部的结构转换表现得更为剧烈。第二产业在第二次世界大战后大幅度衰落，"离制造业"的趋势更为明显，生产服务业适应产业结构的剧烈变化，大幅度地转向为第三产业提供服务型生产资料。

[①] 本部分关于第三产业生产服务业发展趋势的内容已经作为课题中期成果发表，见：李江帆、蓝文妍、朱胜勇：《第三产业生产服务业：概念与趋势分析》，载于《经济学家》，2014 年第 1 期。

[②] 本章选取奥地利、澳大利亚、比利时、巴西、加拿大、中国、捷克、德国、丹麦、西班牙、芬兰、法国、英国、希腊、匈牙利、印度尼西亚、印度、爱尔兰、意大利、日本、韩国、卢森堡、荷兰、挪威、波兰、葡萄牙、斯洛伐克、瑞典、土耳其、中国台湾地区、美国、南非等 32 国和地区进行分析。因篇幅限制，计算过程未列出，如有需要可向笔者索取。

统计分析表明，其规律是：第三产业生产服务占生产服务比重与第三产业占 GDP 的比重正相关，关系式为：

$$Y_1 = 8.387 + 0.853X \tag{14.9}$$

对系数的检验 $T_1 = 2.02$，$T_2 = 13.27$；对方程的检验 $F = 176.09$，$R^2 = 0.644$。

式中，Y_1 是第三产业生产服务占生产服务比重；X 是第三产业占 GDP 的比重。可以看到，第三产业比重越高，即 X 值越大，Y 也越大。生产服务业内部的结构演变主要表现为第三产业生产服务比重的显著上升，第二产业生产服务比重的显著下降。

趋势二：第三产业生产服务占第三产业中间投入和总投入比重上升，实物投入比重在下降。

第三产业中间投入和总投入包括服务型生产资料和实物型生产资料投入。2011 年五国第三产业生产服务占第三产业中间投入的平均比重高达 74.74%。在第三产业生产中，服务型生产资料投入已达到实物型生产资料投入的 2~3 倍，第三产业生产所需要的服务形式的生产资料远超实物形式的生产资料。在第三产业发展的早期，第三产业生产过程所需的"硬件"投入较多。随着第三产业由数量扩张阶段发展到质量增进阶段，第三产业需要越来越多的信息、技术、知识等"软件"投入。第三产业的生产服务投入大幅增加，第三产业生产服务对第三产业发展的影响也越来越大。

20 世纪 70 年代早期至 21 世纪初，五国第三产业生产服务占第三产业中间投入的比重也呈显著增长趋势。第三产业生产服务占第三产业中间投入比重超过 50% 的时点，美国和法国可能发生在 20 世纪 60 年代中期，日本在 20 世纪 60 年代末，德国在 20 世纪 70 年代前期，英国 20 世纪 70 年代中期。此后，这些国家第三产业的发展从主要依赖于实物要素投入转变为主要依赖服务要素投入。第三产业生产服务占第三产业总投入的比重也呈类似增长趋势，这说明：生产服务在第三产业投入中呈增长态势，第三产业发展越来越依赖于自身的服务投入，第三产业生产服务对第三产业发展的影响逐渐增强。

通过实证分析，可以看到第三产业生产服务投入占第三产业中间投入和总投入的比重与第三产业占 GDP 的比重之间存在正相关的关系，而第三产业实物投入第三产业中间投入和总投入的比重与第三产业占 GDP 的比重则是负相关关系。第三产业生产服务占第三产业中间投入比重与第三产业占 GDP 的比重的关系如下式：

$$Y_2 = 19.392 + 0.742X \tag{14.10}$$

对系数的检验 $T_1 = 5.17$，$T_2 = 12.74$；对方程的检验 $F = 162.39$，$R^2 = 0.625$。

式中，Y_2 是第三产业生产服务占第三产业中间投入比重；X 是第三产业占

GDP 的比重。它提示：第三产业比重越高，第三产业生产服务占第三产业中间投入比重就越高。

第三产业生产服务占第三产业总投入比重与第三产业占 GDP 的比重的统计关系如下式：

$$Y_3 = 5.80 + 0.324X \qquad (14.11)$$

对系数的检验 $T_1 = 1.51$，$T_2 = 5.45$；对方程的检验 $F = 29.68$，$R^2 = 0.228$。

式中，Y_3 是第三产业生产服务占第三产业中间投入比重；X 是第三产业占 GDP 的比重。它提示：第三产业比重越高，第三产业生产服务占第三产业中间投入比重就越高。

趋势三：金融保险业、房地产和商务服务业构成第三产业生产服务业的主体行业。

根据对 1995 年、2002 年和 2006 年 OECD 投入产出表的行业分类归并、调整后的口径，第三产业生产服务业包括：（1）批发零售贸易业；（2）住宿餐饮业；（3）交通运输业；（4）通信业；（5）金融保险业；（6）房地产和商务服务业；（7）公共服务、社会和个人服务业；（8）其他。因"其他"行业在部分国家没有统计，本章仅对前 7 个行业进行纵向和横向比较。

金融保险业、房地产和商务服务业（FIRE）在较长的时期内一直是五国第三产业生产服务比重最高的行业，2011 年占第三产业生产服务业的平均比重为 48.92%，构成第三产业生产服务业的主体行业。

通信业占第三产业生产服务业的比重总体上呈波动上升趋势，但在英国大幅度下降，可能与英国 1984 年后通信行业私有化改革后引起的成本下降有关。2011 年五国邮政通信业占第三产业生产服务业的平均比重为 5.98%，各国比重较为接近。批发、零售贸易业比重的下降反映了第三产业内部结构升级的趋势（李江帆，2003）。2011 年五国批发零售贸易与修理业占第三产业生产服务业的平均比重为 7.53%，但是，五国之间的差异较大，比重最高的日本是比重最低的英国的 2.71 倍。交通运输业的比重呈下降趋势，2011 年五国交通运输仓储业占第三产业生产服务业的平均比重为 11.38%。住宿餐饮业占第三产业生产服务业的比重不高且呈下降趋势，2011 年五国平均比重为 2.51%。公共服务、社会和个人服务业的比重变化差异很大，波动幅度较大，发展趋势不明显。

2011 年研究与开发及其他商务服务行业占第三产业生产服务业的平均比重为 26.58%，计算机服务业占第三产业生产服务业的平均比重为 5.23%。这是由于核心层的两类生产服务直接作用于服务产品的生产过程，关系到服务企业的核心竞争力，这类核心服务的资产专用性较高，企业出于控制的需要倾向于将研究与开发部门和计算机服务部门内部化。而内部化的核心生产服务并不能反映在投入产出表中。仅依靠投入产出数据可能低估了第三产业生产服务核心层的发展水平。

第四节 中国第三产业生产服务的发展战略

一、我国第三产业生产服务发展相对滞后的原因

从我国的情况来看，首先，第三产业生产服务在生产服务中的比重低于工业生产服务的比重；其次，第三产业生产中服务投入的比重低于实物投入的比重；最后，第三产业生产服务业的行业结构也不尽合理。我国第三产业生产服务主要受到以下因素的制约：

第一，服务经济的整体发展水平较低，第三产业和生产服务业的比重也不高。一方面，第三产业的低比重限制了第三产业对服务型生产资料的需求；另一方面，生产服务业的低水平直接影响其为第三产业提供服务型生产资料的数量和质量。

第二，目前生产服务业主要为第二产业提供工业生产服务，服务型生产资料主要被投入第二产业，在一定程度上削弱了生产服务业为第三产业提供服务型生产资料的功能。这与同处于工业化初级阶段的印度第三产业生产服务的情况类似。

第三，中华人民共和国成立后，我国第三产业在很长一段时期内受到抑制。第三产业处于恢复性增长的数量扩张阶段，对作为"硬投入"的实物生产资料的需求相对较大，对服务型生产资料的需求相对较少。随着我国第三产业的发展从数量扩张阶段迈入质量增进阶段，第三产业对实物生产资料的需求将会相对减少，对知识、技术密集型生产服务的需求将会增长。

第四，服务业无论是市场化程度，还是内部分工和专业化程度，都处于较低水平，服务企业之间的分工协作体系还未充分建立，对服务型生产资料的需求被局限在企业内部。服务业市场机制还不完善，法治水平不高，司法体系对服务产品特别是创新型服务产品产权和交易契约的保护不完善；市场中信用机制缺失，市场诚信程度较低；影响市场体系运行效率的信息咨询、法律、会计、审计、评估服务等市场中介服务发展不充分。

第五，城市化水平较低。2008年，我国城市化水平（城镇人口占总人口的

比重)只有46%,全世界城市化水平为49%。[①] 2006年,我国的人均国民收入水平为1 760美元,已进入中下等收入国家行列。按照世界银行的划分和统计,人均收入在765～3 035美元之间的下中等收入国家的平均城市化水平是50%。[②] 我国城市化水平滞后,制约了生产服务行业的空间集聚和服务企业互动关系的发展。

第六,服务业市场对外开放程度较低,对"自然人流动"和"商业存在"的限制较为严格,在电信、银行、保险、法律服务等部门,对外国和私人资本进入市场设置了准入障碍,从而直接影响了我国服务业参与国际分工的程度。与制造业相比,我国承接生产服务业国际转移的能力有限。

第七,第三产业的信息化程度不高。政策导向偏重于制造业的信息化,对服务业信息化认识不足。服务业信息技术的应用水平滞后于实际需求,信息化进程中注重有形的信息基础设施、技术设备的投入,而忽视了与之相关的无形信息服务的投入。

第八,科技水平不高、高素质人才较为缺乏,知识和技术密集型的高端第三产业生产服务业缺乏足够的要素支持,限制了第三产业生产服务行业中专业性服务,如金融保险服务、商务服务、信息服务等的发展,制约了第三产业生产服务行业为第三产业提供服务型生产资料的质量。

发达国家的经验表明,随着经济发展水平的提高,第三产业生产服务比重的增长是必然的趋势。应当看到,在未来一段时间,随着我国服务经济的加快发展,经济发展从工业化阶段向后工业阶段转变,第三产业从"数量扩张"向"质量增进"阶段演进,第三产业生产服务占生产服务的比重以及第三产业投入的比重将会呈增长趋势,第三产业生产服务业的行业结构也将逐渐得到调整和优化。

二、我国第三产业生产服务的发展条件

在我国产业结构高级化、第三产业现代化、城市化水平提高、参与国际分工日益深化以及服务业信息化的条件下,第三产业生产服务面临着新的发展机遇。

(一)产业结构高级化与第三产业生产服务

产业结构高级化是指国民经济部门结构的重心随着经济发展顺次由第一产业

[①] 王小鲁:《中国城市化路径与城市规模的经济学分析》,载于《经济研究》,2010年第10期。
[②] 林毅夫:《城市化、服务业的发展与中国经济》,载于《北京大学国家发展研究院简报》,2005年第71期。

向第二、第三产业转移的过程。经济发展史表明，随着生产力的发展和社会的进步，第一、第二产业比重下降，第三产业比重日趋提高；世界呈现国民经济软化趋势和制造业服务化趋势；第三产业迅速崛起，成为国民经济增长的主要动力（李江帆，2005）。第三产业的发展存在"自我增强机制"，第三产业的"自我增强机制"与"第三产业比重增长"之间将会形成互为因果的良性循环关系。长期以来，人们认为制造业的发展是第三产业（包括生产服务业）发展的前提和基础，第三产业的发展附属于制造业的分工体系。然而，发达国家的经验表明，随着产业结构的高级化，生产服务业内部结构的演变主要表现为工业生产服务的下降和第三产业生产服务的上升。随着我国产业结构的高级化和第三产业内部分工日益深化，第三产业的发展越来越依赖自身对服务产品的消耗，第三产业生产服务将成为推动第三产业比重持续上升的主要动力。

（二）第三产业现代化与第三产业生产服务

现代服务业是指现代社会中以现代科学技术装备的、实施现代管理方式的服务业。在我国，它更多地表现为技术含量较高、管理模式先进、运行机制灵活、产品富于创新的服务行业（李江帆，2005）。现代服务业的发展是一个动态演变的过程，是第三产业现代化水平不断提高的结果。第三产业的现代化过程不但需要技术设备等实物生产资料的投入，而且服务型生产资料的投入也是必不可少的，特别是知识密集型生产服务的投入尤为重要。各种类型的第三产业生产服务在第三产业的现代化过程中扮演着重要的角色。目前，我国第三产业生产服务业中劳动密集型服务行业的比重较高，知识和技术密集型服务行业的比重较低，服务基础设施和设备落后，规模化经营程度较低，科技水平和人力资源的整体水平不高。第三产业生产服务的滞后，制约了第三产业生产效率、创新能力以及国际竞争力的提高。这就需要我们通过促进第三产业生产服务的发展以提高我国第三产业的现代化水平，这也为我国第三产业生产服务的发展提供了广阔的市场前景。

（三）城市生产服务体系与第三产业生产服务

城市是第三产业发展的基地，也是生产服务业发展的空间载体。与制造业相比，第三产业更依赖于本地市场的容量，表现出明显的空间集聚的特征，与城市化的关系更为显著。在城市区域中资本、信息、技术、人力资源等要素更为集中，流通网络更为完善因此生产服务业呈现出城市内部集聚发展的趋势。同时，聚集在城市中的各个生产服务行业之间并不是孤立的，而是互相提供生产服务，彼此之间紧密联系、相互促进、协同发展的生产服务体系。国际化的大都市主要是通过现代化的生产服务体系，特别是现代知识密集型的生产服务体系来支撑的，并且中心城市中发达的生产服务体系对周边城市群的分工协作和功能整合作用非常显著。目前，我国城市中生产服务体系的集聚程度低于发达国家的水平，产业链纽带联系不够紧密，主导型服务企业地位也不显著。随着我国城市化水平的提高，生产服务业在城市中的集聚趋势将更加明显，生产服务业各行业的相互联系也将更为紧密，中心城市中发达的生产服务体系将成为决定城市竞争力的关键因素。

（四）国际分工深化与第三产业生产服务

随着市场范围的扩大和信息技术的进步，第三产业生产过程的迂回程度不断提高，服务产品的生产流程逐渐解体，垂直一体化的服务生产流程被分解为不同的生产区段。这些相互联系的生产段形成第三产业生产服务的贸易关系。信息和通信技术的进步、服务贸易壁垒的降低以及各国在服务行业放松管制等因素使得参与国际分工的收益超过跨国交易的成本，促进了服务生产流程的跨国解体并为生产服务贸易和国际投资创造了条件。在国际分工中，世界各国可以基于自身的资源禀赋和比较优势在跨国服务产业链中占有一席之地。发达国家凭借技术、知识和资本的综合优势，在全球的服务创新、生产决策、信息处理、综合服务等方面占据有利地位，发展中国家凭借劳动力资源的优势也成为国际服务产业链中的重要组成部分。发达国家的服务企业将非核心的业务外包到发展中国家，使得发展中国家可以更为深入地参与国际分工。近年来，国际服务产业链重组的趋势加快，作为最大的发展中国家，我国在承接服务业国际转移方面具有较多的优势，为我国服务贸易的发展提供了契机。

（五）服务业信息化与第三产业生产服务

20世纪90年代以来，信息技术不断发明和运用，信息化逐步渗透到经济生活的每个领域。服务业信息化在提高服务业知识含量、增长质量和生产效率方面发挥了重要作用。服务业的信息化过程也是服务业信息硬件产品投入和信息服务投入日益增长的过程，需要依托于信息硬件产业和信息服务业的发展。信息服务业主要包括信息设备销售和租赁业、信息传输服务业、计算机服务和软件业、其他与信息相关的服务业。一方面，信息服务业的发展本身就是服务业信息化的重要内容；另一方面，信息服务业还为其他服务行业提供与信息相关的服务型生产资料，提高这些行业的信息化程度。《欧洲信息技术观察（2004）》显示，2003年全球计算机硬件设备等电子信息产品制造业的收入比重是25%，而软件、IT服务和电信服务的比重达到71%。在蓬勃发展的全球服务外包领域，与信息服务相关的信息技术外包（ITO）目前仍然是全球服务外包的最主要内容，占据了60%的市场份额。信息服务业的发展有助于提升一国参与服务业国际产业分工和承接服务业国际转移的能力。

三、我国第三产业生产服务的发展对策

（一）正确认识第三产业生产服务对第三产业增长的作用

国际经验表明，人均GDP在1 000~3 000美元之间，服务业将进入一个高速增长的时期。目前，我国人均GDP已超过2 000美元，但服务业产值比重还不到40%，低于世界平均水平甚至发展中国家平均水平，亟待加快发展。目前，我国生产服务业主要为第二产业特别是制造业提供服务，工业生产服务的比重较高，第三产业生产服务的比重较低。从长远来看，第三产业比重的提高是我国产业结构高级化发展的必然趋势，越来越多的生产服务将被投入第三产业，第三产业生产服务将逐渐发展成为生产服务的主体。第三产业生产服务的发展有利于加强服务行业之间的市场联系，使第三产业的自我增强机制发挥作用，将为第三产业比重的上升提供动力。因此，要打破第三产业从属于实物生产部门、生产服务业仅仅为工农业服务的旧有观念，通过促进第三产业生产服务发展，加强第三产业各行业之间的产业关联和协同效应来提升我国第三产业的比重。

（二）拓展第三产业生产服务的市场化

我国目前服务业体系中的社会分工、专业化运作、资源信息共享体系还没有形成。低效的分工协作体系成为制约第三产业生产服务发展的重要因素。由于我国市场体系尚不健全，导致市场交易成本过高，制约了外部生产服务市场的形成。一些大型的服务企业如金融、电信企业即使对非核心的生产服务也采取内部提供的方式，没有充分利用市场资源。部分行业垄断经营严重，银行、保险、电信、民航等行业市场准入限制多，政府干预程度高使得市场机制作用发生了扭曲。因此，一方面应当建设良好的市场环境，整顿和规范市场运行秩序，为第三产业生产服务的发展营造良好的社会信用环境，有效地降低市场交易成本，鼓励服务企业采取归核化战略，将非核心服务流程外包出去。另一方面，除少数行业由于自身涉及国家安全，需要由国家垄断经营外，积极推进大多数行业的市场化进程，提高效率，实现资源的合理配置。

（三）促进第三产业生产服务的国际化

经济全球化的趋势一方面有利于我国基于资源禀赋更加深入地参与国际分工，从而最大限度地发挥本国的比较优势，另一方面也使我国的第三产业生产服务行业面临激烈的国际竞争。因此，应当按照WTO的原则，逐步扩大服务业开放范围，促进生产服务贸易与投资。吸引跨国服务企业来华设立地区总部和分支机构，经济发达地区的地方政府将吸引外资的重点从制造业转向生产服务业，并为引进的服务企业提供及时有效的公共服务。国际服务外包是全球服务产业链国际转移的重要方面，并且以生产服务为主要内容，服务的对象主要为发达国家的第三产业。结合我国的国情，在第三产业生产服务方面可以承接包括数据处理、研发设计、呼叫中心等在内的国际服务外包业务。通过加强对目前服务外包基础设施的建设，扩大承包企业规模，培育我国服务外包行业的整体竞争优势。推进服务企业的"走出去"战略，鼓励符合条件的生产服务企业走出国门，在国外建立分支机构，开拓国际市场，为国外第三产业提供生产服务。

（四）促进城市现代生产服务体系的集聚发展

现代生产服务体系是在生产服务业各行业之间在专业化分工的基础上，形成相互提供知识、信息、技术等知识密集型生产服务，相互促进、协同发展的有机整体。现代生产服务体系的发展主导着国际化大都市的发展，其产生的集聚效应决定着城市经济的繁荣和国际竞争力的高低。因此，应当改善城市发展条件，构筑良好的产业基础和政策环境，为现代生产服务体系发展奠定扎实基础。大力培育要素资源，改善供给条件，特别是加强专业人力资源要素积聚。营造良好的投资环境，加强国内外生产服务企业之间的交流与合作，促进生产服务企业集聚发展。

（五）促进第三产业生产服务重点行业的发展

我国的计算机服务业、研究与开发行业、金融保险行业、商务服务行业与发达国家差距较大，对我国第三产业的发展具有重要的战略意义，应当被作为重点发展行业。

1. 计算机服务业。

计算机服务业的内容包括计算机处理服务、软件产品、专业服务和综合系统等方面，以及计算机和相关设备的租赁、修理和维护等。我国计算机服务业占第三产业生产服务业的比例过小。随着我国第三产业信息化程度的提高，预计计算机服务业在今后将保持高速发展的态势。通过促进计算机服务业的发展，加快服务业信息化进程，降低市场交易成本。

2. 研究与开发行业。

激烈的市场竞争环境促进了在满足客户需要方面特别富有创新精神的生产服务企业的发展。研究与开发为第三产业的创新活动提供支持，近年来发达国家的服务业研发强度快速提高，研发投入不断增长。因此未来应加强我国服务企业的研发投入，进行服务产品、技术、流程和组织等多方面创新，改变"俘获"于产业链低端环节的现状，增强核心竞争力。

3. 金融保险业。

融资难是阻碍我国服务企业经营规模发展壮大的重大障碍。因此，一是应该发挥政府作用，例如成立中小企业发展局、中小型企业政策性银行等，为中小服务企业的创业、产业升级和技术升级等方面提供担保帮助。二是应该大力促进地区性中小型银行等中小金融机构的发展，为地区性中小服务企业提供适合和正规的金融支持。三是发展民间的担保业务，通过发展专业性的担保公司，解决服务企业抵押担保困难，克服信息不对称，减少道德风险。

4. 商务服务业。

促进商务服务企业组织结构的优化，形成一批具有市场竞争力的大型企业。同时对中小商务服务企业，积极鼓励其采用灵活多样的经营方式进行发展，引导它们形成具有自身特色的服务产品。积极引进能承接国际业务的境外优秀中介机构。鼓励租赁、企业管理服咨询、会计、法律服务、咨询与调查、广告、知识产权服务、会议及展览等商务服务企业开拓服务企业市场，为第三产业提供服务。

第三篇

空间发展篇

第十五章

中国生产服务业区域分工与合作研究

生产服务业区域分工和合作研究上最直接的问题就是：各区域应如何确定本区域生产服务业的分工产业，并实现区域间的相互协调与合作？这就是本章所探讨的最本质问题。

对于这一问题，经济学、贸易理论已给出了较多的回答。我国产业区域分工合作主要受比较优势理论和要素禀赋理论的指导。早在"六五"计划中，中央就提出"要充分发挥我国传统技艺精湛、劳动力众多的优势"。一直以来，中央都强调区域经济发展中地方"优势"的概念，到中国共产党十八届五中全会中提出要"破解发展难题，厚植发展优势"。可以看到，为实现区域协调发展，我国应培育、发挥各区域"优势"或"比较优势"，促进产业发展已几乎成为一种共识。

然而，对于比较优势或竞争优势的具体内涵，现有文献并未明确界定，且存在一定程度的争议。要素禀赋理论关注供给侧的劳动力和资本要素禀赋差异，认为各区域生产要素禀赋比率及不同产品生产过程中使用的要素组合将使得产品的比较成本产生差异，因此，各区域应生产具有要素禀赋比较优势的产品而从其他区域购买不具有比较优势的产品。例如，在劳动相对充裕的国家应当出口生产中主要使用劳动要素的产品而进口生产中密集使用资本要素的产品，类似的，在资本相对充裕的国家，应当出口主要使用资本要素的产品而进口密集使用劳动要素的产品。

比较优势理论和要素禀赋理论在分析和解释各区域因要素禀赋不同而在区域分工和区域贸易上形成不同选择的现象上具有重要借鉴意义。尤其对农业和制造业而言，比较优势理论和要素禀赋理论具有较强指导作用。农业和制造业的生产过程都需要用到适宜的土地以及一定数量的原材料，而这些原材料的产出往往与区域相应资源的丰裕程度相关。以钢铁产业为例，一方面需要用到铁矿石、煤炭等矿产资源；另一方面，便利的交通运输条件有助于原材料和产品的输出。这些在很大程度上决定了钢铁产业必须分布在原材料及运输条件具有比较优势的区域上。

生产服务业发展所需要的要素禀赋与农业、制造业具有典型的差别，若完全依循要素禀赋理论的指导，可能对区域分工和合作带来一定的负面作用。一般认为，生产服务业发展过程中最重要的要素禀赋是各类人力资本和资金。与制造业所需自然资源不可流动相比，人力资本本身具有较强的流动性。因此，我国城市往往人口数量较大，在比较优势理论和要素禀赋理论的指导下，不少地方政府认为，当地具有发展生产服务业的劳动力要素，只要加大对生产服务业的资金投入，甚至通过加大资金投入从其他区域引进所需要的各类人才，就能构建生产服务业的要素比较优势，满足生产服务业发展的要素禀赋要求，甚至因此引起区域生产服务业集聚，形成规模效应，带来生产服务业效率的更大提升和成本的下降，从而使得本区域产品更具有市场竞争力，促进本地生产服务业的发展。这种认识甚至催生了生产服务业的"供给决定论"，即认为资金投入在生产服务业的发展中具有极为重要的作用，只要资金投入到位了，生产服务业自然能发展壮大起来。对于生产服务业落后的地区而言，这似乎给当地生产服务业的发展提供了通过超前投入，实现对发达地区生产服务业"赶超"的机会。

然而，与制造业产品可远距离运输因此可更大范围地扩大市场覆盖面相比，生产服务业的需求半径往往较为有限。因此，虽然生产服务业投入的增加为生产服务业的发展注入了强大动力，促进了生产服务业的蓬勃发展，但部分区域可能存在生产服务本地需求不足的问题，过度的生产服务投入也带来了生产服务业发展过程中的重复建设、产业结构趋同以及政府产业发展政策恶性竞争等一系列问题。换言之，即便我国生产服务业发展中比较优势理论仍起作用，但由于对生产服务需求重视不足，比较优势理论在指导生产服务产业发展政策上存在一定的弊端，或者说，生产服务业的区域分工合作亟须关注需求侧的新理论的指导。

此外，现有政策性文件对于培育和发挥各区域"优势"或"比较优势"的主体未明确指出，部分文件甚至将主体当成地方政府。这些政策性文件赋予地方政府干预产业市场发展的权利，成为政府影响产业区域分工合作的指导。诚然，政府能协调产业发展从而对产业分工带来一定的促进作用，但这也可能会对市场在资源配置中的作用带来危害。

鉴于需求侧对生产服务业发展的重要影响，本章从需求的视角对中国生产服务业的区域分工合作进行研究，拟探讨的问题主要有三个：其一，中国生产服务业区域分工合作的主要问题是什么？其二，需求是如何影响中国生产服务业区域分工合作的？其三，区域应如何协调发展生产服务业以有效实现区域分工合作？

第一节　中国生产服务业区域分工合作的问题

改革开放特别是中央提出加快服务业发展的战略决策以来，中国生产服务业迅速发展，区域分工合作关系也在其发展壮大中得到充分体现。然而，随着中国经济总量的增大，中国生产服务业供需失衡的问题不断加剧，区域分工方面的问题不断显示。主要表现为生产服务业重复建设严重、产业结构趋同和地方政府在生产服务业发展政策存在恶性竞争等。

一、中国生产服务业的区域供需不平衡

2015年11月10日，习近平总书记在中央财经领导小组第十一次会议上提出"在适度扩大总需求的同时，着力加强供给侧结构性改革，着力提高供给体系质量和效率，增强经济持续增长动力"。自此引出的"供给侧结构性改革"的概念引起了广泛关注。

供给侧结构性改革提出的背景是中国经济进入经济发展速度下降、产业结构亟须调整的"新常态"发展新阶段。在国际金融危机的影响下，出口和内需不足而导致我国不少产业出现严重的产能过剩现象，这与我国长期形成的粗放式发展模式相关，归根到底在于供给和需求不匹配。供给侧改革的目标就是要矫正扭曲的要素配置，提高供给质量，以促进经济社会持续健康发展。

可以说，中国生产服务业区域分工合作中最重要的问题就是供需不平衡的问题。生产服务业供需的结构性失衡乃至区域性失衡，不利于要素资源在产业和区域上的优化配置，造成劳动力、土地、资本等生产要素在区域和产业分配上的不均衡，形成生产服务业区域分工合作的种种问题。对于制造业而言，由于生产的是实物产品，供需不平衡所形成的产能过剩现象非常明显。事实上生产服务业发展中也同样存在供需不平衡的问题。长期以来，生产服务业的区域分工及供需不平衡的问题未得到广泛关注，但这些问题同样亟须解决。

进入20世纪以来，服务业在部分国家尤其是发达国家国民经济中的地位不

断上升,甚至超越了工业而使得这些国家进入了后工业化的时代,服务业的发展引起了学界广泛关注。而随着信息通信技术水平的不断提高,加之交通运输条件的不断发展完善,服务产品的不可异地贸易性也悄然发生了变化,尤其在生产服务业,无论是交通运输业、信息传输和计算机服务业、金融业,还是租赁和商务服务以及批发业,其生产和消费的时空同一性已在很大程度上被打破,从而产生了生产服务业在不同地区、不同城市、不同省份乃至不同国家间的服务贸易现象,带来了生产服务业的区域分工问题。

我国生产服务业区域分工合作的症结一部分来自市场这一无形之手在资源配置上的失灵,另一部分则与政府公共政策导向的有形之手的有限理性密切相关。可以说,政府公共政策需要市场导向的规范和约束,而市场也需要公共政策的调整和补充,两者相辅相成,这是供给侧结构性改革的实质所在,也是解决生产服务业区域分工合作问题的关键所在。

解决生产服务业区域分工合作中的问题需要深入认识生产服务业在不同区域的需求特征,以需求为依托,及时调整政府公共政策导向,积极引导市场在生产服务业上的资源供给方向,实现供给和需求的长期动态平衡。

二、生产服务业重复建设现象严重

长期以来,人们对工业的重复建设与产能过剩现象关注较多,而生产服务业重复建设问题并未引起广泛关注。这是因为与工业相比,生产服务业的重复建设现象显得更为隐秘。重复建设是指在产品的生产能力超过市场需求的情况下,进一步扩建产品生产线,从而造成产品生产能力的过剩。工业产品的生产线一般都是由机器设备组成,具有一定的工业产品生产能力,若这些机器设备的生产能力远远超出了市场的销量,部分甚至造成了较为严重的产品积压,则基本可以判断该产业具有重复建设的现象。由于服务产品是非实物形态的劳动产品,其非实物特性使得人们对它产生一种神秘感,往往感觉不到它的存在,甚至不承认它作为消费对象的存在;而服务产品非储存性的存在,使得服务产品与其生产过程不可分离,生产一结束,产品已因被消费掉而不复独立存在,[①] 这就使得生产服务业中的重复建设因人们无法感觉到服务产品的存在:服务的生产过程一旦结束,产品不复独立存在,从而并未出现与工业产品类似的积压现象;另外,为了保证在消费者人数较多时提供较充分的服务能力而避免产生服务消费排队现象,服务生产者会适当增加其服务能力而使其在服务消费者较少的闲时,部分服务能力被合

---

① 李江帆:《第三产业经济学》,广东人民出版社1990年版,第165~168页。

理闲置，这也让部分服务生产者不合理的服务闲置问题被当成合理闲置而被忽视，从而使得生产服务业的重复建设现象更难以被人们所发现。事实上，生产服务业的重复建设现象同样会造成区域资源的过度投入，造成土地、资金等资源的巨大浪费。因此，有必要对生产服务业的重复建设情况加以研究，以加深对其危害性和严重性的认识。

生产服务业的重复建设现象更多的是从其闲置的服务劳动力和服务劳动资料间接显示出来。由于现有的统计资料缺少对生产服务业闲置现象的统计数据，我们只能从部分行业的服务劳动资料闲置或经济绩效情况大致反映其重复建设情况，从所收集到的数据资料来看，中国生产服务业的重复建设情况较为严重。

出于对自身发展的需要，生产服务业主要集聚在城市，尤其是大型城市，其服务业的比重相对较高，成为生产服务企业的首选落户地。各城市为促进自身生产服务业的发展，无论是大城市还是中小城市规划建设各种新城新区，提出建设城市 CBD，让自己的城市成为各种总部基地。城市生产服务业的一个重要载体就是甲级写字楼，不少城市通过大力新建甲级写字楼，作为吸引更多的企业尤其是生产服务企业入驻的方法。然而，不同城市的需求状况不同，造成其甲级写字楼的租售情况也有较大的差异，比较不同城市不同区位甲级写字楼的空置率（空置可出租面积占楼面总面积的百分比），可以大致反映中国城市在促进生产服务业发展过程中的基础建设供需情况。

如表 15-1 所示为 2014 年第二季度中国主要大城市及其主要区域甲级写字楼的空置率情况。可以看到，中国主要大城市的总体空置率差异较大，最小的北京市，其平均空置率仅为 2.3%，而最大的成都市达到 46.1%，也就是说，成都市甲级写字楼有近一半是处于空置状态，这表明北京甲级写字楼市场需求旺盛，而供给相对不足，供不应求，而成都市则需求疲软，供给充足，严重供过于求。同样供过于求的甲级写字楼城市还有重庆、长沙等城市，其空置率达三成以上，说明这些城市的甲级写字楼市场存在较为严重的重复建设情况。

从城市所处的区域来看，甲级写字楼空置率较低的北京、上海、广州、深圳等城市都是东部沿海的国内一线城市，而空置率较高的成都、重庆、长沙等城市则都位于中西部相对落后地区，东北地区的沈阳和大连的空置率也较高，这表明，甲级写字楼的重复建设现象在中西部等生产服务业相对落后的地区更为严重。

表15-1　2014年第二季度中国主要城市及其主要区域甲级写字楼空置率

单位：%

城市	主要区域	空置率	城市	主要区域	空置率
北京	CBD	3.4	厦门	鹭江道	8.7
	东二环	0.3		滨南-滨北	6
	东长安街/建国门	1		两岸贸易中心	5
	金融街	0.3		两岸金融中心	33.5
	燕莎	3.6		总体	17.8
	中关村	1.2	沈阳	北站	25.6
	其他	3.8		中山广场	4.55
	总体	2.3		五里河	42.81
上海	静安	12.9		中街	35
	黄埔	9.1		总体	29.95
	徐汇	8.8	大连	人民路	20.1
	浦东	3		青泥洼桥	11.59
	长宁	11.2		开发区	37.23
	其他	23.1		星海湾	25.53
	总体	9.3		总体	20.58
广州	体育中心	2.6	青岛	市南CBD	22.18
	珠江新城	12.8		崂山CBD	18.95
	东山区	2.5		市北CBD	37.85
	越秀区	3.9		总体	23.51
	总体	7.3	武汉	金融街	21.2
深圳	罗湖	5.3		武广商务圈	12.2
	福田	6		中南商务圈	28.1
	南山	9.7		其他区域	3
	总体	6.3		总体	17.9

续表

城市	主要区域	空置率	城市	主要区域	空置率
天津	南京路	4.06	长沙	五一商务区	37.6
	小白楼	6.76		总体	37.6
	友谊路	7.43	成都	中央商务区	33.1
	金融城	39.32		科技商务区	27.3
	总体	14.27		东大街	60.2
杭州	黄龙	5.9		天府新城	59.3
	武林	6.9		总体	46.1
	庆春	10.3	重庆	渝中区	42.7
	钱江新城	17.7		总体	41.5
	总体	12.4	西安	城北	3.65
南京	玄武	6		城中	0
	鼓楼	11		城南	35.79
	白下	6.8		西高新	10.45
	建邺	15		总体	14.56
	总体	9.7			

资料来源：2014年第二季度戴德梁行中国主要区域研究报告。

进一步对比每个城市内不同区域的空置率可以看到，几乎每个城市在部分区域都存在一定程度的重复建设情况，从而使得部分区域的空置率远高于其他区域。以西安市为例，其城北和城中区域的空置率非常低，而城南区的空置率最高达到35.79%。不少城市的概念性新城或新区的甲级写字楼空置率往往居高不下，如天津的金融城空置率达39.32%，厦门两岸金融中心达33.5%，大连开发区达37.23%，成都市的天府新城以及东大街的空置率甚至达六成左右等，其空置率都远远高于其他区域。广州的珠江新城（12.8%）和杭州的钱江新城（17.7%）空置率也与所在城市的其他区域相对比较高。

类似的情况在主要城市购物综合体等优质零售物业中也较为显著。如表15-2所示为2012~2015年中国主要城市优质零售物业的空置率情况，可以看到，部分城市的零售物业空置率很低，如武汉市2015年6月仅为2.7%，而沈阳市则达到17.3%，这也在一定程度上反映了各主要城市在优质购物中心中的重复建设情况。

表15-2 2012~2015年中国主要城市优质购物综合体空置率 单位：%

城市	2012年6月	2012年12月	2013年6月	2013年12月	2014年6月	2014年12月	2015年6月	数据来源
北京	14.70	13.14	14.41	12.80	13.41	12.00	12.10	戴德梁行
上海	6.30	9.20	7.40	5.60	7.30	6.60	6.10	世邦魏理仕
广州	10.50	13.80	12.10	14.20	10.30	9.30	9.10	戴德梁行
深圳					11.00	8.80	6.30	戴德梁行
天津	10.80	12.80	9.20	9.90	7.60	10.20	14.40	世邦魏理仕
沈阳	17.70	18.10	20.20	21.90	19.10	20.00	17.30	世邦魏理仕
大连	8.80	7.30	5.90	4.30	3.80	3.20	3.30	世邦魏理仕
南京	6.00	6.70	8.60	11.20	10.00	7.10	7.30	世邦魏理仕
杭州	1.60	1.50	2.80	2.50	1.70	4.00	4.00	世邦魏理仕
宁波	0.70	4.50	3.20	4.10	6.60	4.90	6.30	世邦魏理仕
青岛	7.30	5.00	2.70	4.30	4.00	5.60	8.40	世邦魏理仕
武汉	1.40	1.30	0.60	3.60	5.20	4.70	2.70	世邦魏理仕
重庆	4.60	6.60	4.80	8.00	9.00	7.70	8.70	世邦魏理仕
成都	10.50	10.00	10.60	9.50	7.60	7.30	7.50	世邦魏理仕
长沙				5.70	4.80	4.30	3.80	戴德梁行
厦门					10.30	9.80	9.10	戴德梁行

甲级写字楼和优质购物中心空置率较高现象是城市生产服务业重复建设现象的一个反映，类似的现象在其他生产服务行业也多有出现。以航空运输业这一高端交通运输业为例，其近年来在中国得到了较快的发展，但其中的重复建设情况一样不容小觑。在珠三角这一面积4万多平方公里、城市间距离最远不到200公里的区域内，就建设有广州白云机场、深圳宝安机场、珠海三灶机场和佛山沙堤机场这4个民用航空机场，若加上香港和澳门的现有机场，珠三角区域内的现有正在运营的民用航空机场达6个之多。除此之外，惠州机场于2015年复航[①]，而广州市将启动第二机场选址[②]，这意味着，珠三角的机场数量还将继续增加。

比较表15-3中2012年与2014年珠三角运营中民用航空机场业务量可以看到，无论是旅客吞吐量还是货邮吞吐量以及起降架次，广州和深圳航空机场的业

[①] 《惠州机场明年初复航，拟开通4条客运专线》，载于《南方日报》，2014年10月13日第HC04版。
[②] 《广州将启动第二机场选址》，载于《南方日报》，2014年9月26日第GC03版。

务量在珠三角均居于绝对领先位置，但其业务量的增长速度较缓。另外，尽管珠海机场的业务量远低于广州和深圳机场，但其 2014 年的业务量较 2012 年有显著上升。而佛山沙堤机场的业务量非常小，其中 2014 年全年的旅客吞吐量仅为 12 万人，比 2012 年减少 34.3%，仅相当于距离不到 50 公里的广州白云机场吞吐量的 0.22%，货邮吞吐量仅为 578 吨，同比减少 79.6%，仅相当于广州白云机场吞吐量的 0.04%。就全国范围来看，中国各地区进入了机场建设的热潮中，但其运营效率则需引起注意：据中国民航局局长李家祥在第五届中国临空经济论坛上透露，2012 年中国境内民用航空（颁证）机场共有 183 个，其中 134 个机场共亏损约 29 亿元，平均每个机场亏损约 2 000 万元。[①] 固然，民航机场的开通将对区域经济发展带来积极的直接和间接效应，但在各地区的机场建设潮中，不可避免地存在重复建设现象，带来资金和土地等资源的浪费。

表 15-3　　2012 年与 2014 年度珠三角运营民用航空机场业务量比较

单位：万人，万吨，万次，%

机场	旅客吞吐量			货邮吞吐量			起降架次		
	2014 年	2012 年	增长	2014 年	2012 年	增长	2014 年	2012 年	增长
广州白云	5 478.0	4 830.9	13.4	145.4	124.9	16.4	41.2	37.3	10.4
深圳宝安	3 627.3	2 957.0	22.7	96.4	85.5	12.7	28.6	24.0	19.3
珠海三灶	407.6	209.0	95.0	2.2	1.6	36.0	5.1	4.4	16.3
佛山沙堤	12.0	18.3	-34	0.1	0.3	-80	0.1	0.1	-19

资料来源：《中国交通年鉴》（2013）（2015）。

三、生产服务业产业结构趋同

与重复建设相类似的，人们主要从工业的角度对区域产业结构趋同现象进行分析，而对服务业中所存在的产业结构趋同现象研究较少，这固然与传统上服务业的本地生产、本地消费性质有关。服务产品的需求半径较小，其产品市场被分隔成一个个几近封闭的区域，这样，如果区域对服务产品的需求结构相近，产业结构也会趋向一致。但生产服务业的情况与此有着典型的区别。

一方面，信息通信技术的进步和交通运输条件的成熟打通了生产服务业的市场区隔，使得生产服务业的区域分工成为可能。高速公路、高速铁路、港口、机场等交通基础设施的建设，让各区域更紧密地联系在一起，大大缩短了区域之间

[①]　《全国机场七成亏损难阻建设潮，盈亏账应理性看待》，载于《北京日报》，2013 年 5 月 22 日。

人力资本和各种物质资本的流通成本和时间。对于生产服务业而言，这意味着生产者和消费者之间的距离或者说他们之间交易的完成方式有了较大程度改观。生产服务业可以更方便地通过生产者向消费者移动，消费者向生产者移动或者两者一起移动等方式实现服务产品的生产和消费过程。借助便捷的交通运输条件，咨询和科学技术研发业可以方便地上门提供服务，批发和零售业可以将自己的产品贸易市场遍布交通运输网络可达的每个角落。信息通信技术的进步有效地实现各种可编码知识的传播，人们可以便捷地获取异地相关信息并将本地的信息准确地传输到异地。这对可编码知识较为集中的金融业、商务服务业和科技研发等而言具有更为重要的作用，通过各种分支机构甚至信息通信终端，这些生产服务业能在很大程度上实现生产服务业产品的集中生产，并促进了产品的异地消费。在信息通信技术和交通运输条件不断发展的背景下，生产服务业的本地生产、本地消费性质已在很大程度上有了改观，不同区域在生产服务业上进行分工合作成为可能。

另一方面，不同区域的生产服务业比较优势和市场需求不同，生产服务业产业结构存在差别，生产服务业的区域分工成为必然。区域经济学的理论基础是绝对优势及比较优势理论，即不同区域在不同产品的生产上具有各自的比较优势，各地区应生产并出口具有比较优势的产品而进口具有比较劣势的产品，从而实现资源的优化配置。由于历史和自然原因的存在，生产服务要素的区域间分布不均衡，生产服务业的生产率也存在地区上的差别。如高等教育较为发达的地区集聚了一批知识文化、专业技能水平较高的人员，在发展科学技术研发上具有相对优势。另外，生产服务业是为其他产业的发展提供服务的产业，其市场需求结构与不同区域的产业结构有较大关系。对于经济较为发达的地区而言，更需要生产服务业为当地的企业提供金融支持和商务支持。同时，由于干中学、规模效应的存在，不同区域在生产服务业的生产上具有一定的专业优势，而这种优势伴随着市场规模的扩大而变得更大，从而使得不同区域在生产服务区域分工合作体系中承担着自己的作用，也形成了区域间生产服务业产业结构不同的现象。

总而言之，生产服务业区域分工格局的形成意味着生产服务业的发展重点存在区域差异，因此，不同区域的生产服务业产业结构不同。然而，从中国的现状看，生产服务业的发展存在产业结构趋同现象。

为此，本节以广东省各城市生产服务业各细分行业的发展情况为例，构建并计算区域产业结构相似指数。产业结构相似指数的指标上选取樊福卓于2013年所提出的方法。[①] 其计算公式为：

---

① 樊福卓：《一种改进的产业结构相似度测度方法》，载于《数量经济技术经济研究》，2013年第7期，第98~115页。

$$XSD_i = 1 - \frac{m}{2(m-1)} \sum_{j=1}^{n} |s_{ij} - \bar{s}_j| \qquad (15.1)$$

其中，XSD_i 是 i 地区的生产服务业产业结构相似指数，s_{ij} 为 i 地区生产服务业 j 细分行业的就业人数比重，$\bar{s}_j$ 为所考虑区域中所有城市生产服务业 j 细分产业平均就业人数比重，m 为城市总数，其中广东省的地级市数量为 21 个，因此，$m=21$。很显然，i 地区的生产服务业产业结构相似指数取值范围为 [0, 1]，当 i 地区与其他地区产业结构完全不同时，其值为 0，若与其他地区产业结构完全相同，则为 1。通过计算 2003~2011 年广东省各地级市的生产服务业产业结构相似指数如表 15-4 所示。

表 15-4 2003~2011 年广东各地级市生产服务业产业结构相似指数

城市	2011 年	2010 年	2009 年	2008 年	2007 年	2006 年	2005 年	2004 年	2003 年
广州市	0.799	0.785	0.790	0.785	0.819	0.831	0.816	0.823	0.833
韶关市	0.819	0.812	0.844	0.836	0.853	0.834	0.881	0.837	0.817
深圳市	0.866	0.867	0.863	0.873	0.863	0.874	0.872	0.895	0.890
珠海市	0.889	0.905	0.913	0.923	0.937	0.902	0.908	0.890	0.920
汕头市	0.885	0.858	0.859	0.844	0.843	0.848	0.860	0.854	0.862
佛山市	0.883	0.887	0.873	0.835	0.822	0.864	0.862	0.862	0.869
江门市	0.869	0.887	0.869	0.896	0.899	0.899	0.907	0.911	0.916
湛江市	0.866	0.854	0.852	0.833	0.849	0.861	0.882	0.878	0.879
茂名市	0.870	0.947	0.924	0.912	0.933	0.936	0.949	0.956	0.920
肇庆市	0.968	0.929	0.952	0.922	0.978	0.983	0.967	0.948	0.919
惠州市	0.919	0.921	0.936	0.921	0.903	0.909	0.915	0.879	0.895
梅州市	0.895	0.851	0.881	0.892	0.947	0.946	0.938	0.919	0.948
汕尾市	0.875	0.881	0.899	0.845	0.870	0.846	0.848	0.819	0.832
河源市	0.935	0.888	0.953	0.954	0.933	0.926	0.910	0.871	0.866
阳江市	0.907	0.869	0.862	0.832	0.838	0.837	0.884	0.871	0.889
清远市	0.840	0.846	0.882	0.871	0.873	0.828	0.811	0.810	0.826
东莞市	0.733	0.734	0.759	0.745	0.757	0.741	0.756	0.750	0.740
中山市	0.859	0.832	0.816	0.842	0.847	0.850	0.832	0.783	0.783
潮州市	0.876	0.879	0.880	0.876	0.873	0.926	0.927	0.921	0.933
揭阳市	0.909	0.896	0.881	0.906	0.885	0.878	0.873	0.841	0.830
云浮市	0.899	0.758	0.825	0.816	0.827	0.871	0.857	0.928	0.945

续表

城市	2011 年	2010 年	2009 年	2008 年	2007 年	2006 年	2005 年	2004 年	2003 年
平均	0.874	0.861	0.872	0.865	0.874	0.876	0.879	0.869	0.872
珠三角	0.865	0.861	0.863	0.860	0.870	0.873	0.871	0.860	0.863
非珠三角	0.881	0.862	0.879	0.868	0.877	0.878	0.885	0.875	0.879

资料来源：笔者根据历年《广东统计年鉴》计算整理得到。

表 15-4 数据显示，2003~2011 年广东省全省范围内的生产服务业结构相似指数尽管略有波动，但值的大小一致较高，保持在 0.87 左右，这说明广东省各大城市的生产服务业结构相似程度较高。从具体城市来看，2011 年生产服务业结构相似指数超过 0.9 的城市有肇庆市（0.968）、河源市（0.935）、惠州市（0.919）、揭阳市（0.909）、阳江市（0.907）等城市，这说明这些城市的生产服务业结构相似程度非常高。

广东省的生产服务业结构相似指数表明，广东省各大城市的生产服务业产业结构在很大程度上是相同的，这也在一定程度上说明广东省各城市之间的生产服务业分工合作程度较低，城市间的分工合作格局未得到有效建立。

通过进一步计算全国生产服务业结构相似指数，可以发现，广东省的生产服务业产业结构具有典型意义，在很大程度上反映了中国城市的生产服务业结构相似情况。

生产服务业的产业趋同现象表明各城市间缺乏合理的劳动分工和专业化协作，各城市并未实现生产服务业的错位发展、有效发挥自身在生产服务业细分产业上的相对优势而在分工格局中找到自己的分工角色，也并未根据本地市场对生产服务产品需求状况而发展相对需求较大的产业，从而一方面，因竞相发展相类似的生产服务业产业必然导致至少在小范围内的生产服务重复建设，带来生产服务业市场的过度竞争或效率低下，不利于各城市资源的优化配置；另一方面，因本地需求未能得到本地服务的有力支撑而不利于本地其他产业的发展和转型升级。

四、地方政府的生产服务业发展政策存在恶性竞争

地方政府生产服务业发展政策上的竞争，主要表现为地方政府在争取生产服务产品市场和生产服务发展资源的政策采用了排他而非利他的非合作性政策，随着竞争程度的加剧，这种政策的非合作性不断加强，最后形成了地区之间的恶性竞争格局。

首先，地方政府在争夺生产服务产品市场上存在政策方面的恶性竞争。由于交通运输条件和信息通信技术的改善，生产服务业的产品市场需求半径不断增大，并逐步超过了城市的边界而进入其他城市的范围内。正如前面所分析的，各地区为促进自身生产服务业的发展而产生了不同程度的生产服务业重复建设和产业结构趋同现象。这意味着本地的生产服务产品市场将面临来自其他区域的生产服务产品的竞争，如何让本地生产服务产品在竞争中居于有利位置，维持在本地市场的占有地位甚至促进本地生产服务产品输出到相邻乃至更远区域成为政府的重要政策出发点。为此，各地不约而同出台了不少促进本地生产服务发展的政策，也因此产生了不同程度的恶性竞争局面。以土地转让为例，江苏省南部某些地方的土地出让价格只有5万元1亩，在恶性竞争的压力下，周边的吴江、宁波、杭州地区也只好将地价压至每亩5万元的超低水平，上海郊区的一些土地也不例外。其实，成熟的开发区用于基础设施的投入和土地出让金应在15万元1亩的水平。这样，当地政府每亩要倒贴近10万元。[①]

其次，地方政府在争夺生产服务业发展资源上存在政策恶性竞争。随着中国经济逐步走向服务型经济，各地政府对服务业的发展日益重视，而很大程度上作为中间需求的生产服务业在促进当地其他产业发展，构建良好地区经济发展产业生态方面具有很大作用，因此发展服务业的一大重点就是生产服务业，形成了在各地齐头并进发展生产服务业的背景。为促进当地生产服务业发展，争夺有限的生产服务业发展资源，各地政府也提出了各自的发展政策。生产服务业发展资源，包括国内外资金、人力资本、上级政策制度支持等的相对稀缺性，使得各地的招商政策竞争态势更为明显，各地不断降低生产服务业市场进入门槛，搞低水平重复建设，甚至走向了恶性竞争。

五、政府产业政策与中国生产服务业区域分工合作

上述分析表明，中国生产服务业区域分工合作存在的不少问题归根到底是生产服务业在区域上的供需失衡：从供给看，生产服务业的一些区域、一些产品，生产要素资源超过市场需求过度投入，过度供给形成重复建设问题；而一些产品投入资源不足，不能充分满足需求；从需求看，一些区域的一些产品需求未得到充分满足，而另一些产品则需求小于供给。

[①] 张彩娟：《论内部恶性竞争对"长三角"一体化发展的影响》，载于《河海大学学报》（哲学社会科学版），2004年第6期，第34~37页。

对发达国家而言，对经济、社会、技术未来发展方向，市场在引导生产服务业资源的区域和产业合理配置方面起主导作用，政府则主要提供法律、安全和基础设施等公共服务。对发展中国家特别是从计划经济向市场经济转轨的中国来说，政府在引导产业资源配置上发挥非常积极的作用乃至充当主导角色，在引导生产服务业区域分工合作方面有较强的影响。

中国生产服务业的发展是与中国经济从计划向市场的转型发展密切联系在一起的。新中国成立以来，中国以苏联为自身发展的模式，实行中央集权的计划经济体制，中央是唯一的经济利益主体，不承认地区独立的经济利益，在产业发展上，则长期片面重视工农业，忽视第三产业，在实践上采取贬斥服务业发展的产业政策。改革开放以来经济转型的一个核心线条是国家对地方和企业的放权，国家的经济利益主体也往国家、地方、企业乃至个人等多元化方向发展。从区域经济的视角来看，地方政府职能和经济管理权力的逐步扩大是改革开放以来的区域经济的一个显著特征，这使得地方政府有条件以本地区的发展现状为出发点，研究和制定自己的经济发展战略和计划，并运用各种经济和非经济手段管理和指导本地区的经济活动。

伴随着地方政府职能和权力逐步扩大的，是社会各界对第三产业观念的讨论、深化和重视。自1979年第三产业概念在中国报刊"亮相"以来，第三产业的发展观念在中国屡有反复，在经济学界和决策部门的努力和持续推动下，1992年中共中央、国务院发布了《关于加快发展第三产业的决定》，作出了加快第三产业发展的重要战略决策。以地方政府职能和权力的扩大为背景的中国服务业的发展，给中国服务业尤其是生产服务业的发展上打上了深刻的地方政府管理烙印，形成了特殊的转型期间中国生产服务业的行政区经济[①]现象。改革开放以来地方政府积极推动生产服务业发展，在很大程度上有利于中国生产服务业的壮大，但也产生了中国生产服务业区域分工合作的种种问题。

长期以来，我国产业的区域分工合作就受到比较优势理论和要素禀赋理论的指导。传统贸易理论中，比较优势是外生的，包括李嘉图的比较优势是技术生产率，赫克歇尔和俄林则认为要素禀赋包括劳动力和资本等，莫罗（Morrow）建立的 RHO（Ricardian – Heckscher – Ohlin）模型则综合考虑了技术生产率、劳动力

[①] 行政区经济是华东师范大学中国行政区划研究中心主任刘君德在20世纪90年代初提出的概念，指的是我国从传统计划经济体制向社会主义市场经济体制转轨过程中，区域经济由纵向运行系统向横向运行系统转变，在这一经济发展的过渡阶段，区域的经济及行政政策足以对区域的经济发展带来较大影响，带来областной产业结构的变化。刘君德、舒庆：《中国区域经济的新视角——行政区经济》，载于《改革与战略》，1996年第5期，第1~4页。

和资本。[1] 楚尔（Chor，2008）[2] 和库斯提诺特（Costinot，2009）[3] 等认为制度也是比较优势的来源。克鲁格曼（Krugman，1987）[4] 则通过引入规模经济和干中学概念提出了动态比较优势的观点，认为政府可以通过适当的产业和贸易政策来培养比较优势，使比较优势有利于本国发展。而杨小凯（2001）[5] 则基于规模报酬递增、内生专业化和分工概念，在新兴古典经济学框架下提出了内生比较优势的概念。

可以说，通过引入规模报酬递增、干中学等概念之后，比较优势理论对区域产业政策的指导意义早已突破了原有要素的限制。如我国产业经济学家干春晖教授所提出的，可以"利用资本、劳动力等初始要素，通过干中学机制和创新机制，在政府的间接作用下，实现技术进步、产业结构升级、人力资源优化配置和规模经济"，[6] 形成动态比较优势，以突破因过度依赖传统的要素禀赋而导致的"比较优势陷阱"。

若按照比较优势理论的指导，落后区域可以通过加大对生产服务业的资金投入并引入人才，形成竞争优势，并通过规模效应带来的生产率提升进一步强化自身产品的竞争优势，从而参与更高层次的区域分工，实现落后区域对先进区域的赶超。正如顾乃华[7]（2005）所言，"落后地区优先发展生产服务业的意义则更为重大，它有利于从无到有地创造内生比较优势，使经济发展摆脱低水平均衡"。

由此可见，在比较优势理论指导下，生产服务业区域产业政策更注重供给侧对产业发展的决定意义，加之生产服务业的要素投入具有较强的可流动性，加强供给侧的投入可能会对生产服务业的区域发展带来立竿见影的效果，从而形成生产服务业发展的"供给决定论"。而有限理性、区域竞争和政绩驱动导向加剧了"供给决定论"的影响。在"供给决定论"的指导下，地方政府对生产服务业区

---

[1] Morrow. Peter M. *East is East and West is West：A Ricardian – Heckscher – Ohlin Model Comparative Advantage*，http：//www. fordschool. umich. edu/rise/workingpapers/wp. html，2008.

[2] Chor, D. *Unpacking Sources of Comparative Advantage：A quantitative Approach*，http：//ssrn. com/abstract = 1289543，2009.

[3] Costinot A. On the Origins of Comparative Advantage. *Journal of International Economics*，2009（77）：255 – 264.

[4] Krugman, P. The Narrow Moving Band, the Dutch Disease, and the Competitive Consequences of Mrs Thatcher：Notes on Trade in the Presence of Dynamic Scale Economics. *Journal of Development Economics*，1987（27）：41 – 55.

[5] 杨小凯、张永生：《新贸易理论、利益理论及其经验的新成果：文献综述》，载于《经济学季刊》，2001年第1期。

[6] 干春晖、余典范：《中国构建动态比较优势的战略研究》，载于《学术月刊》，2013年4月，第76~85页。

[7] 顾乃华：《生产服务业、内生比较优势与经济增长：理论与实证分析》，载于《商业经济与管理》，2005年第4期，第34~39页。

域发展的过度干预会导致中国生产服务业产业结构趋同。

对正处于转型期的中国而言，政府在区域和产业发展中仍具有较大的话语权，在社会主义市场经济尚未得到充分完善的情况下，政府的产业政策能对市场经济的不足之处起到补充和辅助作用。而社会经济在一定时间范围内还仍有赖于政府政策的导向性作用。显然，生产服务业的供给和需求应是一个系统性的整体，对生产服务业发展过程中的各种要素投入尤其是资金投入的过度依赖，而不考虑生产服务业的区域需求，会带来一系列的问题。因此，为解决生产服务业区域分工合作中的供需失衡问题，当务之急是尽力避免政府和企业的有限理性局限，减轻乃至杜绝"供给决定论"对生产服务业区域发展的错误指导。换言之，各区域政府应更深入地认识和把握生产服务需求对生产服务业区域发展的影响规律。

此外，从长期看，各区域的生产服务业发展中应确立并完善市场主导机制，发挥生产服务市场需求在生产服务业发展中的资源配置基础作用，减少地方政府对生产服务业区域发展的干预。

因此，本章接下来首先分析并验证生产服务需求在生产服务业区域发展中的作用机理，以提升政府和企业对生产服务业区域发展规律的认识和把握水平，避免因认识水平低下而导致的生产服务业区域发展方向错误的问题，而后从市场机制完善及政府的逐渐退出等方面提出从长期看生产服务业区域分工合作问题彻底解决的方向性政策建议。

第二节　生产服务需求对生产服务业区域分工合作影响机理研究

无论是从产业发展的规律还是个人的需求来看，随着社会生产力的不断发展，生产服务业在国民经济中的地位将越来越重要，社会对生产服务业的需求量将上升，生产服务业从业人员、产值比重等将提高，因此，区域内的生产服务业需求市场将不断增大（见图15-1）。

由于交通运输条件的持续改善，使得生产服务业需求半径逐渐超出原区域的限制而不断扩大，信息通信技术的升级促进了生产服务业编码信息的传输，同样促成了生产服务业市场覆盖范围的增加，生产服务生产者所面临的生产服务区域市场在扩大，而生产服务消费者所面临的生产服务产品的可选择范围也在增加。

```
┌──────────┐  ┌──────────┐    ┌────────────┐  ┌────────────┐
│产业发展需求│  │个人发展需求│    │交通运输条件发展│  │信息通信技术升级│
└────┬─────┘  └────┬─────┘    └──────┬─────┘  └──────┬─────┘
     └──────┬──────┘                 └───────┬───────┘
            ▼                                 ▼
     ┌──────────────┐               ┌──────────────┐
     │本地生产服务需求上升│               │生产服务需求半径上升│
     └──────┬───────┘               └──────┬───────┘
            └──────────────┬───────────────┘
                           ▼
                  ┌──────────────┐
                  │生产服务区域市场扩大│
                  └──┬────────┬──┘
            ┌────────┘        └────────┐
            ▼                          ▼
     ┌──────────────┐           ┌──────────────┐
     │生产服务区域合作加强│           │生产服务区域竞争加剧│
     └──────────────┘           └──────────────┘
```

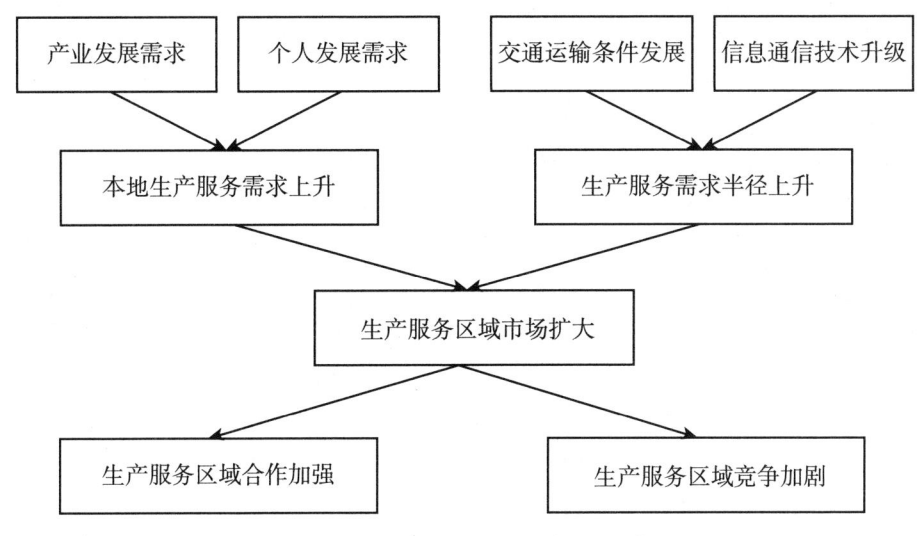

图 15-1　生产服务业需求动态变化

区域一体化市场的不断扩大一方面有利于生产服务资源在区域之间的优化配置，推动具有竞争优势的生产服务产品获得更大的市场发展机会，从而促进了生产服务区域分工格局的形成；另一方面，区域市场的融合也带来生产服务业区域竞争的加剧，使得原本不处于同一个生产服务区域市场的生产者面临着对生产服务市场的争夺。

从区域发展的视角看，生产服务需求半径和市场的不断扩大似乎给落后地区提供了一个充分发挥其在劳动力等方面的比较优势，大力发展生产服务业，实现对先进地区赶超的机会。若此机会存在，则在落后地区可能建成如"领带镇""灯饰城"等制造业专业城镇类似的"金融城""研发镇"等生产服务业集聚城镇。落后地区发展生产服务业也需要面对先进地区的竞争。先进地区在发展生产服务业上具有先发优势，较好的市场基础和发展经验有助于先进地区提供更具有竞争优势的生产服务产品。因此，对于先进地区和落后地区应如何发展生产服务业，还需要更进一步的分析。

一、生产服务需求与本地市场效应理论

（一）本地市场效应理论的提出

在规模报酬递增假设下，生产服务需求对生产服务业区域分工合作的影响可以从生产服务需求结构和生产服务需求规模的影响两方面进行分析。首先考虑需

求结构的问题，引发出来的问题是，在其他条件相同的前提下，如果区域 A 对生产服务产品的需求远超区域 B，那么，对区域 A 究竟应促进生产服务业发展并出口生产服务产品，还是进口生产服务产品呢？

对于这个问题，克鲁格曼早有研究。赫尔普曼和克鲁格曼（Helpman and Krugman, 1985）[①] 在克鲁格曼（1980）分析的基础上，以规模收益递增、垄断竞争和交易成本不为零等基本假设为基础，推导并证明了本地市场效应理论模型。克鲁格曼（1980）的分析模型是一个简化具有严格假设的模型，他考虑的两个人口相同国家、两种产品、两种消费者的参数是镜像对称（mirror image）的，消费者只消费一种产品。设 λ 为本国与外国对某一产品的相对需求结构：若两国对这一产品的需求比例相同，则 $\lambda = 1$；若本国对产品的需求比例相对高于外国，则 $\lambda > 1$。由于存在运输成本导致相同产业产品进口价格更贵，因此消费者对本国产品的需求要高于进口，若 σ 为进口产品与本地产品需求之比，则 $\sigma < 1$。设 μ 为本国生产与外国生产的某产业产品种类之比，若 $\mu = 1$，则表明两国生产某产业产品数量相同，若 $\mu > 1$ 则表明本国生产种类数量大于外国，因此本国出口该产业产品。克鲁格曼根据其假设条件推导本地市场效应模型下的贸易公式为：

$$\mu = \frac{\lambda}{1 - \lambda\sigma} \quad \sigma \tag{15.2}$$

很显然当 $\lambda = 1$ 时有 $\mu = 1$，当 $\lambda > 1$ 时有 $\mu > 1$。换言之，若产品的本地相对需求较高，本国将生产更多的该种产品。进一步对 μ 求偏导，$\lambda > 1$ 时可以得到：

$$\frac{\partial \mu}{\partial \lambda} = \frac{1 - \sigma^2}{(1 - \lambda\sigma)^2} > 1 \tag{15.3}$$

这意味着本国对某产业产品的超常需求（idiosyncratic demand）增加将使得该产业产品的生产呈放大增加，进而使得本国成为这种商品的净出口国。

因此，如图 15 – 2 所示，若区域 A 的生产服务业存在本地市场效应，当区域 A 对生产服务产品的需求远超区域 B 时，区域 A 应发展生产服务业且促进生产服务产品向区域 B 出口，而区域 B 则应发展并出口其他产业的产品以进口生产服务产品。

（二）本地市场结构效应与本地市场规模效应

虽未明确指出区域需求规模对本地市场效应的影响，但本地市场效应中在总市场规模相同的情况下，产品需求比例不同事实上也会带来需求规模的影响。对此，本章认为本地市场效应可分解为本地市场结构效应和本地市场规模效应。

---

① Helpman, E., Krugman, P., *Market Structure and Foreign Trade*, Cambridge: MIT Press, 1985.

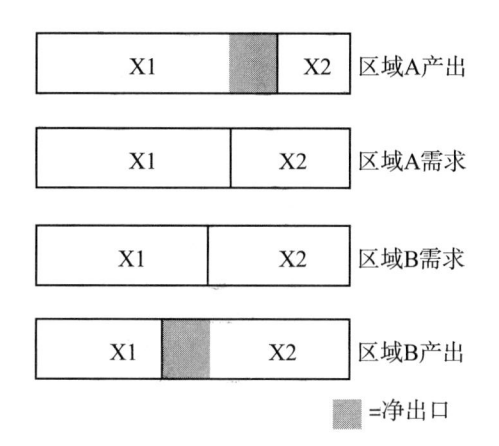

```
┌─────────────────────┐
│  X1    ▓▓  │  X2   │  区域A产出
└─────────────────────┘

┌─────────────────────┐
│    X1     │   X2    │  区域A需求
└─────────────────────┘

┌─────────────────────┐
│    X1     │   X2    │  区域B需求
└─────────────────────┘

┌─────────────────────┐
│   X1   ▓▓│    X2    │  区域B产出
└─────────────────────┘
```

▓ =净出口

图 15 – 2　区域市场规模相同情况下的本地市场效应

图 15 – 3 所示为本地市场结构效应，尽管区域 A 和区域 B 对产业 1 的需求规模相同，但由于两者对产业 2 的需求规模不同而造成两区域中产业 1 的相对需求结构不同。在本地市场结构效应的作用下，由于区域 B 对产业 1 的相对需求要高于区域 A，因此区域 A 将发展并出口产业 1 而区域 B 则发展并出口产业 2。

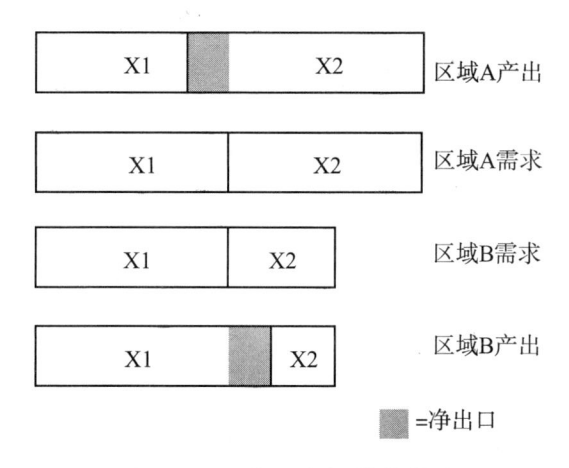

图 15 – 3　本地市场结构效应

现进一步考虑本地市场效应中的规模效应。在其他条件相同的情况下，若存在规模报酬递增和运输成本，这意味着在一个地方集中生产能获得规模经济，而靠近更大的市场能降低运输成本。因此，即便在其他地方也存在需求，生产将趋向于在最大的市场附近集聚发展。[1]

---

[1] Krugman, P., Scale Economies, Product Differentiation, and the Pattern of Trade. *American Economic Review*, Vol. 70, 1980: 950 – 959.

根据本节的规模报酬递增假设条件，若生产服务业存在规模报酬递增，则意味着服务产品的生产过程中，产量增加的比例大于生产要素增加的比例。换言之，规模更大的市场，由于规模报酬递增效应，会使得同样的产出需要更少的生产要素。由于服务产品的非实物性决定了其很大程度上具有非转移性，服务产品的生产、交换和消费具有同时性。① 从某种意义上看，服务产品所具有的非转移性可以理解为转移的交易成本较高，也就是说，靠近需求更大的市场有助于降低生产服务产品的成本。因此，生产服务业往往集中在需求较大区域内进行生产，在此，本章将规模报酬递增条件下本地需求规模对生产服务业生产所带来的集聚效应定义为生产服务业的本地市场规模效应。

图 15-4 所示为本地市场规模效应。区域 A 和区域 B 对两产业的需求比例相同，区域 A 的市场规模大于区域 B，且区域 A 对产业 1 的需求大于产业 2。在其他条件相同的情况下，由于规模报酬递增存在，区域 A 发展产业 1 所带来的经济效益更好，因此区域 A 会选择发展并出口产业 1，区域 B 则出口产业 2。

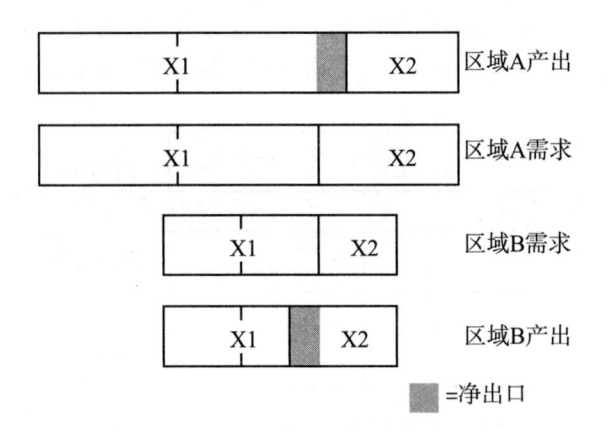

图 15-4 本地市场规模效应

通过以上分析可以看到，生产服务业的区域分工受到本地市场需求结构和需求规模的影响。克鲁格曼考虑了规模相同国家的本地市场效应，而本地市场效应对规模及需求结构都存在差异的国家贸易的影响只作了简单介绍。对此，韦德（Weder, 1995）进行了深入的研究。如图 15-5 所示，韦德发现，在开放贸易平衡中，若国家在某产品上具有"本地市场比较优势"②（comparative home-market advantage，指的是该产品本国需求比例相对较高），则该国能在该产品上成为净

---

① 李江帆：《第三产业经济学》，广东人民出版社 1990 年版，第 166~170 页。
② Weder, Rolf. Linking Absolute and Comparative Advantage to Intra-Industry Trade Theory, *Review of International Economics*, 1995 (10): 3.

出口国而与国家规模无关。这意味着，在本地市场效应作用下，区域应根据"本地市场比较优势"发展生产服务业，充分发挥生产服务业"本地市场比较优势"，以更好地承担生产服务业的区域分工。

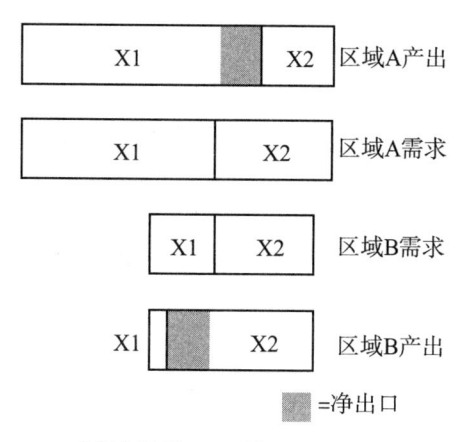

```
┌──────────┬─┬────┐
│    X1    │ │ X2 │  区域A产出
└──────────┴─┴────┘
┌──────────┬──────┐
│    X1    │  X2  │  区域A需求
└──────────┴──────┘
    ┌────┬────┐
    │ X1 │ X2 │  区域B需求
    └────┴────┘
    ┌───┬┬────┐
    │X1 ││ X2 │  区域B产出
    └───┴┴────┘
         ▓ =净出口
```

图 15－5　区域规模不同情况下的本地市场效应

二、本地市场效应导致的生产服务业产业集聚

规模报酬递增假设下，本地市场效应将会影响生产服务业的区域分工。本地市场规模效应将对大城市发展生产服务业带来优势，而小城市如果具有"本地市场比较优势"，[①] 也能发展相对应的生产服务业，从而实现生产服务业的区域分工。

然而，需要指出的是，由于小城市对生产服务业及其细分行业的需求比例往往会低于大城市。因此，相对于大城市，小城市事实上更难获得本地市场比较优势。

首先，中国大部分大城市的产业结构以服务业为主。北京、上海等一线大城市的服务业增加值比重已达70%~80%，达到发达国家水平。绝大部分的大型城市以及省会城市服务业比重已经超过50%，事实上，就全国范围来看，服务业增加值比重也已超过50%。这首先意味着我国规模较大的城市已经在生产服务业的区域分工中具有较明显的竞争优势，无论是本地市场规模效应还是本地市场结构效应，都会对大型城市的生产服务业区域分工带来积极影响。

其次，服务业对服务业的需求率较高。根据2012年《中国投入产出表》整

---

① Weder, Rolf. Linking Absolute and Comparative Advantage to Intra-Industry Trade Theory, *Review of International Economics*, 1995（10）：3.

理得到的 2012 年中国主要产业中间投入占比的情况如表 15-5 所示，可以看到，就全国范围来看，工业和农业的中间投入都以工业为主，其中农业的中间投入中，54.7%为工业投入，服务业仅占 12.1%，工业的中间投入中，79.6%为工业，14.5%为服务业，而服务业的中间投入中，55.3%为服务业，其中生产服务业占比 41.5%。服务业对服务业的较高需求率意味着服务业占比较高的大型城市的服务业需求相对以工业甚至农业为主体的中小型城市具有更高的生产服务需求率，在本地市场结构效应和本地市场规模效应的共同作用下，有利于大型城市生产服务业的发展。

表 15-5   2012 年中国主要产业中间投入占比

	农业	工业	服务业	生产服务业	生活服务业
农业	0.332	0.059	0.022	0.010	0.047
工业	0.547	0.796	0.425	0.387	0.501
服务业	0.121	0.145	0.553	0.604	0.452
生产服务业	0.112	0.132	0.415	0.468	0.310
生活服务业	0.009	0.013	0.138	0.135	0.143

资料来源：根据 2012 年《中国投入产出表》整理得出。

最后，本地市场效应将促使生产服务业向大型城市集聚。正是由于大型城市的市场规模较大，且对生产服务业的需求较高，使得大型城市在发展生产服务业时更具有竞争优势，从而促进大型城市发展生产服务业并出口生产服务产品，进一步提高了大型城市的生产服务业比重，进而提高了生产服务业的需求率。服务业产业内的较高需求强化了服务业比重较高的大城市的服务业本地市场效应，服务业本地市场效应提升了大城市在服务业发展上的竞争优势并提高了大城市服务业的比重，如此循环，形成了大型城市生产服务业的循环因果累积效应。在循环因果累积效应的作用下，加之生产服务业的需求半径在技术升级的作用下不断增大，生产服务业将逐渐向大型城市集聚，而广大中小城市则承担其他产业的分工。

需要指出的是，生产服务业各细分行业的需求半径大小并不相同，因此使得生产服务业的空间集聚表现有所差别。交通运输及仓储业和批发零售业的需求半径相对较小，且具有一定的层次性，在本地市场效应作用下，在部分中小城市也出现一定的地域性集聚如区域性物流中心和批发市场。金融业需求半径相对较大，而层次性更强，大城市集聚的往往是其总部或区域性总部，而中小城市也会有一定程度的集聚。信息通信、技术研发的可编码程度较高，需求半径更大，这使得其往往集聚在大型城市发展。

三、规模报酬递增假设下的生产服务市场需求与区域分工

承前所述,规模报酬递增假设下,市场需求对生产服务业区域发展的作用主要有以下几个:

1. 由于受到生产服务需求所带来的本地市场效应的影响,区域应充分利用生产服务业本地市场规模和市场结构所带来的市场优势,发展并出口本地相对需求比例更高的(即具有本地市场比较优势)生产服务业。

2. 由于大城市生产服务业规模较大,服务业比重较高,而服务业对生产服务业中间投入需求比例更高,因此大城市的生产服务业本地需求比例更高,更具有发展生产服务业的优势,在此循环累积效应作用下,生产服务业将向大城市集聚。

根据前面的分析,传统贸易理论与新贸易理论对生产服务业区域分工的指导方向不同,甚至截然相反。

传统的比较优势理论关注规模报酬不变假设下的供给侧成本对产业分工的影响,即便是经历了克鲁格曼引入规模报酬递增的改造,动态比较优势理论关注的仍是规模报酬递增在供给侧对生产的影响。本地市场效应则认为规模报酬递增效应来源于需求侧,因此,本地市场需求将对产业的区域分工构成影响。

尽管本地市场效应理论并非在研究服务业的过程中提出的,但它对服务业具有很强的说服力。与制造业产品具有较强贸易性相比,而服务产品的可异地贸易性较低,所生产的服务产品往往就集中在本地消费,因交易成本随距离呈指数级上升导致外地消费极少,因此本地市场需求对生产服务业的区域发展而言至关重要。

根据前文分析,若生产服务业具有本地市场效应,各区域应发展并出口相对需求比例较高的产业。对于落后地区而言,不顾本地市场需求发展生产服务业,可能带来三个后果:第一,由于本地生产服务产品需求规模较小,生产服务业的本地市场有限导致服务产品过剩,而由于本地较难形成生产服务业规模效应,加之区域之间的交易成本较高,产品在其他区域市场的竞争力较弱,带来生产服务业的重复建设问题。第二,随着交通运输条件的改善和信息通信技术的升级,生产服务需求半径的扩大,来自先进地区的生产服务产品交易成本将不断下降,这使得本地生产服务业面临更严峻的竞争而趋于衰败。第三,本地对生产服务产品相对需求比例较低,导致本地相对需求比例较高的其他产品需要通过市场购买(进口)才能满足当地的需求,本地在其他产品生产上所具有的优势未得到充分实现,不利于要素资源的优化配置。生产服务业先进地区主要是大城市,因其市场规模较大,对服务产品的需求比例较高,发展生产服务业更具有优势。因此,

落后地区应大力提高区域内对生产服务业的需求比例,发展相对需求比例较高的生产服务业。

综上所述,比较优势理论和本地市场效应理论在指导生产服务业的区域分工合作实践中的方向几乎是完全对立的:

1. 按照比较优势理论,落后区域可通过提高生产服务业的投资供给,加大生产服务业的资金和劳动力投入,构建生产服务业发展动态比较优势,通过规模效应形成本地生产服务业发展的竞争优势,实现落后区域对先进区域的追赶乃至超越。

2. 根据本地市场效应理论,落后区域应提高本区域的生产服务业需求规模和比例,发展相对需求比例较高的生产服务业。

因此,接下来的问题就是:中国生产服务业区域分工合作中是比较优势还是本地市场效应起主要作用呢?这就是下一节所要研究的内容。

第三节 中国生产服务业区域分工合作实证分析

一、实证模型

为分析本地市场效应和比较优势对中国生产服务业影响,本节采用戴维思(Davis)和温斯坦(Weinstein)于1996年和1999年所提出的实证分析框架,其计量模型为:

$$X_g^{nr} = \alpha_g^{nr} + \beta_1 SHARE_g^{nr} + \beta_2 IDIODEM_g^{nr} + \epsilon_g^{nr} \tag{15.4}$$

式(15.4)中X_g^{nr}代表r地区n部门g产业的产出,α_g^{nr}为漂移项,ϵ_g^{nr}为随机误差。可以看到,产出主要分为两个部分,即$SHARE_g^{nr}$和$IDIODEM_g^{nr}$。

根据戴维思和温斯坦的设定,其中的$SHARE_g^{nr}$部分是假设区域在同一部门的产业资源投入比例与其他所有区域相同,而不考虑各区域需求的不同,其提供了一个部门产业的基本生产水平。$SHARE_g^{nc} = \frac{X_g^{nROC}}{X_g^{nROC}} X^{nr} = \gamma_g^{nROC} X^{nr}$,$X^{nr}$代表$r$地区$n$部门的总产出,上标中的$ROC$表示除了$r$地区外的其他地区,$\gamma_g^{nROC}$为其他区域$g$产业占$n$部门的产出份额,因此,此处衡量的是生产服务业细分行业占生产服务业总体产出份额的平均生产水平。

由于对细分产业超常需求的存在将产生产出的第二个部分,即$IDIODEM_g^{nr}$,

很显然，若实际生产值超过了因超常需求而引起的生产增加，则说明了本地市场效应的存在。因此有 $IDIODEM_g^{nr} = \left(\dfrac{D_g^{nr}}{D^{nr}} - \dfrac{D_g^{nROC}}{D^{nROC}} \right) X^{nr} = (\delta_g^{nr} - \delta_g^{nROC}) X^{nr}$，其中 $\delta_g^{nr} = \dfrac{D_g^{nr}}{D^{nr}}$ 为 r 区域 g 行业 n 部门的需求份额，$\delta_g^{nROC} = \dfrac{D_g^{nROC}}{D^{nROC}}$ 是其他区域 g 行业 n 部门的需求份额。括号内的部分测度的是一个区域的产业相对需求与其他区域的差异，因此，$IDIODEM_g^{nr}$ 表示的是因 r 区域 g 行业 n 部门超常需求而引起的产出增加值。

比较优势理论则认为产出与要素的投入有关，戴维思和温斯坦（1996）在探讨本地市场效应的同时将比较优势即区域要素差异引入而得到的模型如下：

$$X_g^{nr} = \alpha_g^{nr} + \beta_1 SHARE_g^{nr} + \beta_2 IDIODEM_g^{nr} + \Omega_g^n V^r + \epsilon_g^{nr} \qquad (15.5)$$

$$X_g^{nr} = \alpha_g^{nr} + \beta_1 \dfrac{X_g^{nROC}}{X^{nROC}} X^{nr} + \beta_2 \left(\dfrac{D_g^{nr}}{D^{nr}} - \dfrac{D_g^{nROC}}{D^{nROC}} \right) X^{nr} + \Omega_g^n V^r + \epsilon_g^{nr} \qquad (15.6)$$

其中的 V^r 是 r 区域的要素禀赋向量，Ω_g^n 是 n 部门 g 产业的要素禀赋系数行向量。通过参数 β_2 的估值可以判断区域 r 的比较优势和本地市场效应的强弱，具体而言：

若 $\beta_2 = 0$，区域处于无摩擦的比较优势起作用的世界，不存在运输等交易成本。

若 $\beta_2 \in (0, 1)$，区域处于比较优势起主要作用的世界上，而交易成本将影响生产区域分工，但不存在规模经济。

若 $\beta_2 > 1$，则本地市场效应起主要作用，本地市场效应将影响生产的区域分工。

二、数据说明

被解释变量 X_g^{nr} 为 r 省投入产出表中生产服务业各细分产业总产出。方程右边的 X^{nr} 为 r 省生产服务业细分产业产出的加总，X_g^{nROC} 为除了 r 省的其他所有省市生产服务业中 g 产业产出加总。类似的，X^{nROC} 是除了 r 省的其他所有省市所有生产服务业产业产出加总。D_g^{nr} 为 r 省对生产服务业中 g 产业的需求，即投入产出表中间使用、最终消费支出以及流入之和。D^{nr} 是 r 省对生产服务业的总需求。D_g^{nROC} 是除了 r 省的其他所有省市对生产服务业中 g 产业的需求加总，D^{nROC} 除了 r 省的其他所有省市对生产服务业的总需求加总。$SHARE_g^{nc}$ 和 $IDIODEM_g^{nr}$ 可分别通过公式 $SHARE_g^{nc} = \dfrac{X_g^{nROC}}{X^{nROC}} X^{nr}$、$IDIODEM_g^{nr} = \left(\dfrac{D_g^{nr}}{D^{nr}} - \dfrac{D_g^{nROC}}{D^{nROC}} \right) X^{nr}$ 计算得到。

本节对比较优势理论验证中所考虑要素禀赋部分包括资本要素和劳动要素，其中资本要素是全社会固定资产投资，数据来源于 2003 年和 2008 年《中国固定资产投资统计年鉴》，劳动要素由就业人数与就业人员受教育程度构成计算得到，其中就业人数数据来自2003年和2008年《中国统计年鉴》，就业人数根据就业人员受教育程度主要分为两个部分，即L_L和L_H，其中L_L上过学、小学、初中的劳动力数量，L_H是高中及以上劳动力的数量值，数据来源于2003年和2008年《中国劳动统计年鉴》，表15－6所示为变量的描述性统计。

表15－6　　中国生产服务业的本地市场效应区域特征研究变量描述性统计

变量	样本数	最小值	最大值	均值	标准差
X	180	29 600	33 534 973.45	6 065 981	7 023 092
SHARE	180	204 142.3	38 809 991	6 450 148	7 103 608
IDIODEM	180	－14 753 080.75	18 580 642.76	－.0074246	3 456 312
K	180	482.84	12 537.70	4 484.09	3 098.98
L_L	180	36.81	750.32	311.91	184.06
L_H	180	8.58	319.65	88.25	71.05

三、实证分析结果

由于生产服务业各产业的产出可能受到各省经济规模等因素的影响，数据截面性质可能造成异方差性，本节采用加权最小二乘法（WLS）对数据进行回归，并运用BP检验方法对数据进行检验和修正。

从表15－7可以看出，就我国整体而言，生产服务业的IDIODEM系数为1.035大于1且通过了显著性为1%的t检验，这表明我国生产服务业总体上表现出市场效应。信息传输、计算机服务和软件业、批发和零售业以及租赁和商务服务业这三个生产服务业细分行业系数小于1，这说明比较优势在这三个产业的区域分工中占主导作用。交运仓储、金融业、研发服务业的系数都大于1，表明本地市场效应对这三个产业的区域分工和集聚发展均具有重要的作用。

表15－7　　我国生产服务业及其细分行业超常需求系数

	IDIODEM（β_2）	t值	R^2	F值
生产服务业	1.035 ***	11.29	0.6703	73.77
交通运输及仓储、邮政业	1.153 ***	22.03	0.9997	17 654
信息传输、计算机服务和软件业	0.006 ***	4.69	0.9996	13 269
批发和零售业	0.328 ***	7.24	0.9922	612.99

续表

	IDIODEM（β_2）	t 值	R^2	F 值
金融业	1.057*	2.03	0.9772	206.08
租赁和商务服务业	0.509***	10.97	0.9961	1 228.25
研究、试验和综合技术服务业	1.295***	11.21	0.9787	220.16

注：***、**分别表示变量通过了显著性水平至少为1%和5%的t检验。

四、对实证分析结果的解释

根据克鲁格曼所提出的本地市场效应理论，产业的本地市场效应与所在区域产业结构、规模经济及区域之间的交易成本密切相关。由于各区域在经济规模和交易成本上存在差异，同一产业在不同区域及不同发展阶段的本地市场效应也具有显著不同。服务产品具有生产、交换和消费同时性，这意味着生产一旦开始，消费就同时进行，生产、交换和消费在时空上是同一的，因此，服务产品很大程度上具有不可异地贸易性，或者说，服务贸易的交易成本很高。但随着技术的进步，部分生产服务产品的交易成本得到了较大程度的下降，其中最典型的是信息传输、计算机服务和软件业。信息通信技术的发展给编码知识提供了便捷的传输通道，从而降低了信息传输、计算机服务和软件业产品贸易的交易成本，使得各区域的信息传输、计算机服务和软件产品服务半径远高于其他生产服务产品，不少企业的服务半径甚至越过国境线从而形成当前国际服务贸易格局中的服务外包（ITO）现象。因此，对于交易成本较低的生产服务细分产业而言，其服务产品的本地需求比例较低，对应的本地市场效应就不那么明显。而交易成本较高的生产服务产业由于往往需要面对面提供服务，本地需求比例较高，本地市场效应相对明显，这就解释了我国信息传输、计算机服务和软件业本地市场效应不显著而研究、试验和综合技术服务业以及交通运输及仓储、邮政业本地市场效应显著的现象。

通过下一章对中国生产服务业的集聚水平的测算，可以发现，中国生产服务业资源正加速往处于优势地位的大城市集聚，越来越多中小城市在这个集聚过程中逐步落入到劣势地位，而处于优势地位的大城市则保持相对稳定，证实了由于本地市场效应导致的循环因果累积效应使得生产服务业向大城市集聚发展。

据此，本节有以下结论和启示：

1. 中国生产服务业整体、交通运输及仓储业、金融业以及研发技术服务业均具有本地市场效应，中国生产服务细分行业除金融中介业外都具有本地市场规模效应，而批发贸易、交通运输、金融中介和租赁商业服务业具有显著的本地市场结构效应。

2. 由于本地市场效应引起的循环因果累积效应，中国生产服务业向大城市不断集聚发展，越来越多的中小城市在这个集聚过程中处于劣势地位。

3. 先进区域尤其是中心城市应加快生产服务业发展，促进本区域生产服务产品对中小地区城市的辐射，同时着力培育本区域生产服务业的高端需求，积极与国际接轨，以提升生产服务业的国际竞争力水平。

4. 落后区域应重视本区域对生产服务产品的需求，以本地需求为出发点，促进本区域的生产服务业需求规模和比例的提升，发展本地相对需求比例较高的生产服务业。

第四节 中国生产服务业区域分工合作政策和建议

通过前面的理论和实证分析可以看到，存在显著本地市场效应是中国生产服务业及部分细分行业的重要特征。这是比较优势理论指导下生产服务业产业政策所存在的局限。为解决中国生产服务业区域分工合作中所存在重复建设、产业结构趋同和过度竞争等问题，区域分工合作政策必须将本地市场效应及本地市场需求等纳入考虑范畴，以更深入地把握生产服务业区域发展的基本规律，从而提供更科学的政策指导。而从长期看，生产服务业发展规律应与生产服务业市场主导与政府退出机制的构建紧密联系在一起。因此，本节对中国生产服务业区域分工合作的政策和建议主要从市场机制的构建、政府产业政策负面清单的探索以及非政府中间组织的协调作用三个方面展开。

一、生产服务业区域分工合作的市场主导原则

我国生产服务业区域分工合作的政策首先应该协调处理好政府与市场的关系问题。应该明确的是，生产服务业区域分工合作政策必须坚持以市场为主导的原则，这可从两方面理解：

一方面，市场主导原则有助于各区域充分发挥价格机制在生产服务业要素配置中的作用。由于生产要素在各区域供给和需求状况不同，其价格存在区域差异，在价格和竞争等机制指导下，生产服务企业根据要素价格和产品市场需求安排区域布局和生产经营活动，消费者则根据生产服务产品的区域价格情况决定生产服务产品的购买数量和结构，从而满足生产者和消费者的个人利益最大化原

则，最终实现生产要素的优化配置和生产服务产品的区域供给和需求的平衡进而促进社会整体的福利最大化。

另一方面，市场主导原则有助于规避政府在区域经济决策中的有限理性问题。生产服务需求信息对生产服务业区域分工合作构成重大影响，而其需求信息较难获取，政府和企业之间也存在一定程度的信息不对称。政府在生产服务业的区域发展决策中是有限理性的，若以政府为主导推进生产服务区域分工合作可能带来更为严重区域分工合作问题。而生产服务企业是各区域的生产服务市场主体，生产服务市场需求状况决定企业的盈亏水平，企业的行为决策受市场需求信息直接影响。与政府相比，企业更需要收集尽可能全面而真实的市场需求信息，市场主导原则能减少政府因市场需求信息不足而导致的有限理性问题。

市场在生产服务业区域分工合作中具有基础和主导性作用，这意味着生产服务业的区域分工合作应遵循市场和产业发展规律，推动各区域生产服务市场开放，形成统一有序的生产服务业区域市场体系，增强区域之间的生产服务分工，引导生产服务市场要素跨区域流动、生产服务企业跨区域发展，提高生产服务资源要素配置效率，推动区域生产服务业的发展。

然而，当前生产服务业区域分工合作的市场机制有待进一步发展和健全。我国市场经济尚处于不断建设和完善阶段，行政权力对企业市场行为的干预现象还较为普遍，特别是生产服务业乃至细分部门的发展中，地方政府具有一定程度的话语权，如交通部对交通运输业、工业与信息产业部对信息通信业、商务部对批发和零售业、中国人民银行及财政部对金融业、科技部对技术和研发业等都拥有较强的直接行政管理权限。而部分生产服务业（如通信服务业、银行金融业）的产权结构中国有产权占主导并具有较强的垄断地位，出现政府在生产服务业发展中既当"运动员"又当"裁判员"的情况，从而降低了市场对生产服务业生产要素资源的配置效率。因此，尽管政府的行政手段在一定程度上补足市场的不完备性，但为避免政府对市场的过度干预而带来的一系列问题（如在"供给决定论"指导下的生产服务业区域分工合作问题），市场机制的发展和健全过程中还需进一步规范和限制政府的角色和作用，确保政府遵循市场经济规律，遵守市场在资源配置中的基础性作用原则，对市场进行适度干预。

因此，各级政府在生产服务业区域分工合作中不仅应按照市场需求和产业发展的规律积极构建和完善各区域生产服务业市场发展机制，还应探索建立生产服务业区域分工合作政策的负面清单制度，限制政府在生产服务业区域发展和分工中的干预程度，促成政府从生产服务业管理者向服务者身份的彻底转变。此外，跨区域政府协调委员会及行业协会的设立也有助于生产服务业区域分工合作的推进。

二、构建生产服务业区域市场机制

（一）增进区域互联互通，推动生产服务业市场开放

跨区域生产服务业市场的形成是生产服务业区域分工合作的前提，增进区域之间的互联互通，推动生产服务业市场融合也成为构建生产服务业区域市场机制的前提。生产服务业的发展是以交通运输和信息通信技术等基础条件的发展为背景的，基础条件的完善促进了生产服务产品的跨区域流动，使得跨区域生产服务产品市场的形成成为可能。随着基础条件的进一步发展，生产服务业的区域分工合作程度将不断提高，因此，促进交通运输和信息通信基础条件的发展，推动区域重大基础设施一体化建设，实现区域之间在区际交通、信息通信等基础条件方面的合作与协调，强化区域之间的相互联结是促进生产服务市场区域合作的基础。

第一，各区域应在统筹规划的基础上，促进交通运输设施的一体化建设，实现客运和货运的便捷通达。各区域应在建设大型交通运输枢纽和物流中心等重大的枢纽性及中心性交通设施时进行充分的论证和协调规划，确保枢纽和中心能在最大程度上实现各区域利益最大化而避免为此而出现的区域竞争乃至重复建设现象。生产服务业的跨区域市场形成往往是消费者和生产者的同时或不同时相向移动而形成的，因此客运对生产服务业的跨区域市场形成有更重要的影响。各区域可根据市场需求情况共同规划建设便捷、高效的区际交通设施，如高速公路、高速铁路、城际轻轨、地铁等，促进生产服务消费者和生产者在区域之间的流动。

第二，区域应不断加快信息通信一体化建设，构建区域之间的信息高速公路。生产服务业尤其是生产服务业的高端部分对便捷的信息互通依赖程度很高，各区域一方面可以通过对区域之间的通信网络进行调整和改造升级，通过设立相同区号等方式，降低电信通话费用，在提供更优质和便捷的网络数据业务的前提下降低成本，消除区域之间的信息通信条件瓶颈；另一方面通过以移动技术为代表的物联网、云计算等新一代信息技术应用实现区域信息一体化的全面感知、泛在互联，打造面向新一代信息技术的物联网、云计算、智能电网等区域一体化基础设施，提高区域之间的未来信息通信便捷程度。

（二）降低市场交易成本，促进要素资源区域流动

降低要素资源在区域之间流动的交易成本，实现劳动、资本、资源、技术、

信息等在区域之间自由充分流动是形成生产服务业市场机制的重要条件之一。各级政府应构建良好的制度环境支持，区域之间应在人才与资本流动、技术转让和知识产权保护、产业支持政策以及产品市场的准入政策进行协调和整合，破除地方割据和保护主义，切实促进区域实行相对一致的政策措施，促进生产要素乃至生产服务业产品在区域间合理顺畅流动，营造便利、开放的生产服务业投资和市场环境，在制度层面保障生产服务业跨区域市场的形成。

首先，建立和完善生产服务业区域劳动力市场。一方面，各区域应推动劳动力市场供给与需求信息平台的建设及信息的公开，及时准确地将劳动力信息传递给企业或投资者，建立区域性人才市场及人才交流中心，实现区域劳动力市场供给结构与生产服务业发展需求结构相适应；另一方面，各区域应深化体制改革，逐步消除我国劳动力城乡二元结构和区域劳动力市场分割现状，消除劳动力自由迁徙和流动的制度性障碍如户籍制度等，降低劳动力跨区域流动的成本，形成全国统一的生产服务业劳动力市场。

其次，健全区域生产服务业资本市场。市场应在区域资本市场的发展中起主导作用，政府主要负责资本市场的监管，保障资本市场的交易秩序，公开资本市场信息，消除资本在区域之间流动的制度障碍，促进资本市场的规范有序发展。各区域应通过改善投资环境、完善资本市场种类等，利用本地市场需求吸引其他区域资本在本区域的投资活动。对于生产服务业发展所需要的土地等资源，各区域应发挥市场在土地资源配置中的基础性作用，全面推行土地使用权招、拍、挂出让制度，建立充分有效的土地竞争市场。

再次，各区域应在知识产权保护上协调一致，促进技术发明等知识产权及其他无形资产在区域间的认证与市场化。生产服务业尤其是高端服务业的知识密集程度较高，企业的技术、发明、设计等知识产权可能在企业的发展中具有重要甚至决定性的作用。区域应高度重视知识产权的保护工作，杜绝侵犯知识产权行为主体在本区域内获得保护，以负责任的态度实现知识产权的跨区域保护。无形资产的认定与市场化也足以改变生产服务企业的生存境况，各区域应协调一致，实现无形资产的跨区域承认，开放知识产权等的柜台交易方式，形成知识产权交易中介制度，打造线上和线下知识产权交易服务平台建设，有效整合各区域和产业的知识产权资源，构建统一的无形资产市场。

最后，各区域应建设市场信息共享平台。由于服务产品无形性的存在，市场获取服务信息的难度较实物产品更高，因此，跨区域生产服务市场对区域一体化信息平台的需求更大。一方面，生产服务业供给方需要充分了解市场的需求情况，及时根据市场需求量和结构调整自己的经营策略，以适应市场需求获取更大的生存和发展空间；另一方面，生产服务业需求方需要对服务产品的供给有足够的了解,以根据企业自身情况以尽量低的成本方便快捷地获得生产服务。同时,政府也需要对区域的生产服务供给和需求情况有足够了解,收集相关发展信息以促进科学决策,形成更科学合理的产业发展政策,企业和政府的决策咨询网络在其中提供了重要作用。各区域应共同构建"O2O"的生产服务市场信息共享平台,实现线上与线下的信息及时便捷互通。线上部分,各区域可联合共建跨区域网站,打造区域一体化信息平台:其一是政府信息从上到下的全面公开,实现政府包括各职能部门非机密信息的互通和共享,促进区域规划信息、经济统计信息、产业发展信息、企业相关信息在区域之间的统一规范和传播,消除城市之间信息交流障碍,降低城市之间行政相关业务的交易成本;其二是提供跨区域市场的生产服务动态供求信息,可通过构建区域生产服务发展指数等手段,打造网络化生产服务供求信息晴雨表,为生产服务供需双方提供跨区域市场信息。线下部分可通过对广播、电视、公共资源广告平台等的充分利用,加强线上信息的线下共享,使跨区域生产服务市场信息以更深入地渗透到不同区域的利益相关群体中去。

三、探索建立区域分工合作政策负面清单

我国生产服务业区域分工合作市场机制仍处于完善和健全阶段,地方政府和部门对生产服务业的区域发展具有较强的话语权,加之地方政府的政绩驱动和区域竞争的需要,部分政府可能采用行政手段干预生产服务业发展,影响市场机制的作用效果和范围,不利于生产服务业区域分工合作格局的形成。

对此,可由上级政府探索建立生产服务业区域分工合作政策的负面清单,设定"一票否决"的政策红线,明确列出下级政府在区域分工合作中哪些政策或措施不可出台和实施,创新并加强政府绩效考核制度,对下级政府的市场干预行为进行限制,进一步限制政府在生产服务业区域分工合作中的角色和作用,确保遵守市场在资源配置中的基础性作用原则,政府仅在遵循市场经济规律的前提下对市场进行适度干预。

各区域应遵循产业发展规律,统筹生产服务业产业和空间规划。前文在需求视角下对中国生产服务业区域分工合作进行的理论和实证研究揭示了中国生产服务业及其细分行业在区域发展中存在本地市场效应的规律。本地市场效应的一个重要现实意义就是引起政策制定者对各区域产业需求的关注,根据需求及时改变供给结构和方式,换言之,若某区域的某一产业具有本地市场效应,则即便其存在比较优势,该产业的本地需求比重相对过低也会对本地发展该产业造成负面影响,需要根据区域产业的本地市场效应情况对供给侧进行调整。

因此，各区域应遵循产业发展规律，统筹生产服务业产业和空间规划，引导生产服务业走向区域分工合作及协调发展，减少区域分工合作中所出现的重复建设等问题，优先发展本地市场需求比例较高或规模较大的生产服务业或其细分产业，这是市场机制下生产服务业遵循产业发展规律的客观要求，这主要包括以下几个方面：

（一）生产服务业的区域分工布局中要充分考虑本地需求的作用和影响

我国的生产服务业整体以及交通运输及仓储邮政业、金融业以及研究试验和综合技术服务业等生产服务业细分行业在全国范围内受到本地市场效应的强烈影响。因此，对于这些生产服务业的分工布局，一方面，要尊重本地市场效应的规律，发展本地相对需求率较高的生产服务业，尽量避免发展当地相对需求不足的产业或者将产业从相对需求率高的区域转移到相对需求率低的区域。另一方面，为促进具有本地市场效应生产服务业的发展，要着力培育本地的市场需求，提高该产业本地相对需求率，形成规模效应从而提高本地生产服务业的市场竞争力。在政策层面上应鼓励生产服务内需增长，将提高并满足国家产业和区域的生产服务需求放在产业发展的重要位置，通过在税收、金融、要素等方面的政策倾斜，构建覆盖全国和各级地区的生产服务内需市场，实现我国生产服务贸易的竞争力提升。

（二）在满足生产效率提高的前提下，适当推动生产服务外置，提高生产服务需求比例，发挥主要生产服务细分行业的本地市场结构效应

生产服务业细分行业中的批发贸易、交通运输、金融中介和租赁商务服务业都具有显著的本地市场结构效应，这意味着提高这些细分行业的本地需求比例将带来市场竞争地位的上升。生产服务业的本质就是为制造业和服务业的中间需求服务的，因此，为提升批发贸易、交通运输、金融中介和租赁商务服务业的竞争优势，我国可引导制造和服务企业将这些生产服务需求外置以进一步提高生产率，鼓励企业从市场购买批发贸易、交通运输、金融中介和租赁商务服务产品，从而一方面促进自身专业化水平的提高，另一方面也给这些生产服务细分行业带来新的发展机会，形成规模效应，提高市场竞争力。

（三）各区域的生产服务业发展应与区域产业特性相协调

发达地区的生产服务业发展应具有前瞻性。随着信息通信技术变革和交通运

输条件的提升,生产服务产品的区际交易成本将呈下降的趋势,带来更多的生产服务市场机会和需求半径的扩大。区域应前瞻性地把握住市场发展趋势,加大对该产业在人力和资本上的投入,营造本地产业发展的比较优势。落后地区的生产服务业发展应注重本地需求,发展适应本地需求的生产服务业,着力提升本区域对生产服务业的需求比例和规模,同时积极承接来自发达地区的生产服务业转移,不可盲目追求"赶超效应"而超前投资。

各区域应统筹规划产业支持及市场准入政策,避免区域之间生产服务业发展的市场分割和政策恶性竞争。地方政府出于当地经济利益考虑,可能利用行政手段限制外地生产服务产品的流入,部分区域还在要素、企业和产业的跨区域发展及迁出上设置障碍,形成生产服务业的市场分割现象,阻碍了生产服务产品和要素在区域之间的正常流动。因此,各区域应消除生产服务业区域壁垒,废止和取缔妨碍生产服务业公平竞争、行政壁垒的规定,打破生产服务业的垄断和区域封锁。

区域之间生产服务业发展政策上的恶性竞争往往表现在生产服务业的产业支持和市场准入政策上,其显著特征就是各区域同时促进某一生产服务业的发展,因此实施对应的产业支持政策,如提供税收优惠、设立产业发展基金、在土地等要素上提供优惠等。各区域应统筹安排生产服务业发展的重点产业,实行错位发展,避免同质化竞争,因此,在产业支持政策上要进行统筹规划,并降低生产服务市场的准入门槛,避免资源的重复投入和浪费。

根据前文分析提出生产服务业区域分工合作政策负面清单如表 15-8 所示。具体实施过程如下:

1. 上级政府应科学统筹区域内生产服务业发展战略,根据各区域生产服务业或其细分行业本地市场效应、本地需求和比较优势,并考虑各区域未来人口、城市化率、经济布局及交通运输条件等,将各区域划分为生产服务业或其细分行业的优先开发、重点开发、限制开发和禁止开发区域。

2. 上级政府根据区域发展战略划分,对区域规划和产业政策中不同政策类型设置不同的特别管理措施,产业发展和支持政策中,优先和重点开发区域无特别限制,生产服务业或其细分行业限制和禁止开发区域则需提供本地需求调研报告并经上级政府批准。上级政府根据限制和禁止开发区域的本地需求情况决定是否可以实施产业发展和支持政策。各区域的市场准入、要素流动等政策均不得有任何限制。

3. 上级政府对照生产服务业区域发展政策负面清单对各区域政府进行考核,明确违反负面清单管理制度的责任,确保生产服务业区域发展中市场机制的主导地位。

表 15 – 8　　　　　　生产服务业区域发展政策负面清单

领域	政策类型	区域发展战略区分	特别管理措施
区域规划	产业发展	优先和重点开发区域	无
		限制和禁止开发区域	提供本地需求调研报告并经上级政府批准
产业政策	市场准入	优先和重点开发区域	不得限制
		限制和禁止开发区域	
	要素流动	优先和重点开发区域	
		限制和禁止开发区域	
	产业支持	优先和重点开发区域	无
		限制和禁止开发区域	提供本地需求调研报告并经上级政府批准

四、中间组织与生产服务业区域合作

从前面对生产服务业区域分工合作问题的成因分析可以看到，由于地方政府的政绩驱动意识和有限理性局限，各区域仍会将区域竞争作为自己的生产服务业发展策略选择，从而使得各区域陷入"囚徒困境"而导致总的资源利用效率的损失和市场重复建设，因此，有必要构建和利用各种中间组织，协调生产服务区域合作。这可从主要依靠政府的跨区域行政协调机制和主要依靠企业的行业协会协调机制两方面着手。

（一）生产服务业行业协会协调机制

生产服务业市场的主体是企业，而生产服务业的区域合作需要对企业的行为进行协调和整合，因此，充分发挥各种社会中介组织的作用，构建生产服务业行业协会协调机制，促进生产服务业企业层面的磋商和合作成为生产服务业区域分工合作的必然选择。从功能来看，生产服务业行业协会在配置市场资源方面具有特别的优势：

首先，生产服务企业是组成行业协会的主体，他们直接面对生产服务的生产第一线，对各区域生产服务业需求信息有非常深入的理解和认识。行业协会的设立能更及时地获得区域内大量需求信息，通过迅速、有效地对市场信息做出反应，做出更为准确和全面的区域生产决策。因此，行业协会在配置生产服务业要素资源方面具有重要的方向性和指导性作用。

其次，生产服务业行业协会可以方便地突破行政区划的障碍，打破行政封锁，通过组成生产服务业行业协会联合体，构建区域内乃至跨区域的各种层次和形式的行业协会并对行业内的企业行为进行规范和约束，共同制定区域生产服务业发展规划和市场规则，维护产业市场秩序，从而成为保障市场机制在生产服务业区域分工合作中起主导作用的重要基石。

最后，生产服务业行业协会可以成为生产服务企业与政府之间的桥梁和纽带。生产服务业行业协会可以宣传政府的政策和主张，将政府的产业政策、区域规划等信息及时地传达到行业协会企业中去；政府也可以通过行业协会了解生产服务业企业的具体诉求与市场信息。

生产服务业行业协会协调机制可通过跨区域行业协会信息平台发挥作用。一方面，生产服务业行业协会应积极收集成员企业的各种生产信息，具体包括基础数据、基本情况的全面收集和把握，并对国内外生产服务业行业发展的动态趋势、所在区域的产业发展政策、规划布局及国民经济和社会发展的各种产业发展相关信息进行跟踪了解，此外还需要对跨区域市场进行深入调查研究，充分了解跨区域市场的发展情况，通过跨区域生产服务市场信息实行长期跟踪调查研究，建立全面和系统的跨区域市场决策咨询信息数据库；另一方面根据所收集来的信息，对跨区域生产服务企业的发展战略、发展方向、区域布局等提供参考意见，并引导成员企业切实执行和实施，杜绝因信息不全面而导致的生产服务企业之间的过度竞争及重复投入问题，间接实现生产服务业的区域合作。

（二）生产服务业区域发展行政协调机制

我国现有的行政体制中，从上至下的纵向行政协调能力较强，而缺少区域之间的横向协调机制，在统一市场形成的背景下，各区域缺少对产业市场信息以及其他区域的产业发展政策的足够了解，而由于信息不对称的存在，上级政府也缺少对各区域市场信息的足够掌握，在一定程度上带来区域发展协调失灵现象。因此，区域分工合作需增加横向的区域协调。通过在跨区域生产服务业市场上建立起一种区域发展协调委员会制度，构建以城市为主体的生产服务业区域发展协调机制，形成对行政体制的补充和突破。

这里所说的区域发展协调委员会是一个介于松散的区域合作关系与区域行政隶属关系之间的中间组织，由生产服务业跨区域市场覆盖范围内的区域尤其是城市政府机构，在自愿、平等、开放和互利原则的指导下，通过将各区域的行政管理权力联合集中，设立区域发展协调基金和区域成员监督机制，协调解决区域政府、企业、其他组织机构之间在生产服务业区域分工上的矛盾和冲突，推动各区域在生产服务业发展基础设施、制度政策、要素市场等一体化建设，消除或降低因行政区经济导致的区域之间生产服务业过度竞争问题，实现区域产业发展资源的优化配置和各区域的合作共赢发展。

区域发展协调委员会采用的是虚实相结合的组织方式，一方面，协调委员会本身并不具有行政权力，不具有组织编制，甚至组成人员并不固定，而是根据需要进行调整，因此是一个虚化的、开放式政府组织；另一方面，协调委员会常驻机构人员由各区域政府派遣，专职协调区域生产服务业的发展问题，但各区域政府服从协调委员会所作出的规划、政策、指示和决定等，协调委员会所形成的文件具有广泛的区域认可度和执行性，另外，协调委员会可对成员区域政府的产业发展进行监督并加强对不遵守协调委员会决议的区域成员的惩罚力度，若成员区域对自身涉及其他区域的生产服务业发展项目信息故意隐瞒或拒不执行协调委员会决议，联席会议应通过协商一致的原则将其从委员会成员中除名，并可根据需要对已有决议内容进行重新决策，以切实保证委员会成员区域的发展利益。区域发展协调委员会主要由三个部分组成，即协调联席会议、协调委员会理事会和协调委员会一般会议。

区域协调联席会议。区域协调联席会议是区域协调委员会的最高权力机构，主要由委员会成员区域的行政负责人组成，如城市之间的生产服务业协调委员会则由协调城市的市长组成，下设区域协调委员会主席1名，由各成员城市市长轮流担任。区域协调联席会议每年定期举行一到两次，对关系区域生产服务业发展共同利益的制度政策和经济合作等重大问题进行协商，做出指示和决定，审议并通过区域协调发展基金的使用预算和决算，对成员区域的产业发展协调行为进行监督和约束，监督审议区域协调委员会理事会的工作。

区域协调委员会理事会。区域协调委员会理事会是区域协调委员会的常驻机构，由委员会成员区域政府根据需要按对等的原则派遣入驻并同时对区域协调联席会议与所属区域政府负责，理事会人员在编制上属于各区域政府，专职负责区域协调委员会相关事宜，进一步深化并将区域协调联席会议所形成的决议推进执行，对区域协调委员会成员区域的生产服务业共同发展的各项事务进行专业的统筹协商，形成各项理事会决议与规划并确保各区域切实执行，同时负责将各区域政府的产业发展构想进行深入研究与探讨，吸收、经营与管理区域协调基金项目。

区域协调委员会一般会议。区域协调委员会一般会议由区域协调委员会理事会主持召开，主要分为专项会议和交流会议。专项会议是区域协调委员会理事会根据生产服务业区域合作中的某一重大事项或者重大项目所需，专门召集所涉区域政府的相关职能部门及所涉企业主体而召开，目的是对重大事项或项目进行区域间的集中式协调处理，促进区域之间的产业分工合作。交流会议是区域协调委员会理事会为促进区域间的相互了解，增加区域之间的交流和沟通机会而定期召开的，参加会议的包括各区域上级政府、本级政府、政府各职能部门、区域大型企业、智库和研究机构等。交流会议上与会政府、企业及研究机构应根据自身的关注与研究点，披露所在区域及研究领域的生产服务业市场信息，以促进对生产服务业市场的了解，降低因信息不完全而导致的区域分工合作问题。

区域发展协调委员会可根据需要设立区域发展协调基金，其启动基金由委员会成员区域政府以一定的比例注入，在实际运营过程中，吸收和联合来自其他政府和企业的资金投入，按照风险共担、利益共享的原则经营，主要用于在委员会区域范围内确定生产服务业区域项目启动和投资、协调和平衡各区域的生产服务业发展利益。

区域发展协调基金由区域发展协调委员会理事会负责管理，各区域在理事会框架下通过对区域市场中的生产服务业发展项目进行甄选和权衡，为项目在区域的发展提供贷款或股本投资，促进区域内生产服务业的布局优化，并提高未发展此生产服务业区域的收益额，一方面，通过提供技术援助和改善投资环境，提高所在区域生产服务业的成功概率；另一方面，其他区域因能分享生产服务业发展成功所带来的收益，对生产服务业市场的发展阻力将得到降低，从而推动了生产服务业的区域分工合作。

第十六章

中国生产服务业集聚发展研究

伴随世界经济由工业经济向服务经济转型,作为后工业社会的主导产业的第三产业在国民经济中的地位不断凸显,服务业集聚因其对经济增长具有重要意义而使得相关研究逐渐受到重视。在"十二五"规划纲要中,我国明确提出"科学规划城市群内各城市功能定位和产业布局",同时要"推动特大城市形成以服务经济为主的产业结构"。因此,关于生产服务业集聚与经济增长之间的互动关系对于合理安排经济布局、提高区域产业竞争力、促进经济发展方式转变具有明显的理论和现实意义。基于此,本章从全球生产服务业布局特征与趋势出发,总结生产服务业集聚发展的经验;然后对生产服务企业的选址、集聚成因、集聚结构以及其与区域经济发展关系等内在机理研究,并在基础上提出相应的理论假设,并以我国为例进行实证检验;最后在理论分析的基础上,分别提出中国生产服务业集群培育以及基于生产服务业集聚的区域经济发展对策。

第一节 生产服务业集聚发展的机理

一、生产服务企业的区位选择

一般来说,生产服务企业的选址行为主要考虑以下几个因素。

（一）区域产业发展水平

生产服务企业提供的服务是为了满足中间需求，向农业、工业和服务业本身提供中间产品，在世界经济发展进程中扮演着越来越重要的角色。生产服务业不仅越来越广泛地参与生产制造过程，逐渐从具有"润滑剂"效果的管理功能转变成有助于工业生产各阶段更高效的运营以及产出价值提升（高附加值）的间接的投入，具有促进功能和"生产力"效果。对国内外大都市生产服务业发展的考察发现，生产服务业的发展高度依赖于城市经济发展所缔造的经济基础、产业结构、产业网络等基础条件。战略管理大师波特在1998年指出，吸引产业集聚的三个主要因素是历史背景、相关产业状态和一两家创新型企业。由于生产服务业与制造业之间存在着非常紧密的互动关系，因此制造业发达的地区对相关生产服务企业具有较大的吸引力，能诱发生产服务业在城市集聚。

（二）区域生活质量状况

很多服务企业都会选择在具备所需的支持系统的地区开业。物流企业通常建在具有良好航空、公路运输条件和电力设施的地区。金融服务业由于要与服务对象进行经常的方便快捷的联系，一般在具备优良通信条件的发达大城市建大银行。与传统影响企业选址的运输成本、市场临近、自然资源等因素不同，生产服务业企业在选址时更看重与地区生活质量有关的因素，如娱乐条件、公共服务质量，区域内相关服务业的质量影响着进一步吸引生产服务企业的能力。对依托生产服务人才的生产服务企业来说，区域生活质量的好坏会直接影响能否吸引更多的生产服务人才。

（三）区域信息与网络基础设施状况

首先，生产服务企业在提供服务时都会涉及信息与知识的收集、整理、加工、储存和传递等，通常会布局在接近城市信息节点或信息网络的中心，生产要素高等级性决定了生产服务企业在区位选择时倾向于接近城市中创新区位条件好的地点，包括接近于城市的信息枢纽与中心区位和高素质人才市场（Castels，1989）。其次，随着信息技术的发展和应用，企业与消费者之间的空间行为也发生了变化，传统的需要面对面接触的消费可以通过互联网等技术实现，生产服务供需双方的交易方式的改变影响了生产服务企业的空间布局。最后，生产服务业是知识化与信息化的主要载体，许多生产服务行业都属于知识或信息密集型行业。知识和信息的创新的扩散是影响生产服务业布局的一个重要因素，技术的创新对研发设计、信息技术等与技术密切相关的生产服务业具有强大的吸引力,促使相关企业集聚。

(四) 区域内同类服务企业数量和经济区位

在一些服务行业中,众多竞争者彼此靠近对各方都有利,所以商业区内集聚了许多提供相似服务的企业。大百货公司经常毗邻而居,小商店也愿意分布在大百货商店的周围。服务企业彼此靠近给各方都带来了商业机会,获得更多的收益,又给消费者带来方便,可满足多方面的需求。但对于一个特定区域来说,其市场容量是有限的,不可能无限度地容纳众多的竞争者。如果区域内同类服务企业数量过多,会使竞争加剧,对服务提供方带来不利影响,所以在选址时要避免选择那些竞争太过激烈、没有多余市场空间的地区。对于生产服务企业来说,特定区域的市场容量虽然是其选址主要影响因素之一,但是该地区对其他地区的辐射作用(即经济区位)显得更为重要。

(五) 区域内的人才供给

生产服务业尤其是高端生产服务业具有高度交互性、高度创新性、高度人力资本密集性和高附加值等特征,对知识型人才有较高的依赖性,对选址有着特殊要求。有着好配套环境的中央商务区聚集了大量生产服务业优秀人才,容易成为生产服务企业选址青睐的地方。一个地区聚集了一些专业服务人才后,往往容易建立非正式的关系网络,它带来的归属感、隐性知识溢出效应,反过来又会吸引更多的专业服务聚集,一些生产服务企业受这些人才的吸引又会在附近聚集。

二、生产服务业空间集聚的成因

从生产服务业的特征看,生产服务业本身就具有集聚特性。首先,生产服务业的高知识性、高技术性和高创新性使其发展一定程度上依赖于能提供知识、信息交流的载体,在这个载体内大量的显性和隐性知识相互碰撞,产生出更多的新知识、新技术和新的创新成果等。因此,吸引大量高端企业和高端人才集聚的集聚区形成是关键。其次,生产服务业的高产业融合性和辐射性说明其发展离不开为之提供支撑的相关产业。作为生产服务的需求方,相关的产业的发展是生产服务企业服务的对象,并且生产服务需求的变动还会引发生产服务内容的不断丰富和提升。因此,与生产服务相关的各种资源要素的聚集,以及生产服务供需双方关联作用发挥,共同构成了生产服务业发展的基础。

生产服务业集聚的内在机制是追求知识溢出、本地市场和外部经济三个方面的集聚效应。

（一）追求知识溢出效应

除了自然、历史、制度等原因外，获取知识溢出效应，是生产服务企业集聚的最主要动力。这主要是因为技术存在技术空间距离，知识流动与溢出具有空间局限性，随着距离的增加，知识溢出迅速衰减（Peri and Giovanni）。企业在空间上的集聚不仅有利于企业靠近创新源，成为知识溢出的最大受益者。而且，空间集聚更有利于企业建立非正式交流网络。此外，集聚区的协同环境反过来会更加促进知识的溢出效应，吸引外围知识型服务企业进一步集中，加速生产服务企业集聚的形成过程。法利克（Fallick）、弗莱施曼（Fleischman）和雷比哲（Rebitzer）调查了硅谷计算机的人才市场，发现专业人才的集聚缩小了搜集人才信息的范围，明显降低了企业与雇员之间的搜寻成本和交易成本。相关研究从理论和实证研究了知识扩散与距离之间的关系，发现知识溢出与空间距离之间的递减关系。生产服务企业在选址过程中必然会考虑企业与创新活动中心的距离，形成生产服务企业在一定空间范围内集聚的现象。

（二）追求本地市场效应

对企业而言，消费者对需求信息的掌握、消费者偏好和消费者的消费模式都会影响其布局决策。而集聚因使相关服务企业在地理空间上邻近，消费者对需求信息的获得难度相对降低，信息的数量增加，消费者的搜寻成本和旅行成本都会下降，从而会吸引更多的消费者在集聚区寻找相关服务供给。而且，若干服务企业在空间上邻近，会促进消费者欲望或挖掘潜在需求，促使消费者同时购买多种相关服务或产品，结果可以增加企业的需求规模，集聚给区域内的各个经济主体所带来的市场效率提高，获得本地市场效应。一方面，生产服务企业集聚会导致大量消费者的聚集，产生巨大的市场需求。另一方面，大量相关生产服务企业聚集还会导致市场上服务供给的数量和种类不断增加，在竞争与合作机制的作用下，增强整个市场的供应能力。因此，为了追求集聚带来的本地市场效应，生产服务企业也会改变原有的区位而选择聚集。

（三）追求外部经济效应

产业集聚最明显的特征就是外部经济效应（Marshall, 1920；Krugman, 1991），生产服务企业也不例外。第一，生产服务企业一般需要大量的生产服务人才，而生产服务人才一个重要的特征就是喜欢在同类人才较多的地方聚集。不仅生产服务企业的集聚会对生产服务企业人才产生吸引力，而且人才的聚集带来劳动力市场的共享，进而降低企业对人才的搜寻成本。第二，生产服务企业提供的服务一般专业性较强，而集聚往往能带来分工的细化和专业化，使得与某种服务消费相关的企业密切联系在一起，形成了一条密切关联的服务供应链，能够为市场提供更加完整和高效的服务，也降低了消费者服务的搜寻成本和比较成本，反过来促进生产服务企业集聚发展。第三，生产服务企业对信息通信技术设施要求一般较高，集聚可以分摊相关技术设施的成本。而且，生产服务企业人才的高品质生活需求对周边环境要求较高，而集聚使得企业可以降低这方面的支出而节约成本。

三、生产服务业的空间集聚结构

根据前面的理论分析，生产服务业集聚的空间结构主要有如下两种。

（一）依附于制造业的综合化集聚结构

生产服务业主要是为制造企业提供专业服务，因此，这些生产服务业是依赖制造业发展而成长起来的。随着制造业尤其是先进制造业的快速发展，制造业对生产服务的大量需求会吸引提供配套服务的生产服务企业向制造企业集中的地区聚集，最终形成生产服务业的综合集聚区。而且，随着制造业的外移或郊区化，这类生产服务业集聚区在自我循环累积的作用下逐渐侵蚀原有制造业集聚的空间，最后形成以生产服务业为主的综合性产业集聚区。这种集聚发展模式的早期，区域内的生产服务企业处于成长阶段，企业规模普遍较小，创新能力也比较弱，主要向制造企业提供需求导向型的配套服务。随着集聚区的逐渐成熟，集聚区品牌优势的形成等，开始提供供给导向型的服务。如顺德的广东工业设计城、金融功能区就是依赖于顺德的电子、通信、家电、家居、服装等制造业产业发展起来的。对于这类生产服务业集聚区来说，一般来说没有特定的一个核心，而是围绕需求形成多个专业服务聚集区，而且周边生活配套设施相对完善，是一种多中心的综合化空间集聚结构。

（二）依托于中心城区呈中心外围空间布局结构

生产服务业主要是随着现代信息技术、网络技术和管理理念等的进步而发展起来的，它所能控制的空间地域不断扩大，其发展很大程度上并不依赖于特定地区的产业发展，而是在一些更容易接近生产服务人才、研究中心和大学、大地方市场且基础设施比较完善的地区形成专业化集聚区。由于生产服务业中，各个行业在特性方面存在不同，因而所形成的专业化集聚区的具体分布位置也有会有差异，一般是以城市的 CBD 为核心呈现出中心—外围式的集聚。一般来说，金融、信息、管理咨询等这些独立性较强的行业在中心城区直接形成专业性强、规模大、声誉广的集聚区。物流、技术研发等服务行业则在离中心城区相对较远的地方形成一定规模的专业化集聚区。如广州 CBD 中的专业化集聚区集中了企业地区总部、研发中心、采购中心、投资中心和结算中心，形成了以金融服务、专业服务、信息服务、总部经济等为代表的生产服务业集聚区，而距离城市核心区相对较远的地区则聚集了以市场信息为基础、以产业配送为主业、以商品交易为依托的跨区域性商务商贸、高端物流配套服务。

第二节 中国生产服务业集聚特征与存在问题

一、中国地级市以上城市生产服务业集聚特征

（一）指标说明与选择

本研究将中间需求率大于 60% 的服务业细分行业界定为生产服务业，数据来自《中国城市统计年鉴》和《中国城市统计年鉴》。

1. 行业集中度（CR_n 指数）。

$$CR_n = \sum_{i=1}^{n} X_i \Big/ \sum_{i=1}^{N} X_i \qquad (16.1)$$

作为衡量市场竞争程度的指标时，行业集中度 CR_n 指的是某一产业规模最大的 n 位企业的指数占整个市场或者行业的比重，因此反映的是市场的垄断程度。公式（16.1）中，X_i 代表 X 产业或市场中份额居前 i 位的企业指数，N 表示 X 产业或市场的全部企业数（根据研究对象的不同，i 值通常设为 4、5 或 8）。CR_n 对市场占有率较大的几家企业市场份额变化比较敏感，所用到的数据也较容易测度，因此测算方法简便易行。

从企业统计数据的可得性考虑，对 X_i 的指标具体内容进行调整，如以某一产业 X 为研究对象，X_i 代表 X 产业中市场中份额居前 i 位的城市或地区的指数比重，

N 表示全部城市和地区数,则市场集中度指标 CR_n 衡量的是 X 产业在城市的空间集聚程度。市场集中度指标由于产业的统计口径以及产业分类不同,加之所选择的是不同 n 值,而且若以城市或地区为单位考察产业的市场集中度,未考虑城市内具体企业的份额差异,所反映的可能只是某一指标在城市的比重偏大而非集聚,只考虑了地区规模而未考虑企业规模,因此造成这一指标不能精确反映产业的集聚水平。

2. 赫芬达尔指数（H 指数）。

$$H = \sum_{i=1}^{N} (S_i)^2 = \sum_{i=1}^{N} \left(\frac{X_i}{X}\right)^2 \quad (16.2)$$

其中 S_i 为产业中第 i 个企业在市场上占的份额,X_i 为第 i 个企业的生产规模,X 为该产业的总规模,N 为该产业中的企业数量。对比 CR_n 和 H 指数,可以看到,CR_n 关注的是市场份额较大的几个企业的情况,而 H 指数衡量的是市场中所有企业的份额情况,数据反映的信息更多,但这也使得其数据要求比较高,在计算 H 指数过程中需要计算产业中所有单个企业的数据,这使得 H 指数的计算几乎不可能实现。

与 CR_n 相类似,为简化 H 指数的计算,X_i 表示的是 X 产业中市场中份额居前 i 位的城市或地区的指数比重,这样 H 值越大,表明产业的集中度越高,若城市中对应产业的规模方差越大,会造成赫芬达尔指数也越大,这也在一定程度上反映了城市中的产业集聚程度。

3. 空间基尼系数（G 指数）。

$$G = \sum_i (S_i - X_i)^2 \quad (16.3)$$

G 指数为比较某一地区内某一产业的产值（或就业人数）占全国该产业总产值（或总就业人数）的比重与该地区全部产值（或就业人数）占全国总就业人数比重的差异程度,反映这一产业在区域分布上的集聚程度。$G = 0$ 说明该产业在全国各地区之间的分布绝对均匀,G 越大,则表明该产业在空间的分布越不均匀,集聚程度越高。G 指数的计算过程仅考虑了产业在空间的分布情况而未考虑企业的规模不同,因此不会遇到计算问题,但也仅反映了不同产业在区域内的集聚程度,由此可能造成因企业规模或区域大小不同而形成的产业比较上的误差。

4. 空间集聚指数（EG 指数）。

为解决 G 指数的误差问题,埃利森和格莱泽（Ellison and Glaeser）提出了新的产业空间集聚指数即 EG 指数,其计算过程为[1]:

$$\gamma = \frac{G - (1 - \sum_i X_i^2)H}{(1 - \sum_i X_i^2)(1 - H)} \quad (16.4)$$

---

[1] Ellison, G., E. L. Glaeser. Geographic Concentration in U. S. Manufacturing Industries: A Dartboard Approach, *Journal of Political Economics*, 1997 (105): 899–927.

式（16.4）中 G 为该产业在空间分布的基尼系数，H 为该产业内部分布的赫芬达尔指数，X_i 为 i 地区该产业的就业（或产值）比重。EG 指数综合考虑了企业规模和区域大小的差异，具有自身的优越性，这也是不少学者使用其计算产业空间集聚程度的一个重要原因。我国学者李太平等根据 EG 指数的构建思路，构建了较为简单实用的测度方法 θ 指数，通过比较分析 EG 指数与 θ 指数及测度结果的统计分析，发现 θ 指数是一种比较有效的测度产业区域集聚程度的方法。θ 指数的计算过程为①：

$$\theta_i = \frac{\sum_j^m \sqrt{(X_{ij} - X_i)^2}}{2\sum_j^m X_{ij}} \times \frac{m-k}{m} \qquad (16.5)$$

其中 n 为产业的个数，m 为地理区域如城市个数，X_{ij} 为 i 产业在 j 区域的从业人员（或产值）人数，k 表示 i 产业中大于平均从业人数的区域个数。由式（16.5）可以得到 θ_i 的取值范围为：$0 \leq \theta_i \leq 1$。θ_i 取值越大，表示产业集聚程度越高；反之，表示产业集聚程度越低。

5. 区位商（LQ 指数）。

区位商（LQ 指数）以区域如城市、省份为研究主体，衡量某产业所在区域相对其他地区的发展水平，因此，反映了对应区域的该产业专业化分工程度，其计算公式为：

$$LQ_{ij} = \frac{X_{ij} / \sum_i X_{ij}}{\sum_j X_{ij} / \sum_i \sum_j X_{ij}} \qquad (16.6)$$

式（16.6）中 X_{ij} 为 j 地区 i 产业的就业人数（或产值），则 $\sum_i X_{ij}$ 为 j 地区所有就业人数（或产值）之和，$\sum_j X_{ij}$ 为 i 产业所有地区就业人数（或产值）之和，$\sum_i \sum_j X_{ij}$ 为所有地区所有产业就业总人数（产值总值），因此，LQ 指数反映的是某区域某产业的就业人数（或产值）比重相比全国总体比重的大小。若 $LQ > 1$，说明 j 地区 i 产业与全国情况相比更为集中，更具有比较优势；若 $0 < LQ < 1$，则说明 j 地区 i 产业相对全国未见集中，处于比较劣势地位。

（二）数据来源和处理说明

数据来源于 2004~2012 年度的《中国城市统计年鉴》的地级市数据，采用

---

① 李太平、钟甫宁、顾焕章：《衡量产业区域集聚程度的简便方法及其比较》，载于《统计研究》，2004 年第 11 期。

细分行业的就业人员指标。由于部分城市统计数据较少和区划变更带来的数据缺失，剔除了西藏拉萨、贵州铜仁市和毕节市、江西省新余市和安徽省巢湖市。北京市部分数据有误，以历年市辖区数据代替。中卫市、陇南市、宜城市、海口市等城市部分年份统计有突变，可能由于统计失误造成，根据相邻年份的数据用平滑移动法补充修订。

（三）集聚水平测算

1. 区位商。2003~2011年中国的交通运输、仓储及邮政业，信息传输、计算机服务和软件业，批发和零售业以及金融业等四个生产服务业处于比较劣势的城市数目在不断增加，这表明越来越多的城市在这四个产业失去了竞争力，从而也就导致了这四个产业逐步向具有优势地位的城市集聚。租赁和商业服务业的 $LQ<0.8$ 的城市数目保持相对稳定而略有上升，科学研究、技术服务和地质勘查业的比较劣势地位城市数目保持稳定而略有下降（2007年的数据出现突变，应是由于统计口径变化而引起的），这表明这两个生产服务业的集聚程度未明显变化。从2011年处于比较劣势地位的城市数值来看，在284个地级以上城市中，租赁和商业服务业、科学研究、技术服务和地质勘查业、交通运输、仓储及邮政业、信息传输、计算机服务和软件业以及批发和零售业处于明显比较劣势地位的城市占一半以上，这表明这些产业向优势城市集聚的趋势非常明显。

从表16-1中的数据可以看到，中国的生产服务业处于 $LQ>1.5$ 的地级以上城市数目相对稳定。而综合表16-1和表16-2可以发现，中国城市生产服务业资源正加速向处于优势地位的城市集聚，越来越多的城市在这个集聚过程中逐步落入到劣势地位，而优势地位的城市则保持相对稳定。对于生产服务业整体而言，处于相对优势地位的城市数目从2003年的15个略有上升到2011年的19个，因此，由于劣势城市的不断增加，处于优势地位城市的生产服务业集聚趋势日趋明显。

表16-1　　2003~2011年中国生产服务业 $LQ<0.8$ 的地级以上城市数目　　单位：个

年份	交通运输、仓储及邮政业	信息传输、计算机服务和软件业	批发和零售业	金融业	租赁和商业服务业	科学研究、技术服务和地质勘查业	生产服务业
2003	157	143	118	58	202	216	118
2004	170	135	125	67	200	208	115

续表

年份	交通运输、仓储及邮政业	信息传输、计算机服务和软件业	批发和零售业	金融业	租赁和商业服务业	科学研究、技术服务和地质勘查业	生产服务业
2005	172	143	126	67	217	207	136
2006	186	147	134	71	219	210	143
2007	186	217	163	137	244	228	198
2008	188	157	150	81	216	212	160
2009	191	169	162	85	213	208	159
2010	194	176	161	86	218	208	167
2011	193	180	174	79	218	203	158

资料来源：根据 2004~2012 年《中国城市统计年鉴》计算整理。

表 16-2　　　　2003~2011 年中国生产服务业 $LQ>1.5$ 的
地级以上城市数目　　　　　　　单位：个

年份	交通运输、仓储及邮政业	信息传输、计算机服务和软件业	批发和零售业	金融业	租赁和商业服务业	科学研究、技术服务和地质勘查业	生产服务业
2003	15	17	24	27	25	32	15
2004	18	16	25	25	25	29	18
2005	20	15	26	21	37	30	20
2006	19	20	27	26	36	25	19
2007	11	11	15	21	10	26	11
2008	16	21	26	25	47	29	16
2009	18	21	23	26	49	27	18
2010	23	18	23	29	52	26	23
2011	19	21	23	29	55	30	19

资料来源：根据 2004~2012 年《中国城市统计年鉴》计算整理。

2. 行业集中度。通过计算 CR_4 和 CR_8 值发现（见表 16-3 和表 16-4），中国地级以上城市交通运输、仓储及邮政业，信息传输、计算机服务和软件业，批发和零售业以及金融业这四个细分行业的行业集中度呈现不断上升的趋势，这表明这四个生产服务细分行业正不断往大城市集聚，大城市作为物流、信息、贸易和金融中心的地位越来越得到加强。而租赁和商业服务业以及科学研究、技术服务和地质勘查业这两大生产服务细分行业的行业集中度在研究的期间内有一定的波动，除 2011 年有所回落外，整体上也呈现出上升的趋势，但其上升幅度比较小，这表明这两个细分行业的集聚趋势较为平缓。从生产服务业细分行业集中度的数值大小来看，租赁和商业服务业，信息传输、计算机服务和软件业的 CR_8 大小超过 0.40，这表明这两个产业更倾向于向大城市集中，8 个比重最大的城市集中了这两个产业全国 40% 以上的就业人员，金融业的 CR_8 值最小为 0.232，这表明 8 个比重最大的城市集聚了全国金融业 23% 的就业人员。生产服务业整体行业集中度在 2003~2011 年之间表现出集聚的趋势，其中 CR_4 值从 2003 年的 0.190 上升到 2011 年的 0.244，CR_8 值从 2003 年的 0.263 上升到 2011 年的 0.327。因此，从整体上看，生产服务业在 2003~2011 年的集聚程度在不断提升。

表 16-3   2003~2011 年中国地级以上城市生产服务业就业人数 CR_4 值

年份	交通运输、仓储及邮政业	信息传输、计算机服务和软件业	批发和零售业	金融业	租赁和商业服务业	科学研究、技术服务和地质勘查业	生产服务业
2003	0.181	0.242	0.161	0.123	0.359	0.287	0.190
2004	0.195	0.236	0.171	0.124	0.370	0.260	0.195
2005	0.201	0.267	0.170	0.131	0.405	0.271	0.207
2006	0.204	0.258	0.162	0.139	0.378	0.277	0.208
2007	0.204	0.237	0.160	0.122	0.311	0.232	0.194
2008	0.218	0.315	0.184	0.152	0.379	0.295	0.227
2009	0.224	0.318	0.192	0.152	0.393	0.303	0.237
2010	0.231	0.333	0.201	0.159	0.399	0.309	0.246
2011	0.246	0.346	0.206	0.173	0.365	0.290	0.244

资料来源：根据 2004~2012 年《中国城市统计年鉴》计算整理。

表16-4 2003~2011年中国地级以上城市生产服务业就业人数 CR_8 值

年份	交通运输、仓储及邮政业	信息传输、计算机服务和软件业	批发和零售业	金融业	租赁和商业服务业	科学研究、技术服务和地质勘查业	生产服务业
2003	0.267	0.302	0.226	0.174	0.426	0.384	0.263
2004	0.281	0.306	0.241	0.176	0.432	0.358	0.270
2005	0.285	0.346	0.251	0.186	0.483	0.365	0.285
2006	0.294	0.341	0.245	0.194	0.462	0.371	0.286
2007	0.293	0.296	0.241	0.174	0.377	0.311	0.263
2008	0.310	0.391	0.268	0.212	0.465	0.390	0.309
2009	0.319	0.398	0.279	0.214	0.480	0.392	0.317
2010	0.326	0.417	0.291	0.222	0.486	0.405	0.328
2011	0.337	0.427	0.302	0.232	0.459	0.384	0.327

资料来源：根据2004~2012年《中国城市统计年鉴》计算整理。

表16-5中列出了2003年和2011年中国生产服务业就业比重最高的8个地级以上城市，可以看到，在所有的生产服务业细分行业中，北京和上海的集聚水平非常稳固，稳稳占据了比重最高的前两位，其他如广州、深圳、重庆等城市则紧随其后，这反映了生产服务业在这些城市的集聚水平较高。2003~2011年，前八位城市除北京、上海和广州的位序没有发生变化外，其他集聚程度最高的城市都有一定的变化。这说明北京、上海和广州在发展生产服务业上具有较好的集聚优势。

3. 赫芬达尔指数。2003~2011年中国地级以上城市的交通运输、仓储及邮政业，信息传输、计算机服务和软件业，批发和零售业以及金融业这四个细分行业的行业集中度基本呈现不断上升的趋势。且信息传输、计算机服务和软件业在8年里甚至上升了1倍，H指数也最大，这一方面说明近年来中国城市的信息化程度一直在不断加深；另一方面反映信息传输、计算机服务和软件业集聚发展的趋势越来越明显。结合行业集中度看，中国信息传输、计算机服务和软件业的确正在向大城市集聚发展，其中北京、上海、杭州和广州的就业人数已经占全国产业总从业人数的34.6%。另外，金融业的集聚趋势也很明显，但金融业的H指数是最低的，这表明尽管金融业的集聚水平在不断上升，但总体而言还是相对分散的。租赁和商业服务业，科学研究、技术服务和地质勘查业这两个细分行业的H指数有一定的波动，2007年的H指数突然下降，可能是统计口径变化而引起的，除2011年外其余年份都有上升的趋势，且H指数较大，表明租赁和商业服务业集中度较高。近年来的科学研究、技术服务和地质勘查业H指数保持基本稳定。整体上，2003~2011年中国城市的生产服务业的集聚程度在不断上升（见表16-6）。

表 16-5　2003 年和 2011 年中国生产服务业就业比重最高的 8 个地级以上城市

	交通运输、仓储及邮政业		信息传输、计算机服务和软件业		批发和零售业		金融业		租赁和商务服务业		科学研究、技术服务和地质勘查业		生产服务业	
	2003 年	2011 年	2003 年	2011 年	2003 年	2011 年	2003 年	2011 年	2003 年	2011 年	2003 年	2011 年	2003 年	2011 年
1	上海	北京	北京	北京	北京	北京	上海	北京	北京	北京	北京	北京	北京	北京
2	北京	上海	上海	上海	上海	上海	北京	上海	上海	上海	上海	上海	上海	上海
3	广州	广州	广州	杭州	哈尔滨	广州	重庆	深圳	广州	广州	西安	西安	广州	广州
4	重庆	深圳	哈尔滨	广州	广州	杭州	广州	广州	天津	深圳	重庆	杭州	深圳	哈尔滨
5	哈尔滨	武汉	重庆	深圳	天津	重庆	天津	杭州	深圳	杭州	成都	广州	杭州	天津
6	天津	重庆	深圳	西安	重庆	深圳	沈阳	天津	武汉	天津	天津	成都	重庆	重庆
7	沈阳	哈尔滨	武汉	南京	西安	天津	大连	重庆	杭州	重庆	武汉	武汉	天津	西安
8	南京	天津	天津	大连	武汉	武汉	武汉	宁波	哈尔滨	沈阳	广州	深圳	武汉	武汉

资料来源：根据 2004～2012 年《中国城市统计年鉴》计算整理。

表16-6　　2003~2011年中国地级以上城市生产服务业赫芬达尔指数

年份	交通运输、仓储及邮政业	信息传输、计算机服务和软件业	批发和零售业	金融业	租赁和商业服务业	科学研究、技术服务和地质勘查业	生产服务业
2003	0.015	0.032	0.012	0.009	0.060	0.041	0.016
2004	0.017	0.030	0.014	0.009	0.065	0.032	0.018
2005	0.018	0.032	0.014	0.009	0.066	0.034	0.019
2006	0.018	0.034	0.014	0.010	0.064	0.035	0.020
2007	0.019	0.031	0.013	0.008	0.043	0.025	0.017
2008	0.021	0.054	0.017	0.011	0.068	0.040	0.024
2009	0.022	0.054	0.019	0.012	0.077	0.042	0.026
2010	0.022	0.061	0.020	0.012	0.079	0.042	0.027
2011	0.024	0.065	0.020	0.014	0.058	0.042	0.026

资料来源：根据2004~2012年《中国城市统计年鉴》计算整理。

4. 空间基尼系数。同样不考虑市场中企业的规模来计算中国地级以上城市生产服务业近似空间基尼系数值发现，2011年中国生产服务业的集聚程度最高的是信息传输、计算机服务和软件业及租赁和商业服务业；批发和零售业，金融业的空间基尼系数最小。从2003~2011年的变化来看，交通运输、仓储及邮政业，信息传输、计算机服务和软件业，批发和零售业，金融业这四个行业的集聚程度都在不断上升，而租赁和商业服务业，科学研究、技术服务和地质勘查业的集聚程度有一定的波动。整体上，生产服务业的空间基尼系数在2003~2011年从0.0023不断上升到0.0072，这表明集聚程度在不断上升（见表16-7）。

表16-7　　2003~2011年中国地级以上城市生产服务业空间基尼系数

年份	交通运输、仓储及邮政业	信息传输、计算机服务和软件业	批发和零售业	金融业	租赁和商业服务业	科学研究、技术服务和地质勘查业	生产服务业
2003	0.0021	0.0132	0.0009	0.0005	0.0335	0.0186	0.0023
2004	0.0027	0.0118	0.0015	0.0004	0.0371	0.0118	0.0029
2005	0.0030	0.0123	0.0017	0.0004	0.0366	0.0129	0.0036
2006	0.0037	0.0147	0.0016	0.0007	0.0371	0.0143	0.0044
2007	0.0037	0.0142	0.0014	0.0006	0.0222	0.0085	0.0034

续表

年份	交通运输、仓储及邮政业	信息传输、计算机服务和软件业	批发和零售业	金融业	租赁和商业服务业	科学研究、技术服务和地质勘查业	生产服务业
2008	0.0043	0.0296	0.0024	0.0008	0.0389	0.0170	0.0060
2009	0.0046	0.0287	0.0031	0.0007	0.0451	0.0176	0.0068
2010	0.0050	0.0340	0.0038	0.0009	0.0468	0.0174	0.0076
2011	0.0056	0.0379	0.0037	0.0014	0.0296	0.0189	0.0072

资料来源：根据2004~2012年《中国城市统计年鉴》计算整理。

5. 空间集聚指数。采用李太平等根据 EG 指数所构建的 θ 指数来计算中国生产服务业的空间集聚指数发现（见表16-8），交通运输、仓储及邮政业，信息传输、计算机服务和软件业，批发和零售业，金融业这四个行业2003~2011年的集聚程度不断上升，而租赁和商业服务业，科学研究、技术服务和地质勘查业的集聚程度有一定的波动。与其他指数相一致的，2003~2011年地级以上城市的生产服务业整体的空间集聚指数也在不断上升。

表16-8　2003~2011年中国地级以上城市生产服务业空间集聚指数

年份	交通运输、仓储及邮政业	信息传输、计算机服务和软件业	批发和零售业	金融业	租赁和商业服务业	科学研究、技术服务和地质勘查业	生产服务业
2003	0.393	0.384	0.343	0.290	0.497	0.502	0.358
2004	0.405	0.389	0.351	0.294	0.502	0.486	0.366
2005	0.420	0.420	0.376	0.300	0.534	0.490	0.386
2006	0.428	0.416	0.372	0.308	0.530	0.493	0.388
2007	0.433	0.432	0.385	0.318	0.539	0.497	0.395
2008	0.441	0.447	0.398	0.319	0.536	0.509	0.402
2009	0.447	0.452	0.410	0.324	0.514	0.508	0.409
2010	0.452	0.469	0.419	0.329	0.474	0.518	0.418
2011	0.455	0.467	0.425	0.335	0.535	0.507	0.417

资料来源：根据2004~2012年《中国城市统计年鉴》计算整理。

通过行业集中度、赫芬达尔指数、空间基尼系数、空间集聚指数和区位商等多种测算方法对中国地级以上城市生产服务业集聚水平进行计算，发现这五种方法对中国生产服务业集聚水平的结论基本上是一致的。

(四) 中国地级市以上城市生产服务业集聚特征

特征1：从生产服务业的集聚水平绝对值来看，中国的信息传输、计算机服务和软件业，租赁和商业服务业这两个细分产业的集聚水平最高，高于包括农业、工业以及其他服务业在内的所有其他产业。从这两个细分产业的具体内容来看，租赁和商务服务业的主要内容是法律、会计等专业咨询，它们都是专业化、信息化和技术含量较高的产业，只有大城市才能向其提供生产所需的人才、资金等要素，因此它们更趋向于在大城市集中。批发和零售业，金融业的集聚水平最低，这两个细分产业的内容与居民日常需求有密切关系，如零售业主要面对居民生活需求，而金融业的存款也有很大部分是居民储蓄存款，因此，集聚水平相对较低。交通运输、仓储及邮政业，科学研究、技术服务和地质勘查业的集聚水平居中。

特征2：从生产服务业的集聚水平变动趋势来看，2003~2011年，中国生产服务业的集聚程度不断上升，交通运输、仓储及邮政业，信息传输、计算机服务和软件业，批发和零售业，金融业集聚程度不断上升，租赁和商业服务业，科学研究、技术服务和地质勘查业的集聚程度有一定的波动。这表明交通运输、仓储及邮政业，信息传输、计算机服务和软件业，批发和零售业，金融业这四个行业的集聚趋势越来越强，部分处于相对劣势地位的城市发展越来越弱，而处于相对强势地位的城市则主导能力越强。而租赁和商业服务业，科学研究、技术服务和地质勘查业这两个产业的集聚水平趋于稳定，从这两个产业的区位商来看，其处于相对劣势地位的城市最多，这表明这两个产业的集聚水平已经形成了较强烈的城市分层，在大量处于相对劣势地位而导致产业吸引力越来越不足的城市背后是少量处于相对优势位置的城市。

二、中国细分城市层面的生产服务业集聚特征

以2012年《中国城市统计年鉴》中所公布的中国地级以上城市的市辖区年末人口数目为标准对地级以上城市进行划分，其中市辖区年末人口数目大于500万人为特大型城市，200万~500万之间的为大型城市，50万~200万之间的为中型城市，小于50万的为小型城市。

(一) 特大型城市生产服务业集聚水平测算

特大型城市包括北京市、天津市、沈阳市、上海市、南京市、郑州市、武汉

市、广州市等共计12个城市,从集聚水平来看,2011年中国特大型城市的信息传输、计算机服务业和软件业,租赁和商务服务业的空间基尼系数值最大,说明两大生产服务业细分行业的集聚程度最高。从集聚趋势来看,2003~2011年信息传输、计算机服务和软件业,批发和零售业,金融业的空间基尼系数呈上升趋势,说明集聚程度在上升,但其他产业的集聚程度相对不变。生产服务业整体的空间基尼系数不断增大,因此,中国特大型城市的生产服务业空间集聚程度不断上升(见表16-9)。

表16-9　　2003~2011年中国特大型城市生产服务业空间基尼系数

年份	交通运输、仓储及邮政业	信息传输、计算机服务和软件业	批发和零售业	金融业	租赁和商业服务业	科学研究、技术服务和地质勘查业	生产服务业
2003	0.0066	0.0795	0.0034	0.0038	0.0856	0.0386	0.0081
2004	0.0051	0.0737	0.0067	0.0022	0.0991	0.0186	0.0098
2005	0.0033	0.0548	0.0048	0.0022	0.0775	0.0234	0.0096
2006	0.0040	0.0686	0.0038	0.0069	0.1019	0.0228	0.0124
2007	0.0037	0.0536	0.0045	0.0057	0.0506	0.0135	0.0089
2008	0.0040	0.1383	0.0053	0.0069	0.1051	0.0253	0.0171
2009	0.0044	0.1142	0.0083	0.0061	0.1184	0.0271	0.0192
2010	0.0060	0.1265	0.0096	0.0071	0.1212	0.0241	0.0213
2011	0.0094	0.1478	0.0113	0.0137	0.0770	0.0529	0.0252

资料来源:根据2004~2012年《中国城市统计年鉴》计算整理。

(二) 大型城市生产服务业集聚水平测算

大型城市包括石家庄市、唐山市、太原市、大连市、长春市、哈尔滨市等共计33个城市,本研究计算中国大型城市生产服务业的空间基尼系数发现(见表16-10),从集聚水平来看,2011年大型城市各生产服务业细分行业的空间基尼系数值都较低,最大的租赁和商务服务业的空间基尼系数仅为0.019左右,这表明大型城市的生产服务业分布较为均匀,集聚程度很低。从变化趋势来看,2003~2011年交通运输、仓储及邮政业,信息传输、计算机服务和软件业空间基尼系数有增大的趋势,说明大型城市的这两个细分行业有集聚发展的趋势;批发和零售业,金融业的空间基尼系数略有下降,这表明大型城市的金融业的集聚程度略有下降;租赁和商业服务业,科学研究、技术服务和地质勘查业的集聚程度保持相对稳定。

表16-10　　　2003~2011年中国大型城市生产服务业空间基尼系数

年份	交通运输、仓储及邮政业	信息传输、计算机服务和软件业	批发和零售业	金融业	租赁和商业服务业	科学研究、技术服务和地质勘查业	生产服务业
2003	0.0032	0.0050	0.0041	0.0036	0.0102	0.0124	0.0010
2004	0.0040	0.0048	0.0047	0.0034	0.0080	0.0119	0.0016
2005	0.0051	0.0129	0.0068	0.0021	0.0179	0.0093	0.0022
2006	0.0060	0.0079	0.0039	0.0019	0.0214	0.0105	0.0024
2007	0.0054	0.0067	0.0045	0.0032	0.0134	0.0079	0.0025
2008	0.0066	0.0108	0.0044	0.0017	0.0199	0.0100	0.0027
2009	0.0069	0.0113	0.0044	0.0014	0.0183	0.0098	0.0026
2010	0.0081	0.0125	0.0039	0.0015	0.0173	0.0110	0.0029
2011	0.0081	0.0135	0.0037	0.0020	0.0187	0.0104	0.0035

资料来源：根据2004~2012年《中国城市统计年鉴》计算整理。

（三）中型城市生产服务业集聚水平测算

中型城市包括秦皇岛市、邯郸市、邢台市、保定市、张家口市等共计188个城市，本研究计算中国中型城市生产服务业的空间基尼系数发现（见表16-11），从集聚水平来看，2011年中型城市各生产服务业细分行业与大型城市较相似，空间基尼系数值大小很低，最大的科学研究、技术服务和地质勘查业空间基尼系数仅为0.0069左右，这表明中型城市的生产服务业分布较均匀，集聚程度很低。从集聚变化趋势来看，2003~2011年批发和零售业、金融业的空间基尼系数略有上升，这表明中型城市这两个产业的集聚程度略有上升，其他产业集聚程度保持相对稳定。而生产服务业整体的空间基尼系数略有上升，这表明中型城市的生产服务业的集聚水平表现为稳定上升的趋势。

表16-11　　　2003~2011年中国中型城市生产服务业空间基尼系数

年份	交通运输、仓储及邮政业	信息传输、计算机服务和软件业	批发和零售业	金融业	租赁和商业服务业	科学研究、技术服务和地质勘查业	生产服务业
2003	0.0016	0.0010	0.0012	0.0005	0.0031	0.0039	0.0004
2004	0.0017	0.0009	0.0014	0.0006	0.0037	0.0043	0.0005

续表

年份	交通运输、仓储及邮政业	信息传输、计算机服务和软件业	批发和零售业	金融业	租赁和商业服务业	科学研究、技术服务和地质勘查业	生产服务业
2005	0.0020	0.0011	0.0016	0.0007	0.0043	0.0047	0.0006
2006	0.0021	0.0012	0.0015	0.0008	0.0064	0.0047	0.0006
2007	0.0022	0.0013	0.0015	0.0009	0.0040	0.0042	0.0007
2008	0.0021	0.0015	0.0016	0.0010	0.0073	0.0067	0.0007
2009	0.0018	0.0018	0.0017	0.0009	0.0060	0.0071	0.0007
2010	0.0019	0.0019	0.0019	0.0010	0.0066	0.0061	0.0008
2011	0.0020	0.0017	0.0018	0.0012	0.0042	0.0060	0.0008

资料来源：根据 2004~2012 年《中国城市统计年鉴》计算整理。

（四）小型城市生产服务业集聚水平测算

小型城市包括衡水市、晋城市、吕梁市、鄂尔多斯市、呼伦贝尔市等共计 51 个城市，本研究计算中国小型城市生产服务业的空间基尼系数发现（见表 16-12），从集聚水平来看，2011 年小型城市生产服务业空间基尼系数除租赁和商业服务业的值较大为 0.047，其他各行业的空间基尼系数大小相近为 0.025 左右，这说明租赁和商业服务业的集聚水平相对较高，而其他各行业集聚水平相差不大。从集聚变化趋势来看，2003~2011 年空间基尼系数变化也较小，这表明小型城市的生产服务业的集聚程度基本保持不变。

表 16-12　　2003~2011 年中国小型城市生产服务业空间基尼系数

年份	交通运输、仓储及邮政业	信息传输、计算机服务和软件业	批发和零售业	金融业	租赁和商业服务业	科学研究、技术服务和地质勘查业	生产服务业
2003	0.0308	0.0270	0.0292	0.0246	0.0466	0.0259	0.0008
2004	0.0315	0.0280	0.0290	0.0247	0.0451	0.0254	0.0008
2005	0.0292	0.0257	0.0296	0.0250	0.0397	0.0261	0.0010
2006	0.0273	0.0259	0.0303	0.0252	0.0411	0.0251	0.0010
2007	0.0335	0.0248	0.0356	0.0187	0.0399	0.0243	0.0009
2008	0.0297	0.0257	0.0310	0.0255	0.0550	0.0248	0.0010

续表

年份	交通运输、仓储及邮政业	信息传输、计算机服务和软件业	批发和零售业	金融业	租赁和商业服务业	科学研究、技术服务和地质勘查业	生产服务业
2009	0.0295	0.0264	0.0311	0.0257	0.0502	0.0249	0.0012
2010	0.0288	0.0271	0.0310	0.0251	0.0467	0.0250	0.0012
2011	0.0279	0.0251	0.0292	0.0248	0.0467	0.0251	0.0013

资料来源：根据 2004~2012 年《中国城市统计年鉴》计算整理。

（五）中国细分城市层面集聚特征

结论1：特大型城市的生产服务业总体上集聚水平不断上升，且信息传输、计算机服务和软件业，租赁和商业服务业集聚程度最高。北京和西安在信息传输、计算机服务和软件业、北京和沈阳在租赁和商务服务业的集聚优势明显。金融业，批发和零售业以及交通运输、仓储及邮政业的集聚程度不高。信息传输、计算机服务和软件业，批发和零售业，金融业的集聚程度在上升，其他产业集聚程度相对不变。

结论2：大中型城市各生产服务业细分行业集聚程度很低。大型城市交通运输、仓储及邮政业，信息传输、计算机服务和软件业有集聚发展的趋势，金融业的集聚程度略有下降；中型城市批发和零售业，金融业的集聚程度略有上升。大中型城市的生产服务业总体上集聚水平不断上升。

结论3：小型城市租赁和商业服务业的集聚水平相对较高，而其他各行业集聚水平相差不大，生产服务业集聚程度基本保持不变。

三、中国生产服务业集聚的存在问题

（一）盲目放大生产服务业集聚发展对经济驱动的作用

随着生产服务业重要性的提升和产业集群在区域经济发展中带动作用的显现，一些地方政府盲目放大生产服务业集群对经济发展的驱动作用，使得目前中国全国范围内处于生产服务业集群井喷阶段，生产服务业集聚区建设也成为各级政府产业政策中的一大举措。许多地方政府对生产服务业的集群发展缺乏整体规划和引导，地区之间存在比较严重的市场分割、重复建设、资源浪费等问题。再加上单求数量和规模而不注重"质"的提升,从而造成大而不强、产业优势不明显、核心竞争力不足,资源分化情况相当严重的情况,许多产业集群只重招商,来者不拒,没有突出品牌效应和竞争优势,反而不利于本地经济长足发展。

(二) 生产服务业集群的整体层次偏低[①]

目前,我国大多数生产服务业集聚区内的大部分服务企业规模小、层次低、服务和业态同质性强,甚至恶性竞争、鱼龙混杂、良莠不分的问题比较突出,服务水平和质量亟待提高。有些企业甚至由于相互拆台、压级压价,导致服务质量下降,服务品牌难以形成。如很多城市以传统批发零售等传统服务业为主的集聚区网点过于密集、业态同质化现象严重,而以工业设计、数字服务、文化创意等新兴的、高附加值的知识密集型生产服务业为主的生产服务业集群才刚刚开始出现或萌芽。而且,大部分服务业集聚区内很少有能够引领行业发展潮流和标准化建设的领军企业和具有区域乃至全国影响的知名品牌少,对领军企业和知名品牌的示范带动作用发挥不够。再加上相当一部分不愿主动在行业转型中发挥引领和示范作用,甚至不愿与其他企业分享成功经验,从而导致我国生产服务业集群的整体水平较低。

(三) 公共平台建设水平低,区域间生产服务业集群的同质性高

对生产服务业集群来说,集聚区内企业仍以中小企业为主,这些企业不可能完全依赖自己获得一些前期投入较高的一些科技服务或信息服务,因此,建设面向中小企业共性技术需求的创新平台就显得非常重要。但我国生产服务业集群内这类平台的建设比较滞后,多数地区尚未建立集中统一的产业发展平台,直接影响着生产服务企业的现实水平、服务质量和增值能力,并导致生产服务业集群的重复性建设问题相当突出。而且,尽管我国各地生产服务业各行业发展水平虽不同,但行业结构趋同,每个地区大多以交通运输业等较低层次的行业为基础发展生产服务业集群,势必造成区域间生产服务业集群的同质性提高。

(四) 与制造业协同程度低,生产服务业的集聚效应难以有效发挥

生产服务业的集聚发展应成为应对先进制造业基地对服务质量高级化和服务方式样化需要的重要方式,先进制造业基地的建设也亟须生产服务业集聚的有效支撑,先进制造业基地与生产服务业集聚区在空间上的互动与协同也就成为必

[①] 该观点已经作为课题中期成果发表,详见李文秀:《服务业的城市集聚机理理论与实证研究——来自纽约、东京的例证及其对我国的启示》,载于《产经评论》,2012 年第 4 期,第 36~45 页。

然。然而，目前我国一些地区尤其是一些经济发达的城市正处于工业化的中后期，整个工业生产的上游、中游、下游各环节都对生产服务产生了强大的需求。而各地要么就是生产服务业的竞争力不足，要么就是生产服务业集聚的层次较低或盲目集聚，生产服务业与制造业协同程度较低，使得生产服务业的集聚效应难以有效发挥，制造业发展受挫。

（五）生产服务业的有效需求不足，生产服务业集群的培育较难[①]

随着我国制造业转型升级的逐步推行，制造企业对物流、科技、金融、会展、培训、信息、商务、公共服务等生产服务的需求日益增长。一方面，由于生产服务业发展的滞后，企业的需求很难得到满足；另一方面，由于对现实需求的凝聚不足以及对潜在需求的引导和激发不够，大部分需求并没有形成有效需求。原因一是我国第二、第三产业联动性不强，产业提升多停留在"广而不深"的层面，对高附加值环节的投入、开发力度不够，导致对高端生产服务的有效需求缺乏，生产服务需求空间狭小。二是大企业出于保护商业秘密和企业主导权等考虑，更倾向于以自我服务的方式提供会计和商业管理、研发设计、信息仓储与运输等生产服务，导致这些生产服务的外置化趋势并不明显。三是中小企业对生产服务的现实需求还没有凝聚、集成和整合，受服务业的"最小规模门槛"限制，一些服务企业发展不起来或者成本太高而导致服务质量差、费用高且不稳定，集聚发展受到阻碍，服务业集群也处于较低层次。

（六）生产服务业集聚效应的正向引导不足，缺乏全球布局观点

目前，我国一些地区传统服务业集聚区受集聚效应的影响，不顾及环境的承受能力服务业规模大规模扩张导，结果就是大量服务企业集聚导致了低利润和低生产成本。低利润造成了区域产业中厂商对高质量生产服务业需求的减少，与此同时，此类企业的规模又造成区域政府对低利润厂商的依赖，使得区域政策变得十分僵化，推动生产服务业集聚效应弱化现象的形成。而且，同类型厂商区域性集聚—生产规模扩张—高投资（高增长）—经营成本逐渐增加—经济增长与低附加值的局面使得区域产业政策无所适从，而遏制低附加值的产品应提高经营成本，从而促使区域产业产品附加值增加，但提高经营成本又会迅速短期阻塞投资资本的流入，加快成本敏感的区位厂商流出区域，集聚效应弱化。最后的结果就是：服务业集聚效应递减—低附加值的区域产业产品—区域产业内厂商低

[①] 以下3个观点已经作为课题中期成果发表，详见李文秀：《服务业的城市集聚机理理论与实证研究——来自纽约、东京的例证及其对我国的启示》，载于《产经评论》，2012年第4期，第36~45页。

利润和服务业的低需求—区域产业中产业市场过度集聚加剧土地增值及经营成本过高风险—生产服务业集聚效应弱化及产业政策滞后性的区域产业竞争力的衰落风险。

同时，由于缺乏全球观点使得生产服务业的国际竞争力很弱，使得专业生产服务的品牌在世界市场的开拓有限，难以在全球价值链上获得更多的利益分配甚至获取经济控制力。由于缺乏相应的行业规范和评级标准，我国生产服务企业社会认同度不高，品牌影响度较低，所创立的专业服务品牌在国际上寥寥无几。

（七）生产服务业集群的创新能力弱，高端生产服务业集群发展缓慢

当生产服务企业发生技术创新扩散时，生产服务业集聚就能加大扩散的正效应，即降低企业成本，提高生产效率，增加创新成果等。一般来说，采纳技术创新的企业数量增加，扩散的正负效应也增加；采纳创新的企业数量减少，扩散的正负效应也随之减少。目前，制度和政策环境普遍重视制造业领域的研发投入，生产服务业的研发投入尚未成为政策关注的重点，导致我国生产服务业的科技创新能力总体不强，生产服务业对新技术的使用程度也不高，小企业居多，多数企业提供的只是知识和技术服务链上的低端服务产品，远未形成集先进知识和技术的主要推动者、使用者和传播者于一身的良好运行机制。再加上我国生产服务业创新人才短缺问题严重，调查发现生产服务业是中国人才最为紧缺的行业，特别是金融、物流、软件等各种专业服务领域。这些直接导致我国生产服务业集群的创新能力弱，高端生产服务业集群形成和发展缓慢。

第三节 生产服务业集聚对区域经济增长的影响效应

一、理论分析

传统上关于产业集聚的研究主要集中在整体经济或制造业和高新技术产业领域，而对服务业集聚问题的研究相对较少。从 20 世纪后期以来，世界经济由工业经济逐渐向服务业经济转型，服务业在国民经济中的地位不断凸显，而规模经济、外部经济以及范围经济的存在使得服务业集聚发展越来越明显，甚至服务业的集聚特征比工业还要突出，例如美国的广告业集中在纽约麦迪森大道，金融业

集中在华尔街，IT服务业集中在硅谷，娱乐业集中在拉斯维加斯；英国的金融业集中在伦敦城和内伦敦西区的威斯敏斯特（Westminster）的商务区；东京的金融业集聚于千代田的丸之内；印度的软件服务业集聚于班加罗尔；上海的金融业聚于外滩陆家嘴一带。并且已有研究表明，服务业比工业有更为明显的空间集聚特征（Illeris，Philippe，1993；洪银兴，2003）。

斯科特（Scott，1998）率先将"服务业集群"进行概念化后，关于服务业集群的研究也取得了一定的进展。在对于服务业集聚的经济绩效研究方面也存在两种截然相反的观点，第一种观点是认为生产服务业的集聚和发展明显地促进了经济增长，如奥赫尔等（Ochel et al.，1987）、汉斯达（Hansda，2001）、汉斯达等（Banga et al.，2004，2005）。对于中国一些研究也表明了相似的观点，如顾乃华（2010）借助随机前沿模型，利用中国的城市面板数据研究了生产服务业对工业的外溢效应，结果表明生产服务业对城市工业获利技术效率的提升发挥了正向作用。第二种观点则认为生产服务业对促进经济发展没有明显的作用。安德森（Andersson，2004）的研究认为生产服务业没有对制造业的发展起到积极的促进作用，也没有显著地促进区域经济的增长。国内研究也有部分得出了相似的结论，如魏峰等（2007）、徐全勇（2010）等。

综合来看学术界在生产服务业集聚对经济增长的影响机制和影响效果方面尚未达成一致观点，关于生产服务业集聚与经济增长的影响是否是简单的线性关系还是非线性关系也缺乏实证分析，或者生产服务业集聚对经济增长的影响是否存在一个特定的条件或门槛。纳雷什（Naresh，2003）等人的研究认为，服务业集聚是动态发展的，并且其经济增长产生的积极效应也不会无限期存在，当集聚程度达到一定的临界点后，过度拥挤和竞争就会降低集聚区内企业的进入和成长速度，最终导致集聚区的衰落甚至消失。胡霞、魏作磊（2009）对中国城市服务业的研究显示服务业发展存在一定的空间规模报酬递增效应，但过度的集聚也会带来负面影响。所以生产服务业集聚与经济增长之间可能并不是简单的线性关系。

基于以上文献回顾，本章提出理论假设如下：

生产服务业空间集聚在发展早期会对经济增长产生促进作用，但是在生产服务业集聚达到一定水平后，这种促进作用会逐渐减弱，甚至变为负向影响。

威廉姆森（Williamson，1965）假说认为，在经济发展的初期，交通、信息、通信等基础设施比较缺乏，空间集聚确实可以显著地提高地区经济的生产效率。但是，当基础设施逐渐完善、市场规模不断扩展的时候，由于空间过度集中所引起的额外成本费用上升和效用损失，也会产生集聚不经济，如交通拥挤、生产要素成本上升、负外部性、安全风险增大、规模不经济等，因此拥挤产生的外部性会导致经济活动更倾向于分散。

生产服务业领域也可能存在威廉姆森假说。即生产服务业和地区经济增长之间并不是简单的线性关系，而是随着生产服务业集聚水平的变化有所变化。

在生产服务业集聚发展早期，服务业集聚通过规模经济、地方化、城市化经济等效应在地区内形成劳动力、人口、资本的聚集，不仅增加了区域生产要素的数量，而且有利于资源要素配置效率的提高。在集聚带来的自我强化效应的积累下，促进了区域经济的持续快速增长。服务业的集聚发展使得当地的制造业企业可以共享专业化服务，从而降低了企业的生产成本和提高了生产效率。产业链的专业化分工和相互协作提高了整个地区的产出效率。里韦拉·布拉提（Rivera Brati）研究结果也表明生产服务业的专业化和劳动分工的进一步深化最终全面提高了城市劳动生产率。卡马尼（Camagni，1991）、拉提等（Rati et al.，1997）、纪博和威尔金森（Keeble and Wilkinson，2000）都论证了服务业的"集体学习过程"对于创新环境演化的重要性，这使得集群中的企业能有效地提高创新性和学习、分享和创造新知识的能力。服务企业在集聚区内的聚集，增加了劳动力的自由流动频率，促进了知识和技术的外溢。

在发展后期，随着生产服务业集聚程度的加深，出现生产要素拥挤、要素成本上升等现象，交通拥挤、环境污染和要素稀缺等负外部效应不断增强，这些负外部效应的增加足于抵消原来集聚给企业带来的经济效果时，集聚不经济占据主导地位。

二、模型与变量说明

本研究拟采用利用面板数据门槛回归模型，以结局由主观划分可能导致的门槛偏误。基于巴罗增长模型，本研究运用中国地级以上城市数据对威廉姆森假说进行实证检验，考察服务业空间集聚对经济增长的影响，并根据研究结论提出相应的政策建议。

采用汉森（Hansen，2000）提出的门槛回归方法，以变量为体制改变的转折点，模型中不同体制就是通过门槛变量大于或小于某一门槛值来表示。汉森的两体制门槛回归模型如下式所示：

$$y_i = \theta_1' x_i + e_i, \quad q_i \leq \gamma \tag{16.7}$$

$$y_i = \theta_1' x_i + e_i, \quad q_i \leq \gamma \tag{16.8}$$

其中，x_i 是一个 m 维的列向量。q_i 是"门槛变量"，它既可以是解释变量 x_i 中的一个回归元，也可以作为一个独立的门槛变量。"门槛值" γ 将样本分成"两类"或多个类别。

定义一个虚拟变量 $d_i(\gamma) = \{q_i \leq \gamma\}$，$d\{\cdot\}$ 为一个指示函数（indicator function），且满足 $x_i(\gamma) = x_i d_i(\gamma)$。因此，式（16.7）和式（16.8）可写成一个方程如下：

$$y_i = \theta' x_i + \delta_n' x_i(\gamma) + e_i \tag{16.9}$$

通过这种添加虚拟变量的方式，可知 $\theta = \theta_2$，$\delta_n = \theta_2 - \theta_1$。将式（16.9）进一步改写成矩阵形式可得到：

$$Y = X\theta + X_\gamma \delta_n + e \tag{16.10}$$

在式（16.10）中，θ、δ_n 和 γ 为模型的回归参数。给定 γ，那么式（16.10）中的 θ 和 δ_n 就是一种线性关系。按照条件最小二乘的估计方法，将 $X_\gamma^* = [X \ X_\gamma]$ 对 Y 进行回归，可得到相应的残差平方和：

$$S_n(\gamma) = S_n(\theta(\gamma), \delta(\gamma), \gamma) = Y'Y - Y'X_\gamma^*(X_\gamma^{*'} X_\gamma^*)^{-1} X_\gamma^{*'} Y$$

估计得到的门槛值就是使 $S_n(\gamma)$ 最小的。被定义为：

$$\hat{\gamma} = \arg \min_{\gamma \in \Gamma_n} S_n(\gamma) \tag{16.11}$$

其中，$\Gamma_n = \Gamma \cap \{q_1, \cdots, q_n\}$。汉森（2000）把门槛变量中的每一观测值都当作一个可能的门槛值，因此需要把满足式（16.11）的所有观测值确定为门槛值。在门槛估计值确定之后，其他参数值就能够确定了。

采用汉森（1996）创造的自助抽样法（Bootstrap）计算 P 值来检验门槛值的显著性：$P < 0.01$ 表示在 1% 水平上通过了拉格朗日乘数检验（LM 检验），则拒绝原假设，认为存在门槛值。在确定存在门槛效应后，通过构造 LR 统计量来确定门槛值的置信区间：

$$LR = \frac{S_n(\lambda) - S_n(\hat{\lambda})}{\hat{\sigma}^2} \tag{16.12}$$

门槛值的置信区间即为式（16.12）中 LR 统计量在小于显著性水平 α 下的临界值所对应的区间，$LR_1(\lambda) \leq c(\alpha) = -2\log(1 - \sqrt{1-\alpha})$。为了确定是否存在两个或两个以上的门槛值，需要再进行双门槛或多门槛的检验。当拒绝 LM 检验时，表示至少存在一个门槛值，接下来假设一个估计得到的 $\hat{\gamma_1}$ 为已知，再搜索下一个门槛值 $\hat{\gamma_2}$。以此类推，直到无法拒绝零假设为止。

以巴罗（Barro）的增长模型为基础，借鉴朵拉夫和约翰逊（Durlauf and Johnson）的做法，本研究的基础计量模型设定为：

$$\ln GDPG_{i,t} = \alpha_0 + \beta_1 GDP_{i,t-1} + \beta_2 SAGG_{i,t} + \beta_3 INVST_{i,t} + \beta_4 HC_{i,t} + \beta_5 GOV_{i,t} + \beta_6 FDI_{i,t}$$
$$+ \varepsilon GDPG_{i,t} = \alpha_0 + \beta_1 SAGG_{i,t} + \beta_2 INVST_{i,t} + \beta_3 HC_{i,t} + \beta_4 GOV_{i,t} + \beta_5 FDI_{i,t} + \varepsilon \tag{16.13}$$

式（16.13）中，$GDPG$ 表示 GDP 增长速度；$GDP_{i,t-1}$ 表示滞后一期的 GDP，用以解释上一年初期经济发展规模对经济增长的影响；$SAGG$ 代表生产服务业集聚水平，用生产服务业的区位熵指数表示；INVEST 表示投资，本研究用全社会固定资产投资额占 GDP 比重表示，反映物质资本投资规模；HC 表示人力资本水平，采用高等学校专任教师数或在校中学生的人数占总人口的比重来表示；GOV 代表政府对经济的干预程度，用地方政府财政支出占 GDP 比重表示；FDI 代表对外开放程度，用实际利用外资金额占 GDP 的比重表示。其中投资、人力资本、外商直接投资、政府干预对经济增长速度都会产生影响，本研究将其作为控制变量，INVEST、HC 和 FDI 的系数预期为正，GOV 的系数预期为负。

本研究所选择的数据样本包括四个直辖市以及 240 个地级城市，时间跨度为 2001~2010 年，数据来源为《中国城市统计年鉴》、《中国统计年鉴》等。由于《中国城市统计年鉴》没有报告各城市的 GDP 平减指数，因此本研究用各城市所在省份的 GDP 平减指数替代，将各城市的 GDP 调整为 2000 年不变价。

本研究将采用汉森（2000）的"门限回归"模型，以内生分组的方法代替外生分组，来解决主观划分门槛值可能带来的偏差问题（见表 16-13）。

将式（16.13）扩展，将其改写成带有门限变量的回归模型。结果如下：

$$GDPG_{i,t} = \alpha_0 + \beta_1 INVST_{i,t} + \beta_2 HC_{i,t} + \beta_3 GOV_{i,t} + \beta_4 FDI_{i,t} + \beta_5 SL(SAGG_{i,t} < \gamma)$$
$$+ \beta_6 SAGG(SAGG_{i,t} \geq \gamma) + \varepsilon \qquad (16.14)$$

表 16-13　　　　　　　　各主要变量的描述性统计特征

变量	平均值	标准差	最小值	最大值
GDP	559.74	1 243.805	11.67	16 971.55
INVEST	53.825	23.267	0	214.753
HC	3 923.704	7 378.893	0	58 122
GOV	11.844	11.844	1.511	45.268
FDI	3.259	3.259	0	41.985
SAGG	0.834	0.302	0.108	4.614

注：***、**和*分别表示 1%、5% 和 10% 的显著性水平。

三、结果与分析

本研究使用 Stata12.0 软件实现对上述模型的估计。在进行门槛回归的检验过程中，首先搜索到的第一个可能的门槛值 $\gamma_1 = 0.7620$。这时对应的残差平方和最小。如表 16-14 所示，此时 LM 检验统计量对应的 P 值为 0.005，因此拒绝无门槛效应的虚拟假设。先固定第一个门槛值 0.7620，进行第二个门槛值的搜索，以进一步检验模型是否存在两个门槛值。然后得到可能的门槛值为 1.1868，此时对应的残差平方和最小，LM 检验统计量的 P 值为 0.005，在 5% 的显著性水平下拒绝虚拟假设。因此，本研究模型中存在两个门槛。

表 16-14　　　　　　简单线性回归和门槛回归的估计结果

	门槛回归		
	系数	标准差	T 检验值
INVEST	0.4514***	0.6181	0.6332
HC	0.2007***	0.0061	32.9052
GOV	2.3900	3.7973	0.6294
FDI	26.6777***	5.0643	5.2678
SAGG	—	—	—
SAGG ≤ 0.7620	321.2943***	124.0657	2.5897
0.7429 < SAGG ≤ 1.1828	202.7732**	88.1532	2.3002
SAGG > 1.1828	56.4058**	67.2696	0.8385

注：***、** 和 * 分别表示 1%、5% 和 10% 的显著性水平。

实证分析结果显示，生产服务业的集聚对地区经济发展的作用并非总是线性关系，二者之间存在着比较复杂的非线性联系。中国城市数据表明，生产服务业集聚在初期对经济增长的促进作用最明显，在区位熵指数小于等于 0.7620 时，系数达到 321.2943，随着服务业集聚的动态发展，这种促进效果在不断弱化，在区位熵指数位于 0.7620~1.1828 区间，系数降到了 202.7732，在区位熵指数进一步提升到 1.828 之上时，系数进一步降到了 56.4058。上述检验的结果表明，生产服务业集聚对经济增长产生的促进作用确实并非简单的线性关系，前者对后者的影响随着生产服务业集聚水平的不同而有所变化，并且存在两个门槛变量。门槛回归模型根据生产服务业集聚水平的高低，将模型划分为两个不同的机制，更加准确地解释了我国城市生产服务业集聚对经济增长的促进效应。在达到门槛值以前，生产服务业集聚对经济增长具有非常强的正效应；随着经济发展程度的提高，超出门槛值后则生产服务业集聚对经济增长的促进作用会不断下降，集聚的负外部性越来越多地在稀释其带来的正外部性，从而使得服务业的空间集聚对经济增长的促进机制越来越弱。

之所以会出现这种非线性关系，可以从产业集聚的诱因和效应方面分析。当生产服务业集聚发展初期时，集聚带来的正外部性效果非常明显，为经济发展创造了良好的外部经济环境，促进了区域经济增长。主要体现在：生产服务企业可以共享由于劳动力集聚带来的员工搜寻成本和人才培训费用的降低；地理的接近方便了信息传播，便于不同生产服务企业相互交流，加深区域内生产的分工和协作，提高生产效率和降低交易成本，并且由此带来的技术和知识的外溢，有利于提高集聚区内企业的技术创新能力；生产服务企业及其服务对象企业都可以共享各种基础设施，提高了寻找供应商和客户的便利性，减少了信息交换成本和搜寻成本。但是当生产服务业集聚超过某一水平后，负外部性表现越来越明显，逐步抵消了正外部性带来的效果。基础设施、资源、环境所面临的压力不断增大，过度集聚而引发的拥挤成本，使区内的企业办事效率下降，过度的竞争也会导致企业利润降低，环境污染、要素瓶颈等都会阻碍区域经济的发展。

除此之外，其他指标大多与理论预期相一致，投资的增长、人力资本水平的提升、政府对经济干涉水平的提升和对外开放水平的提升都会显著地促进地区的经济增长。并且除了 GOV 指标外，其他指标都通过了显著性检验。

研究结果表明：在控制了固定资产投资、人力资本水平、政府支出和 FDI 等因素后，二者之间并不是简单的线性关系，而是随着生产服务业集聚水平的变化有所变化。在生产服务业集聚发展初期，其对地区经济增长的促进效用最显著，而后随着生产服务业集聚水平的不断提升，这种促进效用呈现明显的下降态势，这种结论在某种程度上证实生产服务业领域确实也存在威廉姆森假说，也证实了理论假设一。

第四节　中国生产服务业集聚发展对策

一、以生产服务业集群发展规划进行科学引导

政府要对生产服务业集聚区的建设做出科学合理的规划，明确其发展目标和发展重点。即将生产服务业集群作为城市的一个经济子系统，对其进行整体规划，打破原有的行政区划，制定并实施全市的生产服务业集聚发展战略规划，确定今后重点支持的生产服务业集聚领域和重点区域，并在技术创新、信贷、土地、信息服务等方面给予相应支持。并将宏观规划、中观规划和微观规划衔接，协调处理生产服务业集聚、工业化、城市化共同发展。此外，制定规划应该基于弥补市场失灵和制度失效，对生产服务业集聚进行引导、规划和必要的宏观调控，避免产业结构同构化，造成资源配置浪费。但是在生产服务业集群的发展过程中，应提倡在市场作用下的自然集聚，减少行政强制下的硬性集聚。

二、根据集聚成因引导高端生产服务业发展和集聚发展

从资本的角度来讲，应吸引信贷资金和社会资本投入高端生产服务业发展。鼓励各级政府根据财力安排一定数额的服务业发展引导资金引导和推动本地区高端生产服务业加快发展，支持规模较大的高端生产服务业企业通过企业上市、企业债券、项目融资、资产重组、股权转换等方式筹措发展资金。从人力资源因素来看，应通过城市功能优化促进高端生产服务业发展。以新城市主义（走路上班、锻炼、上学、就医）为导向，找到高端生产服务业与城市空间结构优化的内在联系和结合点。以高端生产服务业发展支撑城市功能的完善与扩张，以城市基础设施规划、人口集聚规划、功能区规划等保障高端生产服务业发展的空间结构，实现高端生产服务业发展带动城市发展的目标。从技术因素来看，应通过技术嵌入培育高端生产服务业。我国应通过加大技术研发投入、促进技术与产业的融合推动高端生产服务业发展。通过搭建公共技术平台、成立企业创新引导资金等改造传统生产服务业；通过鼓励先进技术向技术落后企业的扩散来推动生产服务企业的高端化；通过优惠的税收、奖励政策等直接引导高科技服务产业化。

三、以集聚区发展的科学设计搞好生产服务业集群空间布局

针对各个地区经济社会发展的实际情况，设计不同的生产服务业集聚发展战略，制定科学的、有效的政策措施。生产服务企业选址是受不同因素影响的，且影响不同类型的生产服务企业选址的因素也是有差异的。因此，不仅在全国范围内确定不同的大都市布局不同的生产服务业集群实现错位发展外，还应根据每个城市的经济发展水平、产业发展状况、城市基础设施现状、生产服务的布局现状以及一些专项产业规划等，结合生产服务业集群分布的一般规律，加强地区之间的分工与合作，根据产业间、企业间的产业关联、信息联系和价值联系等组织生产服务业集群的空间布局。

四、以产业融合和延伸产业链条推动生产服务业集聚

一是通过新型工业化进程带动关联的生产服务业在本地集聚。现代制造技术不断进步和产品档次的提升，使得企业用于生产环节的物质消耗将越来越少，而用于产品的研发、设计、策划、宣传、运输、销售等服务环节投入会越来越多，

形成了生产服务业的需求体系，这就会吸引更生产服务企业在本地集聚。二是通过产业融合实现生产服务业集群的良性发展。产业间的延伸融合是通过产业的互补和延伸实现融合，赋予其新的产业功能，甚至形成新兴的产业，实现产业跳跃式发展和创新，成为产业发展及经济增长的新动力，也是促进生产服务业集群竞争力提升的重要方式。三是利用产业关联扩大生产服务业的空间集聚效应。通过提高集聚区内企业间的分工与协作水平，形成一种"生态价值链"，企业之间都有着较强的产业关联性。如果通过价值链的向外拓展和延伸，使得这种关联性的空间越来越大，形成对周边地区较强的辐射作用，将使得生产服务业的集聚效应空间更加扩大。

五、创造有效需求促进生产服务业集聚[①]

随着制造业转型升级压力的加大，制造企业对物流服务、科技服务、金融服务、会展服务、培训服务、信息服务、商务服务、公共服务等生产服务的需求日益增长。但是一方面我国服务业发展的滞后使得企业的需求很难得到满足，另一方面对现实需求的凝聚不足以及对潜在需求的引导和激发不够，大部分需求并没有形成有效需求。因此，政府应该有针对性地制定一些政策措施解决上述瓶颈，使生产服务的理论需求变成现实需求。如鼓励企业进入价值链的更高端而延伸出更多的服务需求，通过政策或资金奖励鼓励一些大制造企业将一些服务环节外包，通过政府搭台建立集聚区使得服务供给规模化等。

六、提高生产服务业集聚的档次

目前，我国以工业设计、数字服务、文化创意等新兴的、高附加值的知识密集型生产服务业为主的集群才刚刚开始出现或萌芽。大部分服务业集聚区内很少有能够引领行业发展潮流和标准化建设的领军企业，具有区域乃至全国影响的知名品牌少，领军企业和知名品牌的示范带动作用发挥不够，生产服务业集聚区的整体水平较低。对此，政府应予以支持和合理规划，重点集聚发展知识密集型生产服务业，并通过龙头企业或品牌集聚区培育多个高端生产服务业集聚区，提升生产服务业集聚区的整体水平。一是充分发挥高校科研优势带动高技术服务业集聚，二是改善城市生活环境和文化氛围吸引高端服务人才聚集，通过人才聚集带

---

① 该观点已经作为课题中期成果发表，见李文秀：《服务业的城市集聚机理理论与实证研究——来自纽约、东京的例证及其对我国的启示》，载于《产经评论》，2012年第4期，第36~45页。

动生产服务业聚集。

七、加快生产服务业集聚区品牌建设

对于生产服务企业来说，品牌发展至关重要。但品牌发展维护成本也非常高，尤其是对于以中小企业为主的生产服务企业来说，建立高端生产服务品牌的难度非常大。因此，在建立生产服务业集聚区过程中，可通过加强集聚区的品牌建设推进集聚区内企业品牌溢出。具体来说，一是政府要强化高端生产服务标准的建设，以生产服务业集聚区为平台，充分发挥集聚区内龙头企业的带动和示范效应，鼓励企业制定高端生产服务标准。二是由政府或行业协会牵头，以集聚区内龙头企业为代表，整合集聚区的高端生产服务品牌并加以包装，通过投放广告、参加博览、组织新产品推介、举办研讨会等多种形式，大力宣传集聚区的品牌。三是要重视企业信用环境建设，努力维护集聚区的品牌，通过建立有效的监督协调机制，加强行业自律意识、增强企业品牌意识共同制定生产服务标准，巩固并提高集聚区的品牌形象。

八、加强生产服务业集群的治理[①]

生产服务业集聚虽然可以促进区域经济的发展，但如果治理不得当，也可能带来集聚效应弱化。因此，应加强生产服务业集群的治理。首先，从集聚区整体角度识别各类问题，如：结构性问题，即生产服务业集群的老化或衰退；周期性问题，即生产服务业集群外部所处的宏观经济环境的变化带来的风险；"区域锁定"问题，即根植于本地的优势可能成为生产服务业集群僵化、失去弹性的源泉等。其次，实行一系列能够促使其健康发展的政策办法，尽量避免上述问题的出现，如提高区域的持续创新能力、区域内投资组合化、保持集聚区的对外开放性等。再次，建立生产服务业集群风险预警系统，对生产服务业集群的发展状况进行监测、控制，发现问题及时解决，尽量把问题控制在萌芽状态。最后，对于已经产生的问题，迅速做出反应，逐一化解，或进行收缩合并或进行产业转型，把损失尽量控制在最小的范围之内。

[①] 该观点已经作为课题中期成果发表，见马鹏、李文秀：《广东省服务业产业集聚效应测算及其与经济增长关系的实证研究》，载于《华南理工大学学报》（社会科学版），2014年第1期，第1~10页。

第四篇

发展对策篇

第十七章

中国生产服务业需求拉动研究

本章分析表明，生产服务需求在服务需求和服务贸易中占有较大比重，在20世纪90年代初期，发达国家中间服务需求在服务存量中的比重已达到一半左右（格鲁伯和沃克，1993），成为一国或地区经济发展的主要推动力。特别是近些年随着经济全球化的快速发展，三大产业所需的服务投入比例在不断提高，生产服务业已成为全球化的主导力量和主要内容。加快生产服务业发展，将能为我国在参与全球化过程中继续保持持续增强的竞争地位提供有效保障。从需求拉动的角度分析生产服务业发展的成因和存在的问题，并提出提升我国生产服务业需求的对策建议。

第一节 中间需求对生产服务业的拉动与发展趋势

无论从经济意义、就业意义还是社会意义来说，许多发达国家早已进入"服务经济"时代。鲍莫尔（1967）等把这种服务活动影响力大大超越工农业生产制造活动的现象，看作是生产率相对落后的服务活动部门带来的就业膨胀，并认为这是这些服务部门增长"成本病"的重要表现，甚至有学者从"产业空心化""非工业化"等多个视角质疑这种服务经济状态对经济增长能力的影响。但不可否认的是，在经济增长速度远低于新兴经济体的情况下，西方发达国家仍在世界财富结构中保持着领先和主导地位。很多学者（罗斯托，1960；鲍莫尔，1967；

富克斯，1968；贝尔，1974；钱纳里、塞尔奎因，1986）将随着经济的发展，第一产业比重逐步下降，第二产业在经济结构中的比重先升后降，第三产业则逐渐发展出较之第一、二产业更高的比重和经济增长贡献度的配第—克拉克现象，归结为对服务活动的最终需求，即认为是服务活动的最终需求强化了西方发达国家在世界财富结构中的地位。然而这种仅仅以恩格尔定理为基础的需求因素在解释产业结构变化的过程中却受到了一定限制，而反映技术变化和生产分工深化的中间需求却详细和系统地补充解释产业结构的动态发展。财富快速积累正是通过技术变化和生产分工深化等途径实现的。对我国而言，走以"科技含量高、经济效益好、资源消耗低、环境污染少、人力资源优势得到充分发挥"为特征的新型工业化建设道路，努力实现 GDP 的健康、优质、高效增长，对中间投入的生产服务需求将产生强大的拉动作用，能有效推动生产服务业的跨越式发展。

许多发达国家经济发展的普遍规律显示，服务业一直都在国民经济中居于重要地位，即使在工业化时期，服务业比重会略有下降，但生产服务业的发展却仍然与工业本身的发展保持同一步调，而到"后工业化社会"时期，那些代表着产业生产的中间需求扩张的生产服务业更是优于其他服务行业得到了显著而飞速地增长。

从三大产业对生产服务业的中间需求发展趋势看，以美国、英国、日本、德国、法国等发达国家 20 世纪 60～90 年代末的投入产出表为例，来自第三产业自身的中间需求上升显著，来自第一、第二产业的中间需求下降明显（魏作磊，2009；李文秀、李江帆、陈丽，2009）。如至 90 年代末，美国、英国和日本第三产业来自服务业的中间需求已经超过了第一、第二产业之和，德国和法国的中间需求率更高。这与程大中（2008）对 13 个 OECD 国家的生产服务中间需求的研究结论一致。而随着近几年来欧美等国制造业回流与其再工业化战略的实施，可以预测的是，这些发达国家第二产业对生产服务业的中间需求将会大幅提升。另外，根据 1987 年、1990 年、1992 年、1995 年、1997 年、2000 年等 6 年的投入产出表对我国服务业中间需求率的考察显示，该指标呈现出稳定的增长趋势（周庆行、童伟伟，2005）。我国三大产业对服务业的中间需求率呈现出不同程度上的稳定增长态势、总体水平不高，这与发达国家对服务业的中间需求结构发展趋势不同。根据李江帆、潘发令（2001）的研究发现，在 1987～1995 年，第一产业对第三产业直接消耗系数在 0.03～0.06 之间，远低于美国（0.154）、日本（0.089）、英国（0.121）。第二产业对第三产业的直接消耗系数在 0.08～0.13 之间（见表 17-1），低于 1967 年美国的 0.144 和 1980 年日本的 0.134，第二产业对第三产业的依赖度在 11%～18% 之间徘徊，低于美国（0.252）和日本（0.197）（郑凯捷，2008）。第三产业对自身的完全消耗系数大致为 0.2～0.311，与日本和美国相比没有明显差异。

表17-1　　　　第一、第二产业对第三产业的直接消耗系数

年份	1987	1990	1992	1995	2000	2002
第一产业	0.0365	0.0363	0.0597	0.0572	0.0622	0.0794
第二产业	0.0843	0.0812	0.1326	0.1047	0.1028	0.1295

资料来源：郑凯捷：《中国服务业发展的中间需求因素分析——中间需求表现及工业产业分工发展的影响》，载于《山西财经大学学报》，2008年第2期，第47~55页。

若以OECD国家生产服务业中间需求量（OECD，1996、1997；黄少军，2000）为我国未来发展的目标，可以得出这样的结论：我国三大产业对生产服务业的中间需求量都会呈增长态势，但第一产业和第二产业对生产服务业中间需求量增长率会低于第三产业，第一产业对生产服务业中间需求量增长率低于第二产业，呈现出第三产业、第二产业、第一产业由高到低的生产服务业投入率发展态势。

第二节　主要问题与成因

在20多年前，我国就认识到服务业，特别是生产服务业的发展在促进就业、扩大消费、提升结构、降低消耗、改善民生、增强长期发展能力等方面的重要作用，1992年出台了《中共中央　国务院关于加快发展第三产业的决定》，但时至今日，我国生产服务业的发展仍较为缓慢，究其原因，主要体现在如下几个方面。

一、工业生产方式落后，第二产业生产服务需求不足

江静、刘志彪（2010）通过对1997~2002年我国制造业细分行业生产服务投入率的研究发现，对生产服务中间需求较多的行业主要集中在食品制造及烟草加工业、非金属矿物制品业、造纸印刷文教用品制造业、通用专用设备制造业、电气机械及器材制造业等资本密集型和技术密集型行业。然而，10多年来，随着我国经济外向型程度的不断提高，这些行业对生产服务的中间需求率也呈下降趋势，如电气机械及器材制造业，2002年对生产服务的需求率为16.58%，到2005年，该比例下降为14.09%，这意味着约86%的投入都是有形的物质要素。

分析原因,具体表现在以下几个方面:第一,在走出国门、走向世界的外向型经济模式下,基于当时我国的现实国情,中国制造业企业在以"三来一补"的国际代工生产者和加工贸易者角色融入全球化,依靠廉价劳动力和廉价的土地才赢得了发展的空间,但同时也导致处于产业链低端的劳动密集型产业和产品比比皆是,即使在目前转型升级的新形势下,仍有相当数量的企业还在采用传统的陈旧生产模式。这种发展模式的特征是处于现代产业链高端、具有核心竞争力的环节的产品研发设计、品牌经营和市场营销等生产服务全由跨国公司母国的总部提供,或由FDI引入的分支机构承担,国内的制造商基本不参与。这样,国内生产服务的中间需求就在"三来一补"和国外生产服务提供商的双重挤压下,变得极为有限,再加之这类企业对金融服务、设计研发、信息技术、售后服务的重视度不够,这使得中国本土生产服务市场需求规模和需求层次在很大程度上被压缩,严重抑制了国内生产服务业向更高层次的发展。研究自改革开放以来的"三来一补"等国际代工模式可以发现,它在很大的程度上阻碍了制造业企业和生产服务业的产业关联,最终造成了生产服务缺乏有效市场需求,从而影响到国内生产服务的发展。第二,由于各地区间工业企业和产业发展滞后,为求外资带动发展,获取低微的利润,相关省、市际间在外资争夺战上形成愈演愈烈的"零低价",甚至零地价的竞争格局,这不但强化了主动接受国际产业分工的被动状态,同时,由于竞争导致的交易成本过高、交易效率低下的现实,使得相关工业企业通过地区体系内部生产服务业有序的分工演进去突破和改善要素禀赋差异的路径无法完成,从而进一步降低对生产服务的中间需求,形成一种恶性循环。

二、农民收入水平低下和对生产服务业认识不足,导致农业生产服务有效需求不足

从农业生产服务业的供给角度来看,农民对农业生产服务业具有较强的需求意愿,尤其对增产的生产性技术和下乡农业技术人员提供农业科技服务需求强烈(徐金海,2009),但长期以来,由政府主导的农业科技服务体系较少考虑农民的需求意愿,导致农业生产服务效率低下(胡瑞法,2004)。从农业生产服务需求来看,同样存在着相关问题。考察农民个人因素,文化水平较低导致见识面不开阔,对农业生产服务了解不深,对利用生产服务业促进现代农业发展的意义认识不足,更多习惯于祖祖辈辈流传下来的传统耕作方式,降低了他们对生产服务业的需求。再看农民家庭因素,2012年我国农村家庭人均纯收入仅为7 916.6元,减去因通货膨胀引致的物价上涨、子女教育、衣食住行等各类不断攀高的生活成本,我国农村家庭,尤其是中西部地区农村家庭剩余可支配收入较低、支付能力

不足。同时，自"承包到户"后的家庭分散经营，而非规模化经营的农业耕种方式，也导致农民对农业生产服务业有效需求不足。从区域因素来看，虽然同为农村，但处于非农化区域的农村居民对农业生产服务需求意愿则表现得极低，如东部沿海地区的农村居民就比中西部地区农村居民对农业生产服务需求低。

三、服务业本身发展不足影响了生产服务业的"自我增强"

戈伊（Goe，1990）、朱莉芙（Juleff，1996）、派拉特和乌尔夫（Pilat and Wolfl，2005）等人研究发现，发达国家对生产服务需求最大的部门不是制造业部门而是服务业部门，服务业的发展具有"自我增强"作用。从经济不同发展阶段来看，农业社会时期，由于科学技术水平低下，传统的"男耕女织"的家庭式组织模式，对生产服务业的需求是较有限的。进入工业社会时期，尤其是到了工业逐渐主导了国民经济的发展工业化中期阶段，生产服务业也随着工业化的逐步推进而与日俱增。但是，当经济发展跨过工业化阶段，尤其当国民经济开始"软化"，服务业在国民经济中比重不断增长时，以前为工业提供生产服务部门，如金融、通信、商务服务等也为其他服务部门所需要，从而增加了国民经济中生产服务的中间需求比重，而当进入服务经济时代，服务业对生产服务业的中间需求将变得越来越大，甚至超过工业对生产服务业的中间需求（见表17-2），逐渐形成生产服务业的"自我增强"机制。表17-3中美两国服务业对生产服务的中间需求率为68.5%，大于同时期中国服务业对生产服务的中间需求率34.2%，这证明，随着经济的进一步发展，服务经济时代终将到来，服务业自身的发展及对生产服务的需求将成为生产服务业发展的主要驱动力。

表17-2　　平均生产1单位产品对服务业中间需求的完全消耗系数比较

行业	A	行业	B
商业	0.0961	商业	0.0819
电力及蒸汽热水生产和供应业	0.0664	电力及蒸汽热水生产和供应业	0.0600
货物运输及仓储业	0.0498	社会服务业	0.0587
金融保险业	0.0364	金融保险业	0.0410
社会服务业	0.0342	货物运输及仓储业	0.0400
邮电业	0.0180	建筑业	0.0244
饮食业	0.0145	邮电业	0.0207
建筑业	0.0068	旅客运输业	0.0174

续表

行业	A	行业	B
综合技术服务业	0.0068	饮食业	0.0174
房地产业	0.0054	房地产业	0.0105
旅客运输业	0.0044	自来水的生产和供应业	0.0084
自来水的生产和供应业	0.0035	教育文化艺术及广播电影电视业	0.0081
教育文化艺术及广播电影电视业	0.0032	综合技术服务业	0.0080
卫生体育和社会福利业	0.0011	煤气生产和供应业	0.0040
科学研究事业	0.0008	科学研究事业	0.0018
煤气生产和供应业	0.0007	卫生体育和社会福利业	0.0015

注：A、B栏分别为平均生产1单位工业品、服务品对服务中间需求的完全消耗系数。
资料来源：1997年中国投入产出表，中国投入产出学会。

表17－3　　　中美两国服务业对各行业的中间需求比重

中国	比重（%）	美国	比重（%）
农业及矿产资源类投入	3.3	农业及矿产资源类投入	0.7
制造业中间投入	48.5	制造业中间投入	16.7
生产服务投入	34.2	生产服务投入	68.5
水、电、燃气等及建筑业	4.9	水、电、燃气等及建筑业	8.8
其他服务投入	9.1	其他服务投入	5.3

资料来源：2007年中国投入产出表，2007年美国投入产出表。

近些年来，我国服务业在国家政策的扶持下取得了较快的发展。但由于受到传统观念束缚、体制机制不通畅、开放程度有限等各种因素的影响，服务业发展整体水平仍有限。根据世界银行统计数据，我国服务业在国民经济中的比重（40%）不仅低于同等收入水平的大部分国家，而且也低于中低收入国家的平均水平（46%）（肖文，樊文静，2011）。相对较低水平和较低层次的服务业发展状况降低了对我国生产服务业的需求规模和频率，也抑制着我国生产服务业的自我增强作用。

四、生产服务业自身质量不高，降低了外部需求度

据世界银行统计，世界高收入国家第三产业增加值占GDP的比重一般超过70%，中等收入国家为60%左右，低收入国家一般为45%左右。[①] 而我国同期这

---

① 参见：《生产性服务业迎来发展机遇》，中国外包网。

一比重还不到 45%，即使到 2013 年，我国第三产业比重也仅超过这个比重 1 个百分点，为 46.1%，这其中生产服务业发展滞后，与如制造业中的产品研发设计、关键核心技术等许多依赖于进口有较大关系。当然，在国际分工体系下，外资的进入对我国专业化服务需求的增长会在一定程度上刺激着我国生产服务的增长，但其可能受以下两个因素的制约。

1. 我国所处的分工环节和地位。低层级的产业分工因其生产流程简单、标准化，产生的中间服务需求越少，高层级的产业分工产生的中间服务需求专业化（郑凯捷，2008），尽管自 1992 年来，我国政府和社会各界已经开始重视发展生产服务业，但从 20 多年的发展历程总体看，其发展水平虽有较大提升，但发展仍较为滞后，存在质量和标准化水平不高、国际竞争力不强、人才不足等突出问题。致使具有高技术服务能力和高端服务水平，能支撑起全国产业转型升级的基础远未夯实。同时，由于生产服务业在发展空间上布局不均衡，许多研发机构、高等学校、企业总部都聚集在大城市，使得广大的非大城市或农村地区生产服务业发展缺少龙头企业带动，培育成本显著上升。

2. 若外资通过国际服务贸易或远程方式传递服务的成本比自身进入我国服务业需要的成本更低，就会通过总部提供或采购各种服务并进行远程传递，这会弱化我国生产服务业在产业分工链条中的服务功能，生产服务业发展的宝贵机会丧失，生产服务业的发展进程滞缓。此外，中国在国际分工条件下当"世界工厂"，承担工业产业链的加工环节，造成国内大量工业生产服务需求外溢出国，也影响国内工业生产服务需求。

第三节　重点发展对策

2008 年世界金融危机袭来，我国各省市相当一部分产业发展陷入了自改革开放以来少有的困境，如何既能有效应对全球金融危机，又能成功进行产业转型升级，实现可持续发展，是建设创新型国家现阶段乃至今后一个时期发展面临的重大课题。加快建设现代产业体系、优化产业结构、强化产业发展后劲将是顺利度过转型升级这个特殊历史时期的核心所在，而加快发展生产服务业就成为夯实这个核心的关键举措，是现阶段我国经济发展的当务之急。

基于以上的分析，结合我国经济社会发展对生产服务业需求日趋旺盛的现实基础，有效培育和刺激社会对生产服务业的有效需求势在必行。加快发展生产服务业的前提基础是，社会不但有对生产服务产品的需求，而且还要有相当的购买能力。这就引出两个方面的问题：第一，如何提高社会购买生产服务产品的支付能力；第二，如何使潜在需求转变为现实需求。

下面，就扩大生产服务需求，提出几点政策建议：

一、大力发展高端制造业，加强制造业和生产服务业之间的产业互动

国内制造业与生产服务业的产业结构决定商品贸易结构，而要提高加工贸易和一般贸易对生产服务业的带动作用，除了大力发展生产服务业外，最重要的还是要加强制造业和生产服务业之间的产业互动，强化制造业对生产服务的中间需求。生产服务业是制造业的上游产业，对于制造业有较高的依赖性，而制造业水平的高低与分工的精细化程度又决定了生产服务业的发展水平和速度，分工越精细、专业化程度越高，致使一些原来属于企业内部的职能和业务分转出去，使得企业外部更加专业化的服务由外包企业提供，这其中发展较快和较普遍的是包括专业服务业如法律、会计和审计等，营销服务业如广告、市场调查、咨询等和技术服务业如研究开发、产品设计等各种商务服务（江小涓、李辉，2004）。同时，生产服务业发展的水平高低反过来也决定了制造业的水平高低。因此，加快集聚发展高端制造业，重点推进创新能力强、市场潜力大、附加值高、绿色环保的知识经济项目，将能更好地推动具有技术密集、附加值高、成长性好、关联性强的高端生产服务业发展。而当一个地区的生产服务业形成集聚优势后，这相对来说就有了比较优势，跨地域需求将会成为其发展的又一驱动力。因此，要大力发展高端制造业，发挥高端制造业对生产服务业的带动效应。

二、注重引进技术与自主创新并重

改革开放以来，为加速我国经济和技术的发展，弥补建设资金的不足，扩大经济建设的规模，我国在对外引进技术时，给外资企业设立了长期给予优惠待遇的政策。时至今日，依靠廉价的劳动力和土地成本，在外资企业的带动下，我国大部分地区通过长期从事OEM（贴牌）生产，实现了较快速的增长，但长期给予的外资企业优惠待遇却导致了很多粗放式FDI的存在，这种扭曲成本曲线，助长低端制造业增长，使我国陷入比较优势陷阱（郑凯捷，2008），永远锁定在国际价值链低端的模式，无法较多地产生对生产服务的中间需求。因此，有必要再次强调"核心技术永远买不来"、"引进—落后—再引进—再落后"的惨痛教训。一方面，中国应该有选择地引进有技术含量的外资，引导外资更多地投向工业、

农业、服务业和各领域节能减排等薄弱环节，投向中西部和东北地区，同时也不应该对引进的先进技术期望过高，政策的重点应该是如何大力发挥生产服务中介机构的作用，促进外资将先进科技成果转移到中国市场，并促成其与中国的企业合作，通过推动科技成果的转移转化。另一方面，大力优化产业结构，加强产业自主创新能力。在开放经济体系下，企业要不断加强自主创新能力，实现由OEM到OBM、ODM的转变。此外，大力培育一批有国际竞争力的跨国公司，实现内部市场规模和外部市场规模的扩大和市场交易效率的提升，提高对生产服务的中间需求。

三、强化农业技术推广与培训，优化农产品生产结构

我国农民收入较低、认识水平有限，加之我国农技队伍人员少、经费不足、工作条件差等问题，使得农业科技成果的推广与农业科技知识的培训与普及在一定程度上受到了影响，致使我国农业落入"马太效应"之中：对农业科技服务需求相对较少，而农业发展越落后，其对农业科技服务需求就会越少，农业便会陷入发展的循环困境。因此有必要联合农业主管部门、科技主管部门、教育主管部门和财政主管部门，逐步增加相关经费，培养一批扎根田间地头的农技人员，并逐步改善我国农技人员的工作与生活条件，使他们安心工作。并针对各地农业发展需求，通过举办培训班、电视讲座、印发相关技术资料、图片展览、召开现场会或进行技术咨询、田间现场指导等多种途径、多种形式培训农民，提高农民的文化素质和科技认知水平，[①] 强化农业对生产服务的需求，提升农业产业竞争力。同时，落实农业部《关于促进家庭农场发展的指导意见》文件要求，发展家庭农场经济。通过由区域性农业龙头企业牵头，推进大规模农业生产，引导和鼓励家庭农场经营者改变农产品的生产结构，生产"三高"农产品，带动涉农项目技术攻关、信贷支持、抵押担保、农业保险、设施租赁等相关生产服务业发展，帮助家庭农场解决发展中遇到的困难和问题。对低值农产品，建议由政府提供消费农业科技补贴，以杠杆形式，撬动社会生产服务倾斜供给，满足其对生产服务的中间需求。

四、大力发展现代服务业

改革开放30多年来，我国的改革更多以农业为突破口，至1984年，改革的

[①] 黄建业：《调整优化农业产业结构提高农产品市场竞争力》，广西百色政协网，2011年9月20日。

重心有所转移，逐步推进国有工业企业改制成为重点，而服务业体制改革长期滞后（李勇坚、夏杰长，2009），直到加入WTO之后才有所松动，但由于种种历史原因形成的落后、垄断和僵化的体制依然存在，对服务业的发展起到了较大的阻碍作用，为有效强化服务业增长的"自我增强"机制，加大对生产服务业的中间需求，推进中国服务业体制改革与创新势在必行，而其中尤以推进现代服务业的改革创新为重中之重。为进一步扫清发展障碍，根据李克强总理关于加快发展生产服务业的讲话精神，我国需以推进服务业综合改革试点和示范建设为重点，优先发展生产服务业。要尽快将"营改增"试点扩大到服务业全领域，以税收、财政资金支持、后补助等各类杠杆来培育发展现代服务业。从打破市场分割、行业垄断和地区封锁，实施公开、公平、公正的市场准入制度；减少前置审批，大力推进网上审批、年检、登记工作，简化审批程序，完善各类审批制度；出台相关投资政策，以政府财政资金为引导，鼓励民间资本和外资进入现代服务业领域，充分释放各类资本对服务业发展的巨大推力；建立完善现代服务业发展的财税和土地政策；积极实施现代服务业人力资源开发战略，加快服务业各领域人才的引进和培养，并抓紧制定相关配套措施，为现代服务业创造良好发展环境。加大服务业内部各部门的分工与协作，克服"大而全"的现象，将优势资源和主要力量集中到自己具有特色优势的服务产品供给上，并建立和完善部门之间良好的供求机制，优化服务产品市场竞争秩序。重点发展研发设计、第三方物流、融资租赁、信息技术服务、节能环保服务、检验检测认证、电子商务、商务咨询、服务外包、售后服务、人力资源服务和品牌建设（国务院，2014）。

五、努力提升生产服务业供给质量

随着第三产业取代第二产业成为最大的经济部门，我国"服务化"现象表现得越来越明显，服务经济对国民经济增长的推动作用日益显著。然而现有的服务供给质量却在全球经济竞争的环境下存在诸多劣势。要想在这种市场竞争中取胜，以更好获得市场青睐，增大生产服务业的中间需求率，就有必要从追求经济、社会、环境与资源综合指标满意的全局出发，在可持续发展的前提下，遵循服务业内部结构演进趋势，快速提高服务供给质量，创新服务供给模式。服务质量包括服务的手段、效率、时间长短以及服务水平高低等。服务质量的提高，会刺激服务业需求的增长（陈宪、刘振杰，2008）。这要求生产服务业供给组织要始终树立"顾客第一"的服务理念，在安全、准确、可靠地履行服务承诺的基础上，强化服务提供的响应速度，并设身处地为顾客着想，及时满足顾客个性化需求。同时，加快推进服务业标准化，构建健全的运输物流、金融、邮政电信、旅游餐饮、体育、商贸等生产服务业行业标准体系，逐步扩大服务标准覆盖范围，鼓励新兴生产服务行业的龙头企业、地方和行业协会先行探索并制订服务标准。对暂不能实行标准化的服务行业，除了强化其服务模式创新外，还需推行服务承诺、服务公约、服务规范等制度。上述措施对于引导生产服务业提高服务质量和范围，提高资源配置效率，降低社会交易成本，吸引更多的生产服务消费需求，有着重要的意义。而针对面对面服务模式，则需加强口碑营销，让潜在消费者更好地了解服务产品供给组织及服务内容的真实情况，有效降低消费者对服务产品不切实际的期望，进而大大缩减顾客期望与真实服务感知之间的差距。而在管理实践中，通过有效的营销模式引导顾客积极参与服务过程，借助外部力量帮助生产服务组织提升服务质量也显得尤为重要。另外，加强服务提供组织内部人员培训，尤其是一线人员培训，建立健全快速的服务补偿系统，持续改进服务工作也是提升生产服务业供给质量的有效途径。

第十八章

中国生产服务业供给创新推动研究

伴随着中国经济的快速发展,中国服务业也得到了快速发展。到 2013 年,中国服务业增加值超过 26 万亿元人民币,占 GDP 的 46%。然而,无论是与发达国家还是发展中国家相比,中国服务业占 GDP 的比重还比较低,远未成为国民经济的主导产业,呈现出与世界经济服务化发展趋势不一致的现象,被称为"中国悖论"(高传胜和李善同,2007)。另一方面,中国凭借承接生产、加工、装配、制造环节带来的制造业繁荣,并没有为中国生产服务业的发展产生积极的刺激作用,甚至在很大程度上制约了中国生产服务业的发展,出现了"逆服务化"的趋势(中国社会科学院工业经济研究所课题组,2010)。此外,中国生产服务业构成中以交通运输、批发和零售业等传统服务业为主,而作为当代西方发达国家经济增长主要动力来源的技术含量高、带动能力强的高端生产服务业发展明显不足。显然,中国生产服务业发展过程中呈现出来的这些问题与当前中国经济正面临着的增长方式转变、产业升级和国际竞争力提升等众多难题纠缠在一起,加快发展生产服务业,无疑有助于这些难题的解决。很多学者从需求的角度提出了加快生产服务业发展的战略举措,实际上,除了解除需求制约因素,最重要的促进生产服务业发展的举措还在于供给创新。因为从产业经济发展历史来看,任何一个产业的产生及持续的增长动力均来自供给端的革命性突破,而绝非现有产业经济结构下的需求管理。从本质意义上讲,需求仅仅是价值实现的条件,供给——创造财富的能力,才是产业经济增长的源泉(滕泰,2013)。因此,加强对我国生产服务业发展供给问题的分析,研究加快生产服务业发展的供给创新方式和路径,具有重大的理论和实践意义。

第一节　我国生产服务业发展的供给问题

发达国家生产服务业的演进历史表明，生产服务业发展本身是企业内部化—外部化或非市场化—市场化活动特征变迁演进的过程，反映在产业层面就是产业分化和产业融合交织发展的过程。然而，在我国生产服务业的发展过程中，由于传统观念、体制、开放程度以及经济发展模式等因素的影响，我国生产服务业发展并没有遵循发达国家生产服务业演进的一般规律，出现普遍的内部服务活动外部化的产业分化或者是外部独立产业内部化的产业融合现象，从而整体水平低，并呈现出以下的供给问题：

一、国有企业长期受传统观念、行政体制影响所形成的"大而全、小而全"组织结构，造成了生产服务业的发展规模小和结构层次偏低

诞生于计划经济时代的中国国有或国有控股企业"大而全、小而全"的思想根深蒂固，形成了"大而全、小而全"的组织结构，从产品设计研发、物资供应到生产加工、产品销售等过程，集中在一个企业内部完成，这种生产服务活动的内部化提供模式，由于只为本企业生产活动提供服务，市场范围狭小，缺乏专业化基础，不仅效率、质量、水平低，而且成本较高，从而限制了生产服务活动的规模化发展，抑制了生产服务业从原有产业中分化出来，不利于独立的生产服务业发展。

此外，这种生产服务活动的内部化组织结构模式，使得企业生产过程中的中间投入需求主要集中在企业本身不能生产和提供的其他实物中间产品及其引致的交通运输和批发零售业等生产服务活动。根据2007年的投入产出表，我国制造业的中间需求中，对农业及矿产资源和制造业本身的需求之和达到了84.3%，对生产服务业的需求仅为中间总需求的9.7%，而同一时期的美国制造业对生产服务业的中间需求比重为29.5%。另外，我国制造业对批发和零售贸易业，交通运输、仓储及邮政业等传统生产服务业的中间需求比重过大，比重为56%；而对技术密集型、知识密集型的租赁和商业服务业，信息传输、计算机服务和软件业，科学研究、技术服务和地质勘查业的中间需求比重偏小，仅为17%（肖文和樊文静，2011）。这种生产服务需求的低层次性，不但导致

了我国生产服务业的低层次供给，影响到生产服务业自身的健康发展和竞争力提升，也难以引领产业向价值链高端提升，直接影响到了相关产业的国际竞争力提升。经济全球化背景下，国际上的产业竞争越来越集中于微笑曲线两端的高端生产服务（advanced producer services）环节，如研发设计、品牌经营、营销管理和售后服务等，而这种高端生产服务环节的发展，是高端生产服务业与其他相关产业融合化发展的结果。显然，我国生产服务业的这种低层次供给，必将不利于我国产业结构的转型升级和经济的持续增长。

二、制造业繁荣的代工生产和加工贸易模式割裂了生产服务业与制造业之间的产业良性互动，抑制了生产服务业的发展

从生产服务业的产生和发展来看，工业生产服务业脱胎于制造业，并伴随着制造业的发展而不断发展，两者之间具有强烈的关联互动关系。随着制造业企业生产组织方式的变革和专业分工细化的发展，制造业企业基于自身核心竞争力，将一系列以前由内部提供的属于自身价值链的一些支持性生产服务活动进行垂直分解（Noyelle，1988），实施外部化，甚至将研发、设计、内部运输、采购等基本活动都外包出去。制造企业则专注于核心制造环节，打造自己的核心竞争力，这些外包出去的业务就逐渐形成了独立的产业，从原有的制造业中分化出来，这些分化出来的产业通过为客户提供专业化服务，提升了自身的业务能力和竞争力，分工也越来越细致，服务成本不断降低，规模经济效应和学习效应不断得到释放，又反过来推动制造业企业将更多业务进行外部化，从而进一步促进了生产服务业的发展。

改革开放以来，"两头在外"的代工生产和加工贸易模式带来了我国制造业的快速发展，成就了"国际代工"和"世界工厂"的地位，但也将我国制造厂商锁定于全球价值链低端的代工环节，成为"世界操作工厂"（中国社会科学院工业经济研究所课题组，2010），基本不参与研发设计、品牌经营和市场营销等现代产业竞争力的核心环节，这些属于生产服务业的核心业务活动往往直接由作为全球价值链分工主导者的母公司控制和提供，从而迫使中国制造业发展进一步粗放化，愈加依赖资源的消耗和数量的扩张，对本土生产服务业的需求极为有限，即使产生需求也是低端服务投入，使得高端生产服务业的发展失去了市场需求的支持，同时也使得中国企业难以有机会和动力发展本土生产服务业。因为以知识密集和技术密集为主要特征的生产服务环节恰恰是跨国公司的核心竞争力和控制"代工"国家的主要工具，一旦中国企业想要发展生产服务业，就会遭到跨

国公司包括专利技术、标准体系、销售渠道等方面的封锁（段国蕊和方慧，2012）。面对技术、标准等方面的限制以及跨国公司服务业 FDI 的直接竞争，本土的生产服务业发展必将受阻。如此一来，中国制造业和国内生产服务业之间的互动联系便被割裂，并使中国的制造业"被俘获"于价值链的最低端，产生了"低端锁定"和升级困难的局面（时磊，2006）。在这种情况下，低级的制造业发展水平不但不能带来高端生产服务业的发展，反而有可能阻碍生产服务业的发展。因此，在"国际代工"的背景下，中国的制造业越繁荣，对跨国公司的依赖性越强，对中国本土生产服务业的发展挤压越严重。

三、服务业发展水平低，高端要素缺乏影响生产服务业的发展

作为中间投入品的生产服务业不但为制造业提供生产服务产品，也会为农业和服务业本身提供生产服务产品。随着服务经济时代的到来，服务业在国民经济中占有主导地位，生产服务业也由工业经济时代主要为制造业提供生产服务转变为服务业本身提供生产服务。国外学者戈伊（Goe，1990）研究发现，西方发达国家的生产服务业产品主要是供给服务部门而不是制造部门。经计算，2007 年英美两国近 80% 的生产服务产品提供给服务部门。而中国只有 40% 左右的生产服务产品是提供给服务业本身的。朱莉芙（Juleff，1996）、派拉特和乌尔夫（Pilat and Wolfl，2005）、程大中（2008）等人的研究表明，服务业的增长主要依靠自身的"自我加强机制"（self-enforcing mechanism），这种"自我加强机制"来源于服务业各环节之间较强的关联效应造成的知识流动或"溢出效应"，因此，服务业整体水平的发展有利于生产服务业的"自我增强"发展。由于中国服务业整体发展水平的滞后，不但降低了对生产服务业的需求规模，而且也限制了生产服务业"自我加强机制"的发挥，从而从两方面影响了生产服务业的发展。

此外，具有知识、技术和人力资本密集特征的高端生产服务业，需要依靠大量的人力资本、知识资本和技术资本作为主要投入，为客户提供专业性的高端生产服务，在这一服务过程中生产服务人员的知识储备、专业化水平起到了决定性的作用。然而，我国服务业整体发展水平不高以及"代工"背景下服务业 FDI 对制造业 FDI 的追逐，使得我国生产服务业在专业人才等高端生产要素获取方面，既面临着供给不足又受到服务业 FDI 的竞争挤压和阻碍，进而不利于本土生产服务业的发展。

第二节 生产服务业供给创新的内容和模式

根据熊彼特的创新理论，创新是指在生产过程中企业家将所需要的生产要素和生产条件进行新的组合，具体来说，它包括引入一种新产品或提供一种产品的新质量，采用一种新技术、新生产方法，开辟一个新市场，获得一种原材料的新来源，实行一种新的企业组织形式。可见，供给创新并不仅仅就是一般意义上的技术创新，还应该有产品的创新、市场的创新、管理的创新，甚至制度的创新、商业模式的创新。供给创新是一项系统工程，是全方位的创新。在这一创新系统工程中，产品创新是最基本的创新，只有创新出适应消费者需要或者是创造消费者需要的新产品，才可能形成有效供给，带来产业经济的繁荣；技术创新是供给创新的核心内容，因为新产品的开发、生产及有效提供和产业化发展都源于技术创新；市场创新是产品创新得以实施的基本条件；管理和制度创新则是产品和技术创新的保证。

生产服务业的供给创新，从企业层面来看，就是供给主体企业在技术或管理创新的推动下，开发出适应客户需求或者是创造出客户新需求的生产服务产品，来启动和促进生产服务产品有效供给的创造。在这一供给创新过程中，生产服务产品的创新是整个供给创新系统中最基本的创新。而信息技术以及管理模式的创新则是生产服务业创新的核心内容和基本条件，既驱动着供给创新，又贯穿于生产服务产品创新的始终。在创新生产服务产品供给模式上，要么是依附原有的企业组织通过内部化发展扩展出创新服务部门，要么是从原有的企业组织通过外部化独立为新的企业组织，为统一的相关生产服务市场提供创新的生产服务产品，实现整个商业模式的创新。这种微观企业层面的创新必将导致中观层面的产业变革，形成新的产业分工体系，这种新的产业分工体系或者是通过产业分化的方式将开发出创新生产服务产品的业务部门从原有的企业组织中独立出来形成新的生产服务业，或者是通过产业融合的方式由供给主体企业将原有不属于本产业价值链上的价值活动融合到本产业价值链，从而促进创新生产服务产品有效供给的创造，形成产业内部新的分工体系。生产服务业就是在这种不断供给创新中得以演化升级的。而新一代信息技术的涌现和运营管理模式以及商业模式的不断创新，既是生产服务业供给创新的内容，也是生产服务业供给创新的驱动力和生产服务业演化升级的主导因素。由于供给创新主体不一、供给创新内容的多元性以及供给创新方式的不同，供给创新的模式也呈多元化，纵观生产服务业的演进历程，在不同的发展阶段，供给创新的模式可大体上分为以下几类：

一、内部化的产业寄生式

这是一种封闭式的供给创新模式。在这一模式下,生产服务寄生于制造业的业务流程中,往往是制造企业基于战略、成本和资源因素,在内部设立相关的研发、内部运输、库存管理等生产服务部门,并依赖大型计算机自动处理工资、总账报表、预算审计、库存管理、公共关系和证券交易等,起着以辅助管理为主的润滑剂作用(李江帆,2004),为企业提供战略管理决策方面的信息,帮助企业改进组织内部各子系统管理,提高组织效率。这一模式主要出现在20世纪50~70年代,这一时期M型(multidivisional functional hierarchy)组织结构的大型公司构成了西方经济的主体,数字计算机得到迅速商用。大型计算机技术使得大型组织的庞大业务信息得到高效管理成为可能,继而催生出具润滑剂功能的内部生产服务部门。另外,为确保自己的战略优势,以满足创新在时间、成本和性能方面的要求,欧美一些知识密集型和创新型的大型企业都设立有自己规模庞大的研究机构,不仅进行应用研究和开发,而且进行基础研究。创新思想的产生、开发、制造和营销,提供服务和资金支持等全部由企业自己承担(刘建兵等,2005)。

二、外部化的产业分立式

这种模式是在寄生模式基础之上的拓展。在这种模式下,原来企业内部寄生于制造业业务流程中的生产服务活动,逐步开始外部化,形成各类独立的生产服务业。这一模式主要形成于20世纪70~90年代,这一时期信息技术进入了以个人计算机为主导的时代。以IBM的PC机为代表的微机产品开始在西方企业界大规模应用,从而大大降低了信息技术在组织中扩散的应用成本,促使企业界对信息技术的应用开始从最初的自动化逐渐升级到通过计算机内部网络进行数据资料和信息的快速共享,同时也使组织变得更加网络化(王建冬等,2010)。原来寄生在企业制造业业务流程中的生产服务活动便逐步独立出来,并涌现出大量的工程咨询、金融服务、法律服务等知识密集型服务形态,发挥以管理支持功能为主的生产力作用。此外,随着技术复杂程度的提高,单个的企业很难满足创新对技术能力和资金的要求,需要进行合作,一些大型企业便将嵌于内部的研发部门外部化,与包括竞争者在内的其他企业之间开始形成各种战略联盟和合资研发公司。

三、产业分化的服务外包式

20世纪90年代以来,随着互联网的普及性应用,企业组织越来越呈现出高度有机、灵活的网络组织结构特点，企业之间服务联动和资源共享的便利性也大大提高，这在很大程度上克服了地理和时间因素的限制，使得伴随着分工深化而被无限割裂的制造业价值链各环节越来越朝向于全球化的方向配置，各生产服务活动便开始脱离单个企业的业务范畴，从原有产业中分化出来，成为企业间甚至国家间的行为，服务外包以及服务国际外包大量涌现，发展为愈来愈分化的服务外包产业。此外，技术的封装和模块化、编码化及技术的复用，使技术的难度降低，从而使分包成为可能。如芯片的设计工具的发展，集成了许多原来需要通过隐性方式传播的知识，使知识更易扩散，也使芯片设计日益从原来的分工中独立出来。基于互联网的专业化分工发展将原有分立的生产服务业进一步分化出来，也使得协作研究和开发越来越方便，企业基于核心竞争力的服务外包便成为更有效率的供给方式。服务内容主要包括面向企业内部管理的企业信息化、创新设计等以及面向企业外部竞争的合作研发、全球金融中介服务等（王建冬等，2010）。

四、产业融合的服务集成式

在互联网时代，产业融合是与产业分化并行不悖的产业发展范式。互联网技术的广泛应用一方面在带来生产服务业专业化分工深化及服务外包的发展的同时，另一方面也带来了产业边界的模糊出现产业融合化发展趋势。随着经济活动由以制造为中心转变为以服务为中心，制造企业一方面将一些非核心的生产服务环节外包，促进了更多产业的分化，另一方面又将一些生产服务业中的高附加值核心环节纳入自己的价值体系中，实现制造业和服务业的融合化发展。此外，为了实时地"感知和响应"每个客户的个性化需求，为客户提供一体化的解决方案，企业需要将不同生产服务业的核心价值环节融合一起为客户提供创新的集成服务，从而带来产业融合之服务集成式供给创新。

2010年以来，随着信息技术与其他高新技术融合的产物——以物联网、嵌入式软件、智能终端等技术为代表的新一代信息技术的兴起，传统的物理基础设施和IT基础设施的融合无处不在，将自信息技术出现以来就一次次被打破和模糊化的企业界限进一步模糊，并将这种边界的模糊化趋势进一步推进到产业与产业之间，从而对生产服务业发展模式的根本变革起到推动作用（王建冬等，2010）。因而，服务者与被服务者之间不再是甲方乙方的依附或委托—代理关系，而是共同创业、共享收益、共担风险，生产服务业以一体化解决方案与全程护持的服务功能为基本特征，借助于各种虚拟平台及社区，推动具有自组织性、非组织性，或者超组织性的创新发展活动，整合管理咨询、技术咨询、政策咨询、人才服务和金融服务等不同价值链，形成能够帮助提升企业经营管理各个环节的综合集成技术和战略管理能力的价值网络，推动生产服务集成式创新发展。

第三节　我国生产服务业供给创新路径选择

从生产服务业演进升级的历程来看，在不同的演进阶段，生产服务业供给创新的内容和主导模式不尽相同。各种模式的发展阶段之间不存在着完全的对应，而是存在着交叉和重叠。一方面我国经济发展阶段和生产服务业整体发展水平的落后，另一方面，作为驱动生产服务业供给创新的新一代信息技术和管理创新得到广泛传播。因此，在选取促进我国生产服务业供给创新发展的路径时，不能照搬国外的模式，而应因时、因业地选择适合的路径。从我国生产服务业发展的实践来看，可考虑以下路径：

一、通过产业分化的方式，促进传统国有或国有控股企业的主辅业务分离，使生产服务业从原有制造业分化出来，实现生产服务业的外部化和专业化发展

对于那些在组织结构上仍然采用传统的"大而全、小而全"模式的国有或国有控股企业，实行相应的产业政策，引导和推动企业通过管理创新和业务流程再造，实行"主辅分离"，将一些非核心的生产服务环节剥离为社会化的专业服务，以核心竞争优势整合配套企业的服务供给能力，推进企业内置服务市场化、社会化，在降低运营成本，提高主业效率的同时，推动相关生产服务业从原来内生于制造业业务流程中分化出来，推动相关生产服务业的供给创新发展。武汉钢铁集团公司便是采取这一供给创新路径的典型企业。武汉钢铁集团公司最早成立于1955年，是中华人民共和国成立后的第一家特大型钢铁企业，具有传统的"大而全"组织结构模式。2005年开始实施"第三次创业"，推行企业内部的改革，将原先依附于企业内部的一些生产服务业务活动外部化，从原有产业中分化出来。如其将原有只提供内部运输仓储服务的业务独立出来成立物流公司，提供第三方物流服务，2013年实现利润4 500万元，并计划2015年实现销售收入40亿元、利润5亿元，成为国内物流业前30强的5A级物流企业。

二、通过产业融合的方式，推动制造业的服务化发展，使制造业成为生产服务业的供给创新主体，推动生产服务业的创新发展

对于嵌入全球价值链被锁定于微笑曲线低端的"国际代工"制造企业，由于沿全球价值链向研究开发、品牌经营等关键性生产服务业的延伸经常会受到跨国公司的"横向挤压"和"纵向压榨"，难以依靠内生发展力量推动制造业的服务化发展。因此，必须加强政府政策的扶持和市场制度的完善，进一步完善劳动用工制度，强化企业内部资源、业务整合的自主性；依托高速增长的内需市场规模，培养专业人才，培育自主创新能力和市场势力，逐步将发展重点集中于技术研发、市场拓展和品牌运作，大力发展产业内部的专业化分工体系；利用参与国际品牌代工的机会，通过"干中学"掌握先进的技术和管理知识，推动本土的研发设计和自主品牌创立，并以现代服务业为中心将价值链的各个环节串联起来，通过服务业与制造业的产业融合方式，促进生产者服务业发展和制造业的转型升级。如奥康鞋业就是在成为意大利著名品牌GEOX的代工制造企业后，开始在代工中不断学习其先进管理知识和技术，着手培养自己的研发设计人才，组建自己的研发设计中心，最后吸引GEOX将休闲鞋系列的研发中心，从意大利搬到了奥康瓯北生产基地，奥康10多位设计师融入意大利GEOX研发组，并以此获得了世界顶级女鞋品牌沃特曼和意大利万利威德等大公司的研发订单，从原来的贴牌代加工成功转变为原始设计商，实现了制造企业的服务化发展，也推动了休闲鞋研发服务的发展。

三、充分运用互联网和信息技术，通过服务产业融合化发展的集成式创新模式，推动生产服务业的供给创新

新一代信息技术的发展及其超强的渗透性，在带来技术复杂度的提高，增加研发难度的同时，也打破了原有的产业平衡，冲破了一切的产业边界，使企业的商业环境更趋动荡，原来领先企业已经拥有的能力可能过时，企业的竞争优势越来越建立在对新技术的应用上，而其所创造的新市场的高成长性，使小企业得以迅速发展，在创新中的作用提升。因而，为了在新的环境下获得竞争优势，行业内已经落后的企业和其他行业的企业必须尽快地获取新的技术，建立新的能力。而新技术迅速发展和小企业的蓬勃发展也使研发合作、研发外包以及企业风险投资、并购创新型小企业等成为企业的合理选择（刘建兵和柳卸林，2005）。因而，

企业对知识产权、商业化、营销和与生产工艺开发等有关的知识密集型生产服务活动需求增多，单一的生产服务功能远远难以满足企业的一体化需求。在这一一体化需求下，它所强调的是服务者嵌入式开展工作，实时了解其服务需求甚至在多变的市场中创造需求，并实现全程的维护功能，因而对服务能力的要求越来越高。这往往是单一的服务供给商，甚至是单一的生产服务产业所难以承担的。因此，加强财政支持政策、降低准入门槛、完善竞争制度、加强市场监管等方式，鼓励规模大、信誉高、服务质量好的企业，实施跨地区、跨行业的兼并重组，一方面通过促进生产性服务业的集中化、大型化、组织化的融合发展，推动生产服务业的集成式供给创新发展，来满足企业的一体化生产服务需求；另一方面，创造良好的制度和环境，鼓励以各种虚拟平台及社区为基础的具有自组织性、非组织性，或者超组织性的创新发展活动，有效利用网络资源，整合各类服务资源，实时把握客户需求和灵活分配资源来解决复杂问题，实现社会化服务与企业活动环节的"无缝式对接"，促进现有的生产服务业部门的整合和创新，实现规模化和升级化发展。

第四节　以供给创新促进我国生产服务业发展的对策

前面研究表明，生产服务业的演进发展过程从供给方面来看一方面通过外部化将生产服务环节不断地从原有的农业、制造业以及服务业中分化出来形成独立化的、专业化的生产服务业；另一方面通过产业融合将生产服务环节融合到原本独立的农业、制造业和服务业价值链中，使农业企业、制造业企业以及服务业企业都成为生产服务产品的供给者，带来供给主体的创新发展，继而带来生产服务业的大发展。而在具体的演化发展过程中，在不同的发展阶段、不同的主体可以采取内部化的产业寄生式、外部化的产业分立式、产业分化的外包式和产业融合的服务集成式等不同的创新模式，选择不同的创新发展路径来推动生产服务业的发展。然而，在我国生产服务业的发展过程中，由于受传统观念、体制、开放程度以及经济发展模式等供给因素的影响，农业、制造业以及服务业并没有出现普遍的内部服务活动外部化的产业分化也没有出现将外部独立生产服务活动内部化的产业融合现象，制约了生产服务业的快速发展。因此，要促进我国生产服务业的快速发展，有赖于政府和企业的协同创新，打破制约我国生产服务业发展的供给因素，选择适当的创新模式和发展路径，并通过创新的政策和战略举措来推动生产服务活动的外部化、专业化以及产业融合化发展，促进生产服务业的创新发展。具体而言，可考虑以下对策思路：

一、以创新思维全面规划生产服务业发展，打破"大而全、小而全"的传统思维，加快生产服务业的外部化和专业化进程

生产服务业是人力资本、知识资本和技术资本进入生产过程的桥梁，是农业和制造业产品发展的基础和源泉，也是其他服务业价值提升的保障。因此，必须充分认识到生产服务业的战略地位，将其视为产品提质、产业升级的引领者，制定科学合理的发展规划，构建完善的为农业、制造业和服务业提供服务的生产服务业体系，并依各产业和企业发展的现状、特点和条件明确各自的发展重点和方向，推进各类生产服务业的外部化发展。

（一）以农村土地流转改革和新型城镇化建设为契机，改变"小而全"的小农经营模式，推动农业生产服务业的外部化发展

改革开放以来，我国农村实行分田到户的小农分散经营模式。在这一模式下，农业生产过程中的每一环节都是农户自己完成，生产效率极其低下，而且随着人口的不断老龄化以及城市化的推进，农村面临严重的劳动力短缺问题将使农业生产面临更大的发展难题。从发达国家农业的发展历程来看，推动农业生产服务业的外部化专业化发展，是解决农业发展难题的根本手段和必然要求。农产品从播种到收割到加工、销售等各个环节，都无须农民全部亲力亲为，都有专业的服务公司为其提供相应的专业服务。形成了从农业产前的良种服务、农资服务、农民培训和中介服务、农技服务，到农业产中的农机服务、植保服务，到农业产后的农产品质量检验检测服务、农产品流通服务，以及整个农业生产过程中的农村金融服务和农业保险服务等完整的农业生产服务体系。因而，美国农业能创造美国200万农民养活3亿多美国人，还能向世界出口大量农产品的农业生产"神话"。然而，值得注意的是，虽然美国农业生产人员只有200万，但是农业配套服务和提供支持的相关人员却超过1 500万人，平均1个农民身边围绕着8~9个人为他服务。同时，全美还有4 000多个机场从事农业生产操作服务，还有数量巨大的农业补贴和健全的农业保险制度为其提供保障，美国农业生产服务业增加值占农业GDP的比重已达到12.7%（李一平，2011）。可见，独立完善的农业生产服务业体系才是美国农业"神话"背后支撑其现代化发展的根本力量。

目前我国正在推行的农村土地流转制度改革和新型城镇化建设，有利于突破原来的小农分散经营模式，便于土地集中在农业大户手里，带来农业生产的规模化经营，这就为农业生产过程中的生产服务的外部化和专业化发展提供了前提条件，而农业生产服务业的外部化和专业化发展，可以成为沟通城乡产业联系的重要桥梁，成为统筹城乡产业发展的重要载体，成为建立新型工农关系、城乡关系的重要纽带，实现城乡一体化发展。农业生产服务业还具有人力资本积累的属性，农业生产服务业的发展过程就是农民人力资本提升的过程，为建设区域特色的离土不离乡的、根植于特定区域的城镇化提供了高质量人口集聚和产业集聚，有利于真正实现以人为本、统筹城乡的城镇化（侯凯，2013）。因此，创新思维使各级领导和广大农民充分认识农业生产服务业带来的好处和作用，促使他们转变观念，是改变小农经营模式，推进农业生产服务业外部化发展的前提条件；同时，有必要尽快制订《农业生产服务业发展专项规划》，把引导扶持农业生产服务业的外部化发展纳入各级党委政府的议事日程。

（二）以国有企业深化改革为突破口，转变制造业企业的经营理念，避免"大而全、小而全"的生产经营模式，推进制造服务业的外部化和专业化发展

我国国有企业主体的制造企业，改革开放后虽然取得了很大发展，使我国经济运行摆脱了短缺经济状态的困扰，但并未从根本上得以长期、稳定地发展。而是受制于计划经济时代"大而全、小而全"的经营理念和生产模式，出现了大量的重复投资和建设，导致了前所未有的总体上供过于求的局面，一方面低层次的、劣质的产品普遍过剩，另一方面高质量、有特色的适应现代消费趋势的产品仍然短缺，特别是适应现代工业、金融、通信等产业发展的高科技的机电投资品及其零部件缺口很大，不能产生"供给创造需求"的市场导向作用，形成制造产品供给相对过剩或者说无效供给过多与有效供给相对不足并存，从而极大地制约了制造业的发展，也不利于制造服务业的发展。

应以国有企业深化改革为突破口，在推进企业改革改制的同时，积极引导和支持制造类企业进行大规模的专业化改组和改造，推进企业流程再造，促使其专注于自身的优势与强势环节，将非核心的生产服务环节分离出来，使其市场化和社会化。制造企业应抓住其生产活动中可提高产品附加值、实现节约化生产、行业资源共享等如产品研发和设计、行业的新材料研发、新材料应用和新工艺研发环节，加以专业化、外部化培育。对于制造企业的共性业务如会计服务、人力资源管理和人才培训、运输等，则可由行业协会牵头，或成立外包式服务公司，专于财会服务、培训服务等制造业非核心业务生产服务活动，促使其外部化发展。

（三）以扩大市场开放为抓手，打破行政垄断，破除"大而全"的系统内经营模式，推动垄断性服务业生产服务活动的外部化和专业化发展

一方面，长期以来，我国的医疗、教育、金融、电信、航空、铁路和广播电视等服务业，一直都实行严格的市场准入限制，处于国有垄断状态，而且受计划经济的影响，许多企业的生产服务活动基本上选择在行业系统内部自我完成，由于广大的专业化分工局限在狭隘的行业系统内部，生产服务的市场容量虽然很大，但是却被人为地切割成无数利益独立的碎片，难以独立于行业系统外，通过市场联系实现大规模的专业化生产。另一方面，长期的垄断经营，也使得这些服务业的效率普遍低下，服务水平普遍不高，发展不充分、层次难以提高。因此，以扩大市场开放为抓手，通过市场化改革，降低进入壁垒，通过引进竞争者和竞争机制来破除行业垄断，是推进这些垄断性服务业中生产服务活动外部化和专业化发展，解决生产服务业中深层次矛盾和问题的关键，也是推动原有垄断服务业快速优质发展的保障。

随着服务经济时代的到来，发达国家生产服务业绝大部分是为服务业提供专业化的生产服务产品。2007年英美两国近80%的生产服务产品是提供给服务部门的，而中国只有40%左右的生产服务产品提供给服务业本身。由于这些垄断性服务产业在国民经济和社会发展中具有基础性地位，通常是关系国计民生的战略性产业，事关国民经济发展的命脉，在整个服务业中所占的份额非常之大。这些行业通过开放市场、引入竞争机制，打破行政垄断的市场化改革，势必会激活市场，促使这些垄断性服务企业注重自身竞争力的提升，专注于核心和优势环节，而将一些原来隶属于系统内部的生产服务活动独立化或与相关企业共同组建生产服务企业，从而推进这些垄断服务业自身获得快速发展的同时，也有效地推进了相关生产服务业的外部化和专业化发展。我国正在实施的混合制改革，通过非国有经济的引入，有利于将国有垄断的所有制，逐步改制为多元持股的股份有限公司或有限责任公司，建立起激励约束相容的公司法人治理结构，从而建立新的企业内部运行机制，推动各类企业管理方式、管理模式创新，促进主辅分离，推进企业内置服务外包，改变"大而全、小而全"的状况，降低经营成本，提高企业效率。

二、以创新的管理和服务扶持中小型生产服务企业发展,以推动生产服务业的外部化和专业化发展

除了以上通过创新思维全面规划生产服务业发展,推进三大产业中相关的生产服务活动外部化发展进展外,还应该创新管理和服务手段,引导和扶持独立的第三方生产服务企业发展,为三大产业提供专业的生产服务,以推动三大产业的转型升级发展。

(一)创新农村财政补贴和金融政策,加强对农业生产服务企业的投入,引导和扶持中小型农业生产服务企业的专业化发展

农业作为一个以露天生产为主的弱质产业,具有资源分散性、时空多变性和可控程度低等天然的弱势,使得农业生产与工业和服务业相比成本高、收益低,进而使农业生产服务业不仅盈利率相对较低,而且还要面临一系列的风险,因而阻止了以营利性为目的的生产服务企业的进入,即使进入了也难以盈利,很难依靠市场自身的力量得以发展。这就需要政府通过各种途径和方式对从事农业生产服务业的企业给予支持帮助。如设立农作物病虫害统防统治、集中育秧、测土配方施肥、农机化技术推广等农业生产服务业发展专项资金,引导龙头企业、农民专业合作社、农产品行业协会和专业大户发展农业生产服务业;组建政策性金融保险机构,采取贷款贴息、税费优惠等方式,为龙头企业、农民专业合作社和专业大户等不同需求主体提供差别化、个性化服务的农村金融和保险服务,引导和扶持农业生产服务组织的专业化发展。

(二)简化中小生产服务企业的行政管理手续,创新服务业引导资金的使用,按照政府引导、社会资金投入为主的原则,促进各类制造业生产服务组织的专业化发展

改革开放以来,伴随着"制造大国"的崛起,我国诞生了一大批中小民营制造企业,这些制造企业没有国有制造企业的资源、人才和资金优势,也没有外资企业的技术和市场优势,但是经营灵活,日趋成为中国制造业发展的重要力量,也是中国制造业转型升级的中坚力量。在制造业转型升级过程中,这些制造业企业在整个生产过程中必然会产生对产前的研发设计、产中的会计、法律、融资、工程、咨询和产后的物流、营销等生产服务活动的强劲需求,但不可能也不必要全部由企业内部来提供,这就需要外部相应的生产服务组织来提供这些生产服务

产品。因此，政府应通过管理和服务的创新，为中小生产服务企业组织的发展营造良好的外部环境，并通过创新服务业引导基金管理，引导和扶持为中小制造业企业提供生产服务的公共服务平台和企业组织的专业化发展。如可在注册登记、申请执照、缴交税收、降低小额贷款质押要求、简化贷款手续等方面，进行管理创新，以减轻中小服务企业的行政负担；鼓励科研机构和高等院校与生产服务业企业进行技术合作，推动生产服务企业的技术创新；改善中小生产服务企业自主创新的融资服务，拓宽多种融资渠道，建立一套完整、系统的融资体系，鼓励各类金融机构为中小生产服务企业提供创新的融资服务产品；创新服务业引导资金的使用，严格区分公共服务和市场化服务，将引导资金投入到中小制造业企业集群区或专业镇的研发设计、培训、信息等公共生产服务平台建设，并带动民间资本投入，促进这些生产服务领域的快速专业化发展；对于市场化的服务领域，要坚持推进市场化、社会化、产业化的发展方向，政府主要依据产业发展的内在规律和趋势，提供相关信息，营造体制环境，明确政策导向，规范企业行业，加强必要的监管措施，鼓励和支持围绕中小制造企业提供产前、产中和产后的研发设计、法律、工程、融资、信息、咨询、培训、物流以及品牌营销等各类生产服务企业发展，以促进生产服务业的外部化和专业化发展。

（三）创新营商环境和完善公共服务，吸引专业服务人才、技术服务人才和业务服务人才以及技术、资金等高端服务生产投入要素，创造各种有利条件提升生产服务业综合竞争力

提高承接国际服务业转移和服务业外包的力度，着力吸引跨国公司总部、研发中心、设计中心、营销中心和软件开发，在承接服务业外包的国际竞争中抢占有利位置，以此提升国内生产服务业整体水平，打造出一大批为服务业提供生产服务产品的第三产业生产服务业。

三、以创新理念打破传统产业边界观，抢抓产业融合新机遇，促进生产服务业的提速发展

随着服务经济时代的到来，以及以信息技术为代表的新技术的广泛应用，原基于工业经济时代大规模生产而广泛分化出来的具有明确边界的产业体系，边界开始模糊，产业融合无处不在，成为产业创新、演化发展的主要范式。生产服务业作为为各大产业提供中间生产服务产品的重要功能产业和过程产业，在产业发展升级过程中，通过与农业、制造业、服务业的产业融合，将知识、技术和人力

资本作为软性生产资料投入生产过程,用信息技术、管理技术优化整合生产、服务流程和经营流程,与其他产业整合为紧密的产业体系,形成产业升级网络,优化了生产要素组合方式,改变了产业生产函数,促进了各产业创新发展。生产服务业与其他产业的融合过程,实际是在产业分工深化的基础上,原产业价值链分解并重新与生产服务融合,形成效率更高的新型产业价值链网,获取产业竞争优势的过程。因此,打破产业分割界限,实现产业相互渗透、相互融合、互动发展,是现代产业发展的一大趋势。应抢抓产业融合新机遇,从政府层面克服僵化的产业边界观,破除阻碍产业融合发展的壁垒,从企业层面把握产业融合发展大势,因生产服务业与农业、工业和服务业自身的融合规律,以更广阔的视野纵观产业的竞争和发展态势,寻求推进产业融合发展的节点,延伸、拓展或整合价值链上的生产服务活动环节,提升自身竞争力,促进生产服务业提速的发展。国务院出台的《关于加快发展生产性服务业 促进产业结构调整升级的指导意见》中明确提出了三大发展导向:鼓励企业向价值链高端发展;推进农业生产和工业制造现代化;加快生产制造与信息技术服务融合。这三大发展导向的实施,都有赖于生产服务业与三大产业的融合化发展,因此,应抢抓产业融合新机遇,推动农业生产服务业、工业生产服务业和为第三产业提供服务的生产服务业提速发展。

(一)创新产业理论,突破传统的农业观,促进农村地区各产业的深度融合,推动农业生产服务业的发展

受到长期产业分界思维的局限,农业和服务业被多数人认为是毫不相干的。随着人们对农产品品质的追求以及现代信息技术的快速发展,农业生产过程已难以通过产业内部自身的提升得以完成,而必须依赖产业与产业之间的相互促进,需要将关注的焦点转向农业之外的工业和服务业,尤其是需要服务业为其提供产前、产中、产后服务,实现农业生产的全过程服务。这就需要政府在对农民、农业进行各种财政补贴的同时,突破传统的农业观,引导和支持各类企业充分有效利用农村地区资源,实现农业产业化经营,以农业生产的第一产业为中心,向农产品加工等第二产业、农产品直销等第三产业延伸和拓展,通过建立农业产业化科技服务平台和农业综合服务体系,为农业生产提供新型农技服务、现代农业信息服务,拓展农产品现代流通渠道,并通过服务经济合作组织、中介组织联合体,促进农业现代化进程,将现代农业和生产服务业联结成一个紧密的利益共同体,促进农业与服务业之间界限的打破,推动农业与服务业实现相互融合,发展为农业生产进行销售、科技、信息和金融等方面服务的企业。进一步健全农产品市场体系,重点发展农产品冷链物流,完善和延伸现有市场的储藏、加工、运

输、信息、检疫检测等功能。

（二）遵循规律，理顺思路，创新服务业产业融合发展政策机制，推动工业生产服务业的快速发展

工业和服务业的关系走过了从分工到互补，再到融合的历程。研发设计服务的渗透才使现代制造业具备鲜活的灵魂，现代物流的渗透才能打通制造业的血脉，而市场营销的注入才可能使制造业身强体壮。要使制造业真正成为健康、有活力的先进制造业，就需要生产服务业的融合，缺少现代服务业支撑的制造业必定是高成本、低竞争力的制造业。因此，必须打破制造业和服务业的产业分割界限，实现产业间的相互渗透、相互融合、互动发展，按照经济发展一般规律，创新服务业产业融合发展政策机制，重点引进或组建为制造业从产品研发、设计到物流、营销、品牌推广等完整的上下游产业链的专业化服务企业，提升制造业附加值。引导制造企业从单纯生产型向"生产+服务"型转变，促进我国产业逐步由生产制造型向生产服务型转变。从优化服务业发展环境、加大服务业发展扶持、促进服务业发展集聚和加快服务业发展扩张等方面修订更优惠的扶持政策，为制造服务业的快速发展提供强有力的政策保障。

目前国务院发展生产服务业的主要关注点是工业生产服务。主要思路是通过工业生产要素软化，引领工业提质增效升级。基本方法是通过生产服务供给的增大和创新，刺激工业服务需求的增大和升级（在这里工业服务需求被视为动态变化的）。一方面，通过放宽市场准入，在人力（大力培养生产服务业急需的高端人才和创新团队）、财力（鼓励社会资本参与和金融机构拓宽融资渠道，对认定生产服务业给予高新技术企业所得税优惠）、物力（推广设备融资租赁，完善财税、土地、价格等政策，信息化和发展互联网）上对工业生产服务投入实施优惠政策，鼓励国内生产服务业供给的增加。另一方面，在生产服务业的部分领域（建筑设计、会计审计、商贸物流等领域）有序放开外资准入限制，并以简化审批、投资便利化等手段鼓励中国企业境外投资（李江帆，2014）。加紧落实这些政策措施，可大大加速工业生产服务业的发展。

（三）创新思路，推动生产服务业与第三产业内部行业之间的融合发展，促进第三产业生产服务业的提速高质发展

随着经济的服务化发展，第三产业将在国民经济占有主导地位。按国务院规划，到2020年我国将实现向服务经济为主的产业结构的转型。这意味着，全国第三产业占国民经济的比重将超过50%。这同时也意味着，第三产业将成为我

国生产服务业的主要服务对象，第三产业的优质高速发展同样离不开生产服务业的投入，第三产业的产出中将有相当大的比重被作为生产要素投入服务业生产过程。因此，必须创新思路，不能只盯着农业生产服务业和工业生产服务业的发展，应从更广阔的视野，为生产服务业和第三产业内部行业之间的融合发展创造政策条件，打破第三产业内部行业的分割，鼓励有条件的第三产业企业借助信息技术手段实行跨界发展，为更广大的第三产业企业提供生产服务，推动第三产业生产服务的快速发展。

第十九章

中国生产服务业发展制度创新研究

改革开放以来，中国经济增长迅猛，总体经济水平不断提升，但服务业尤其是生产服务业严重滞后。从国内各行业对比看，中国生产服务业1995~2009年产出的年均增速仅为10.4%，不仅低于服务业的10.7%和三次产业的11.2%，更是远低于制造业的14.6%。从各国产出比重看，中国制造业占总产出比重已超70%，处于全球领先水平，而生产服务业占总产出比重长期徘徊在20%以下的低水平，不仅远低于美国、英国、法国、日本和澳大利亚等发达国家，甚至还低于巴西、俄国、印度等同为金砖国家的发展中国家。从人均生产服务产品看，1995年、2000年、2005年和2009年中国人均生产服务产品分别仅为150美元、217美元、303美元和456美元，与美国等发达国家过万美元的水平差距甚远。发达国家已经步入了以生产服务业引领增长的时代，中国却还停留在以制造业引领增长的时代。

学术界对中国生产服务业的滞后原因做了大量研究，但仅从资本、劳动力和技术等"硬环境"方面的差距来解释应该还不够，毕竟30多年经济的高速增长已经大大缩小了中国与发达国家在资本、劳动力和技术等方面的差距，况且在中国同样的"硬环境"下，中国制造业能取得迅猛增长，为什么生产服务业与发达国家的差距却不见明显缩小呢？于是，不少学者将关注点转向制度这一"软环境"。总体而言，不少人已经开始认识到服务业的高制度依赖性（Clague, 1999；陈志武, 2004；Mohammad Amin & Aaditya Mattoo, 2006；汪德华等, 2007；邵骏和张捷, 2013）。但现有文献对服务业的高制度依赖性的定性分析较少，更多是提出相应观点后用大量的定量分析进行验证，定性分析从深度和广度上均远远次于定量分析。在服务业高制度依赖性的理论机制尚未阐述清楚的情况下，就仓促进行定量分析，容易出现"名不正则言不顺"，定量分析的结论准确性也会大打折扣。为此，有必要首先加强制度对生产服务业影响的定性分析，然后才用定量分析进行验证，使之"名正言顺"。在此基础上，运用制度因素解释中国生产服务业落后之谜，梳理制约中国生产服务业的主要制度问题并提出相应对策建议。这对于生产服务业高制度依赖性的深化认识和中国生产服务业的加快发展具有重要的理论价值和实践意义。

第一节 生产服务业对制度的高度依赖性

制度是"制约经济活动中人与人之间关系的规则"，新制度经济学理论表明，制度对经济有重要作用。由于服务业的产业特性，制度对服务业的生产成本、分配成本、交换成本和消费成本均有较大影响，相比于工农业，服务业对制度的依赖性更高，是制度密集型产业。

一、制度密集型产业

根据不同生产要素在不同产业的集中程度，学术界将产业划分为劳动密集型产业、资本密集型产业和知识密集型产业。这就是产业的生产要素分类法。"劳动""资本"和"知识"分别指不同的生产要素，"密集"则是指相对于其他生产要素，某种生产要素占有较大比重。为此，劳动密集型产业的内涵就可以定义为"较之其他生产要素，需要投入较多劳动生产要素的行业"。资本密集型产业和知识密集型产业的内涵可以以此类推。但是，伴随着经济社会的发展，生产要素的作用会随着变化，人们的生产要素观也会动态调整。例如，在知识发挥出显著的生产要素作用之前，人们的生产要素观通常只局限在劳动和资本这两类，这样也就不存在所谓的知识密集型产业的概念了。只有在社会生产力提高到一定阶段，人们认识到知识的生产要素作用的重要性之后，才会将知识纳入生产要素的范畴，知识密集型产业也就应运而生。为此，不同阶段、不同学者都会根据各自界定的生产要素范畴，将产业进行相应划分，例如，周勇等（2006）就将资源、技术、信息、网络视为与劳动、资本、知识一样成为生产要素，从而将产业划分为资源密集型、劳动力密集型、资本密集型、技术密集型、信息密集型、网络密集型和知识密集型七类。

制度是"制约经济活动中人与人之间关系的规则"，随着经济社会的发展，制度的生产要素作用日益重要，客观上迫切要求将制度也纳入生产要素的范畴，这样就产生了制度密集型产业。已经有学者开始注意到制度这种新型生产要素的重要性。王永钦（2008）就对制度密集型产业做了探讨，他指出制度密集型产业"即那些高度依赖于良好的制度环境支持的产业，如金融、教育科研等现代服务业"。但总体而言，目前学术界对制度密集型产业的研究显得较为粗浅，对其内涵和外延界定不是太清晰。结合上文分析，可以对制度密集型产业的内涵做出如下定义：较之其他生产要素，需要投入较多制度生产要素的行业。

首先，对制度密集型产业这一内涵的理解，要把握两个要点：

第一个要点是，制度成为一种生产要素。制度即指制约经济活动中人与人之间关系的规则。制度为何能成为一种生产要素呢？主要原因就在于交易成本的存在。科斯（Coase，1937）将交易成本纳入经济分析中，指出利用价格机制是有成本的，包括"通过价格机制……发现相对价格的成本""市场上发生的每一笔交易的谈判和签约的费用"及其他利用价格机制的成本，这才使建立企业有利可图。但企业内部也存在交易成本，一个企业的规模将会扩张至其内部组织一笔额外交易的成本与在市场上或在另一个企业中组织同一笔交易的成本相同时为止。

后来交易成本的内涵不断丰富。威廉姆森（2002）就把交易成本区分为事前、事后两类，"事前的成本就是在起草协议及协议谈判中发生的成本……事后的成本则包括创建治理结构的成本和管理成本，具体包括监督成本和产生、解决纠纷的成本；不适应成本是由于不能返回到合同转换曲线上原来的位置而发生的成本；讨价还价成本则是有意（或无意）作出调整的成本；而担保成本则是能影响确定承诺的成本"[①]。

交易成本逐渐涵盖了除生产成本外方方面面的成本。交易成本的存在凸显了制度对于经济的重要性，以至于威廉姆森最先把新制度经济学定义为交易成本经济学。进一步地，诺思（1990）认为，制度不仅仅影响交易成本，也影响生产成本，他明确指出"制度通过它们对交换与生产成本的影响来影响经济绩效"[②]。可见，诺思事实上是认为制度通过影响经济方方面面的成本来影响绩效。传统上认为，生产成本只由资本、劳动等生产要素决定，新制度经济学的兴起让人们认识到生产成本同样会受制度的影响，这样，制度就很自然成为一种新的生产要素。

第二个要点是，制度不同于传统的劳动、资本等传统生产要素。首先，劳

---

① ［美］奥利弗·威廉姆森，段毅才、王伟译：《资本主义经济制度——论企业签约与市场签约》，商务印书馆2002年版，第539~540页。

② ［美］道格拉斯·诺思，刘守英译：《制度、制度变迁与经济绩效》，上海三联书店1994年版，第7页。

动、资本等传统生产要素有对应的要素市场,有效的市场机制可以实现劳动、资本等生产要素的合理配置,也可以清晰地区别出供给方和需求方,其交易完全由供给方和需求方决定。但制度是制约经济活动中人与人之间关系的规则,可以是正式的,也可以是不正式的,并不存在所谓的"制度要素市场",制度生产要素很难通过市场进行有效配置,每个经济活动单元都可以是制度的供给者,也可以是制度的消费者,很难清晰区分出制度生产要素的供给方和需求方,这决定了制度的影响因素是很复杂的。

其次,对于不同的制度,制度密集型产业的依赖程度也不同。一般而言,制度密集型产业较为依赖的制度是指管制、法治等普遍性的制度,这些制度的提供者通常是政府或其他外部组织,而对企业自身可以提供的制度,例如公司章程、人事安排等个性化的制度,制度密集型产业的依赖度并不高。可见,制度密集型产业依赖的往往指"外部"制度,而不是"内部"制度。但是,劳动密集型产业、资本密集型产业所依赖的劳动、资本生产要素一般是指"内部"的劳动和资本。

再次,制度这一生产要素会对其他生产要素的配置产生影响。劳动、资本等传统生产要素的作用彼此间通常是相互独立、互不影响的,它们对生产成本只有直接影响。但制度这一生产要素不同,制度不仅直接构成一种生产要素,可以对生产成本产生直接影响,还能通过影响其他生产要素的配置效率,对生产成本产生间接影响。由于制度是"制约经济活动中人与人之间关系的规则",凡是与人有关的活动均会受制度影响。为此,要想在要素市场上实现劳动、资本等生产要素的有效配置,需要劳动者权益保护法、利率市场化安排等一系列制度安排。可见,好制度可以促进劳动、资本等生产要素的有效配置,从而间接降低生产成本;坏制度则会造成劳动、资本等生产要素的不合理配置,从而间接提高生产成本。

最后,按生产要素分类的产业概念是一个相对的范畴,不同的社会经济阶段有不同的标准。一般而言,制度密集型产业包括绝大多数服务业。当然,不同服务业对制度的依赖程度也会有不同,金融、邮政、通信等现代服务业对制度的依赖程度会比零售、居民服务等传统服务业高。这可以在发达国家不断向发展中国家输出现代服务业的现实中得到印证。制度密集型产业是基于制度成为重要生产要素的大背景下产生的,制度环境好的发达国家就会具有新的制度禀赋优势,很自然就会向发展中国家输出现代服务业等制度密集型产业了。

二、制度对服务业成本的影响

为何说服务业是制度密集型产业呢?既然制度是通过影响成本来影响经济绩

效（诺思，1990），那么可以通过考察服务业成本受制度影响的作用大小来进行判断。如果制度对服务业成本的影响大，那么服务业就是制度密集型产业。

现有文献一般将经济运行中的成本划分为交易成本和生产成本，但是，如果将社会再生产分为生产、分配、交换和消费四个过程，那么，整个经济过程的成本就应该相应有生产成本、分配成本、交换成本和消费成本四类成本。生产成本人们已经有较充分的认识，科斯的"交易成本"可以理解为交换成本，但对分配成本和消费成本研究较少。下面结合服务业的产业特性，分析制度是如何影响服务业的四类成本的。

（一）生产成本

制度对生产成本的影响包括两方面：一是直接构成制度生产要素，直接影响生产成本的高低；二是通过影响其他生产要素的配置效率，间接影响生产成本的高低。这类似于胡晓珍（2010）提出的将制度比喻成厂房的"厂房理论"："厂房的功能除作为一项生产必需的固定投资外，还提高了其他资源的生产效率和配置效率，推动厂商生产可能性曲线的外移，使产出增加……制度创新不但作为一种生产必备的要素对经济增长起直接推动作用，而且通过……提高了物质资本和人力资本的生产率，对经济的增长有间接推动作用"[①]。

较之工农业产品，服务产品是无形的（李江帆，1990），制度这一无形生产要素在服务业生产中的作用更加重要。一方面，服务业在进行模块化的分工合作时更需要制度保障，以直接降低生产成本。[②] 工农业和服务业在产品生产时都可能把整个生产过程"切块"作模块化处理，交与不同的生产者通过分工协作完成。工农业模块化的阶段性产品通常是实物产品，每个模块生产环节较容易做到彼此间互不影响，这样，A模块生产环节的延误并不会对B模块生产环节造成太大影响。为此，工农业在进行模块化的分工合作时一般不需要太多的制度因素黏合。而服务业不同，服务业进行模块化的分工合作时，"切块"处理的对象通常是非实物产品，每个模块生产环节的联系性相当紧密，彼此间往往是"一荣俱荣、一损俱损"的关系，只要其中一个模块生产环节稍有不妥，就会大大影响最终服务产品的产出。例如，江小涓（2011）就指出，在企业的生产经营中，零部件的制造和加工环节可以分开独立进行，但生产服务环节必须贯穿始终，无法独立进行。这样，服务业在进行模块化的分工合作时通常要"一口气"完成，需要较多制度因素才能黏合，以保障模块化生产的顺利进行，直接降低生产成本。再

---

① 胡晓珍：《制度创新作用于经济增长的途径及其量化研究》，华中科技大学博士论文，2010年。
② 该观点受李江帆教授的启示而得，在此表示诚挚谢意，当然，文责自负。

者，由于服务业进行模块化的分工合作时，"切块"处理的对象通常是非实物产品，这会造成"切块"的困难，使得服务业，尤其是生活服务业的生产主要集中在本地范围，跨区域的分工合作难度较大。这与工农业有明显区别，工农业的跨区域分工合作比较容易。为此，服务业的跨区域分工合作需要更完善的制度作为保障。当然，随着科技等因素的变化，将服务业，尤其是生产服务业"切块"进行模块化分工合作的难度在降低，服务外包就是一个典型例子，未来服务业的模块化分工合作有可能逐渐向工农业看齐。但起码从目前看，较之工农业，服务业生产的顺利进行还是有更高的制度依赖性。

另一方面，较之工农业，服务业生产更加需要制度通过合理配置生产要素，间接降低生产成本。制度是"制约经济活动中人与人之间关系的规则"，对人力资源的吸引和提升有很大影响。服务业尤其是高端服务业的生产高度依赖于人力资源，亟须有相应完善的制度安排配置好人力资源。例如，很多高端人才需要配套的工作和生活环境，其中涉及了户口、子女入学、交流平台等诸多制度安排，这也是很多地区出台相关优惠政策吸引人才的重要原因。另外，服务业具有生产消费同时性，这决定了服务业在配置生产要素进行服务产品生产时，需要高度重视消费因素。为此，较之能将生产和消费环节分开的工农业，服务业的生产要素配置会更加复杂，更需要有相应的制度安排以提高资源配置效率。例如，组织一场现场足球比赛的成本远高于转播一场足球比赛的成本，因为组织现场足球比赛要无缝对接球队（服务生产者）和观众（服务消费者），这就涉及时间安排、地点选择、场馆布置、安保监控、入场规则等一系列制度安排，而转播足球比赛往往并不需要考虑这些制度安排，这也是现场观球的门票价格远高于看电视转播价格的重要原因，高出的价格大部分是制度成本的体现。

（二）分配成本

本书尝试给分配成本做出如下定义：为达到产品的合理分配所付出的代价或者因为产品的不合理分配所造成的代价。合理的分配是指按照各生产要素的贡献程度、稀缺性进行相应的产品分配。

工农业产品的分配历史很长，人们能根据产品的实物形态进行数量、质量等方面的评估，也较容易对资本、土地等有形生产要素的贡献度、稀缺性做出判断，除了在地主、资本家等剥削制度外，市场机制一般可以发出有效的价格信号，对工农业产品做出合理的分配，为此，工农业产品的分配成本不会太高。这很可能也是工农业分配成本没得到学术界重视的重要原因。

但服务业不一样，与工农业的实物产品不同，服务产品是无形的，这使得评估服务产品的数量、质量等变得很困难，加之服务产品更需要制度、生产服务、人力资本等无形生产要素，人们对各要素的贡献情况也缺乏准确的把握，即使市场机制运行良好，对服务产品进行合理分配的成本也很高。加之某些服务产品并不是通过市场机制分配，例如基础科学研究成果等，将可能产生更高的分配成本。一旦服务产品的分配成本过高，就容易采用强制分配的不合理分配制度，这样，就会扭曲生产要素的积极性，其代价同样是服务分配成本，只不过采取了另一种表现形式罢了。

服务产品的不合理分配制度较为常见。例如，在人文科学的课题研究中，人力资本是课题成果的主要生产要素，但是，课题经费中劳务费用的提取比例却很低，大多数课题经费的提取需要提供图书、设备等实物产品的购买发票才可能报销，为此，不少科研院校的教师、研究人员需要耗费大量精力面对课题经费的报销制度。事实上，科研成果的生产最重要的还是依赖于"人"的因素，如果劳务费过低，人的激励就会不足，也就不会有进行科学研究的积极性了，这种不合理的分配制度所产生的分配成本，影响十分深远，甚至会威胁或破坏一个国家的创新精神。

服务业高度依赖于人力资源，但现行税收制度并没考虑到这一行业特征，会导致重复征税问题，从而产生较高的服务分配成本。以会计咨询业为例，按我国现行税法，会计师事务所员工的劳动报酬不能进行税前扣除，国家不仅要向员工征收个人所得税，还要对超过国家规定的计税工资标准部分，再向会计师事务所征收25%的企业所得税（国务院发展研究中心市场经济研究所课题组，2011）。重复征税会加大会计师们的成本支出，其实就是服务分配成本的体现。

对服务业征收营业税，会出现重复征税，从而产生较高的服务分配成本。例如，商贸企业外购物流服务，如果对物流业征收营业税，那么商贸企业外购物流服务的发票就无法在应交税额中进行抵扣，从而产生重复征税。营业税改增值税（简称"营改增"）的推进，能有效避免对服务业的重复征税，从而有利于降低服务业分配成本。

当然，要减少分配成本，顺利达到合理的分配制度，就要抵制任何要素拥有者力量的不合理扩张。现实情况中，资本家往往占据优势地位，拥有较强的谈判能力，可以为资本要素争取到额外的收入，从而扭曲分配制度。资本家的力量过于强大，劳动者的力量过于弱小，就会使"劳动致富"成为遥不可及的梦想，所以有必要通过完善劳动者保护法、成立工会等制度安排提高劳动者谈判力量，为劳动者争取权益，这其实就是降低分配成本的制度安排。但要强调的是，任何要素拥有者力量的不合理扩张均不利于要素的合理分配，例如，如果工会力量过于强大，也会影响资本家投入资本的热情，同样会产生较高分配成本。

（三）交换成本

服务产品是非实物形态的劳动成果，这种非实物性意味着服务产品没有静止质量、没有体积，服务产品的使用价值具有生产、交换与消费的同时性、非贮存性（李江帆，1990）。这种服务产品的无形性将大大提高服务产品的交换成本。

第一，服务产品交易事前难以考察，事后难以评估。对于有着实物形态的工农业产品，交易双方可以先对交易商品进行全面考察，只要在功能、质量、价格等方面达成一致，交易就可以产生。但是，服务产品不同，其非实物形态已经让人很难直观感受到服务产品的存在，更别说考察服务质量等更深层次的产品信息。为此，在服务产品交易之前，服务消费者只能从服务供给者的人员和场所、设备生产资料等方面判断服务产品质量；服务产品交易后，服务消费者也很难有效评估所消费的服务质量。这在霍姆斯特姆（Holmstrom，1985）、陈志武（2004）等研究中也有类似描述。这样，服务产品交易就需要良好的信用环境，服务产品也就可以归纳入泰勒尔（1988）所称的"信任品"范围。孙得将、李江帆（2013）认为"信用对服务业增长有显著的促进作用"，并利用122个国家或地区1997~2011年的数据进行了计量验证。

第二，服务产品的无形性意味着对服务交易的保护难度加大。由于服务产出难以衡量和评价，就很难对相应服务产品采取有效保护措施。这一点在科研成果、商业机密中表现得尤为突出（汪德华等，2007）。如果没有完善的制度安排，交易的服务产品很容易受到外界侵害或盗取，进行低边际成本的传播或复制，这将严重制约服务交易的产生。例如，淘宝网上有数千家提供所谓论文查重检测服务的商家，不少还打着中国知网学术不端检测系统的名号，但是，目前中国知网学术不端检测系统只对科研院所等学术机构开放使用，并未进驻淘宝网，每到毕业季大量学生上淘宝网购买论文查重检测服务，但其服务质量难保证，商家打出的"此商品为服务性质，不支持7天无理由退货"等条款使消费者维权也很困难。为此，知识产权保护、消费者权益保护等法律体系显得尤为必要，这可以稳定服务交易双方的预期和减少服务交易风险，从而有效促进服务交易的顺利进行。另外，服务产品大多是定制产品，个性化很强，缺乏统一的社会评价标准，很难进行大规模的标准化生产。这使得服务产品具备较强的"资产专用性"。这样，服务供给者在与服务消费者进行谈判时会处于弱势地位，服务产品的交易过程中就很可能产生道德风险。如果没有相应的制度安排，服务消费者就极可能利用自身的有利地位，采取机会主义行为损害服务供给者利益。如果服务交易双方意识到这一点，那么服务交易很可能就不会产生，服务业的发展自然就会受到抑制。

第三，服务产品交易过程中容易产生信息不对称和逆向选择。服务产品的无形性容易使服务产品交易双方产生信息不对称。一般而言，服务供给者会比服务消费者更了解自身提供的服务产品。服务消费者意识到这一点，所以在购买服务产品时，服务消费者只愿意根据市场上服务产品的平均质量出中等价格，这样一来，高质量服务产品供给者就会因售价过低逐渐退出市场，这又会促使服务消费者进一步降低估价，到最后极端的情况是，市场上就只剩下了最差的服务产品在交易，而高质量的服务产品没有了交易市场，这就是服务产品市场上的"劣币驱逐良币"现象。不规范的网上购物市场就是典型例子。在不规范的网上购物过程中，网络上看起来一样的商品其实良莠不齐、真假难辨，消费者很难切身了解商品的真实信息，就很可能会根据网络提供的同一商品的平均价格进行估价，这样就产生了逆向选择行为。为此，需要加强消费者权益保护、严厉打击假冒伪劣产品等一系列制度安排，以保障相关服务业的健康长期发展。

（四）消费成本

目前学术界对消费成本的研究十分匮乏，这可能是因为之前的消费观囿于工农业等实物产品，忽视了对服务产品消费的研究。由于实物的消费环节可以从生产、分配、交换中独立出来，实物消费成本往往被人们忽略，例如，在穿（消费）一件刚买的衣服时，消费者很难想象还需要付出其他消费成本。可是，相比于实物产品，服务产品具有生产消费同时性等产业特性，服务产品的消费成本是极为可观的。当今，服务产品消费日益庞大，服务产业特征所带来的服务消费成本亟须得到重视。而服务产品的消费成本会受制度的影响，从而凸显了制度对服务业的重要性。

宁一非（2004）将消费成本定义为"购买商品后在消费（使用）中所支付的一切费用及代价"[①]。可见，这一定义也只适用于工农业等实物产品，因为只有实物产品才能清晰明确地区分出"购买商品后"这一阶段。如果要使消费成本的定义同样适用于服务产品，那么将其定义为"为消费某种商品所需支付的，除商品本身价格以外的一切费用及代价"可能更好。一般而言，服务产品具有生产和消费的同时性（李江帆，1984），这就要求服务消费以消费者在场为前提，这会大大增加服务产品的消费成本。服务消费成本至少包括两部分：一部分是消费者去到服务消费场所的成本；另一部分是消费者进行服务消费时在场付出的成本。

[①] 宁一非：《论消费成本——消费研究与政策的新视野》，载于《经济问题》，2004 年第 5 期，第 2~5 页。

如果服务消费场所距离服务消费者很远，那么第一部分的消费成本就相当可观。例如，在消费旅游服务时，消费者的目的是消费旅游服务产品，而非交通服务产品，但大家都知道往返交通费会占到整体旅游费用的很大比重，在国际长途旅游时尤其如此，很多人不明白这是旅游服务的消费成本，它正是由于消费者必须到达旅游地才能消费旅游服务而产生的，设想一下，如果人人都能"瞬间转移"至旅游目的地，这部分消费成本就不复存在了。但现实情况当然不是如此，旅行社的通常做法是将这部分消费成本纳入旅游价格中，这其实是将服务消费成本显现化了。交通线路的规划、交通部门的定价机制、旅游地的开放程度等制度安排均会显著影响这一部分消费成本。同时，在往返旅游目的地的过程中，旅客通常可能"舟车劳顿"，感到很疲劳（尤其是在跟团旅游，到处走马观花时，这一感觉更加明显），这其实都是旅游的消费成本，在飞机、客车、轮船上播放音乐、开展游戏等制度安排均能降低这一消费成本。

消费者进行服务消费时在场付出的成本也不容小觑。还是以旅游为例，旅客为了去旅游，不仅需要支付旅游价格，还往往需要请上数天假期。设想一下，如果这数天用来工作，那么可以增加不少收入。这数天的机会成本，也属于旅游的消费成本范畴。带薪年假的制度安排[①]就减少了旅游服务的消费成本，有效促进了旅游服务业的发展。在一些服务消费过程中，服务消费者必须积极配合服务供给者的指令，也要付出不少成本，例如，在享受（消费）理发服务时，消费者必须坐在固定位置，还要积极配合理发师的动作要求，消费者为此需要付出听从相应指令的时间成本和体力成本。为此，理发师会尝试与顾客聊天，分散顾客注意力，同一角度停留的时间不会太长，还会为方便顾客玩手机而使用透明塑料可视围布等，这些制度安排均能降低理发服务的消费成本。

另外，一些服务消费过程中需要消费者与供给者当场进行有效沟通，沟通成本也属于服务消费成本。例如，广告设计等需要消费者与广告商就创意进行充分沟通，付出较大的沟通成本；咨询服务也需要消费者配合服务供给者的调查等才能达到预期效果等。这时候，就需要搭建起企业间、企业内人与人的有效沟通机制，以减少沟通成本。同时，由于服务消费需要以消费者在场为前提，消费者因素会影响服务消费效果，为了达到更好的服务消费效果，需要提高消费者自身的认知水平和沟通能力，这都是服务的消费成本。例如，要听懂英语六级的授课，学生（消费者）必须具备相应的英语知识，才能有所收获。分阶段授课等制度安排可以降低这些服务消费成本。

[①] 李克强作 2015 年政府工作报告提出，"要深化服务业改革开放，落实……带薪休假等制度"，这能有效降低相关服务业的消费成本，促进服务业发展。

综上所述，制度对服务业的生产成本、分配成本、交换成本、消费成本均有较大影响。而在工农业中，分配成本和消费成本很小常被忽视，生产成本和交换成本受制度影响的程度较服务业弱。为此，可以认为，服务业是制度密集型产业。

对生产服务业而言，除了以上因素，还有其本身的一些特点会增加对制度的依赖性：第一，生产服务业通常具有产品生产复杂、个性化明显、资产专用性强、风险比较大、对产业链的涉及范围广等特点，需要更完善的制度安排。第二，生产服务业的服务半径往往比生活服务业大，需要跨越较大空间的制度安排，规模采购的生产服务业产品也需要进行谈判协商等多次博弈。第三，某些生产服务业是直接应相应制度的产生、完善而出现的，这类生产服务业的制度敏感性很高。商务服务业就是典型，例如，保荐代表人资格证书的取消将会对证券业、会计师事务所等相关行业产生较大影响；房地产税的开征将会直接促进相关律师咨询服务业的发展。为此，提出待检验假说：生产服务业比制造业更依赖于制度环境。

三、生产服务业比制造业更依赖于制度的定量验证

以经济自由度①作为制度的代理变量，以全要素生产率②作为行业增长的代理变量，以 39 个国家③为样本，采用线性回归模型分析发现④，经济自由度对生产服务业、制造业的 TFP 均有显著促进作用，经济自由度每增加 1 个百分点，能分别促进生产服务业和制造业的生产率增长 0.185 个百分点和 0.135 个百分点，经济自由度对生产服务业的促进作用大于对制造业的促进作用。

进一步将样本国家划分为发达国家⑤和发展中国家⑥两组发现，在发展中国家，经济自由度对生产服务业的促进作用更大，而经济自由度对制造业的促进作用不因国家收入水平不同出现太大差异。可见，在发展中国家完善制度环境，对

---

① 数据来源于世界经济自由度数据库。
② 采用世界投入产出数据库（WIOD）提供的资本、劳动投入等高质量原始数据计算 Malmquist 生产率指数，并将其 1995 年的值取值为 1，计算历年绝对全要素生产率。
③ 39 个样本国家包括：澳大利亚、奥地利、比利时、保加利亚、巴西、加拿大、中国、塞浦路斯、捷克、德国、丹麦、西班牙、爱沙尼亚、芬兰、法国、英国、希腊、匈牙利、印度尼西亚、印度、爱尔兰、意大利、日本、韩国、立陶宛、卢森堡、拉脱维亚、墨西哥、马耳他、荷兰、波兰、葡萄牙、罗马尼亚、俄罗斯、斯洛伐克、斯洛文尼亚、瑞典、土耳其、美国。
④ 当然，有些学者认为制度是内生的，应该在模型中引入工具变量克服内生性的影响，但由于这里只是分析不同行业对制度依赖性的差异，所以暂不考虑内生性问题。
⑤ 22 个富国包括：卢森堡、丹麦、美国、爱尔兰、瑞典、日本、荷兰、奥地利、芬兰、比利时、英国、德国、法国、加拿大、澳大利亚、意大利、西班牙、塞浦路斯、希腊、葡萄牙、斯洛文尼亚和韩国。
⑥ 17 个发展中国家包括：马耳他、捷克、斯洛伐克、匈牙利、爱沙尼亚、墨西哥、波兰、立陶宛、拉脱维亚、土耳其、巴西、俄罗斯、罗马尼亚、保加利亚、中国、印度尼西亚和印度。

于发展生产服务业尤其重要。

值得注意的是,"生产服务业比制造业更依赖于制度环境"是指从生产服务业和制造业两个行业的整体上看存在这一规律,但并不意味从局部上看每个生产服务业子行业均比制造业更依赖于制度环境。事实上,正如前文所述,现代服务业通常会比传统服务业更依赖于制度环境,某些现代的生产服务业子行业会显示出很高的制度依赖性,但某些传统的生产服务业子行业则可能不太依赖于制度,制度依赖度甚至还会低于制造业。

从分析结果看,不同的生产服务业子行业对经济自由度的依赖性是有差别的。具体而言,经济自由度每提高1个百分点,分别可以促进空运业、邮政通信业、金融中介业和水运业的生产率提高1.52、0.376、0.320和0.268个百分点,高于生产服务业0.185个百分点的平均水平。而其他生产服务业子行业的经济自由度依赖性均小于生产服务业的平均水平。除机动车辆外的批发和佣金贸易业、其他运输辅助及旅行代理活动业、房地产业、机器设备租赁及其他商务服务业、除机动车辆以外零售贸易居民货物修理业这5个生产服务业子行业的经济自由度依赖性甚至还低于制造业的水平,除机动车辆以外零售贸易居民货物修理业的FREE回归系数没通过显著性检验,说明经济自由度对该行业生产率影响不显著。如果以经济自由度系数作为制度依赖性指数,那么,空运业、邮政通信业、金融中介业、水运业这4个行业的制度依赖性最高,而除机动车辆以外零售贸易居民货物修理业的制度依赖性最弱。值得注意的是,制度依赖性高的行业也通常是发达国家具有比较优势的制度密集型产业(见表19-1)。

表19-1　　　FREE与生产服务业子行业TFP回归结果

行业	FREE系数	t值	行业	FREE系数	t值
空运业	1.52**	2.5	住宿和餐饮业	-0.139***	-3.8
邮政通信业	0.376***	8.71	除机动车辆外的批发和佣金贸易业	0.125***	4.42
金融中介业	0.320***	5.7	其他运输辅助及旅行代理活动业	0.124***	8.63
水运业	0.268***	11.45	房地产业	0.112***	6.35
陆运业	0.170***	7.04	机器设备租赁及其他商务服务业	-0.052*	-1.92
机动车销售、维修和燃油零售业	0.145***	3.17	除机动车辆以外零售贸易、居民货物修理业	0.033	1.2

注:(1) ***、**和*分别表示在1%、5%和10%水平上显著。
　　(2) 为简洁起见,本表只列出FREE的回归系数及其t值。

四、中国生产服务业落后成因——制度替代差异

在中国经济增长迅猛、总体经济水平不断提升的背后,不同行业表现差别很大,中国制造业已经逐渐赶超不少发达国家,但中国服务业尤其是生产服务业与发达国家的差距却在不断拉大,总体呈现出中国制造业发展快速而服务业尤其是生产服务业严重滞后的格局,造成这一现象的重要原因在于制度因素。

尽管对于中国服务业或生产服务业发展滞后的制度成因,现有文献已进行了不少研究(江小涓和李辉,2004;汪德华等,2007;李勇坚等,2009;国务院发展研究中心市场经济研究所课题组,2011;邵骏和张捷,2013;刘丹鹭,2013),揭示了制度对于服务业和生产服务业发展的重要性,但更多是从经验研究方面验证这一结论,对服务业依赖制度的理论机制研究不足。上文从理论层面详细地分析了服务业对制度的高度依赖性,指出服务业是制度密集型产业,实证分析也证明生产服务业比制造业更依赖于制度。为此,可以用行业制度替代差异解释以下问题:为何同在制度不完善的中国,制造业能取得迅猛发展,而服务业和生产服务业发展却始终滞后呢?

格申克龙(Gerschenkron,1962)在《经济落后的历史透析》提出了"后发优势"(advantage of backwardness)理论,该文通过考察19世纪相对落后的德国、法国、俄国等历史发展经验,认为"假如可利用的资源充足以及工业化的巨大障碍消除,一国工业化的内在机会可能与该国落后的程度成正比"[1],"大量的史实说明,当一个落后国家开始工业化进程时,会呈现出与发达国家许多的差异……而且这些差异很大程度上是由制度工具的运用造成的,这些制度工具在发达国家几乎不存在"[2]。安德鲁·斯通等(2003)将其归纳为"针对发达国家流行的制度安排,发展中国家发明了制度替代",他们也发现"巴西企业已经令人

---

[1] 原文为:"Assuming an adequate endowment of usable resources, and assuming that the great blocks to industrialization had been removed, the opportunities inherent in industrialization may be said to vary directly with the backwardness of the country". 详见 Gerschenkron, A., 1962, "Economic Backwardness in Historical Perspective: A Book of Essays", Cambridge, Mass: Harvard University Press, P. 8.

[2] 原文为:"...in a number of important historical instances industrialization processes, when launched at length in a backward country, showed considerable differences, as compared with more advanced countries...Furthermore, these differences...were to a considerable extent the result of application of institutional instruments for which there was little or no counterpart in an established industrial country". 详见 Gerschenkron, A., 1962, "Economic Backwardness in Historical Perspective: A Book of Essays", Cambridge, Mass: Harvard University Press, P. 7.

惊奇地找到了对缺乏有效力的管制的有效替代和廉价的正式冲突解决机制"[①]。

为此，可以从制度替代差异的角度解释中国生产服务业落后之谜。制度替代，就是指低效率制度的替代物，其目的是修正低效率的制度环境，从而促进相应行业发展。制度替代差异，就是指寻找低效率制度替代物的难易程度会有不同。如果不同行业对制度的依赖程度不一样，那么寻找制度替代的难易程度应该也就不一样，这自然会产生行业的制度替代差异。上文的理论分析表明，服务业和生产服务业较工农业更依赖于制度环境，实证分析也证明了生产服务业比制造业更依赖于制度环境，这与阿敏和玛图（Amin and Mattoo，2006）发现服务业的制度依赖度明显高于制造业的结论类似。为此，有理由认为，制造业比服务业和生产服务业更容易找到制度替代来修正低效率的制度环境。或者说，较之服务业和生产服务业，制造业对低效率制度环境的适应性更强（见图 19-1）。

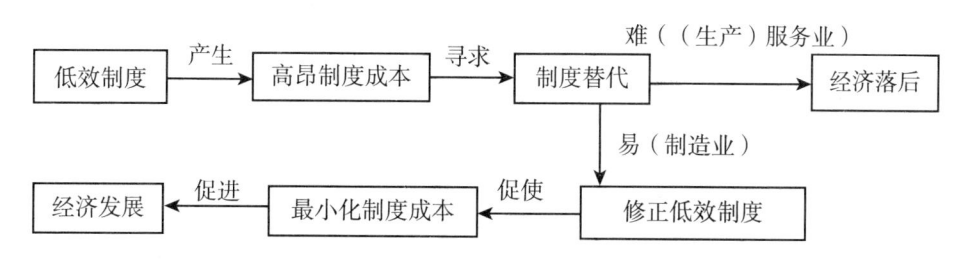

图 19-1　低效制度下行业制度替代差异

以下类比的例子也许有助于理解这一观点：南方人和北方人对大米的依赖程度不一样，两省百姓寻找大米替代物的难易程度也会不同。一般而言，南方人以大米为主食，他们很难找到其他替代大米的食物，如果没有大米，南方人就吃不好；但北方人是以面食为主食，他们很容易用面条、面包等替代大米，所以缺乏大米对北方人饮食的影响不会太大，他们依然可以吃得好。在这里，大米好比制度，南方人好比服务业或生产服务业，北方人则好比制造业，这样，"制造业比服务业和生产服务业更容易找到制度替代来修正低效率的制度环境"就可以类比于"北方人比南方人更容易找到其他食物来替代大米"；"较之服务业和生产服务业，制造业对低效率制度环境的适应性更强"也可以类比于"较之南方人，北方人更容易适应没有大米的饮食环境"。行业的制度替代差异正是中国服务业和生产服务业落后的症结所在。发达国家制度环境好、制度效率高，有效促进了服

[①] 安德鲁·斯通、布赖恩·利维、里卡多·帕雷德斯：《公共制度与私人交易：对巴西和智利商业交易的法律与管制环境的比较分析》，载于［美］道格拉斯·诺思、张五常等著，［美］李·阿尔斯通、［冰］思拉恩·埃格特森等编，罗仲伟译：《制度变革的经验研究》，经济科学出版社 2003 年版，第 111～149 页。

务业和生产服务业的发展；中国制度环境较差、制度效率低，制约了服务业和生产服务业的发展。在中国制度低效率的背景下，由于行业的制度替代差异，制造业可以较容易找到制度替代修正低效率的制度环境，取得迅猛发展，而服务业和生产服务业则难以找到制度替代修正低效率的制度环境，发展滞后，这就造成中国制造业发展迅猛而服务业尤其是生产服务业严重滞后的现状。制度替代差异视角可以为中国等发展中国家完善制度环境，加快生产服务业发展提供理论支撑。

第二节　若干制度因素与生产服务业增长

上节分析了制度对生产服务业的重要性，本节要揭示显著影响生产服务业发展的具体制度因素。制度是"制约经济活动中人与人之间关系的规则"，其中既有正式规则，也有非正式规则。如果要研究具体制度因素，规范的做法应该是要包括所有制度因素。但是，制度因素很多，而且很多制度因素难以量化，限于能力和客观条件所限，本书只能选择若干代表性制度因素进行分析。上节指出，制度密集型产业高度依赖的通常是外部制度，这些外部制度的最大提供者就是政府。而管制是政府提供的、直接面对产业的最关键制度安排。为此，本章重点从政府角度研究管制与生产服务业发展。对于非政府角度的其他制度因素，主要从空间和行业角度进行分析，研究了城市化、贸易便利度、经济软化度、法治水平和金融市场完善度其他五个制度因素对生产服务业增长的影响。

一、管制与生产服务业增长[①]

发达国家生产服务业发展迅速，与此相比较，中国生产服务业发展严重滞后。同时，OECD 的数据显示，发达国家的管制在不断放松，生产服务业发展环境日益宽松。再次与之形成鲜明对比，中国在服务业特别是生产服务业的发展方面却面临诸多制度性障碍（国务院发展研究中心市场经济研究所课题组、王青，2011），而管制无疑是制度的关键因素之一。

在很长的历史时期上，生产服务业往往是各国严格管制的对象（Nicoletti, G., 2001），主要原因有两个：第一，为纠正生产服务业市场失灵采取管制。这

[①] 本部分主要内容已经作为课题中期成果发表，详见张少辉：《管制与生产服务业发展的国际经验——以 OECD 国家为例》，载于《财经研究》，2015 年第 4 期，第 134～144 页。

是大多数国家管制的出发点。某些生产服务业具有自然垄断特征。以电信业为例，电信业初期需要投入大量的电缆等固定资本，并且在特定的区域内一般只需要一个完整电信网络提供服务，这使得电信业具有自然垄断特征，类似的行业还有铁路运输业。这些具有自然垄断特征的生产服务业，往往由单独一个企业提供服务是有效的，所以政府通常会限制新企业进入这些行业。还有一些生产服务业存在信息不对称现象。以金融业为例，银行与贷款人之间存在信息不对称，银行一般无法完全获取贷款人的信用信息，可能导致逆向选择，而贷款人在获得资金后可能会投资于高风险项目，产生道德风险。类似的信息不对称还可能出现在银行和存款人之间。此外，某些生产服务业存在外部性，仍以金融业为例，一旦发生金融危机，将产生极消极的负外部性，严重冲击一国经济，为此，2008年的金融危机后，各国普遍加大了对金融业的管制。为了纠正市场失灵，政府很可能对相关生产服务业实行严格管制。第二，为保护本土生产服务企业采取管制。这种现象较常出现在发展中国家。在国际产业链的分工中，发达国家通常占据了研发、设计、销售等高附加值的生产服务环节，而发展中国家往往只从事加工、制造等低附加值环节。发展中国家生产服务企业竞争力弱，此时如果贸然全面开放生产服务业市场，本土生产服务企业很可能会在国外企业的冲击下倒闭，加之国外生产服务业的渗透，还可能威胁到本土的经济安全。为此，发展中国家在生产服务业领域的开放态度是谨慎的，尤其是关乎国计民生的生产服务业，例如信息、通信、金融、铁路、航空等生产服务业。

随着创新技术的发展、市场经济的完善、经济全球化的推进等，很多管制的经济基础不复存在。第一，技术进步改变了电信业、铁路运输业等生产服务业的自然垄断性质。以微信为代表的新兴移动互联通信技术改变了传统的电话通信方式，虚拟运营商的兴起不断改变电信业的垄断特征。高速公路、快速航线的开通，不断冲击着铁路运输业的垄断地位。第二，市场经济的完善纠正了部分"市场失灵"。在成熟的市场经济中，交易越频繁，发出的价格信号往往越有效，这有利于消除部分信息不对称现象，以批发零售业为例，以往销售商可能拥有比消费者更多的价格信息，但随着交易的日益频繁，消费者可以通过微信的"扫一扫"功能及其他途径轻易、及时地获取同种商品在各销售商的价格，进行理性选择。此时，各销售商变成了"货架"，其想再依靠自身的"独有价格信息"来抬高价格变得不可能。第三方认证、第三方支付等商务服务业的发展，也使部分信息不对称现象得到纠正，降低了交易成本，例如支付宝就很好地消除了商家和消费者在网上交易的收、付款担心，增加了市场交易机会。第三，经济全球化使市场容量极大扩张，发展中国家的生产服务业也因此迎来新的发展机遇。虽然发达国家占据了生产服务业的先发优势，但经济全球化也同时扩大了发展中国家的生产服务业市场。以中国为例，改革开放以来，中国的服务贸易出口额从 1982 年的 25 亿美元增长到 2012 年的 1 904 亿美元，年均增速高达 15.5%，其占世界比重也相应从 0.7% 增长到 4.4%。可见，经济全球化给中国生产服务业带来了广阔的市场需求空间。

为此，在当今经济环境下，学者倾向于认为放松管制有利于生产服务业的发展（Nicoletti G.，2001；汪德华等，2007；李勇坚和夏杰长，2009；国务院发展研究中心市场经济研究所课题组，2011）。在当今经济环境下，放松管制有利于降低生产服务业交易成本，促进生产服务业发展。

通过运用 23 个 OECD 国家[①]的横截面数据，实证检验行业管制和国家产品市场管制[②]对生产服务业的影响，研究结果表明，在当今经济环境下，行业管制放松能显著有效地促进生产服务业的发展，而国家产品市场管制放松对生产服务业的影响不确切。同时，将国家按不同收入水平分组的回归结果显示：行业管制和国家产品市场管制对生产服务业人均产出的影响不会因国家收入水平不同而出现太大差异；国家产品市场管制对生产服务业产出比重的影响不会因国家收入水平不同而出现太大差异；同样程度的行业管制放松，较之富国，穷国的生产服务业产出比重上升较慢，但生产率提高较快；同样程度的国家产品市场管制放松，较之富国，穷国的生产服务业生产率提高较慢。总体而言，管制放松有利于生产服务业的发展。

遗憾的是，由于 OECD 没有公布中国行业管制和国家产品市场管制数据，23 个 OECD 国家样本中不包含中国，但考虑到匈牙利、斯洛伐克、捷克等 OECD 落后国家也存在"管制放松有利于生产服务业的发展"的规律，认为这一规律在中国同样成立也未尝不可。目前，中国生产服务业的管制较为严格，例如，刘丹鹭（2013）指出中国作为发展中国家，其服务业的进入壁垒和垄断问题较发达国家严重。在 2013 年中国服务业企业 500 强名单中，绝大多数属于国有企业，前 50 名企业中只有苏宁控股集团、大连万达集团股份有限公司、大连大商集团有限公司、国美电器有限公司共 4 家私人控股企业。如果 OECD 揭示的管制放松有利于生产服务业发展的规律也适用于中国，那么管制严格就很可能是中国生产服务业滞后的重要原因。为此，有必要剖析中国生产服务管制存在的问题并提出相应对策。

---

① 23 个 OECD 国家分别为：澳大利亚、奥地利、比利时、加拿大、捷克、丹麦、芬兰、法国、德国、希腊、匈牙利、爱尔兰、意大利、日本、韩国、荷兰、葡萄牙、斯洛伐克、斯洛文尼亚、西班牙、瑞典、英国、美国。

② 管制变量数据来源于 OECD 管制指标数据库。

二、其他制度因素与生产服务业增长

既然上文已经从政府角度出发，对管制这一重要的制度因素如何影响生产服务业做了分析，接下来就要从非政府角度方面，分析其他制度因素如何影响生产服务业发展。非政府角度包括很多方面，不可能全部涉及，这里主要从空间和行业角度进行分析。

从空间角度看，良好的区域协调机制可以促进生产服务业的网络化发展，使生产服务业获取规模效应。可以把区域协调机制分成国内区域协调机制和国际区域协调机制两方面，以城镇人口比重计算的城市化作为国内区域协调机制的代理变量，以各国的贸易便利程度作为国际区域协调机制的代理变量，这里假设是：一国城市化水平越高，越能促进该国内生产服务业的网络化发展；一国的贸易便利度越高，越能促进该国生产服务业的国际网络化发展。

从行业角度看，良好的行业互动机制可以促进生产服务业的融合化发展，使生产服务业获取范围经济。行业互动机制包括的3个具体制度因素变量，分别是经济软化度、法治水平和金融市场完善度。经济软化度即各国总产出的中间投入的服务业占比，可以衡量生产服务业与总体经济的融合程度，是较为理想的行业互动机制代理变量。这里的明显假设是：经济软化度越高，行业互动机制越完善。同时考虑到，融合发展的新兴业态往往缺乏专门的法律法规，从而制约生产服务业的融合发展，也将法治水平纳入行业互动机制变量。具体地，生产服务业的融合发展会催生大量新兴业态，由于理论界和实践界对新兴业态的认知通常需要较长的一段时间，这就可能造成新兴业态认知的空白。再者，新兴业态经常涉及多个行业，一般缺乏统一的主管部门。这些因素均会导致缺乏专门的新兴业态法律法规。以互联网金融为例，互联网金融具有公开、透明、方便、灵活等特点，又有利于打破现有金融垄断格局、推动利率市场化和畅通投、融资渠道等，是极具发展潜力的新兴业态，但目前尚缺乏专门的互联网金融法律法规，容易出现"放开即乱、收紧则死"的现象，无法有效促进互联网金融的健康发展。为此，将法治水平作为行业互动机制的代理变量应该是符合实际情况的，这里的潜在假设是：法治水平越高，行业互动机制越完善。此外，鉴于行业之间的互动发展需要完善的金融市场作为支撑和保障，将金融市场完善度也纳入行业互动机制变量。具体地，一方面，行业的融合发展通常需要以资金为纽带，会产生大量的资金需求，客观上要求有多元、顺畅、庞大的融资渠道，这均离不开完善的金融市场。另一方面，很多行业融合发展的对象就是金融业，而金融业的发展好坏与金融市场的完善与否密不可分。可见，如果金融市场发展水平过低，势必会制约行业的融合发展。为此，将金融市场完善度作为行业互动机制的代理变量应该是符合实际情况的，这里的潜在假设是：金融市场完善度越高，行业互动机制越完善。

39个国家[①]样本数据的分析结果表明，城市化、贸易便利度、经济软化度、法治水平和金融市场完善度对生产服务业增长均有显著的促进作用。进一步将样本国家划分为发展中国家和发达国家会发现：

第一，城市化水平和金融市场完善度的提高对生产服务业的促进作用在发展中国家更加明显。这主要可能是发展中国家和发达国家的城市化阶段和金融市场发展程度不同造成的。发展中国家的城市化水平往往较低，城市化对生产服务业的促进作用尚处于"边际报酬递增"阶段，例如，发展中国家尚未形成统一的国内市场，城市化水平的提高有利于生产要素的进一步流动、打破国内的地方保护主义、吸引更多的生产服务业人才等，从而促进生产服务业增长。但是，发达国家的城市化水平已经非常高，对生产服务业的促进作用已出现"边际报酬递减"，例如，发达国家已形成统一的国内市场，生产要素流动已经非常充分、国内地方保护主义不明显、生产服务业人才吸引力已经较高等，为此，城市化水平的提高对生产服务业促进作用较发展中国家弱。类似地，发展中国家的金融市场完善度一般较低，发达国家金融市场完善度则往往较高。发展中国家金融市场完善度还很低，金融市场完善度对生产服务业的促进作用尚处于"边际报酬递增"阶段，例如，发展中国家金融市场的完善有利于打破金融市场的国有银行垄断格局，丰富除银行间接融资外的直接融资渠道，破解中小生产服务企业的融资难题，加大生产服务业的资本要素供给，从而大力促进生产服务业的发展。但是，发达国家的金融市场已经比较完善，对生产服务业的促进作用已出现"边际报酬递减"，例如，发达国家的民营银行等已经相当发达，金融市场的国有垄断程度很弱，资本市场也相对完善，企业直接融资的渠道较多元，金融市场进一步完善的空间较小，利用金融市场完善促进生产服务业发展的作用并不明显。为此，金融市场完善度主要是促进了发展中国家生产服务业的发展。

第二，贸易便利度提高主要是促进了发达国家的生产服务业发展。这与目前国际贸易形成了新的"剪刀差"有关，即发展中国家出口廉价货物，进口高价服务；发达国家则进口廉价货物，出口高价服务。但是，服务和货物往往组合在一起，形成"发展中国家出口低端产品，进口高端产品；发达国家则进口低端产

[①] 39个样本国家包括：澳大利亚、奥地利、比利时、保加利亚、巴西、加拿大、中国、塞浦路斯、捷克、德国、丹麦、西班牙、爱沙尼亚、芬兰、法国、英国、希腊、匈牙利、印度尼西亚、印度、爱尔兰、意大利、日本、韩国、立陶宛、卢森堡、拉脱维亚、墨西哥、马耳他、荷兰、波兰、葡萄牙、罗马尼亚、俄罗斯、斯洛伐克、斯洛文尼亚、瑞典、土耳其、美国。

品,出口高端产品"格局。例如,《抓住苹果全球网络中的价值》的研究报告就指出:"2010年苹果每卖出一台iPhone,就能拿走利润的58.5%,原材料供应商能拿到21.9%,韩国由于LG和三星为苹果提供技术含量较高的显示器和内存芯片,拿到利润的4.7%,欧洲、日本和中国台湾地区分别只能拿到1.1%、0.5%和0.5%"[1]。在国际贸易新的"剪刀差"格局下,发展中国家的贸易便利度越高,很可能只是为发达国家打开更多的国际市场,使得发达国家受益,严重的还会冲击到发展中国家本土的生产服务企业,使发展中国家受损。这也就解释了为何贸易便利度主要促进了发达国家生产服务业发展的疑惑。

第三,经济软化度和法治水平对生产服务业的促进作用不会因国家收入差距而出现太大变化。这也意味着在考察的样本国家中,提高经济软化度和法治水平对所有国家生产服务业的发展均有重要意义。

第三节 制约中国生产服务业发展的制度问题

一、政府的管制较为严格

第十八章分析表明,在当今经济环境下,行业管制放松能显著有效地促进生产服务业发展。但是,中国对生产服务业的政府管制较为严格,主要表现在以下两方面:

(一) 政府管制结构不合理[2]

一方面,政府具有行政审批的管制偏好,导致管制的结构性供求失衡。管制是特殊的公共产品,其供给者只有政府(王俊豪,2007)。转型期的中国,对管制的监督还不够完善,无法全面正确度量管制的成本和收益,往往倾向于出台管制成本低、私人收益高(尽管社会收益低甚至为负)的政府管制,例如行政审批;而管制成本高但社会收益更高的政府管制,例如管制法律,则相对缺失。这种政府管制的越位和缺位,导致生产服务业管制出现行政审批供过于求、管制法

---

[1] 车利侠:《美国一报告称每台iPhone中国工人只赚10美元》,北青网,2011年11月21日。
[2] 政府管制结构不合理的主要观点已经作为课题中期成果发表,详见张少辉:《管制与生产服务业发展的国际经验——以OECD国家为例》,载于《财经研究》,2015年第4期,第134~144页。

律供不应求的结构性供求失衡。政府具有行政审批的管制偏好的原因在于，管制者出台行政审批的成本低，更重要的是"自主裁决"可能给管制者带来不菲的管制私人收益。过多的行政审批提高了生产服务业的交易成本，而诚信法和税收法定原则等的缺失，极大限制了生产服务业交易成本的下降空间。另一方面，政府管制边界模糊，导致管制的低效率。管制确立者、管制实施者和被管制对象三个主体相互独立，才能保证政府管制的有效性（王俊豪，2007）。但在现阶段的中国，电信、铁路、金融等国有生产服务企业，管制确立者、管制实施者和被管制对象三个主体难以区分，往往是由政府部门扮演双重或三重角色，这种政企不分使垄断租金不能得到有效规范，阻碍了相关生产服务业的健康发展。同时，对于快递、批发等竞争较为充分的生产服务业，政府和企业的界限较为清晰，但却存在政出多门的现象，无形中加重了相关企业与多个政府部门沟通协调的成本。

（二）民营资本进入较难

一般而言，生产服务业产品个性化强，经营主体较为灵活和多元，很多生产服务企业属于中小企业，亟须民营资本的进入。再者，国有企业存在产权不清楚、软预算约束和X—非效率等问题，生产效率较民营企业低[①]。民营资本的进入，有利于提高中国生产服务业市场的竞争水平，降低生产服务国有企业的X—非效率。但是，中国生产服务业是以正面目录准入方式代替负面清单准入方式，不仅对民营资本进入生产服务业的鼓励不足，甚至还会产生歧视性政策，不能充分发挥出民营资本对生产服务业的促进作用。国务院发展研究中心市场经济研究所课题组（2011）指出，正面目录准入方式不仅会增加政府监管成本，还会抑制企业进入的积极性，降低市场的竞争活力。以金融业为例，中国民营资本进入金融业的门槛比较高，尽管中国的法律法规没有禁止民营资本进入金融领域，但现实情况是，相关政府部门长期以不准入、不审批为原则，不给民营银行批"牌照"，限制民营资本的进入，就算少数进入金融领域的民营资本，由于缺乏相关的支持政策和保障制度，民营资本也基本得不到控股地位，这正是《国务院关于鼓励和引导民间投资健康发展的若干意见》出台的原因之一，首批5家民营银行试点为全面畅通民营资本进入金融业进行了先行先试。正面目录准入方式提高了民营资本进入生产服务业的门槛，导致中国生产服务业的民营资本地位较低，数据显示，2013年中国服务业企业500强名单中，绝大多数属于国有企业，前50名企业中只有苏宁控股集团、大连万达集团股份有限公司、大连大商集团有限公

---

① 例如，李勇坚和夏杰长（2009）对比了民营企业500强和中国企业500强，发现民营企业效率较高这一事实，详见李勇坚、夏杰长：《制度变革与服务业成长》，中国经济出版社2009年版，第63页。

司、国美电器有限公司共4家私人控股企业①。畅通民营资本进入生产服务业的渠道迫在眉睫。上海自贸区负面清单管理办法的出台②，为全面放开生产服务业领域的非国有资本投资进行了有益的探索。

二、法治水平还有待提高

研究表明，法治水平能显著促进生产服务业的发展，法治水平每提高1个百分点，可以促进生产服务业生产率增加0.090个百分点。汪德华等（2007）指出，一般认为，法治水平越高，契约维护制度的质量越高，对服务业发展的促进作用越明显。但是，目前中国的法治水平较低，主要表现在以下两方面：

（一）信用体系不完善

市场经济是信用经济，信用体系对于降低市场交易成本、增加交易机会、完善市场体系有重要作用。与实物产品不同，服务产品具有无形性和后验性等特点，对信用体系的依赖性更高。较之生产服务业发展的方兴未艾，我国信用体系的建设显得过于滞后，主要表现在：第一，信用信息数量不全、质量不高。大部分社会成员的信用记录缺失严重，尚未建立起覆盖全社会的庞大信用数据库，现有的信用数据也往往缺乏正常的获取途径，政府部门之间的信息连通性差，向社会公开力度不够，容易形成信用信息的"孤岛"和"黑箱"。信用数据的采集技术、数据库的建立、信用质量评级、信用报告使用等尚未建立起统一标准，信用数据的可比性差，离国际标准尚有一定差距，不利于信用信息的共享、使用和进一步加工。信用服务企业竞争力弱，信用服务产品单一，缺乏权威的信用评级机构，制约了信用数据质量的提高。第二，失信惩戒和守信激励机制不健全。失信"黑名单"系统尚未完善，大量失信信息没有得到有效的披露，导致不少制假售假、账款拖欠、商业欺诈、偷税漏税等各类失信行为逃过了应得的惩罚，使失信成本大大降低，助长了失信行为。缺乏有效的信用联防机制，不利于整合政府、消费者、授信人、征信机构等各方力量共同打击失信行为，歪曲了市场的信用预期，打击了守信行为的积极性。守信激励机制不足，守信主体的"绿色通道"还显得"较窄、较短"，甚至守信还成为一种成本负担，例如，按相关规定快递企业必须对收寄物品进行验视，由于落实不到位，不少快递企业并没执行，而消费者为了节约时间和成本，也可能选择不验视的快递企业，这样，验视的守信企业

---

① 2013年中国服务业企业500强名单见新华网，2013年8月31日。
② 详见：《中国（上海）自由贸易试验区外商投资准入特别管理措施（负面清单）（2013年）》。

不仅增加了时间成本，还损失了顾客。守信激励机制缺乏不利于社会信用水平的整体提高。第三，信用法律体系仍不健全。相关的信用法律法规较为零散，尚未出台统一的信用法，立法显得较为滞后，信用信息的采集、查询、使用、加工等还难以做到事事有法可依。相关的信用法律法规可能会受当地政府、企业的影响，影响执法独立性，损害公平正义，助长失信行为。第四，对个人隐私信息的保护力度不足。电子商务、金融保险、互联网、房地产和快递等领域的个人隐私信息泄露问题突出，甚至还会出现对个人隐私信息的恶意买卖。我国仍缺乏有效保护个人隐私信息的法律体系，个人信息泄露后往往诉之无门，只能由受害者自己承受可能的后果。个人隐私信息保护不足不仅伤害了受害者，还助长了欺诈行为，不利于社会信用体系的建立和完善。

（二）相关法律法规体系不健全

第一，生产服务业，尤其是新兴生产服务业缺乏相应法律法规。生产服务业涉及的部门多、行业泛、地域广，部门利益、行业利益、地区利益会干扰生产服务业立法和执法的独立性、公正性。同时，生产服务业的发展会催生大量新兴业态，由于理论界和实践界对新兴业态的认知通常需要较长一段时间，这会造成新兴业态认知的空白，加之新兴业态往往涉及多个行业，没有统一主管部门，这些因素均会导致缺乏专门的新兴业态法律法规。以互联网金融为例，互联网金融具有公开、透明、方便、灵活等特点，有利于打破现有金融垄断格局、推动利率市场化和畅通投、融资渠道等，是极具发展潜力的新兴业态，但目前中国缺乏专门的互联网金融法律法规，容易出现"放开即乱、收紧则死"的现象，无法促进互联网金融的健康发展，加大对互联网金融的研究，协调好央行、银监会、工业和信息化部等相关部门，填补P2P、众筹、第三方支付、虚拟货币等领域的监管空白，制定系统、合理的互联网金融法律法规，显得尤其重要。第二，中国服务贸易法律法规欠缺。尽管《中华人民共和国对外贸易法》第四章对国际服务贸易作了原则性规定，但中国服务贸易的相关法规较为零散，缺乏具体、统一的服务贸易立法，不仅可能导致零散的法律法规相互冲突，还会造成服务贸易法律的空白，不能适应日新月异的服务贸易新要求。中国服务贸易法律法规离国际标准尚有较大距离，尚未与《服务贸易总协定》无缝对接，例如，《服务贸易总协定》规定四种具体的国际服务贸易方式：跨境交付、境外消费、商业存在和自然人流动，但中国服务贸易相关法律对除商业存在外的其他三种国际服务方式很少涉及。牛振喜等（2014）研究显示，中国的知识产权保护距离欧洲水平还有较大差距。同时，随着服务业开放程度的提高，越来越多的外国服务企业进入中国市场，但中国仍缺乏有效的"竞争法""移民法"等配套法律（陈昭、于立新，2013）。

三、融资等制度环境较差

第十八章分析表明,金融市场完善度每提高1个百分点,可以促进生产服务业生产率增加0.047个百分点,而且,金融市场完善度对生产服务业的促进作用在发展中国家更加明显。但是,目前中国生产服务业的融资环境不容乐观。此外,限于数据制约,上文没对税收以及用地、用电、用水、用气政策等其他制度环境进行量化分析,但这些制度环境的不足均制约了中国生产服务业的发展。具体地:

(一)融资环境不容乐观

融资环境对生产服务业的经营和发展至关重要,但我国生产服务企业尤其是小微生产服务企业的融资环境堪忧。第一,生产服务企业较难获取银行贷款。我国企业融资渠道单一,高度依赖于银行贷款的间接融资渠道,债券、股权融资微乎其微。在贷款前,银行要对贷款人的偿还能力进行评估,为降低评估成本,控制贷款风险,银行通常以企业的以往业绩记录和抵押品为评估对象。成立时间较短的生产服务企业,尽管其发展潜力很好,但通常因缺乏以往业绩记录而被银行贷款拒之门外。成立时间较长的生产服务企业,虽然可以提供良好的以往业绩记录,但往往缺乏可供抵押的房产、设备等高价值的实物资产,拥有的知识产权之类的无形资产也很难充当抵押品,同样很难获取银行贷款。第二,生产服务企业很多属于小微企业,但小微企业融资十分困难。巴曙松(2013)的研究表明,中国小微企业资金成本在上升,2012年前三季度与上年同期相比,小微企业资金成本上升了64.7%。从行业上看,批发、零售企业出现资金成本上升的比例分别为70.7%、67.1%,均高于制造企业的58.7%;从地区上看,中部、东北、西部和东部地区资金成本上升的小微企业比例分别为80.4%、77.3%、64.4%和59.4%。在受调查的中国小微企业里,只有37.9%的企业能借到款,其中高达25.4%的企业借款来自银行贷款,还有9.1%的企业选择向亲戚朋友借款。选择向亲戚朋友借款的企业一般是微型企业,这应该与它们难以获取银行贷款有很大关系。小微企业对融资服务不够满意,具体而言,融资满意度会随企业资产规模的扩大、经营年限的延长而提高,企业资产规模为100万~300万元的规模、经营年限1~3年的企业融资满意度最低,分别为52.9%、56.3%,"不能提供足够的抵押或担保物""不能提供合适的财务报表"等问题是中国小微企业融资时面临的主要问题。第三,银行贷款趋于谨慎。受2008年金融危机影响,全球金融监管机构更加注重风险管理,提出了更加严格的监管要求,中国也不例外。生产服务企业或者由于缺乏符合条件的实物抵押品或者由于规模太小、成立时间短等原因，无疑会增加银行的贷款风险。加之企业从投资到回报的周期一般较长，而生产服务企业往往会将贷款投入到知识产权、科技研发、品牌名誉等无形资产上，回报周期可能更长，在这种情况下，银行贷款给生产服务企业的可能性就更小。

（二）其他政策环境有待优化

营造良好的政策环境，对于生产服务业激发经营活力、降低生产成本、促进迂回生产等至关重要。我国长期重视实物生产，轻视服务生产，目前，这种落后的认识虽然得到了一定改观，但基于落后认识制定的经济政策却仍存在"路径依赖"，严重制约着生产服务业的发展。以税收政策为例，长期以来，中国税收以增值税为主，而增值税通常来自于制造业的生产环节，地方政府为了扩大税源，提高财政收入，会倾向于发展能短期带来较多税收的制造业（国务院发展研究中心市场经济研究所课题组，2011）。生产服务企业也往往享受不到高新技术企业15%的企业所得税优惠税率。于是，在铁西区的"先进装备制造业聚集地""很多企业的生产服务环节确实不愿意剥离出来，为什么？因为剥离出来成为独立法人后，据测算会增加8%左右的税负"（何勇，2014）①。

中国目前正在推动服务业的"营改增"税收政策改革，虽然总体上有利于减少服务业税负，但在物流、电信等部分生产服务业仍然存在进项税额抵扣少，导致税负激增的问题。现行税收制度没有考虑到生产服务业往往高度依赖于人力资源的行业特征，会导致重复征税问题。以会计咨询业为例，按我国现行税法，会计师事务所员工的劳动报酬不能进行税前扣除，国家不仅要向员工征收个人所得税，还要对超过国家规定的计税工资标准部分，再向会计师事务所征收25%的企业所得税（国务院发展研究中心市场经济研究所课题组，2011）。企业所得税的属地缴纳原则还制约了生产服务业的跨区域布局。大型生产服务企业往往会在全国各地设立分支机构，但在企业所得税属地缴纳原则下，地方政府为了增加税收，一般会要求进入本区域的分支机构进行法人注册，形成需要缴税的企业法人，这使得生产服务企业的总部和各分支机构之间均成为独立企业法人的关系，企业只能在子公司的基础上缴纳所得税，无法将亏损子公司的亏损额进行税基抵扣，增加了企业所得税负担。服务业的用地、用电、用水、用气价格长期高于工业。据统计，2014年4~6月，中国主要监测城市地价为：总地价3 458元/平方米，商服、住宅和工业分别为6 475元/平方米、5 214元/平方米、722元/平方米②。可见，用于发展生产服务业的商业用地成本远高于工业用地成本，工业企

---

① 何勇：《沈阳铁西区剥离并发展生产性服务业》，人民网，2014年1月16日。
② 资料来源于《2014年第二季度全国主要城市地价监测报告》，详见中国地价网。

业一旦将生产服务环节剥离成为独立法人后，土地成本将大幅上升。迄今为止，尚未完全实现生产服务业用电、用水、用气与工业同价。商贸等生产服务企业的经营特点和用电峰谷差价计费等方式，会导致实际用电成本高于工业。

第四节 优化生产服务业制度环境的政策取向

一、优化政府的管制制度

（一）实施动态负面清单管理方式

在生产服务市场的准入方式上，由静态的正面目录向动态的负面清单转变，实施动态负面清单管理方式，简化企业注册等前置性审批，鼓励民营等各类资本进入生产服务业。"负面清单管理"是指由政府明确列出禁止和限制进入的行业、领域、经济活动等清单，清单之外的可自由进入，即"法无禁止即可为"。负面清单管理方式有利于减少政府的寻租空间，还有利于转变以往政府给"鼓励类项目"企业出台优惠政策所导致的不正当竞争。生产服务业发展日新月异，负面清单要进行定期动态调整，使负面清单具有弹性，才跟得上行业发展的步伐。

（二）完善行业和企业的退出机制

加大对传统自然垄断行业各环节的细化研究，深化国有企业的市场化改革，尽量抽离出非自然垄断环节实施负面清单准入机制，不断尝试在自然垄断环节中引入市场机制。对铁路、通信、航空、金融等垄断特征淡化甚至消失的行业或环节，要适时启动垄断行业退出机制，大力引进市场机制，加强反垄断执法，放松管制激发竞争。以完善上市公司的退市制度为切入点，逐渐使全部生产服务企业从注重前置性审批向注重后置性动态监管转变，使企业退出法治化、规范化和透明化，明确企业退出的义务和约束，最大限度保护小股东、企业员工、消费者及其他相关利益者的合法权益。

（三）完善管制部门的顶层设计

以《国务院机构改革和职能转变方案》为契机，在深圳、顺德、随州等地大部制改革模式取得初步成效的基础上，进一步扩大推广范围，剥离和整合现有生产服务业管制机构资源，协调各部门进行优化管制，加大对管制的监管。进一步简政放权，推广一站式审批、一个窗口办事，减少生产服务业发展的行政成本，充分发挥企业孵化作用，打破不正当的地方保护主义，试点公平竞争审查制度，创造良好的生产服务业创业环境。依托生产服务业人才，全面、深入、细致地分析生产服务业特点，针对生产服务业的普遍管制需求和个性管制需求，相应出台生产服务业普遍管制措施和个性管制措施。

二、进一步提高法治水平

（一）加快完善信用体系

1. 完善信用数据库，提高信用数据质量。进一步落实《社会信用体系建设规划纲要（2014～2020年）》，加大信用数据的合法采集，建立覆盖政府、行业、企业、个人等各类主体的信用数据库，实现信息互联共享，消除信用信息的"孤岛"和"黑箱"。促进信用数据的国际标准化建设，提高信用数据的可比性和可加工性。培育和规范信用中介市场，支持一批有潜力的信用企业做大做强，提高信用评级权威度。

2. 健全失信惩戒和守信激励机制。全面推广失信"黑名单"制度，通过新闻媒体等渠道及时大面积曝光失信行为，大幅度提高失信行为的惩戒力度。完善信用联防机制，整合政府、消费者、授信人、征信机构等各方力量共同打击失信行为。加大对守信行为的激励力度，尽快落实为守信主体开辟的"绿色通道"，不断丰富绿色通道内容。

3. 加大信用立法。全面梳理零散的信用法律法规，加大信用法律研究，加快《征信业管理条例》相关配套制度和实施细则的出台，推动信用立法，形成完整的信用法律体系。加大信用法律法规的执行力度，杜绝当地政府、企业的不当干预，保障社会公平。

4. 加强对个人隐私信息的保护。对公众进行信用教育，提醒注重个人隐私信息保护，加大对个人隐私泄露和买卖行为的查处力度，在个人隐私案例中探索实施"举证责任倒置"原则，尽量减轻非主观过错导致的信息泄露给受害人带来的严重后果。

（二）完善相关法律法规

1. 加强新兴业态研究，出台专门的法律法规。努力跟踪国内外发达地区生产服务业的发展动向，加强对生产服务业融合发展产生的新兴业态研究。对极具发展潜力的新兴业态，要以专家研讨会、课题组等多种方式及时、全面地进行研究，编写《中国生产服务业发展年度报告》，加大对全国生产服务业融合发展的先进经验、典型案例的总结与分析，提高全国生产服务业的理论和实践研究水平，对出现监管空白的生产服务业领域，要初步制定相应法律法规，并开展试点工作，在实践检验中不断修正和完善相应法律法规。

2. 加快完善与国际标准无缝对接的服务贸易法律法规。梳理和完善相关服务贸易法律法规，加强对《服务贸易总协定》（GATS）、《关税及贸易总协定》（GATT）等国际服务贸易规则的研究，增加跨境交付、境外消费和自然人流动三种国际服务贸易方式的相关立法，填补法律空白，加强知识产权保护力度，出台适应服务业开放背景下的《竞争法》《移民法》等配套法律法规，形成相互衔接、相互统一的服务贸易法律体系，支持国内生产服务企业"走出去"和吸引国外高端生产服务企业"走进来"。

3. 建设21世纪的专利体系。加强与欧美等发达国家的沟通合作，积极争取在国际知识产权保护中的话语权，适时建立一整套的双边、多边知识产权保护法律体系，促进本土企业走出国门。鼓励本土企业积极申请专利、商标等，为专利、商标等知识产权申请打造绿色通道，缩短审批时间，促进生产服务业创新。以知识产权法院为依托，破除对侵权行为的不正当地方干预。

三、完善融资等制度环境

（一）创新完善融资环境

1. 创新发展信用贷款。针对生产服务企业特征，创新发展信用贷款，为生产服务业发展提供融资支持。具体的模式[①]可以参照以下四种：（1）政银合作信贷。地方政府与银行签订协议，以地方财政的信贷专项资金为担保，由企业申报，政府推荐，银行独立审批，为企业提供信贷支持，本质上是政府为企业提供信用支持。（2）道义担保信贷。由与借款人具有道义关系的第二人提供保证而发放贷款，具有发放贷款快、资金周转频率高的特点，很适合小微企业。（3）信贷池动态调控信贷。将所有无抵押贷款视为整体信贷池进行成本收益核算，根据信贷池变动情况及时动态调整信贷范围和规模，实现风险分散目标。客户自愿申请，由独立第三方展开调查，确保专业性和高效率。（4）网络银行信贷。银行与

---

① 信用贷款模式主要参考南方财富网：《企业贷款五大创新信用模式》，2012年5月21日。

网络商合作，依据网络商提供的企业信用档案或追加网络联保的方式向企业（一般是电子商务企业）发放信贷。

2. 探索建立面向小微企业的企业银行。借鉴英国的企业银行建立经验，在我国分阶段、分步骤探索建立面向小微企业的企业银行。政府提供一定的启动资金，以支持中小企业融资为重点，推动知识产权证券化、知识产权质押融资、专利保险等创新业务开展，以政府信誉为担保，加强金融市场竞争，吸引和鼓励现有金融机构、新的金融机构以及其他民间资本参与对中小企业的融资支持，巩固和拓宽中小企业的融资渠道，重视信贷和股权市场的均衡发展。在解决中小企业融资难的基础上，加大对中小企业的服务创新产品的政府采购力度，增加和完善一揽子中小企业服务功能。

（二）转变"重实物、轻服务"的思想认识，梳理和完善相关政策法规

1. 完善财税政策。在落实《营业税改征增值税试点方案》的税制改革基础上，针对生产服务企业的经营特点，给予营业税、所得税等的减免优惠，探索将人力成本纳入商务服务、文化创意、现代物流、科学研究、批发零售等高度依赖人力资本的生产服务行业的增值税进项抵扣范围。对大范围网络布局的生产服务企业，探索给予一定的企业所得税优惠，以减少因属地缴纳原则增加的企业所得税负担。加快落实相关生产服务业享受高新技术企业15%的企业所得税优惠税率政策。

2. 完善要素政策。明确各地区确实消除生产服务业用电、用水、用气与工业差别的责任人和完成期限。针对商贸、物流等与其他行业错峰经营的生产服务企业，给予一定的水、电、气等生产要素的优惠，以降低由于实施峰谷差价计费给这些企业带来的过重成本负担。对工业企业外包服务环节的，给予适当财政补贴，完善人才、企业资质、知识产权保护等配套措施，鼓励服务外包发展，促进工业企业从单一的产品提供商向方案解决商转变。

3. 实施"21世纪生产服务业人才"战略。编制《21世纪生产服务业人才发展规划》，并定期编制《生产服务业人才培养和引进指导目录》，加大生产服务业人才库建设，打造新世纪高素质的生产服务业人才队伍。

第二十章

中国生产服务业信息化提升研究

现代社会,生产服务业是典型的"双脑驱动型"产业,信息资本(广泛意义上的"电脑")和人力资本(广泛意义上的"人脑")对生产服务业的发展起到关键性的作用。因此,从信息化的角度来研究提升我国生产服务业发展水平的对策具有逻辑上的恰当性和现实上的合理性。生产服务业信息化,即信息通信技术(information and communication technology,ICT)对生产服务业生产运作各环节持续渗透的动态过程,在这一过程中,信息通信技术作为生产服务业发展核心生产要素的地位不断得到强化。统计分析提示,ICT 基础设施条件对区域生产服务业发展具有重要的影响,ICT 资本投入和 ICT 中间投入是生产服务业增长的重要推动力。在此背景下,仔细梳理中国生产服务业信息化的发展现状,深入探究中国生产服务业信息化存在的问题及其背后的成因,进而提炼总结中国生产服务业信息化提升的发展对策,具有重要的现实意义。推动生产服务业信息化,是提升生产服务业供给能力和供给水平的积极举措,能够有效促进服务业乃至整个国民经济发展水平的提高。"中国制造 2025"要求促进制造业信息化与生产服务业信息化的联动发展。"互联网+"是不可阻挡的时代潮流,生产服务业与互联网的融合发展具有广阔前景和无限潜力。我国生产服务业发展需要把握住新一轮信息技术革命带来的历史性机遇,树立互联网思维,积极推动互联网、移动互联网、物联网、云计算和大数据等技术对传统生产服务业的调整改造以及对新兴生产服务业态的培育发展。

第一节　中国生产服务业 ICT 中间投入及其增长贡献

当前，我国生产服务业发展相对滞后、国际竞争力不强，相较之下，我国信息通信制造业基础较好，在新兴信息通信技术方面还具备一定的比较优势，思考如何积极利用这种优势来发展生产服务业具有重要的实践价值。已有研究主要是从企业内部职能剥离、生产服务外购、生产率、城市化、对外开放、区域合作以及体制机制等方面探讨影响生产服务业发展的因素，本节的主要理论贡献在于从产业关联和产业融合的视角出发，对 ICT 中间投入在生产服务业发展过程中发挥的作用进行了详细分析，从而拓展了对生产服务业发展动力机制的解释。

ICT 产业提供的中间投入对于生产服务业生产过程的重要性究竟如何？具体地，中国生产服务业对 ICT 中间投入的消耗是在上升还是下降？与其他经济体相比是高还是低？对 ICT 制造业和 ICT 服务业中间投入的消耗有何差异？ICT 中间投入对生产服务业产出增长的贡献有多大？ICT 制造业和 ICT 服务业中间投入在其中发挥的作用有何差异？对这些问题的回答具有重要的理论和实践意义。本节的安排如下：首先是对分析模型和数据来源的介绍；第二部分是中国生产服务业对 ICT 中间投入依赖度的纵向演变以及与其他大型经济体的横向比较；第三部分是 ICT 中间投入对生产服务业增长的贡献分析；最后是小结与启示[①]。

一、模型与数据

国民经济各部门之间既存在着直接联系，也存在着间接联系。所谓直接联系是指两个部门之间，不经过任何其他部门（或产品）而发生的产品之间的直接消耗关系（董承章，2000）[②]。这种直接消耗关系可以用直接消耗系数来表示。

直接消耗系数，是指某一产品部门（如 j 部门）在生产经营过程中单位总产出直接消耗的各产品部门（如 i 部门）的产品或服务的数量。其计算方法是根据投入产出表的数据，用 j 部门的总投入 X_j 除该部门生产经营中所直接消耗的第 i 产品部门的产品或服务的数量 X_{ij}，计算公式如下：

[①] 本部分内容已作为中期成果发表，见李江帆、朱明：《生产服务业对信息通信业的产业依赖及其增长效应》，载于《武汉大学学报》（哲学社会科学版），2016 年第 2 期。本节对相关数据和分析进行补充和完善。

[②] 董承章主编：《投入产出分析》，中国财政经济出版社 2000 年版，第 6 页。

$$a_{ij} = \frac{X_{ij}}{X_j} \tag{20.1}$$

在本节的设定中，j 部门即生产服务业，i 部门即 ICT 产业。a_{ij} 越大，表示生产服务业对 ICT 产业中间投入的直接依赖性越强，来自 ICT 产业的中间投入对生产服务业生产经营过程的重要性越大。能否得到足够多的 ICT 中间投入关系到生产服务业生产经营活动的正常进行。此外，ICT 产业包括 ICT 制造业和 ICT 服务业，因此，生产服务业对 ICT 中间投入的直接消耗系数可以分解为对 ICT 制造业中间投入和 ICT 服务业中间投入的直接消耗系数。

在分析直接消耗系数的基础上，可以进一步对 ICT 中间投入在生产服务业产出增长过程发挥的作用进行定量分析。增长核算框架可以用于分析各类要素投入的增长贡献（Jorgenson and Griliches, 1967; Jorgenson et al., 1987）。[1][2] 在此框架下，产出是关于资本、劳动、中间投入和技术的函数。对于产业 j，生产函数的形式如下：

$$Y_j = f_j(K_j, L_j, M_j, T) \tag{20.2}$$

其中，Y 是产出，K 是资本投入，L 是劳动投入，M 是中间投入，T 是技术水平。在规模报酬不变和完全竞争的条件下，产业 j 的产出增长可以用下式表示：

$$\Delta \ln Y_{jt} = \bar{v}_{jt}^K \Delta \ln K_{jt} + \bar{v}_{jt}^L \Delta \ln L_{jt} + \bar{v}_{jt}^M \Delta \ln M_{jt} + \Delta \ln A_{jt} \tag{20.3}$$

其中，$\bar{v}_{jt}^i$ 表示对应要素投入支出在名义产出中所占份额的两期平均值，具体如下：

$$v_{jt}^K = \frac{P_{jt}^K K_{jt}}{P_{jt}^Y Y_{jt}}; \quad v_{jt}^L = \frac{P_{jt}^L L_{jt}}{P_{jt}^Y Y_{jt}}; \quad v_{jt}^M = \frac{P_{jt}^M M_{jt}}{P_{jt}^Y Y_{jt}} \tag{20.4}$$

且 $\bar{v}_{jt}^K + \bar{v}_{jt}^L + \bar{v}_{jt}^M = 1$，公式（20.3）的右侧各项表示对应要素投入对产出增长的贡献。

本节需要分析 ICT 中间投入对生产服务业增长的贡献，因此，借助于投入产出表，可以进一步将中间投入分成 ICT 产业中间投入（M_{jt}^{ICT}）和其他产业中间投入（M_{jt}^{Other}）两大类，那么全部中间投入的增长可以用下式表示：

$$\Delta \ln M_{jt} = \bar{w}_{jt}^{ICT} \Delta \ln M_{jt}^{ICT} + \bar{w}_{jt}^{Other} \Delta \ln M_{jt}^{Other} \tag{20.5}$$

其中，$\bar{w}_{jt}^i$ 是对应投入在全部中间投入中所占份额的两期平均值，且 $\bar{w}_{jt}^{ICT} + \bar{w}_{jt}^{Other} = 1$。

同理，ICT 产业中间投入又可以进一步分解为 ICT 制造业中间投入（M_{jt}^{ICTM}）

---

[1] Jorgenson, D. and Z. Griliches, "The Explanation of Productivity Change", Review of Economic Studies, Vol．34, No. 3, 1967, pp. 249 – 283.

[2] Jorgenson, D., F. Gallop and B. Fraumeni, Productivity and U. S. Economic Growth, MIT Press, 1987.

和 ICT 服务业中间投入（M_{jt}^{ICTS}），那么 ICT 产业中间投入的增长可以用下式表示：

$$\Delta \ln M_{jt}^{ICT} = \bar{z}_{jt}^{ICTM} \Delta \ln M_{jt}^{ICTM} + \bar{z}_{jt}^{ICTS} \Delta \ln M_{jt}^{ICTS} \tag{20.6}$$

其中，$\bar{z}_{jt}^{i}$ 是对应投入在 ICT 产业中间投入中所占份额的两期平均值，且 $\bar{z}_{jt}^{ICTM}$ + $\bar{z}_{jt}^{ICTS} = 1$。

综上，ICT 制造业中间投入对生产服务业产出增长的贡献为 $\bar{v}_{jt}^{M} \bar{w}_{jt}^{ICT} \bar{z}_{jt}^{ICTM} \Delta \ln M_{jt}^{ICTM}$，ICT 服务业中间投入对生产服务业产出增长的贡献为 $\bar{v}_{jt}^{M} \bar{w}_{jt}^{ICT} \bar{z}_{jt}^{ICTS} \Delta \ln M_{jt}^{ICTS}$，两者之和为 ICT 产业中间投入对生产服务业产出增长的贡献。

实证分析的数据全部来自世界投入产出数据库（world input-output database，WIOD），该数据库提供了包括中国在内的 40 个经济体的连续投入产出表（1995～2011 年）和社会经济核算数据（1995～2009 年），行业分类是基于欧洲共同体内部经济活动的一般产业分类（NACE Rev.1），共包括 35 个行业大类。[1] 由于 WIOD 投入产出表的行业分类比较宽泛，很难就生产服务业和 ICT 产业给出非常严格和精确的界定。参考奥马奥尼和梯默尔（O'Mahony and Timmer, 2009）[2]、乔根森和梯默尔（Jorgenson and Timmer, 2011）[3] 的处理方法，本节界定的 ICT 产业包括电子和光学设备制造业（NACE code 30t33）和邮电通信业（NACE code 64）两个行业，由于这两个行业分属制造业和服务业，因此分别被视为 ICT 制造业和 ICT 服务业。与联合国对 ICT 产业的划分相比，这一界定的主要问题是在 ICT 服务业方面。邮电通信业没有完全覆盖到联合国 ICT 服务业的范围，诸如硬件咨询、软件出版、计算机周边设备和软件的批发贸易等服务活动并没有纳入进来，导致对 ICT 服务业的界定比实际情况偏窄。但是，邮电通信业内部包含了少部分的邮政业务活动，严格来说并不属于 ICT 产业的范畴，这一测量误差会导致对 ICT 服务业的界定比实际情况偏宽。综合来看，两类反方向的测量误差会相互抵消一部分，这一界定基本上是在更精细数据无法获取条件下较为理想的处理方式。生产服务业包括批发零售、交通运输、邮电通信、金融中介、租赁和其他商务服务业。

WIOD 提供的国家投入产出表是基于现价美元汇总，在对中国生产服务业对 ICT 产业的直接消耗系数进行趋势分析时，由于不同产业产出的价格波动并不一致，因此需要从名义变量中剔除价格因素，本节按 WIOD 社会经济核算数据库提供的产出价格指数对相关变量进行了调整，得到按 1995 年不变价计算的数据。[4]

---

[1] 世界投入产出数据库（WIOD）。

[2] O'Mahony, M. and M. Timmer, *Output, Input and Productivity Measures at the Industry Level: the EU KLEMS Database*, Economic Journal, Vol. 119, No. 538, 2009, pp. 374 – 403.

[3] Jorgenson, D. and M. Timmer, *Structural Change in Advanced Nations: A New Set of Stylised Facts*, The Scandinavian Journal of Economics, Vol. 113, No. 1, 2011, pp. 1 – 29.

[4] WIOD 社会经济核算数据库提供的产出价格指数覆盖区间为 1995～2009 年，因此，经价格调整后的投入产出数据也只能覆盖到 1995～2009 年。

当各经济体直接消耗系数进行横向比较时，由于横比只涉及单一年份（2011年），因此不需要进行价格调整，可直接用当年价投入产出表来计算。

二、生产服务业对 ICT 中间投入的直接消耗

首先看中国生产服务业对 ICT 中间投入直接消耗系数的纵向演变。基于公式（20.1）的计算结果如表 20-1 和图 20-1 所示，其中，生产服务业对 ICT 中间投入的直接消耗系数（用 ICT/TI 表示）又可以进一步分解为对 ICT 制造业和 ICT 服务业中间投入的直接消耗系数（分别用 ICTM/TI 和 ICTS/TI 表示）。此外，ICT 中间投入中制造业和服务业的构成比例也直接列出（分别用 ICTM/ICT 和 ICTS/ICT 表示）。

表 20-1　中国生产服务业对 ICT 投入的直接消耗系数及内部构成

单位：%（1995 年价）

年份	ICT/TI	ICTM/TI	ICTS/TI	ICTM/ICT	ICTS/ICT
1995	4.5	3.9	0.6	87.0	13.0
1996	5.1	4.5	0.6	87.7	12.3
1997	6.0	5.3	0.7	88.2	11.8
1998	6.8	5.8	1.0	85.5	14.5
1999	7.7	6.5	1.3	83.8	16.2
2000	8.9	7.5	1.4	84.4	15.6
2001	9.8	8.2	1.6	83.4	16.6
2002	10.5	8.7	1.8	82.8	17.2
2003	10.3	8.5	1.9	82.0	18.0
2004	9.8	8.0	1.9	81.0	19.0
2005	9.5	7.8	1.8	81.5	18.5
2006	10.1	8.4	1.7	83.4	16.6
2007	9.8	8.2	1.6	84.0	16.0
2008	10.3	8.7	1.6	84.4	15.6
2009	10.7	9.1	1.6	85.0	15.0

资料来源：根据 WIOD 提供的中国投入产出表和社会经济核算表计算整理得到。

综合表 20-1 和图 20-1 提供的信息，可以发现以下特征：第一，生产服务业对 ICT 中间投入的直接消耗系数呈现出明显的阶段性特征，1995~2002 年呈稳定上升的趋势，2002 年之后基本陷入停滞状态。1995~2002 年增长了 1.35 倍，

而 2002~2009 年仅增长了 1.64%。第二，生产服务业对 ICT 制造业中间投入的直接消耗系数与对 ICT 中间投入的直接消耗系数的演变趋势基本上是同步的。1995~2002 年增长了 1.24 倍，而 2002~2009 年仅增长了 4.44%。第三，生产服务业对 ICT 服务业中间投入的直接消耗系数呈先上升后下降的状态，1995~2004 年增长了 2.21 倍，2004~2009 年下降了 14.15%。第四，在整个观测区间，生产服务业直接消耗的 ICT 中间投入里，ICT 制造业中间投入占比都明显高于 ICT 服务业中间投入占比，且在此观测区间的后期，ICT 制造业中间投入占比还在逐步攀升。这说明，生产服务业对 ICT 中间投入的直接消耗主要是源于对 ICT 制造业中间投入的高消耗，且对 ICT 制造业中间投入的相对依赖性有逐渐加强的趋势。

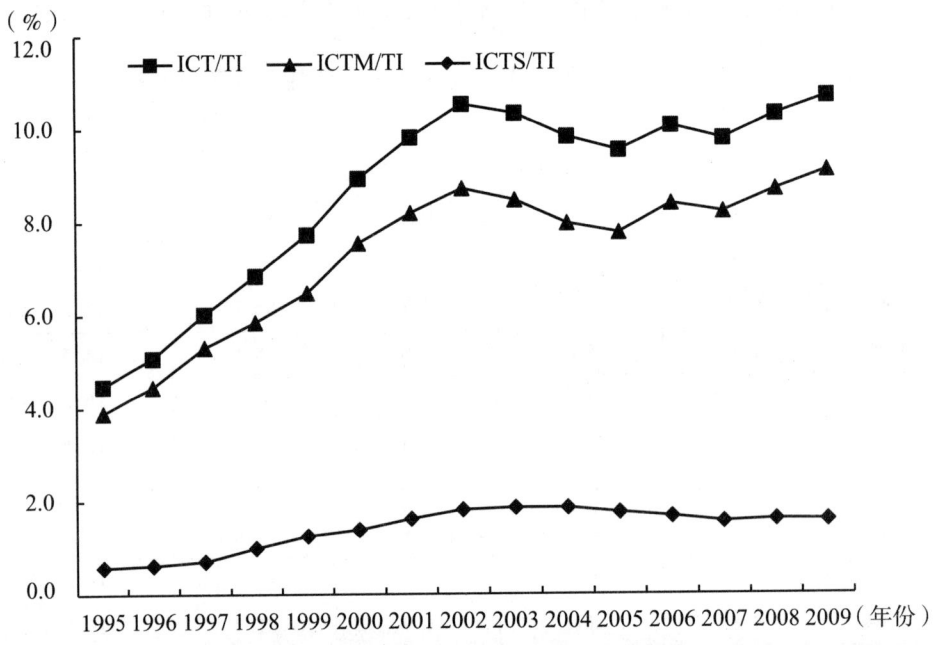

图 20-1　中国生产服务业对 ICT 投入直接消耗系数的演变趋势（1995 年价）

资料来源：根据 WIOD 提供的中国投入产出表和社会经济核算表计算整理得到。

再看生产服务业对 ICT 中间投入直接消耗系数的国际比较。为了分析的简洁，选择 2011 年全球 GDP 排名前十的大型经济体作为参考。具体结果如表 20-2 所示[1]。

---

[1] 需要注意的是，表 20-2 中的数据是根据 2011 年当年价投入产出表计算的，与表 20-1 中按 1995 年不变价计算得到的数据不能直接来进行对比。

表 20-2　　　　生产服务业对 ICT 投入直接消耗系数的国际比较

单位：%（2011 年价）

	ICT/TI	ICTM/TI	ICTS/TI	ICTM/ICT	ICTS/ICT
美国	3.0	0.7	2.2	25.4	74.6
中国	6.1	4.5	1.6	74.2	25.8
日本	2.7	0.8	2.0	28.3	71.7
德国	2.9	0.7	2.2	25.0	75.0
法国	3.0	0.8	2.3	25.3	74.7
巴西	3.0	0.7	2.3	23.9	76.1
英国	3.8	0.6	3.2	15.8	84.2
意大利	2.9	0.9	2.0	32.4	67.6
俄罗斯	3.1	0.8	2.3	26.0	74.0
印度	2.2	0.7	1.5	31.7	68.3

资料来源：根据 WIOD 提供的相应国家投入产出表和社会经济核算表计算整理得到。

从表 20-2 中可以发现以下特征：第一，中国生产服务业对 ICT 中间投入的直接消耗系数在大型经济体中最高，这说明与其他大型经济体相比，ICT 中间投入在中国生产服务业生产经营过程中发挥的作用更加重要。第二，中国生产服务业对 ICT 制造业中间投入的直接消耗系数远远大于其他大型经济体，然而，中国生产服务业对 ICT 服务业中间投入的直接消耗系数在大型经济体中相对偏低，这说明中国生产服务业对 ICT 制造业的高消耗才是造成对 ICT 中间投入高消耗的原因。第三，中国生产服务业使用的 ICT 中间投入构成里，来自 ICT 制造业的中间投入占比明显高于来自 ICT 服务业的中间投入占比。对于其他大型经济体而言，ICT 服务业中间投入占比存在着明显的领先优势。这意味着我国生产服务业信息化还是以对 ICT 硬件设施的投入为主，对 ICT 服务的投入水平相对较低。长期以来，相较于 ICT 制造业较高的市场竞争程度和开放程度，我国邮电通信领域垄断势力较大、市场开放程度不足，导致相关信息通信服务质量不高，限制了下游产业对信息通信服务的需求。进一步推动我国生产服务业信息化发展，需要注意消除阻碍信息化软投入的体制性因素，通过电信改革等措施切实提升 ICT 服务的质量。

三、ICT 产业中间投入对生产服务业增长的贡献

在增长核算框架下，产出增长可以被资本投入、劳动投入、中间投入以及全要素生产率增长所解释。中间投入又可以作进一步分解为 ICT 产业中间投入和其他产

业中间投入，ICT 产业中间投入还可以进一步分解为 ICT 制造业和 ICT 服务业中间投入。根据公式（20.2）~公式（20.6），计算得到 ICT 产业及其两个子行业中间投入对生产服务业产出增长的贡献，结果如表 20-3 所示。[①] 基于表 20-3 的数据，进一步分析 ICT 产业中间投入对生产服务业产出增长的拉动效应，可以通过将 ICT 产业中间投入的增长贡献除以产出增长率，从而得到其对生产服务业产出增长的贡献率，还可以进一步讨论 ICT 中间投入增长贡献的内部构成，分析分别有多少比例是由 ICT 制造业和 ICT 服务业中间投入贡献的，结果如表 20-4 所示。

表 20-3　　ICT 投入对生产服务业产出增长的贡献　　单位：%

	生产服务业产出年均增长率	ICT 产业中间投入的贡献	ICT 制造业中间投入的贡献	ICT 服务业中间投入的贡献
美国	3.81	0.14	0.05	0.09
中国	10.08	0.86	0.68	0.18
日本	0.79	0.12	0.05	0.07
德国	2.45	0.13	0.02	0.11
法国	3.27	0.21	0.06	0.15
巴西	3.49	0.13	0.03	0.10
英国	4.63	0.28	0.04	0.24
意大利	2.11	0.14	0.01	0.13
俄罗斯	5.59	0.21	0.04	0.18
印度	10.34	0.41	0.09	0.32

资料来源：根据 WIOD 提供的相应国家投入产出表和社会经济核算表计算整理得到。

表 20-4　　ICT 投入的贡献率及内部构成　　单位：%

	ICT 产业中间投入对生产服务业增长的贡献率	ICT 制造业中间投入贡献的占比	ICT 服务业中间投入贡献的占比
美国	2.64	41.62	58.38
中国	7.29	78.89	21.11
日本	19.40	47.05	52.95
德国	1.58	20.08	79.92
法国	4.52	34.15	65.85

---

① 生产服务业产出增长率为 1995~2009 年的年均增长率，考虑到研究的需要和分析的简洁，没有报告资本投入、劳动投入、全要素生产率以及其他中间投入的增长贡献。

续表

	ICT产业中间投入对生产服务业增长的贡献率	ICT制造业中间投入贡献的占比	ICT服务业中间投入贡献的占比
巴西	3.13	19.08	80.92
英国	4.54	5.22	94.78
意大利	7.14	5.34	94.66
俄罗斯	2.45	27.40	72.60
印度	4.11	18.83	81.17

资料来源：根据表20-3数据计算整理得到。

首先看中国的数据。中国生产服务业1995~2009年的实际年均产出增长率为10.08%，这其中的0.86%由ICT中间投入贡献，贡献率达到7.29%，考虑到生产服务业生产需要消耗的资本、劳动、技术以及种类繁多的中间投入，仅ICT中间投入每年就可以贡献超过7%的产出增长，可见ICT中间投入对于生产服务业生产过程的重要性。对ICT中间投入进一步分解的结果显示，ICT制造业中间投入对生产服务业产出增长的贡献为0.68%；ICT服务业中间投入对生产服务业产出增长的贡献为0.18%，远低于ICT制造业中间投入的贡献。ICT中间投入贡献的内部构成显示，ICT制造业和ICT服务业中间投入贡献的占比分别为78.89%和21.11%。

再看中国与其他大型经济体的比较。中国生产服务业年均产出增长率在大型经济体中仅略低于印度的10.34%。中国ICT中间投入对生产服务业增长年均可以贡献0.86个百分点，远高于其他大型经济体。中国ICT制造业中间投入对生产服务业增长年均可以贡献0.68个百分点，也远高于其他大型经济体。中国ICT服务业中间投入对生产服务业增长年均可以贡献0.18个百分点，在大型经济体中并不突出。ICT中间投入贡献的内部构成显示，中国ICT制造业中间投入贡献的占比在大型经济体中最高，相应地，ICT服务业中间投入贡献的占比在十大经济体中最低。对于其他大型经济体，ICT服务业中间投入贡献的占比都要大于ICT制造业。这表明，与其他大型经济体相比，我国ICT中间投入对生产服务业增长的贡献，主要是由ICT制造业中间投入所推动，ICT服务业中间投入的推动作用还有待进一步加强。

四、小结与启示

本节基于WIOD提供的国家投入产出表和社会经济核算数据，分析了中国生产服务业对 ICT 中间投入的直接消耗系数,并与其他九个大型经济体进行了横向比较,进而基于增长核算框架分析了 ICT 中间投入对生产服务业产出增长的贡献并进行了国际比较。主要定量分析结论包括:

1. 中国生产服务业对 ICT 中间投入的直接消耗系数呈现出明显的阶段性特征,1995~2002 年间呈稳定上升的趋势,2002 年之后基本陷入停滞状态,生产服务业对 ICT 制造业中间投入直接消耗系数的演变趋势与此基本上是同步的。生产服务业对 ICT 服务业中间投入的直接消耗系数呈先上升后下降的状态。在整个观测区间,生产服务业直接消耗的 ICT 中间投入里,ICT 制造业中间投入占比都明显高于 ICT 服务业中间投入占比。这说明,生产服务业对 ICT 中间投入的直接消耗主要是源于对 ICT 制造业中间投入的高消耗,对 ICT 服务业中间投入的消耗相对较少。

2. 中国生产服务业对 ICT 中间投入的直接消耗系数在大型经济体中最高,对 ICT 制造业中间投入的直接消耗系数远远大于其他大型经济体,然而,对 ICT 服务业中间投入的直接消耗系数在大型经济体中相对偏低。这说明,中国生产服务业对 ICT 制造业的高消耗才是造成对 ICT 中间投入高消耗的原因。中国生产服务业使用的 ICT 中间投入构成里,来自 ICT 制造业的中间投入占比明显高于来自 ICT 服务业的中间投入占比。其他大型经济体 ICT 服务业中间投入占比存在着明显的领先优势。这意味着我国生产服务业信息化还是以对 ICT 硬件设施的投入为主,对 ICT 服务的投入水平相对较低。

3. 中国 ICT 中间投入年均为生产服务业产出增长贡献 0.86 个百分点,贡献率达到 7.29%,可见 ICT 中间投入对于生产服务业生产过程的重要性。对 ICT 中间投入进一步分解的结果显示,ICT 制造业中间投入年均为生产服务业产出增长贡献 0.68 个百分点;ICT 服务业中间投入年均为生产服务业产出增长贡献 0.18 个百分点。ICT 中间投入贡献的内部构成显示,ICT 制造业和 ICT 服务业中间投入贡献的占比分别为 78.89% 和 21.11%。

4. 中国 ICT 中间投入对生产服务业增长的年均贡献值远高于其他大型经济体。中国 ICT 制造业中间投入对生产服务业增长的年均贡献值也远高于其他大型经济体。中国 ICT 服务业中间投入对生产服务业增长的年均贡献值在大型经济体中并不突出。ICT 中间投入贡献的内部构成显示,中国 ICT 制造业中间投入贡献的占比在大型经济体中最高,相应地,ICT 服务业中间投入贡献的占比在十大经济体中最低。其他大型经济体 ICT 服务业中间投入贡献的占比都要大于 ICT 制造业。这表明,与其他大型经济体相比,我国 ICT 中间投入对生产服务业增长的贡献,主要是由 ICT 制造业中间投入所推动,ICT 服务业中间投入的推动作用还有待进一步加强。

相关启示是：第一，应当从战略高度重视我国生产服务业的信息化发展问题，充分认识到 ICT 产业，尤其是 ICT 制造业，在生产服务业生产过程中体现出的重要性。加快发展我国生产服务业，需要确保 ICT 产业中间产品的稳定供给，鼓励生产服务业树立互联网思维，积极与"互联网+"相结合，推动生产服务业与 ICT 产业的融合创新发展。第二，进一步推进我国生产服务业信息化发展，需要注意消除阻碍信息化软投入的体制性因素。通过继续深化电信体制改革、有序开放电信市场、加快民营资本进入基础电信业务等措施切实提升信息通信服务的质量。

第二节　中国生产服务业信息化发展现状

随着世界范围内计算机硬软件技术和互联网技术的不断突破，信息化浪潮席卷了经济社会的各个领域，中国生产服务业的发展也不可避免地受到了信息和通信技术渗透的影响。信息化是一个综合性很强的概念，这意味着度量信息化是一个统计上的难题。本节利用多个维度的指标对中国生产服务业及其构成行业的信息化发展现状进行测度，分析并概括其发展趋势和特征。

一、中国生产服务业的 ICT 投入水平

投入产出表反映了国民经济各部门在生产过程中的投入产出关系。利用投入产出表，可以计算出某部门对信息通信技术产品的直接消耗系数，以此作为衡量该部门信息化情况的一个维度。结合国内外已有研究对信息通信技术部门（ICT sectors）的定义，将各部门在生产过程中中间投入的计算机、通信和其他电子设备制造业产品和信息传输、软件和信息技术服务业产品分别视为该部门的 ICT 硬投入和 ICT 软投入，ICT 硬投入和 ICT 软投入相加就是该部门的 ICT 投入。本节将从生产服务业 ICT 投入、ICT 投入占总投入的比重、ICT 硬投入占总投入的比重、ICT 软投入占总投入的比重这四个方面对生产服务业及其细分行业的信息化发展情况进行考察。但是，需要注意的是，投入产出表仅仅反映了一年的投入产出情况，只能从中观察得到当年生产服务业及其构成行业的 ICT 投入规模，而无法得知各行业信息化发展的存量水平。基于投入产出表的统计分析表明，中国生产服务业的 ICT 投入呈现如下状态。

第一，生产服务业 ICT 投入规模不断扩大但增速慢于总投入，ICT 软投入表

现出了对ICT硬投入的追赶效应,总体上ICT投入对生产服务业生产过程的支持力度还有待加强。

表20-5显示,2002~2012年,中国生产服务业ICT投入(当年价)由2 956亿元增至11 792亿元,增长了2.99倍,增长速度低于生产服务总投入(4.34倍)。虽然在三个年份ICT硬投入的绝对规模都要大于ICT软投入,但两者之间的差距在不断缩小。2002~2012年,ICT硬投入增长了2.14倍,ICT软投入增长了4.57倍。

分阶段来看,ICT投入、ICT硬投入和ICT软投入在2007~2012年的增速都要明显高于2002~2007年。具体地,2002~2007年,生产服务业ICT投入增长了22.5%,ICT硬投入增长了9.4%,ICT软投入增长了46.7%;2007~2012年,生产服务业ICT投入增长了2.26倍,ICT硬投入增长了1.87倍,ICT软投入增长了2.80倍。

表20-5　中国生产服务业的ICT投入与总投入　　单位:亿元(当年价)

	2002年	2007年	2012年
ICT硬投入	1 920	2 101	6 021
ICT软投入	1 036	1 520	5 771
ICT投入	2 956	3 621	11 792
总投入	51 957	108 336	277 560

注:由于三个年份投入产出表的部门分类和部门名称存在一些差异,因此需要在不同的投入产出表之间进行协调处理,这里以《国民经济行业分类》(GB/T 4754—2011)为基准,根据产出性质对部门名称进行了协调,包括将2002年和2007年投入产出表里面的通信设备、计算机及其他电子设备制造业统一协调为计算机、通信和其他电子设备制造业,将2002年和2007年投入产出表里面的信息传输、计算机服务和软件业统一协调为信息传输、软件和信息技术服务业,将2002年投入产出表里面的科学研究事业和综合技术服务业、2007年投入产出表里面的研究与试验发展业和综合技术服务业统一协调为科学研究和技术服务业。

资料来源:根据国家统计局发布的《中国投入产出表》(2002年、2007年、2012年)的基本流量表计算整理得到。

表20-6显示,同期生产服务业ICT投入占总投入比重(当年价)由5.69%下降到4.25%,ICT硬投入占比由3.70%下降到2.17%,ICT软投入占比由1.99%微升到2.08%,这提示,随着中国生产服务业总产出规模的持续扩张(总投入恒等于总产出),ICT投入量并没有保持相应的追加速率,也反映出近些年ICT投入对生产服务业生产过程的支持力度没有达到应有的水平。

表 20 – 6　　中国生产服务业 ICT 投入占总投入比重　　单位：%（当年价）

	2002 年	2007 年	2012 年
ICT 硬投入	3.70	1.94	2.17
ICT 软投入	1.99	1.40	2.08
ICT 投入	5.69	3.34	4.25
总投入	100.00	100.00	100.00

资料来源：同表 20 – 5。

第二，生产服务业人均 ICT 投入占有量提升明显但滞后于人均总投入的增长速度，人均 ICT 软投入相对于人均 ICT 硬投入的滞后程度有缩小的趋势。

表 20 – 7 显示，2002 ~ 2012 年，中国生产服务业人均 ICT 投入占有量（当年价）由 0.39 万元/人提高至 1.18 万元/人，增长了 2.05 倍，增长速度低于生产服务业人均总投入（3.09 倍）。虽然在三个年份人均 ICT 硬投入占有量都要大于人均 ICT 软投入，但两者之间的差距在不断缩小。2002 ~ 2012 年，生产服务业人均 ICT 硬投入增长了 1.40 倍，人均 ICT 软投入增长了 3.26 倍。

分阶段来看，人均 ICT 投入、人均 ICT 硬投入和人均 ICT 软投入在 2007 ~ 2012 年的增速都要明显高于 2002 ~ 2007 年。具体地，2002 ~ 2007 年，生产服务业人均 ICT 投入增长了 10.55%，人均 ICT 硬投入增长了 – 1.23%，人均 ICT 软投入增长了 32.40%；2007 ~ 2012 年，生产服务业人均 ICT 投入增长了 1.76 倍，人均 ICT 硬投入增长了 1.43 倍，人均 ICT 软投入增长了 2.22 倍。

表 20 – 7　　中国生产服务业人均 ICT 投入占有量

单位：万元/人（当年价）

	2002 年	2007 年	2012 年
人均 ICT 硬投入	0.25	0.25	0.60
人均 ICT 软投入	0.14	0.18	0.58
人均 ICT 投入	0.39	0.43	1.18
人均总投入	6.82	12.83	27.85

注：生产服务业就业人员数为各细分行业就业人员数的加总，生产服务业细分行业就业人员数 = 第三产业就业人数 ×（该行业城镇单位就业人员数/第三产业城镇单位就业人员数），由于缺少 2002 年分行业第三产业城镇单位就业人员数的统计，假定行业城镇单位就业人员数占第三产业城镇单位就业人员数比重不变，对此比重用 2003 年的数据代替。

资料来源：根据国家统计局发布的《中国投入产出表》（2002 年、2007 年、2012 年）的基本流量表以及《中国统计年鉴》（2014 年）计算整理得到。

第三，除批发和零售业之外的细分行业 ICT 投入规模都在持续扩大，知识密集型生产服务业 ICT 投入对整体生产服务业 ICT 投入的贡献越来越大，但就行业 ICT 投入占行业总投入比重而言，批发和零售业、交通运输、仓储和邮政业，金融业、租赁和商务服务业均出现了不同程度的下降。

表 20-8 显示，2002~2012 年，中国生产服务业大部分细分行业 ICT 投入表现出了明显的规模扩张趋势，其中有三个行业 ICT 投入的增速超过了生产服务业整体的增速（2.99 倍），分别是信息传输、软件和信息技术服务业（6.71 倍）、金融业（3.11 倍）、科学研究和技术服务业（8.90 倍）。此外，交通运输、仓储和邮政业，租赁和商务服务业 ICT 投入分别增长了 2.53 倍和 1.05 倍。在所有细分行业中，仅批发和零售业 ICT 投入出现了负增长（-13.99%）。

根据 OECD 对知识密集型服务业的划分，信息传输、软件和信息技术服务业、金融业、租赁和商务服务业、科学研究和技术服务业可以被定义为知识密集型生产服务业。知识密集型生产服务业 ICT 投入占生产服务服务业 ICT 投入比重从 2002 的 71.22% 上升到 2007 年的 75.59%，进而上升至 2012 年的 89.61%，这提示，知识密集型生产服务业 ICT 投入对生产服务业 ICT 投入的贡献越来越大，生产服务业细分行业 ICT 投入呈现出极大的不平衡性。

表 20-8　　中国生产服务业细分行业 ICT 投入　　单位：亿元（当年价）

行业	2002 年	2007 年	2012 年
生产服务业	2 956	3 621	11 792
批发和零售业	666	492	573
交通运输、仓储和邮政业	185	392	652
信息传输、软件和信息技术服务业	707	973	5 450
金融业	402	510	1 654
租赁和商务服务业	816	959	1 674
科学研究和技术服务业	181	295	1 788

资料来源：同表 20-5。

表 20-9 显示，细分行业 ICT 投入占该行业总投入比重的演变出现了分化，2002~2012 年批发和零售业，交通运输、仓储和邮政业，金融业，租赁和商务服务业均出现了不同程度的下降，信息传输、软件和信息技术服务业的上升幅度最大，科学研究和技术服务业也有所提高。信息传输、软件和信息技术服务业自身就是 ICT 行业，其 ICT 投入占比的提升与行业属性紧密相关。科学研究和技术服务业属于典型的知识创造型行业，现代化的研发活动当然离不开 ICT 的支持，其 ICT 投入占比的提升具备强大的内生动力。至于批发和零售业等细分行业，随着行业产出规模的扩张，ICT 投入的增长明显滞后。

表 20 – 9　　　细分行业 ICT 投入占该行业总投入比重　　　单位：% （当年价）

行业	2002 年	2007 年	2012 年
生产服务业	5.69	3.34	4.25
批发和零售业	3.88	1.71	0.79
交通运输、仓储和邮政业	1.26	1.21	1.05
信息传输、软件和信息技术服务业	12.82	9.70	21.73
金融业	5.50	2.62	2.80
租赁和商务服务业	18.28	8.14	4.87
科学研究和技术服务业	6.20	5.11	7.17

资料来源：同表 20 – 5。

第四，除批发和零售业之外的细分行业人均 ICT 投入占有量均有所提升，近年来知识密集型生产服务业人均 ICT 投入明显要大于其他细分行业。

表 20 – 10 显示，2002～2012 年，仅批发和零售业人均 ICT 投入占有量由 0.30 万元/人下降至 0.22 万元/人，下降了 25.33%。其他细分行业中，交通运输、仓储和邮政业（2.31 倍），信息传输、软件和信息技术服务业（2.98 倍），科学研究和技术服务业（5.53 倍）的增幅均超过了生产服务业整体人均 ICT 投入的增幅（2.05 倍）。此外，金融业、租赁和商务服务业人均 ICT 投入的增幅分别达到了 1.71 倍和 26.70%。

2012 年的数据显示，信息传输、软件和计算机服务业，租赁和商务服务业，科学研究和技术服务业等知识密集型生产服务业人均 ICT 投入占有量都要高于生产服务业整体水平，金融业人均 ICT 投入虽然没有超过生产服务业整体水平，但是明显高于批发和零售业，交通运输、仓储和邮政业这两个非知识密集型行业。这提示，生产服务业内部各细分行业劳动力平均占有的 ICT 资源数量差异较大，这可能会对行业的发展绩效造成显著的影响。

表 20 – 10　　　细分行业人均 ICT 投入占有量　　　单位：万元/人（当年价）

行业	2002 年	2007 年	2012 年
生产服务业	0.39	0.43	1.18
批发和零售业	0.30	0.25	0.22
交通运输、仓储和邮政业	0.08	0.16	0.27
信息传输、软件和信息技术服务业	1.70	1.66	6.76
金融业	0.32	0.33	0.87
租赁和商务服务业	1.25	0.99	1.58
科学研究和技术服务业	0.23	0.31	1.49

资料来源：同表 20 – 7。

第五，生产服务业 ICT 投入强度与世界先进水平差距不大，但 ICT 投入内部硬软比例表现出了与其他国家不同的特征，中国生产服务业 ICT 服务外包发展还有待提高。

表 20-11（样本为金砖五国和七国集团）显示，2011 年中国生产服务业 ICT 投入占总投入比重为 4.40%，ICT 投入强度与领先国家（巴西、美国、日本、英国、法国、德国和意大利）相差不大，这表明我国生产服务业与 ICT 产业的技术经济联系与领先国家具有较高的近似性。

表 20-11　　　生产服务业 ICT 投入占总投入比重的国际比较

单位：%（2011 年价）

国家	ICT	ICT 硬投入	ICT 软投入
中国	4.40	2.28	2.11
巴西	6.08	0.59	5.49
印度	3.08	0.89	2.18
俄罗斯	2.28	0.67	1.61
南非	3.14	0.14	3.00
美国	5.06	1.11	3.95
日本	4.63	0.68	3.95
英国	6.01	0.43	5.58
法国	5.68	0.47	5.21
德国	4.70	0.67	4.04
意大利	4.75	0.56	4.20
加拿大	3.72	0.46	3.27

注：由于该投入产出表是基于 ISIC Rev.3.1 分类标准，这里生产服务业包括批发和零售贸易及维修业（C50t52）、交通运输和仓储业（C60t63）、邮电通信业（C64）、金融中介（C65t67）、机器和设备租赁（C71）、计算机和相关活动（C72）、研发和其他商务活动（C73t74），ICT 硬投入对应着计算机、电子和光学设备制造业（C30t33X），ICT 软投入对应着邮电通信业（C64）和计算机和相关活动（C72）。将依此处理方法得到的 2011 年中国 ICT 投入强度数据与表 20-6 提供的中国 2012 年数据进行交叉比较，发现结果相差不大，这在一定程度证明了此种处理方法的合理性。

资料来源：根据 OECD STAN 数据库提供的 2011 年投入产出表计算整理得到。

表 20-12 显示，中国生产服务业 ICT 投入内部硬软比例关系与其他国家表现出了截然不同的特征。中国生产服务业 ICT 硬投入占比 51.89%，ICT 软投入占比 48.11%，ICT 硬投入占比大于 ICT 软投入占比。对于其他国家，ICT 硬投入占比都是小于 ICT 软投入占比，ICT 软投入占比最小的俄罗斯 70.81%，ICT 软投入占比最大的南非 95.58%。与其他国家相比，中国生产服务业更为依赖 ICT 硬

投入的贡献。这在一定程度上是因为中国生产服务业企业的 ICT 服务外包发展不足，生产服务业企业习惯于自行在内部设立 ICT 服务部门，而不是以服务外包的方式外购 ICT 服务。相较之下，生产服务业企业一般无法自行生产计算机、通信设备等硬件设施，只能从 ICT 制造业部门采购。这些因素导致投入产出表反映出的 ICT 硬投入占比高于 ICT 服务占比。

表 20 - 12　　　　生产服务业 ICT 投入内部硬软比例的国际比较

单位：%（2011 年价）

国家	ICT	ICT 硬投入	ICT 软投入
中国	100.00	51.89	48.11
巴西	100.00	9.76	90.24
印度	100.00	29.01	70.99
俄罗斯	100.00	29.19	70.81
南非	100.00	4.42	95.58
美国	100.00	21.88	78.12
日本	100.00	14.60	85.40
英国	100.00	7.15	92.85
法国	100.00	8.28	91.72
德国	100.00	14.15	85.85
意大利	100.00	11.69	88.31
加拿大	100.00	12.24	87.76

资料来源：同表 20 - 11。

二、中国生产服务业企业的信息化情况

从投入产出表中获取的 ICT 投入信息只是刻画了生产服务业信息化的一个侧面，企业层次的信息化数据有助于对中国生产服务业信息化发展现状形成更加全面的认知。《中国统计年鉴》提供的按行业分企业信息化情况表（2014 年和 2013 年）[1]、中国互联网络中心（CNNIC）发布的最新企业调查数据《2014 年下半年中国企业互联网应用状况调查报告》[2] 是本节分析的数据来源。中国生产服务业

---

[1] 更早年份的数据《中国统计年鉴》中没有统计。
[2] 该调查报告内容是基于对 6 000 家有效样本企业分析得出，该报告只列出了部分重点行业的信息，属于生产服务业范畴的包括交通运输、仓储和邮政业、信息传输、计算机服务和软件业、批发和零售业、租赁和商务服务业。虽然没有囊括所有的生产服务业细分行业，但是该报告已经是当前条件所能获取的稀缺的微观层次信息化调查数据，具备较大的参考价值。

企业信息化呈现如下特点。

第一，生产服务业企业在为劳动力配置计算机方面表现较好，但是企业网站和电子商务普及程度相对较低，信息传输、软件和信息技术服务业由于行业特征在这些方面发展较好。

表 20-13 显示，2014 年，在国家统计局统计的 27 万多个生产服务业企业里，每百人使用计算机数达到了 48 台，每百家企业拥有网站数达到了 53 个，有电子商务活动企业比重达到了 6.4%。在这三项指标中，生产服务业企业在为劳动力配置计算机方面表现较好，每百人使用计算机数大于制造业。这一点丝毫不奇怪，因为制造业的一线工人数占全部制造业就业人员比重较高，这些一线工人生产过程中很少面临需要计算机交互处理的工作任务，相较之下，生产服务业的一线员工更为依赖计算机来完成日常的工作安排，图 20-2 提供的信息支持了这种解释。生产服务业企业在每百家企业拥有网站数、有电子商务活动企业比重这两项指标上都与制造业企业存在一定的差距。[①] 信息传输、软件和信息技术服务业在三项指标上都表现突出，这主要是由其行业特征所决定的，见图 20-3。表 20-14 显示的 2013 年数据反映出的生产服务业企业信息化特征与 2014 年基本一致。

表 20-13　　　　按行业分企业信息化情况（2014 年）

行业	企业数（个）	每百人使用计算机数（台）	每百家企业拥有网站数（个）	有电子商务活动企业比重（%）
总计	905 722	22	58	7.2
采矿业	15 654	16	39	1.1
制造业	347 376	18	70	8.6
电力、热力、燃气及水生产和供应业	9 211	59	58	3.2
建筑业	92 626	7	43	2.5
生产服务业	274 899	48	53	6.4
批发和零售业	180 535	42	47	6.2
交通运输、仓储和邮政业	35 187	25	45	4.0
信息传输、软件和信息技术服务业	12 542	124	113	18.9

---

① CNNIC《2014 年下半年中国企业互联网应用状况调查报告》提供的企业建站情况信息进一步佐证了生产服务业企业与制造业企业在建立网站方面的差距，信息传输、计算机服务和软件业由于行业特征表现相对较好。

续表

行业	企业数（个）	每百人使用计算机数（台）	每百家企业拥有网站数（个）	有电子商务活动企业比重（%）
租赁和商务服务业	28 525	35	65	6.4
科学研究和技术服务业	18 110	73	66	4.7
住宿和餐饮业	44 921	22	53	24.4
房地产业	98 837	38	43	1.6
水利、环境和公共设施管理业	4 318	20	59	10.3
居民服务、修理和其他服务业	5 172	14	48	4.7
教育	3 623	84	70	3.3
卫生和社会工作	3 722	46	81	4.1
文化、体育和娱乐业	5 363	66	82	20.1

注：由于该数据源没有提供金融业企业信息化的数据资料，因此此处的生产服务业统计不包括金融业。有电子商务交易活动的企业是指通过互联网开展电子商务销售或电子商务采购的企业。

资料来源：根据国家统计局提供的《中国统计年鉴》（2015年）计算整理得到。

制造业 33.3%
建筑业 53.3%
交通运输、邮政和仓储业 47.8%
信息传输、计算机服务和软件业 85.0%
批发和零售业 64.8%
房地产业 71.2%
租赁和商务服务业 72.3%
居民服务和其他服务业 57.1%
总体 53.1%

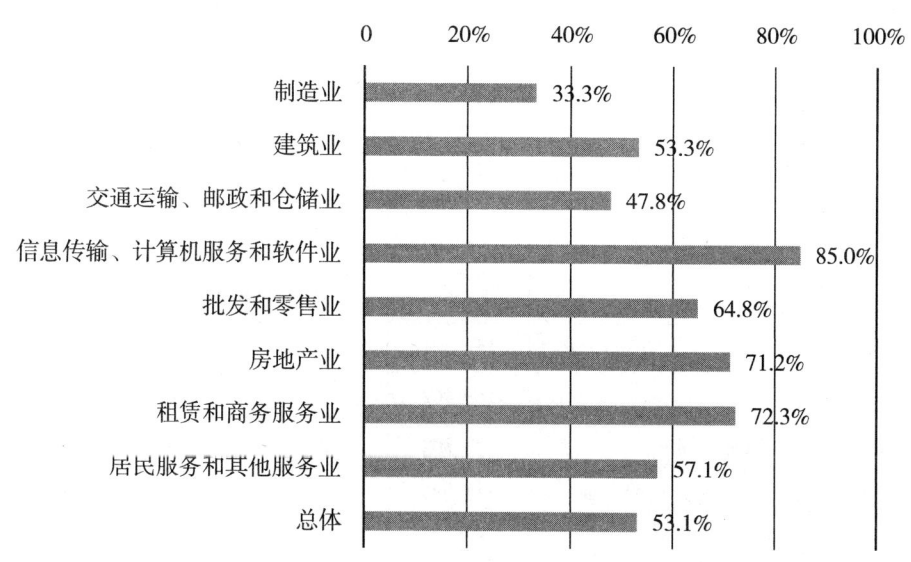

图 20-2　经常使用计算机办公的员工比例

资料来源：CNNIC《2014年下半年中国企业互联网应用状况调查报告》。

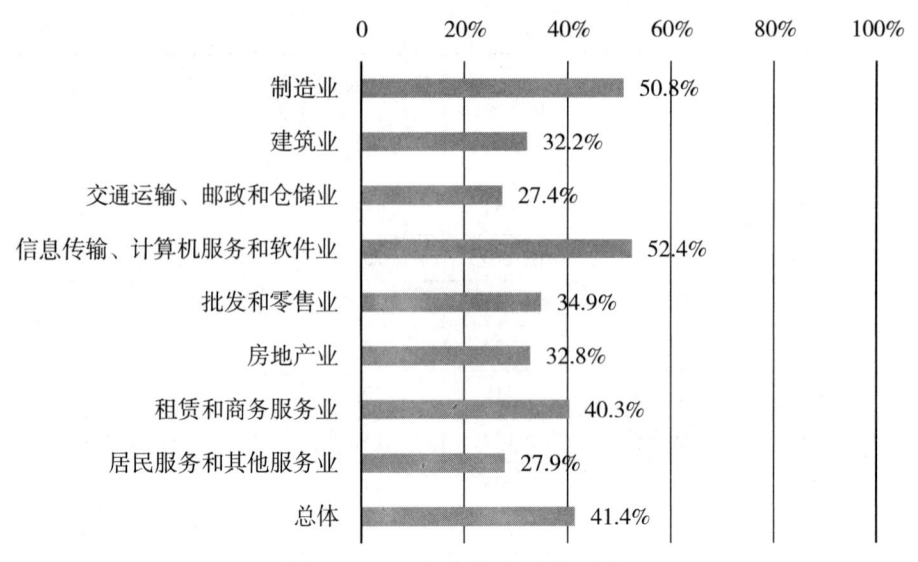

```
                    0    20%   40%   60%   80%   100%
           制造业 ████████████ 50.8%
           建筑业 ███████ 32.2%
  交通运输、邮政和仓储业 ██████ 27.4%
信息传输、计算机服务和软件业 █████████████ 52.4%
       批发和零售业 ████████ 34.9%
          房地产业 ███████ 32.8%
      租赁和商务服务业 █████████ 40.3%
     居民服务和其他服务业 ██████ 27.9%
            总体 ██████████ 41.4%
```

图 20-3　企业建立网站情况

资料来源：同图 20-2。

表 20-14　　　　　按行业分企业信息化情况（2013 年）

行业	企业数（个）	每百人使用计算机数（台）	每百家企业拥有网站数（个）	有电子商务活动企业比重（%）
总计	853 705	20	57	5.2
采矿业	16 606	14	35	1.1
制造业	335 108	17	68	7.2
电力、热力、燃气及水生产和供应业	8 427	51	56	2.2
建筑业	88 655	7	40	2.7
生产服务业	252 601	46	57	4.4
批发和零售业	169 402	38	46	4.0
交通运输、仓储和邮政业	30 804	24	44	3.2
信息传输、软件和信息技术服务业	11 087	115	242	14.0
租赁和商务服务业	25 659	34	66	4.8
科学研究和技术服务业	15 649	69	65	3.6

续表

行业	企业数（个）	每百人使用计算机数（台）	每百家企业拥有网站数（个）	有电子商务活动企业比重（％）
住宿和餐饮业	43 809	19	49	8.9
房地产业	90 825	37	40	1.3
水利、环境和公共设施管理业	3 595	19	58	7.0
居民服务、修理和其他服务业	4 132	13	47	3.2
教育	2 739	76	68	2.6
卫生和社会工作	2 946	42	81	3.3
文化、体育和娱乐业	4 262	60	83	12.7

资料来源：根据国家统计局提供的《中国统计年鉴》（2014年）计算整理得到，其他解释同表20-13。

第二，沟通类互联网应用在生产服务业企业已经较为普及，信息类和金融类互联网应用普及率相对不高，生产服务业企业在这三类应用上的普及率与制造业企业差别不大。

沟通类互联网应用在生产服务业企业已经较为普及，各细分行业利用互联网发送或接收电子邮件的企业比例基本都在80%以上，如图20-4所示。相较之下，在利用互联网发布消息或即时信息、了解商品或服务信息、从政府机构获取信息等信息类互联网应用上生产服务业企业的普及率还不是很高。具体地，除信息传输、计算机服务和软件业利用互联网发布信息或即时消息的企业比例达到了75%，其他生产服务业这一指标在51%~67%（如图20-5所示）。除信息传输、计算机服务和软件业利用互联网了解商品或服务信息的企业比例达到了75%，其他生产服务业这一指标在48%~71%，如图20-6所示。生产服务业利用互联网从政府机构获取信息的企业比例在48%~59%（如图20-7所示）。在金融类互联网应用上生产服务业企业也存在普及率不高的问题，生产服务业使用网上银行的企业比例在68%~78%，如图20-8所示。总体上，生产服务业企业在沟通类、信息类和金融类互联网应用上的普及率与制造业企业相差不大。

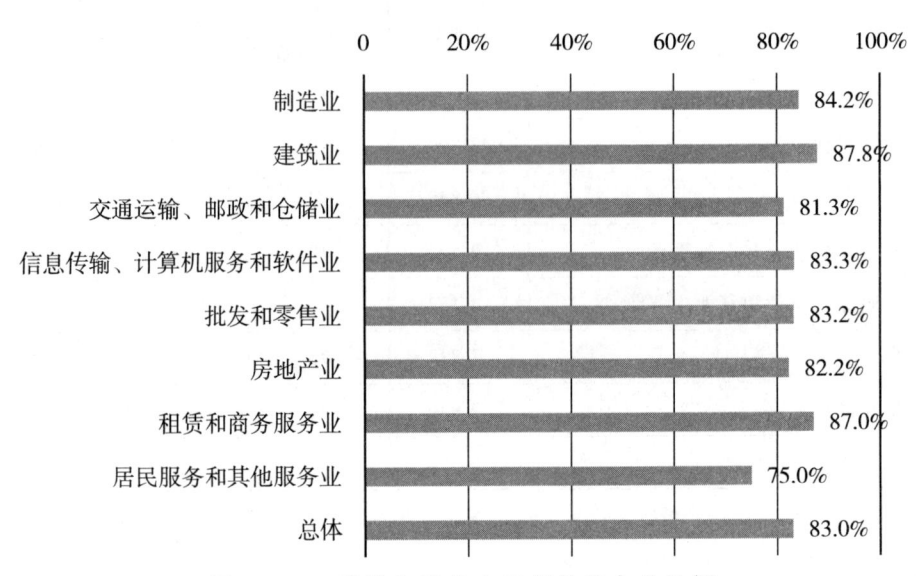

行业	比例
制造业	84.2%
建筑业	87.8%
交通运输、邮政和仓储业	81.3%
信息传输、计算机服务和软件业	83.3%
批发和零售业	83.2%
房地产业	82.2%
租赁和商务服务业	87.0%
居民服务和其他服务业	75.0%
总体	83.0%

图 20－4　发送和接收电子邮件的企业比例

资料来源：同图 20－2。

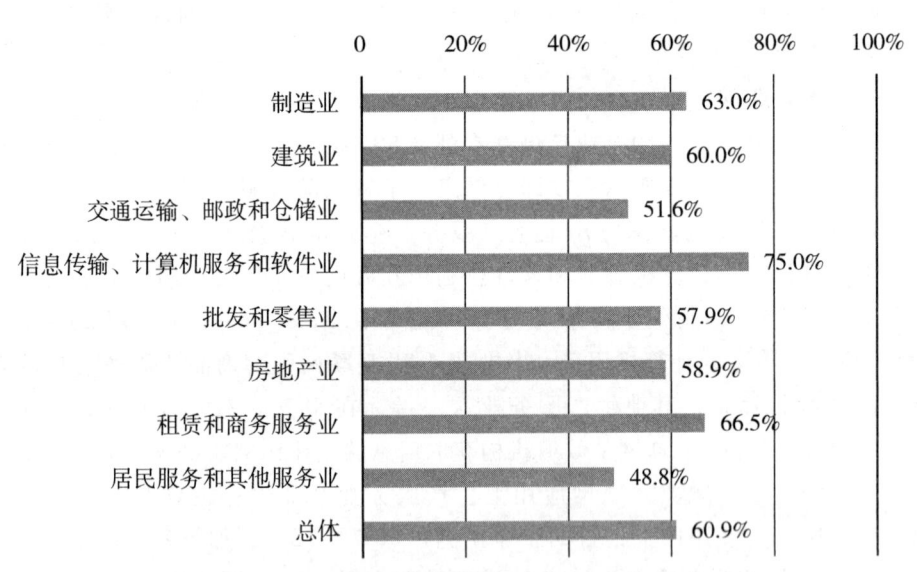

行业	比例
制造业	63.0%
建筑业	60.0%
交通运输、邮政和仓储业	51.6%
信息传输、计算机服务和软件业	75.0%
批发和零售业	57.9%
房地产业	58.9%
租赁和商务服务业	66.5%
居民服务和其他服务业	48.8%
总体	60.9%

图 20－5　利用互联网发布信息或即时消息的企业比例

资料来源：同图 20－2。

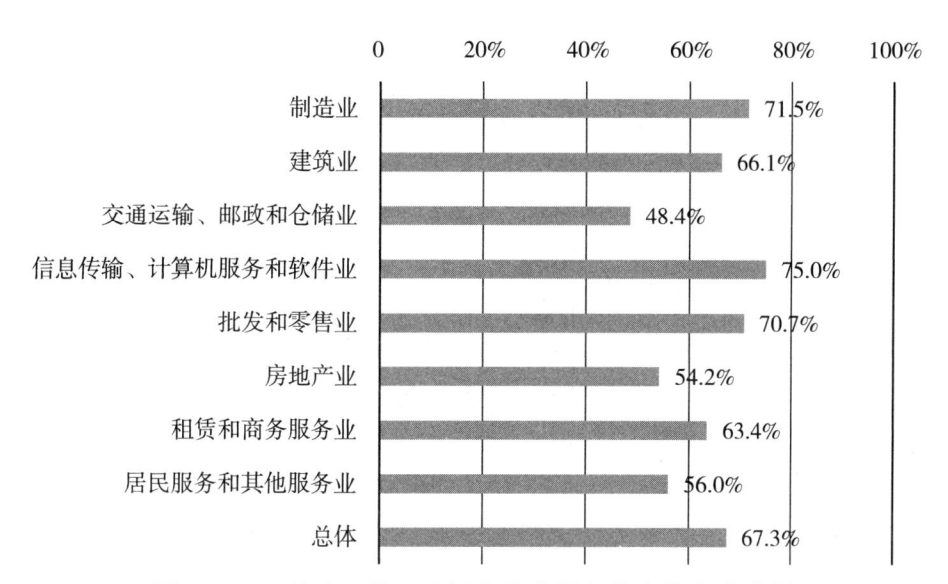

行业	比例
制造业	71.5%
建筑业	66.1%
交通运输、邮政和仓储业	48.4%
信息传输、计算机服务和软件业	75.0%
批发和零售业	70.7%
房地产业	54.2%
租赁和商务服务业	63.4%
居民服务和其他服务业	56.0%
总体	67.3%

图 20-6　利用互联网了解商品或服务信息的企业比例

资料来源：同图 20-2。

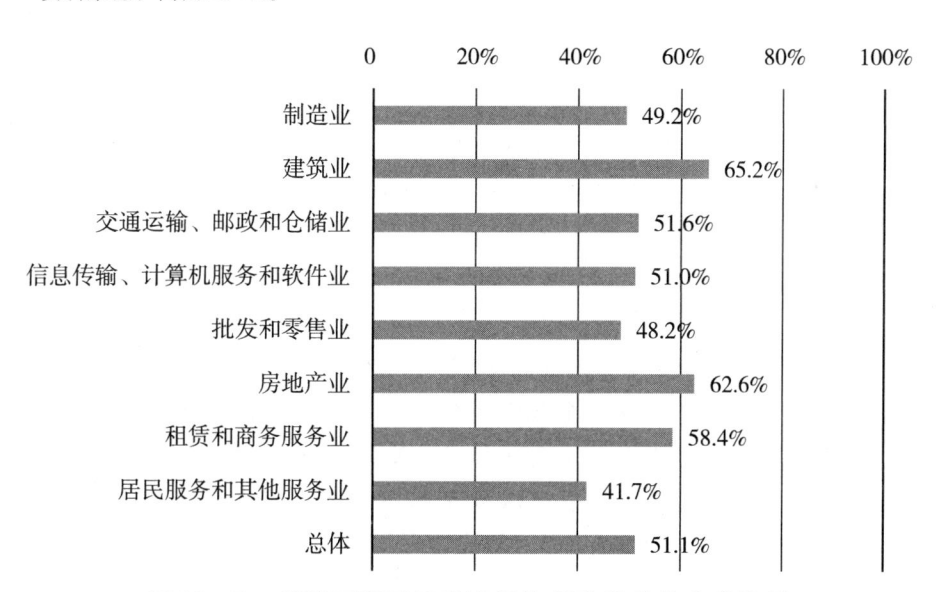

行业	比例
制造业	49.2%
建筑业	65.2%
交通运输、邮政和仓储业	51.6%
信息传输、计算机服务和软件业	51.0%
批发和零售业	48.2%
房地产业	62.6%
租赁和商务服务业	58.4%
居民服务和其他服务业	41.7%
总体	51.1%

图 20-7　利用互联网从政府机构获取信息的企业比例

资料来源：同图 20-2。

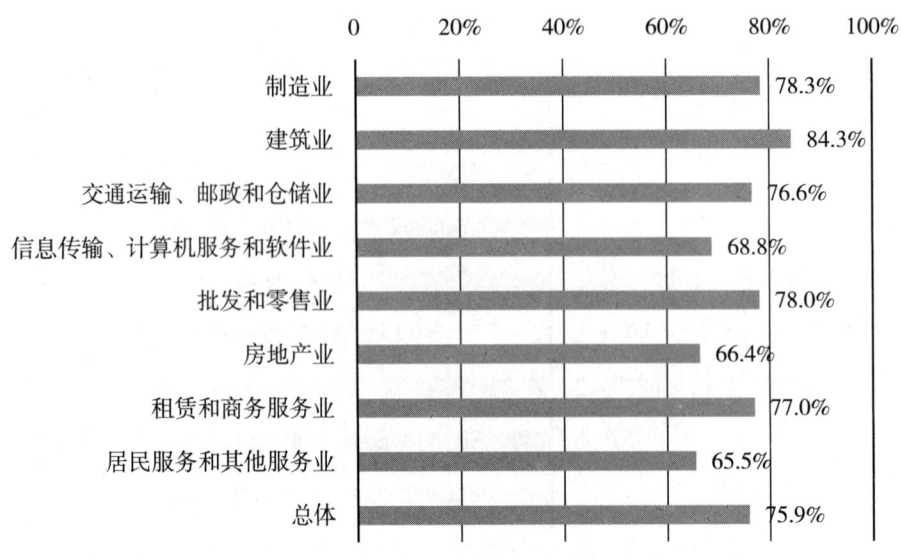

```
                    0      20%     40%     60%     80%    100%
            制造业                                    78.3%
            建筑业                                      84.3%
   交通运输、邮政和仓储业                               76.6%
信息传输、计算机服务和软件业                           68.8%
         批发和零售业                                  78.0%
            房地产业                              66.4%
       租赁和商务服务业                               77.0%
     居民服务和其他服务业                             65.5%
              总体                                    75.9%
```

图 20-8　使用网上银行的企业比例

资料来源：同图 20-2。

第三，生产服务业企业通过互联网提供客户服务、开展网络招聘的比例较低，在线员工培训、CRM 和 ERP 等网上应用系统在生产服务业企业的使用普及情况更是不甚理想。

通过互联网提供客户和开展网络招聘在生产服务业企业的普及程度较低。图 20-9 显示，除信息传输、计算机服务和软件业通过互联网提供客户服务的企业比例达到了 57.3%，其他生产服务业这一比例在 31%~48%。图 20-10 显示，除信息传输、计算机服务和软件业开展网络招聘的企业比例达到了 67.7%，其他生产服务业这一比例在 43%~51%。在线员工培训、CRM 和 ERP 等网上应用系统在生产服务业企业的使用普及情况更差。图 20-11 显示，信息传输、计算机和软件业企业开展在线员工培训的比例仅有 34.4%，其他生产服务业开展在线员工培训的企业比例在 21%~28%。图 20-12 显示，信息传输、计算机和软件业企业中，仅有 33.3% 使用过协助企业运作的网上应用系统（如 CRM、ERP 等），其他生产服务业使用过网上应用系统的企业比例在 21% 以下。

第四，在 O2O 商业模式成为一种趋势的背景下，生产服务业企业开展在线销售、在线采购的比例还有待提高，利用互联网开展营销推广活动尚未在生产服务业企业得到充分普及。

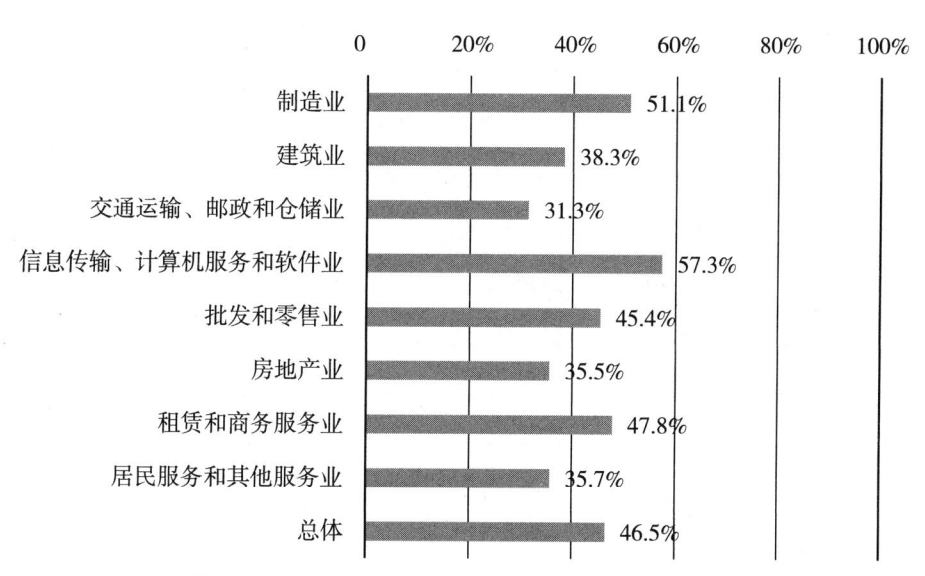

图 20 – 9　通过互联网提供客户服务的企业比例

资料来源：同图 20 – 2。

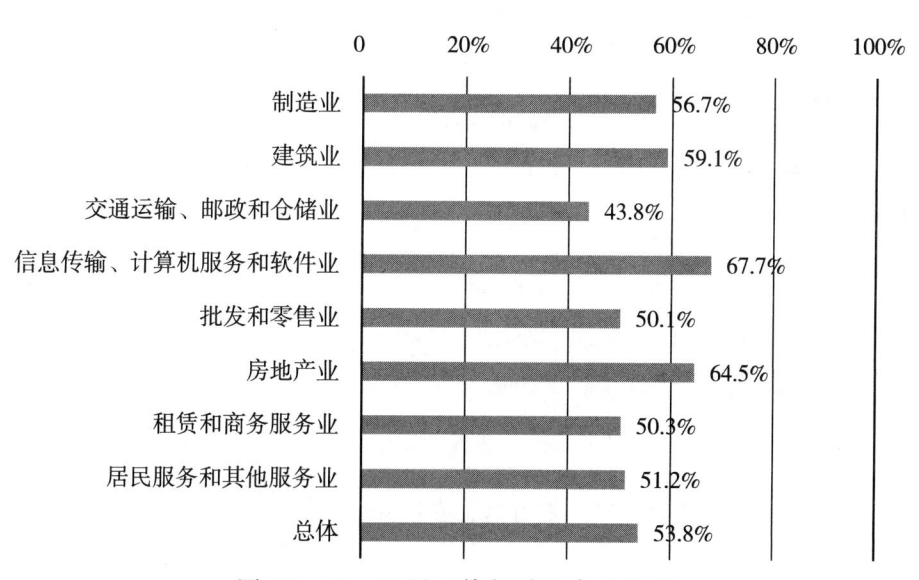

行业	比例
制造业	51.1%
建筑业	38.3%
交通运输、邮政和仓储业	31.3%
信息传输、计算机服务和软件业	57.3%
批发和零售业	45.4%
房地产业	35.5%
租赁和商务服务业	47.8%
居民服务和其他服务业	35.7%
总体	46.5%

图 20 – 10　开展网络招聘的企业比例

资料来源：同图 20 – 2。

行业	比例
制造业	56.7%
建筑业	59.1%
交通运输、邮政和仓储业	43.8%
信息传输、计算机服务和软件业	67.7%
批发和零售业	50.1%
房地产业	64.5%
租赁和商务服务业	50.3%
居民服务和其他服务业	51.2%
总体	53.8%

| | 0 | 20% | 40% | 60% | 80% | 100% |

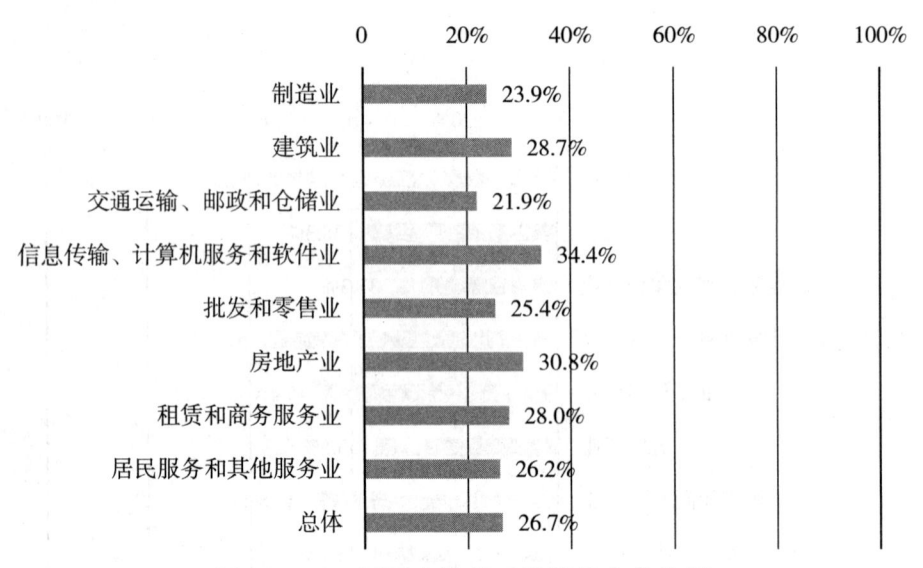

制造业 23.9%
建筑业 28.7%
交通运输、邮政和仓储业 21.9%
信息传输、计算机服务和软件业 34.4%
批发和零售业 25.4%
房地产业 30.8%
租赁和商务服务业 28.0%
居民服务和其他服务业 26.2%
总体 26.7%

图 20-11　开展在线员工培训的企业比例

资料来源：同图 20-2。

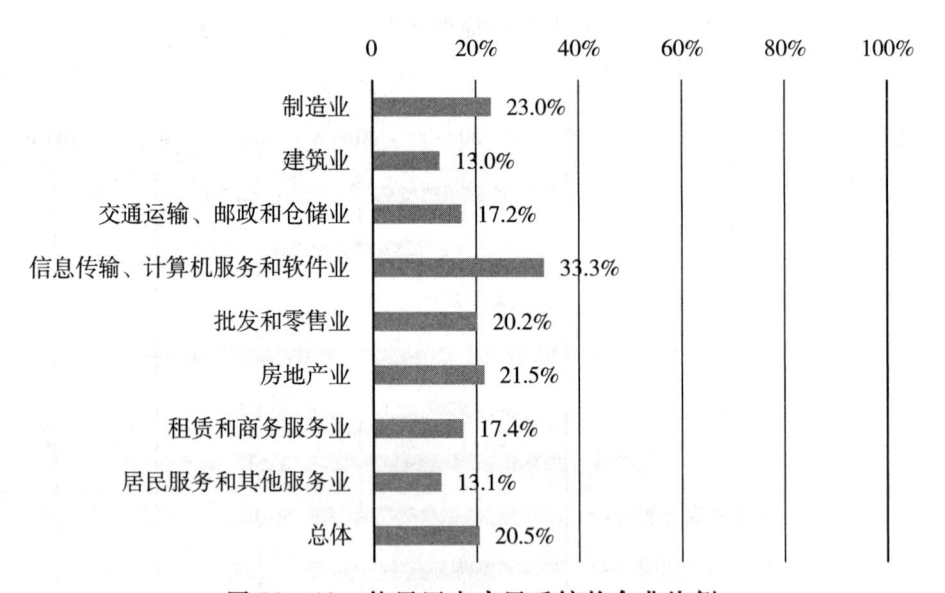

制造业 23.0%
建筑业 13.0%
交通运输、邮政和仓储业 17.2%
信息传输、计算机服务和软件业 33.3%
批发和零售业 20.2%
房地产业 21.5%
租赁和商务服务业 17.4%
居民服务和其他服务业 13.1%
总体 20.5%

图 20-12　使用网上应用系统的企业比例

资料来源：同图 20-2。

从 2013 年开始，O2O（Online To Offline，线上到线下）进入高速发展阶段，线下企业与互联网的结合越来越紧密，O2O 商业模式逐渐成为一种趋势。在此背景下，在线销售、在线采购在生产服务业企业得到了一定程度的推广，但总体上参与企业比例还有待进一步提高。信息传输、计算机服务和软件业、批发和零售业在这两项上的开展比例相对较高,而交通运输、仓储和邮政业、租赁和商务服务业的比例较低,如图 20-13 和图 20-14 所示。利用互联网开展营销推广活动在生产服务业企业的普及程度不高。除信息传输、计算机服务和软件业开展情况相对较好,达到了 35.9%,其他生产服务业企业的开展比例在 11%~26%,如图 20-15 所示。

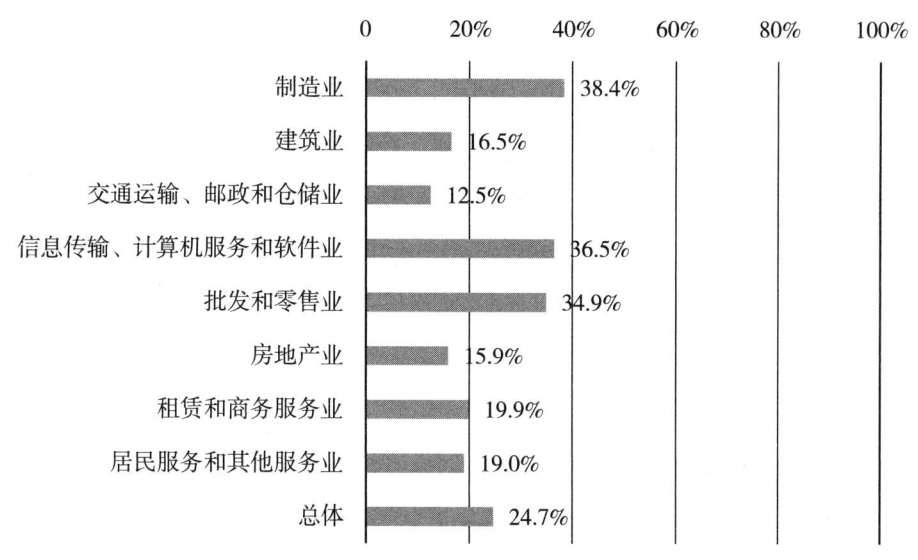

行业	比例
制造业	38.4%
建筑业	16.5%
交通运输、邮政和仓储业	12.5%
信息传输、计算机服务和软件业	36.5%
批发和零售业	34.9%
房地产业	15.9%
租赁和商务服务业	19.9%
居民服务和其他服务业	19.0%
总体	24.7%

图 20-13　开展在线销售的企业比例

资料来源:同图 20-2。

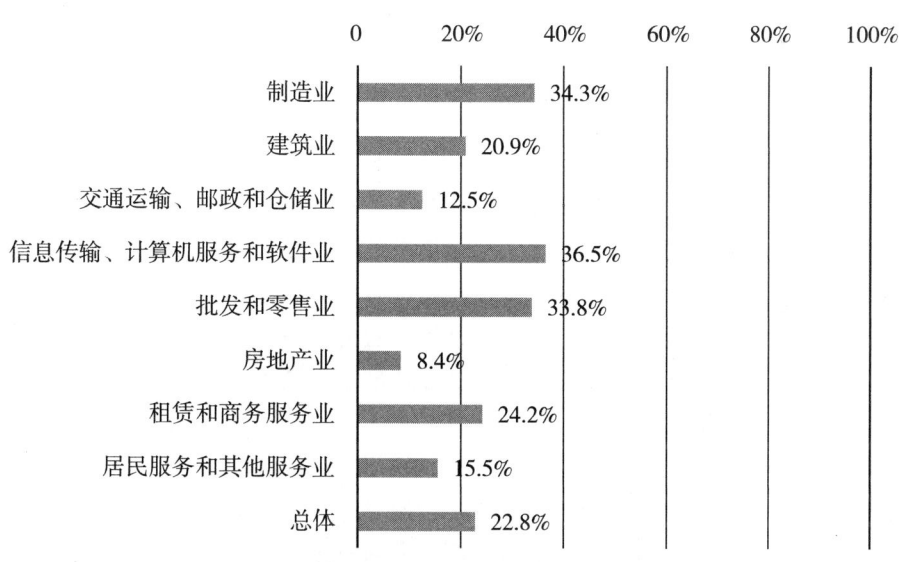

行业	比例
制造业	34.3%
建筑业	20.9%
交通运输、邮政和仓储业	12.5%
信息传输、计算机服务和软件业	36.5%
批发和零售业	33.8%
房地产业	8.4%
租赁和商务服务业	24.2%
居民服务和其他服务业	15.5%
总体	22.8%

图 20-14　开展在线采购的企业比例

资料来源:同图 20-2。

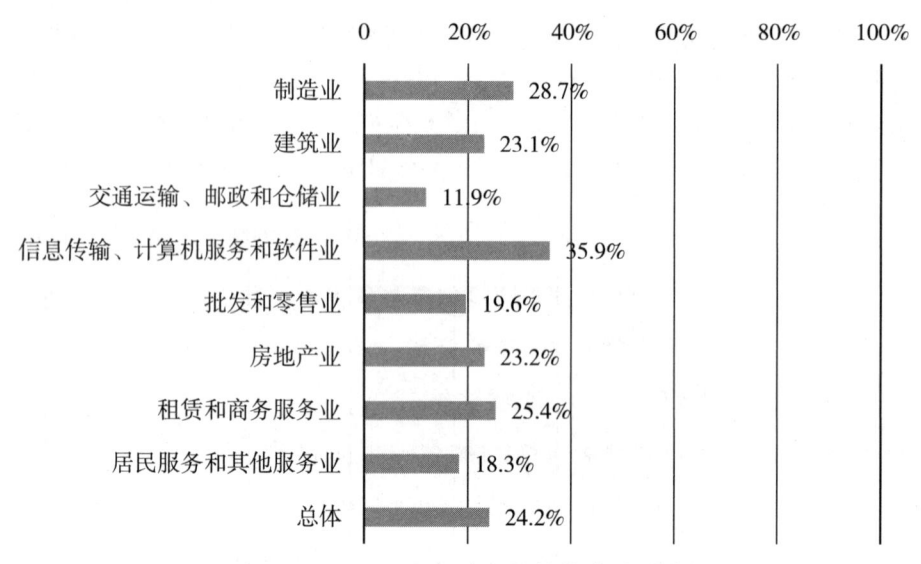

行业	比例
制造业	28.7%
建筑业	23.1%
交通运输、邮政和仓储业	11.9%
信息传输、计算机服务和软件业	35.9%
批发和零售业	19.6%
房地产业	23.2%
租赁和商务服务业	25.4%
居民服务和其他服务业	18.3%
总体	24.2%

图 20-15　开展互联网营销的企业比例

资料来源：同图 20-2。

第三节　中国生产服务业信息化的问题与成因

一、信息化建设中额外成本叠加

生产服务业具有明显的信息密集型特征，生产经营过程涉及大量的信息交互和信息处理，强大的信息和数据处理能力是生产服务业需要具备的核心能力。这意味着，生产服务业对信息化的需求绝非简单的"电脑+网络"组合，而是基于先进计算设备和系统软件的一揽子数字化解决方案。购买计算机设备和联通网络的费用支出并非生产服务业开展信息化升级改造的唯一成本，除此之外，生产服务业信息化还面临着一些额外成本，这些额外成本收紧了信息化的资金约束，不利于我国生产服务业的数字化、智能化发展。

首先，电信行业管制产生的额外成本。我国在电信管理方面相当严格，只有拥有工信部颁发的运营执照的公司才能架设网络，导致网络服务市场也是一个卖方市场，网络服务的价格主要还是由电信运营商决定。电信运营的寡头垄断市场结构下，生产服务业企业在与电信运营商的价格协商中处于明显的劣势地位，在网络服务刚性需求的约束下，不得不为购买网络服务支付溢价。

其次，国内自主创新不足导致的额外成本。我国在核心芯片、高端服务器、高端存储设备、数据库和中间件等产业环节仍然面临较大的技术"瓶颈"。生产服务业，尤其是知识密集型生产服务业，由于生产运营过程中需要投入的电子设备或系统软件的创新性和专业性都非常强，故而对这些核心硬件和软件的质量及功能的要求更为严格。然而，国内相关信息技术产品供应商的自主创新能力不强，进而导致产品核心竞争力严重不足，生产的相关信息技术产品质量不高，国外厂商仍旧牢固掌握着核心产品的定价权。在此背景下，生产服务业企业不得不为购买这些关键的 ICT 产品付出额外的成本。

最后，适应性的技术改造和员工信息技能培训带来的额外成本。适应性的技术改造包括调整原有的生产组织架构、协调部门之间的业务衔接、维护企业信息安全等。如果企业仅仅是购买计算机和接入宽带网络，可能只需要支付购买成本、少量的技术改造成本和员工信息技能培训成本。但是，如果涉及信息化深度应用，例如专业性很强的数据挖掘工作，企业就不可避免地要对员工进行相应的信息技能培训并支付相关成本。

二、高层次信息化应用发展缓慢

能够进行数字化办公是生产服务业对信息化提出的基础性要求。经过多年的发展，生产服务业企业在为劳动力配置计算机方面表现较好，但是企业网站和电子商务普及程度相对较低，仅信息传输、软件和信息技术服务业由于行业特征在这些方面发展较好。沟通类互联网应用在生产服务业企业已经较为普及，信息类和金融类互联网应用却普及率相对不高。生产服务业企业通过互联网提供客户服务、开展网络招聘的比例较低，在线员工培训、CRM 和 ERP 等网上应用系统在生产服务业企业的使用普及情况更是不甚理想。在 O2O 商业模式成为一种趋势的背景下，生产服务业企业开展在线销售、在线采购的比例还有待提高，利用互联网开展营销推广活动在生产服务业企业尚未得到充分普及。由于生产服务业具有明显的信息密集型特征，生产经营过程涉及大量的信息交互和信息处理，高层次信息化应用方面的发展缓慢将会严重阻碍生产服务业核心竞争力的提升。

造成生产服务业高层次信息化应用发展缓慢的原因是多方面的。第一，企业信息管理制度存在缺失。一般而言，越是高层次的 ICT 应用，专业性越强，对潜在客户企业产生的技术性壁垒就越高。具备条件的大中型生产服务业企业应当设立首席信息官（chief information officer，CIO）制度，并建设专门的行业信息化情报搜集团队，或者依托行业协会在信息对接沟通方面的中介作用，从而达到快速掌握业界信息化领域最新动态的目的。但是这方面的制度和措施在我国并未得到很好的贯彻和落实。第二，企业信息化综合集成应用不高。我国生产服务业大量企业的信息化还是以局部单项应用为主、综合集成应用水平低，不同软件系统之间数据集成、过程集成和功能集成的相关规范与标准不健全，研发设计、过程控制、经营管理、市场营销、售后服务等环节信息化有机融合与集成程度不高。第三，企业电子商务应用没有落到实处。虽然近些年我国政府大力推动电子商务应用，生产服务业企业建立的网站和网店如同雨后春笋一般冒出，但是这些网站或网店的交互界面设计粗糙、产品信息杂乱无章，导致网络化的实际经营效果不佳，电子商务的开展流于形式。第四，企业信息资源开发利用不充分。研发设计、第三方物流、节能环保、检验检测等生产服务业重点领域信息资源丰富，但是普遍存在信息专业人才匮乏、信息资源认识不到位、信息采集标准不统一、信息处理方式不规范、业内信息交换水平低以及数据资源共享机制不健全等问题，导致各领域信息资源发掘利用明显不足，相关基础数据库的建设明显滞后于实际发展需求。

三、小微企业信息化发展滞后

生产服务业内部信息化应用水平不平衡，主要体现在两个方面：一是生产服务业各细分行业的信息化应用情况差异较大；二是生产服务业内部大中型企业和小微企业的信息化应用水平差距较大。第一种情况的出现主要是由各细分行业本身的行业属性决定的。信息传输、计算机服务和软件业是信息化应用程度最高的行业，这一点丝毫不奇怪，因为其本身就是提供信息技术服务的行业。金融业、租赁和商务服务业、研究与试验发展业、综合技术服务业的信息化应用水平也相对较高，原因在于它们都是知识密集和信息密集的行业，而这些行业对信息化投入的依赖性非常大，信息化应用水平在一定程度上决定着这些行业企业的市场竞争力。相反，交通运输及仓储业、邮政业的发展主要还是依赖传统的固定资产投入，信息化投入相对较少，导致这些行业信息化应用水平相对较低。

更值得注意的是第二种情况，这种情况的出现既有小微企业自身的原因，又有信息技术供应商的原因。一方面，与大中型生产服务业企业相比，小微企业的资源更加有限，组织内部岗位权责不明晰，对信息化的成本和风险都更为敏感，在信息化管理体制不健全、信息化人才储备不足、信息化认识狭隘、信息化目标不清晰等方面的问题更突出。另一方面，现代信息技术供应商提供的许多信息系统或软件产品可能更适合大中型企业，对小微企业需求的契合性较差。例如，德国 SAP 公司、美国甲骨文公司提供的企业管理软件解决方案价格比较昂贵，实施成本也相对较高，可能更适合大中型企业的应用需要。

四、信息技术外包内在动力不足

移动互联网、物联网、云计算与大数据等新兴技术焕发出了强大的生命力，这些最新的前沿技术与原有的技术交叉融合，可以改造产品生命周期的整个流程，对增强生产服务业的竞争力至关重要。这些新兴技术的专业性非常强，应用层面的技术性壁垒也很高。理论上，除非是专业化从事新兴技术研发或相关服务的行业，生产服务业应当专注于自身的核心业务，而将信息技术设备的引进和维护、通信网络的管理、数据中心的运作、信息系统的开发和维护以及信息技术培训等活动外包给专业化的信息技术企业。但是，现实情况是我国生产服务业信息技术服务外包（information technology outsourcing，ITO）的内在动力受到诸多制约，既有信息技术外包的因素，又有生产服务业自身的因素。

一方面，信息技术外包的潜在风险或缺点会造成生产服务业对外包的迟疑。一旦开展信息技术外包，企业就形成了对外包商的依赖，但却不能像控制企业内部门一般对外包商的行为加以控制，企业的信息技术活动丧失了一定的灵活性，有可能导致企业不能根据经营环境的变化做出快速反应。而且，信息技术外包商在服务质量上可能存在不确定性，生产服务业企业对外包商的监管存在一定的技术难度，更换外包商或者转回由企业内部供应也可能面临较大的机会成本。

另一方面，体制机制也对一些生产服务业的信息技术服务外包形成了阻碍。交通运输、邮电通信等生产服务业行业国有和国有控股企业占据着绝对优势地位，政府直接干预较多、市场进入门槛高，民间资本和外商资本进入这些领域困难重重。国有和国有控股企业遵循着"大而全"的发展模式，研发设计、物料和服务采购到生产加工、市场营销、售后服务等过程，全部放在一个企业内部完成或者把部分环节外包给利益关联企业完成。这些企业在进行信息化升级改造时，往往选择自行研发信息化解决方案或者交由利益关联企业研发。企业自行研发或者关联企业研发往往对专业化的信息产品缺乏足够多的了解、研发经验严重不足，造成研发时间长、研发成本高，提供的信息化解决方案往往也是质量低下，最终阻碍了行业的长期健康发展。

五、信息安全问题日益凸显

生产服务业是典型的信息密集型产业，诸如银行、保险公司、律师事务所、会计师事务所等生产服务业机构掌握有客户的大量关键信息，这些生产服务业机构与客户之间的信息流通交互非常频繁。近些年，伴随着生产服务业信息化的推进，生产服务业领域的信息安全问题也日益凸显，包括企业自身商业机密信息被窃取，客户或供应商的数据资料被泄露等。这些信息安全方面的问题造成了极其严重的后果，商业机密信息泄露会直接造成企业的经营绩效受到影响，客户或供应商数据资料的泄露则会导致企业商业信誉受损，甚至导致与客户或供应商的合作关系破裂。

信息安全问题的集中爆发，总体上是因为我国生产服务业信息化尚处于不成熟阶段，行业普遍对信息泄露的风险缺乏足够的认识。第一，生产服务业企业大多没有建立起完善的信息安全保护机制，大量企业网站和企业内部数据库存在潜在安全漏洞，一旦遇到恶意网络攻击，很容易泄露甚至丢失关键的信息。第二，缺少对企业员工的信息安全教育，很多信息的泄露其实是由于内部员工的网络操作不当或缺乏信息安全意识造成的。第三，缺少对第三方承包商的监管，现代生产服务业企业大量选择由第三方承包商来负责企业信息系统建设和维护，第三方承包商的主观故意或客观失误都会给企业的信息保护带来风险。第四，新兴信息技术本身存在的漏洞也可能会造成企业的信息安全问题，现代生产服务业竞争日趋激烈，企业为了获得竞争优势，有加快采用最新信息系统或软件产品来增加竞争力的冲动，但是，这些新兴信息技术产品的早期版本可能并不完善，企业贸然应用这些最新技术会导致自身的信息安全受到威胁。

第四节 中国生产服务业信息化提升的发展对策

顺应移动互联网、物联网、云计算和大数据等新技术革命潮流，推动中国生产服务业向高端发展，必须更大力度推进生产服务业的信息化改造和升级，推动生产服务业与信息化的深度融合发展。针对中国生产服务业信息化存在的主要问题及其成因，本研究依据国家现有法律法规和产业政策，从财税、信贷、技术外包、技能培训、体制机制和产业支撑等方面出发，提出相应的发展对策。

一、发挥各类财政资金的引导作用，推动信贷与融资方式创新，降低生产服务业企业信息化的资金压力

进一步发挥技术改造专项资金、电子发展基金、中小企业发展资金等现有各类财政资金的引导和带动作用，整合现有政策资源和资金渠道，加大对信息化与生产服务业融合中共性技术开发、信息化标准、公共信息平台建设、行业协会网

站建设、试点示范项目的支持。创新财政支持方式和财政资金管理机制，加大对生产服务业企业建立覆盖产品全生命周期管理信息系统的引导和扶植。有条件的地方可设立信息化与生产服务业融合发展专项资金，建立稳定的财政投入增长机制。

着力破除小微生产服务业企业在信息化方面的资金"瓶颈"。鼓励银行创新生产服务业企业贷款方式，支持面向小微生产服务业企业的电子商务信用融资业务发展。推动地方政府建立信息技术应用项目融资担保机构，鼓励金融机构对小微生产服务业企业信息技术应用项目给予支持。

二、实施生产服务业企业ICT硬件设备加速折旧和ICT软件费用加计扣除等税收优惠政策，完善企业信息化升级的激励机制

固定资产加速折旧属于企业所得税优惠政策，对由于技术进步、产品更新换代较快的固定资产实行加速折旧，可以使企业加快淘汰落后的技术设备，引进新技术、新工艺，提高产品的科技含量。对生产服务业企业新购进ICT硬件设备可以采取类似于固定资产加速折旧的政策，以促使企业加快对ICT硬件的升级换代。

加计扣除也属于企业所得税优惠政策，开发新技术、新产品、新工艺发生的研究开发费用可以在计算应纳税所得额时加计扣除。对生产服务业企业新购进ICT软件发生的费用可以采取类似于研究开发费用加计扣除的政策，以促使企业加快对ICT软件的更新。

三、支持生产服务业企业开展信息技术研发应用外包，鼓励企业在全球范围内寻求最佳的信息化解决方案

积极引导生产服务业企业将信息技术研发应用业务外包给专业的信息技术集成内容供应企业，支持生产服务业企业外部采购所需的一揽子信息技术解决方案。培育生产服务业信息化标杆企业，总结推广信息化经验。鼓励符合条件的大中型企业将其信息技术研发应用业务机构剥离，成立专业的信息技术服务企业，为全行业和全社会提供服务。鼓励小微生产服务业企业通过采用云计算的模式来有效减少信息化硬件系统的部署成本，利用信息技术服务商的"云端"管理来有效降低信息化运营维护成本。

鼓励生产服务业企业加强国际交流与合作。充分发挥行业协会在信息对接沟通方面的中介作用，借鉴国外同类行业企业信息化的先进经验和管理办法。鼓励企业利用好国内和国外两个信息技术产品和服务市场，在全球范围内寻求最佳的

信息化解决方案。

四、支持生产服务业企业加强对员工进行信息技能培训，鼓励企业进行组织变革以适应信息化的要求

生产服务业具有知识与信息密集程度高的特征，近些年来，知识更新速率加快，信息技术也在加速换代，这就要求生产服务业企业在对信息技术的硬软件进行升级改造的同时，也要加强对员工进行信息技能培训，通过外聘技术专家或者将培训业务外包给专业机构的方式，使员工学习掌握信息化设备和软件的操作方法，进而提升劳动生产率。财政可以通过设立专项资金的方式对符合条件的生产服务业企业信息技能培训计划予以引导，积极吸引社会资金参与培训计划。

鼓励生产服务业企业建立健全首席信息官（CIO）制度，成立企业首席信息官协会，完善首席信息官职业培训机制，设立专门的行业信息化情报搜集团队，掌握业界信息化的最新动态。鼓励企业进行组织变革以适应信息化的要求，建立运转高效、应变能力强的现代化企业治理架构。

五、加快生产服务业领域的体制机制改革，扩大对外开放，消除阻碍生产服务业信息化发展的制度壁垒

有序开放生产服务业市场，构建各类企业公平竞争的市场环境。在邮电通信、交通运输、检验检测等领域进一步放开市场准入，减少政府直接干预，打破市场分割与垄断，改变这些领域投资主体过于单一的现状，引进对信息化敏感的民间资本和外商资本，充分发挥非公有制企业和外商投资企业在信息化实践方面的示范作用。

加快完善信息化管理体制，精简企业信息化领域的行政审批事项，优化信息化管理流程，通过简政放权释放改革红利，实现从管制政府向服务政府的转变。更新发展理念，充分考虑生产服务业与工业发展融合度高的特点，在强调推动信息化和工业化深度融合的同时，也要重视以信息化促进生产服务业发展。深化改革电信行业体制机制，加快转变监管理念，健全信息化相关的法律法规。

六、鼓励信息技术领域的国际合作，健全产业信息安全保障体系，提升信息产业支撑生产服务业与信息化深度融合发展的能力

鼓励信息技术领域的国际合作，通过引进消化吸收再创新，建立以企业为主

体的信息技术创新体系，掌握集成电路、系统软件等关键领域的产业发展主动权，提升我国信息产业自主创新能力与核心竞争力。

健全产业信息安全保障体系，积极应对生产服务业信息化进程中的信息安全挑战。建立和完善产业信息安全保护措施，加强对产业核心信息泄露的风险排查，提高对商业机密信息被窃取的防范能力，注意筛查企业网站和关键数据库的潜在安全漏洞，提高对恶意网络攻击的防护能力，重视备份关键数据资料和数据遗失后的恢复能力，加强对企业员工的信息安全教育，强化对第三方承包商的监管，谨慎对待尚未发展成熟或存在潜在风险的新兴信息产品。

加快健全信息基础设施，提升信息产业对生产服务业与信息化深度融合发展的支撑服务能力。依托国家服务业综合改革试点和示范工作，总结并推广自贸区在服务业信息化领域的改革创新经验。加快推动工业设计、第三方物流、节能减排以及检验检测等领域的软件开发、标准化及行业应用。推进生产服务业重点领域信息技术应用公共服务平台建设，引导行业协会、企业和研发机构共同组织产用合作联盟。积极推动工业设计、第三方物流、融资租赁、节能减排等领域基础数据库的建设与信息资源共享。加快建设一批以生产服务业与信息化融合发展为主题的试验区。

七、建立健全生产服务业信息化的统计和调查制度

以国民经济行业分类为基础，统计生产服务业各细分行业和重点领域的 ICT 固定资产投资、ICT 资本存量以及相应的协调价格指数。建立生产服务业各细分行业和重点领域信息化推进情况的定期调查制度，完善信息化评价指标体系，健全统计信息共享机制，逐步形成定期的信息发布机制。

第二十一章

中国生产服务业对外开放研究

生产服务业开放,顾名思义就是指,逐渐放松生产服务业国内规制、打破或降低服务贸易与投资的壁垒,以促进生产服务业发展所需要素自由流动的过程(樊瑛,2012)。从宏观层面看,促进生产服务业有效、合理对外开放,有助于完善市场竞争、增加有效就业、优化产业结构、提高经济效益、对冲市场风险、改善社会福利。从机制方面看,生产服务业有效开放能够产生产业溢出和空间溢出效应,带动企业集聚和增强资金、技术、人才、信息等要素在行业内外、区域内外的流动和聚集,便于一个行业或区域推动产业链的建链、补链、强链,从而形成涵盖制造—金融服务—技术研发—供应链管理—公共平台服务的全产业链,以及打造一批具有较强竞争力和影响力的特色园区或基地,乃至带动形成优势互补的产业带。当前,我国经济发展进入新常态、改革进入攻坚期和深水区、先行地区进入服务经济时代,迫切需要通过推动生产服务业更高水平的对外开放,再造一个"开放红利期",这既为生产服务业自身发展提供全球市场空间和要素资源,也为市场机制的进一步完善形成更强的倒逼力量,从而为适应新常态和引领新常态提供"窗口期"和"机遇期"。

第一节 中国生产服务业对外开放历史、现状和问题、任务

认清中国生产服务业对外开放的现状,总结过往对外开放的经验,以及预判

未来的开放重点任务,是给出对策的前提。而诊断现存问题和梳理经验宜从历史演进视角切入,预判未来的开放重点任务则宜从考察发展趋势入手。

一、中国生产服务业对外开放历史和经验总结

与我国改革开放整体的渐进性特征呼应,我国生产服务业开放选择的也是阶段性、梯次型特征十分明显的开放模式。就整体而言,1978年以来尤其是加入世界贸易组织(以下简称"入世")以来,我国在不同阶段根据生产服务业发展水平推动了其依次、逐级开放。在这一过程中,通过向国外服务供应商提供国民待遇、允许其逐步进入相关市场以及推进服务贸易政策制定的公开透明化和行业规制的市场化等措施,不断增加生产服务业市场竞争活力,以促进生产服务业和服务业发展效率提升。

在整个20世纪80年代,我国服务贸易自起步后一直处于稳步发展的状态,服务贸易出口占世界服务贸易总出口额的比重保持在0.7%~0.8%,进口额占比为0.4%~0.5%,进出口总额保持在0.6%~0.7%。在此阶段,外商以商业存在的方式进入中国服务业市场的领域主要集中在餐饮、旅游饭店、以外销为主的房地产开发等少数几个消费性服务业行业。生产服务业对外资开放始于20世纪90年代初,可将此后的历程划分为如下几个阶段(王子先,2011;樊瑛,2012)。

(一)试点开放阶段(1991~2000年)

1991~2001年,我国大部分服务业都在试点基础上有限度对外开放。生产服务业对外商投资的限制逐步放松,外商得以以商业存在的方式进入金融、保险、交通运输、仓储、房地产、科研、教育、信息咨询等部门,当然不同生产服务行业对外开放的形式和力度存在较大差别。推动此阶段我国生产服务业开启对外开放"破冰之旅"的动力主要有三个:一是发达国家纷纷进入服务经济时代,生产服务业成为经济增长的最重要引擎,对我国产生示范和倒逼效应。二是我国开始重视服务业的发展,中共中央、国务院于1992年6月16日颁布了《关于加快发展第三产业的决定》,提出了加快第三产业发展的13条政策和措施,此后陆续出台了促进服务贸易、吸引外资的若干文件,开始"有步骤地推进服务业的对外开放"。三是中国参与GATS制定,并对银行、航运、近海石油勘探、专业服务、广告、保险、计算机服务等生产性服务行业的市场开放做出了初步承诺。

(二)巩固开放阶段(2001~2005年)

我国在21世纪初加入世界贸易组织,要求从此需在新的规则约束下推动生

产服务业的对外开放和参与国际竞争合作，WTO规定以及多边、双边的贸易体制安排须通过相关国内法律文件体现。"入世"后到2006年间，我国清理和修订了2 300多件与对外经贸业务有关的法律法规，基本完成了服务业的开放承诺。此阶段的核心任务是规范国内服务业市场发展和完善服务业管理体制，从而造就一个公开、公正、有序竞争的市场自律机制和法律环境。

（三）纵深开放阶段（2006~2008年）

通过进一步降低对外资企业参与资质和持股比例的限制，开始在国内已开服务业的内部深入放开市场。除个别领域外，我国基本取消了服务业对外资准入的限制。并通过鼓励内外资投资主体的共同参与和竞争，促进国内服务业市场一体化进程。

（四）全面开放阶段（2009年至今）

给国内服务提供商提供与外国服务提供商平等竞争的机会，促进国内和国际市场全面对接，使中国服务市场能够与国际市场融通。

回顾我国服务业开放的历程和政策设计，有三点经验值得未来继续发扬。第一，采取"先试点、后铺开"的渐进开放策略，稳步提高对外开放程度。渐进开放至少应包括区域和业务两个层面的含义：在区域层面，逐步将生产服务业的对外开放从沿海大城市推进到所有区域；在业务层面，在市场准入和国民待遇两个方面逐步放开。第二，保持开放和改革尽可能同步，促使两者既相互倒逼、又相互支撑。要想生产服务业对外开放取得预期的空间溢出效应和产业溢出效应，要求各种经济条件和政策措施与之配合。只有当国内的服务业市场环境成熟度达到一定的门槛值，也即服务业宏观管理体系、中观产业组织水平、微观企业能力发展到一定阶段之后，推进服务业对外开放才可能取得预期成效，否则或许仅仅意味着让渡国内市场份额。第三，强调产业政策中生产服务业开放政策的重要性，重视其在整体产业结构转型升级中的促进作用。自20世纪90年代以来，全球产业出现了明显的制造业服务化的趋势，信息化和服务化驱动制造业高端化发展。这不仅使少量现代知识型员工替代了大量传统简单劳动者，导致直接从事生产制造的人数减少。而且，推动技术创新和品牌优势占领价值链的两端，使全球技术要素和市场要素配置方式发生革命性变化，国际产业链全球化延伸和再配置加速。在此背景下，我国非常注重通过开放生产服务业并辅以财税金融政策创新、市场化改革及土地供给等方面的支持，发挥生产服务业作为制造业转型升级催化剂的功能。

二、中国生产服务业对外开放进程量化评估

目前，评估一个国家或地区服务业对外开放度的依据主要是其加入 WTO 或区域自由贸易区时所作的具体承诺。《国际服务贸易统计手册》（2002）附件六《GATS 服务部门分类表》将适用进行服务贸易的部门划分为 12 大类、155 小类，在签订服务贸易协议时，一国需根据服务贸易提供模式对其中的某些服务部门作出开放承诺，列出详细的服务贸易承诺减让表，据此就可以统计出一国对其他国家或地区承诺开放的服务部门数量以及开放的程度。

本章采用霍克曼（Hoekman, 1995）创立的"频度工具"法衡量中国生产服务业对外开放度。霍克曼（Hoekman）在服务贸易总协定（general agreement on trade in services, GATS）框架下，把服务部门的承诺分为三类："没有限制""有限制"和"不做承诺"，并对这三种承诺类型分别赋值为 1 分、0.5 分和 0 分，[①] Hoekman 称为"开放/约束因子"。在 GATS 框架下，每个部门包括 4 种服务提供模式，所以加入 WTO 的每个成员共有 620（155×4）个"开放/约束因子"。根据中国"入世"承诺表，利用"开放/约束因子"予以赋值，可以计算出中国生产服务业对外开放的整体水平。

（一）市场准入原则下中国生产服务业对外开放的水平

表 21-1 列出了在市场准入原则下，中国生产服务业对外开放的水平。可以看出，考虑到不同服务提供模式的不同约束承诺，中国生产服务业对外开放的水平显著下降。中国生产服务业的承诺开放度还不到 50%，之所以衡量的开放水平如此低是因为中国生产服务业对自然人流动方式下的服务贸易限制非常严格，没有对这种服务提供方式下的服务贸易做出任何承诺。从开放深度来看，中国生产服务业没有限制的生产服务部门数较少，在承诺开放的 232 个约束因子中，没有限制的约束因子仅有 113 个，而没有限制的生产服务部门占部门总数的比例仅为 21.4%。受其影响，中国生产服务业平均覆盖率（指标 B）只有 32.67%。

从具体的服务领域看，分销服务的对外开放广度较高，达到 60%，其次是金融服务和建筑服务，这两个服务领域的开放广度也达到或超过了 50%，商业服务和通信服务的承诺开放比例也接近一半。运输服务的对外开放广度最低，承诺开放的部门比例仅为 29.29%，远低于其他几个生产服务部门。但是考虑到开

---

① Hoekman, B. *Tentative First Steps: an Assessment of Uruguay Round Agreement on Services.* World Bank Policy Research Working Paper, No. 1455, 1995.

放的深度，不同生产服务的开放水平有较大变化。金融服务、运输服务和通信服务没有限制的服务部门比例都未超过20%。其中，金融服务领域没有限制的服务部门比例只有8.82%。建筑服务和商业服务没有限制的部门比例也较低，都未超过30%。分销服务的对外开放深度最高，没有限制的部门比例达到了45%。比较这6个生产服务领域的开放指数发现，金融服务和通信服务的对外开放广度较高但开放深度很低，在承诺开放的部门中，有限制的部门数量很多，导致这两个领域的平均覆盖率只有30.88%和32.81%。运输服务的对外开放指数最低，平均覆盖率只有22.14%。

表21-1 在三种约束承诺下中国生产服务业市场准入的开放指数

单位：个，%

	没有限制	有限制	不做承诺	指标A	指标B	指标C
商业（184）	54	34	96	47.83	38.59	29.35
通信（96）	18	27	51	46.88	32.81	18.75
建筑（20）	5	5	10	50.00	37.50	25.00
分销（20）	9	3	8	60.00	52.50	45.00
金融（68）	6	30	32	52.94	30.88	8.82
运输（140）	21	20	99	29.29	22.14	15.00
小计（528）	113	119	296	43.94	32.67	21.40
其他（92）	16	10	65	28.57	23.08	17.58
合计（620）	129	129	361	41.68	31.26	20.84

注：小计代表全部生产服务部门，其他代表非生产服务部门。表21-2同。
资料来源：根据中国加入世界贸易组织法律文件附件九《服务贸易具体承诺减让表》计算。表21-2同。

（二）国民待遇原则下中国生产服务业对外开放的水平

表21-2为在国民待遇原则下，中国生产服务业对外开放的指数。与表21-1相比，发现中国生产服务业在国民待遇原则下的开放水平明显高于在市场准入原则下的开放水平，承诺开放度达到44.89%。在国民待遇原则下，中国生产服务业对外开放没有限制的约束因子为211个，占部门总数的比例达到了40%，比市场准入原则下开放比例高出18.6个百分点，生产服务业的平均覆盖率也达到42.42%。与生活服务业相比，中国生产服务业国民待遇的开放水平更高，在开放的广度、平均覆盖率和没有限制部门比例上都高于前者约12个百分点。

从具体的服务领域看，分销服务的开放水平仍然是最高的，承诺开放的部门比例、平均覆盖率和没有限制部门的比例都接近或超过了60%。通信服务和建筑服务的开放水平次之，在这两个领域中，都有一半的服务部门承诺开放且没有施加任何限制。商业服务的开放水平也较高，承诺开放的部门数达到89个，并且没有限制的部门比例达到44.6%，对外开放的平均覆盖率接近50%。金融服务和运输服务的开放水平仍然最低。其中运输服务的承诺开放部门比例只有29.29%，远低于其他几个生产服务领域。虽然金融服务承诺开放的部门数量较高，占部门总数的比例超过了一半，但是在已开放的部门中存在许多限制，完全开放的服务部门比例只有38.24%，导致金融服务对外开放的平均覆盖率只有45.59%。

表21-2 在三种约束承诺下中国生产服务业国民待遇的开放指数

单位：个，%

	没有限制	有限制	不做承诺	指标A	指标B	指标C
商业（184）	82	7	95	48.37	46.47	44.57
通信（96）	48	0	48	50.00	50.00	50.00
建筑（20）	10	0	10	50.00	50.00	50.00
分销（20）	12	1	7	65.00	62.50	60.00
金融（68）	26	10	32	52.94	45.59	38.24
运输（140）	33	8	99	29.29	26.43	23.57
小计（528）	211	26	291	44.89	42.42	39.96
其他（92）	25	6	61	33.70	30.43	27.17
合计（620）	236	32	352	43.23	40.65	38.06

（三）国际比较视野下中国生产服务业对外开放的水平

经济合作与发展组织（OECD）服务贸易限制性指数数据库（STRI指数）公布了2014年34个OECD国家、金砖五国和印度尼西亚（以下简称"发展中六国"）共40个主要国家的18个服务部门对外开放的限制程度。其中，生产服务部门14个，生活服务部门共4个。[①]

表21-3列出了OECD STRI数据库中六个发展中国家生产服务和生活服

---

① 生产服务部门包括计算机、法律、会计、建筑、工程、电信、分销、银行、保险、航空运输、海上运输、公路运输、铁路运输和速递；生活服务部门包括建设、电影、广播和录音。

部门的服务贸易限制指数。从中可以看出，OECD国家的服务贸易限制指数明显低于发展中六国，发展中六国生产服务业和生活服务业的平均限制指数均为0.413，分别是OECD国家的2.02倍和2.20倍。根据服务贸易限制指数的大小，发展中六国又可以分为两类。第一类是巴西、俄罗斯和南非，它们在生产服务业领域和生活服务业领域的开放程度相对较高，服务贸易限制指数都低于0.4；第二类是中国、印度和印度尼西亚，它们的限制指数都达到或超过了0.45，高于前三个国家。

中国生产服务业对外开放程度很低，生产服务业和生活服务业领域的服务贸易限制指数分别是OECD国家平均水平的2.21倍和2.60倍。即使与其他发展中国家相比，中国的服务贸易开放程度也较低。在生产服务业领域，中国的开放程度略高于印度尼西亚和印度，但远远落后于巴西、俄罗斯和南非。

表21-3　中国生产服务业和生活服务业服务贸易限制指数的国际比较

	中国	巴西	印度	印度尼西亚	俄罗斯	南非	OECD
生产服务业	0.45	0.346	0.483	0.463	0.359	0.375	0.204
生活服务业	0.485	0.347	0.455	0.48	0.361	0.349	0.188

注："OECD"表示34个OECD国家的算术平均值，表21-4同。服务贸易限制指数的值介于0和1之间，0代表限制程度最低，表示本国该部门对外完全开放；1代表限制程度最高，表示该部门对外完全封闭。表中的指数分别为14个生产服务部门和4个生活服务部门的简单算术平均数。

资料来源：根据OECD服务贸易限制性指数数据库整理计算。表21-4同。

从具体的生产服务部门对外开放情况看（见表21-4），中国在14个生产服务领域的对外限制程度都高于OECD国家的平均水平。其中在速递服务部门，中国的限制指数约为OECD平均水平的4倍，在电信、分销、银行和保险四个服务部门的限制指数也超过了OECD平均水平的3倍。中国在法律、电信、航空运输和速递服务业领域的对外开放程度最低，在计算机、建筑和工程服务业领域的对外开放程度最高。

与其他发展中国家相比，中国在建筑、航空运输、计算机领域的限制程度相对较低，对外开放水平在发展中国家中位于前列。其中，建筑服务和航空运输服务业的开放水平处于第1位。中国在公路运输、速递、电信、分销和铁路运输领域的限制程度相对较高，对外开放水平在发展中国家中处于末尾，其中公路运输和速递服务业的开放水平处于最后一位。

表21-4　中国与其他国家（或地区）生产服务业分部门服务贸易限制指数比较

		中国	巴西	印度	印度尼西亚	俄罗斯	南非	OECD
计算机	指数	0.29	0.24	0.29	0.32	0.34	0.33	0.15
	排名	2	1	2	4	6	5	—
法律	指数	0.52	0.39	0.73	0.72	0.31	0.56	0.28
	排名	3	2	6	5	1	4	—
会计	指数	0.42	0.32	0.55	0.43	0.34	0.35	0.29
	排名	4	1	6	5	2	3	—
建筑	指数	0.26	0.31	0.36	0.31	0.31	0.37	0.21
	排名	1	2	5	2	2	6	—
工程	指数	0.29	0.29	0.20	0.33	0.25	0.37	0.19
	排名	3	3	1	5	2	6	—
电信	指数	0.53	0.43	0.47	0.61	0.43	0.38	0.17
	排名	5	2	4	6	2	1	—
分销	指数	0.36	0.14	0.35	0.40	0.22	0.17	0.10
	排名	5	1	4	6	3	2	—
银行	指数	0.49	0.43	0.51	0.55	0.38	0.30	0.15
	排名	4	3	5	6	2	1	—
保险	指数	0.50	0.35	0.64	0.52	0.46	0.22	0.16
	排名	4	2	6	5	3	1	—
航空运输	指数	0.59	0.64	0.65	0.65	0.67	0.65	0.40
	排名	1	2	3	3	6	3	—
海上运输	指数	0.39	0.28	0.32	0.44	0.40	0.40	0.22
	排名	3	1	2	6	4	4	—
公路运输	指数	0.38	0.17	0.14	0.37	0.24	0.29	0.14
	排名	6	2	1	5	3	4	—
铁路运输	指数	0.42	0.37	1.00	0.40	0.35	0.38	0.18
	排名	5	2	6	4	1	3	—
速递	指数	0.87	0.51	0.54	0.44	0.35	0.48	0.22
	排名	6	4	5	2	1	3	—

注：排名衡量发展中六国的对外开放程度，越靠前表示服务贸易限制水平越低，对外开放程度越高。

三、中国生产服务业对外开放存在的问题

（一）对外开放程度有待进一步拓展，事实限制严于法律限制

中国加入WTO以来，服务业领域对外开放的程度有了显著提高。根据"入世"承诺，中国已经在商务、通信、建筑和相关工程、分销、金融、运输等所有涉及生产服务的领域做出了开放承诺，在WTO分类的132个生产服务部门中，中国已经开放了80多个，整体开放程度已经接近发达国家水平。从开放的法律限制来看，中国在服务业领域所做的开放承诺远远高于发展中大国，与高收入国家相比的差距也很小。[①]

但是，在开放透明度和具体实施细则方面，还存在较严格的限制。如在外商直接投资指导目录、新设公司的股权结构、开放的地区等方面的规定和固化，严重影响了中国生产服务业的实际开放效果。就生产服务业对外开放的限制类型而言，中国在对外资进入的限制、竞争障碍和监管透明性上的限制指数都高于其他五个发展中国家，这与中国在"入世"的承诺开放水平严重不符。对外资进入、市场竞争等方面的限制，阻碍了中国生产服务业融入全球市场的进程，以开放促发展的目的受到限制（见图21-1）。

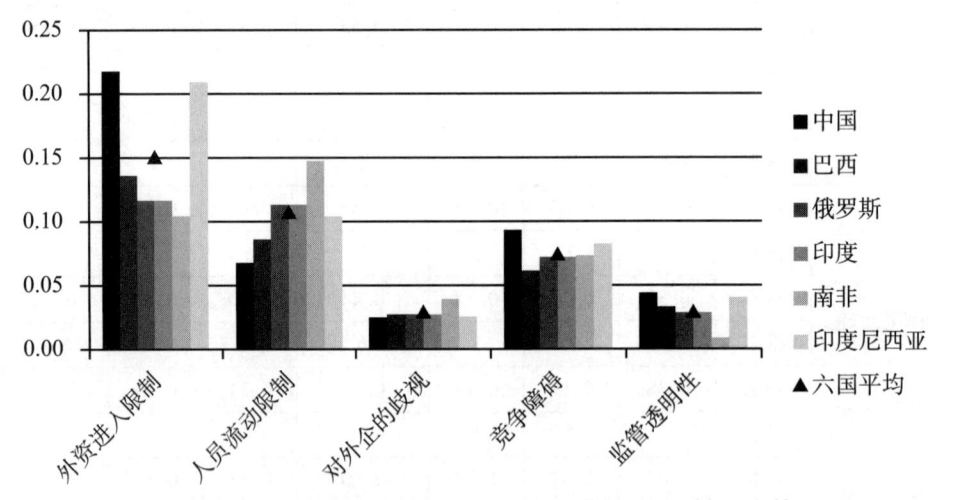

图 21-1 发展中六国生产服务业对外开放限制的比较

注：图中数据为各国14个生产服务部门服务贸易限制指数的简单算术平均数。
资料来源：根据OECD服务贸易限制性指数数据库数据绘图。

[①] 盛斌：《中国加入WTO服务贸易自由化的评估与分析》，载于《世界经济》，2002年第8期，第10~19页。

从 2004~2012 年中国生产服务业实际利用外资的情况看,生产服务业实际利用外资的金额逐年增加,在 2012 年已经接近 300 亿美元,但是增长率却呈现出不断下降的趋势。受国际金融危机的影响,生产服务业实际利用外资的增长率已经降至 10% 以下。生产服务业占全社会实际利用外资总额的比重虽然稳步上升,但在 2012 年也仅是刚超过 1/4,占第三产业实际利用外资的比重也只略高于 50%。生产服务进口的发展趋势与此类似,进口增长率逐年下降,在国际金融危机爆发以前,年均增长率超过 30%,但之后急速下降,2012 年的增长率仅为 8.28%,低于服务进口的增长率。2004 年以来,中国生产服务进口占总进口和服务进口的比例也呈现出下降趋势,2012 年生产服务进口仅占全年进口总额的 8.46%(见表 21-5)。

表 21-5　2004~2012 年中国生产服务业实际利用外资和进口基本情况

年份	实际利用外资 绝对值（亿美元）	增长率（%）	占第三产业比重（%）	占总外资比重（%）	生产服务进口 绝对值（亿美元）	增长率（%）	占服务进口比重（%）	占总进口比重（%）
2004	63.0	29.70[a]	44.83	10.39	522	32.03	73.01	8.26
2007	113.6	15.17	36.67	15.20	993	30.88	76.84	9.15
2010	215.5	17.28	43.13	20.38	1 369	19.97	71.25	8.62
2012	297.2	9.81	51.96	26.60	1 776	8.28	63.40	8.46

注：a 表示 2005 年的增长率。
资料来源：根据中国统计年鉴和《2013 中国服务贸易统计表组》计算。

(二) 对外开放的行业差异大,垄断性行业对外开放水平低

中国生产服务业对外开放的行业结构不合理,在计算机、建筑、分销等生产服务领域的开放程度相对高,而在速递、电信、金融等垄断性服务业的限制较多。虽然电信、金融等行业不仅关系到中国的经济命脉和国家安全,也是推动中国经济运行效率的主要行业,中国各产业的信息化和金融支持离不开这些行业的发展和进步。而从中国生产服务业的发展情况看,电信、金融等行业所面临的发展问题更多,行业垄断严重、服务效率低下、技术创新缓慢等问题不仅限制了行业本身的发展,也阻碍了其他行业和整个国民经济的发展。越是垄断程度高的行业,就更需要通过改革开放破除其发展的痼疾,降低社会资本的进入门槛,引入市场竞争力量(见图 21-2)。

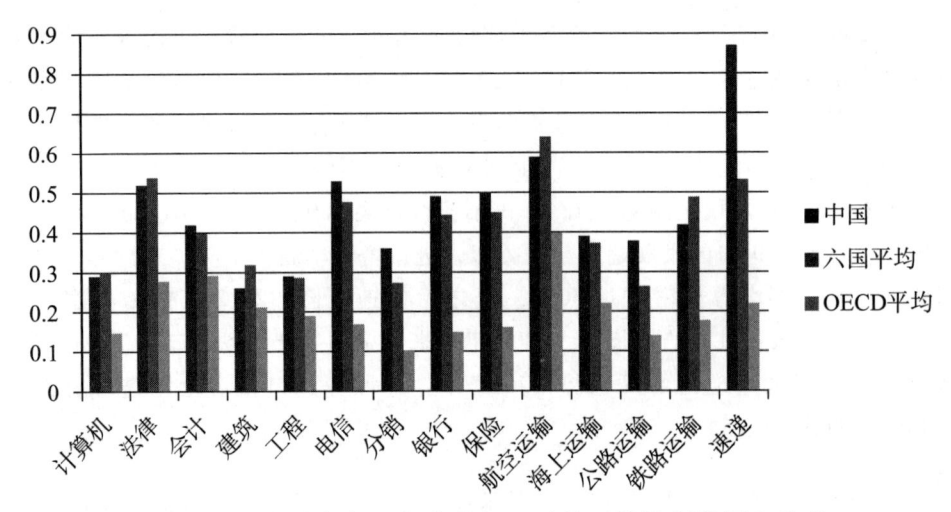

图 21-2　中国生产服务业分部门对外开放限制的国际比较

资料来源：根据 OECD 服务贸易限制性指数数据库数据绘图。

从细分行业利用外资的情况来看，中国生产服务业吸引的外资主要集中在交通运输、仓储和邮政业、批发和零售业、租赁和商务服务业，这三个行业合计占生产服务业利用外资的比例超过70%；而信息传输、计算机服务业和软件业、金融业、科学研究和技术服务业实际利用外资的比例还不到30%。与前者相比，后者对技术创新的要求更高，中国与发达国家的技术差距也更大。因此，这些行业对外开放不足限制了中国生产服务业通过学习创新和技术外溢提高本国相关产业生产技术的能力，制约中国生产服务业的发展（见表21-6）。

表 21-6　2004～2012年中国生产服务业细分行业实际利用外资结构

单位：%

年份	交通运输、仓储和邮政业	信息传输、计算机服务和软件业	批发和零售业	金融业	租赁和商务服务业	科学研究和技术服务业
2004	20.21	14.54	11.74	4.01	44.84	4.66
2007	17.66	13.07	23.56	2.26	35.37	8.07
2010	10.41	11.54	30.61	5.21	33.09	9.13
2012	11.69	11.30	31.84	7.13	27.63	10.42

资料来源：根据相应年份的《中国统计年鉴》计算。

（三）对外开放模式单一，开放区域严重不平衡

根据 WTO 的相关规则，中国生产服务业在服务贸易的四种模式上分别作出了不同的开放承诺。从表 21-7 可以发现，中国在生产服务业境外消费模式上的开放程度最高，其次是生产服务业的跨境交付，但是在商业存在和自然人流动模式上的开放限制非常严格。在市场准入原则下，中国在商业存在模式上仅完全开放了 2 个商业服务部门和 2 个分销服务部门，没有限制的部门数占生产服务部门总数的比例仅有 3%。在国民待遇原则下，商业存在开放的部门比例也不到 50%。对商业存在的严格限制导致跨国生产服务企业在中国的投资受阻，仅能通过跨境交付或境外消费的形式向中国境内的企业提供服务。由于外商直接投资是技术溢出的重要来源，因此对商业存在模式的限制切断了中国境内生产服企业向发达国家优秀企业学习的途径，降低了技术扩散的可能性，对中国生产服务业的发展造成不利影响（见表 21-8）。

表 21-7　　中国生产服务业对外开放没有限制的部门数量

		跨境交付	境外消费	商业存在	自然人流动
市场准入	商业（46）	23	29	2	0
	通信（24）	3	15	0	0
	建筑（5）	0	5	0	0
	分销（5）	2	5	2	0
	金融（17）	2	4	0	0
	运输（35）	6	15	0	0
	小计（132）	36	73	4	0
国民待遇	商业（46）	28	30	24	0
	通信（24）	16	16	16	0
	建筑（5）	0	5	5	0
	分销（5）	2	5	5	0
	金融（17）	12	12	2	0
	运输（35）	8	15	10	0
	小计（132）	66	83	62	0

注：括号内数字表示该服务部门的总部门数。

资料来源：根据中国加入世界贸易组织法律文件附件九《服务贸易具体承诺减让表》整理统计。

表 21-8　　2004~2013 年中国（大陆）实际利用直接投资的来源结构　　单位：%

年份	亚洲	中国香港	日本	新加坡	韩国	中国台湾	欧洲	北美	其他地区
2004	62.05	31.33	8.99	3.31	10.30	5.14	7.91	8.21	21.83
2007	56.33	37.05	4.80	4.26	4.92	2.37	5.84	4.53	33.30
2010	73.39	57.28	3.86	5.13	2.55	2.34	5.60	3.80	17.22
2012	77.60	58.69	6.58	5.64	2.72	2.55	5.63	3.42	13.34
2013	—	62.42	6.00	6.15	2.60	1.78	—	—	—

资料来源：根据相应年份的《中国统计年鉴》计算。

中国生产服务业对外开放存在严重的区域不平衡问题，受语言、文化传统等因素的影响，欧美跨国生产服务企业在中国开展业务比亚洲企业遇到更多的问题。从外资的来源结构看，中国实际利用的外资主要来源于亚洲。[1] 其中，香港特别行政区企业的投资占 2013 年中国大陆实际利用外资的比例高达 62.42%，并且在过去十年里一直保持着持续上升的趋势[2]，而欧洲和北美地区占中国的实际利用外资的比例还不到 10%。欧美发达国家的生产服务业发展水平高于中国，其在生产服务业的生产技术、商业模式、经营理念等方面一直处于世界前列。外资来源的区域不平衡导致中国生产服务业对外开放的实际效果不佳，限制了发达国家生产服务业对中国的技术溢出效应。对外开放的区域不平衡还表现在外资在中国的区域分布方面。综合而言，东部沿海地区的开放程度明显高于中西部地区，经济发展水平、基础设施建设、营商环境等都优于后者，导致生产服务业外商投资在地域之间存在严重的不平衡，对中西部地区生产服务业发展的带动作用甚微。

（四）相关法律法规不完善，缺乏对外开放管理的细则

自"入世"以来，中国先后颁布或修订了多部生产服务业的法律，涵盖了金融、电信、分销、法律、建筑等领域，基本形成了对生产服务业对外开放的管理有法可依的格局。但是，与中国生产服务业对外开放领域不断扩大、生产服务贸易和外商直接投资持续快速增长的发展趋势相比，中国生产服务业对外开放的相关法律仍不完善。关于对外贸易和外商投资的法律制定时间久远，尽管在 21 世纪初期进行了修订（见表 21-9），但是随着中国对外开放水平的提高和对外开

---

[1] 因分行业外商直接投资的数据难以获取，该比重是利用全社会实际利用外资的数据计算。
[2] 香港特别行政区也是中国大陆服务进口的最主要来源地，近年来一直居于第一位。

放领域的扩大,现行法律难以对生产服务业在对外开放中出现的新现象、遇到的新问题进行指导。由于服务产品的无形性,中国在生产服务产品的标准、生产服务企业的规定等方面与其他国家存在差异,国际规则的不同限制了生产服务贸易、跨境投资合作、跨境技术交流。另外,由于中国生产服务业的发展起步晚、对外开放程度低,相关领域的管理体制不完善,在生产服务贸易和外商投资中存在审批程序繁冗、管理混乱等问题,项目审批"玻璃门""踢皮球"现象突出,国外企业在国民待遇上遭受歧视。

表21-9 现行关于生产服务业外商投资和对外贸易的法律法规

法律法规名称	制定时间	最新修订时间
中华人民共和国中外合资经营企业法	1979年3月1日	2001年3月15日
中华人民共和国中外合作经营企业法	1988年4月13日	2000年10月31日
中华人民共和国外资企业法	1986年4月12日	2000年10月31日
中华人民共和国对外贸易法	1994年5月12日	2004年4月6日
中华人民共和国中外合资经营企业法实施条例	1983年9月20日	2014年2月19日
外国企业或者个人在中国境内设立合伙企业管理办法	2009年8月19日	—
外商投资电信企业管理规定	2001年12月11日	2008年9月10日
中华人民共和国外资金融机构管理条例	1994年2月25日	2001年12月12日
外商投资产业指导目录	2002年3月1日	2011年12月24日

资料来源:根据国家工商行政管理总局网站相关资料整理。

(五)生产服务业国际竞争力弱,国内企业"走出去"受阻

在国内生产服务市场受到外资企业的冲击的同时,中国民族生产服务企业在跨国经营中也遇到阻碍。虽然中国向外资企业开放生产服务市场与国外向中资企业开放市场是同时进行的,但由于国内生产服务企业国际化经营的经验不足、企业生产效率低、服务产品国际竞争力弱,中国生产服务企业在国际生产服务市场上处于竞争劣势的地位。进入21世纪以来,中国的服务贸易逆差额逐年增加,从2004年的95.5亿美元增长到2012年的897亿美元,8年间增长了8.4倍。其中,运输、保险、专有权利使用费和特许费三种生产服务的逆差额最大,分别达到469.5亿美元、172.7亿美元和167.1亿美元;咨询、计算机服务、其他商业服务和建筑服务处于顺差的地位,但是顺差额都比较小。中国在运输和保险领域的巨大逆差与中国位居全球货物贸易出口量第一、进出口总量第二的现实甚不相符。服务贸易和货物贸易之间存在相互促进的协调关

系，货物贸易是带动服务贸易发展的一个重要因素，尤其是运输、保险等生产服务贸易是应货物贸易而产生的。但是，货物贸易未促进中国相关生产服务业的出口，反而加剧了这些领域的逆差额，这充分说明中国处于全球价值链"微笑曲线"的低端，在附加值高的生产服务领域仍然缺乏话语权。生产服务出口不足反过来又阻碍了中国生产服务业的"出口中学习"效应，不利于中国企业的技术进步（见表21-10）。

表21-10　2004~2012年中国生产服务进出口基本情况　单位：亿美元

	进口 2004年	进口 2012年	出口 2004年	出口 2012年	差额 2004年	差额 2012年
运输服务	245.4	858.6	120.7	389.1	-124.8	-469.5
旅游服务	191.5	1 019.8	257.4	500.3	65.9	-519.5
通信服务	4.7	16.5	4.4	17.9	-0.3	1.4
建筑服务	13.4	36.2	14.7	122.5	1.3	86.3
保险服务	61.2	206.0	3.8	33.3	-57.4	-172.7
金融服务	1.4	19.3	0.9	18.9	-0.4	-0.4
计算机服务	12.5	38.4	16.4	144.5	3.8	106.1
专利和特许费	45.0	177.5	2.4	10.4	-42.6	-167.1
咨询服务	47.3	200.2	31.5	334.5	-15.8	134.3
广告和宣传费	7.0	27.7	8.5	47.5	1.5	19.8
电影、音像	1.8	5.6	0.4	1.3	-1.3	-4.3
其他商业服务	84.8	195.6	159.5	284.2	74.7	88.6
总计	716.0	2 801.4	620.6	1 904.4	-95.5	-897.0

注："计算机服务""专利和特许费"分别是"计算机和信息服务""专有权利使用费和特许费"的简称。

资料来源：根据《2013中国服务贸易统计表组》计算。

（六）服务外包政策体系不完善，发展速度缓慢

我国服务外包政策体系已初步形成，但是就具体内容而言，还存在一些待调整和完善的地方，对服务外包发展的促进和支撑作用尚未完全发挥出来。主要表现在以下几个方面：一是目前的服务外包政策略显笼统，对于产业均衡发展、扶持重点、未来走向等缺乏较为清晰的思路，使政策引导和扶持作用难以得到有效

发挥。各级政府部门对这些政策的理解和落实程度不同,导致我国服务外包区域发展呈现较为明显的差异化,进而拖累了服务外包整体规模的发展。并且,在各级政策中,缺乏对于跨区域合作的相关政策规定。二是具体政策存在着实效性不明显,存在扶持范围窄、扶持力度不够、政策门槛较高、申报手续复杂、执行力度弱等问题。例如,在税收政策方面,虽然目前的服务外包税收优惠政策涵盖了多种税种,优惠方式也包括了税收减免、税收抵扣等形式,不可谓不全面不具体。但仍然存在政策支持的目标群体比较小、具有强烈的地域色彩、享受政策的主体受到限制、以营业税为主且重复征税多、服务外包企业无法销售出口退税政策等问题。三是部分政策滞后于实际情况,配套措施需进一步完善。如有些政策对合资服务外包企业的出资比例,以及合资企业从事离岸服务外包业务进行了严格限制,这些规定阻碍了跨国服务外包公司的进入。

第二节 发展趋势视角的中国生产服务业对外开放重点任务

一是随着服务贸易与货物贸易不断融合发展,应重视生产服务业对制造业转型升级的带动作用。发达国家生产服务业的迅猛发展使得其制造业不再是单纯的产品生产,从而相应地,其服务贸易与货物贸易界限正逐渐模糊。而就我国目前情况而言,由于三次产业特别是二、三产业间的联动不足,我国目前生产服务业对制造业转型升级的带动作用不强,且产业发展的结构性风险加大。制造业与服务业尤其是生产服务业互动不足不仅在短期内不利于培育其自主创新能力,使其关键核心技术长期依赖国外进口;且从长期产业发展来看,这将使其缺乏自主知识产权产品和品牌文化,从而导致其核心竞争能力缺失、产业发展后劲不足。

一方面,在此背景下,我国制造业与生产服务业互动不足将不仅不利于服务贸易的发展,同样也制约货物贸易的发展。因此,在服务贸易与货物贸易融合趋势下,推动生产服务业开放,需重点着眼我国制造业在全球价值链中处于被"俘获"与被"压榨"地位的现状,以促进制造业高端化和延伸制造业产业链为重要导向和依归,力求助力我国制造业在高成本发展时代跳出"低技术锁定"和在国际分工新格局中走出"模块化陷阱"(见图21-3)。

	依附型	追赶型	自主型
• 要素配置	• 在本土配置国内资源和国外资本与技术 • 缺乏配置全球资源的主动性和能力	• 积累并利用本土创新资源，同时利用全球资金、技术和人才 • 主动参与全球分工 • 培育本土的跨国公司以在全球配置资源	• 在全球范围内有效配置资源 • 有效吸引和利用全球的创新人才 • 本国的跨国公司在全球有较强竞争力
• 制度体系	• 新知识、新技术的生产能力弱 • 知识生产、传播和应用之间缺乏有效联系 • 缺乏自主创新的战略和目标	• 具有自主创新的战略和目标，注重塑造适应自主创新战略的产业体系 • 改进知识生产、传播和应用交互作用的创新网络	• 形成区域自主创新战略和政策体系 • 形成较强的新知识、新技术生产、传播和扩散的社会网络 • 在全球产业链网络中具有较强的影响力
• 功能特征	• 本土产业缺乏国际竞争力，多立足国内市场 • 以附庸方式参与全球生产网络，及加工生产为主 • 在全球产业分工中处于价值链的低端	• 通过技术学习培育若干战略性新兴产业领域的生产能力 • 若干产业形成具有一定国际竞争力的企业和品牌 • 努力在全球产业分工中攀升价值链中高端	• 本土产业具有较强国际竞争力 • 具有新知识、新技术的生产和应用能力 • 形成具有国际竞争力的国际品牌，拥有较多知识产权，引领若干产业方向 • 居于全球价值链高端

图21-3 生产服务业对外开放要承担推动产业发展模式转换的使命

另一方面，应抓住"一带一路""中国制造2025"等倡议规划的重要机遇，扩大生产服务输出，以构建中国制造业输出的新优势。事实上，"一带一路"等倡议规划就是通过推进制造业与生产服务业的互动融合，构建制造业"走出去"的新优势，并运用全球资源和市场扩大我国具有比较优势的产业出口，实现由制造大国向制造强国的转变。因此，在推进生产服务业开放过程中，应利用生产服务业与制造业间的相互促进作用，推动我国对外贸易向"产品+服务"输出转型。围绕这一目标，制造业转型升级的可行思路如下：在产品制造前期，通过增加工业项目可行性论证服务，大力发展众创空间、虚拟设计、互联网金融等新业态，推动企业从产品生产环节向产品设计、融资服务等高附加值环节延伸，增强企业自主创新能力和抗风险能力；在产品生产过程中，通过提供技术指导、性能升级、维修保养等增值服务，推动企业产品附加值的提升；在产品销售（出口）阶段，通过开展跨境电子商务，构建标准统一、开放共享的售后服务体系，为顾客提供更快捷、更贴心的购物体验，提升企业国际竞争力。不仅如此，随着客户需求从产品向功能转变，企业还可运用物联网、云计算、大数据等技术，为产品设计、生产、销售等全流程提供系统化的问题解决方案服务，由此形成基于互联网的个性化定制、云制造、智能制造等新型制造模式，促进企业向服务供应商转型（刘利华，2015）。

二是技术和产业融合发展挤压了我国产业转型升级的时间，缩短了加快生产服务业对外开放的"窗口期"，这就要求将开放和改革的重点置于 FCB 行业[①]。以"制造业数字化"为核心，基于新材料、新工艺、新机器人、新的网络协同制造服务融合基础上的新型生产方式，促使制造业发展正驶离大批量生产而转向个性化定制生产，并使经济增长对低端劳动力和人口红利的依赖性大幅降低。这些变化将直接导致中国对外开放的旧有比较优势趋于弱化，挤压产业转型升级的时间，从而提高开放生产服务业的紧迫性。

因此，在新一轮产业革命风起云涌的背景下，生产服务业对外开放的使命和目标应该集中在促进产业整体素质和产品附加值的显著提升，即通过深化开放，促使生产服务业充分发挥研发创新、营销咨询、物流配送等功能，整合优化制造业和农业的全产业链条。与此对应，深化 FCB 行业的开放和改革就应成为未来的重点，因为根据对发达国家近数十年产业发展状况和投入产出表的分析，在不断增长的生产服务业需求中，制造业对 FCB 行业需求的增长最快，而对其他生产服务业的中间需求增长相对缓慢。也就是说，在面向制造业的生产服务业中，金融保险业、交通通信与信息服务业和商务服务业（包含科技创新服务）是关键性行业（任旺兵等，2009）。通过突破 FCB 行业"瓶颈"，建立与国际接轨的专业化生产服务业体系，支撑制造业和农业企业不断创造新产品、研发新技术、实行新管理模式和商业模式或开辟新市场，最终实现转型升级。

三是区域融合不断拓展，应注重利用自贸区政策优势，增强生产服务业开放的贸易创造效应。在 WTO 框架下，由于参与方多方利益博弈难以形成有效的谈判机制，加之服务贸易涉及的内容广泛性和条款复杂性，多边服务贸易自由化谈判往往难以达成有效合作协议（樊瑛，2012）。因此，在多哈回合谈判暂时中止后，目前多边服务贸易自由化谈判尚未能够取得有效进展。但与此同时，区域服务贸易自由化谈判进程却不断加速，且相关贸易活动相对活跃。从 20 世纪 90 年代至今，区域经济一体化组织在全球涌现，其推动区域服务贸易合作不断深入。尤其是发达国家主导的以 TPP[②]、TTIP[③]、TISA[④] 为代表的新一轮贸易合作模式在加速推进。这些更高标准的国际自由贸易协定在框架、内容、要义等方面，提出了更为严格的要求与规定，特别是服务贸易、环境保护、劳工标准、政府采购、

---

① 指金融服务业、交通通信和信息服务业、商务服务业。
② 跨太平洋伙伴关系协议。
③ 跨大西洋贸易与投资伙伴关系协定。
④ 国际服务贸易协定。

市场竞争等都被列入议题（何曼青，2013）。① 由此可见，相较于 WTO 多边服务贸易自由化的停滞状，区域服务贸易自由化水平却在不断提高，并逐渐成为推动全球服务贸易自由化的主要力量。在中国对外商谈的 15 个自贸区中（已结束服务贸易谈判并签署协定的共 9 个，涉及国家和地区 17 个），基本均包括服务贸易内容。未来我国推进生产服务业的对外开放，一方面要灵活应对服务贸易中新的规则壁垒，凭借原有贸易优势尽可能掌握服务贸易主导权，以免在国际贸易体系中被边缘化。另一方面，应将自贸区框架内的生产服务业的双向互利开放作为重点，进一步加大区域服务贸易合作。

四是"引进来"与"走出去"融合发展，应注重促进生产服务业对国内外资源和市场的多方整合，以带动资本、技术和劳务等要素的高效流动，提升外向型经济发展层次。中央自 1997 年 12 月首次提出实施"走出去"战略以来，就一直强调对外开放作为我国基本国策，应推进"引进来"和"走出去"的紧密联系和相互促进，实施"引进来"和"走出去"相结合的开放战略。未来推进生产服务业的进一步对外开放，应更加强调把"引进来"和"走出去"更好地结合起来，既追求引进外资质量和结构的优化，又推动企业"走出去"参与全球中高端竞争，向技术链和产业链高端环节攀升。抓住后金融危机时代生产服务业开放式升级的双重机遇，大力支持有条件的企业"走出去"，参与世界服务业大重组，优化重组自身产业价值链。采用市场化运作方法，推动各种所有制企业构筑"走出去"的平台，促进大企业集团组成联合体，打造"走出去"的"旗舰"，充分发挥它们资质、客户渠道、融资能力、专业人才、技术等集聚优势。结合国企混合所有制改革、资产重组，以项目为载体，组建多元投资的境外投资主体。鼓励企业通过海外并购、联合经营、设立分支机构等方式积极开拓国际市场。

第三节　推进中国生产服务业进一步对外开放的主要思路和路径

目前，生产服务业开放主要包括跨境交付、境外消费、商业存在以及自然人流动这四种模式。其中，就开放程度而言，参与服务贸易自由化协定的国家一般对前两种模式的限制相对宽松，而对后两种模式往往设定更为严格的贸易规制。

---

① 从内容上说，TPP 突破了传统的自由贸易协定（FTA）模式，将达成包括所有商品和服务在内的综合性自由贸易协议，从而使现有国际贸易投资体系向具有更高标准的贸易自由化、投资自由化、服务贸易自由化以及更加强调公平竞争和权益保护的方向发展。

但正如《2004年世界投资报告》的数据显示，当前服务贸易活动主要是服务业跨国公司通过直接投资（FDI）、外包和业务离岸化等方式进行的，由此可见，从对经济增长和产业转型升级的贡献看，对生产服务业开放的研究应重点关注商业存在这一模式。因此，本章对我国生产服务业对外开放思路和政策的分析，也将重点集中于对商业存在模式的分析方面。

由前文的分析可以看出，伴随着生产服务业渐进式开放，以及配套的发展环境不断完善，其市场活力和微观企业竞争力被逐渐激发和释放出来，带动宏观产业发展绩效日益趋好。具体表现在：拓展了产业发展空间，提高了服务能力和水平，提升了服务出口能力和国际竞争力。但从总体上看，我国生产服务业对外开放仍有待解决如下几个不对称或不平衡问题：一是文本开放水平与实际开放水平不对称。所谓文本开放水平指根据加入WTO以及有关多边、双边协定要求，在政策文件签署方面达到的开放水平。目前，我国服务业文本开放水平涵盖了《服务贸易总协定》12个服务大类中的10个，涉及总共160个小类中的102个，开放部门覆盖率为62.5%，并且诸如金融、保险、交通运输、广告咨询、邮电通信、建筑设计等生产服务部门的开放程度已远高于发展中国家和转型国家的平均水平，有些甚至几乎接近发达国家水平。但从以服务业FDI比重、服务贸易依存度等指标衡量的服务业开放现实水平来看，生产服务业却远远未能达到相应的开放程度。二是生产服务业现实开放水平与其发展水平（主要利用服务业增加值或就业的比重，或其对制造业外溢程度等指标衡量）之间不对称。这一方面是由于部分服务业内外开放进程不同步，内资企业较外资企业面临更不公平的竞争环境。另一方面也由于很多服务行业的垄断与开放之间存在冲突，规制改革滞后，且缺乏透明公开化的市场准入制度，对参与主体的资质审核和服务标准尚未形成规范管理。三是生产服务业与消费性服务业的开放程度不对称。近年来，消费性服务业利用外资的项目数占比一路走高，而生产服务业领域的外资项目数比重反而呈下降趋势，这表明服务业的开放结构没有得到明显优化，效果不甚理想（樊瑛，2012）。

针对上述问题，随着经济发展阶段和外部环境的不断变化，我们既要看到当前推进生产服务业对外开放面临着难得的发展机遇，更要看到面临着前所未有的挑战，切实增强推动生产服务业对外开放以及参与全球经济中高端竞争的紧迫感、使命感。一方面要抓住科技和资本市场发展日新月异、全球经济一体化进程加快的机遇，深入推进生产服务业不断从"引进来"逐步过渡到"走出去"；另一方面要顺应发展形势，特别要重视生产服务业在发展中暴露出的体制性、素质性、结构性等突出问题，进行体制机制创新，加快转型提升，以改革促开放，以开放倒逼改革。

一、主要思路和目标

在推进生产服务业开放过程中，应适应经济全球化要求，以世界视野为制高点，更加积极主动融入全球经济和区域经济一体化。因此，具体可遵循的工作思路如下：首先，开放的总方针是要契合创新驱动战略，以促进产业结构优化和业态变革，推动经济领域拓展和环境改善；其次，开放的落脚点是不断推动产业技术创新、功能提升以及内外关联，以实现产业转型升级；此外，开放的支撑点是不断提升的综合竞争新优势，通过积极参与丝绸之路经济带和21世纪海上丝绸之路建设，统筹生产服务业国际国内两个市场、两种资源，推动外资利用和境外投资向注重质量效益转变。

近期着力做好"东盟"和"海洋"两篇文章，依托海上丝绸之路商贸物流大通道，加强与沿线国家在海洋能源、经济贸易、科技创新等领域延伸出来的生产性服务行业的全方位合作，延伸我国经济腹地与市场空间，推动经济结构调整和产业转型升级，增强经济发展内生动力和抗风险能力，实现生产服务业对外开放的方式转型和阶段跨越，全面提高开放型经济发展水平。先行地区和城市以生产服务业集聚区建设、重大项目招引、体制机制创新为抓手，通过推进生产服务业对外开放在更大范围内整合科技、人才、资本、创意等要素，实现生产服务业发展观念、载体建设、创新能力、聚集能力、辐射能力全面突破，构筑与城市功能布局相协调、与先进制造业相配套、与城乡居民需求相适应的生产服务业体系。

通过在对外开放中切实做好"三结合"（即"引进来"与"走出去"相结合；引进资金与引进先进技术、新型商业模式和业态相结合；落实优惠政策与完善法制环境、提高政府效率、深化诚信体系建设相结合），实现如下目标：在"引进来"方面，一是要实现外商投资生产服务业的行业结构和来源结构不断优化。其中，投向知识、资本密集型服务业的外资比重进一步提高，诸如研发设计、信息技术服务以及融资租赁等领域，且重点扩大来自欧美发达国家跨国公司的投资占比。二是要实现外商投资区域布局不断完善，特别是提高中西部地区生产服务业外资利用水平。根据生产服务业功能和产业特性，从区位发展的总体战略和主体功能区战略来看，新增外商投资项目将主要集聚在较高经济发展水平城市的中心商业区、制造业集聚区、现代农业产业基地以及其他具有竞争优势的城镇区域，以发挥其规模效应和知识溢出效应，推动中国特色新型工业化、信息化、城镇化和农业现代化发展进程。三是实现外商投资方式更加多样化，利用外资的内涵进一步深化。结合自贸区综合配套改革试点，通过不断完善和提高政府管理水平和法治水平，推进外商投资环境便利化和标准化，促进跨国公司与国内资本的多样化合作和深层次交流。

在"走出去"方面，积极引导和推动本土生产性服务企业获取境外知名品牌、先进技术和商业模式、营销渠道、高端人才等资源，在实施"走出去"战略过程中积极转变经营形态、调整服务类别、扩大市场份额、提升企业管理、加大研发力度，培育一批规模大、效益好、竞争力强、带动效应显著的本土生产服务业跨国公司，不断提升行业的国际话语权。

二、主要原则

（一）注重将市场决定、政府引导、协会配合相结合

充分发挥市场优化配置资源的决定性作用，使生产服务企业成为开放、整合、提升产业链的主体。中央政府的职能集中于谈判、签署综合性自由贸易协议，使中国获得国际贸易公平地位；营造和维护市场环境的竞争公平，通过国家宏观经济政策深化财税体制改革，打破生产服务业地方保护和行业垄断，形成全国统一的市场体系。地方政府的职能集中于凝练发展方向、规划建设园区载体、搭建良好的支撑平台，营造有力的政策法规、体制机制环境；对重点培育发展的生产服务业的载体、重点项目给予政策倾斜，扶持有市场竞争优势的企业开展并购重组，促进存量土地资源流转。支持行业协会等中介服务机构加快发展，充分发挥其在对外开放政策辅导与解读、对外开放信息共享平台、咨询评估、技能培训、市场营销、人才教育等方面功能。

（二）注重将迎合生产服务业发展趋势和发挥既有开放经验结合起来

当前，生产服务业发展呈现如下显著趋势：一是伴随着技术信息化、数据化、国际化，生产服务业对国民经济的促进作用日益彰显；二是随着产业分工进一步深化，网络众包、协同设计以及大规模个性化定制等模式已逐渐改变传统生产方式，精准供应链管理、全生命周期管理和电子商务等服务也正在重塑产业价值链体系，企业间竞争日趋激烈；三是内部结构变化加速，随着云计算、大数据、物联网等在生产服务业的应用，产业内涵日趋丰富，行业边界日益模糊；四是社会资本参与和政府部分公共服务有条件市场化、社会化。对应上述趋势和现存问题，今后应在推进生产服务业开放进程中注重如下几点：一是坚持"三化统一"。包括沿着全球化和一体化方向推动生产服务业的对外开放，以促进资本、

技术等要素的自由有序流动，实现国内外"两种市场"的相互融合和资源的高效配置；沿着信息化和知识化方向提升生产服务业"引进来"项目和"走出去"项目的质量和效率，并着重鼓励企业在产品技术、组织管理和商业模式等方面创新，以推进生产服务业业态革新；沿着市场化和社会化方向推进经济政治体制改革，优化生产服务业投资环境，挖掘其发展潜力。二是坚持"四个转型"。即从注重承接国际服务外包向注重契合中长期发展战略要求转型；从注重扩大外资规模数量，向注重引进新商业模式、高质量人才、优秀管理经验以及品牌文化转型；从注重增加产业资本，向注重吸纳在产业链条中起控制作用的核心要素转型；从注重完善基础设施、提供政策优惠等单向招商策略，向注重建立健全市场体系、培育积累人力资源、提升政府行政效率和法治水平以及推动管理创新和区域协同等全方位提升软实力的引资策略转型。

（三）注重将生产服务业开放的时序控制和空间控制结合起来

一国生产服务业的开放进度取决于行业国际竞争程度及其国内经济发展水平、市场化程度、中央政府和地方政府的宏观调控能力等因素，开放步伐超前或滞后都不利于经济发展（王子先，2011）。因此，从开放的时序控制来看，在推进生产服务业对外开放时，必须考虑现实经济的承受能力，不能为寻求与国际接轨而盲目地快速全面放开生产服务业。同时应制定弹性的开放战略，保持政策回旋余地，以便在遇到新问题时能够及时调整产业政策和规制策略，最大限度地克服可能产生的负面影响。此外，由于服务贸易自由化意味着监管规制放松，生产服务业的开放毫无疑问会倒逼有关管制条件不断放松乃至完全取消（王子先，2011）。

因此，在这一过程中，为了维护经济安全和消除市场失灵，控制开放的节奏显得非常重要。一方面，由于生产服务业对制度体制等软环境的依赖性要大大高于制造业，在推进我国生产服务业"引进来"和"走出去"时，当务之急就是要消除体制障碍，将进一步放开生产服务业领域市场准入，同营造公平竞争环境、消除社会资本面临的歧视性障碍、进一步减少重点领域前置审批和资质认定项目等结合起来。另一方面，为充分获得生产服务业对外开放的溢出效应，开放进程应当与解决国内市场制度性缺陷、弥合市场分割等进程保持协调。例如在完善国内有关生产服务业的法律法规体系及相关政策进程中，应依据开放进程的不同阶段，不断补充和完善相关法律法规，并针对存在的问题制定可操作性的实施细则以及配套的单项法规，同时还应建立一个独立的监管机构对服务行业进行统一管理，以剔除当前多头重复管理的弊端，理顺行业监管秩序，从而实现政府对服务业监管和开放的协调。

与此同时，由于区域经济结构和发展水平存在较大差异，应当考虑生产服务业发展水平的区位异质性，因此，从空间维度控制方面来看，国内生产服务业开放进程也应采取梯度式的渐进开放策略，即优先放开东部沿海生产服务业更具竞争优势的区域，然后再遵循"经济特区—沿海开放城市—沿江城市、内陆省会城市—其他内陆城市"的路径从沿海向内地，由东部向中西部梯次放开，最终形成全面开放的格局。近期生产服务业开放的核心空间战略是发挥自贸区先行先试的政策优势，首先在自贸试验区及其所在城市试验和培育具有配置全国资源乃至全球资源能力的 FCB 行业。随后将差异化的竞争优势波及、辐射到腹地城市，呈现"一线城市接单、二三线城市交付运营"的区位特点。最后则依托自贸试验区所在城市独特的地理区位优势、人才优势、资金优势和市场优势，探索构建境内关外服务经济和服务贸易融合一体的市场体系，让中外各种资源要素在大市场的框架下自由、有序地流动，进而形成值得推广的经验和制度。在这一过程中，自贸试验区生产服务业开放一方面要适应全球经济一体化和国际贸易投资自由化的趋势，积极探寻国际国内市场对接的新途径；另一方面应通过构建区域大市场框架加强区域间分工合作、科学限制政府权力，以正确引导全国市场体系建设和市场制度完善，探索有限政府、法治政府和服务型政府的新模式（应勤俭，2014）。

三、主要路径

（一）以战略谋划为前提，加强我国生产服务业对外开放和参与全球经济中高端竞争的前瞻性跟踪研究

立足于资源要素全球配置以及产业"四链整合"（产业链、价值链、供应链和资本链）的发展趋势，对我国生产服务业开放和参与全球经济中高端竞争的研究必须运用国际化视野，从工业化、城市化、市场化、信息化互动的视角进行科学规划和整体谋划，以确保本研究的战略性、宏观性、开放性和可操作性。其中，战略性是指从全球产业价值链的高度剖析我国生产服务业对外开放和参与全球经济中高端竞争的市场价值和产业发展空间；宏观性是指从整体产业转型升级的视角全面审视我国生产服务业对外开放的影响要素和效果，并重视政府部门、企业、社会组织机构、相关产业和市场力量等微观主体的互动作用，跳出生产服务业进行谋划；开放性是指不仅注重生产服务业开放的制度改革红利，更关注其拓展新市场所带来的行业集聚发展；可操作性是指考虑行业异质性，坚持分类指导，对不同行业、不同企业类型和不同发展阶段的开放路径特征进行独立研究，实现我国生产服务业对外开放和参与全球经济中高端竞争促进工作"落地化"，

抓出一批重点平台、龙头骨干企业、项目、政策创新。

(二) 实施新的"引进来"和"大外包"战略，突破后发劣势诅咒和低端锁定陷阱

鼓励外商投资生产服务业重点领域和新兴业态。以城市功能提升、市场需求引领和新技术应用为带动，着力吸引外商投资投向服务于我国产业逐步由生产制造型向生产服务型转变的关联领域。具体而言，以企业向价值链高端发展、农业生产和工业制造现代化和生产制造与信息技术服务融合为带动，着力吸引外商投资诸如研发设计、融资租赁、信息技术服务和品牌建设等知识、资本密集型行业。重点强化与欧美等发达国家合作，在《中欧合作 2020 战略规划》、中美战略与经济对话成果的总体框架下，创新招商渠道，加强金融、信息、低碳能源、航空、质量安全等领域合作。

在承接服务外包方面，要实现"三个突破"：一是突破点式承接[①]，即避免承接发达国家生产服务业中的某个劳动密集型环节，从而被分割而处于价值链的孤立环节。二是突破低端承接，这主要是因为承接低端的生产服务业会弱化其与本地前后向产业间的关联效应，从而在地区间难以实现技术外溢，造成承接地本土企业在产业链中被低端锁定。三是突破被动承接，即避免被动承接产业转移打乱原有的产业规划与产业布局，导致产业无序、盲目、低效发展。在此基础上，更优的承接外包模式则应具备如下几个特征：(1) 集群式承接。即各地区应结合自身自然资源、劳动力或政策优惠等方面的比较优势，通过完善配套设施和科学规划对接项目，打造综合的国际服务外包承接平台，系统化承接外资企业产业集群。(2) 核心企业带动。即各地区应创造条件吸引核心企业主动转移，从而利用其示范集聚效应，带动相关配套企业甚至产业链的集聚发展。(3) 本土化整合。即各地区应鼓励本土企业根据自身情况推进服务外包，促进企业间的分工合作和本土专业化服务市场的形成。通过吸引实力强大的外资核心企业和整合本土服务企业，提高本地专业化服务水平，从而最大化承接服务外包的外溢效应，分享服务全球化红利（王子先，2011），进而发展在岸外包，实现区域生产服务业和整体经济升级与跨梯度发展（见图 21-4）。

[①] 在点式承接模式下，即使在承接地形成产业集群，通常也属于跨国公司主导的嵌入式产业集群，这是一种跨国公司主导的战略空间集聚，具有内在的战略性"隔绝机制"。这种"隔绝机制"意味着某种程度的选择性、排斥性、封闭性，一般只向特定的合作伙伴而不是承接地区所有企业扩散或让渡竞争优势。由于存在战略隔绝机制，嵌入式产业集群具有内在的网络封闭性，集群中核心企业的升级，并不一定带来产业集群整体升级，甚至导致"升级悖论"：集群内企业沿特定技术路径升级越快，与当地产业关联被弱化的可能性也就越大。

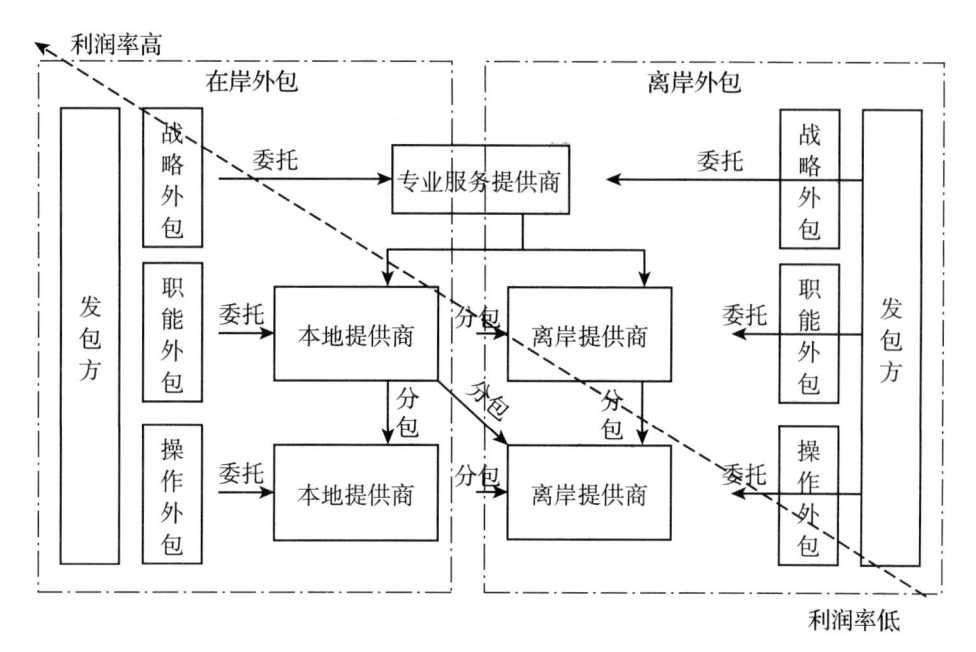

图 21-4　由承接服务外包过渡到发展在岸外包

（三）以深化生产服务业与先进制造业互动为导向，探索不同行业对外开放和提升国际竞争力的路径

生产服务业与制造业的互动融合不断深入，不仅促进了新的产业业态和生产方式出现，也为经济发展带来了新的商业模式和增长点，从而导致整体经济发生深远变革。事实上，自工业化后期以来，随着消费者需求日益追求个性化，良好的设计、营销和售后等服务逐渐成为制造业更重要的增值点，且由于服务难以被模仿，向客户提供比竞争对手更优质的服务成为企业持续的竞争优势来源，故而制造业核心竞争力的提升越来越受限于生产服务业发展水平，制造业服务化也成为经济发展的必然趋势。因此，在推动生产服务业对外开放和提升国际竞争力进程中，一方面，要鼓励制造企业深化内部分工，将不具竞争优势的服务业务外部化，为促进生产服务业开放和跨越发展创造条件。制造企业为集中资源培育核心竞争优势，将尽可能利用前后向关联效应，加强与产业链内其他企业优势互补，由此企业在通过外购或者分包的方式满足自身服务需求的同时，也为生产服务业发展创造了潜在的需求市场。另一方面，应加快推动制造企业的转型升级，深化生产服务业与制造业的互动融合。处于产业价值链高端的先进制造业往往需要投入更多的研发设计、营销管理等知识密集型生产服务业，与此同时，生产服务业的知识化将进一步推进先进制造业的技术革新和市场创新，从而形成二者彼此支撑、相互促进的良性循环和发展格局。

总而言之，在推动生产服务业对外开放和提升国际竞争力进程中，应以深化生产服务业与先进制造业的互动融合为导向，充分发挥生产服务业对三次产业的渗透带动作用。通过纵向抓产业链龙头环节、核心环节和空白环节的"填平补齐"，横向促进三次产业特别是先进制造业价值链中间和两端服务环节的分离，助力农产品、工业制成品、传统服务摆脱单纯卖资源、卖技术、卖工时的低层次困境。具体而言，围绕搭建各类农业生产服务平台，重点加强市场信息、病虫害防治、测土配方施肥、种养过程监控等领域的开放和外企引进；围绕推进面向产业集群和中小企业的基础工艺、基础材料、基础元器件研发和系统集成以及生产、检测、计量等专业化服务体系建设，鼓励引进工程项目、工业设计、产品技术研发和检验检测、工艺诊断、流程优化再造、技能培训等服务外包，整合优化生产服务系统（见图21-5）。

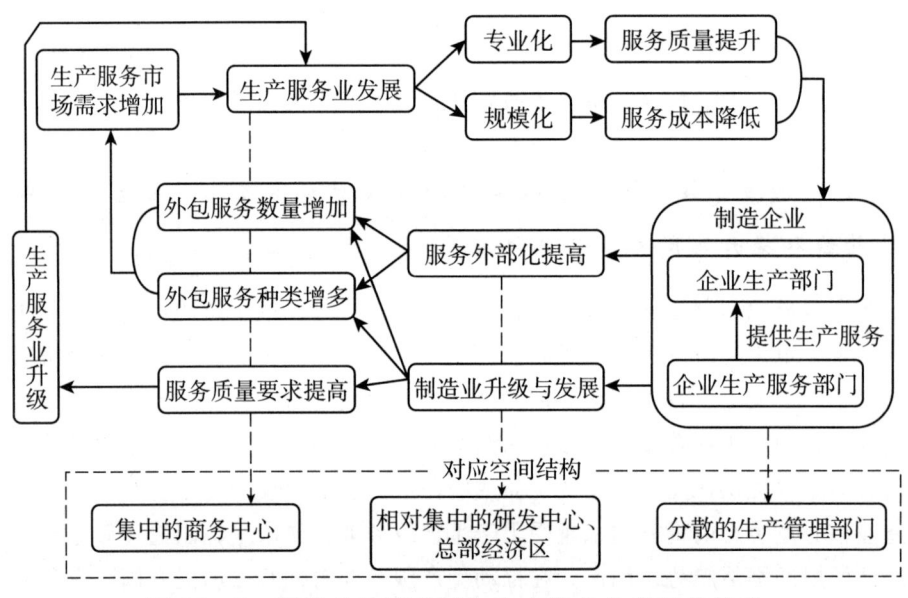

图21-5 制造业转型升级与生产服务业发展的关系

（四）以优先开放中心城市、特殊功能区、自贸区及其拓展区为导向，探索生产服务业渐进式开放和跨越式升级的新路径

从发达国家生产服务业发展经验来看，由于生产服务业产品具有非标准化、不易储存和知识密集型等特征，其空间布局往往要考虑到信息搜集便利性（如面对面交流）、服务交易易达性（如交通信息基础设施等）和市场扩容可能性（如人口增长）等因素。为满足自身发展对技术、人才和专业知识的需求，应对信息不确定性和市场需求门槛，生产服务业更倾向于集聚在易于满足这些条件的城市或地区。因此，在推进生产服务业开放进程中，可以优先开放中心城市、特殊功能区、自贸区及其拓展区，通过这些地区生产服务业的集聚示范效应，推进我国生产服务业渐进式开放和跨越式升级。

首先，重点开放北京、上海、广州、深圳等中心城市，利用其颇具规模的市场潜力和便捷的基础设施大力发展商务、会计、法律等生产服务业，并凭借由此形成的集聚优势推动其经济发展方式转型，形成服务经济开放和发展的先导示范区，进一步探索生产服务业渐进式开放和跨越式升级的新路径。

其次，充分发挥各地各类特殊功能区开放的先导作用，利用其对专业化生产服务的大量潜在需求重点培育一批具有国际化视野的中高端服务运营商，同时通过创造与国际生产服务业接轨的体制和制度环境，进一步建成面向全球市场的生产服务业集聚区，从而推进特殊功能区向服务自由贸易区转型，全面提升我国生产服务业的开放水平和质量。

最后，明确自贸试验区制度创新的功能定位，结合自贸试验区建设，深入分析生产服务业开放背后诸如市场体系建立健全、政府职能调整转变以及企业尤其是国有企业（金融企业）管理体制变革创新等制度问题，探索服务业开放战略的实施路径。同时，由于推进自贸试验区服务业开放将对其经济腹地产生较强的集聚、辐射效应，自贸实验区附近的临港区成为承接自贸区溢出效应的"第一站"，是自贸区功能扩区的首选之地。因此，今后除进一步探索自贸试验区生产服务业开放的制度和政策创新之外，还应积极推动临港区与自贸区的政策对接，探索临港"双特"政策与自贸区制度优势结合的方式，通过鼓励自贸实验区所在地政府在其临港区域加快服务经济空间载体建设和各类支撑平台创新，打造保税展示、金融服务、文化创意等现代服务业功能板块，推动服务经济集聚效应的形成。

（五）以支撑要素的研究和创造为切入点，完善我国生产服务业对外开放和参与全球经济中高端竞争的支持体系

在新时期经济服务化、服务知识化的产业发展趋势下，提高我国生产服务业对外开放水平和质量离不开对其支撑要素，尤其是科技、人才和资本等核心要素的不断研究和创造。这既是突破我国目前服务外包点式承接、低端承接和被动承接的首要前提，也是生产服务业参与全球经济中高端竞争、提升综合实力和国际竞争力的关键支点，更是实现政府科学定位和职能分工、推进生产服务业对外开放制度创新的重要抓手。

具体而言，一是要加快构建以企业研发为主体、市场配置创新资源为导向和政产学研相结合的科技创新体系，鼓励生产性服务企业在开放中增强自主设计能

力，创建自主品牌和标准。同时还应营造良好的企业合作创新生态，培育市场持续的创新活力，一方面要发挥大企业技术创新的引领作用，另一方面要利用中小企业创新孵化机制的灵活性，带动生产服务业向价值链两端攀升、突破低端锁定。

二是要建设生产服务业标准化研究支持体系，鼓励研究机构与企业开展标准化相关工作，研究起草相关的国家、行业或地方标准，鼓励企业参与生产服务业领域国际标准起草制定工作，争取生产服务业标准化组织落户我国，打造中国生产服务业品牌，增强品牌话语权。同时，加快开展行业标准化试点工作，要求各省级政府制定相应的地方性行业标准，推进可量化评价体系建设，适度提高法律、咨询等知识密集型服务的技术门槛，并积极鼓励服务企业强化标准意识、积极采用国际先进标准以及参与服务质量等相关体系认证，协助行业协会、商会推进行业服务质量监督的制度建设，规范我国生产服务市场。

三是要培育和完善人才创新激励的体制机制，优化配置教育资源。长期以来，对人力资本积累的忽视和低技能劳动力资源的依赖导致中国制造业一直处于全球价值链低端，生产服务业也因此发展滞后。而随着人口结构老龄化问题加剧，我国低技能劳动力的比较优势正逐渐丧失，加快人力资本积累以在技术密集型行业形成新的比较优势，成为当前提高生产服务业的竞争力和服务效率的重要突破点。因此，必须加大对企业经营者管理培训和职工技术培训投入力度，加强各类人才培训、交流基地建设，形成生产服务业发展所需的多层次、全方位人才支撑体系，扭转我国制造业以加工贸易为主的生产模式，促进生产服务业的发展。

四是要根据生产服务业集聚区的不同特征，有针对性地推进和完善多形式、多层次的专业化公共服务平台建设。其中，在大企业集聚区，可基于大企业间已有的合作交流平台，通过完善政府服务进一步建设公共服务平台；而在以中小企业为集聚主体的地区，政府可制定相关政策，鼓励民营资本和科研院所通过自主投资经营、产学研合作等多种市场运作方式提供有偿服务和参与公共服务平台建设。

五是要明确政府各部门职能定位，建立高效的分工协作机制。各部门应按照各自职能，围绕既定政策目标明确各自的职能任务，以便通过分工协作形成合力，共同推进各领域改革任务中的公共服务工作，从而更好地为推进我国生产服务业对外开放和参与全球经济中高端竞争提供良好的支撑条件。

第四节　扩大中国生产服务业对外开放的政策建议

从政策层面促进生产服务业对外开放，不能简单地停留在对贸易投资便利性的解读，而应该深入思考阻碍当前生产服务业顺利对外开放的政治体制因素，诸如市场化不完善的价格竞争体系、政府职能模糊的部门分工协作体系、企业尤其是国有企业低效的制度创新机制以及境内外民营企业不公平的国民待遇问题。有鉴于此，推进生产服务业对外开放的政策建议的核心思路可以概括为：通过扩大开放与创新制度相结合，完善市场体系与转变政府职能相结合，培育市场功能与深化体制改革相结合，探索中国生产服务业嵌入全球价值链和国内经济结构调整和增长方式转变的新途径（应勤俭，2014）。

一、推进体制机制创新

生产服务业与制造业的不同之处在于前者对制度环境的要求更高，要构建体制机制创新体系，营造国际化、法制化营商环境。中国内地要学习和借鉴港澳地区、国外先进的公共管理理念和成功的管理经验，深化行政体制管理改革，建立统一、协调、精简、高效、廉洁的管理体制。坚持法治先行，以转变政府职能为核心，理顺关系，优化结构，提高效能，建设服务型政府，营造与港澳趋同、与国际接轨的营商环境。

一是建立健全生产服务业政策支持体系。国务院各有关部门应加强分工、密切配合，尽快出台各项配套政策和落实有关政策的具体措施，为生产服务业开放营造良好的政策环境。地方各级人民政府要加强组织领导，针对已获批的政策开展细化落实工作，积极协调上级相关政府部门，抓紧制定通关、金融、产业、财税等各项配套政策和实施细则。

二是广泛开展体制机制创新。借鉴港澳等地先进经验，优化政务服务，探索试行"告知承诺制"，即通过设立"告知在先、珍视承诺、审批快捷、重在监管"的服务机制，优化审批流程、提升行政效能，为世界经济主体到我国生产服务业领域投资提供高效、便捷、国际化的政务服务。

三是完善与国际规则接轨的市场监管机制。加大对不正当竞争、垄断、商业欺诈的打击力度，通过完善信用体系，建立市场监管长效、治本的机制。严格规范知识产权代理、咨询、评估、交易中介代理和法律服务机构，促进健康、有序发展。鼓励各地区建立统一的市场监管综合执法平台，应用现代科技手段提高对市场秩序的控制能力，实现信息化调度指挥。

二、夯实公共服务和产业政策支撑

生产服务业特别是技术研发、营销咨询等知识密集型商务服务，作为中间投入品，其发展往往依托地区工业生产和服务业发展的需求潜力，因此，各地方政府必须夯实公共服务和产业政策支撑，降低企业间交易成本，促进企业采取市场化方式购买服务，为生产服务业发展和开放奠定坚实的产业基础。

首先，要加快推进各级公共服务平台建设，提升生产服务业发展和开放水平。具体而言，一是完善产业园区公共服务平台，通过加快交通通信等基础设施建设，人才创新激励机制构建以及创新文化和企业精神培育等措施强化园区服务功能，增强其要素资源吸附能力、创新孵化能力和对周边经济辐射带动能力，从而为生产服务业发展和开放提供要素资源支持。二是打造政产学研相结合的全面创新服务平台，通过鼓励不同创新主体相互配合，共同参与面向社会的生产服务业重大基础设施建设以及科技信息资源的共享机制构建，搭建多层次、跨行业的战略合作平台，以增进业务合作和创造新的服务需求，推进生产服务业创新模式的市场化、产业化和社会化。三是鼓励成立行业协会、商会等社会服务机构，通过发挥其组织协调功能，做好安商、稳商工作。一方面指导高端服务企业强化品牌建设、人才引进以及贸易壁垒应对，另一方面及时反映中小企业呼声，协调解决其融资、技术创新等困难，共同协助企业做大做强，拓展国际市场。

值得强调的是，为扩大生产服务业利用外资规模和质量，还应当鼓励条件成熟的城市构建全球化专业化招商平台，建立或联合一批全球知名招商机构，打造一流精英招商团队，以推进生产服务业对外开放。通过与世界知名招商中介机构、企业联合会、知名国际商会建立合作关系，充分利用它们的环球联系网络，在世界范围内开展生产服务业联合招商或代理招商；同时紧跟国际经济发展趋势，积极研究生产服务业领域世界知名公司和跨国公司的产业布局、盈利模式，加强产业政策专题性对策研究和体系构建，设计策划出具有国际水平的、符合企业发展的引进方案，以重点引进具有较强实力的战略投资者和国外优质人才、技术、品牌等战略要素。最终，在此基础上鼓励各类生产性服务企业积极参与国际经济贸易合作，开展境外直接投资，利用与外商投资企业的产业联系，促进本土企业融入国际服务业体系，以获取国际领先技术、品牌等优质资源，提升研发能力和拓宽国际营销网络。

其次，要求地方各级政府加大产业政策导向，明晰产业发展目录，推进重点项目建设，以增强生产服务业对外开放和品牌建设的支撑能力。具体而言，一是要优先保证符合产业定位的重大项目的审批和土地供应，以促进重大项目向生产服务业集聚区集中。通过加大重大项目建设的政策支持，培育一批具有示范带动效应的重点企业和知名品牌，从而提高集聚区服务企业的品牌影响力，促进其进一步延伸产业链条、增强核心竞争力，进而形成新的集聚动力，提高产业对外开放的综合实力。二是要加大对生产服务业共性技术研发与应用重大项目的创新激励和财税支持，以提升其创新能力和市场竞争力。为鼓励生产服务业企业持续进行技术创新、管理创新和市场创新，地方政府应提供优惠的财税政策，支持企业引进重大技术及相关的技术改造项目，并对其后续吸收再创新活动给予研发资助。同时，进一步扩大试点范围，鼓励风险资本重点投资知识密集型生产服务业的自主创新、创业活动，以抢占高端服务业发展制高点，提升生产服务业面向全球市场的竞争实力。三是依托基础设施建设和生产服务业发展政策支持，促进我国制造业与全球产业链的深度融合，发挥国内外技术变革和最终需求结构变动对生产服务业的拉动作用，从而为其对外开放提供持续的需求动力。一方面通过完善生产服务业发展的外部环境，推动工业企业将产品设计、营销、员工培训、后勤等服务外置，实现主辅业分离和服务外包；或者是促使企业价值链由加工制造环节向研发设计和品牌营销两端拓展延伸，实现制造业服务化转型，从而扩张生产服务业的潜在需求。另一方面通过加大对新分离的服务业企业在财税、市场准入、登记注册、资质认证等方面的政策支持力度，进一步推进生产服务业与制造业的互动融合，从而在推动制造业转型升级的同时，也为生产服务业对外开放提供更广阔的需求市场和不竭动力。

三、优化"走出去"的政策环境

从国外开放经验来看，发达国家利用其生产服务业与制造业的互动融合，不断优化其出口产品结构以带动生产服务输出。因此，在推动生产服务业开放进程中，政府还应重视"产品+服务"输出，进一步优化"走出去"的政策环境，从而在新一轮科技产业变革中，抓住"一带一路""中国制造2025"等倡议规划的重要机遇，充分发挥生产服务业与制造业的相互促进作用，构建生产服务业"走出去"的竞争优势。

一是深化行业改革与制度建设，坚持市场化改革和政府引导相结合，制定和完善"走出去"的政策措施。一方面，应围绕我国经济结构转型的战略目标，逐步放松国内生产服务业特别是金融、运输等垄断行业的进入门槛和资质管制，以提高市场竞争活力和企业生产效率，为企业"走出去"积累经验和提高竞争优势。另一方面，根据我国实施生产服务企业"走出去"战略的实际需要，抓紧制定具体有效的促进政策和专项管理办法。有关地区尤其是沿海发达地区要贯彻实施国家对外投资国别地区产业指南，根据各自对外投资重点领域和重点国家（地区），制定出台相应的"生产服务业对外投资合作国别地区产业指南"等措施，以便协助生产服务企业进行合理的市场定位。

二是立足金融服务业发展，加大财政支持，完善"走出去"的金融支持体系。为解决生产服务企业"走出去"的融资问题，就政府财政支持而言，各级地方政府应进一步加大财政贴息的力度，使财政贴息逐渐成为扶持生产服务企业"走出去"开展境外投资的主要模式。但对有条件的省份或城市来说，还可以设立面向企业境外投资服务的股权投资基金，通过股权投资基金积极参与事前孵化。

而从市场融资方式来看，由于金融服务作为工业企业和服务企业的重要中间投入，其发展不仅可以为企业技术创新、人才培养等活动筹集资金，还可以通过信用约束强化企业内部风险控制，提高企业经营效率。因此，在完善金融体系促进生产服务企业"走出去"过程中，应重视国内金融服务业发展，鼓励各金融机构开展"走出去"的融资业务。具体而言：(1) 进一步加强金融机构及政策性银行对生产服务企业"走出去"的信贷支持，放宽融资限制，扩大质押物范畴，创新工作机制，扩大"走出去"项目的融资渠道。例如针对生产服务企业无法质押无形资产融资这一问题，为支持企业"走出去"项目融资，可鼓励银行与知识产权局合作，通过建立知识产权交易市场，创新知识产权质押融资新方式，并以此为基础开展相应的资产管理、信托等业务，拓展以专利技术等无形资产质押的融资渠道。(2) 建立和完善生产服务企业境外投资保险制度，引导政策性融资担保公司与企业、银行合作，设立企业"走出去"担保资金，为企业融资提供担保服务。应支持融资担保公司创新"走出去"融资业务担保模式，同时鼓励政策性金融机构积极开展出口信用保险业务，通过企业、银行和担保公司的多方联动，大力发展海外投资。此外，还应鼓励银行推出更多有助于降低汇率风险的产品以协助企业解决汇率波动问题，减少其对海外投资的影响。(3) 进一步放开金融市场，增进资本市场的交流合作。一方面通过进一步放开国内金融市场，提高金融机构开展国际金融业务的能力，促进金融服务业"走出去"；另一方面与贸易伙伴签订资本市场合作协议，鼓励双方金融机构通过参股、设立分支机构等多种形式加强合作，从而有利于获取更详尽的融资信息，为生产服务企业"走出去"提供更宽松的融资环境。例如为民营企业和股份制企业搜集有关离岸控股公司上市的相关政策法规信息，提供更合适、更专业的指导意见，提高其海外融资能力。

三是大力推动法律、会计等生产服务业的对外开放，健全"走出去"公共服务体系和风险防范体系。(1) 建立和完善企业"走出去"的网上服务系统。引导有条件的省份或城市在网上建立"企业'走出去'政策指引"平台，并鼓励法律、会计和咨询等生产服务企业共同参与平台建设，为企业境外投资提供政策咨询、风险分析等专业服务，在方便企业"走出去"开展对外投资合作业务的同时，也促进了其自身发展和对外开放。(2) 加快境外服务体系建设。借鉴发达国家先进做法，一方面鼓励有关省份或城市在条件成熟的时候，建立海外信息咨询中心和商务联络机构，收集所在国家和地区的投资信息和风险防范信息，为当地投资企业服务；另一方面鼓励有实力的法律、会计和咨询等生产服务企业开展跨国业务，通过在国外设立分支机构或参股当地公司为国内企业"走出去"提供相应服务。（3）支持行业协会和对外投资服务机构加快发展。充分发挥它们在政府"走出去"扶持政策辅导与解读、"走出去"信息共享平台建设、技能培训、咨询评估等方面功能，降低海外投资风险。（4）建立境外投资风险预警和应急机制。依托政府和行业在特定国家或地区的服务体系，获取权威的投资信息，从而对行业境外投资项目可能遇到的潜在政治风险、经济形势变化以及其他风险因素进行先期预测和专业评价，并制定应对预案，争取做到早发现、早化解。同时，积极签订公平的贸易、投资保护协定，完善贸易摩擦预警和协同反应机制，对企业境外投资遇到的不公平待遇、遭受人员和财产危险和损失的，通过加强与我国法律、会计、咨询等生产服务企业的分支机构合作，利用各种渠道帮助解决，以维护企业和国家利益。

四是积极培育咨询服务中介机构，加强企业"走出去"信息服务。一方面，各级地方政府应进一步加强与上级政府、国家部委、我国驻外使领馆等的联系沟通，拓展和疏通"走出去"信息传递渠道，完善对外投资合作公共信息服务体系，以便向企业公开法律政策投资环境和产业导向等信息，使企业充分了解投资国在市场准入、多重技术标准以及劳务用工等方面的限制，从而更好地规避或解决所遇到的壁垒。另一方面，鼓励高校和科研机构等服务中介加强与国外投资促进机构的合作，通过对境外政治、法律、市场、劳工等问题的专项研究，加强对关联产业、市场的深度分析和案例介绍，为我国生产服务企业在境外投资提供信息咨询、市场调查、专业培训、技术辅导等高质量服务，以促进服务企业发展。此外，应倡导成立目标和职责明确的行业协会组织，充分搜集国内外信息和资源，发挥其对行业发展的规范、协调和指导功能，为政府制定相关政策规划提供宝贵的实践素材和专业建议，并利用其举办的各种咨询、交流、培训等活动，为行业培养大量专业化人才。

第二十二章

中国第三产业投入软化研究

20世纪80年代,日本专门组织研究团队研究第三产业比重上升和软要素在制造过程中日趋重要的相关问题,建立软经济学理论,使用非实物投入占总成本比重来形容投入软化程度。李江帆(1990)定义了生产软化系数和生产硬化系数,并明确指出服务需求上升规律作用于生产结构,使三大产业对服务型生产资料的需求以快于实物生产资料的速度上升,整个社会的生产软化系数逐趋增大。在全球环境面临巨大挑战,绿色发展成共识的背景下,深入研究第三产业投入软化发展规律,探寻中国第三产业投入低下的成因,提出促进第三产业投入软化的对策,具有重要的理论价值和实践意义。

第一节 第三产业投入软化:经验事实

20世纪70年代早期至2005年,OECD中9个国家软投入占第三产业中间投入呈显著增长趋势,增幅度由高到低是丹麦(24.35%)、德国(23.81%)、英国(21.19%)、荷兰(17.86%)、日本(14.97%)、法国(13.25%)、美国(9.94%)、澳大利亚(7.92%)、加拿大(5.7%)。在OECD中9个国家第三产业的生产中,软要素投入已经是硬要素投入的2~3倍,第三产业生产所需要的软要素远远超过了硬要素,第三产业投入呈现显著的软化趋势。OECD中9个国家第三产业投入软化是一般规律?抑或是特例?本节首先阐述所使用的数据和投入软化指标，然后通过严格的统计检验来证明第三产业投入软化是否成为众多国家经济发展的经验事实。

一、数据来源和检验方法

（一）数据来源及主要指标

本节数据主要来源于EUKLEMS数据库和世界投入产出数据库（world input-output database，WIOD）。两个数据库均采用《国际标准产业分类》（ISIC/Rev3）行业分类方法，基于可比性原则，将两个数据库第三产业细分行业均合并为13个行业，分别是：（1）机动车辆销售、维修和燃油零售；（2）除机动车辆以外的批发和佣金贸易；（3）除机动车辆以外的零售贸易、居民货物修理；（4）住宿和餐饮；（5）运输仓储；（6）邮政通信；（7）金融中介；（8）房地产；（9）机器设备租赁及其他商务服务；（10）公共管理和国防、社会保障；（11）教育；（12）卫生和社会工作；（13）其他团体、社会和个人服务。

各产业生产产品既要消耗硬要素（第一、第二产业的产品），又消耗软要素（第三产业的产品）。具体来看，揭示第三产业投入中软硬要素比例可以用两类软化系数来反映。一是第三产业直接软化系数（psii）是指第三产业生产一单位产品直接消耗第三产业产品的数量占第三产业生产一单位产品直接消耗第一、第二、第三产业产品的总数量的比重。由于直接软化系数是在直接消耗系数的基础上计算所得，不涉及间接消耗，所以直接软化系数是直接反映某产业的投入软化程度。二是第三产业完全软化系数（pstii）是指第三产业生产一单位产品完全消耗第三产业产品的数量占第三产业生产一单位产品完全消耗第一、第二、第三产业产品的数量。完全消耗包括直接消耗和间接消耗，完全消耗系数比较全面地反映国民经济中各产业之间的经济技术关系。因此，在完全消耗系数基础上计算的完全软化系数能够在一定程度上反映国民经济整体的投入软化程度。

（二）分析方法

本节先用方差分析检验指标在时序上是否存在上升趋势，再利用指标一阶差分均值对0的t检验和回归分析把分析结论进一步细化和补充。孙得将、李江帆（2013）运用方差分析和一阶差分均值对0的t检验来检验生产服务业比率时序稳定，本书是要检验第三产业投入软化率时序上升，可以借鉴其思路，只是本书期待的检验结果与其正好相反。本书先借助EUKLEMS数据库，同时使用方差分析、一阶差分均值对 0 的 t 检验和回归分析与标准正态分布的双侧概率检验相结合的方法分析发达国家第三产业投入软化时序演进规律，然后用世界投入产出数据库做结论稳定性分析。

二、经验研究结果

（一）方差分析结果

1. 第三产业直接软化系数单因素方差分析结果及分析。第三产业及各细分第三产业直接软化系数对年份进行单因素方差分析的结果（见表 22 - 1）显示：1980 ~ 2005 年，16 个经济体的第三产业直接软化系数的伴随概率（对应于服务行业编号 0）为 0.000，远远小于 1%、5%、10% 的显著水平，说明 16 个样本经济体的第三产业直接软化系数在这 26 年间发生了显著变化。这一结论显著地支持第三产业中间投入存在软化趋势。

各细分第三产业直接软化系数编号 4、12（分别对应于住宿和餐饮、卫生和社会工作）方差齐性检验的伴随概率（第 2 列）在 1% 水平下显著，即存在异方差，这表明均值相同检验失效。其他 12 个细分行业的均满足方差齐性要求，均值相同检验的结果（第 4 列）显示：除编号 1、4、7、8（分别对应于机动车辆销售、维修和燃油零售、金融中介、房地产）之外，其他 9 个细分服务行业的 p 值均在 1%、5%、10% 水平下显著，说明除机动车辆以外的批发和佣金贸易，除机动车辆以外的零售贸易、居民货物修理，运输仓储，邮政通信，机器设备租赁及其他商务服务，公共管理和国防、社会保障，教育，卫生和社会工作，其他团体、社会和个人服务等 9 个细分服务行业直接软化系数在考察期内发生显著变化，这些细分行业中间投入存在软化趋势。

表 22 - 1　　直接软化系数（$psii_j$）单因素方差分析结果

行业编号	卡方 p 值	均值检验 F 值	均值检验 p 值
(1)	(2)	(3)	(4)
$psii$0	0.621	4.59	0.000
$psii$1	1.000	0.27	0.9999
$psii$2	1.000	4.09	0.0000
$psii$3	1.000	2.45	0.0002

续表

行业编号	卡方 p 值	均值检验	
		F 值	p 值
psii4	0.005	0.74	0.8189
psii5	0.381	7.14	0.0000
psii6	0.230	3.38	0.0000
psii7	0.029	0.94	0.5487
psii8	0.995	0.37	0.9979
psii9	0.250	3.44	0.0000
psii10	0.513	3.10	0.0000
psii11	0.987	5.80	
psii12	0.007	1.45	0.0762
psii13	0.270	6.08	0.0000

注：第一列服务行业编号，0 表示第三产业总体，1～13 分别对应于 13 种细分第三产业；第 2 列的卡方 p 值表示方差齐性检验的卡方的 p 值，即 Bartlett's test for equal variances 的卡方的 p 值。

资料来源：根据 STATA 运行结果整理。

2. 第三产业直接软化系数 MANOVA 结果及分析。上述单因素方差分解时遇到的个别指标存在异方差、不满足方差齐性要求的问题，导致检验失效。下面借助在自主抽样基础上的多因素方差分析（MANOVA）来解决此类问题。在 50 000 次自助抽样的基础上将直接软化系数对年份（处理变量）进行 MANOVA 分析（见图 22 - 1），发现：p 值从 1989 年开始在 1%、5% 和 10% 的水平下均显著，拒绝 1981～2005 年各年的第三产业直接软化系数（psii）与基期（1980 年）的 psii 相同的原假设，说明 psii 在 1980～2005 年间存在着时序上的显著差异性。

MANOVA 结果显示，z 值在 1981～2006 年均大于 0 且有不断上升趋势，p 值有不断下降趋势，说明第三产业直接软化系数在持续上升，有显著的上升趋势。P 值在 1989 年达到 10%，随着时间的推移，多数年份的 P 值更是达到 1% 的显著水平。通过将各年份 z 值对年份进行回归，得到回归方程式和趋势线（见图 22 - 1），再将这 17 年的 z 值与 z 值的趋势线进行对比，发现：1989～2001 年的 z 值高于趋势值，而 2002～2005 年的 z 值略低于趋势值，说明这 17 年的 psii 较基期（1980 年）的 psii "显著" 上升是趋势使然。

从理论上看，在正常情况下需要跨越多长时间第三产业直接软化系数才会在 10%、5%、1% 水平下 "显著" 上升呢？通过将 z 值对年份进行回归，发现：回

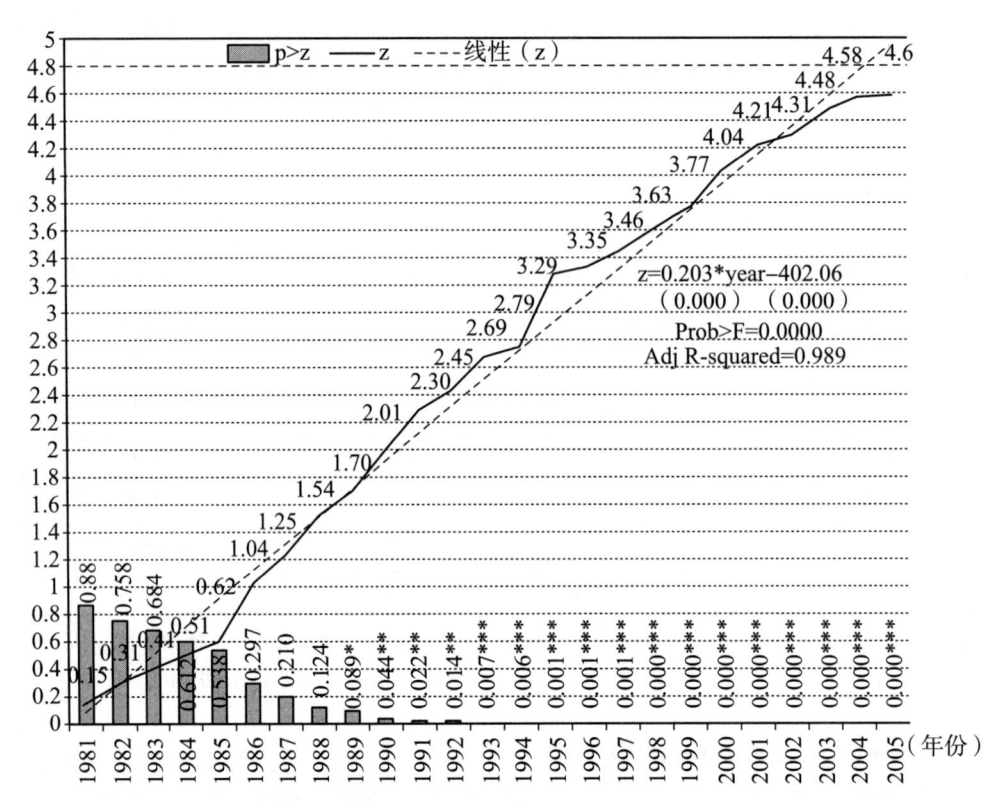

图 22-1 第三产业直接软化系数对年份方差分解分析的 z 值与 p 值

注：MANOVA 在自助抽样 50 000 次基础上进行，基准年份为 1980 年；*、**、*** 表示在 10%、5%、1% 水平下显著。

资料来源：EUKLEMS 数据库，根据 STATA 运行结果绘制。

归系数为 0.203、t 值为 45.43、在 1% 水平下显著，常数项为 -402.06、t 值为 -45.14、在 1% 水平下显著，F 值为 2 063.45、在 1% 水平下显著，调整判定系数为 0.989，模型解释效果好。利用模型对 z 值进行外推，再计算 z 值在标准正态分布下的双侧概率 p，发现：p 值在 1988 年低于 10%，对应的外推 z 值为 1.564，与 1980 年相隔 8 年；p 值在 1990 年低于 5%，对应的外推 z 值为 1.97，与 1980 年相隔 10 年；p 值在 1993 年低于 1%，对应的 z 值为 2.579，与 1980 年相隔 13 年。分析表明，以 1980 年为起点，样本国的第三产业中间投入不断软化，1988 年到达 10% 的显著性水平，1990 年底到达 5% 的显著性水平，1993 年达到 1% 的显著性水平，第三产业中间投入存在显著的软化趋势。

在自助抽样 50 000 次的基础上，将各细分第三产业直接软化系数对年份进行方差分解分析（MANOVA），得到 13 组 z 值与 p 值。鉴于 p 值为 z 值的 t 分布函数的双侧概率值，与 z 值有确定的对应关系，根据 z 值区间范围就能够大致判断出

p 值是否达到临界值、是否显著。图 22-2 清晰地显示：从 1986 年开始，不断出现细分第三产业的 z 值超过临界线，对应的 p 值开始达到 10% 显著水平，并且很快到达 5% 或 1% 显著水平；到了 1994 年，除了除编号 1、4、7、8（分别对应于机动车辆销售、维修和燃油零售、住宿和餐饮、金融中介、房地产）之外，其他 9 个行业的 z 值超过临界线；到了 2003 年，仅有编号 1、8（分别对应于机动车辆销售、维修和燃油零售、房地产）的 z 值没有超过临界线，其他 11 个行业的 z 值超过临界线，说明大多数细分第三产业直接软化系数在时序上存在上升趋势。

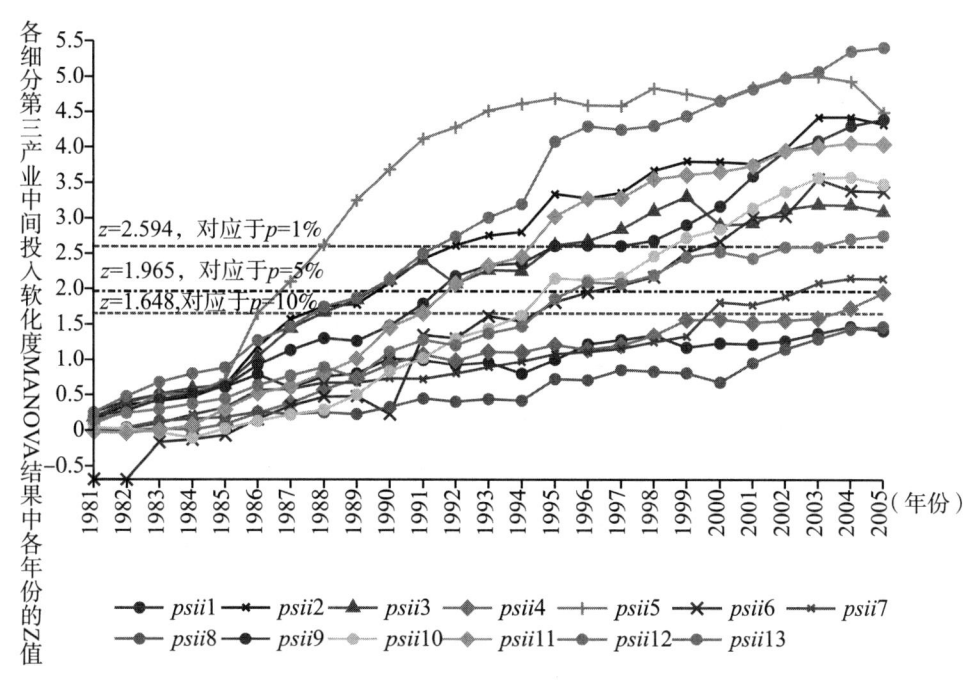

图 22-2 各细分第三产业中间投入软化度对年份方差分解分析的 z 值

注：MANOVA 是在自动抽样 50 000 次基础上进行的。
资料来源：EUKLEMS 数据库，根据 STATA 运行结果绘制。

为更细致地揭示各细分第三产业直接软化系数 MANOVA 的 z 值在时序上的演变趋势，分别将各细分第三产业对应的 z 值对年份进行回归，得到 13 个回归方程，回归结果见表 22-2。从回归方程的统计检验结果看，所有行业的回归效果很好，均在 1% 水平下显著，说明从长期看各细分第三产业直接软化系数存在上升的趋势。从这 13 类细分第三产业的回归系数的具体数值看，由高到低依次为 $z(psii13)$、$z(psii5)$、$z(psii11)$、$z(psii2)$、$z(psii6)$、$z(psii10)$、$z(psii9)$、$z(psii3)$、$z(psii12)$、$z(psii7)$、$z(psii4)$、$z(psii8)$、$z(psii1)$，说明其 psvii 上升的速度依次

表22-2　$z(psii_j)$ 的值对年份回归结果汇总 psii

因变量	对年份的回归系数及检验			常数项及检验			F值及检验		调整 R^2
	回归系数	t值	P值	常数项	t值	P值	F值	P值	
(1)	(2)	(3)	(4)	(5)	(6)	(7)	(8)	(9)	(10)
$z(psii0)$	0.2030***	45.43	0.000	-402.06***	-45.14	0.000	2 063.45***	0.0000	0.989
$z(psii1)$	0.0444***	15.32	0.000	-87.44***	-15.16	0.000	234.76***	0.000	0.9069
$z(psii2)$	0.1883***	28.36	0.000	-372.68***	-28.17	0.000	804.5***	0.000	0.9710
$z(psii3)$	0.1315***	15.11	0.000	-260.06***	-14.99	0.000	228.2***	0.0000	0.9045
$z(psii4)$	0.0821***	21.81	0.000	-162.61***	-21.68	0.000	475.54***	0.0000	0.9519
$z(psii5)$	0.2154***	9.77	0.000	-425.91***	-9.70	0.000	95.55***	0.0000	0.7975
$z(psii6)$	0.1812***	33.49	0.000	-359.63***	-33.36	0.000	1 121.58***	0.0000	0.9790
$z(psii7)$	0.0892***	24.94	0.000	-176.71***	-24.80	0.000	621.86***	0.0000	0.9628
$z(psii8)$	0.0563***	15.74	0.000	-111.68**	-15.66	0.000	247.77***	0.000	0.9114
$z(psii9)$	0.1767***	37.63	0.000	-349.94***	-37.40	0.000	1 416.21***	0.000	0.9833
$z(psii10)$	0.1774***	26.52	0.000	-352.03***	-26.40	0.000	703.21***	0.000	0.9670
$z(psii11)$	0.2058***	26.18	0.000	-407.96***	-26.04	0.000	685.30***	0.000	0.9661
$z(psii12)$	0.1204***	33.04	0.000	-238.50***	-32.84	0.000	1 091.97***	0.000	0.9785
$z(psii13)$	0.2328***	35.20	0.000	-460.94***	-34.97	0.000	1 239.04***	0.0000	0.9810

注：回归方程为：$z(psii_j) = \alpha_j + \beta_j \cdot year + \varepsilon_j$，其中 j 代表13个细分服务行业编号；***、**、* 分别表示在1%、5%、10%水平下显著。

资料来源：根据STATA运行结果整理。

递减，其中 $z(psii13)$ 所对应的（13）其他团体、社会和个人服务的投入软化率的上升速度最快。

利用回归方程分别对各细分服务业的 z 值进行外推，再根据 z 值计算标准正态分布的双侧概率 p，分别找出各细分第三产业的 p 值达到 10%、5%、1% 显著水平以下时的外推 z 值所对应的年份，计算与基期 1980 年的时间跨度，结果汇总成表 22-3。从总体上看，除机动车辆销售、维修和燃油零售和房地产两个行业，其他行业均在考察期内（1980~2005 年）呈现中间投入软化趋势，显著性水平甚至达到 1%。相比其他行业，机动车辆销售、维修和燃油零售和房地产两行业的与基期 1980 年的时间跨度较长，在长期也有不断软化的趋势，机动车辆销售、维修和燃油零售在 2006 年软化趋势达到 10% 显著性水平，房地产在 2006 年软化趋势达到 10% 显著性水平。从变化速度看（第 6、8、10、11 列），编号为 $z(psii5)$ 的运输仓储最快，在 4~9 年直接软化系数就能够显著上升。其他依次分别为 $z(psii113)$ 其他团体、社会和个人服务，显著上升的时间跨度为 7~11 年；$z(psii2)$ 除机动车辆以外的批发和佣金贸易，时间跨度为 7~12 年；$z(psii9)$ 机器设备租赁及其他商务服务，时间跨度为 9~15 年；$z(psii12)$ 卫生和社会工作，时间跨度为 14~22 年；$z(psii7)$ 金融中介，时间跨度为 19~30 年；$z(psii4)$ 住宿和餐饮，时间跨度为 20~32 年；$z(psii1)$ 机动车辆销售、维修和燃油零售，时间跨度为 26~47 年；$z(psii8)$ 房地产，时间跨度为 32~49 年。

（二）一阶差分均值对 0 的 t 检验结果

方差分解分析将年份作为处理变量，将软化指标在 16 个经济体每一年的观测值视作比较对象，将 16 个经济体软化指标的在一个年份的一组观测值视作一次抽样。虽然方差分解分析能够甄别和判断软化指标的一组观测值在各年份是否有显著区别和如何演化，但是无法准确判断具体指标在不同经济体如何演进。一阶差分均值对 0 的 t 检验方法可以弥补方差分解分析的不足，能够甄别和判断出软化指标在不同经济体是否显著上升或者下降。

按照经济体逐个对直接软化系数一阶差分（$dtpsii_j$）对 0 进行 t 检验，按照微积分的导数思想，根据检验结果中的 t 统计量的符号可以判断出 $dtpsii_j$ 的均值是大于 0 或小于 0，从而推断差分前的软化指标（$psii_j$）在考察期内是上升或下降，如果 t 统计量大于 0，则差分前的直接软化系数有上升趋势，反之，如果 t 统计量小于 0，则差分前的直接软化系数有下降趋势。t 统计量的绝对值大小决定一阶差分均值是否显著大于 0 或小于 0，如果 t 统计量的绝对值超出 10%、5%、1% 显著水平所对应的临界值，那么差分均值就在 10%、5%、1% 水平下显著，进而可以判断差分前的直接软化系数在考察期内显著上升或下降。

表 22-3　z($psii_j$) 的值外推值"显著"的年份及时间跨度汇总

类别编号	回归系数	回归方程显著水平	长期趋势	10% 显著水平 年份	10% 显著水平 跨期	5% 显著水平 年份	5% 显著水平 跨期	1% 显著水平 年份	1% 显著水平 跨期	速度排名
(1)	(2)	(3)	(4)	(5)	(6)	(7)	(8)	(9)	(10)	(11)
z($psii$0)	0.2030***	0.0000	↑	1988	8	1990	10	1993	13	4
z($psii$1)	0.0444***	0.000	↑	2006	26	2013	33	2027	47	13
z($psii$2)	0.1883***	0.000	↑	1987	7	1989	9	1992	12	3
z($psii$3)	0.1315***	0.0000	↑	1990	10	1992	12	1997	17	7
z($psii$4)	0.0821***	0.0000	↑	2000	20	2004	24	2012	32	12
z($psii$5)	0.2154***	0.0000	↑	1984	4	1986	6	1989	9	1
z($psii$6)	0.1812***	0.0000	↑	1993	13	1995	15	1999	19	8
z($psii$7)	0.0892***	0.0000	↑	1999	19	2003	23	2010	30	11
z($psii$8)	0.0563***	0.000	↑	2012	32	2018	38	2029	49	14
z($psii$9)	0.1767***	0.000	↑	1989	9	1991	11	1995	15	5
z($psii$10)	0.1774***	0.000	↑	1993	13	1995	15	1999	19	9
z($psii$11)	0.2058***	0.000	↑	1990	10	1991	11	1994	14	6
z($psii$12)	0.1204***	0.000	↑	1994	14	1997	17	2002	22	10
z($psii$13)	0.2328***	0.0000	↑	1987	7	1988	8	1991	11	2

注：10% 水平下显著的年份对应于外推 z 值的绝对值开始大于 1.648 的年份，5% 水平下显著的年份对应于外推 z 值的绝对值开始大于 1.965 的年份，1% 水平下显著的年份对应于外推 z 值的绝对值开始大于 2.594 的年份；变化速度排名根据达到显著水平的期限跨度排列。

资料来源：根据 STATA 运行结果整理。

按照上述统计检验方法，对总体第三产业直接软化系数一阶差分（dtpsii）进行检验，结果（见图22-3）显示：16个国家的 t 统计量均为正值，这可以初步推断出差分前的 psii 在考察期内在全部国家或地区均有上升趋势。统计推断的关键步骤要看 t 统计量的绝对值是否超出临界值，如果 t 统计量超出临界值，那么就显著，此时趋势是强烈的，可以做出软化的结论。根据 t 值绝对值大小决定显著与否的原理，在 t 统计量大于0的16个经济体中，澳大利亚（AUS）、加拿大（CAN）、德国（GER）、意大利（ITA）、西班牙（ESP）、法国（FRA）、荷兰（NLD）、美国（USA）等国家 t 统计量均超出2.797（对应于1%显著水平），此时共有8个国家或地区处于"显著"状态，占比达50%，说明在1%水平上这8个经济体的 dtpsii 都能够拒绝均值为0的原假设，说明差分前的直接软化系数（psii）在考察期内存在显著的上升趋势。

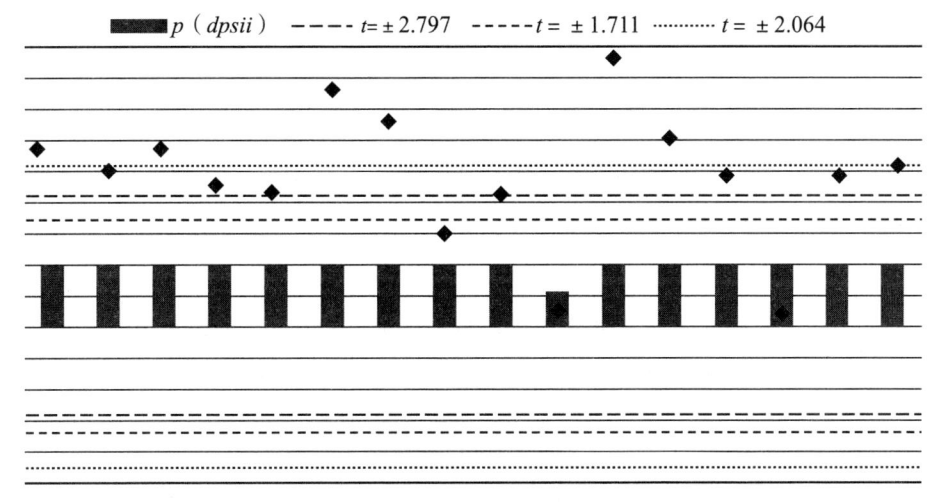

图 22-3　各经济体第三产业直接软化系数一阶差分均值对 0 进行 t 检验的统计量

注：伴随概率 p（$dtpsii$）为双侧 t 检验的概率。图中菱形表示 t 统计量。

如果放宽检验标准，将显著水平提高至5%甚至10%，那么奥地利（AUT）、丹麦（DNK）、芬兰（FIN）、英国（UK）、日本（JAP）和葡萄牙（PRT）的 t 统计量就超出2.064（对应于5%显著水平）达到"显著"，他们的 t 统计量分别为2.4196、2.2828、2.1919、2.1394、2.6656和2.6836，此时共有14个经济体处于"显著"状态，占比达87.5%。总之，如果以最宽松的标准（显著性水平为10%），在考察期内第三产业直接软化系数在87.5%的经济体保持着上升趋势，进一步支持研究结论。

根据上述方法，对每一经济体的13类细分第三产业直接软化系数一阶差分逐一进行对0的 t 检验，共得到 16×13=208 对 t 统计量和 p 值。由于 p 值是 t 统

计量的双侧 t 检验值,这里的自由度为 24,两者之间有确定的对应关系,通过分析 t 统计量就能够做出有效推断。表 22-4 详细地展现出包含 16 个国家或地区、13 类细分服务业的 t 统计量。t 统计量的符号为负,隐含着 $dtpsii_j$ 均值小于 0 和 psr_j 缓慢下降的趋势,t 统计量符号为正,隐含着 $dtpsii_j$ 均值大于 0 和 $psii_j$ 缓慢上升的趋势。从表 22-4 的细节看,绝大多数 t 统计量大于 0 的事实则隐含着第三产业中间投入在长期有不断软化的趋势,这一结论与方差分解分析的结论(见表 22-1)吻合。鉴于 t 统计量是否显著是本文分析的焦点,从各细分服务业的 t 统计量在 16 个经济体的 $\Pr(|t|>1.711)$、$\Pr(|t|>2.064)$ 和 $\Pr(|t|>2.797)$ 三个概率指标看,发现 $t(dtpsii2)$、$t(dtpsii3)$、$t(dtpsii5)$、$t(dtpsii6)$、$t(dtpsii9)$、$t(dtpsii10)$、$t(dtpsii11)$、$t(dtpsii12)$、$t(dtpsii13)$ 的最高概率 $\Pr(|t|<1.711)$ 在 60% 以上,说明考察期内除机动车辆以外的批发和佣金贸易,除机动车辆以外的零售贸易、居民货物修理,运输仓储,邮政通信,机器设备租赁及其他商务服务,公共管理和国防、社会保障,教育,卫生和社会工作,其他团体、社会和个人服务等行业中间投入在多数国家存在软化趋势,显著性水平达 10%,其中机器设备租赁及其他商务服务中间投入在 81% 的经济体中存在软化趋势。机动车辆销售、维修和燃油零售,住宿和餐饮,金融中介,房地产的最高概率 $\Pr(|t|<1.711)$ 在 50% 以下,其中房地产中间投入仅在 19% 的经济体中存在软化趋势。

表 22-4 细分第三产业直接软化系数一阶差分对 0 的 t 检验的 t 统计量

国家	psii 1	psii 2	psii 3	psii 4	psii 5	psii 6	psii 7	psii 8	psii 9	psii 10	psii 11	psii 12	psii 13
澳大利亚	1.98	1.30	1.09	1.02	3.07	-0.24	0.95	0.80	4.14	1.83	0.66	0.59	1.72
奥地利	0.67	1.79	2.70	0.59	0.04	2.82	-1.01	-1.01	2.93	1.10	2.24	2.59	1.40
加拿大	1.05	3.15	2.77	2.96	1.12	2.09	1.30	0.07	1.72	0.56	1.93	1.77	1.87
丹麦	0.67	1.03	1.77	0.74	2.05	2.54	1.49	-0.57	3.01	1.88	2.26	2.62	2.58
芬兰	-0.40	1.66	0.18	-0.58	1.82	0.55	1.90	1.04	2.75	1.91	1.72	1.72	2.47
德国	1.49	1.03	1.95	1.70	1.07	2.60	4.17	1.59	3.86	2.47	3.81	1.86	3.53
意大利	1.14	3.27	0.50	2.50	2.96	0.62	-0.69	3.23	2.12	2.73	2.65	0.77	2.65
韩国	1.75	1.95	1.83	-1.38	2.14	2.52	2.32	0.10	0.84	0.78	2.58	2.08	1.00
英国	0.67	3.25	4.80	-0.32	1.86	0.25	2.78	-1.09	4.22	1.73	3.13	1.05	3.49
比利时	-0.59	-0.11	-0.84	-0.01	1.94	2.72	1.48	0.37	0.43	0.77	-0.90	-0.38	-0.34
西班牙	-0.74	2.16	1.77	5.28	2.57	2.43	2.01	0.97	2.84	1.88	2.17	0.83	2.61

续表

国家	psii1	psii 2	psii 3	psii 4	psii 5	psii 6	psii 7	psii 8	psii 9	psii 10	psii 11	psii 12	psii 13
法国	-0.01	2.48	2.84	2.42	1.93	0.26	3.49	3.42	2.97	2.10	3.94	4.17	3.99
日本	3.75	1.24	1.14	2.02	1.78	3.81	0.72	3.36	2.18	1.97	0.30	2.55	2.54
荷兰	-0.67	2.81	2.70	2.33	0.90	1.72	2.76	0.24	1.17	1.86	0.27	2.53	2.26
葡萄牙	3.06	1.89	2.18	3.38	2.04	1.97	0.79	1.15	1.80	2.07	1.81	0.32	1.77
美国	0.85	1.79	1.23	3.82	0.78	1.81	2.78	1.37	1.95	1.64	1.78	2.56	3.24
t 的均值	0.92	1.92	1.79	1.65	1.75	1.78	1.70	0.94	2.43	1.71	1.78	1.73	2.30
$\Pr(\|t\|>1.711)$	0.25	0.63	0.63	0.50	0.69	0.69	0.44	0.19	0.81	0.69	0.69	0.69	0.81
$\Pr(\|t\|>2.064)$	0.13	0.38	0.38	0.44	0.25	0.50	0.31	0.19	0.63	0.25	0.44	0.44	0.63
$\Pr(\|t\|>2.797)$	0.13	0.25	0.13	0.31	0.13	0.13	0.13	0.19	0.44	0.00	0.19	0.06	0.25

注：t 统计量分布转换为双侧 t 检验时自由度为 24；$\Pr(\|t\|>1.711)$ 表示在 10% 水平下 t 统计量显著的国家或地区占总数（16）的比率（概率）；同理，2.064 对应的是 5% 显著水平，2.797 对应的是 1% 显著水平。

资料来源：根据 STATA 运行结果整理。

（三）稳定性检验

上述的方差分析、一阶差分均值对 0 的 t 检验、回归分析与标准正态分布的双侧概率检验均表明 16 个经济体的第三产业整体，除机动车辆以外的批发和佣金贸易，除机动车辆以外的零售贸易、居民货物修理，宿和餐饮，运输仓储，邮政通信，金融中介，机器设备租赁及其他商务服务，公共管理和国防、社会保障，教育，卫生和社会工作，其他团体、社会和个人服务等行业中间投入软化指标 psii 较基期（1980 年）的"显著"上升是趋势使然。机动车辆销售、维修和燃油零售和房地产在长期也有不断软化的趋势，机动车辆销售、维修和燃油零售在 2006 年软化趋势达到 10% 显著性水平，房地产在 2012 年软化趋势达到 10% 显著性水平。

上述结论是根据 16 个经济体数据分析得出，样本量较小，而且 16 个经济体都是发达国家，结论可能是有偏的。为了检验前述结论的稳定性，下面分析将样本量扩展到 40 个经济体，并将发展中国家纳入样本量中，借助 WIOD 数据库所提供的 1995~2011 年 40 个国家或地区的 680 份投入产出表，运用回归分析与标准正态分布的双侧概率检相结合的方法对第三产业及 13 类细分第三产业的直接软化系数和完全软化系数时序演化规律做进一步的检验。

结果显示①，不论是 40 个经济体、发达经济体还是发展中经济体，第三产业整体完全消耗系数在考察期内（1995～2011 年）上升趋势均达到显著性水平（至少是 10% 显著性水平），说明第三产业整体投入完全软化系数时序上升性是其主导趋势。从细分行业看，细分行业完全软化系数均呈上升趋势，各自有着不一的上升速度。

（四）主要结论

借助 WIOD 数据库和 EKLMS 数据库所提供的数据，运用方差分解分析、一阶差分后均值对 0 的 t 检验、回归分析与概率检验相结合等三种方法，对第三产业及细分行业投入软化率的时序演化规律进行实证分析，实证研究的基本结论是：(1) 第三产业整体及细分行业投入软化率在长期内时序上升性是其主导趋势，即软要素占第三产业投入的比重呈增长趋势，第三产业发展越来越依赖于软要素的投入；(2) 不同经济发展阶段，第三产业投入软化速度有所差异，即发达经济体第三产业投入软化率上升速度高于发展中经济体；(3) 同一经济体内部，细分行业投入软化率有所差异。

三、第三产业投入软化规律的内涵

上述不管是对 40 个经济体（区分发达经济体和发展中经济体）进行分析还是对中国进行深入分析均表明，第三产业投入存在软化趋势规律。第三产业投入软化规律指出软要素在第三产业中间投入所占比重的变化趋势。根据这一趋势，软要素在第三产业中间投入中所占的比重会逐渐上升，并最终超过硬要素，在第三产业中间投入中占据主导性地位，进而到达第三产业投入软化阶段。第三产业投入软化包含两层含义，一是第三产业投入软化是一个过程，即软要素占第三产业中间投入的比重不断上升的过程，这是第三产业投入软化规律的重要方面；二是第三产业投入软化是一定阶段，即软要素超过硬要素在第三产业中间投入中占到了主导性地位的阶段，这是第三产业投入软化规律的必然结果。

当下发达经济体与发展中经济体第三产业投入软化水平有一定的差距，那是因为两者所处的投入软化过程不同。发达经济体基本已经到了软要素在第三产业中间投入中占主导性地位的阶段，并且软要素占第三产业中间投入的比重还在缓慢上升。大多数发展中经济体第三产业投入软化还处于快速上升阶段，软要素在第三产业中间投入中未占主导性地位的阶段。随着发展中经济体的发展，其与发

---

① 由于篇幅的原因，省去详细分析过程。

达经济体的差距将进一步缩小。同一经济体内部，第三产业细分行业投入软化所处阶段不同，投入软化水平就会有所不同。

需要注意的是，第三产业投入软化是软要素在中间投入中占比逐渐上升并占主导地位的过程，是一种动态变化的过程，第三产业内部行业投入软化各有特点。因此，既不能简单地认为第三产业自然而然就会出现投入软化并以此来否定产业政策的意义，也不能不顾国民经济发展情况而制定不具有针对性的指导投入软化政策，要根据国民经济发展情况和第三产业发展的具体特点制定相应政策。投入软化的结果是第三产业比重提高，产业升级，国民经济软化。反过来又促进投入软化发展。

第二节 第三产业投入软化一般特征分析

本小节使用计量方法分析第三产业投入软化一般特征。研究分析显示第三产业投入软化具有以下4个一般特征。

一、第三产业中间投入软化程度高于第一、第二产业

先计算世界投入产出表数据计算40个国家三次产业的直接软化系数，再计算第三产业与第一产业的直接软化系数之比、第三产业与第二产业的直接软化系数之比，最后通过散点图的方式呈现计算结果，结果如图22-4所示。40个国家在1995~2011年，第三产业与第一产业的直接软化系数之比和第三产业与第二产业的直接软化系数之比均大于1，甚至绝大多数是大于1.5，说明40个国家的第三产业中间投入软化程度远高于第一、第二产业。图22-5所显示，40个国家第三产业与第一、第二产业的完全软化系数之比均大于1，也表明40个国家的第三产业中间投入软化程度高于第一、第二产业。

三次产业中间投入软化程度存在差异，这与三次产业的产品的性质和生产过程的特征有关。第一、第二产业生产实物形态的产品，必须有实物产品的投入。第三产业生产非实物产品，有些需要大量的实物产品投入，如餐饮及旅馆服务、交通运输服务、邮政通信服务等，有些需要少量甚至不需要实物产品投入，如商务服务、教育服务、金融服务、技术服务、咨询服务等。第一产业是三次产业中对自然资源依赖度最高的产业，其生产过程与自然形成过程结合在一起，这决定着第一产业生产必须有实物产品投入。第二产业生产过程是以第一产业的产品为加

图 22-4　40 个国家第三产业与第一、第二产业的直接软化系数之比

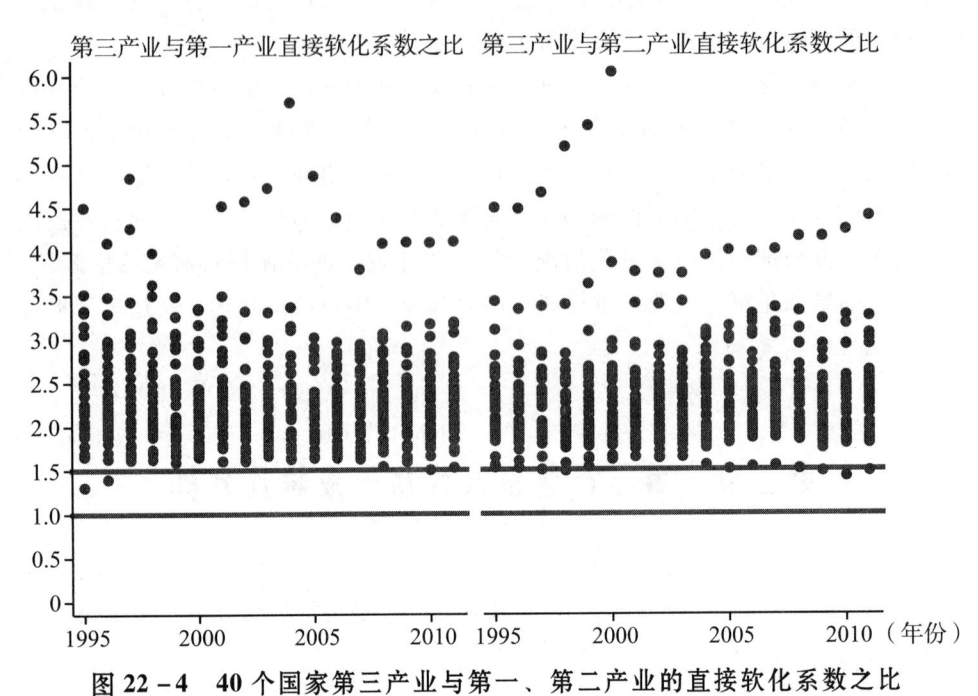

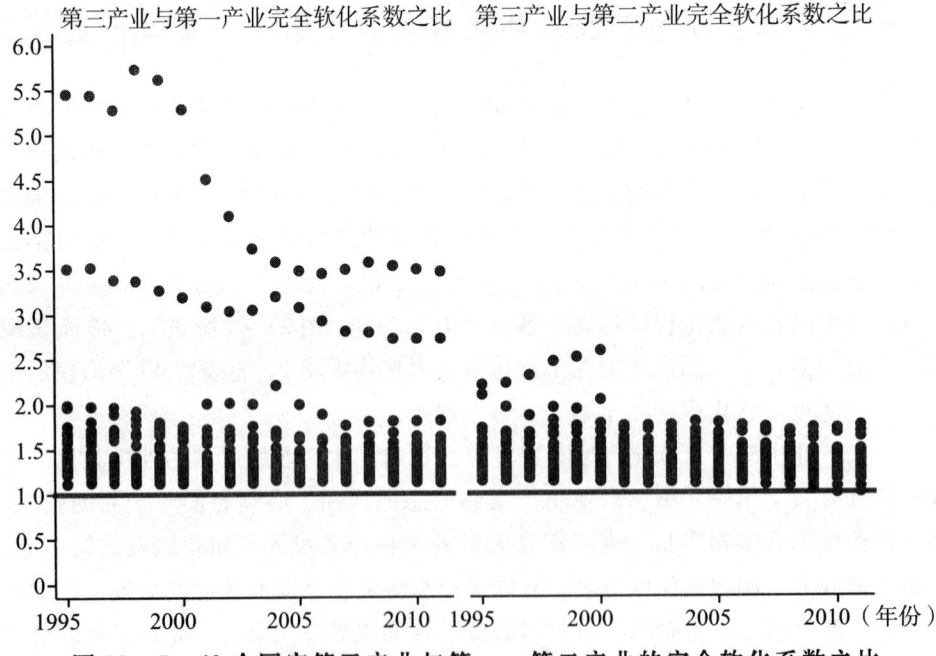

图 22-5　40 个国家第三产业与第一、第二产业的完全软化系数之比

工对象的再加工过程，这决定着第二产业生产必须有实物产品投入。第三产业生产是以第一、第二产业的产品为物质条件，生产非实物产品的过程。这特点使第三产业生产可以少投入实物产品，多投入软要素。另外，三次产业生产规模大小不一，决定着三次产业投入软化程度不同。囿于生产与消费同时进行的特点，与第一、第二产业相比，第三产业生产规模一般都比较小。如批发零售业、市场服务业、与信息技术相关的服务业和其他商务服务业，这些行业的公司规模一般都比较少，甚至可以做到一人"单枪匹马"经营公司。OECD（2005）研究显示，1997～2000年，与制造业公司规模分布相比，OECD国家服务业公司规模分布的峰度更为偏向于小型企业。第一、第二产业的生产规模比较大，企业规模较大自我服务功能就较强，软要素内部化程度较高，外购软要素的可能性就较低。第三产业生产规模较小，服务企业规模不大，自我服务功能较弱，软要素外部化程度较高，外购软要素的可能性就较强，需要借助外购软要素来营造"麻雀虽小五脏俱全"的优势。

二、经济发展水平越高的国家，第三产业投入软化程度越高

上述发达国家和"金砖四国"第三产业投入软化特征分析，表明第三产业投入软化存在国别和发展阶段的差异，经济发展水平越高的国家第三产业投入软化程度越高，第三产业对软要素的需求越大。人均国内生产总值综合反映了社会劳动生产率、生产总额、人口、收入水平以及整个国民经济发展水平等方面的总体状况。为揭示第三产业投入软化与经济发展水平的关系，本书选取人均GDP衡量各国的经济发展水平，分别描绘人均GDP与各国第三产业直接软化系数和完全软化系数的散点图。

图22-6显示，按不同人均GDP组别看，第三产业直接软化系数都随人均GDP水平提高而提高。三个组别的回归方程均通过显著检验，人均GDP的系数各不相同，表明直接软化系数上升的速度不同。在人均GDP为13 000美元以下，第三产业直接软化系数上升趋势最为明显，随后直接软化系数上升力度减弱，甚至趋于稳定。正如，美国等发达国家的金融保险业的直接软化系数已经到90%多，已没有多大的上升空间。40个经济体的11个第三产业细分行业的直接软化系数和完全软化系数与取过自然对数的人均GDP的散点图及回归方程，表明各产业的投入软化程度随着人均GDP水平提高而提高，进一步支持上述结论（见图22-7、图22-8）。

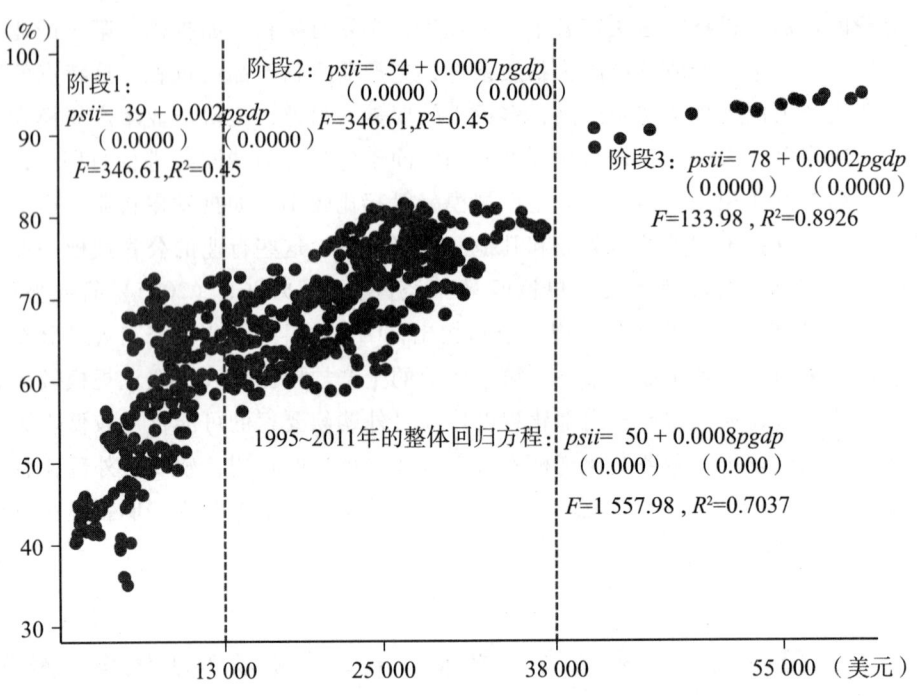

图 22-6 第三产业直接软化系数（psii）与人均 GDP（pgdp）散点图

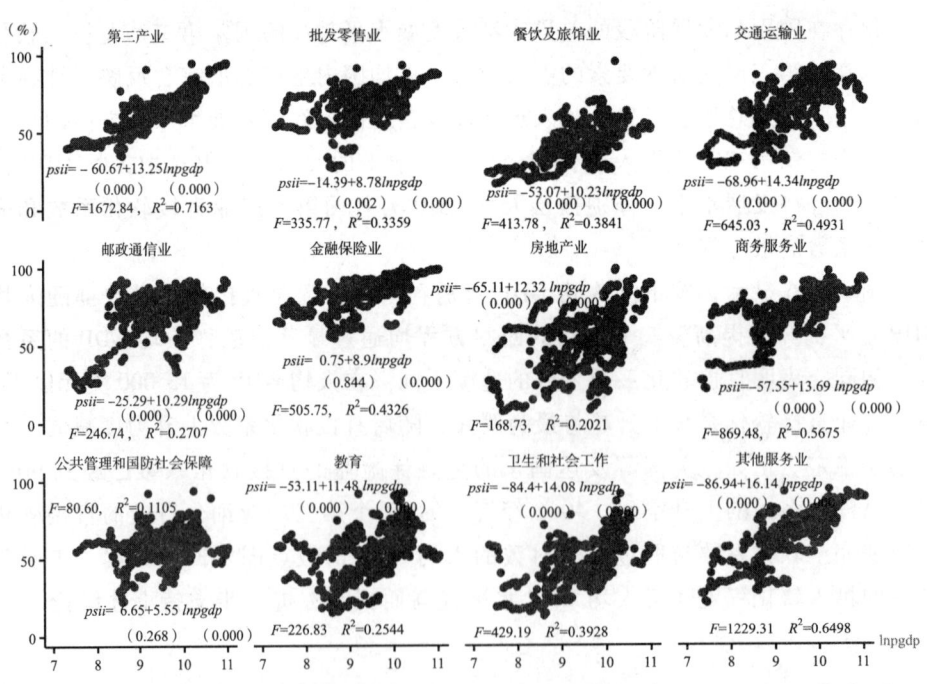

图 22-7 细分行业直接软化系数（psii）与人均 GDP（lnpgdp）散点图

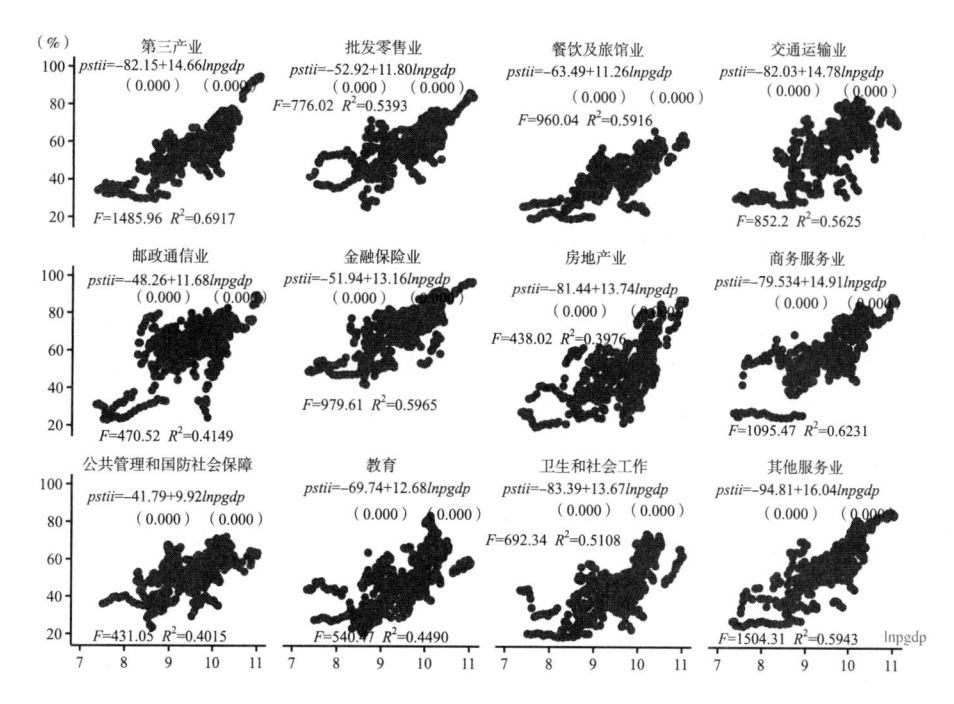

图 22-8　细分行业完全软化系数（$pstii$）与人均 GDP（$lnpgdp$）散点图

上述分析表明了随着经济水平的提高，第三产业对软要素的消耗增大，第三产业生产投入呈现软化趋势是一种普遍的经济现象。这应该与三个因素有关：（1）国民经济产业结构决定产业的生产投入结构，正如要素禀赋不同，生产要素投入组合就不同。随着经济水平的发展，第三产业占国民经济比重逐渐提高，并占主导地位。在第三产业比重日益提高的基础上，国民经济生产软化系数呈现软化趋势，形成三次产业对第三产业提供的软要素的消耗程度越高的现象。（2）经济发展水平越高，意味着第三产业发展水平、社会化和专业化程度越高，知识技术密集型服务业比重越大，对本产业提供的软要素的消耗就越大。发达国家的第三产业占国民经济比重、第三产业及细分行业高技能员工劳动时间占总劳动时间比重和知识技术密集型服务业（机器租赁及其他商务服务业、金融保险服务业）比重均高于发展中国家，而发达国家第二产业生产投入软化程度就高于发展中国家。（3）随着经济发展水平的提高和市场规模的扩大，第三产业内部分工日益深化，服务企业内部的自我提供软要素环节形成"外部化"趋势，原来内置于企业内部的生产软要素活动形成了市场化的新兴生产服务行业，这些新产生的服务行业不但为原来所从属的服务行业提供软要素，而且还开拓新的市场，为其他服务行业提供软要素。从产业层面看，这表现第三产业购买更多的软要素，从而出现第三产业投入软化趋势。

三、软投入主要来源于国内

1995~2011 年，西方七国（美国、日本、德国、英国、法国、意大利和加拿大）进口软要素占总软投入的比重几乎低于 10%，同期间，"金砖四国"进口软要素占总软投入的比重均低于 8%。西方七国和"金砖四国"的数据似乎显示，对于某国第三产业来说，国外的软要素是鞭长莫及，远水救不了近火。如图 22-9 所示，1995~2011 年，40 个经济体第三产业及 11 个细分行业的进口软要素占总软要素比重大多数在 20% 以下。为什么进口软要素占总软要素比重如此低下？推测其原因可能是：（1）软要素与硬要素有着明显的区别，生产与消费的同时发生性要求软要素提供者和消费者近距离甚至零距离接触，决定了很多软要素只能本土提供甚至现场提供，国外软要素就鞭长莫及了。（2）服务贸易自由化程度较低，各国在服务贸易对外开放方面更为谨慎，服务开放领域不足，服务贸易自由化谈判多年举步维艰，服务贸易壁垒更为隐蔽且复杂，服务贸易摩擦日益激化，使得服务企业对国外软要素望而止步，倾向于购买国内软要素。（3）服务贸易有跨境交付、境外消费、商业存在和自然人流动等 4 种贸易模式，这四种贸易模式难以准确定义，造成国际服务贸易存在统计疏漏，对进口软要素的发展规模和程度存在低估的可能性。这种低估在发展中国家更为严重，因为发展中国家的统计更加不完善。

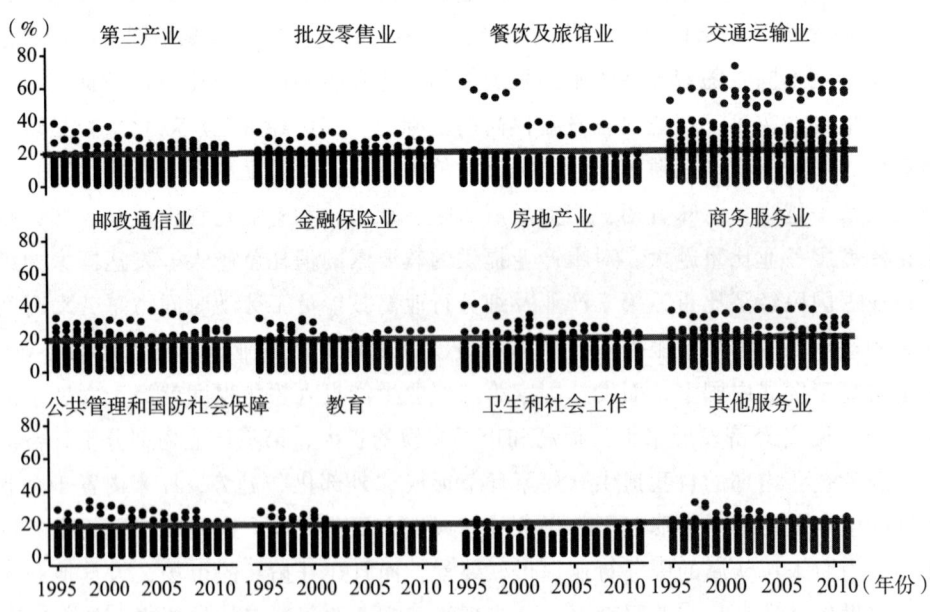

图 22-9 1995~2011 年 40 个经济体各行业进口软要素占总软要素比重散点图

四、商务服务、金融保险服务占据第三产业软投入主导地位

上述发达国家和"金砖四国"第三产业投入软化特征分析，表明商务服务和金融保险服务等两种软要素占第三产业软投入比重最大，其他国家是否存在同样的情况呢？

要检验商务服务比重是否最大，换一种思路和表述方式，就是各年份商务服务与其他软要素相对比重的观测值在统计上大于1。分析思路是：首先计算40个样本经济体的商务服务分别与批发零售、餐饮及旅馆、交通运输、邮政通信、金融保险、房地产、公共管理和国防社会保障、教育、卫生和社会工作、其他服务等10种软投入的相对比重；然后将各个经济体的商务服务相对比重对1进行t检验；最后通过t检验，汇总40个样本经济体商务服务相对比重大于1、等于1、小于1的伴随概率，得出商务服务相对比重是否大于1的详细结论。①

结果显示澳大利亚、奥地利、比利时、加拿大、捷克共和国、德国、西班牙、爱沙尼亚、法国、英国、匈牙利、爱尔兰、意大利、日本、墨西哥、马耳他、荷兰、波兰、葡萄牙、斯洛文尼亚、瑞典和美国等22个国家的商务服务相对比重在这17年间均大于1，即这22个国家的商务服务占第三产业软投入比重最大的概率为100%，占比达55%。如果概率放松至90%及以上，则会有67.5%的国家（增加巴西、芬兰、拉脱维亚、俄罗斯和斯洛伐克共和国等5个国家）的商务服务占第三产业软投入比重最大。

详细查看40个经济体1995~2011年第三产业软投入内部构成发现，金融保险服务占第三产业软投入比重位居第一位，或第二、第三位。本文将商务服务和金融服务合在一起，计算其与其他软要素的相对比重，并把商务金融服务相对比重对1进行t检验。结果显示除中国台湾地区，其余39个国家的商务金融保险服务相对比重在这17年间均大于1的概率为95%，即这39个国家的商务服务占第三产业软投入比重最大，商务服务和金融保险服务是其最主要的软投入。对于中国台湾地区来说，房地产是其第三产业最主要的软投入，其次是金融保险服务和商务服务。

上述分析表明了商务服务和金融服务一直在发达国家第三产业软投入中占据主导地位，这两类软要素在发展中国家第三产业软投入中所占比重日益提高，并逐渐占主导地位。这可能与以下因素有关：（1）商务服务业和金融保险业是典型的知识密集型服务业，其以知识、技术和信息为主要生产投入，其产出含有大量

---

① 由于篇幅的原因，本小部分的计量结果并没有呈现。

的技术、知识及人力资本。商务服务、金融保险服务在第三产业软投入中占主导地位,体现了第三产业生产对知识需求的增强,是第三产业生产知识化的表现。(2)商务服务是第三产业最主要的软投入,也是第三产业专业化分工深化的结果。在第三产业生产迂回程度不断提高和市场竞争加剧的背景下,第三产业内部分工不断细化,专业化程度日益深化,服务生产企业越来越需要购买更加专业和功能更强的软要素来替代内部自供的软要素,以满足降低成本和风险、创新发展、追逐利润的要求。(3)商务服务业和金融保险业长期在发达国家第三产业中比重最大,按照要素禀赋决定投入组合的原理,发达国家第三产业软投入也应该以商务服务和金融保险为主。商务服务业和金融保险业在发展中国家第三产业中比重逐渐提高,商务服务和金融保险两种软要素在发展中国家第三产业软投入中比重日益提高并占主导地位。(4)一个国家市场经济体系越完善、企业经营国际化程度越高,对商务服务的需求越高。随着市场经济的建立与完善,企业对财务会计、审计、税务、认证认可等专业软要素的需求越高。企业经营国际化程度的提高,会增加企业对国外投资环境、相关政策、法律与管理等咨询服务、市场调研、资产评估、经纪代理等商务服务的需求。

第三节 中国第三产业投入软化的问题与成因

前文分析表明,第三产业投入软化存在软化趋势,增加软要素投入能显著地提高第三产业生产效率,软要素成为第三产业增长的主要源泉。但是,现实表明,中国第三产业投入软化面临着投入软化水平较低、软投入结构层次低下等问题。本节首先分析中国第三产业投入软化存在的问题;然后对中国第三产业投入软化的现状进行解释;最后结合前面的研究结论,针对中国第三产业投入软化存在的问题,提出相应的对策建议。

一、中国第三产业投入软化的问题

在分析中国第三产业投入软化现状的基础上,下面再以美国、英国、日本、法国、德国、加拿大、意大利、韩国、印度、巴西和俄罗斯等国家为参照系,对我国第三产业投入软化进行国际比较。研究分析显示中国第三产业投入软化存在以下问题。

(一) 中国第三产业投入软化水平较低

1. 第三产业整体投入软化水平较低。从对软要素的直接消耗系数看，直接消耗系数较大的国家依次是：英国（生产1单位服务产品，平均直接消耗0.3253单位软要素，下同）、美国（0.2877）、意大利（0.2865）、法国（0.2811）、德国（0.2809）、加拿大（0.2708）、韩国（0.2439）、日本（0.2385）、中国（0.2173）、巴西（0.2134）、俄罗斯（0.2055）、印度（0.1165）。我国生产1单位服务产品对软要素的直接消耗系数分别低于英国（0.108）、美国（0.0704）、意大利（0.0692）、法国（0.0638）、德国（0.0636）、加拿大（0.0535）、韩国（0.0266）、日本（0.0212）；高于印度（0.1008）、俄罗斯（0.0118）、巴西（0.0039）。我国对软要素的直接消耗系数与发达国家相差的幅度大于与俄罗斯、巴西相差的幅度（见表22-5）。

表22-5　　　　各国生产1单位服务产品对软要素的直接消耗系数

年份	1995	2000	2005	2010	2011
加拿大	0.2488	0.2779	0.2787	0.2741	0.2747
德国	0.2504	0.2828	0.2908	0.2921	0.2884
法国	0.2723	0.2843	0.2941	0.2783	0.2762
英国	0.2746	0.3172	0.3446	0.3474	0.3429
意大利	0.2521	0.2896	0.2977	0.2963	0.2969
日本	0.2355	0.2417	0.2390	0.2385	0.2379
美国	0.2582	0.2887	0.2980	0.2971	0.2962
韩国	0.2269	0.2425	0.2468	0.2518	0.2515
中国	0.2150	0.2091	0.2136	0.2250	0.2237
巴西	0.2069	0.2168	0.2107	0.2146	0.2181
印度	0.1138	0.1204	0.1178	0.1111	0.1195
俄罗斯	0.1899	0.1959	0.2117	0.2193	0.2108

资料来源：根据世界投入产出表数据库计算得。

从对软要素的完全消耗系数（生产1单位服务产品，平均完全消耗多少单位软要素）看，按照完全消耗系数的大小依次是：英国（0.5531）、意大利（0.4947）、美国（0.4614）、法国（0.4549）、德国（0.4479）、加拿大（0.4309）、中国（0.4043）、韩国（0.3966）、日本（0.3801）、俄罗斯（0.3364）、巴西（0.323）、印度（0.2037）。我国生产1单位服务产品对软要素的完全消耗系数分别低于英国（0.1488）、意大利（0.0904）、美国（0.0571）、法国（0.4549）、德国（0.4479）、加拿大（0.0266），高于韩国（0.0077）、日本（0.0242）、俄罗斯（0.0679）、巴西（0.0813）、印度（0.0679）（见表22-6）。

表22-6　　各国生产1单位服务产品对软要素的完全消耗系数

年份	1995	2000	2005	2010	2011
加拿大	0.3800	0.4459	0.4451	0.4412	0.4422
德国	0.3868	0.4518	0.4652	0.4709	0.4645
法国	0.4400	0.4623	0.4819	0.4470	0.4434
英国	0.4494	0.5396	0.5950	0.5963	0.5854
意大利	0.4139	0.5003	0.5213	0.5184	0.5196
日本	0.3720	0.3834	0.3822	0.3828	0.3803
美国	0.4078	0.4681	0.4824	0.4753	0.4733
韩国	0.3536	0.3850	0.3974	0.4246	0.4223
中国	0.3935	0.3902	0.3954	0.4220	0.4203
巴西	0.3049	0.3289	0.3234	0.3276	0.3304
印度	0.2000	0.2040	0.2071	0.1990	0.2083
俄罗斯	0.3090	0.3108	0.3443	0.3686	0.3494

资料来源：根据世界投入产出表数据库计算得。

如表22-7所示，我国第三产业的直接软化系数，不但显著地低于加拿大、德国、法国、英国、意大利、日本、美国和韩国等先进经济体，而且也低于巴西和俄罗斯等发展中国家。在先进经济体第三产业的生产中，软要素直接消耗已达到硬要素直接消耗的2~4倍，第三产业生产所需要的软要素远超过了硬要素。我国第三产业自身生产过程中所投入的实物型生产资料较多，服务型生产资料较少，软要素直接消耗低于硬要素直接消耗。

表22-7　　各国第三产业的直接软化系数　　　　　　　　单位：%

年份	1995	2000	2005	2010	2011
加拿大	73.98	74.09	74.99	73.66	73.83
德国	74.61	78.37	80.40	80.03	78.98
法国	75.89	78.25	80.02	80.61	80.24
英国	70.29	76.02	79.97	81.22	80.75
意大利	68.84	72.18	73.07	73.45	73.58

续表

年份	1995	2000	2005	2010	2011
日本	67.58	68.26	67.39	67.96	67.81
美国	73.80	77.31	78.70	78.93	78.69
韩国	62.42	62.86	63.40	61.32	61.33
中国	44.86	43.90	45.42	49.06	48.71
巴西	67.77	66.80	64.60	66.91	68.20
印度	40.27	42.64	41.66	41.34	44.31
俄罗斯	52.17	55.90	55.52	57.22	55.72

资料来源：根据世界投入产出表数据库计算得。

如表22-8所示，我国第三产业的完全软化系数是最低的，不但显著地低于加拿大、德国、法国、英国、意大利、日本、美国和韩国等先进经济体，而且也低于巴西、俄罗斯和印度等发展中国家。在西方七国第三产业的生产中，软要素完全消耗已达到硬要素完全消耗的1~3倍，第三产业生产所需要的软要素远超过了硬要素。我国第三产业的完全软化系数仅为31%左右，硬要素完全消耗是软要素完全消耗的3倍。

表22-8　　　　各国第三产业的完全软化系数　　　　单位：%

年份	1995	2000	2005	2010	2011
加拿大	65.66	65.65	67.09	64.52	64.86
德国	67.77	71.36	73.44	72.70	71.01
法国	68.18	70.11	72.41	72.42	71.91
英国	61.37	68.64	73.03	74.30	73.62
意大利	59.98	63.48	64.59	65.03	65.12
日本	58.37	58.89	56.95	56.51	56.03
美国	64.51	69.10	70.52	71.04	70.56
韩国	47.34	46.11	45.50	40.97	40.51
中国	32.00	31.35	29.85	31.81	31.56
巴西	58.40	56.72	53.78	57.65	59.12
印度	34.37	35.77	35.88	36.22	38.56
俄罗斯	44.52	48.40	47.50	49.64	47.93

资料来源：根据世界投入产出表数据库计算得。

综上所述，从单位服务产品生产的软要素消耗绝对量来看，我国第三产业生产对软要素的直接消耗系数和完全消耗系数均低于发达国家，略高于发展中国家；从单位服务产品生产的软要素消耗相对量来看，我国第三产业生产的直接软化系数和完全软化系数不仅显著低于发达国家，还低于发展中国家，并且多年来一直低于50%，硬要素在我国第三产业生产投入中占主导地位，我国第三产业投入整体软化投入程度低下。

2. 大部分第三产业细分行业投入软化水平较低。从生产1单位服务产品的软要素绝对消耗量来看。一是生产1单位服务产品对软要素的直接消耗系数方面：中国餐饮及旅馆业生产1单位服务产品对软要素的直接消耗系数为0.1245，不仅显著低于发达国家，还低于"金砖四国"其他国家；中国交通运输业生产1单位服务产品对软要素的直接消耗系数显著低于发达国家，还低于巴西，但高于印度和俄罗斯；中国邮政通信业和机器租赁及其他商务服务业生产1单位服务产品对软要素的直接消耗系数为仅仅高于印度，均显著低于其他国家；中国金融保险业生产1单位服务产品对软要素的直接消耗系数为0.2747，仅仅高于印度（0.1507）和俄罗斯（0.2001），均显著低于其他国家；中国公共管理和国防社会保障业生产1单位服务产品对软要素的直接消耗系数为0.2919，仅低于加拿大和俄罗斯，均高于其余国家；中国教育生产1单位服务产品对软要素的直接消耗系数为0.1903，仅低于美国、英国和俄罗斯，均高于其余国家；中国卫生和社会工作业生产1单位服务产品对软要素的直接消耗系数为0.1201，不仅显著低于发达国家，还低于金砖四国其他国家。

二是生产1单位服务产品对软要素的直接消耗系数方面：中国和交通运输业餐饮及旅馆业生产1单位服务产品对软要素的完全消耗系数显著低于发达国家，略高于金砖四国其他国家；中国邮政通信业生产1单位服务产品对软要素的完全消耗系数为0.3248，仅仅高于印度（0.1574），均显著低于其他国家；中国金融保险业生产1单位服务产品对软要素的完全消耗系数为0.4079，仅仅高于印度（0.2132）和俄罗斯（0.3180），均显著低于其他国家；中国机器租赁及其他商务服务业生产1单位服务产品对软要素的完全消耗系数为0.4398，低于加拿大、法国、意大利、日本、美国，略高于其他国家；中国公共管理和国防社会保障业生产1单位服务产品对软要素的完全消耗系数为0.4802，仅低于加拿大和英国，均高于其余国家；中国教育生产1单位服务产品对软要素的完全消耗系数为0.3597，仅低于美国，均高于其余国家；中国卫生和社会工作业生产1单位服务产品对软要素的完全消耗系数为0.3697，低于英国、意大利、日本和美国，略高于其余国家（见表22-9、表22-10）。

总的来说，与这些国家相比，从生产1单位服务产品的软要素绝对消耗量来看,中国大部分第三产业细分行业生产投入软化程度低下,中国房地产业生产投入软化程度属于中等水平。

表22-9　　　　各国第三产业细分行业生产1单位服务产品
对软要素的直接消耗系数

国家	批发零售贸易	餐饮及旅馆	交通运输	邮政通信	金融保险	房地产	机器租赁及其他商务服务	公共管理和国防社会保障	教育	卫生和社会工作	其他服务
加拿大	0.2325	0.2667	0.3533	0.2826	0.3976	0.1250	0.3034	0.3732	0.1370	0.1934	0.3305
德国	0.3008	0.2530	0.4601	0.3465	0.5055	0.1540	0.2781	0.1915	0.1379	0.1746	0.2914
法国	0.3598	0.2585	0.3938	0.3416	0.4529	0.1578	0.3638	0.1597	0.0840	0.1345	0.3219
英国	0.3535	0.2743	0.3986	0.3623	0.4316	0.2167	0.2761	0.2855	0.1953	0.3618	0.3801
意大利	0.3858	0.2447	0.4084	0.2681	0.3735	0.0659	0.3473	0.1692	0.1319	0.2066	0.3601
日本	0.2536	0.2473	0.3101	0.3350	0.3058	0.0943	0.3556	0.1683	0.0814	0.2062	0.2769
美国	0.2308	0.2508	0.3237	0.3277	0.4240	0.2316	0.2914	0.2339	0.2545	0.2828	0.3806
韩国	0.3072	0.1797	0.2941	0.4071	0.3726	0.1325	0.2573	0.1371	0.1010	0.1605	0.2893
中国	0.2723	0.1245	0.2224	0.1566	0.2747	0.1269	0.2095	0.2919	0.1903	0.1201	0.1978
巴西	0.2020	0.1373	0.2728	0.3175	0.2971	0.0230	0.2373	0.2504	0.1346	0.2274	0.2315
印度	0.0973	0.1575	0.1703	0.0746	0.1507	0.0119	0.1881	—	0.0636	0.2128	0.1045
俄罗斯	0.2042	0.1383	0.1490	0.2936	0.2001	0.0844	0.2698	0.2932	0.2170	0.2047	0.1366

注:此数据为各国1995~2011年17年的平均直接消耗系数。
资料来源:根据世界投入产出表数据库计算得。

表22-10　　　各国第三产业细分行业生产1单位服务产品
对软要素的完全消耗系数

国家	批发零售贸易	餐饮及旅馆	交通运输	邮政通信	金融保险	房地产	机器租赁及其他商务服务	公共管理和国防社会保障	教育	卫生和社会工作	其他服务
加拿大	0.4039	0.4849	0.5923	0.4434	0.5996	0.2180	0.4822	0.5800	0.2275	0.3140	0.5270
德国	0.5068	0.4931	0.8509	0.5873	0.8590	0.2769	0.4286	0.3477	0.2332	0.3187	0.4774
法国	0.6328	0.5548	0.7192	0.6198	0.7789	0.2563	0.6278	0.3211	0.1792	0.2677	0.5832
英国	0.5954	0.5517	0.6742	0.6384	0.7011	0.3963	0.4325	0.5252	0.3271	0.6433	0.6262

续表

国家	批发零售贸易	餐饮及旅馆	交通运输	邮政通信	金融保险	房地产	机器租赁及其他商务服务	公共管理和国防社会保障	教育	卫生和社会工作	其他服务
意大利	0.7182	0.5405	0.7826	0.5375	0.6074	0.1200	0.6087	0.3349	0.1749	0.3910	0.6329
日本	0.4239	0.4983	0.5207	0.5310	0.4812	0.1632	0.5615	0.3255	0.1544	0.4089	0.4722
美国	0.3762	0.4726	0.5711	0.5383	0.6857	0.3855	0.4631	0.4198	0.4285	0.4716	0.6137
韩国	0.4856	0.4078	0.5276	0.6611	0.5783	0.2522	0.4179	0.2644	0.1779	0.3266	0.4655
中国	0.4493	0.3422	0.4312	0.3248	0.4079	0.2144	0.4398	0.4802	0.3597	0.3697	0.4118
巴西	0.2964	0.3186	0.4291	0.4990	0.4351	0.0437	0.3731	0.3759	0.2215	0.3736	0.3639
印度	0.1433	0.3120	0.3701	0.1574	0.2132	0.0424	0.2944	—	0.0977	0.3599	0.1984
俄罗斯	0.3152	0.2852	0.3035	0.4442	0.3180	0.1785	0.4117	0.4668	0.3302	0.3401	0.2872

注：此数据为各国 1995~2011 年 17 年的平均完全消耗系数。

资料来源：根据世界投入产出表数据库计算得。

从生产 1 单位服务产品的软要素相对消耗量来看。一方面是直接软化系数：中国餐饮及旅馆业的直接软化系数不仅显著低于发达国家，还低于"金砖四国"其他国家；中国交通运输业的直接软化系数为 42.60，显著低于发达国家，还低于巴西，高于"金砖四国"其余两国；中国邮政通信业的直接软化系数为 52.04，仅仅高于印度（42.57），均显著低于其他国家；中国金融保险业的直接软化系数为 83.79，仅仅高于印度（71.67）和俄罗斯（60.78），均显著低于其他国家；中国房地产业的直接软化系数为 59.25%，位居"金砖四国"榜首，但显著低于发达国家；中国机器租赁及其他商务服务业的直接软化系数为 37.21%，不仅是表中所有国家中最低的，还相差甚大；2011 年中国公共管理和国防社会保障业的直接软化系数为 59.17%，仅高于韩国和日本，低于其余国家；中国教育的直接软化系数为 55%，仅高于韩国、日本、印度和巴西，低于其余国家（见表 22-11）。

另一方面是完全软化系数：中国餐饮及旅馆业的完全软化系数不仅显著低于发达国家，还低于"金砖四国"其他国家；中国交通运输业的完全软化系数仅为 28.79，是表 22-12 中所列国家中最低的；中国邮政通信业的完全软化系数为 32.93，显著低于其他国家；中国金融保险业的完全软化系数为 49.77，仅高于韩国（49.76），显著低于其他国家；中国房地产行业的完全软化系数为 36.1%，不仅显著低于发达国家，还低于巴西，但高于印度和俄罗斯；2011 年中国机器租赁及其他商务服务业的完全软化系数为 26.22%；中国公共管理和国防社会保障业和教育的完全软化系数均显著低于其余全部国家。

表 22-11　　2011 年各国第三产业细分行业的直接软化系数　　单位：%

国家	批发零售贸易	餐饮及旅馆	交通运输	邮政通信	金融保险	房地产	机器租赁及其他商务服务	公共管理和国防社会保障	教育	卫生和社会工作	其他服务
加拿大	62.90	56.95	76.58	88.35	91.26	62.97	77.28	74.38	68.41	71.32	81.65
德国	79.98	55.57	79.48	82.30	95.84	66.47	87.83	63.02	75.22	60.53	78.67
法国	81.44	57.24	77.31	78.57	94.34	86.98	85.93	65.14	58.76	63.87	75.71
英国	81.58	57.50	84.22	74.90	89.67	76.04	91.32	66.19	78.95	78.94	86.91
意大利	73.81	51.75	73.34	64.40	94.15	73.52	80.01	63.53	87.14	64.80	79.05
日本	67.71	42.02	70.10	85.12	88.15	64.33	85.89	52.74	53.88	46.26	66.65
美国	80.12	56.77	58.64	80.31	95.88	88.16	84.85	63.31	71.98	76.58	86.66
韩国	71.71	25.86	51.44	81.12	92.76	62.07	68.68	49.19	54.34	40.12	65.36
中国	74.75	21.58	42.60	52.04	83.79	59.25	37.21	59.17	55.00	22.05	41.01
巴西	76.01	33.70	66.42	66.42	89.04	50.07	66.42	76.83	53.60	60.83	66.42
印度	74.21	28.34	32.18	42.57	71.67	10.41	74.83	—	54.23	37.15	43.98
俄罗斯	64.79	35.78	30.68	76.03	60.78	32.16	74.81	60.78	65.56	54.77	32.63

资料来源：根据世界投入产出表数据库计算得。

综合上述分析，从生产 1 单位服务产品的软要素相对消耗量来看，中国大部分第三产业细分行业生产投入软化程度低下。

表 22-12　　2011 年各国第三产业细分行业的完全软化系数　　单位：%

国家	批发零售贸易	餐饮及旅馆	交通运输	邮政通信	金融保险	房地产	机器租赁及其他商务服务	公共管理和国防社会保障	教育	卫生和社会工作	其他服务
加拿大	58.02	53.55	67.27	76.15	80.57	58.31	68.24	65.52	60.97	62.94	70.51
德国	73.05	55.58	72.62	75.09	90.21	64.79	80.61	60.97	69.03	58.76	72.28
法国	74.23	57.42	70.52	72.21	86.89	79.13	77.99	62.77	58.52	61.26	69.35
英国	75.53	58.26	77.90	69.97	82.55	72.17	84.85	64.02	73.55	73.04	80.86
意大利	66.30	52.78	65.65	60.43	85.20	67.87	70.58	60.24	78.49	59.76	70.05
日本	59.09	41.39	59.93	71.32	75.99	58.03	72.82	48.91	49.42	44.31	57.54

续表

国家	批发零售贸易	餐饮及旅馆	交通运输	邮政通信	金融保险	房地产	机器租赁及其他商务服务	公共管理和国防社会保障	教育	卫生和社会工作	其他服务
美国	73.07	55.48	56.17	73.52	89.47	83.09	77.46	59.93	66.81	70.88	79.50
韩国	40.47	33.86	35.24	41.00	49.76	40.73	38.77	36.89	37.93	35.54	40.27
中国	43.38	20.64	28.79	32.93	49.77	36.10	26.22	35.13	33.80	20.62	27.87
巴西	65.36	36.63	58.08	58.08	77.24	47.14	58.08	66.33	48.90	53.53	58.08
印度	55.63	30.34	32.50	37.48	56.16	22.62	59.80	—	43.63	34.42	39.53
俄罗斯	53.76	36.38	33.65	63.59	51.27	34.35	62.95	51.27	53.08	46.84	34.61

资料来源：根据世界投入产出表数据库计算得。

综上所述，我国大多第三产业细分行业生产投入软化程度不仅低于发达国家，还低于"金砖四国"其他国家，尤其是完全软化系数，除房地产外，其他行业的完全软化系数是所有国家中最低的，这说明我国第三产业生产投入软化水平较低。

（二）中国第三产业软投入层次低下

这需要考察第三产业软投入是由哪些软要素构成的。各国第三产业软投入的最主要部分具有惊人的一致性。从表 22-13 可以看出：在整个第三产业软投入中，机器租赁及其他商务服务所占比重最高，西方七国的比重均高于"金砖四国"（加拿大低于俄罗斯和巴西），而法国这一比重是最高的，达 40.81%，中国（17.71%）位居倒数第二位，仅略高于印度（17.02%）。西方七国（加拿大除外）的金融保险、房地产和机器租赁及其他商务服务等人力资本、知识和资金含量较高的软要素所占比重均超过 50%，在第三产业软投入构成中占绝对主导地位。相比之下，中国这一比重为 40.53%，批发零售贸易、餐饮及旅馆、交通运输和邮政通信等所在比重为 44.44%。2011 年西方七国（加拿大除外）第三产业生产 1 单位服务产品对金融保险和机器租赁及其他商务服务的直接消耗系数和完全消耗系数要大于零售贸易、餐饮及旅馆、交通运输和邮政通信，而"金砖四国"正好相反。这表明，目前中国的第三产业软投入大多数是由像批发零售餐饮这样的劳动密集型行业提供，而人力资本、知识和资金含量较高的软要素投入规模相对较小，第三产业软投入层次不如西方发达国家（见表 22-14、表 22-15）。

表22-13　　　　2011年各国第三产业软投入的内部构成　　　单位：%

国家	美国	德国	日本	意大利	英国	法国	加拿大	中国	印度	俄罗斯	巴西
批发零售贸易	6.51	5.73	11.88	16.42	9.14	9.18	16.96	9.25	16.33	19.76	13.57
餐饮及旅馆	3.15	0.66	4.86	3.29	1.70	2.68	2.60	12.63	7.60	2.24	2.71
交通运输	5.24	15.97	9.32	14.35	9.85	11.06	12.21	15.86	20.55	12.50	16.05
邮政通信	5.66	5.05	5.48	4.94	6.62	5.47	5.55	6.70	9.10	9.75	8.79
金融保险	25.46	16.55	16.14	12.83	10.56	14.68	13.69	15.20	23.17	4.37	17.63
房地产	9.92	10.96	5.31	10.38	5.87	9.06	8.82	7.61	0.45	11.69	7.32
机器租赁及其他商务服务	34.15	31.72	33.80	29.82	36.27	40.81	18.61	17.71	17.02	26.10	21.03
公共管理和国防社会保障	2.09	1.36	1.26	0.10	1.28	0.97	1.98	0.22	0.02	7.83	1.04
教育	0.28	2.74	0.23	0.91	2.10	0.96	0.64	3.22	0.64	0.33	0.48
卫生和社会工作	0.85	0.94	0.84	1.88	6.60	0.81	6.20	0.77	0.67	0.84	0.16
其他服务	6.70	8.33	10.87	5.08	5.80	4.32	12.74	10.83	4.44	4.61	11.23

资料来源：根据世界投入产出表数据库计算得。

表22-14　　　　2011年各国第三产业生产1单位服务产品对各软要素的直接消耗系数

国家	美国	德国	日本	意大利	英国	法国	加拿大	中国	印度	俄罗斯	巴西
批发零售贸易	0.0206	0.0199	0.0299	0.0398	0.0382	0.0271	0.0516	0.0242	0.0229	0.0406	0.0352
餐饮及旅馆	0.0090	0.0020	0.0133	0.0087	0.0059	0.0074	0.0082	0.0275	0.0106	0.0055	0.0060
交通运输	0.0177	0.0436	0.0243	0.0356	0.0373	0.0315	0.0434	0.0277	0.0242	0.0184	0.0351
邮政通信	0.0220	0.0259	0.0154	0.0145	0.0285	0.0216	0.0145	0.0162	0.0123	0.0279	0.0192
金融保险	0.0646	0.0469	0.0345	0.0399	0.0362	0.0416	0.0344	0.0300	0.0237	0.0079	0.0320
房地产	0.0331	0.0321	0.0118	0.0317	0.0185	0.0209	0.0220	0.0164	0.0006	0.0284	0.0150
机器租赁及其他商务服务	0.0951	0.0793	0.0766	0.0777	0.1181	0.0920	0.0467	0.0349	0.0211	0.0408	0.0459
公共管理和国防社会保障	0.0079	0.0040	0.0036	0.0003	0.0043	0.0027	0.0047	0.0005	0.0000	0.0141	0.0023

续表

国家	美国	德国	日本	意大利	英国	法国	加拿大	中国	印度	俄罗斯	巴西
教育	0.0010	0.0108	0.0006	0.0040	0.0096	0.0027	0.0015	0.0080	0.0008	0.0010	0.0010
卫生和社会工作	0.0021	0.0027	0.0022	0.0067	0.0184	0.0024	0.0139	0.0020	0.0007	0.0026	0.0004
其他服务	0.0257	0.0262	0.0234	0.0195	0.0250	0.0144	0.0321	0.0245	0.0052	0.0112	0.0246

注：由于在计算直接消耗系数和完全消耗系数的矩阵运算时，矩阵不能同时出现第三产业整体行业和细分行业，从而没法直接得到第三产业整体对各软要素的直接消耗系数和完全消耗系数。本表和下表的数据是第三产业各细分行业生产1单位服务产品对各软要素的消耗系数的简单算术平均数。

资料来源：根据世界投入产出表数据库计算得。

表22-15　　　　2011年各国第三产业生产1单位服务产品对各软要素的完全消耗系数

国家	美国	德国	日本	意大利	英国	法国	加拿大	中国	印度	俄罗斯	巴西
批发零售贸易	0.0388	0.0405	0.0607	0.0936	0.0698	0.0572	0.1845	0.0625	0.0539	0.0930	0.0644
餐饮及旅馆	0.0153	0.0032	0.0225	0.0167	0.0094	0.0116	0.1032	0.0437	0.0129	0.0070	0.0077
交通运输	0.0295	0.0799	0.0435	0.0737	0.0656	0.0541	0.1618	0.0682	0.0528	0.0391	0.0546
邮政通信	0.0336	0.0384	0.0241	0.0254	0.0455	0.0336	0.1140	0.0281	0.0178	0.0405	0.0296
金融保险	0.1186	0.0843	0.0605	0.0722	0.0582	0.0749	0.1470	0.0586	0.0443	0.0132	0.0521
房地产	0.0461	0.0514	0.0194	0.0499	0.0314	0.0336	0.1268	0.0265	0.0007	0.0365	0.0230
机器租赁及其他商务服务	0.1625	0.1563	0.1388	0.1500	0.2182	0.1859	0.1719	0.0692	0.0291	0.0680	0.0708
公共管理和国防社会保障	0.0114	0.0066	0.0052	0.0006	0.0075	0.0045	0.0979	0.0018	0.0000	0.0237	0.0036
教育	0.0013	0.0145	0.0011	0.0056	0.0130	0.0047	0.0930	0.0104	0.0010	0.0012	0.0013
卫生和社会工作	0.0022	0.0030	0.0030	0.0075	0.0238	0.0032	0.1063	0.0043	0.0010	0.0027	0.0006
其他服务	0.0388	0.0411	0.0437	0.0294	0.0379	0.0213	0.1412	0.0388	0.0086	0.0144	0.0380

资料来源：根据世界投入产出表数据库计算得。

（三）中国第三产业软投入对产出贡献较小

上面是从数量上衡量生产软化，接下来是从质量上来分析软化投入。为衡量软要素对第三产业产出和生产率的影响，本文借鉴保罗·温君和马克·汤姆林森（Paul Windrum and Mark Tomlinson, 1999）的研究方法，构建以劳动投入为基础的生产函数，即劳动与两种中间投入品（硬要素 M 与软要素 S）相互作用。

$$Q = A(ML)^{\alpha}(SL)^{\beta} \qquad (22.1)$$

其中，Q 为总产出，A 为综合技术水平，α 是硬要素投入产出的弹性系数，β 是软要素投入产出的弹性系数，γ 是劳动投入产出的弹性系数。对式（22.1）取对数，得：

$$\log Q = \log A + \alpha \log M + \beta \log S + \gamma \log L \qquad (22.2)$$

生产函数还可以设为：

$$(Q/L) = A(M/L)^{\alpha}(S/L)^{\beta} \qquad (22.3)$$

对式（22.3）取对数得：

$$\log(Q/L) = \log A + \alpha \log(M/L) + \beta \log(S/L) \qquad (22.4)$$

在计量分析时，所有变量均被取了自然对数，这意味着软投入（S）的回归系数的经济含义是，软要素作为第三产业直接消耗每增加1个百分点，第三产业的总产出或生产率将提高多少个百分点。

表22-16 显示，软要素作为中间投入与各国第三产业的产出具有明显的正相关性。软要素投入的回归系数明显高于硬要素投入和劳动力投入的系数，表明各国第三产业总产出的增长主要靠软要素的投入来支撑。在四个年份中，中国软要素投入的回归系数均低于所选发达国，说明中国软要素对第三产业产出的贡献和作用小于所选发达国。2010年，所选发达国家第三产业的软投入每增加1个百分点，第三产业总产出提高的百分点由高到低依次是美国（0.8419）、加拿大（0.6369）、德国（0.5835）、英国（0.5584）、日本（0.5255）、法国（0.5143、意大利（0.4954），而中国是（0.5084），甚至低于1995年加拿大（0.5924）、日本（0.6220）和美国（0.7494）。

表22-16　　各国软投入对第三产业产出的贡献比较

国家		加拿大	法国	德国	日本	英国	美国	中国
1995年	M	0.314**	0.2839	0.3351**	0.2365	0.1496*	0.1793*	0.3708***
	S	0.5924***	0.4732**	0.4964***	0.6220***	0.4204***	0.7494***	0.4203***
	L	0.125	0.28**	0.1878*	0.1502	0.446***	0.1468	0.1699
	R^2	0.929	0.9283	0.9402	0.8922	0.9841	0.9687	0.9504
	F	70.74***	70.03***	84.87***	45.12***	331.72	165.96***	96.87***
2000年	M	0.3157**	0.1579	0.3417**	0.2673*	0.1199*	0.2026*	0.281**
	S	0.6021***	0.5188***	0.517***	0.5646***	0.4245***	0.7261***	0.4012***
	L	0.1027	0.3243**	0.1782*	0.1905	0.463***	0.1369	0.2707**
	R^2	0.935	0.921	0.9464	0.8898	0.9909	0.9734	0.9497
	F	77.68***	63.21***	95.08***	44.04***	583.23	196.35***	95.37***

续表

国家		加拿大	法国	德国	日本	英国	美国	中国
2005 年	M	0.3024**	0.1279	0.3292**	0.2528*	0.0474	0.1006	0.1942**
	S	0.6112***	0.5345***	0.5785***	0.5894***	0.513***	0.7502***	0.4832***
	L	0.1185	0.3219**	0.1531	0.1696	0.4562***	0.1658**	0.2529**
	R^2	0.9457	0.9207	0.9324	0.8844	0.9907	0.9835	0.9372
	F	93.84***	62.93***	74.58***	41.82***	566.42***	318.97***	75.60***
2010 年	M	0.2821***	0.0813	0.3605**	0.2534*	0.0254	0.0628	0.1417
	S	0.6369***	0.5143***	0.5835***	0.5255***	0.5584***	0.8419***	0.5084***
	L	0.105	0.3848**	0.1421	0.2142	0.4426***	0.1038	0.2419*
	R^2	0.9457	0.8803	0.9235	0.8702	0.9896	0.9764	0.9347
	F	93.83***	40.23***	65.38***	36.77***	509.72***	221.31***	57.3***

注：***、**和*分别表示在1%、5%和10%水平上显著。

资料来源：根据STATA运行结果整理。

再从生产率的层面来看，从表22-17的回归结果可以看出，软要素作为中间投入与各国第三产业生产率水平的提升也存在着明显的正相关性。软要素人均投入的回归系数高于硬要素人均投入的系数，软要素贡献大于硬要素。在四个年份中，中国软要素投入的回归系数均低于所选发达国家，说明中国软要素对第三产业生产率的贡献和作用小于所选发达国家。在计量分析时，软投入和硬投入均以人均投入量的自然对数形式表示，回归系数的经济含义是要素的人均投入量每提高1个百分点，第三产业的生产率生平将上升多少个百分点。2010年，所选发达国家第三产业的软投入的人均投入量每增加1个百分点，第三产业生产率提高的百分点由高到低依次是美国（0.8459）、意大利（0.6709）、加拿大（0.6202）、英国（0.5534）、德国（0.5419）、日本（0.5295）、法国（0.5191），而中国（0.522），低于1995年加拿大（0.5691）、日本（0.6142）和美国（0.6986）。

综上所述，我国第三产业软投入对产出和生产率的贡献和作用均小于发达国家，其原因在于：一是我国第三产业生产软投入数量上低于发达国家；二是我国第三产业生产软投入以劳动密集型软要素为主，技术、知识及人力资本密集型软要素投入规模较小。

表22-17　　1995~2010 各国软投入对第三产业生产率的贡献比较

国家		加拿大	法国	德国	日本	英国	美国	中国
1995 年	M/L	0.3055**	0.2403	0.3307***	0.2335	0.1532**	0.1222	0.4129***
	S/L	0.5691***	0.4588***	0.4792***	0.6141***	0.4069***	0.6986***	0.4027***
	R^2	0.7858	0.7387	0.838	0.617	0.6808	0.8261	0.7261
	F	30.34***	23.62***	42.4***	13.89***	18.08***	38.49***	20.88***
2000 年	M/L	0.3077**	0.1565	0.314***	0.2593**	0.117*	0.1311	0.3184***
	S/L	0.5889***	0.5186***	0.4949***	0.5487***	0.4485***	0.7039***	0.4391***
	R^2	0.791	0.7174	0.8761	0.6618	0.7412	0.8463	0.7578
	F	31.28***	21.30***	57.59***	16.65***	23.91***	45.04***	24.46***
2005 年	M/L	0.2883**	0.1506	0.2749**	0.2469*	0.0446	0.08	0.2300**
	S/L	0.5886***	0.5389***	0.5471***	0.5817***	0.5152***	0.7519***	0.5073***
	R^2	0.8075	0.7289	0.8662	0.717	0.7863	0.9096	0.7817
	F	34.55***	22.51***	52.81***	21.27***	25.76***	81.48***	27.86***
2010 年	M/L	0.273**	0.0898	0.2891**	0.2569*	0.0176	0.0537	0.1746*
	S/L	0.6202***	0.5391***	0.5419***	0.5895***	0.5534***	0.8459***	0.5222***
	R^2	0.8187	0.5843	0.8695	0.6803	0.7437	0.9127	0.7386
	F	37.14***	12.24***	54.33***	18.02***	24.22***	84.63***	22.19***

注：***、**和*分别表示在1%、5%和10%水平上显著。

资料来源：根据STATA运行结果整理。

二、我国第三产业投入软化程度低的原因

从我国的第三产业投入软化的情况来看，首先，在第三产业的生产中，中间投入以硬要素为主，第三产业生产所需要的硬要素远超过了软要素。其次，与西方发达国家相比，我国第三产业软投入水平较低，软投入以劳动密集型生产服务为主，软投入对产出和生产率贡献不大。我国第三产业投入软化水平低下主要受到以下因素的制约。

（一）产业结构有待升级

我国经济发展水平不高，正处于工业化进程当中，服务经济的整体发展水平较低，第三产业和生产服务业的比重也不高，第三产业结构不太合理。首先，目前我国正处于工业化进程当中，生产服务业主要为第二产业提供软要素，软要素

主要被投入第二产业,在一定程度上削弱了生产服务业为第三产业提供软要素的功能。其次,第三产业的低比重限制了第三产业对软要素的需求,生产服务业的低比重制约了生产服务业为第三产业提供软要素的数量。最后,我国第三产业生产服务业中技术、知识和人力资本密集型服务行业的比重较低,劳动密集型服务行业的比重较高,服务基础设施和设备落后,规模化经营程度较低,科技水平和人力资源的整体水平不高,导致知识和技术密集型的高端生产服务业缺乏足够的要素支持,限制了生产服务业中专业性服务,如金融服务、市场调研服务、技术服务、管理服务、培训服务等的发展,制约了生产服务业为第三产业提供软要素的质量。例如,租赁服务、法律、会计、审计、税务咨询、商务和管理咨询等商务服务行业中本土企业为第三产业提供高端专业服务数量不足,质量较低,相当大比重的市场份额被外资企业占据。比如,在中国会计服务市场中,2009年营业收入排名前四位分别是普华永道(25.7亿元)、德勤(23.7亿元)、毕马威(22.2亿元)和安永(19.6亿元),而中国会计事务所中瑞岳华排第五名,营业收入仅为8.7亿元,与四大会计事务所差距甚远。按照要素禀赋决定投入组合的原理,我国产业结构以第二产业为主决定着我国第三产业投入软化水平较低,第三产业内部以劳动密集型行业为主意味着我国第三产业软投入以劳动密集型软要素为主。

(二) 专业化人才欠缺

许多服务企业反映,现在不愁没有生意做,而是没有可以做事的专业人才。虽然我国内陆大学林立,有 2 500 所大专院校,但是高水平的大学偏少,从在国际上较有影响的世界高水平大学排行榜(英国《泰晤士报》高等教育专刊的"世界顶尖大学排名")来看,我国只有 2 所大学跻身前 200 名。另外,很多服务业没有上岗准入标准,员工缺乏专业培训。李江帆等(2014)指出"为第三产业提供软要素的生产部门,其强项不在于'全'而在于'专',必须熟悉其服务对象所需的软要素的类型、形态及其满足的需求,拥有特定专长的服务设施、人员和专业技术,熟悉相应服务流程、工作规程,具有良好的服务理念,才能提供软要素,以其特长获得发展空间"。[①] 第三产业专业人才欠缺,从两方面影响我国第三产业投入软化水平。一是专业人才欠缺会导致生产服务业提供的软要素数量较少,供不应求,满足不了第三产业的需求;二是专业人才投入不足会导致所提供软要素质量不高,软要素含金量不高,影响第三产业购买软要素的积极性。如表 22-18 显示,我国第三产业整体高技能员工劳动时间占总劳动时间的比重

[①] 李江帆、蓝文妍、朱胜勇:《第三产业生产服务:概念与趋势分析》,载于《经济学家》,2014 年第 1 期,第 56~64 页。

不仅低于美国、日本和英国等发达国家,还低于印度、巴西和俄罗斯等发展中国家。在 11 个细分行业中,除了邮政通信行业外,我国其余行业的高技能员工劳动时间占总劳动时间的比重均低于美国、日本、英国、巴西和俄罗斯。与印度相比,我国只有批发零售业、邮政通信业和其他服务业的高技能员工劳动时间占总劳动时间的比重高于印度,其他行业均低于印度。这说明,我国第三产业整体行业及多数细分行业高技能劳动投入较少,专业化人才欠缺,是我国第三产业软投入层次低下和软要素对产出贡献不大的重要原因。

表 22-18　　六国第三产业及细分行业高技能员工劳动时间占总劳动时间比重　　单位:%

国家	行业	1995 年	2000 年	2005 年	2009 年
中国	第三产业	7.48	9.59	13.53	15.47
	批发零售贸易	4.02	5.29	9.23	12.13
	餐饮及旅馆	1.06	1.45	3.09	3.22
	交通运输	2.56	3.39	4.52	6.24
	邮政通信	17.38	21.34	27.18	34.23
	金融保险	9.45	11.56	20.91	24.18
	房地产	6.16	8.23	10.32	8.77
	机器租赁及其他商务服务	12.76	16.60	22.16	24.11
	公共管理和国防社会保障	9.87	12.65	18.84	19.92
	教育	17.47	21.18	31.81	39.20
	卫生和社会工作	11.04	13.87	17.63	20.75
	其他服务	8.12	10.50	14.39	14.52
俄罗斯	第三产业	19.60	18.70	20.11	20.25
	批发零售贸易	6.44	6.58	7.26	7.26
	餐饮及旅馆	6.44	6.58	7.26	7.26
	交通运输	3.89	4.23	5.55	5.55
	邮政通信	5.75	8.34	10.12	10.12
	金融保险	23.83	26.09	29.80	29.80
	房地产	31.83	32.33	34.30	34.30
	机器租赁及其他商务服务	31.83	32.33	34.30	34.30
	公共管理和国防社会保障	19.22	20.14	23.12	23.12
	教育	41.08	42.92	48.40	48.40
	卫生和社会工作	19.50	19.89	22.40	22.40
	其他服务	13.86	14.56	16.68	16.68

续表

国家	行业	1995年	2000年	2005年	2009年
印度	第三产业	14.38	15.49	19.74	20.25
	批发零售贸易	6.85	8.75	11.43	11.64
	餐饮及旅馆	2.53	3.43	4.14	4.14
	交通运输	4.95	5.79	7.48	7.48
	邮政通信	21.36	24.71	27.96	27.96
	金融保险	58.10	56.00	59.94	59.94
	房地产	25.11	19.01	20.95	20.95
	机器租赁及其他商务服务	43.22	46.58	54.70	54.70
	公共管理和国防社会保障	26.52	27.90	33.49	33.49
	教育	46.96	52.89	61.71	61.71
	卫生和社会工作	30.32	35.42	45.42	45.42
	其他服务	3.06	3.78	6.35	6.35
美国	第三产业	27.51	30.06	31.46	33.77
	批发零售贸易	16.34	18.20	18.21	19.47
	餐饮及旅馆	10.66	11.54	13.46	14.50
	交通运输	16.26	16.67	15.01	15.20
	邮政通信	22.96	27.41	28.25	27.42
	金融保险	40.03	43.72	45.25	51.09
	房地产	35.27	34.20	37.53	41.20
	机器租赁及其他商务服务	42.29	44.23	44.93	48.74
	公共管理和国防社会保障	27.04	29.76	34.80	36.61
	教育	64.92	66.35	68.18	69.26
	卫生和社会工作	34.69	36.67	36.79	38.83
日本	第三产业	21.55	25.82	30.19	30.21
	批发零售贸易	21.91	28.09	30.82	30.78
	餐饮及旅馆	9.36	12.84	16.16	16.16
	交通运输	7.08	8.84	9.91	9.93
	邮政通信	16.18	21.67	27.25	27.25
	金融保险	40.37	46.46	55.88	55.88
	房地产	31.65	36.98	42.87	42.87

续表

国家	行业	1995 年	2000 年	2005 年	2009 年
日本	机器租赁及其他商务服务	30.85	35.98	39.30	39.30
	公共管理和国防社会保障	29.76	33.61	38.13	38.13
	教育	53.37	57.59	66.89	66.89
	卫生和社会工作	14.78	16.02	18.42	18.42
	其他服务	12.31	15.37	23.69	23.69
英国	第三产业	25.83	32.04	33.60	37.98
	批发零售贸易	9.53	12.46	14.05	16.77
	餐饮及旅馆	8.04	10.81	12.34	15.62
	交通运输	14.35	16.70	16.37	22.00
	邮政通信	9.77	18.00	16.37	22.00
	金融保险	23.42	30.15	34.15	41.71
	房地产	38.14	45.33	44.86	48.32
	机器租赁及其他商务服务	38.14	45.33	44.86	48.32
	公共管理和国防社会保障	26.45	34.28	39.67	43.52
	教育	56.50	61.32	61.23	62.05
	卫生和社会工作	32.39	43.67	43.79	48.53
	其他服务	22.23	28.04	29.77	34.82

资料来源：根据世界投入产出数据库中社会经济账户表计算所得。

（三）决策者忽视第三产业的信息化

从我国组建工信部（工业和信息化部），可以看出我国信息化政策导向偏重于第二产业的信息化，对第三产业信息化认识不足。第三产业信息化程度不高，主要表现两方面。一是第三产业 ICT 投资较少，孙琳琳等（2012）通过计算发现，2005 年中国已有不少第二产业细分行业的 ICT 资本存量占总资本存量比重达到 10% 以上，而第三产业细分行业只有邮电通信（25.88%）超过 10%，其余行业均低于 10%（交通 1.07%、商业 8.24%、金融地产 1.19%、其他服务 3.71%、政府机关 4.56%），2005 年中国 ICT 投资水平仅相当于发达国家 20 世纪 80 年代水平。二是我国信息服务业发展落后，导致第三产业信息技术的应用水平滞后于实际需求，信息化进程中注重有形的信息基础设施、技术设备的等硬件的投入，而忽视了与之相关的无形信息服务、信息设备租赁的等软件的投入。表 22-19 显示除中国外，其他国家 ICT 软投入在第三产业和生产服务业 ICT 投入中占绝对主导地位，而我国生产服务业 ICT 软投入比重低于 ICT 硬投入比重，第三产业 ICT 软投入比重稍稍大于 ICT 硬投入比重。一方面，信息服务业（包括信息设备销售和租赁业、信息传输服务业、计算机服务和软件业、其他与信息相关的服务业）的发展本身就是服务业信息化的重要内容；另一方面，信息服务业还为其他服务行业提供与信息相关的软要素（信息设备销售和租赁服务、信息传输服务和计算及软件服务等与信息相关的服务），提高其他服务行业的信息化程度。根据郭怀英（2008）的描述，"2003 年世界计算机硬件、办公设备、终端用户通信设备、数据处理和网络设备等电子信息产品制造业的收入比重是 25%，而软件、IT 服务和电信服务所占的比重则达到 71%"。[1] 与世界信息产业结构相反，我国信息产业以信息产品制造业为主，2011 年邮电通信业（C64）和计算机及相关活动（C72）两行业的产出比重为 28.07%。相对于信息制造业而言，我国信息服务业的发展相对滞后，制约了信息服务业为其他服务行业提供信息服务产品的数量和质量。

先进的信息技术大大降低了时间和空间在服务产品生产和消费中的重要性，提高了服务产品的可贸易性，改变了传统服务贸易的内容、方式和结构，扩大了服务贸易的半径。可以说信息技术为第三产业投入软化奠定了可行的基础。这表明，信息化程度不高是我国第三产业投入软化程度低下的重要原因。

表 22-19　　　　　　　　2011 年第三产业 ICT 投入的国际比较

国家	产业	ICT 硬投入	ICT 软投入	ICT 总投入	ICT 硬投入占 ICT 比重	ICT 软投入占 ICT 比重	ICT 占总投入比重
加拿大	第三产业	7 225	44 546	51 771	13.96	86.04	2.80
	生产服务业	4 295	30 791	35 085	12.24	87.76	3.72
法国	第三产业	11 631	110 358	121 989	9.53	90.47	3.73
	生产服务业	8 324	92 149	100 472	8.28	91.72	5.68
德国	第三产业	18 377	97 160	115 537	15.91	84.09	3.11
	生产服务业	13 124	79 629	92 753	14.15	85.85	4.70
意大利	第三产业	10 614	75 539	86 153	12.32	87.68	3.40
	生产服务业	7 902	59 694	67 596	11.69	88.31	4.75
日本	第三产业	34 685	176 987	211 672	16.39	83.61	3.30
	生产服务业	21 999	128 717	150 716	14.60	85.40	4.63

---

[1] 郭怀英：《以信息化促进服务业现代化研究》，载于《经济研究参考》，2008 年第 10 期，第 50 页。

续表

国家	产业	ICT 硬投入	ICT 软投入	ICT 总投入	ICT 硬投入占 ICT 比重	ICT 软投入占 ICT 比重	ICT 占总投入比重
英国	第三产业	22 084	120 651	142 734	15.47	84.53	4.64
	生产服务业	7 084	92 057	99 141	7.15	92.85	6.01
美国	第三产业	150 873	591 581	742 454	20.32	79.68	4.16
	生产服务业	98 787	352 630	451 417	21.88	78.12	5.06
中国	第三产业	101 467	125 583	227 049	44.69	55.31	3.69
	生产服务业	81 802	75 842	157 644	51.89	48.11	4.40
巴西	第三产业	11 969	97 284	109 254	10.96	89.04	4.97
	生产服务业	6 934	64 088	71 021	9.76	90.24	6.08
印度	第三产业	9 864	23 307	33 171	29.74	70.26	2.34
	生产服务业	7 970	19 506	27 477	29.01	70.99	3.08
俄罗斯	第三产业	9 933	31 197	41 130	24.15	75.85	2.52
	生产服务业	7 063	17 136	24 199	29.19	70.81	2.28

资料来源：根据 OECD STAN 数据库提供的 2011 年投入产出表计算整理得到。由于该投入产出表是基于 ISIC Rev.3.1 分类标准，生产服务业包括批发和零售贸易及维修业（C50t52）、交通运输和仓储业（C60t63）、邮电通信业（C64）、金融中介（C65t67）、机器和设备租赁（C71）、计算机和相关活动（C72）、研发和其他商务活动（C73t74），ICT 硬投入对应着计算机、电子和光学设备制造业（C30t33X），ICT 软投入对应着邮电通信业（C64）和计算机及相关活动（C72）。当年投入量的单位为百万美元，比重的单位为%。

（四）外部制度环境有待进一步完善

囿于软要素无形的特点，软要素需求者在交易前后均难以对软要素质量进行有效衡量，唯有依靠经验和信任来选择所需要的软要素。软要素独特的经验品和信任品特征决定了软要素市场的发展更加依赖于外部制度环境。软要素市场的健康发展需要这样的外部制度环境，一是在有效管制范围内，服务企业利润动机强劲，自由竞争，不断进行产品、生产方式和组织形式等创新，资源得到有效配置，为软要素市场的发展形成了有效供给和有效需求；二是在高效的法治环境内，软要素交易双方在合同签订和执行上的纠纷能够得到很好的解决，促进软要素的广泛交易。管制改革和法制水平有待进一步提高等外部制度环境制约着我国软要素市场的发展，进而影响我国第三产业投入软化水平的进一步提高。

第三产业经常被认为是市场失灵的常发地带，因此世界各国对第三产业的管制特别明显。然而随着大家对市场失灵和第三产业产业特性认识的加深，各国意识到不合理的管制会增加企业甚至整个第三产业的生产成本，降低生产效率，因此各国放松了对第三产业的管制。我国也逐步放松对第三产业的管制。但是与多数国家相比，我国第三产业管制有待进一步改革。我国产品市场管制强度较强，不仅远高于发达国家，还基本都在发展中国家之上（仅仅低于印度）。细看产品市场管制三个细分指标：我国国有控制和进出市场障碍两个指标均仅仅低于印度高于其他国家，远远高于发达国家；我国贸易和投资障碍指标均仅仅低于巴西高于其他国家，远远在发达国家之上。我国零售分销的产品市场管制仅仅略低于俄罗斯，高于其他国家。会计服务、法律咨询、工程技术和建筑设计业等4个服务行业的产品市场管制指标是位居各国之上。我国管制改革滞后制约第三产业投入软化主要体现在：一是制约了软要素的供给。管制改革滞后会导致第三产业竞争不充分，资源得不到有效配置，企业缺乏创新，生产效率低下，从而制约了软要素的生产水平。二是阻碍软要素需求的发展。管制改革滞后会增加软要素市场交易信息不对称程度，提高软要素交易成本，减弱外购软要素的动力，从而限制了软要素有效需求的发展。例如，国有企业在我国第三产业甚至是整个社会企业结构中占主导地位，多年来我国一直强调国有企业向市场化发展，强调政企分开，但是我国多数国有企业高管人员却按行政体系进行监管，削弱了高管作为企业家的作用。行政体系监管下的高管利润动机较弱，对通过外购软要素可以降低生产成本，提高生产力，获得竞争优势等并不敏感甚至无动于衷。当下我国国企热衷于饭堂、卫生、附属幼儿园等后勤外包，较少涉及其他生产工序的外部化就是这一观点的佐证。

我国除了在管制改革方面与发达国家具有很大差距外，法治水平与发达国家相比显得较为落后。表22-20显示，我国衡量法治水平的综合指标（法律制度与产权）远落后于发达国家。再看各细分指标，我国衡量法治水平的9个细分指标均在发达国家之下，而且司法的独立性、法庭的公正性、产权被保护的程度、法律制度的完整性等指标与发达国家差距大。我国较低的法治水平不能为软要素交易提供良好的保护，从而阻碍软要素交易的发展，进而制约了我国第三产业投入软化水平的进一步提高。目前我国部分服务业行业没有专门的行业管理办法，比如机器租赁、咨询、法律、会展等商务服务，经常是国务院发一个文件，或临时出一个政策，或临时出一个指导性意见。现实中人们会对中国法律提出这样的质疑：是否有法可依、是否有法必依、是否执法必严、是否违法必究。我国第三产业整体标准化程度不高，尤其是知识产权、咨询、调查等商务服务还没有建立统一行业标准。没有完善的法律，没有统一标准，再加上市场中信用机制缺失和诚信程度较低，企业为其所外购的软要素所担心不已。例如，银行将后台计算中心外包给专业服务公司，如果出问题了，整个银行系统可能要瘫痪。另外，法律的不完善、行业标准和信用机制缺失等，导致软要素市场交易成本较高，阻碍了服务企业通过外部市场获取软要素。

表 22-20　　　　　　　　2012 年法律制度与产权的国际比较①

国家	司法的独立性	法庭的公正性	产权被保护的程度	军队对法律和政治的干预	法律制度的完整性	合同的法律执行力	不动产销售的监管限制	警察的可靠性	犯罪的商业成本	法律制度与产权
澳大利亚	7.90	5.76	7.06	10.00	9.17	6.16	8.27	8.31	7.28	7.77
加拿大	8.58	6.82	8.39	10.00	9.17	4.81	8.57	8.38	7.16	7.99
法国	6.76	5.32	7.78	9.17	8.33	6.43	7.07	7.09	6.53	7.16
德国	8.38	6.79	8.07	10.00	8.33	6.62	7.37	8.28	7.60	7.94
日本	8.27	5.66	8.02	8.33	8.33	5.80	7.85	7.94	7.03	7.47
英国	8.72	7.28	8.60	10.00	8.33	4.75	8.05	7.79	6.91	7.83
美国	6.74	5.88	6.95	6.67	8.33	6.56	8.66	7.80	5.57	7.02
中国	5.01	5.02	6.04	5.00	5.83	6.73	8.27	5.69	6.38	6.00

资料来源：根据世界经济自由度数据库整理。

第四节　促进中国第三产业投入软化的政策建议

针对我国第三产业投入软化面临的问题，结合前文的分析，中国第三产业投入软化要从以下几个角度出发，重点解决软投入存在的迫切问题。通过提高对第三产业投入软化的认识、培养专业人才、提升第三产业信息化水平、完善外部制度环境、引导和促进企业外购软要素等提高中国第三产业软投入水平。

---

① 法律制度与产权（legal system & property rights）是适用于对各国法治水平进行国际比较的综合性指标，其有 9 个细分指标：司法的独立性（judicial independence）、法庭的公正性（impartial courts）、产权被保护的程度（protection of property rights）、军队对法律和政治的干预（military interference in rule of law and politics）、法律制度的完整性（integrity of the legal system）、合同的法律执行力（legal enforcement of contracts）、不动产销售的监管限制（regulatory restrictions on the sale of real property）、警察的可靠性（reliability of police）、犯罪的商业成本（business costs of crime）。数值范围为 0~10，数值越大，说明法治水平越高。

一、转变观念，提高对第三产业投入软化的认识

我国处于工业化进程之中，生产服务业主要为第二产业特别是制造业提供软要素，为第三产业提供的软要素所占比重较低。我国第三产业生产中间投入还是以硬要素为主，投入软化与发达国家相比处于较低水平。根据第三产业投入必然软化规律，随着我国经济发展水平的提高，我国第三产业投入软化水平将有较大的提高，第三产业生产过程需要第三产业自身提供的软要素会越来越多，需要工农业提供的硬要素会越来越少，第三产业生产过程所需要的软要素将远超过硬要素。软要素对第三产业产出的贡献已超过资本、劳动和硬要素，成为第三产业产出增长的主要来源，必须提高对第三产业投入软化的认识，打破将生产资料仅限于硬要素的局限，注重研究第三产业投入软化。通过对第三产业投入软化的研究，加深对投入软化的认识和对第三产业发展机制的理解。把投入软化作为促进第三产业发展和优化第三产业内部结构的重要措施。

二、培养为第三产业服务的专业人才

除了继续实施已有优惠措施或制定新的优惠措施（比如个人税收优惠等）吸引国外专业人员，更加要注重培养为第三产业服务的专业人才。一是提高我国教育体系的融合性和开放性，形成政府、企业、高校协作的教育体系。政府加大对教育的投入，制定政策鼓励企业等社会各界对教育或培训的投入，比如将企业投入到员工培训的成本在扣税时给予抵扣等。学校根据企业用人情况和技能需求开设和调整相关课程，注重理论教学与实践教学相结合。企业以志愿者的身份加入到教育体系中，提供学徒岗位，为第三产业培养新人和注入创新血液。二是强化终身学习的理念和创新终身教育方式。政府、企业、社会各界除了重视基础职业教育外，应在继续教育阶段强化终身学习理念，并通过创新终身教育方式为广大第三产业从业人员提供学习的机会和资源。例如利用"互联网+"创新培训方式，建立免费提供培训视频的网站，选出第三产业的每个就业岗位甚至生产服务产品过程的每个工序的专业人才，将专业人才指导新人的过程拍摄成视频放到网上，供愿意学习的人免费下载。

三、提升第三产业信息化水平

本书的国际比较发现，我国第三产业信息化过程中ICT资本存量较低，以

ICT硬投入为主。针对此情况，我国应该提升第三产业信息化水平，加强信息技术对服务企业的全面渗透，利用信息化改变服务企业的生产方式、经营方式和组织结构，从而提高第三产业投入软化水平。一是继续加大信息化投资，尤其是加大ICT软投入。完善信息化投融资机制，建立以企业为主体、政府为引导、其他为补充的多元化信息化投入机制，完善相关制度，从财政补贴和税收支持等方面鼓励企业进行信息化投资。二是培养信息化人才，支持企业加强对员工信息化教育。大多数服务企业已经具备一定程度的信息化水平，要发挥信息化的作用，还必须依靠掌握信息技术的人才。

四、完善外部制度环境

第一，完善管制改革。首先，进一步推进国有企业市场化改革，彻底实现政企分开，清晰界定政府管制边界，做到管制制定者、管制执行者和被管制对象之间的相互独立。其次，深入分析第三产业各行业的特点，审时度势修改和制定相关管制制度，提高管制措施的针对性和适应性，最大限度地消除第三产业投资与贸易壁垒、进出市场壁垒，大力引进市场机制。

第二，提高法治水平。研究第三产业外购软要素流程涉及的知识产权关系，产品安全和质量纠纷等问题，总结我国第三产业实践经验并借鉴相关国际经验，针对外购软要素涉及的新业务合作形式和关系（包括合同标的、产品质量和交付方式等），出台针对性的行业法规，改进和完善现有的法律规则建设，如知识产权立法等。积极营造有法可依、有法必依、执法必严、违法必究的法律环境。积极借鉴国外的先进经验，建立和完善第三产业各细分行业的服务标准（行业准入标准、职业道德标准和服务规范标准等），并促进标准的推行和实施。改善和完善相关法律及标准会消除软要素的市场壁垒，提高软要素交易效率，扩大软要素市场和生产规模，延伸和扩张第三产业分工环节，从而提高第三产业投入软化水平。

五、引导和促进企业外购软要素

我国企业由于受传统文化的影响，追求"大而全，小而全"经营方式，不大愿意将自己的某个生产流程外包出去，不大习惯通过外部市场有效配置资源，对此应加以宣传和指导，使其熟悉并逐渐接受外购软要素，通过外购软要素来替代不适合自己企业开展的生产流程。一方面，可以确定各行业的典型案例加以宣传；另一方面，建立第三产业软要素供求信息系统，搭建第三产业外购软要素信息共享平台。从税收上，特别是返税上促使企业外购软要素。例如物流行业，物流企业之所以组建自己的运输队开展运输服务而不愿意外购市场上的运输服务，其原因在于在企业内开展运输服务可以抵扣进项税，外购运输服务则不可以。应该研究如何完善税收制度促进企业外购软要素。

第五篇

问卷调查篇

第二十三章

东莞市服务业供求状况调查报告

"十三五"期间是东莞服务业（第三产业）[①] 发展的重要战略机遇期。中共十八大以来，中央政府先后出台了一系列关于推动服务业特别是生产服务业发展的政策和意见。中共十八大报告要求"推动服务业特别是现代服务业发展壮大"，《中共中央关于全面深化改革若干重大问题的决定》涉及的经济改革开放领域重点是服务业。2014年8月6日国务院正式发布《关于加快发展生产性服务业促进产业结构调整升级的指导意见》。多种信息显示，服务业特别是生产服务业将是"十三五"期间我国政府工作开展的重点方向，也是改革攻坚的重点领域。

生产服务是指向生产者提供的服务形式生产要素（服务型生产资料）。按照服务对象，生产服务可分为第一产业生产服务、第二产业生产服务、第三产业生产服务（或者说农业生产服务、工业生产服务和服务业生产服务）。研究表明，服务形式生产要素的增长，即生产过程中软生产要素对硬生产要素的替代，具有推进国民经济效率提高的作用。三次产业生产服务分布结构与三次产业结构通常具有相似性。与发达国家的发展经验表明，在工业化进入一定阶段之后，生产服务将成为产业转型升级的主导力量。

从经济发展水平来看，东莞已经处于工业化发展的中后期，但已进入迫切需

[①] 服务业即第三产业，是指除了第一产业（广义农业，即农、林、牧、渔业）、第二产业（广义工业，即采矿业、制造业、电力、热力、燃气及水生产和供应业、建筑业）以外的其他各业。本研究中第三产业和服务业内涵和外延相同。

要实现产业结构和经济发展方式转型的关键时点,因此有必要大力推进生产服务业的发展。2013年,东莞市三次产业结构分别为0.3∶45.9∶53.8,已初步实现"三、二、一"的转变。从近年来的总体运行情况来看,东莞服务业总量规模稳步增长,已成为东莞地方财政收入的中流砥柱,一些新业态企业创新表现活跃。但是总体来说,东莞服务业发展产出增长不稳定、服务业增长的行业拉动力不稳、总体开放度低、内部结构不够合理,面临着包括投资拉动增长动力源不足、工业化思维惯性突出在内的一系列问题。

为准确把握东莞市服务业特别是生产服务业发展的现状和问题,为探索东莞服务业发展新路径提供科学依据,制定促进东莞市服务业发展政策,2014年10月~11月,东莞市发展和改革局邀请中山大学中国第三产业研究中心和广东外语外贸大学的服务业研究专家组成联合课题组,在东莞市下辖28个镇和4个街道进行课题调研。本调研包括两方面工作:一是关于东莞市服务业特别是生产服务供给和需求的问卷调查和定量分析;二是关于东莞市服务供给和需求的企业访谈和定性分析。本报告撰写的基本依据是《东莞市服务业发展现状调查问卷Ⅰ(工业企业填写)》《东莞市服务业发展现状调查问卷Ⅱ(服务业企业填写)》的统计结果和企业访谈结果。

第一节 问卷设计和抽样方法

一、问卷设计

为准确掌握东莞市服务需求与供给情况,课题组设计了适用于工业的《东莞市服务业发展现状调查问卷Ⅰ》和适用于服务业的《东莞市服务业发展现状调查问卷Ⅱ》。问卷Ⅰ主要调查额是工业企业对服务业特别是生产服务的需求和使用情况,问卷Ⅱ则主要调查服务特别是生产服务的供给、竞争与发展环境。

二、抽样方法

问卷由东莞市发展和改革局委托各镇街有关单位向辖区内、行业内的有关被调查单位投放。有效回收的《调查问卷Ⅰ》为1 094份,《调查问卷Ⅱ》为778份,合计1 872份。被调查单位的具体辖区分布情况见表23-1。

表23-1　　　东莞市服务业状况调查受访单位辖区分布

辖区	工业企业 单位数（个）	占比（%）	服务业企业 单位数（个）	占比（%）	辖区	工业企业 单位数（个）	占比（%）	服务业企业 单位数（个）	占比（%）
茶山镇	40	3.66	40	5.14	桥头	35	3.21	45	5.78
常平镇	47	4.30	15	1.93	清溪	40	3.66	40	5.14
大朗	72	6.59	30	3.86	沙田	44	4.03	37	4.76
大岭山	14	1.28	15	1.93	生态园	2	0.18	0	0.00
东城区	46	4.21	16	2.06	石碣	44	4.03	15	1.93
东坑	40	3.66	40	5.14	石龙镇	40	3.66	40	5.14
凤岗	34	3.11	18	2.31	石排	40	3.66	40	5.14
宛城	1	0.09	0	0.00	松山湖	3	0.27	28	3.60
横沥	40	3.66	39	5.01	塘厦镇	39	3.57	0	0.00
红梅镇	25	2.29	14	1.80	万江	14	1.28	7	0.90
厚街	40	3.66	10	1.29	望牛墩	40	3.66	3	0.39
虎门	40	3.66	40	5.14	谢岗	31	2.84	40	5.14
寮步镇	42	3.85	40	5.14	樟木头	40	3.66	40	5.14
麻涌	21	1.92	3	0.39	长安	45	4.12	30	3.86
南城	13	1.19	33	4.24	中堂	40	3.66	40	5.14
企石	40	3.66	1	0.13	高埗	40	3.66	19	2.44
合计	555	50.73	354	45.50	合计	539	49.28	424	54.50

注：工业企业占比（%）指的是该镇街回收的工业企业问卷占全市工业企业问卷的比例，服务业占比（%）指的则是该镇街回收的服务业企业问卷占全市全部服务业企业问卷的比例。

第二节　工业企业调查结果分析

一、被调查工业企业情况

1. 企业主营业务所在的行业分布情况。

从行业分布看，被调查的工业企业共计1 092家，全部细分行业按降序排列情况见图23-1。

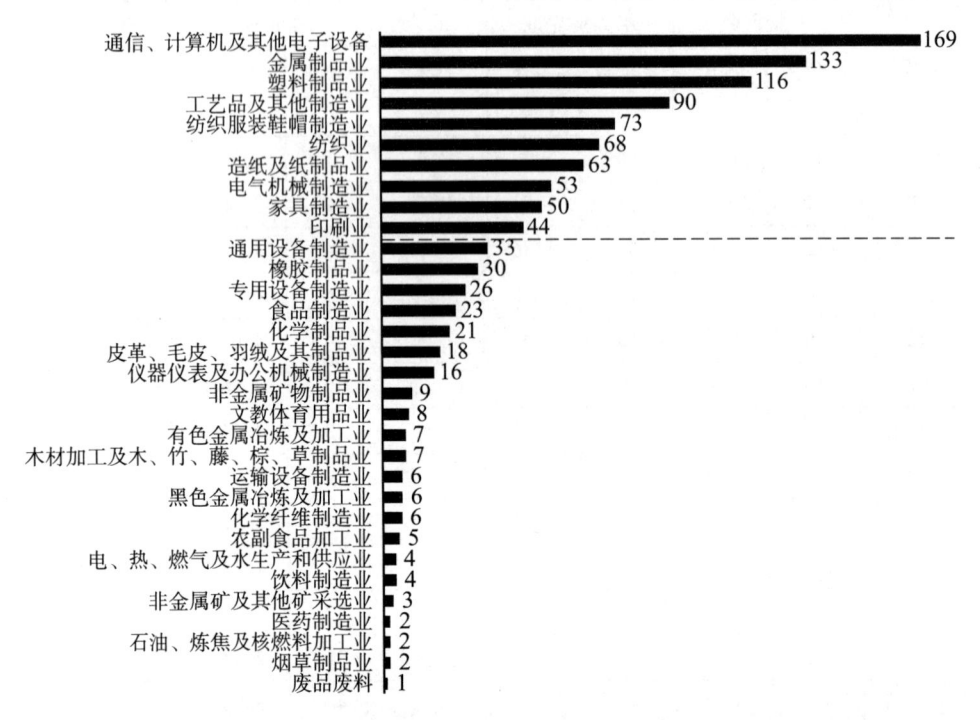

行业	数量
通信、计算机及其他电子设备	169
金属制品业	133
塑料制品业	116
工艺品及其他制造业	90
纺织服装鞋帽制造业	73
纺织业	68
造纸及纸制品业	63
电气机械制造业	53
家具制造业	50
印刷业	44
通用设备制造业	33
橡胶制品业	30
专用设备制造业	26
食品制造业	23
化学制品业	21
皮革、毛皮、羽绒及其制品业	18
仪器仪表及办公机械制造业	16
非金属矿物制品业	9
文教体育用品业	8
有色金属冶炼及加工业	7
木材加工及木、竹、藤、棕、草制品业	7
运输设备制造业	6
黑色金属冶炼及加工业	6
化学纤维制造业	6
农副食品加工业	5
电、热、燃气及水生产和供应业	4
饮料制造业	4
非金属矿及其他矿采选业	3
医药制造业	2
石油、炼焦及核燃料加工业	2
烟草制品业	2
废品废料	1

图23-1 被调查工业企业数在各细分行业的分布

数量排名前10位的行业累计有859家，排名依次为通信、计算机及其他电子设备（15.48%）、金属制品业（12.18%）、塑料制品业（10.62%）、工艺品及其他制造业（8.24%）、纺织服装鞋帽制造业（6.68%）、纺织业（6.23%）、造纸及纸制品业（5.77%）、电气机械制造业（4.85%）、家具制造业（4.58%）、印刷业（4.03%），累计被调查工业企业的比重为78.66%。其他15个以上行业累计占比为21.89%。

2. 企业的所有制形式分布情况。

从所有制形式看，在被调查工业企业中，个体私营企业数量最多，占38.28%；其次是港澳台资企业，占28.48%；两者合计占66.76%。其余分别是外商投资（15.57%）；股份制企业（13.55%）；集体（1.83%）和国有（0.55%）。可以看到，东莞市港澳台和来自外商的投资较多，两者合计超过了40%（见图23-2）。

3. 企业职工文化素质分布情况。

在被调查企业中，大专及本科学历人数占职工总数比例低于10%的占35.71%，处于11%~25%的占39.65%；两者合计占75.36%，说明在多数企业中，大专及本科学历人数占职工总数的比例低于25%。处于26%~50%的占18.86%，处于51%~75%的占为3.48%，处于76%~100%的仅占1.1%。总体而言，企业职工中达到大专及本科学历的人数占比平均约为17.33%。

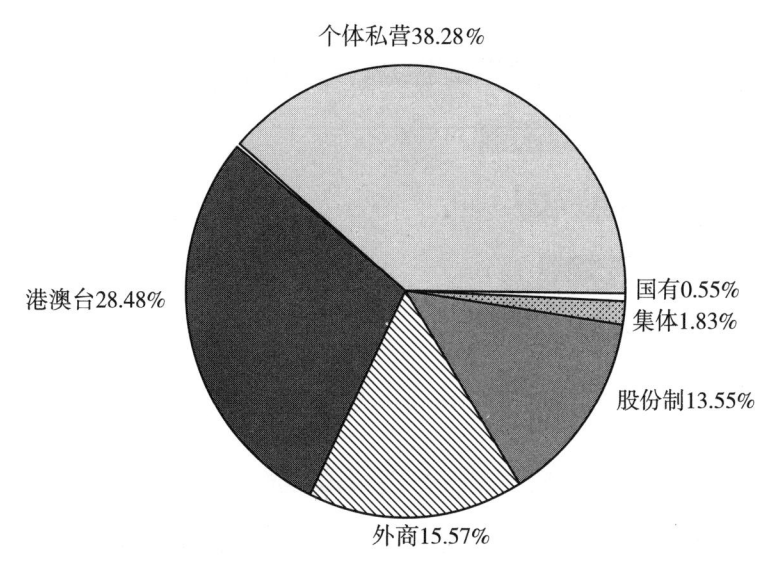

图 23-2 受访企业的所有制分布

4. 营业额分布情况。

2013年营业额在1 000万元以下的企业占16.76%，1 000万~2 000万元的占16.58%，2 000万~5 000万元的占26.19%，5 000万~1亿元的占17.86%，1亿~5亿元的占17.46%，5亿元以上的占4.03%。营业额低于1亿元的企业数占77.38%（此类企业2013年营业额平均为3 344.97万元）。

5. 员工人数分布情况。

员工人数50人以下的企业数占13.00%，50~200人的占42.40%，201~500人的占26.10%；三者累计占比为81.50%，说明大多数企业属于员工规模在500人以下中小企业（此类企业平均员工数为181人）。员工人数在501~1 000人的占10.26%，在1 000人以上的企业数占比为7.14%，合计占比为17.40%。除员工人数在1 000以上的之外，受访工业企业的平均员工数量为245人

6. 产品外销比例。

产品外销比例按所占比例依次排序如图23-3，可以直观看到受访企业呈现出两个极端的现象，外销占比在10%和80%~100%的企业最多。从具体数值来看，外销占比在10%以下的企业数占34.52%，在10%~20%的占10.81%，在20%~40%的占8.70%，在40%~50%的占4.85%；四者累计占58.88%，说明近六成的企业以内销为主，其产品平均外销率为13.83%，有86.17%的产品在

国内市场销售。外销比例在50%~60%水平的企业数占比为2.93%,在60%~70%的占7.14%,在80%~100%的占24.08%,三者合计占34.16%,这部分企业平均外销率为82.82%。综合来看,东莞市工业企业总体外销率为36.43%。

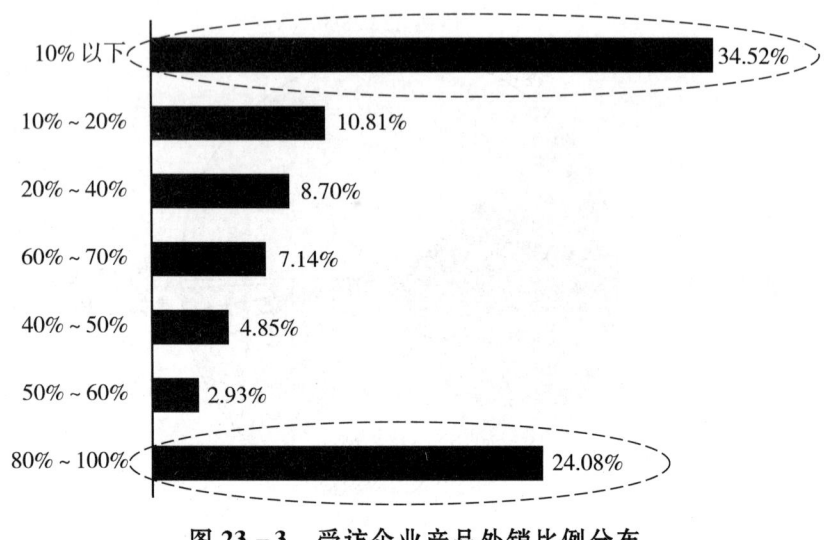

图23-3 受访企业产品外销比例分布

7. 企业有无研发或设计部门情况。

被调查企业中,有41.39%设有研发或设计部门,其余56.32%没有自己的研发或设计部门,两者接近一半对一半。从此项可以看出目前东莞市工业企业在技术方面仍有一定的提升空间,许多企业被俘获于价值链的低端环节,主要从事简单的加工制造部分,缺乏足够的自主创新能力。

8. 研发或设计部门的产品技术及其来源。

在拥有研发或设计部门的工业企业中,其产品技术来源分布有74.46%靠自主研发,16.88%的企业依靠技术转让,4.76%靠模仿制造,3.9%靠合作开发(见图23-4)。

9. 企业研发或设计部门年均资金投入分布。

对设有研发或设计部门的企业来说,年均研发或设计部门资金投入在100万元以下的企业数占44.52%,100万~500万元的占37.50%,两者合计达到了82.2%,占到了受访企业的绝大多数。而投入在500万~1 000万元的企业数占11.18%,1 000万元以上的占6.80%。除去1 000万元以上的企业,剩余企业在研发和设计上的平均资金投入为234.59万元。

自主研发74.46%

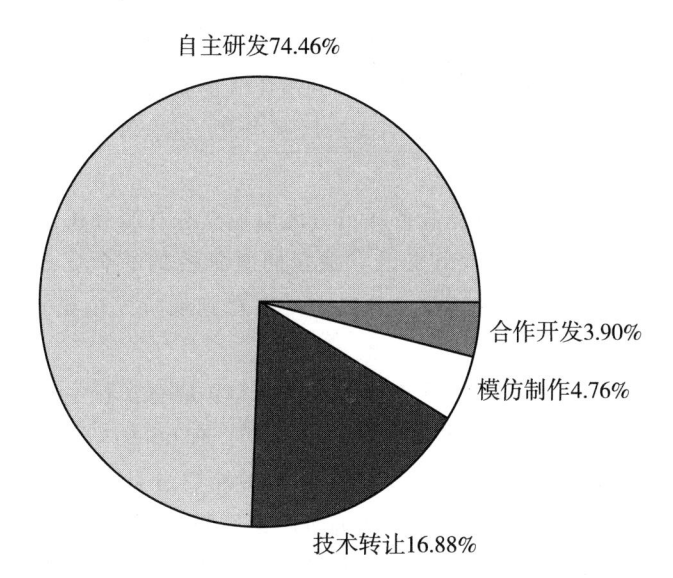

合作开发3.90%
模仿制作4.76%
技术转让16.88%

图 23 – 4　有研发部门的企业产品技术及来源分布

10. 研发或设计部门的资金投入占营业收入的比例分布。

对于有研发或设计部门的企业来说，研发或设计部门的投入占销售收入的比例在2%以下的企业数达到了50.77%，其中1%以下的企业数占20.04%，1%~2%的占30.73%。2%~2.5%的占11.80%，2.5%~3%的占28.73%，3%以上的占8.69%。

11. 企业研发或设计部门是否对外部机构提供研发或设计服务。

在设有研发或设计部门的企业中，有22.74%对外提供研发或设计服务，77.26%的企业不对外提供研发或设计服务。从此项可以看出，企业拥有研发或设计部门主要是为满足自身的研发和设计需求，因此较少对外提供服务。

12. 企业研发或设计部门的产值分布。

从研发或设计部门的效益来看，有研发或设计部门的被调研企业，研发或设计部门产值在100万元以下的占30.2%，100万~500万元的占32.6%，500万~1 000万元的占12.5%，1 000万元以上的占24.7%。综合来看，研发或设计部门的效益呈现两头大中间小的现象，500万元以下（62.8%）和1 000万元以上（24.7%）的比例较高，而介于两者之间的较低。

13. 企业可以提供的服务情况。

在被调查企业能够提供的服务技能类型方面（有时一个企业有多重服务技能类型），产品研发占39.10%、工业设计占18.41%、创意和动漫设计占1.01%、知识产权研究占4.03%、检验检测占18.68%、数据分析和挖掘占5.49%、工程设计占8.61%、其他占18.86%。

14. 本企业是否有意愿承接国内外企业的产前、产中或产后服务。

有 56.04% 的被调研企业愿意承接国内外其他企业的生产服务，41.76% 不愿意承接国内外其他企业的产前、产中或产后服务①。综合来看，企业承接外来服务意愿相对较高。

15. 企业是否有意愿将部分服务环节分离出设立独立服务机构。

愿意将部分服务环节分离出来设立独立的服务机构的企业占比为 26.19%，其余的 71.52% 不愿意进行主辅业务分离。可以看到现阶段企业并不愿意进行主辅业务分离。

16. 如果政府对主辅分离有优惠政策，企业是否愿意实行主辅分离。

而在政府对主辅分离有优惠性政策的情况下，有 66.67% 的企业愿意实行主辅业务分离，比没有优惠性政策的情况下提高 40 个百分点，但仍有 30.13% 的企业不愿意进行主辅分离。因此政府可以通过政策的制定有效促进企业主辅业务的分离，从而使企业将资源集中于核心竞争力的主要业务，提升企业的专业化程度。

二、工业企业对各类服务的需求和使用情况

17. 企业获得下列生产服务的主要来源②。

（1）生产服务来源于企业内部的企业数分布。如表 23-2 第 2 列所示，在受访的工业企业中，生产服务来源于企业内部的企业数占总数的比率，除质量控制（61.54%）、保洁保安（57.42%）、产品开发（53.02%）、工业设计（50.82%）和工程设计（50.18%）这五项高于 50% 之外。其他如信息技术、数据处理等 15 类服务，只有不到 50% 的来自企业内部来源。这说明多数工业企业的生产服务来源于企业外部，现阶段东莞工业企业生产服务外购趋势比较明显。

表 23-2　东莞市工业企业获得各类服务的来源分布　单位：%

项目	企业内	东莞	广州	深圳	本省其他市	外省	港澳台	国外	市外合计
(1)	(2)	(3)	(4)	(5)	(6)	(7)	(8)	(9)	(10)
信息技术	39.10	35.16	6.04	4.76	6.23	3.94	8.79	7.33	37.09
数据处理	44.69	30.49	2.93	2.47	3.66	2.75	6.23	3.57	21.61

---

① 部分企业没有填写此项，故两者合计不为 100%。
② 不少企业填写问卷时默认可以有一个以上的主要来源，因此各比例之和大于 100%。

续表

项目	企业内	东莞	广州	深圳	本省其他市	外省	港澳台	国外	市外合计
(1)	(2)	(3)	(4)	(5)	(6)	(7)	(8)	(9)	(10)
税务审计	23.17	67.22	3.02	1.92	1.83	0.82	2.66	0.37	10.62
财务管理	54.30	37.91	1.47	1.65	1.19	0.82	3.21	0.73	9.07
咨询服务	20.05	61.54	4.76	4.58	2.84	1.37	4.12	1.65	19.32
金融保险	17.03	62.27	2.38	2.20	2.47	1.65	3.66	0.73	13.10
广告策划	30.22	41.58	6.14	4.12	3.66	1.28	4.03	2.56	21.79
市场销售	31.41	31.50	8.24	8.24	11.90	7.42	9.71	15.84	61.36
人力外包	33.61	41.94	1.65	1.01	4.58	1.19	0.82	0.46	9.71
培训服务	43.50	42.49	5.13	5.04	3.85	1.56	1.74	0.92	18.22
产品开发	53.02	19.05	2.93	2.84	2.11	0.64	4.40	5.86	18.77
工业设计	50.82	19.14	2.47	2.20	2.29	1.28	3.75	4.95	16.94
工程设计	50.18	22.71	2.75	1.92	2.29	1.37	2.75	4.21	15.29
检验检测	39.29	39.10	8.61	8.15	4.95	1.74	2.84	1.56	27.84
运输仓储	35.62	46.52	4.03	8.97	4.03	1.92	3.85	0.73	23.53
法律服务	15.75	64.38	3.75	3.66	2.84	1.65	2.11	0.73	14.74
设备租赁	26.01	44.96	2.11	1.92	4.21	1.28	1.74	2.29	13.55
设备维修	36.63	55.22	4.49	3.94	5.13	2.11	1.92	1.83	19.41
质量控制	61.54	26.28	2.75	2.20	2.01	0.82	2.11	1.37	11.26
保洁保安	57.42	34.43	1.10	0.82	1.19	0.18	0.37	0.00	3.66

（2）生产服务来自本市的企业数分布。如表23-2第3列所示，生产服务来源于东莞市的企业数占受访企业总数的比率，除税务审计（67.22%）、法律服务（64.38%）、金融保险（62.27%）、咨询服务（61.54%）和设备维修（55.22%）在50%以上外，其他都低于50%。对比市外合计，可以看到仅有信息技术和市场销售两项，市外合计购买服务比例高于市内购买比例，特别是市场销售一项，市外减去市内差额为29.86%（61.36% - 31.5%）。而在产品开发和工业设计两项，市外和市内购买的服务基本相当，两者差额为 - 0.27% 和 - 2.20%。因此在对工业企业而言最为重要的研究开发领域，除去企业内部自身提供，目前受访企业在市内和市外购买基本为1∶1的情况。对于像保洁保安等基础服务和财务管理等服务，受访企业市外购买较少，这主要是由于此类服务的

特性造成。

（3）生产服务来自广州的企业数分布。如表23-2第4列所示，生产服务来源于广州的企业数占受访企业总数的比率中，排名在5%以上的是检验检测（8.61%）、市场销售（8.24%）、广告策划（6.14%）、信息技术（6.04%）和培训服务（5.13%）。其余15项的比例均在5%以下。

（4）生产服务来自深圳的企业数分布。如表23-2第5列所示，生产服务来源于深圳的企业数占受访企业总数的比率，除运输仓储（8.97%）、市场销售（8.24%）、检验检测（8.15%）、培训服务（5.04%）高于5%之外，其他都低于5%。综合来看受访企业在市场销售、检验检测和培训服务三项购买来自广州和深圳的服务程度较高，这主要是源于广州和深圳作为区域中心城市在专业服务业发展方面拥有较强的综合实力。而运输仓储服务购买来自深圳的比例较高则主要是由于莞深两地在地理上毗邻。

（5）生产服务来自广东省其他市的企业数分布。如表23-2第6列所示，生产服务来源于广东省（除广州和深圳外）其他市的企业数占受访企业总数的比率，除市场销售（11.90%）、信息技术（6.23%）和设备维修（5.13%）在5%以上，检验检测（4.95%）比例基本为5%外，其余分项的数值均在5%以下。

（6）生产服务来自外省的企业数分布。表23-2第7列显示了生产服务来源于外省的企业数占受访企业总数的比率。可以看到，排名前五的是市场销售（7.42%）、信息技术（3.94%）、数据处理（2.75%）、运输仓储（1.92%）和检验检测（1.74%）。而税务审计、财务管理和产品开发来自外省的比例在1%以下。

（7）生产服务来自港澳台的企业数分布。综合来看，生产服务来源于港澳台的企业数占受访企业总数的比率要高于外省和国外的比例。简单计算20项服务的平均值，来自港澳台的平均值为3.32%，仅低于广州（3.42%），与深圳（3.29%）和本省其他市（3.25%）基本相等，高于外省（1.63%）和国外（2.72%）。从具体分项来看，市场销售（9.71%）、信息技术（8.79%）和数据处理（6.23%）三项高于5%，产品开发和咨询服务的比例也相对较高，均在4%以上。而人力外包的比例最低，这是因为港澳台的人力成本较高。

（8）生产服务来自国外的企业数分布。从生产服务来源于国外的企业数占受访企业总数的比例来看，市场销售（15.84%）排名第一，信息技术（7.33%）和产品开发（5.86%）排名第二和第三，工业设计的比例也达到了4.95%。而比例在1%以下的包括培训服务（0.92%）、运输仓储（0.73%）、金融保险（0.73%）、财务管理（0.73%）、法律服务（0.73%）、人力外包（0.46%）、税务审计（0.37%）。

18. 企业需要的各项服务由本企业以外的单位提供的程度。

如表23-3所示，对不同类型的服务，被调查工业企业外购程度存在较大差异。综合来看，20项服务只有法律服务、税务审计、金融保险、咨询服务和运输仓储这五项服务外购程度在1%～20%间的占比低于50%，数值分别是39.4%、41.49%、45.80%、48.14%和49.61%。而外购程度在1%～20%间占比60%以上的服务有10项，70%以上的有1项。由此可以看出，现阶段东莞市工业企业服务外购程度相对较低，多数企业的服务外购程度均集中在1%～20%的最低档次。外购程度在60%～80%、80%～100%的企业比例较少，两者合计在30以上的仅有税务审计、金融保险和法律服务3项，最高的税务审计比例为36.02%。大部分服务外购程度在60%以上的比例维持在10%左右的水平。

表23-3　　东莞市工业企业外购各项服务的程度统计分析　　单位：%

档次 类别	1%～ 20%	21%～ 40%	41%～ 60%	61%～ 80%	81%～ 100%	60%以上 合计	平均外购 程度	排名
信息技术	56.76	19.89	10.81	6.16	6.38	12.54	27.10	10
数据处理	62.82	17.98	8.55	5.77	4.88	10.65	24.38	16
税务审计	41.49	14.96	7.53	8.05	27.97	36.02	43.21	1
财务管理	65.45	15.13	7.94	4.72	6.76	11.48	24.44	15
咨询服务	48.14	18.88	12.83	8.38	11.77	20.15	33.35	5
金融保险	45.80	13.72	10.40	7.08	23.01	30.09	39.56	3
广告策划	53.66	16.70	12.01	5.72	11.90	17.62	31.10	7
市场销售	60.51	14.99	8.61	6.82	9.06	15.88	27.79	9
人力外包	69.84	15.60	6.88	3.78	3.90	7.68	21.26	20
培训服务	62.57	16.79	10.87	5.38	4.39	9.77	24.45	14
产品开发	68.48	13.44	6.37	3.59	8.11	11.70	23.88	18
工业设计	68.31	11.64	8.52	3.96	7.56	11.52	24.17	17
工程设计	67.93	9.86	9.38	4.63	8.19	12.83	25.06	13
检验检测	56.03	12.50	12.28	7.37	11.83	19.20	31.29	6
运输仓储	49.61	12.57	15.33	10.03	12.46	22.49	34.63	4
法律服务	39.40	14.46	11.81	9.82	24.50	34.33	43.11	2
设备租赁	64.78	13.71	7.80	4.96	8.75	13.71	25.84	11
设备维修	52.86	16.61	15.21	8.63	6.69	15.32	29.94	8
质量控制	70.02	14.53	6.29	4.69	4.46	9.15	21.81	19
保洁保安	66.70	11.74	7.00	5.08	9.48	14.56	25.78	12

通过加权平均可以获取各项服务的平均外购程度。从平均外购程度来看，前五名分别是税务审计（43.21%）、法律服务（43.11%）、金融保险（39.56%）、运输仓储（34.63%）和咨询服务（33.35%）。大部分服务的平均外购程度在30%以下，合计共有13项。平均外购程度最低的是人力外包（21.26%），其在各档次下的分布频率依次为：69.84%、15.60%、6.88%、3.78%和3.96%。由于多数企业人力外包服务的程度仅限于最低水平下，因此该项服务的外购程度低。

19. 企业对外购服务的满意程度分布。

如表23-4所示，受访工业企业对不同类型的外购服务满意程度存在差异。企业不满意（包括非常不满意或不满意）占比排前五位依次是：人力外包（7.22%）、市场销售（5.95%）、设备租赁（5.92%）、设备维修（5.73%）和广告策划（5.60%）。有四到五成的受访企业在20项外购服务的满意程度上选择了无意见，比例最高和最低的分别是产品研发（54.46%）和税务审计（39.06%）。

而企业满意合计（包括满意或非常满意）占比排前五位依次是：税务审计（58.44%）、法律服务（53.09%）、财务管理（52.11%）、运输仓储（51.74%）和咨询服务（50.11%）。除了人力外包外，其余19项服务外购的满意合计均在40%以上。综合而言，若不区分服务小项，东莞工业企业对外购服务的满意度（即满意以上选择比率）为47%。

表23-4　　　　企业对外购服务的满意程度统计　　　　单位：%

项目	非常不满意	不满意	无意见	满意	非常满意	不满意合计	满意合计
信息技术	1.37	3.38	50.11	42.62	2.53	4.75	45.15
数据处理	1.41	3.47	49.84	42.45	2.82	4.89	45.28
税务审计	1.00	1.50	39.06	53.45	5.00	2.50	58.44
财务管理	0.95	2.11	44.82	47.78	4.33	3.07	52.11
咨询服务	1.27	4.01	44.62	47.05	3.06	5.27	50.11
金融保险	1.19	3.91	46.58	45.06	3.26	5.10	48.32
广告策划	1.57	4.03	49.05	42.89	2.46	5.60	45.35
市场销售	1.76	4.19	47.80	43.17	3.08	5.95	46.26
人力外包	2.48	4.74	53.39	36.91	2.48	7.22	39.39
培训服务	1.74	3.26	49.84	41.80	3.37	4.99	45.17
产品开发	1.95	2.52	54.46	38.22	2.86	4.46	41.08

续表

项目	非常不满意	不满意	无意见	满意	非常满意	不满意合计	满意合计
工业设计	1.27	3.23	54.21	38.75	2.54	4.50	41.29
工程设计	1.73	2.30	54.03	39.52	2.42	4.03	41.94
检验检测	1.40	2.27	47.84	45.14	3.35	3.67	48.49
运输仓储	2.28	2.39	43.59	47.61	4.13	4.67	51.74
法律服务	1.19	2.61	43.11	48.97	4.13	3.80	53.09
设备租赁	1.82	4.10	49.54	42.14	2.39	5.92	44.53
设备维修	2.01	3.71	45.81	45.92	2.55	5.73	48.46
质量控制	2.23	2.78	49.22	42.98	2.78	5.01	45.77
保洁保安	1.77	3.54	49.50	42.64	2.55	5.32	45.18

20. 企业认为各项服务对企业产值和竞争力的影响程度。

如表23-5所示，首先从整体平均数来看，仅有4.70%的被调查企业认为生产服务对提高企业产值和竞争力不重要（包括非常不重要或不重要），有39.47%的企业无意见，有55.83%的企业认为生产服务对提高产值和竞争力重要（包括重要或非常重要）。可以看到企业已经意识到了生产服务的重要性。

表23-5　　　生产服务对企业产值和竞争力的影响程度　　　单位：%

项目	非常不重要	不重要	无意见	重要	非常重要	重要合计
（1）	（2）	（3）	（4）	（5）	（6）	（7）
信息技术	0.61	4.70	32.69	49.95	12.05	62.00
数据处理	0.73	5.32	34.83	49.22	9.91	59.12
税务审计	0.70	2.39	37.39	47.76	11.76	59.52
财务管理	0.61	1.62	34.25	48.53	14.99	63.53
咨询服务	0.72	4.62	40.31	48.62	5.74	54.36
金融保险	1.37	2.95	46.47	42.04	7.17	49.21
广告策划	1.27	5.51	37.18	46.08	9.96	56.04
市场销售	1.36	1.46	26.78	44.77	25.63	70.40
人力外包	2.02	7.66	52.13	33.83	4.36	38.19
培训服务	0.94	3.95	42.98	46.10	6.04	52.13
产品开发	1.60	2.35	29.74	48.29	18.02	66.31
工业设计	0.75	4.20	37.07	45.58	12.39	57.97

续表

项目 (1)	非常不重要 (2)	不重要 (3)	无意见 (4)	重要 (5)	非常重要 (6)	重要合计 (7)
工程设计	1.41	4.00	40.48	43.18	10.93	54.11
检验检测	0.73	2.19	37.33	47.55	12.20	59.75
运输仓储	0.52	2.40	40.88	48.07	8.13	56.20
法律服务	0.93	3.01	41.64	46.63	7.79	54.41
设备租赁	1.94	4.75	53.83	35.81	3.67	39.48
设备维修	0.73	3.42	42.49	45.91	7.46	53.37
质量控制	0.32	2.74	31.86	45.99	19.09	65.08
保洁保安	1.05	4.72	49.84	40.61	3.78	44.39
合计	1.01	3.69	39.47	45.27	10.56	55.83

注：合计一项为不区分小项服务，单纯统计选择某一选项的占比。如1.01%即是所有选择非常不重要的企业数占全部服务的选择企业数的比例。

从细分项目来看，不同服务类型对提高产值和竞争力的重要性有所不同。根据认为重要及非常重要的企业数占比排名（即表23-5的第7列），位于前五名的依次是：市场销售（70.40%）、产品开发（66.31%）、质量控制（65.08%）、财务管理（63.53%）、信息技术（62.00%），超过六成以上的受访企业认为这些服务对提升企业产值和竞争力重要或非常重要。20项服务中，除了人力外包、设备租赁和保洁保安三项重要合计在50%以下，其余均高于50%（其中金融保险的比率为49.21%）。而在认为不重要的企业数占比排名，居前五位的依次是：人力外包（9.68%）、广告策划（6.78%）、设备租赁（6.69%）、数据处理（6.05%）和保洁保安（5.77%）；值得注意的是，尽管这些企业排名在前但是从比率上看都低于10，从一定程度上看，这些数值不具备"显著性"。

21. 企业从外单位购买各项服务时所考虑的主要因素。

综合来看，对20种细分服务，企业采购时考虑的因素：首先，是服务的专业化水平，首先考虑该因素的企业数占比合计为58.71%，说明大多数企业在采购生产服务时将专业化水平作为首要考虑的因素。其次，将价格因素作为首要考虑因素的企业数占17.55%，居于第二位；接下来分别是企业信誉（14.84%）和服务获取的便捷性（8.9%）（见表23-6）。

表23-6　　从外单位购买服务时所考虑的主要因素分布　　单位：%

项目	便捷程度	价格	专业化水平	企业信誉
信息技术	13.69	13.20	61.75	11.36
数据处理	13.07	15.70	59.68	11.55
税务审计	6.88	14.15	61.66	17.30
财务管理	5.39	11.79	65.03	17.78
咨询服务	7.37	15.04	63.45	14.14
金融保险	7.15	17.31	53.37	22.18
广告策划	5.35	19.52	61.49	13.64
市场销售	5.88	18.26	58.45	17.42
人力外包	10.27	28.98	44.06	16.68
培训服务	6.60	16.82	64.50	12.07
产品开发	6.22	11.59	65.75	16.44
工业设计	6.62	12.70	67.77	12.91
工程设计	7.05	12.07	67.74	13.14
检验检测	5.85	14.07	65.50	14.58
运输仓储	12.81	25.10	46.82	15.27
法律服务	8.29	11.02	66.94	13.75
设备租赁	14.86	32.27	40.34	12.53
设备维修	11.84	23.37	53.76	11.03
质量控制	8.52	13.04	62.78	15.67
保洁保安	14.15	26.29	41.92	17.63
合计	8.90	17.55	58.71	14.84

注：合计一项为不区分小项，单纯统计选择某一因素的占比。如8.90%即是所有选择非常不重要的企业数占全部因素的选择企业数的比例。

（1）信息技术服务。考虑获取的便捷性的企业数占比13.69%，考虑价格的占比13.20%，考虑服务的专业性的占比61.75%，考虑企业信誉的占比11.36%。可见，在采购科技服务时较多企业考虑服务的专业性，其次是便捷性和价格。

（2）数据处理与挖掘。考虑获取的便捷性的企业数占比13.07%，考虑价格的占比15.70%，考虑服务的专业性的占比59.68%，考虑企业信誉的占比11.55%。可见，在采购数据处理与挖掘服务时多数企业考虑的是服务的专业性，其次考虑价格和便捷性。

（3）税务审计。考虑获取的便捷性的企业数占比 6.88%，考虑价格的占比 14.15%，考虑服务的专业性的占比 61.66%，考虑企业信誉的占比 17.30%。可见，在采购税务审计服务时，多数企业考虑的是服务的专业性，其次是企业信誉和价格，最后考虑便捷性。

（4）财务管理。考虑获取的便捷性的企业数占比 5.39%，考虑价格的占比 11.79%，考虑服务的专业性的占比 65.03%，考虑企业信誉的占比 17.78%。可见，在购买财务管理服务时多数企业考虑的是服务的专业性，其次是价格和企业信誉，最后考虑的才是便捷性。

（5）咨询服务。考虑服务的便捷性的企业数占比 7.37%，考虑价格的占比 15.04%，考虑服务的专业性占比 63.45%，考虑企业信誉的占比 14.14%。可见，在采购咨询服务时较多企业考虑的是服务的专业性，其次是价格，最后是企业信誉和便捷性。

（6）金融保险。考虑服务的便捷性的企业数占比 7.15%，考虑价格的占比 17.31%，考虑服务的专业性的占比 53.37%，考虑企业信誉的占比 22.18%。可见，采购金融保险服务时，企业重点考虑服务的专业性，其次是企业信誉，然后是价格和便捷性。

（7）广告策划。考虑服务的便捷性的企业数占比 5.35%，考虑价格的占 19.52%，考虑服务的专业性的占 61.49%，考虑企业信誉的占 13.64%。可见，采购广告策划服务时多数企业考虑服务的专业性，其次是价格，再次是企业信誉和便捷性。

（8）市场销售。考虑服务的便捷性的占 5.88%，考虑价格的占 18.26%，考虑服务的专业性的占 58.45%，考虑企业信誉的占 17.42%。可见，在采购市场销售服务时多数企业考虑的是服务的专业性，其次是价格和企业信誉，最后是便捷性。

（9）人力外包。考虑服务的便捷性的企业数占 10.27%，考虑价格的占 28.98%，考虑服务的专业性的占 44.06%，考虑企业信誉的占 16.68%。可见，在采购人力外包服务时企业依次考虑的因素是服务的专业性、价格、便捷性和信誉。值得注意的是在人力外包服务项中，价格因素的比重接近 30%，说明与其他服务相比，企业在此项更为看重成本。

（10）培训服务。考虑服务的便捷性的企业数占 6.60%，考虑价格的占 16.82%，考虑服务的专业性的占 64.50%，考虑企业信誉的占 16.44%。可见，在采购培训服务时多数企业考虑的是服务的专业性，而在价格和企业信誉上给予的关注基本一致，最后考虑的是服务获取的便捷性。

（11）产品研发。考虑服务的便捷性的企业数占 6.22%，考虑价格的占

11.59%，考虑服务的专业性的占 65.75%，考虑企业信誉的占 16.44%。可见，在采购产品研发服务时多数企业考虑的是服务的专业性，其次是企业信誉、价格和便捷性。

（12）工业设计。考虑服务的便捷性的企业数占 6.62%，考虑价格的占 12.70%，考虑服务的专业性的占 67.77%，考虑企业信誉的占 13.14%。可见，在采购工业设计服务时多数企业考虑的是服务的专业性，其次是企业信誉、价格和便捷性。

（13）工程设计。考虑服务的便捷性的企业数占 7.05%，考虑价格的占 12.07%，考虑服务的专业性的占 67.74%，考虑企业信誉的占 13.14%。可见，在采购检验检测服务时多数企业考虑的是服务的专业性，其次是企业信誉、价格和便捷性。

（14）检验检测。考虑服务的便捷性的企业数占 5.85%，考虑价格的占 14.07%，考虑服务的专业性的占 65.50%，考虑企业信誉的占 14.58%。可见，在采购检验检测服务时多数企业考虑的是服务的专业性，其次是企业信誉、价格和便捷性。

（15）运输仓储。考虑服务的便捷性的企业数占 12.81%，考虑价格的占 25.10%，考虑服务的专业性的占 46.82%，考虑企业信誉的占 15.27%。在采购运输仓储服务时多数企业考虑的因素是服务的专业性和价格，其次是便捷性和企业信誉。

（16）法律服务。考虑服务的便捷性的企业数占 8.29%，考虑价格的占 11.02%，考虑服务的专业性的占 66.94%，考虑企业信誉的占 13.75%。可见，在采购法律服务时多数企业考虑的是服务的专业性，其次是企业信誉、价格和便捷性。

（17）设备租赁。考虑服务的便捷性的企业数占 14.86%，考虑价格的占 32.27%，考虑服务的专业性的占 40.34%，考虑企业信誉的占 12.53%。在采购设备租赁服务时，企业主要考虑服务的专业性和价格，其次才是便捷性和企业信誉，这与采购其他服务时主要考虑的因素有所差异，与运输服务的模式相似，价格因素在选择中的比重明显增加。

（18）设备维修。考虑服务的便捷性的企业数占 11.84%，考虑价格的占 23.37%，考虑服务的专业性的占 53.76%，考虑企业信誉的占 11.03%。可见，在采购设备维修服务时多数企业考虑的是服务的专业性，其次是价格、便捷性和企业信誉。

（19）产品质量控制。考虑服务的便捷性的企业数占 8.52%，考虑价格的占 13.04%，考虑服务的专业性的占 62.78%，考虑企业信誉的占 15.67%。可见，在采购产品质量控制服务时多数企业考虑的是服务的专业性,其次是企业信誉,再者是价格和服务的便捷性。

(20) 保洁保安服务。考虑服务的便捷性的企业数占 14.15%,考虑价格的占 26.29%,考虑服务的专业性的占 41.92%,考虑企业信誉的占 17.63%。在采购保洁保安服务时,考虑的主要因素是服务的专业性和价格,其次才考虑企业信誉和服务的便捷性。

从细分项结果来看,在税务审计、财务管理、金融保险、产品研发、工业设计、检验检测、法律服务、质量控制等知识和技术密集型的生产服务中,受访企业在购买时除了考虑服务的专业化水平,其次重点考虑的往往是企业的信誉而不是价格。因此主要提供此方面服务的生产服务企业要充分意识到企业信誉的重要性,而不是一味地追求低价竞争,应切实建立自己的品牌声誉,从而有效扩大自身的业务量。而在如运输仓储、设备租赁、设备维修和人力外包等相关服务项目,企业较为看重价格因素,此四项服务考虑价格的比例均高于信誉近10个百分点,差额分别为 9.83%、19.74%、12.34% 和 12.3%。因此提供此类服务的企业应重点关注自身成本的降低,从而扩大自己的市场份额。

22. 企业是否认为生产服务在很大程度上决定企业竞争力。

70.63% 的被调查企业认为生产服务在很大程度上决定着企业的竞争力,剩余持否定意见的仅占 25.34%,说明大部分的企业都认可生产服务对提高企业竞争力的重要性较高。

23. 企业是否愿意从企业外部购买服务。

被调查企业愿意从企业外部购买生产服务占 62.67%,说明近 2/3 的企业愿意从企业外部采购生产服务。结合被调查企业从外部购买生产服务的现状可以看到,东莞的生产服务发展仍有较大的发展空间和潜力。

24. 企业不愿意从外部采购而由本企业内部提供服务的原因分布。

如图 23-5 所示,企业不愿意从外部采购生产服务的原因依次是:外购服务未必有明显好处(82.31%)、企业内部提供成本更便宜(81.62%)、涉及核心技术和商业秘密(70.29%)、本市缺少专门服务机构(61.79%)、上游供应商已提供该服务(56.49%)、本市服务专业水平太差(54.01%)、市外有该服务但距离太远(53.68%)、下游供应商已提供该服务(47.75%)和其他(44.44%)。

25. 本市的服务企业能否完全满足本企业的服务需求。

受访企业认为当前本市的服务企业完全能够满足本企业的服务需求的占 34.58%,认为不能完全满足其对生产服务的需求而需要到外地采购的占 55.81%。从此项结果来看,与前面分析结果类似,东莞市有尚未满足的生产服务需求和市场潜力。

外购服务未必有明显好处	82.31%
企业内部提供的成本更便宜	81.62%
涉及核心技术和商业机密	70.29%
本市缺少专门服务机构	61.79%
上游供应商已提供该项服务	56.49%
本市服务专业水平较差	54.01%
市外有该项服务但距离太远	53.68%
下游供应商已经提供该项服务	47.75%
其他	44.44%

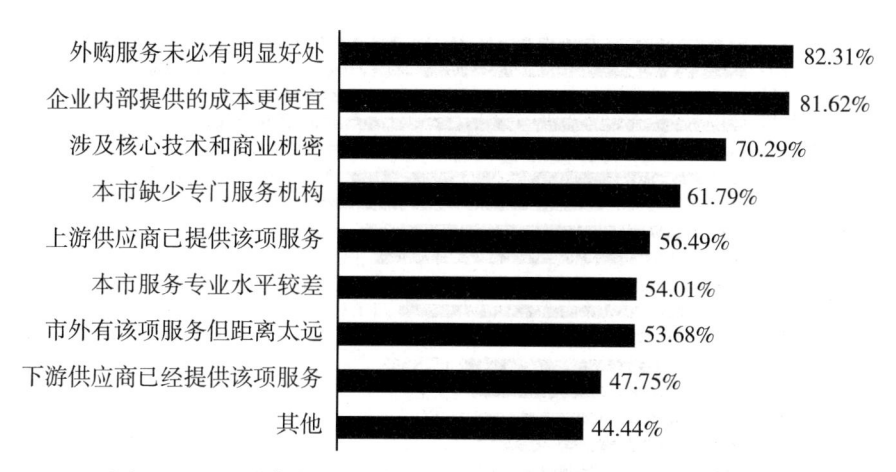

图 23-5 对企业不愿意外购生产服务的各原因的赞成率

26. 企业需要在本市以外的区域采购服务的主要原因。

企业到本市以外的区域采购服务的主要原因依次有：外地服务价格更便宜（68.73%）、外地服务专业化水平和服务质量更高（65.59%）、本市服务专业水平较差（62.75%）、本市没有该项服务（62.10%）、外地服务提供商态度更好（45.52%）。从数值来看，现阶段受访企业外购服务最为看重的是服务的价格和质量。特别值得注意的是，选择本市没有该项服务的占比达到了六成以上，这也说明东莞市生产服务的发展空间较大。

27. 在各类服务中企业选择境外提供商的倾向。

如图 23-6 所示，从境外采购倾向看，百分比在 30 以上的分别是：信息技术服务（42.87%）、产品研发（39.73%）、数据挖掘与处理（37.85%）、工业设计（37.85%）、工程设计（36.00%）、市场销售（35.73%）。可以看到除了市场销售外，外购倾向较高的都是知识和技术密集型的服务，具有高附加值的特点。多数服务的境外采购倾向都低于服务需求的 1/3，向境外流失的倾向不明显。

28. 采购外部服务时选择境外提供商的主要原因。

被调查企业采购选择境外（港澳台地区及国外）服务供应商的主要原因（可多选）依次是：境外尤其是欧美服务提供商的服务方案设计更加合理（19.66%）、境外服务提供商的服务经验更加丰富（18.96%）、境外服务提供商的工作人员的专业素养更高（18.38%）、境外服务提供商的企业品牌美誉度更高（18.56%）、选择境外服务提供商时价格不是主要考虑因素（7.50%）、由于信息技术发展可以很方便地采购境外服务（14.89%）、其他原因（2.04%）。从中可以发现，外部服务提供商的服务方案、服务经验、专业素养、美誉度等因素是决定企业选择向境外购买服务的主要决策变量（见图 23-7）。

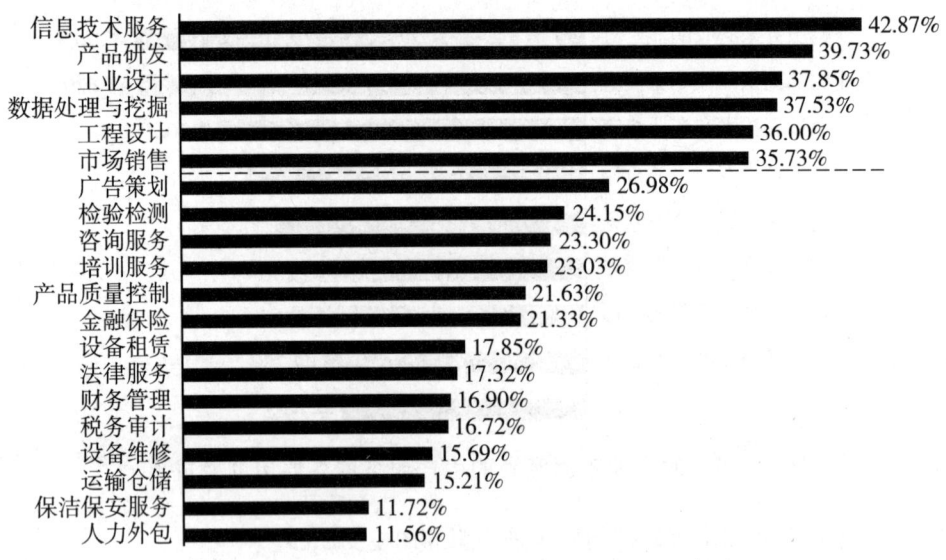

信息技术服务 42.87%
产品研发 39.73%
工业设计 37.85%
数据处理与挖掘 37.53%
工程设计 36.00%
市场销售 35.73%
广告策划 26.98%
检验检测 24.15%
咨询服务 23.30%
培训服务 23.03%
产品质量控制 21.63%
金融保险 21.33%
设备租赁 17.85%
法律服务 17.32%
财务管理 16.90%
税务审计 16.72%
设备维修 15.69%
运输仓储 15.21%
保洁保安服务 11.72%
人力外包 11.56%

图 23-6　企业对各项服务选择境外购买倾向

服务方案设计更合理 19.66%
服务经验更为丰富 18.96%
企业品牌美誉度高 18.56%
服务人员专业素养高 18.38%
信息技术使购买便捷 14.89%
价格不是主要考虑因素 7.50%
其他 2.04%

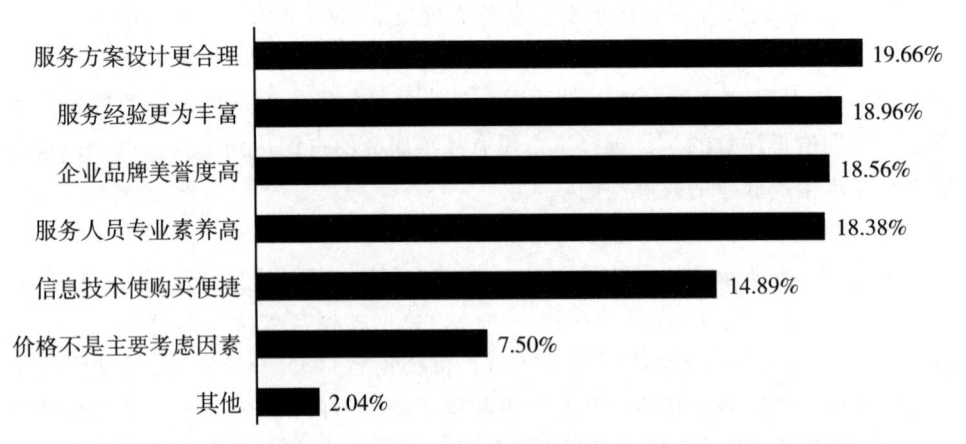

图 23-7　企业采购外部服务选择境外提供商的主要原因分布图

29. 是否认为服务提供商数量太少或专业水平太低影响企业发展。

如图 23-8 所示，除信息技术（51.76%）和数据处理（50.98%）之外，赞成"服务提供商数量太少或者专业化水平太低而影响企业发展"观点的企业占比低于 50。总体而言，赞成者占比为 35.78%，而反对者占比平均为 64.22%，说明多数受访企业不赞成服务提供商数量太少或者专业水平太低而影响企业的发展。

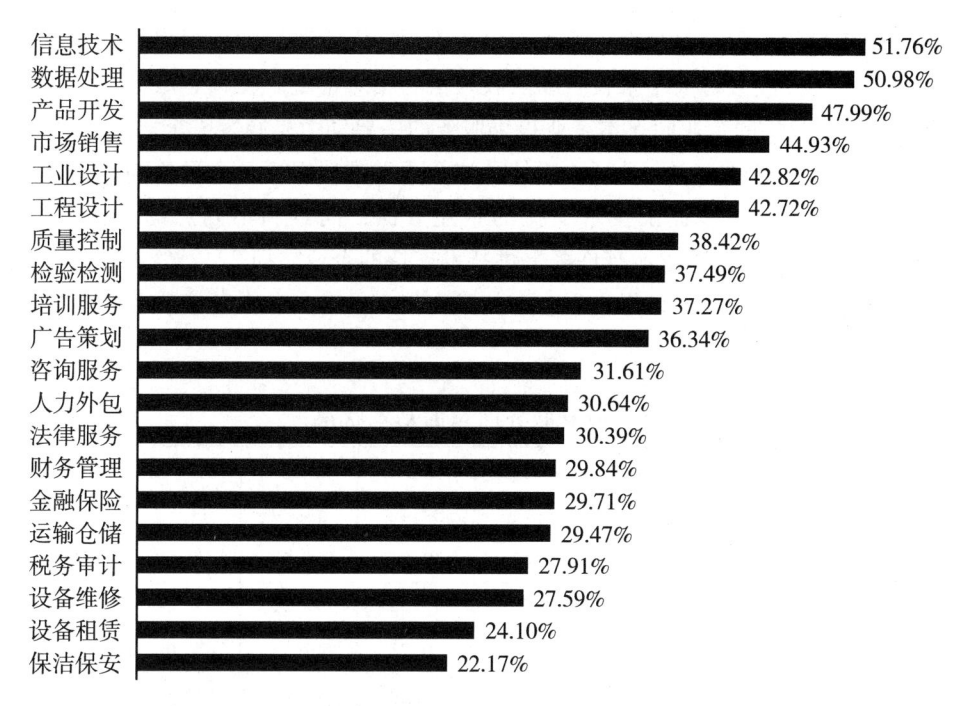

信息技术	51.76%
数据处理	50.98%
产品开发	47.99%
市场销售	44.93%
工业设计	42.82%
工程设计	42.72%
质量控制	38.42%
检验检测	37.49%
培训服务	37.27%
广告策划	36.34%
咨询服务	31.61%
人力外包	30.64%
法律服务	30.39%
财务管理	29.84%
金融保险	29.71%
运输仓储	29.47%
税务审计	27.91%
设备维修	27.59%
设备租赁	24.10%
保洁保安	22.17%

图 23-8　赞成服务提供商数量太少或专业水平太低影响企业发展的比例

30. 国内服务提供商与国外服务提供商相比需要在哪方面提高。

按照受访企业的选择，国内服务提供商需要提高的方面分布依次如下：提高工作人员的专业水平（33.77%）、提高信息技术应用水平（25.57%）、提高企业品牌知名度和美誉度（21.47%）、增加经验积累（18.72%）和其他方面（0.47%）。从结果来看，受访企业认为国内服务提供商在员工专业水平方面与国外差距最大，因此相关服务企业应加大对员工的培训力度，提升员工的专业水平。

31. 企业涉及服务的基本情况。

如表 23-7 所示，尽管 76.74% 的受访企业同意本企业的大部分收入来自销售货物（实物产品），但是 54.1% 的企业同意越来越重视服务服务所带来的收入，而 65.42% 的企业同意生产服务在很大程度上决定着企业竞争力。可以看到虽然受访工业企业主要以销售实物产品为主，但他们已经开始意识到服务特别是生产服务对企业的重要性。43.86% 的受访企业同意中间投入中服务所占比重越来越高，投入软化趋势明显。48.96% 的受访企业同意为顾客提供服务能够增加企业的收入。除在服务收入主导趋势问题上不同意比例（36.33%）高于同意的比例（21.33%）之外，即使扣除"无意见"的中间派，同意的比例均在不同程度上高于不同意的比例，说明目前东莞市工业企业不同程度地经历着投入服务化和产出服务化的过程，只是由于所处的阶段不同和囿于原有的发展模式，企业对以后来自服务的收入将大于来自货物的收入信心相对不足。在顾客服务需求响应方面，有58.82%的企业同意本企业提供服务的主要动力是顾客需求。

而在外部支持环境方面，36.3%的受访企业很难从银行等金融机构获得资金支持。在所在地有很多提供技术支持的企业方面，同意和不同意的比例接近，24.62%的受访企业认同本地有许多提供技术支持的企业，而22.25%的受访企业则持不同意意见。从此项结果来看，在技术支持方面，目前东莞市服务企业尚未发展形成足够的规模。

表23-7　　　　　　　　企业涉及服务问题的基本状况　　　　　　　单位：%

项目	完全不同意	不同意	无意见	同意	完全同意	同意合计
服务竞争力效应	1.42	3.74	29.42	53.89	11.53	65.42
重视服务收入	1.42	5.47	39.01	46.50	7.60	54.1
投入软化趋势	1.86	10.73	43.55	39.22	4.64	43.86
货物收入为主	1.31	1.21	20.75	49.65	27.09	76.74
服务能够增收	1.25	6.16	43.63	41.44	7.52	48.96
服务能够盈利	5.04	19.22	44.85	27.73	3.15	30.88
服务收入主导趋势	8.24	28.09	42.34	18.90	2.43	21.33
顾客服务需求响应	1.68	3.36	36.13	50.42	8.40	58.82
融资难问题	2.97	13.38	47.35	30.36	5.94	36.3
足够技术支持企业	4.47	18.08	52.83	22.33	2.29	24.62

32. 本企业所在行业有无行业协会或类似机构。

受访企业所在行业有行业协会的企业数占47.26%，而无行业协会的占52.73%，从此项来看，行业协会存在的情况基本是一半左右。

33. 行业协会对本企业发展的促进作用程度。

在行业协会（如果有）对受访企业的促进作用发挥的程度上，有9.71%的企业认为很大，29.14%的企业认为较大，两项合计接近40%。但有53.33%的企业认为行业协会的积极作用一般，6.86%的企业认为协会的促进作用较少，可有可无；0.95%的企业认为积极作用很少。因此综合来看，现阶段东莞市行业协会对企业的促进作用仍不足，与国外发达国家相比仍有较大差距，尚未充分发挥行业协会作为中间组织的作用，具有很大的发展空间。因此，可以在现有基础上明确行业协会的地位和职能，进一步发挥行业协会作为企业和政府间沟通的平台和信息对接点的作用，从而有效地促进企业的发展。

三、企业发展现状及展望

34. 企业对所在地发展环境的满意程度。

在被调查企业中，有2.46%对本市发展环境不满意，49.10%感到本市发展环境只是一般，两者合计达51.56%。有46.45%的企业对本市发展环境感到满意，有1.99%的企业感到很满意，两者合计占48.44%。总体而言，企业对本市经济发展环境满意的评价略低于一般及以下的评价（47.7%），说明东莞市经济发展环境对企业的吸引力仍有待提高，现有的发展环境仍不能满足企业的需求。政府要进一步完善本地的经济发展环境，提高对企业的吸引力和区域竞争力。

35. 企业对自身发展状况的满意程度。

对自身发展现状感到不满意的占5.68%，感到一般的占48.72%，两者合计达54.40%；同时，有43.24%的企业对自身发展现状感到满意，有2.37%的企业感到很满意，合计占45.60%。总体来看，近一半的受访企业对自身的经营状况表示满意，说明现阶段东莞市工业企业发展基本处于稳定的状态。同时，结合上一题的研究结果来看，企业对本市发展环境的满意程度与对自身发展现状的满意程度之间是密切关联的。企业经营状况好坏直接关系到企业对所在地发展环境的认知和评价，因此应针对企业实际面临问题来改善本地的营商环境。

36. 企业对所处行业发展前景信心。

在被调查企业对所处行业发展前景的信心方面，没有信心的占4.17%，认为一般的占36.62%，合计占40.80%。比较有信心的占45.35%，很有信心的企业数占13.85%，合计占59.20%。从比例上看，企业对行业前景的信心程度（59.20%）明显超过对当前发展状况的满意程度（45.35%）和对所在地发展环境的满意程度（46.45%）。从此项可以看到企业对未来的乐观预期。

37. 企业所处行业的竞争程度。

如表23-8所示，在被调查企业中，有78.29%同意或完全同意所处行业的市场竞争非常激烈，有68.45%的受访企业同意或完全同意行业的同业者非常多。因此可以看到东莞市工业企业现阶段面临较大的发展压力和激烈的同业竞争局面，企业必须通过积极向价值链的两端攀升提升自身的核心竞争力，从而在竞争中求生存和谋发展。在行业进入管制方面，选择"无意见"的比例达到了49.41%，而有32.33%的受访企业同意或完全同意行业进入管制非常严格。因此可以看到行业的进入管制仍相对较强。而在行业平均利润方面，有59.73%的受访企业不同意或完全不同意行业平均利润非常高，这在一定程度上也反映了东莞工业企业仍处于低端制造加工的环节。

表 23-8　　　　　　　企业所处行业的竞争程度　　　　　　单位：%

项目	完全不同意	不同意	无意见	同意	完全同意	同意合计
市场竞争非常激烈	0.97	1.26	19.48	65.21	13.08	78.29
行业同业者非常多	0.88	4.09	26.58	56.38	12.07	68.45
行业进入管制非常严	2.28	15.94	49.41	27.43	4.95	32.38
行业平均利润非常高	13.43	46.30	30.50	9.08	0.69	9.77

38. 所在地的产业政策环境。

如表 23-9 所示，对东莞市的产业政策环境，有 50.45%~58.94% 的受访企业持无意见态度，这意味着相当多的企业对此不知情或者不愿意作答。对问项持完全同意或完全不同意的比率都在 5% 以下，基本上不具有显著性，进一步说明受访企业对东莞市的产业政策导向、中长期产业发展规划、政府在产业政策环境方面的努力认识比较模糊。

表 23-9　　　　　　　东莞市产业政策环境　　　　　　　单位：%

项目	完全不同意	不同意	无意见	同意	完全同意	同意合计
有明确的产业政策导向	1.99	9.27	54.14	32.40	2.19	34.60
有明确的中长期产业发展规划	1.61	8.84	58.94	28.41	2.21	30.62
努力提供稳定的产业政策环境	1.82	6.26	50.45	38.65	2.83	41.47

在此情况下，对问项持同意观点的比率在 34.60%~41.47%，高于持不同意观点的比率（8.07%~11.27%），说明东莞市在产业政策、产业发展规划、产业政策环境方面所做的工作，发挥了一定的作用，得到了企业界的认可。但是结合持无意见的选项结果来看，东莞市产业政策方面的工作力度仍显不足，无论是在政策的确定还是宣传推广方面都有待提高。

39. 企业对东莞市政府支持满意程度。

如表 23-10 所示，在对政府对企业支持的满意程度方面，受访企业持无意见的比率在 49.2%~61.61%，持完全同意或完全不同意的比率均在 5% 以下，不具备"显著性"，在一定程度上这说明受访企业对东莞市政府的优惠帮扶支持政策满意程度不明晰。

表 23-10　　　　　　　企业对政府支持满意程度　　　　　　　　单位：%

项目	完全不同意	不同意	无意见	同意	完全同意	同意合计
很满意税收优惠	2.06	9.70	52.99	32.13	3.13	35.26
很满意财政补贴	1.78	10.26	50.79	33.53	3.65	37.18
很满意人才政策	2.40	9.01	58.76	26.93	2.90	29.83
很满意订单支持	3.22	14.87	61.61	17.79	2.51	20.30
很满意政策扶持	2.11	8.53	49.20	36.65	3.51	40.16
很满意投资待遇支持	1.61	8.34	55.78	30.95	3.32	34.27
很满意知识产权支持	1.31	7.45	53.68	33.43	4.13	37.56

在此情况下，持同意态度的比率除第四项订单支持的比率（20.30%）与持不同意态度的比率（18.09%）相近外，其余的税收、财政、人才等持同意态度的比率远高于持不同意态度的比率。在这六项中，人才政策方面同意和不同意的比率相差 18.42 个百分点（同意比率 29.83% – 不同意比率 11.41%），是差额最小的。其余五项同意的比率均高于不同意比率 20 个百分点以上，差距最大的出现在政策扶持方面，达到了 29.52 个百分点，说明受访企业对政府在企业的优惠帮扶支持方面的做法有一定程度的认同和满意，前期东莞市政府的各项扶持政策还是取得了较好的效果。

40. 企业发展面临的障碍。

如图 23-9 所示，东莞市工业企业发展面临的障碍依次有：人工成本高（72.25%）、原材料成本高（56.59%）、税费较高（37.27%）、缺乏多层次人才市场培训能力弱（34.89%）、人才引进激励不足（33.97%）、运输成本高（22.44%）、融资困难（20.42%）、创新能力弱（17.77%）、土地成本高（17.40%）、政策支持不够（16.85%）、电水价格高（13.55%）、各类服务平台支持不足（10.99%）、城市基础设施建设不足（8.61%）、法制环境待完善（5.77%）、其他（1.19%）。将 15 项的比率相加，得到受访工业企业累计压力为 369.96 分。综合来看，对受访工业企业而言，制约其发展的重要因素在于生产成本，前五名的发展障碍里面包括了人工成本、原材料成本和税费三个成本因素。另外两个占比在 30% 以上的因素是人才培训和引进方面。而城市基础设施建设、法制环境待完善等的占比在 10% 以下，说明东莞市政府在这些方面的政策和措施取得了一定成效，其对企业发展的制约较小。

项目	比率
人工成本高	72.25%
原材料成本高	56.59%
税费较高	37.27%
缺乏多层次人才市场	34.89%
人才引进激励不足	33.97%
运输成本高	22.44%
融资困难	20.42%
创新能力弱	17.77%
土地成本高	17.40%
政策支持不够	16.85%
电、水价格高	13.55%
各类服务平台支持不足	10.99%
城市基础设施建设不足	8.61%
法制环境待完善	5.77%
其他	1.19%

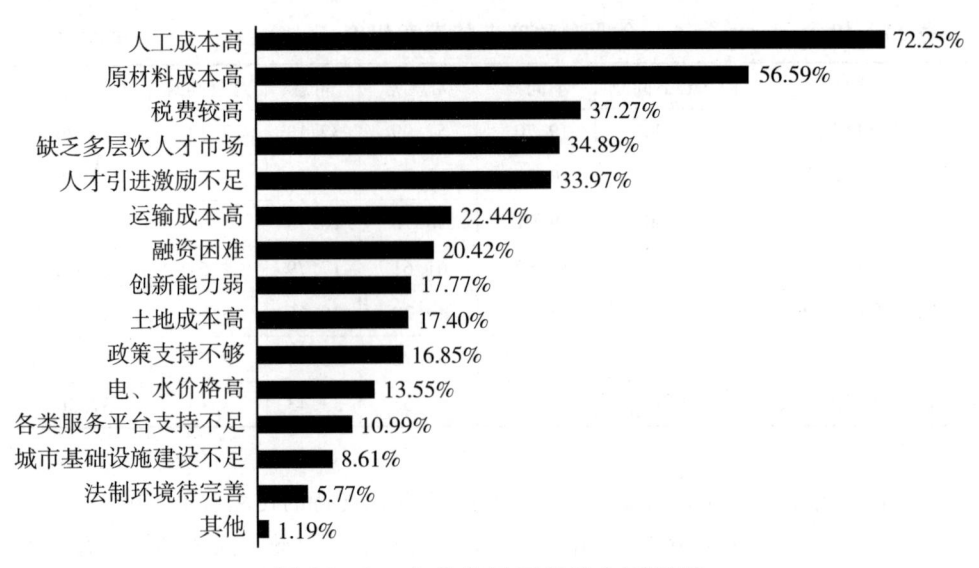

图23-9 企业发展面临的主要障碍

41. 导致企业吸引人才困难的原因。

如图23-10所示，导致企业吸引人才困难的原因依次有：薪酬水平缺乏竞争力（52.93%）、满足企业需求的中高端人才缺乏（44.14%）、中高端人才子女入学支持不足（28.30%）、生活服务配套等仍然不足（25.64%）、中高端人才的家属就业缺少支持政策（21.79%）、缺乏高级人才相互交流的专业氛围（21.15%）、无法满足中高端人才的子女教育需求（19.23%）、城市环境问题（18.86%）、其他（2.93%）。综合来看，受访工业企业认为吸引人才困难前两名的因素是薪酬和中高端人才缺乏。这就提示企业一方面应构建合理的薪酬架构体系，改善现有的薪酬结构，加大人才引进的力度。另一方面由于中高端人才缺乏，因此企业要积极开展员工技能培训工作，为员工提供良好的发展空间，从过度依赖外部人才向内部挖潜。同时可以看到，生活配套、家属就业、子女入学等与人才引进相关的服务的比率也在20%以上，而这些问题有赖于政府和企业共同去解决。综合来看，将9项的比率相加，得到受访企业吸引人才的压力为234.98分。

42. 企业期望政府促进发展的政策措施。

从图23-11来看，受访工业企业期望政府主要促进行业发展的主要措施依次为：强化税费支持（47.80%）、完善人才引进政策（44.32%）、加大资金支持力度（40.84%）、人才政策支持（34.25%）、保障市场公平（33.42%）、出台产业扶持政策（30.68%）、优化审批程序（28.39%）、加强宣传（25.82%）、给予技术支持（22.80%）、提供法律支持（13.28%）、其他（1.65%）。综合来看，将11项的比率相加，得到受访工业企业累计政策渴求程度为323.26分。

薪酬水平缺乏竞争力 52.93%
满足企业需求的中高端人才缺乏 44.14%
中高端人才子女入学支持不足 28.30%
生活配套等仍不足 25.64%
中高端人才家属就业缺少支持政策 21.79%
缺乏高级人才交流的专业氛围 21.15%
无法满足中高端人才的子女教育需求 19.23%
城市环境问题 18.86%
其他 2.93%

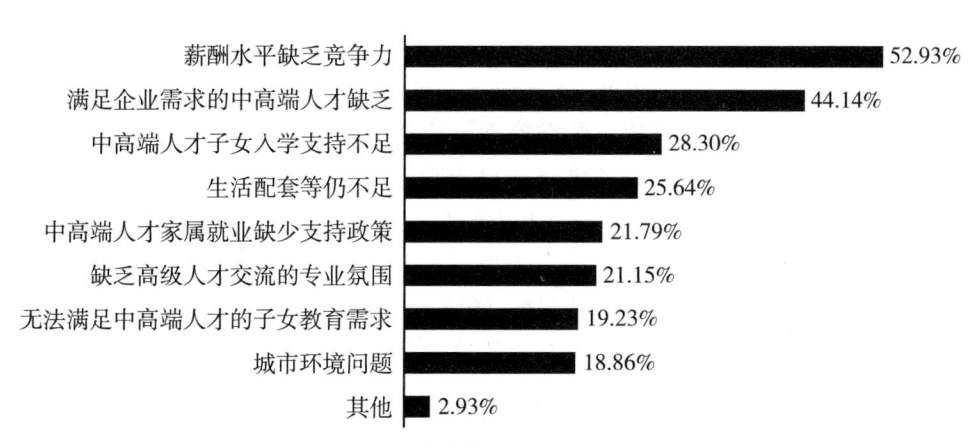

图 23-10　导致企业吸引人才困难的原因

强化税费支持 47.80%
完善人才引进政策 44.32%
加大资金支持力度 40.84%
人才政策支持 34.25%
保障市场公平 33.42%
出台产业扶持政策 30.68%
优化审批程序 28.39%
加强宣传 25.82%
给予技术支持 22.80%
提供法律支持 13.28%
其他 1.65%

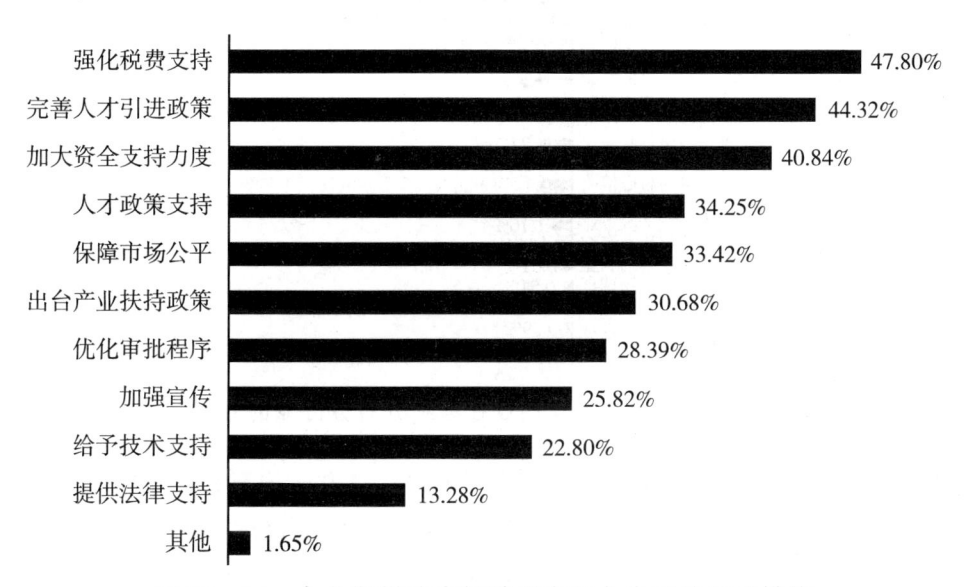

图 23-11　企业期望政府促进所在行业发展的政策措施

第三节　服务业企业调查结果分析

一、基本情况

1. 企业的细分服务行业类型分布。

从被调查服务业企业的行业性质看（见图 23-12），分布情况依次是：批发零售贸易业（29.95%）、住宿餐饮业（18.51%）、居民服务和其他行业（16.32%）、交通运输与仓储业（8.35%）、文化、体育和娱乐业（5.27%）、房地产业（4.76%）、信息传输、数据处理、计算机服务和软件业（4.76%）、商业与管理咨询（2.19%）、设备维修与租赁服务业（2.06%）、财务与税务咨询（1.93%）、邮政、电信与通信业（1.93%）、公共管理和社会组织（1.16%）、科学研究与技术服务业（1.16%）、工程与技术咨询（1.03%）、卫生、社会保障和社会福利业（0.51%）、市场调查（0.51%）、金融保险业（0.51%）、法律咨询（0.39%）、水利、环境和公共设施管理业（0.26%）。注意，极个别被调查企业有兼业经营情况，故比率总计为101.54%，略大于100%。

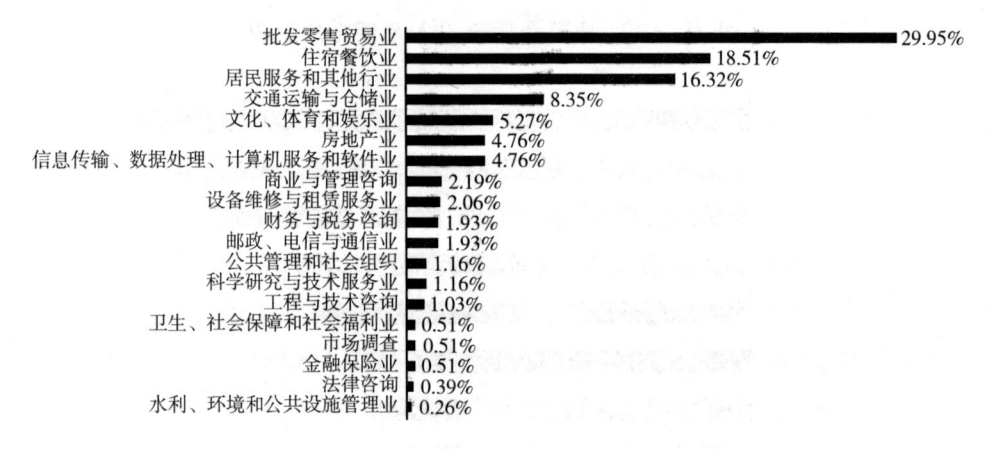

图 23-12　被调查企业在各细分服务行业的分布

其中住宿和餐饮业、居民服务和其他行业、文化、体育和娱乐业、房地产业、公共管理和社会组织、卫生、保障和社会福利业、水利、环境和公共设施管理业等属于以提供消费服务（consumer services）为主的服务业，占比为46.79%。而其他8类合计占54.76%，属于以提供生产服务（producer services）为主的服务业，但要注意的是其中批发零售贸易业占比高达29.95%。以2007年中国投入产出表来计算，批发零售业的中间需求率仅为51.71%，略高于50%，说明其为生产和生活提供的服务基本是对半开，若将其从严格意义生产服务业剔除，则受访企业中仅有24.81%属于生产服务业。

2. 企业的所有制性质分布。

从企业所有制性质看，占比依次为：个体私营（62.72%）、股份制（19.79%）、国有企业（3.98%）、集体企业（9.00%）、港澳台资（2.31%）、外商投资（1.41%）。可以看到，非公有制经济成分占比为87.02%，因此要推动东莞服务业的发展，就要充分激发非公有制经济的活力，发挥其主观能动性

（见图23-13）。

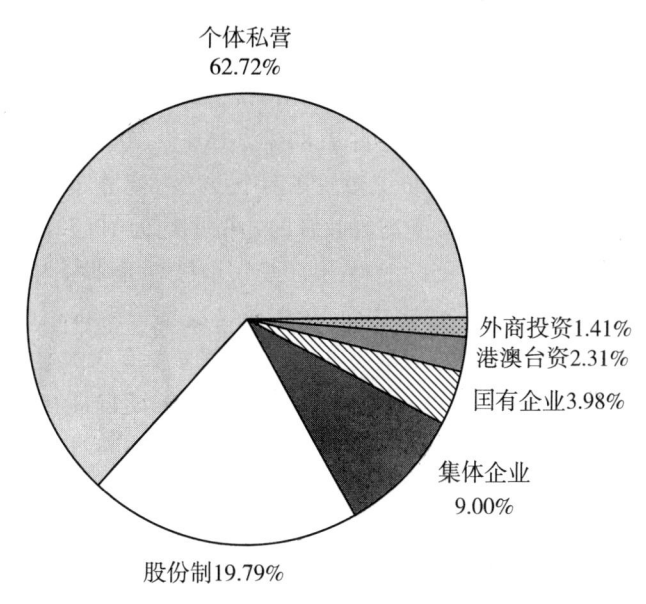

图 23-13　受访企业的所有制分布

3. 2013年的营业额分布。

从营业收入看，2013年营业额在200万元以下的企业数占33.55%，200万~500万元的占13.26%，500万~1千万元的占11.71%，1千万~2千万元的占12.23%，2~3千万元的占5.53%，3千万~5千万元的占6.82%，5千万~1亿元的占6.95%，1亿元以上的占8.11%。[①] 可以看到，与工业企业相比，服务业企业经营规模相对较小，营业额500万元以下的企业占比达到了46.84%。除营业额超亿元的之外，被调查企业的年平均营业额为1 284万元[②]。从营业额来看，工业和服务业企业的差别较为明显，受访工业企业亿元以下的营业额平均为3 344.97万元，远高于服务业企业。

4. 企业的员工人数分布。

从员工人数看，目前被调查服务企业员工在50人以下的企业数占55.78%，50~200人的占33.42%，201~500人的占6.81%，501~1 000人的占2.83%，1 000人以上的占0.90%。可以看到200人以下规模的企业占到了样本的89.20%。除员工人数在1 000以上的之外，被调查企业的平均员工数量为102人，规模明显小于被调查工业企业的平均员工数245。同时，结合第（三）部分

[①] 合计总数不为100%是因为回收问卷中此项有空白值，占比为1.93%。
[②] 此值为通过中值乘以比例估计所得，仅供参考，与真实值存在一定的差异。

营业额的结果来看，服务企业无论是人数还是营业额，其规模都相对较小。

5. 企业职工文化素质状况。

从大专及本科以上人数占职工总数比例看，10%以下水平的企业数占33.46%，11%~25%水平的企业数占28.19%，26%~50%水平的企业数占17.99%，51%~75%水平的企业数占7.84%，76%~100%水平的占12.08%。可以看出，被调研服务业企业的员工素质在两个极端之间分布，25%水平以下的占61.65%，这部分企业员工接受高等教育的比例平均为10.72%，即平均10个员工中只有一个接受过大专及以上教育。另一个极端是职工中大专及本科占50%水平以上的被调研企业，占比达到19.92%。这部分受访企业，接受高等教育的员工占比超过77.66%，即平均每4个员工中至少有3人是大专以上水平。这种人力资本两极分布的状况与工业企业有所不同，东莞市具有传统劳动力密集型服务业与现代知识技能密集型服务业并立的特征。总体来看，东莞市服务业企业大专及本科以上人数占职工总数的比例为28.97%，与被调查工业企业的平均17.33%水平相比，前者高出后者近一倍。可见加快现代服务业发展是吸引高知识人才的重要途径。

6. 企业的主要客户对象分布。

如图23-14所示，从企业服务的客户对象看，有55.14%的受访企业为个人消费者提供服务；理论上，其余44.86%不以个人消费者为服务对象的服务企业可以被看作是纯粹生产服务企业。但实际上即使为个人消费者服务的企业，也可能同时为生产者提供生产服务，因此具有生产服务性质的服务企业高于理论推导的纯粹生产服务企业的比例。

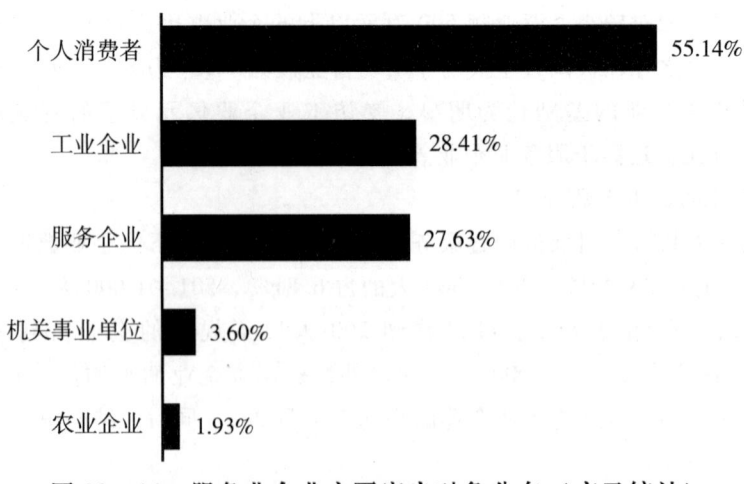

客户对象	比例
个人消费者	55.14%
工业企业	28.41%
服务企业	27.63%
机关事业单位	3.60%
农业企业	1.93%

图23-14 服务业企业主要客户对象分布（交叉统计）

将以服务企业为服务对象的比例 27.63%、以工业企业为服务对象的比例 28.41%、以机关事业单位为服务对象的比例 3.60%、以农业企业为服务对象的比例 1.93% 累计起来得到 61.57%,可以视为生产服务企业数量比例的上限,因为不排除现实中有一些企业同时为一种以上的企业提供生产服务,62.85% 就必然存在重复计算问题。因此,东莞市生产服务企业比例应在 44.86% 和 61.57% 之间,两者的中间值 53.22% 最有可能是接近生产服务企业数量的比例。

另一种处理方法是将服务两种类型的顾客视为两个企业,计算不同类型的顾客分布比例。这样折算后,服务于个人消费者的服务企业数占比为 47.25%,剩余的比例 52.75% 可以被视为生产服务企业数所占的比例,这与上述区间逼近法估算的结果 53.22% 比较接近。其中,农业生产服务企业占比为 1.65%,工业生产服务企业占比为 24.34%,服务业(包括服务企业和机关事业单位)生产服务企业占比为 27.42%。

如果服务企业规模不受服务客户对象的干扰,那么东莞市服务产出在生产服务与消费服务之间的分布比例与其服务企业数量在消费者顾客与生产者顾客之间的分布比例趋于一致,即目前东莞市生产服务比率也在 52.75%~53.22%,该估计值落于中国生产服务比率估计区间内(48.9%~55.2%),但下限较之要高,且波动范围较小。

7. 本地客户占比在受访企业中的分布。

根据本地顾客所占比的不同,分别有 17.22% 受访企业的比例在 10% 以下,18.64% 受访企业的比例在 10%~30% 之间,15.55% 的受访企业的比例在 30%~50% 之间,三者合计份额为 51.41%。对本地客户占总客户的比例低于 50% 的受访企业而言,外地客户才是他们服务的主要对象。此类企业以服务输出为主,外地客户平均占比为 78.97%。而本地顾客占比在 50% 以上的受访企业数占比为 48.59%。从总体看,现阶段为本地顾客服务的东莞服务业企业数占 46.89%,接近一半。

8. 企业所提供的服务类型。

如图 23-15 所示,依次为:市场销售(24.42%)、运输服务(8.10%)、产品研发(7.71%)、咨询服务(7.33%)、设备维修(5.27%)、保洁保安服务(4.50%)、信息技术服务(3.98%)、广告策划(3.86%)、培训服务(3.21%)、工程设计(2.44%)、检验检测(2.06%)、工业设计(2.06%)、规划管理(1.93%)、创意和动漫设计(1.93%)、财务管理(1.93%)、数据处理与挖掘(1.80%)、金融保险(1.80%)、分析和数据挖掘(1.67%)、设备租赁(1.41%)、税务审计(1.29%)、法律服务(1.03%)、知识产权研究(0.51%)等。[①]

---

① 由于许多企业提供一种以上的服务,因此单项加总比例大于 100%。

服务类型	百分比
市场销售	24.42%
运输服务	8.10%
产品研发	7.71%
咨询服务	7.33%
设备维修	5.27%
保洁保安服务	4.50%
信息技术服务	3.98%
广告策划	3.86%
培训服务	3.21%
工程设计	2.44%
检验检测	2.06%
工业设计	2.06%
规划管理	1.93%
创意和动漫设计	1.93%
财务管理	1.93%
数据处理与挖掘	1.80%
金融保险	1.80%
分析和数据挖掘	1.67%
设备租赁	1.41%
税务审计	1.29%
法律服务	1.03%
知识产权研究	0.51%

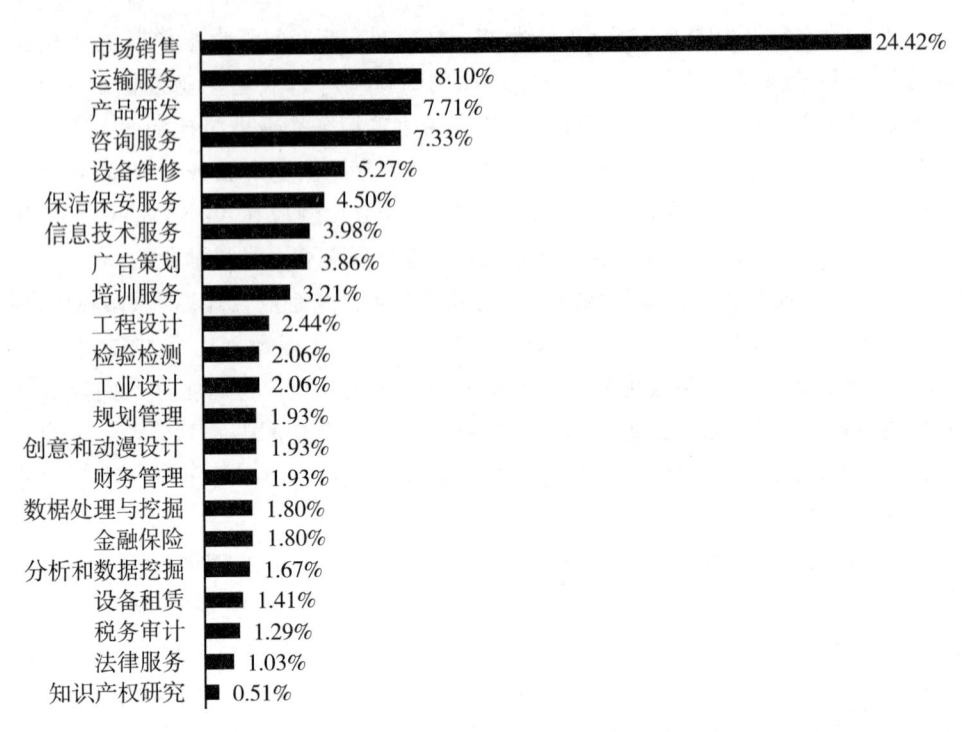

图 23-15　受访企业所提供的服务类型

9. 本企业将来是否愿意接受国内外企业的产前、产中或产后服务。

从受访企业数据来看，有 37.86% 的服务企业愿意承接国内外其他企业的产前产中产后服务（生产服务），这一比例尚未过半，与宏观上的生产服务比率仍有一定距离；同时受访企业中有 62.14% 的服务企业不愿意承接生产服务，从服务业发展特别是生产服务的供给看，这是制约甚至阻碍生产服务发展的一个重要因素。

二、服务供给情况

10. 企业最主要向哪个地区提供服务。

从企业主要提供服务的区域看，82.65% 的企业主要为本地的顾客提供服务，这与第（七）问项中本地顾客占比在 50% 以上的企业数占比为 48.59% 结论存在一定差异。在输出到东莞市以外的区域的份额中，按份额来看，本省其他市占 7.46%，外省占 3.47%，广州占 2.9%，深圳占 2.19%，国外占 1.16%，港澳台占 0.9%。

从本市服务输出的地域分布可以看出距离和服务竞争力是影响服务输出的两

个主要因素。输出到本省其他市（除穗深外）的比重最大是因为距离最近，同时服务竞争力相对周边地区较高。外省所占比重仅为 3.47%，排名第二，一方面说明东莞服务业相对外省具有一定的竞争力；另一方面说明随着距离的增加，服务辐射影响衰减。而输出到广州、深圳的比重均在 2% 左右，说明除了距离外，城市服务功能对服务输出的影响力较大。作为区域中心城市，穗深服务功能远高于省内其他城市，因此虽然东莞距广州、深圳距离最短，但服务输出份额较少。

11. 企业还向哪些地区的机构提供服务。

服务企业在主要服务地区之外所拓展的地区分布排名依次为：东莞市（53.47%）、本省其他市（32.26%）、深圳（22.88%）、广州（19.28%）、外省（14.91%）、港澳台（6.56%）、国外（3.08%）。从数据来看，距离因素对服务业的影响较大，输出百分比沿距离呈递减趋势（见图 23-16）。

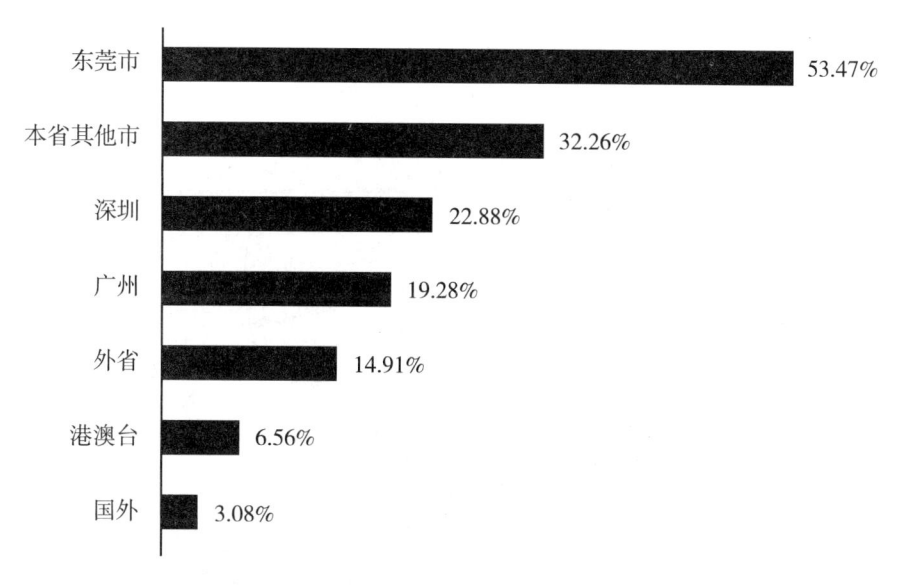

图 23-16　受访企业在主要地区外服务输出排名

12. 企业的主要客户类型分布。

从主要客户类型看，受访企业客户类型的分布依次是：民营、私营企业（50.64%）、中小型企业（37.53%）、其他（34.83%）、机关事业单位（6.68%）、大型国有企业（4.88%）。客户类型中的其他（34.83%）主要是个人消费者顾客，据此可以倒推剩余的（65.17%）是生产者顾客；由于有重叠，所以余数 65.17% 为生产者顾客占比的上限；它高于第 6 项所推测的生产服务比率 52.75%~53.22%。

而在生产者服务部分中，民营、私营企业占比最高，达到了 50.64%，因此要提升东莞生产服务业的水平，推动生产服务业集聚发展，需要充分结合民营经济的需求特点。服务中小型企业的占比也达到了 37.53%，说明生产服务企业的主要对象是民营私营企业、中小型企业，大型国有企业不是服务的主要对象。大型国企之所以不是东莞市生产服务企业服务的主要对象，可能的原因主要有以下两点：（1）大型国有企业一般保持着大而全的内部服务部门，生产服务外包的可能性远远低于其他类型的企业或单位；（2）珠三角民营经济发达，市内大型国有企业在数量上不占优势，所以选择这类大型国企作为服务对象的机会远远低于选择其他服务对象的机会。上述生产服务企业在各类组织中的分布存在交叉重复统计，调整后的统计结果为：机关事业单位（4.97%）、大型国有企业（3.63%）、中小型企业（27.89%）、民营、私营企业（37.63%）（见图 23-17）。

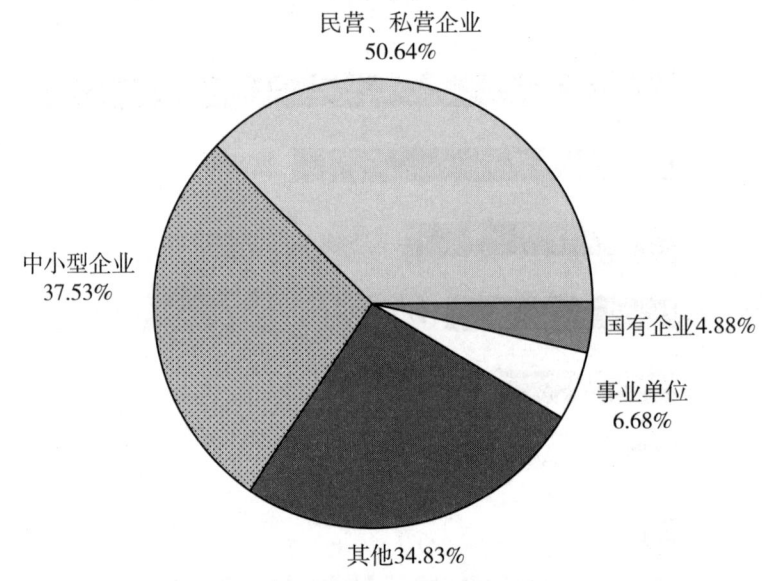

图 23-17 受访企业的主要客户类型分布（交叉统计）

13. 企业提供的服务对客户企业的重要程度分布。

从服务对顾客企业产品和竞争力的重要程度看，处于两个极端认为非常重要或者不重要的受访企业数分别占 14.27% 和 15.94%，而处于中间区域认为很重要或较重要的分别占 28.41% 和 38.43%。可见，企业所提供的生产服务对顾客企业的重要程度多分布于中间区域（合计占 66.84%）。这一结论与对工业企业的调查结果是一致的（参考工业企业第 20 问及表 23-5 的分析结论）。

14. 客户企业采购生产服务时主要考虑的因素分布。

如图所示，客户企业在采购生产服务时，主要考虑的因素依次是：服务专业化水平高（48.46%）、企业信誉好（40.62%）、价格较低（29.69%）、获取的便捷程度高（18.25%）。相对而言，客户企业更多考虑的是所提供的服务的专业化水平和企业信誉，而不是首先考虑价格因素。因此服务企业要扩大自身的服务覆盖面，提升市场占有量，应首先考虑提升服务质量。

此排序与工业企业调查的第 21 问项和表 23 - 6 的结论相比，结果是：相同点是，有 58.71% 的工业企业认为在采购服务时应将专业化水平作为首先要考虑的因素，多数（53.3%）服务业企业也持此观点，说明供求双方都普遍认为专业化水平高是发展生产服务首先要考虑的因素。不同的是，生产服务提供方将企业信誉作为第二位因素考虑（47.6%），而生产服务业需求方（工业企业）则将价格视为第二位考虑的因素（17.55%），接下来分别是企业信誉（14.84%）和服务获取的便捷性（8.9%）。但要注意的是针对细分的服务项目，工业企业考虑的因素顺序存在差异。

15. 企业员工的平均月工资水平分布。

从企业员工月平均工资水平看，3 000 元以下的受访企业数占 40.49%，3 000 ~ 5 000 元的占 53.60%，合计占 94.09%，说明多数服务企业的员工月平均工资在 5 000 元以下。平均而言，这部分企业员工月平均工资的估计值约为 2 751 元，低工资是阻碍人才进入本地企业以及提高服务业水平的重要现实因素。而月平均工资 5 000 ~ 7 000 元的占 4.11%，7 000 元以上的占 0.64%，两者合计占 4.75%。

16. 用于员工培训的费用占营业收入的比例分布。

从 2010 ~ 2013 年企业每年用于员工培训的费用占营业收入的比例看：2% ~ 5% 水平的占 38.69%，排名第一，1% 以下水平的企业数占 38.30%，排名第二，两者合计占 76.99%，这部分企业的培训费支出占营业收入的比例平均为 1.16%。而培训费用占营业收入 6% ~ 10% 水平的受访企业数量为 12.08%，11% ~ 15% 水平的占 6.17%，16% 以上水平的占 2.31%，三者合计占比为 20.57%（见图 23 - 18）。

17. 企业用于信息化建设的费用占营业收入的比例分布。

从 2010 ~ 2013 年企业每年用于信息化建设（含硬件系统、软件系统等）的费用占营业收入的年均比例看，1% 以下水平的企业数占比为 35.73%，2% ~ 5% 水平的占 35.48%，合计占 71.21%，居于企业数的主导地位。而信息化建设投入在 6% ~ 10% 水平的占 14.52%，在 11% ~ 15% 水平的占 6.43%，在 16% ~ 20% 水平的占 3.73%，在 21% 以上水平的占 2.06%，累计占 26.74%。对比员工培训费用占比和信息化建设费用占比，可以看到企业在信息化建设方面的投入要高于员工培训投入。具体来看，信息化建设投入占营业收入 5% 以上的比例（26.74%）要高于员工培训的比例（20.57%）。

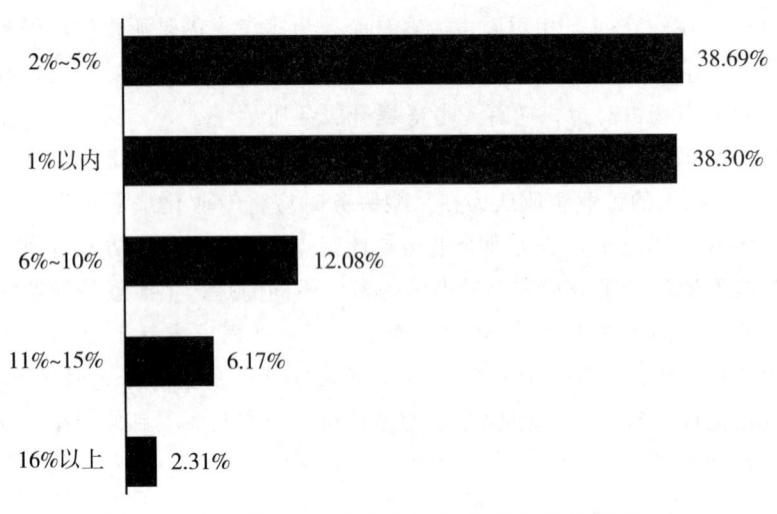

```
2%~5%     38.69%
1%以内     38.30%
6%~10%    12.08%
11%~15%    6.17%
16%以上     2.31%
```

图 23 - 18　员工培训费用占营业收入的比例分布

18. 企业提供服务的基本情况统计分布。

如表 23 - 11 所示，在受访的服务业企业中，认同（同意或完全同意）本企业的中间投入中服务所占比重越来越高（投入软化趋势）的占 55.66%，认同客户对创新性服务的消费需求强烈的占 61.83%，认同服务创新对未来本行业发展十分重要的占 71.21%，认同本企业对服务创新意愿强烈的占 66.07%。综合来看，企业已经认识到了服务投入软化的趋势和创新的重要性。

表 23 - 11　企业提供服务的基本状况统计分布　　　　　　单位：%

项目	完全不同意	不同意	无意见	同意	完全同意
本企业中间投入在不断软化	1.41	6.30	34.70	44.86	10.80
客户对创新性服务需求强烈	1.41	4.37	30.21	46.79	15.04
服务创新对行业发展很重要	1.41	0.64	24.81	50.13	21.08
本企业对服务创新意愿强烈	1.29	3.60	26.61	49.36	16.71
本企业服务创新中困难很多	0.77	3.60	32.90	49.23	11.44
服务业吸引人才的环境已具	1.29	10.03	39.20	39.33	7.97
本企业从金融机构贷款容易	6.43	20.69	44.34	22.11	3.86

但与此同时，受访企业中认同本企业服务创新过程中遇到的困难很多的占 60.67%，说明企业虽然意识到创新的重要性，但对如何有效创新，提升企业的服务竞争力仍不明确。而认同服务业吸引人才的环境已经形成的占 47.30%，比例偏弱，尚未达到一半，这也在一定程度也是导致近年来企业招工难的重要原因。

而在贷款融资方面，认同本企业（除金融机构外）容易从金融机构取得贷款的仅占 25.96%，而不认同（完全不同意或不同意）的占 27.12%，另外有 44.34% 的被调查企业选择"无意见"。因此可以看到融资贷款是服务企业目前面临最为突出的问题。2014 年以来政府先后出台多项政策和措施力图缓解中小企业融资难的问题，国务院办公厅、人行等机构召开多次会议就企业融资和利用民间资本方面进行了深入讨论，如 2014 年 8 月 5 日，国务院办公厅以国办发〔2014〕39 号印发了《关于多措并举着力缓解企业融资成本高问题的指导意见》，确保贷款资金直接流向实体经济，从而有效推动经济复苏。

三、竞争与发展环境

19. 企业的主要竞争对手来自本市或者外地。

从主要竞争对手区域来源看，有 82.65% 的受访企业认为竞争对手来自本地，16.71% 的企业认为来自外地。这与本节第 10 问项的结论（有 82.65% 的受访企业主要在本地提供服务）有一定的联系。从逻辑上说，主要在本地经营的服务企业所面临的主要竞争对手很可能就来自本市。因此，不论从提供服务的主要区域或从主要竞争对手的来源区域看，多数服务企业主要客户和竞争对手来自本市，这与服务运营的特征有直接关系。

20. 企业的国内主要竞争对手主要来自穗深还是国内其他地区。

除本市本地之外，认为主要的竞争对手来自广州的受访企业占 25.45%，认为主要竞争对手来自深圳占 26.35%，认为主要竞争对手来自国内其他地区的受访企业占 45.50%。从数据来看，东莞服务业的发展面临来自广州和深圳的激烈竞争，认为主要竞争对手来自穗深的合计占 51.80%。广州和深圳服务业发达，人均服务产品占有量高，与周边地区间形成了位差，和瀑布一样，有位差就有流动，从而体现为对周边城市不同程度的服务产品输出。而东莞在地理位置上处于广州和深圳之间，因此受到两者的辐射较强。

另外，这也与受访企业在本市本地之外的业务布局有关。从第 10 问项结果来看，有 5.09% 的受访企业将业务布局在广州和深圳；而在业务第二区域布局上，结合第 11 问项来看，服务企业广州和深圳的布局占比达到（42.16%），这意味着除本市本地之外，受访企业的业务主要分布在广州和深圳，竞争对手也来自广州和深圳。

21. 企业境外主要竞争对手来源区域分布。

境外的主要竞争对手可进一步划分为来自中国港澳台地区还是欧美等其他国家和地区，其中认为主要来自中国港澳台地区的受访企业数占 57.71%，认为来自欧美等其他国家和地区 17.35%，另外有 24.94% 的企业未填写此项。可以看到，港澳台由于地理邻近性，对东莞服务业的发展具有较强的影响。

22. 企业相对于国内竞争对手的最大优势分布。

企业相对于国内竞争对手的最大优势分布依次为：区位优势（48.59%）、行业经验优势（37.15%）、品牌优势（23.65%）、成本优势（22.11%）、其他（2.83%）。值得提醒的是，本问为多选题，故各项比例之和大于 100%。从此问来看，成本优势并不是东莞服务企业先对国内企业的最大竞争优势，因此在企业发展过程中不能仅仅将目光锁定在降低成本，而应聚焦于创建自身的品牌效应和业内的累积经验，提升企业的信誉。

23. 企业相对于国内竞争对手最大的劣势分布。

相对于国内竞争对手的最大劣势，按照受访企业的认同比例排名，依次是：规模较小（46.53%）、品牌知名度较弱（26.22%）、人才专业水平较低（19.92%）、其他（14.65%）、行业经验较弱（7.58%）。这些也切合东莞市服务业企业数量多但规模小、品牌认可度不高、专业人才缺乏、经验不足的实际状况。

24. 企业相对于境外竞争对手的最大优势分布。

相对于境外竞争对手的最大优势，按照受访企业的认同比例排名，依次是：区位优势（49.1%）、行业经验优势（24.42%）、成本优势（21.98%）、品牌优势（12.60%）、其他（11.18%）。

25. 企业相对于境外竞争对手的最大劣势。

相对于境外竞争对手的最大劣势，按照受访企业的认同比例排名，依次是：规模较小（41.77%）、品牌知名度较弱（25.19%）、人才专业水平较低（18.25%）、其他（16.32%）、行业经验较弱（9.38%）。结合 23 题和 25 题来看，无论是相对境内还是境外竞争对手，受访服务企业对劣势的认同顺序一致。

26. 对中国港澳台地区在服务领域的开放短期内对企业业务的影响。

随着中国内地对中国港澳台地区在服务贸易领域的进一步开放，企业业务在短期内受到的影响按照受访企业认同比例依次为：竞争更激烈（42.54%）、几乎没有影响（29.31%）、业务流失（11.44%）、其他（9.51%）、有利于开拓港澳台市场（9.38%）。可见，近半数受访企业认为主要影响是竞争更加激烈，也有近三成企业认为没影响。

27. 对中国港澳台地区在服务领域的开放对企业长期发展的影响。

随着中国内地对中国港澳台地区在服务贸易领域的进一步开放，长期内对服务企业发展的影响按照受访企业认同比例依次为：行业竞争更激烈（36.38%）、几乎没有影响（23.65%）、有利于提高自身竞争力（14.27%）、业务进一步流失（13.24%）、人才流失（9.90%）、其他（7.54%）。可见，服务企业认为长期内对港澳台开放对本地服务业的主要影响是竞争更激烈、业务和人才流失，同时也有利于提高本地服务业竞争力，也有部分（23.65%）企业认为长期影响不大。

28. 企业打算如何应对服务贸易领域的进一步开放。

随着内地在服务贸易领域的进一步开放，为应对日益激烈的竞争，从企业打算采取的主要措施按照受访企业的认同比例依次为：提高核心员工待遇留住人才（46.14%）、加大员工培训力度（31.75%）、加大信息化投入（25.96%）、招揽储备高级人才（17.22%）、其他（10.93%）、逐步退出市场（1.54%）。可以看出，服务业企业充分意识到人才培养的重要性，已经从以往一味从外部挖人转向内部留人，从而避免形成挖东墙补西角的人才流失现象。一方面通过提高待遇等方式留住人才，另一方面加大员工培训力度，进行内部挖潜，从而发挥人才的累积效应。与此同时企业也将信息化投入的增强列为增强企业竞争力的重要手段（见图23-19）。

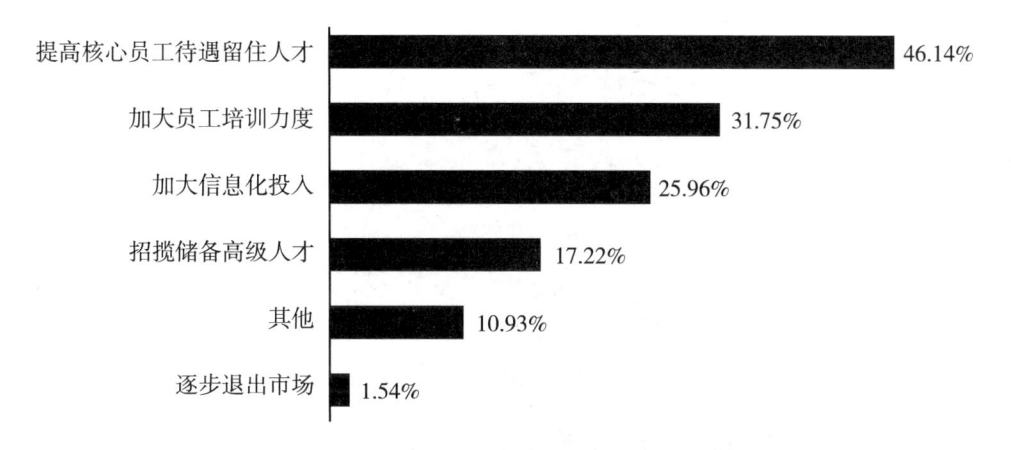

图 23-19　企业应对服务贸易领域进一步开放的主要措施

29. 企业所在行业有无行业协会或类似机构。

根据调查，46.79%的受访企业所在的行业存在行业协会或类似机构，其余50.39%没有行业协会，说明近一半的服务行业在东莞市都有行业协会或类似机构。

30. 行业协会或类似机构对企业发展的作用。

关于行业协会或类似机构对企业发展与协调工作发挥作用的程度，按受访企业的比例排列来看，40.95%的企业认为行业协会发挥的积极作用一般，需要进一步提高，排名第一。由此可以看到，现阶段行业协会或类似机构对企业发展的促进作用和作为企业与政府之间沟通平台及桥梁的作用尚未得到充分发挥。许多行业协会尚未明确自身的定位和作用。21.90%的受访企业认为积极作用较大，18.81%的认为积极作用很大，两者合计占40.71%，说明近一半企业认为行业协会发挥着积极的正面作用。另外分别有15.48%和2.86%的受访企业认为积极作用较少、可有可无或者有时甚至有副作用。

四、企业发展现状及展望

31. 本企业对所在地发展环境的满意程度。

从对本市本地发展环境的满意程度看，有3.47%的受访企业感到不满意，42.93%的感到一般。共有51.15%的受访企业对所在地发展环境感到满意（45.37%）或很满意（5.37%），高于工业企业满意比例（48.44%）。今后要进一步完善经济发展环境，提高东莞市各区对企业的吸引力和区域竞争力（见图23-20）。

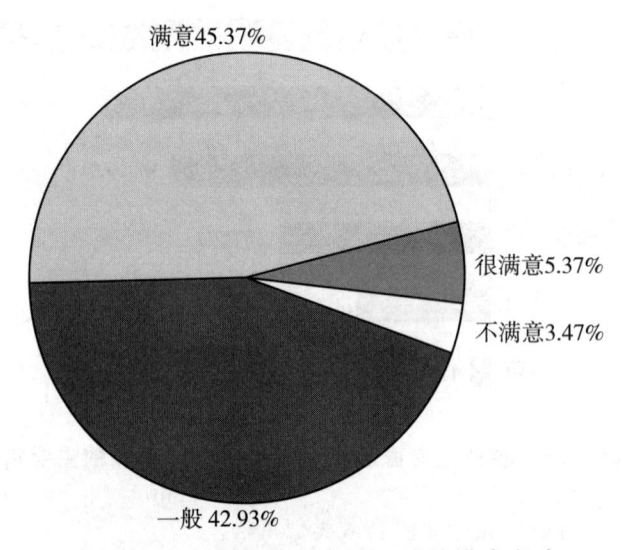

图23-20　企业对所在地环境的满意程度

32. 企业对自身发展现状的满意程度。

从对企业自身发展状况的满意程度看，受访工业企业中恰有53.08%感到不满意（5.91%）或一般（47.17%），有46.02%感到满意（41.39%）或很满意（4.63%）。这与工业企业的自身满意度（45.6%）也基本一致。

33. 企业对所处行业发展前景的信心。

从对企业所处行业发展前景的信心程度看，受访企业中没有信心的仅占2.83%、一般的占32.26%，合计占35.09%；比较有信心的占50.13%、很有信心的占 13.62%，合计占 63.75%，说明近 2/3 服务企业对所处的行业前景看好，对自身的选择较为坚定（见图 23-21）。

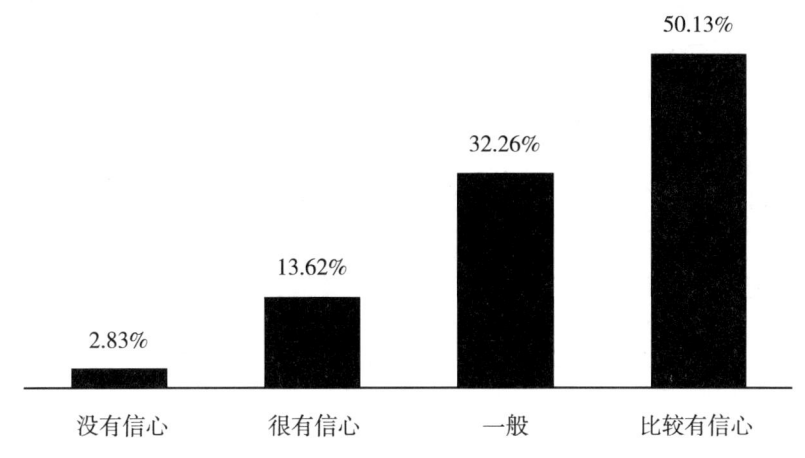

```
                                                          50.13%

                                         32.26%

                        13.62%

         2.83%

        没有信心      很有信心        一般         比较有信心
```

图 23-21　企业对所处行业发展前景的信心

34. 企业所处行业的竞争程度。

如表 23-12 所示，73.01% 的受访企业认同市场竞争非常激烈，略低于工业企业的数值（78.29%）。而有 71.72% 认同所处行业的同业者非常多，这略高于工业企业的数值（68.45%）。综合来看，东莞市服务企业和工业企业竞争程度基本相当。但是在行业平均利润问题上，否认"行业平均利润率非常高"的在服务业企业中是 53.39%，在工业企业中这一数值则为 59.73%，前者低于后者 6.34 个百分点。从此项数据来看，东莞市服务业企业竞争虽然激烈但竞争主要在本地或附近区域展开，而工业企业却要在全国甚至全球的更大范围内开展竞争。因此虽然两者均处于全球价值链的低端环节，但平均而言服务业利润率水平高于工业。服务业利润率水平高于工业是推动生产要素更倾向于配置给服务业，从而推动产业结构升级和发展方式转变的内在动力。

表 23-12　　　　　　　企业所处行业的竞争程度　　　　　　　单位：%

项目	完全不同意	不同意	无意见	同意	完全同意
市场竞争非常激烈	0.77	2.06	22.37	52.83	20.18
同业者非常多	0.77	2.44	23.65	52.83	18.89
行业进入管制非常严	2.31	10.41	39.20	33.68	12.08
行业平均利润非常高	12.60	41.39	30.33	9.64	3.60

35. 东莞市的产业政策环境。

如表23-13所示，近四成的受访企业（37.79%~40.62%）认同"政府有明确的产业政策导向、有明确的中长期产业发展规划和政府努力提供稳定的产业政策环境"，这一比例涵盖于工业企业的比例中（34.60%~41.47%）。近五成（48.97%~51.67%）的企业对相应问题选择"无意见"。综合来看，无论是在工业还是服务业方面，东莞市产业政策环境仍有改善的空间。

表23-13　　　　　　产业政策环境基本情况　　　　　　单位：%

项目	完全不同意	不同意	无意见	同意	完全同意
政府有明确的产业政策导向	1.41	7.58	49.74	30.21	7.58
有明确的中长期产业发展规划	0.77	7.33	51.67	29.56	6.68
政府努力稳定的产业政策环境	0.64	6.17	48.97	33.68	6.94

36. 对政府支持的满意度。

如表23-14所示，受访企业中有47.30%~53.73%对相应问题选择"无意见"，满意的（同意或完全同意所述观点的）有30.08%~39.85%，不满意的（不同意或完全不同意所述观点的）有9.0%~13.37%。选择"完全不同意"的在1.41%~2.19%，不显著，而选择"完全同意"的仅占6.17%~7.33%，也不显著。总之，服务业企业对东莞市政府支持政策满意度一般，今后需要加大对服务业发展的支持力度。

表23-14　　　　　　对东莞市政府支持的满意度　　　　　　单位：%

项目	完全不同意	不同意	无意见	同意	完全同意
满意税收方面的优惠	2.19	9.64	49.23	29.56	7.33
满意补贴方面的支持	1.93	11.18	48.97	28.79	6.81
满意人才政策的支持	1.41	10.67	51.54	27.12	6.68
满意订单方面的帮助	1.67	11.70	53.73	23.91	6.17
满意扶持方面的支持	1.41	8.87	47.30	32.90	6.94
满意投资待遇的支持	1.41	10.80	51.93	26.74	6.43
满意知识产权的支持	1.41	7.58	52.57	29.05	6.43

37. 企业发展面临的障碍。

如图23-22所示，企业发展面临的障碍依次是：人工成本高（59.77%）、缺乏多层次人才市场（29.05%）、原材料成本高（25.58%）、税费较高（24.68%）、人才引进激励不足（22.49%）、平台支持不足（17.74%）、运输成本高（15.17%）、创新能力弱（14.78）、政策支持不够（13.88%）、融资困难（12.72%）、电水价格高（12.47%）、土地成本高（12.08%）、城市基础设施建设不足（9.25%）、法制环境待完善（6.30%）、其他（4.88%）。与工业企业面临的阻碍相似，但是相比较而言，比工业企业阻碍更严重的因素按照企业百分比差距排列依次为：各类服务平台支持不足（6.75%）、其他（3.69%）、城市基础设施建设不足（0.65%）和法制环境待完善（0.53%）。可见这些政策软因素对第三产业发展的制约高于第二产业。其他方面的因素对服务业发展的制约低于工业。其中人才引进激励不足（-11.48%）、人工成本高（-12.48%）、原材料成本高（-31.02%）、税费较高（-12.59%）这四项的差额均在10%以上。可以看到对工业企业而言，成本因素对其影响最大。这一方面是由工业企业提供实物产品的生产特性造成的，另一方面也是由于企业所处的行业及分工环节造成的，现阶段东莞乃至中国工业在全球价值链都处于低端制造加工环节，附加值较低，因此降低成本是东莞工业企业的重要选择。而由于所提供的服务产品的无形性等众多特性，如原材料成本高、运输成本高、土地成本高、人工成本高等严重阻碍工业企业发展的因素，反而对服务业企业的阻碍程度较低。

总体而言，所列举的主要因素对服务业发展造成的累计压力（280.85分）远低于其对工业发展所造成的累计压力（369.96分）。从现实看，这些压力差异倒逼着东莞市企业不断由工业向服务业转移。

障碍	百分比
人工成本高	59.77%
缺乏多层次人才市场	29.05%
原材料成本高	25.58%
税费较高	24.68%
人才引进激励不足	22.49%
平台支持不足	17.74%
运输成本高	15.17%
创新能力弱	14.78%
政策支持不够	13.88%
融资困难	12.72%
水价格高	12.47%
土地成本高	12.08%
城市基础设施建设不足	9.25%
法制环境待完善	6.30%
其他	4.88%

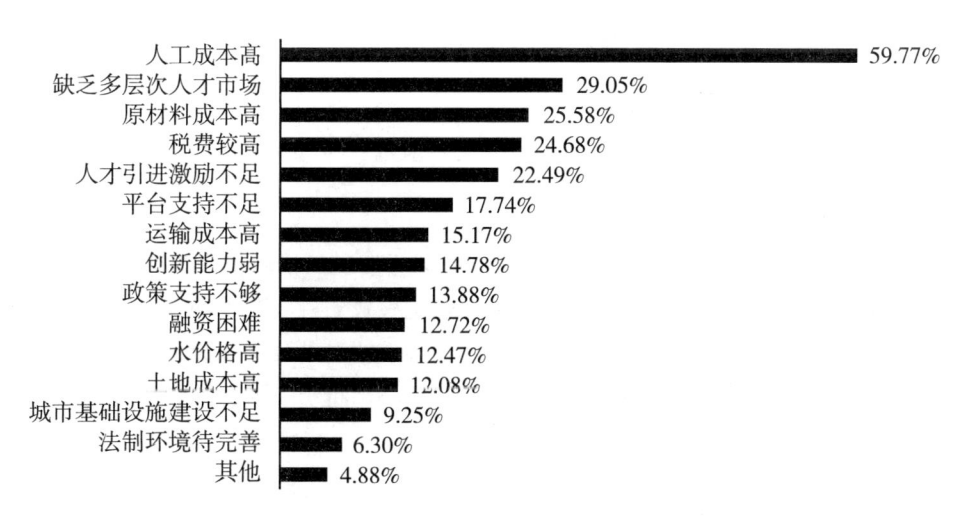

图 23-22　企业发展面临的障碍分布

38. 导致企业吸引人才困难的原因。

如图 23-23 所示，关于企业吸引人才困难的原因，受访企业认为排在前五位的因素依次是：薪酬水平缺乏竞争力（58.23%）、中高端人才缺乏（33.80%）、生活服务配套等不足（26.09%）、城市环境问题（22.88%）、子女入学问题支持不够（16.97%）、缺乏人才交流的氛围（15.81%）、无法满足子女教育需求（15.55%）、家属就业缺少支持政策（11.44%）、其他（7.46%）。这与工业企业的结论基本一致，但是各因素对东莞市服务业吸引人才造成的压力为203.23分，而对工业吸引人才造成的压力为234.98分，前者小于后者，说明从人才压力的角度也倒逼着东莞市企业切换经营领域，沿着"退二进三"的方向不断转型升级。同时与服务业企业相比，工业企业认为在中高端人才的缺乏、中高端人才子女入学问题支持不够等方面情况更为严重，差额分别达到了10.34个百分点和11.23个百分点（工业-服务业）。

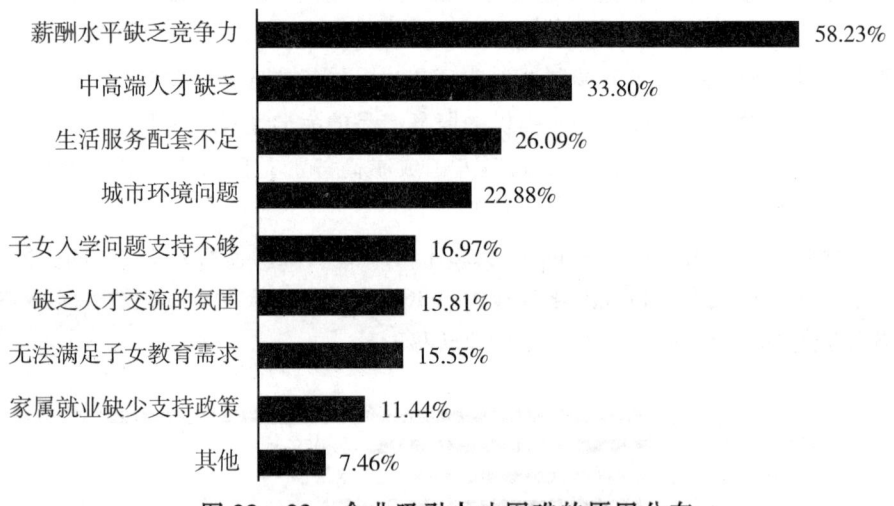

图 23-23　企业吸引人才困难的原因分布

39. 企业期望政府促进服务业发展的措施。

如图 23-24 所示，企业期望政府促进服务业发展的措施依次为：加大资金支持力度（41.52%）、加强宣传（38.95%）、强化税费支持（33.93%）、保障市场公平（33.55%）、人才政策支持（30.33%）、完善人才引进政策（29.82%）、优化审批程序（22.49%）、出台产业扶持政策（17.48%）、给予技术支持（15.49%）、提供法律支持（12.98%）、其他（3.98%）。

对比工业企业和服务业企业的政策渴求情况，工业企业更期望政府完善人才引进政策（工业渴求力度减去服务业渴求力度的差额为14.5个百分点）、强化税费支持（两者之差为13.87个百分点）、出台产业扶持政策（两者之差为13.20个百分点）。工业企业和服务企业在保障市场公平、提供法律支持、加大资金支持力度三方面政策渴求力度基本一致。服务业企业更期望政府采用加强宣传（比

加大资金支持力度	41.52%
加强宣传	38.95%
强化税费支持	33.93%
保障市场公平	33.55%
人才政策支持	30.33%
完善人才引进政策	29.82%
优化审批程序	22.49%
出台产业扶持政策	17.48%
给予技术支持	15.94%
提供法律支持	12.98%
其他	3.98%

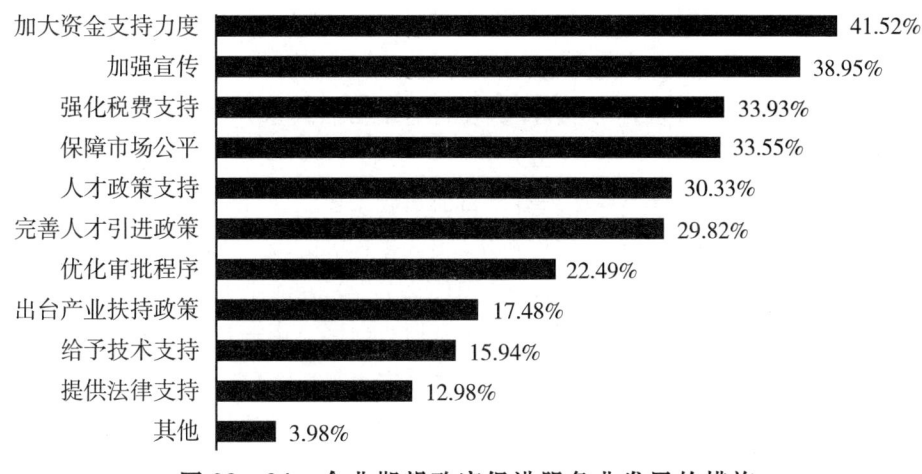

图 23-24 企业期望政府促进服务业发展的措施

工业企业渴求力度高 13.12 个百分点）的措施促进产业发展，提高地区及行业的软实力。服务产品的非实物性要求政府在增强地区美誉度和提升软实力等方面多努力，加强宣传等措施则是提高地区美誉度和软实力的重要手段。

从政策渴求强度看，服务业企业累计渴求程度为 324.1 分，而工业企业累计渴求程度为 323.26 分，两者基本相等。

第四节 主要结论和基本启示

一、主要结论

1. 东莞市工业生产服务需求基本状况。

从东莞市工业企业问卷调查数据的统计结果看，工业生产服务需求的基本状况是：受访工业企业中，质量控制（61.54%）、保洁保安（57.42%）、产品开发（53.02%）、工业设计（50.82%）和工程设计（50.18%）等五项服务来自企业内部的比例高于 50%。在不愿意进行服务外购的原因方面，多数企业认为由于外购服务未必有明显好处（82.31%）、企业内部提供成本更便宜（81.62%）、涉及核心技术和商业秘密（70.29%）、本市缺少专门服务机构（61.79%）、上游供应商已提供该服务（56.49%）、本市服务专业水平太差（54.01%）等原因导致他们在现有情况下主要从内部提供服务。总体上，从购买服务的意愿看，鉴于多数受访工业企业认为生产服务在很大程度上决定着企业的竞争力（70.63%），因此有62.67%的工业企业愿意从外部购买生产服务。作为中国乃至全球重要的制造业基地，有"世界工厂"之称的东莞，工业生产服务在需求方面有很大的发展空间和潜力。

同时从外购服务的分布地区来看，目前东莞工业企业外购生产服务依次分布是广州（3.42%）、港澳台地区（3.32%）、深圳（3.29%）、本省其他市（3.25%）、国外（2.72%）和外省（1.63%）[①]。受访企业服务向境外流失的倾向不明显，外购服务主要集中在省内特别是周边地区。由此可以看到，地理邻近和服务业专业水平是影响服务外购分布的重要因素。

从目前东莞市工业企业外购服务的平均水平看，外购数量占生产服务投入比率平均达30%以上的依次有：税务审计（43.21%）、法律服务（43.11%）、金融保险（39.56%）、运输仓储（34.63%）、咨询服务（33.35%）、检验检测31.29%和广告策划31.10%。大部分服务的平均外购程度在30%以下，主要仍采用企业内部提供的模式。从不同类型的服务外购平均水平来看，企业外购服务主要是知识和技术密集型的专业服务。对比生产服务的外购意愿和现状，可以看到现阶段东莞市工业企业的生产服务外购率偏低。

除了生产服务外购率水平较低，东莞工业企业生产服务的顾客满意率也不高，仅有47%。根据满意或完全满意的顾客占比（顾客满意率），顾客满意率在50%以上的服务类别有：税务审计（58.44%）、法律服务（53.09%）、财务管理（52.11%）、运输仓储（51.74%）和咨询服务（50.11%）。其余的如数据处理、信息技术、广告策划、产品开发、工业设计等15项服务顾客满意率均在50%以下，工业企业将这类服务放在企业内部生产的一个重要原因是他们对外部服务商所提供的服务不够满意。

从企业在外购生产服务时主要考虑的因素看，综合来看首先考虑的是服务的专业化水平（58.71%），其次是价格因素（17.55%），接下来分别是企业信誉（14.84%）和服务获取的便捷性（8.90%）。而在细分类型上，针对不同类型的服务，考虑的主要因素排序存在一定差异，主要集中于价格和信誉之间。对专业化水平要求排名前五的服务项目依次是工业设计（67.77%）、工程设计（67.74%）、法律服务（66.94%）、产品开发（65.75%）和财务管理（65.03%）。对价格比较敏感的服务包括设备租赁（32.27%）、人力外包（28.98%）、保洁保安（26.29%）、运输仓储（25.10%）、设备维修（23.37%）、广告策划（19.52%）。而对企业信誉要求排名前五的服务项目依次是金融保险（22.18%）、财务管理

---

① 此处的比例加上来自企业内部和东莞市本地的合计为100%。

（17.78%）、市场销售（17.42%）、保洁保安（17.63%）、税务审计（17.30%）。在信誉和价格的比较上，对信誉要求更高的是财务管理、金融保险、产品开发、税务审计、法律服务、质量控制、工程设计、检验检测、工业设计。可以看到以上服务均是知识和技术密集型的服务。

影响顾客企业外购生产服务的因素也会影响到工业企业采购生产服务的地域来源分布，目前受访工业企业认为市的服务企业能够完全满足工业企业生产服务需求的仅占34.58%，有相当一部分需求流到市外。企业到本市以外的区域采购服务的主要原因依次有：外地服务价格更便宜（68.73%）、外地服务专业化水平和服务质量更高（65.59%）、本市服务专业水平较差（62.75%）、本市没有该项服务（62.10%）、外地服务提供商态度更好（45.52%）。结合以上影响因素，受访企业认为服务供应商需要提高的方面主要包括：提高工作人员的专业水平（33.77%）、提高信息技术应用水平（25.57%）、提高企业品牌知名度和美誉度（21.47%）、增加经验积累（18.72%）和其他方面（0.47%）。可喜的是，从29题结果来看，除信息技术（51.76%）和数据处理（50.98%）之外，没有太多细分服务由于供应商太少或专业化水平太低而直接影响工业企业的发展。

另外，关于服务化趋势，受访工业企业中有54.1%的企业同意越来越重视生产服务所带来的收入，48.96%的受访企业同意为顾客提供服务能够增加企业的收入，65.42%的企业同意生产服务在很大程度上决定着企业竞争力。43.86%的受访企业同意中间投入中服务所占比重越来越高，投入软化趋势明显。但是仅有30.88%认同提供服务的收益大于成本进而获得盈利，有21.33%的受访工业企业认同今后来自服务的收入将大于来自货物的收入。因此，在问及将来是否有意愿承接国内外企业产前产中产后服务时，有56.04%的被调研企业选择了愿意，说明半数以上的受访企业不仅看出了服务化趋势而且有把握趋势、抓住机会的意愿。但愿意将部分服务环节分离出来设立独立的服务机构的企业占比仅为26.19%，认同服务的收益大于成本而能够独立获得盈利的受访企业数占比则是30.88%，这两者之间有逻辑上的必然联系：具有较强盈利能力是业务独立的必要条件。而在政府对主辅分离有优惠性政策的情况下，有66.67%的企业愿意实行主辅业务分离，比没有优惠性政策的情况下提高40个百分点，可见政府的政策对企业的主辅业务分离具有较强的促进作用。

综上所述，东莞市工业生产服务需求的总体状况是：多数企业认识到生产服务对提高竞争力很重要并且有外购生产服务的愿望，但生产服务外购率较低，工业企业对外部服务提供商满意率有待提高，专业化水平、价格、信誉和便捷性是影响顾客外购生产服务的主要因素，有一部分生产服务需要在外地购买。东莞市工业企业对服务化趋势认识较清晰，但尚未将其落实于自身的实际业务。

2. 东莞市生产服务供给基本状况。

从服务业企业问卷调查数据的统计结果看，东莞市生产服务供给的基本状况是：根据服务业企业对主要客户对象（第6问）的回答，可以将东莞市生产服务比率判定在44.86%～61.75%，同时结合服务业企业对最主要客户（第12问）的回答，生产服务比率可以判定在65.17%以下。而在服务业企业对"将来是否有意愿承接国内外企业产前产中或产后服务"（第9问），这一比率仅为37.64%尚未过半。综合来看，东莞市生产服务比率在52.75%～53.22%，该估计值落于中国生产服务比率估计区间内（48.9%～55.2%），但下限较之要高，且波动范围较小。

在生产服务对客户企业的产品和竞争力的重要程度上的认识上，除15.94%的企业认为不重要之外，其余84.06%的企业认为较重要（38.43%）或很重要（28.41%）或非常重要（14.27%）。可见，绝大多数服务业企业认为其所提供的生产服务对顾客企业产品和竞争力具有重要意义。这一比例略高于持相同观点的工业企业的比例（70.63%，见工业企业第22项），这可能与"过度自信"的心理认知干扰有关。

从东莞市服务业企业状况看：个体私营和股份制合计共占82.51%，居于主导地位，因此要推动东莞服务业的发展，就要充分激发非公有制经济的活力，发挥其主观能动性。而在企业规模上，1 000人以上的企业占比仅为0.90%，1 000人以下的企业平均职工数为102人；营业额1亿元以上的占比8.11%，1亿元以下的平均营业额为1 284万元。总体来看，中小民营服务企业占主导地位。

在职工文化素质方面，东莞市服务企业呈两端分布的格局，特别是在低端。从具体数值来看大专及本科学历以上人数占职工人数比例在25%以下水平的企业数合计占61.65%；大专及本科学历以上人数占职工人数比例在50%～100%的占比合计19.92%。这说明目前在东莞市传统服务业相对较多，而现代服务业的发展仍有所不足。总体来看，服务业企业的职工素质明显高于工业企业，这是东莞市服务业发展潜力大于工业发展潜力的主要支撑条件。但从企业员工月平均工资水平来看，在5 000元以下的企业数占94.09%，这部分企业员工月平均工资的估计值约为2 751元，低工资是阻碍人才进入本地企业以及提高服务业水平的重要现实因素。

从培训和信息化投入看，员工培训费用占营业收入的比率低于5%的企业数占76.99%，这部分企业的培训费支出占营业收入的比例平均为1.16%。仅有20.57%的受访企业员工培训费用占营业收入比率高于5%，这一数值低于信息化建设方面的26.74%。可以看到现阶段东莞服务企业在信息化建设方面的投入要高于员工培训投入。一个可能的原因是员工培训的正外部性高于信息化建设。当存在正外部性时，企业不能获取投资带来的全部收益，故企业投资必然低于社会最优投资。只有在政府提供足够补偿的条件下，企业才可能将具有正外部性项目的投资达到社会最优水平。因此，东莞市政府要评估和完善支持企业培训员工的鼓励政策，促进企业将员工培训投资推至最优数量。

从服务企业客户的地域分布看（第7问），本地顾客占比在50%以上的受访企业数占比为48.59%。从总体看，现阶段为本地顾客服务的东莞服务业企业数占46.89%，接近一半，说明服务企业在客户来源方面本市与市外并重。结合第10和11问关于业务提供的调查结果，可以看到东莞服务企业也基本采用市内外并重的发展策略。在竞争对手的分布方面，有82.65%的受访企业认为竞争对手来自本地，16.71%的企业认为来自外地。而在外地竞争对手中，认为主要竞争对手来自穗深的合计占51.80%。相对于国内竞争对手，东莞市企业主要竞争优势是：区位优势（48.59%）、行业经验优势（37.15%）、品牌优势（23.65%）、成本优势（22.11%）。值得注意的是，成本优势并不是东莞服务企业先对国内企业的最大竞争优势。

随着内地对港澳台在服务贸易领域的进一步开放，受访服务企业认为长期内对港澳台开放对本地服务业的主要影响是竞争更激烈（36.38%）、业务流失（13.24%）和人才流失（9.90%）。面对未来日趋激烈的竞争，目前企业打算采取的主要应对措施是：高核心员工待遇留住人才（46.14%）、加大员工培训力度（31.75%）、加大信息化投入（25.96%）、招揽储备高级人才（17.22%）。可以看出，服务业企业已意识到人才培养的重要性，从以往一味从外部挖人转向内部留人。

综上所述，东莞市生产服务供给总体状况是：生产服务占服务产出的比重与全国平均水平基本相当；多数服务企业认为生产服务对顾客企业的产品和竞争力意义重大；服务企业以中小民营企业为主；职工素质总体水平较低，并在不同企业间呈分化格局，特别集中在低端，较低的职工平均收入水平导致企业难以吸引中高级人才的进入；员工培训费用率低于信息化建设费用率，且相对水平不高；服务企业的主要业务和竞争对手在本市和外地之间比重相当，外地的竞争对手主要来自于广州和深圳；服务企业已意识到从内部挖潜的重要性，加大对人才培训的力度；与国内竞争对手相比，东莞服务企业主要竞争优势是区位优势和行业经验优势。因此，加大人力资源建设和信息化建设力度，重视企业的信誉和品牌建设是服务企业应对激烈竞争和未来挑战的基本战略。

3. 东莞市生产服务供求平衡状况。

总体来看，目前东莞市生产服务特别是工业生产服务主要矛盾不是供给不足问题。从工业企业调查统计的结果看，当被问及"企业是否认为以下各项服务提供商数量太少或专业化水平太低进而影响企业发展"时，20项细分服务合计回答"是"的比率仅为35.78%，回答"否"的比率平均为64.22%，说明多数受访工业企业认为目前东莞市生产服务领域不存在供给不足而影响工业企业发展的问题。但在细分服务项目方面，信息技术（51.78%）和产品开发（50.98%）两项略有超过50%的受访工业企业认同供给不足的观点。

此外，辩证地看，有四成以上（41.39%）的工业企业设有研发设计部门，其中74.46%的企业的产品技术来源于自主研发设计。有39.10%的工业企业能够提供产品研发服务，有18.86%的企业可以提供检验检测服务，有18.41%能够提供工业设计服务，有8.61%能够提供工程设计服务，有5.49%能够提供数据分析和数据挖掘服务。

有56.04%的被调研企业愿意承接国内外其他企业的产前产中产后服务，而工业企业目前外购生产服务的比率基本在三成左右。即东莞工业企业有近七成的生产服务是由企业内部提供的，同时有半数以上的企业有承接其他企业生产服务的意愿。因此，工业企业是既是工业生产服务需求部门，同时也是工业生产服务最大的供应部门。在此情况下，一些工业企业很可能通过"蚌病生珠"实现华丽转身，成为第二产业生产服务业的重要领军者。同时工业企业基本摆脱"小而全、大而全"的思维定式，被调查企业愿意从外部购买生产服务占62.67%。从生产服务的供给看，无论是工业企业还是服务业企业都有承接国内外其他企业的产前产中产后服务的意愿，两者分别为56.04%和37.86%。

在对外开放程度方面，东莞服务业明显低于制造业。2009~2013年间东莞累计实际利用外商直接投资156.83亿美元，其中制造业占83.09%，批发零售业占8.83%，房地产业占2.07%，三者合计占94.79%。与同期广东省平均水平相比，金融、信息、商务、科研等现代生产服务业实际利用外资比重明显偏低。制造业实际利用外资情况来看，东莞的比重超出全省平均水平28个百分点，明显偏高。由于大规模引进加工组装环节的制造业带来了制造业规模的快速扩张，但是由于服务业环节的外商企业没有同步跟进，造成实际利用外资的行业分布不均，结果造成东莞制造业价值链"微笑曲线两头在外"的产业困境，这是制约全市服务业尤其是现代生产服务业发展水平提升的重要因素。

从调查问卷所列举的主要障碍因素对企业的现实约束看，对工业企业的约束为369.96分，而对服务企业的约束为280.85分，两者相差89.11分。换言之，这些障碍因素所带来的压力，工业企业比服务企业要高，特别是在原材料成本高（工业减去服务业的差值为31.02%）、税费较高（工业减去服务业的差值12.59%）、人工成本高（工业减去服务业的差值12.48%）和人才引进激励不足（工业减去服务业的差值11.48%）这四项。这是倒逼东莞市企业继续"退二进三"的客观强制力量，其调节作用不以人的主观意志为转移。正是由于现实因素给予不同行业的企业带来的压力不同从而导致不同行业的企业生死概率不同,产业结构转型升级和经济发展方式的转换才得以顺势而成。

在资源环境限制条件给工业企业施加的压力明显大于给服务企业带来的压力的情况下,东莞市将很快实现和保持服务业增长率超出工业增长率的局面。具体实现路径是:第一,现存服务业企业平均增长速度将超出现存工业企业的平均增长速度;第二,新进入企业将更倾向于从事压力相对更小的服务业;第三,一部分工业企业向服务企业转型。但同时也应看到,服务业发展对软环境更为敏感,政府应顺势而为,积极创造适宜服务业快速发展的软环境。

二、基本启示

(一) 政府层面

1. 营造适宜服务业加快发展的软环境。

目前东莞市产业结构中实现超出制造业增长速度的基础已经具备,政府应因势利导地转变产业发展观念,摒弃一些不适时宜的习惯做法,着力打造有利于服务业发展的软环境。从问卷调查统计结果看,服务业企业更期望政府采用加强宣传(比工业企业渴求力度高13.12个百分点)的措施促进产业发展,提高地区及行业的软实力。服务产品作为无形产品,具有后验性的特点,无法像实物产品一样在购买前可以先进行界定和判断。因此在服务产品的交易过程中,信用体系等软环境的影响极大。欺诈、假冒伪劣等不公平交易行为对服务行业将带来沉重的打击,因此市场公平、信用建设、声誉口碑等对服务业的发展至关重要。它们具有公共产品的属性,在相当程度上依靠政府坚持不懈地主动宣传营造。因此政府应在增强地区美誉度和提升软实力等方面加大支持力度,通过加强宣传、构建健全的信用体系等措施提高地区美誉度和软实力,从而为服务业的发展营造良好的发展环境。

2. 鼓励有条件的工业企业向服务业拓展。

东莞是中国乃至全球重要的制造业基地,外贸经济发达,有"世界工厂"之称。制造业在东莞具有悠长的发展历程和良好的实力基础。但随着要素成本上升、生态环境约束趋紧、区域竞争加剧、外贸环境多变以及现代数字信息技术变革日新月异,东莞产业发展正面临转型升级的困境,正在经历浴火重生的考验。结合发达国家的实践经验来看,构建发达服务业体系,通过制造业与服务业融合互动推进制造业服务化是东莞应对要素成本上升、破解生态资源环境约束、加快产业与外贸转型升级、提升城市综合竞争力、实现"高水平崛起"战略目标的重要突破口。

在发展服务业过程中要充分依托现有的工业基础,清醒地认识到工业生产服务最大的需求方和供应方都是工业企业。现阶段东莞的工业生产服务主要还是采用企业内部提供的模式,结合工业企业第18题,20项服务中有13项外购平均水平在30%以下,只有税务审计和法律服务的数值达到了40%以上。同时东莞工业企业中有56.04%的被调研企业愿意承接国内外其他企业的生产服务。因此政府可以通过政策扶持等方式推动工业企业向服务型企业的转型,通过制造业服务化来提升企业的竞争力。从国际经验看,国际商业机器公司(IBM)、通用电气公司(GE)、耐克(NIKE)、劳斯莱斯(ROLLS-ROYCE)、米其林轮胎等制造企业成功转型为服务企业的例子很多。

(二)企业层面

1. 加快人才外购向内部挖潜转变。

从问卷调查来看,工业企业和服务业企业已经意识到人才的重要性。特别是对于服务业而言,由于服务产品的可标准化和机械化程度相对较低,人力资本是服务业(特别是现代服务业)的核心生产要素。但现阶段,东莞的工业企业和服务业企业均出现了较为明显的人才缺乏现象,从而阻碍了企业的进一步发展。从具体数值来看(工业的41题和服务业34题),中高端人才缺乏的比率在工业和服务业分别达到了44.14%和33.80%。而在以往的发展过程中,企业更多依靠的是从外部进行简单的才引进,而相对忽视了对内部员工的培训,因此经常出现挖东墙补西角的人才流失现象。特别是在中国内地进一步开放服务贸易领域后,为应对日益激烈的竞争,企业已不能采取以往一味从外部挖人的方式,而应采用提高核心员工待遇留住人才(46.14%)、加大员工培训力度(31.75%)和招揽储备高级人才(17.22%)并举的方式,从以往一味外部挖人转向内部留人,避免挖东墙补西角的人才流失现象频出。从具体措施来看,一方面企业可以通过提高待遇等方式留住人才,另一方面要加大员工培训力度,采用引进和培训并举的方式,大力从内部挖潜,从而发挥人才的累积效应。

2. 推进企业品牌建设和信誉度的提升。

从问卷调查来看,受访工业企业在选择外购服务根据服务类型的不同考虑的因素存在较大差异。在税务审计、财务管理、金融保险、产品研发、工业设计、检验检测、法律服务、质量控制等知识和技术密集型的生产服务中,受访企业在购买时除了首先考虑服务的专业化水平,其次重点考虑的往往是企业的信誉而不是价格。结合国外企业的发展经验来看,良好的信誉和品牌对服务企业的发展具有至关重要的作用。

因此对生产服务企业而言,要充分意识到企业信誉的重要性,而不是一味地追求低价竞争,应切实建立自己的品牌声誉,从而增强自身的综合竞争力。

第二十四章

佛山市南海区生产服务供求状况调查报告

生产服务是指向生产者提供的服务形式生产要素（服务型生产资料）。按照服务对象，生产服务可分为第一产业生产服务、第二产业生产服务、第三产业生产服务。研究表明，服务形式生产要素的增长，即生产过程中软生产要素对硬生产要素的替代，具有推进国民经济效率提高的作用。三次产业生产服务分布结构与三次产业结构通常具有相似性。佛山市南海区 2013 年第二产业占 GDP 52.1%，工商登记企业 10 万多，服务企业 2.5 万多家，其他多数为工业企业，第二产业占大头。相应地，第二产业生产服务在生产服务中也应占主导地位。因此，大力发展面向工业企业的生产服务，有利于增强南海企业的竞争力和产业结构调整与经济发展转变。

为准确把握佛山市南海区的生产服务业发展状况，从而为编制《佛山市南海区第三产业发展规划》提供科学依据，2014 年 5～6 月，由佛山市南海区促进第三产业发展工作领导小组办公室、佛山市南海区经济和科技促进局邀请中山大学中国第三产业研究中心专家组成联合课题组，在佛山市南海区进行了本课题调研。本调研包括两方面工作：一是关于佛山市南海区生产服务供给和需求的问卷调查和定量分析；二是关于佛山市南海区生产服务供给和需求的企业访谈和定性分析。本报告撰写的基本依据是《佛山市南海区第三产业发展状况调查问卷 I（工业企业填写）》《佛山市南海区第三产业发展状况调查问卷 II（服务业企业填写）》的统计结果和企业访谈结果。

第一节　问卷设计和抽样方法

一、问卷设计

为掌握佛山市南海区第二产业生产服务需求与供给情况，调研组设计了适用于工业的《佛山市南海区第三产业发展状况调查问卷Ⅰ》和适用于服务业的《佛山市南海区第三产业发展状况调查问卷Ⅱ》。问卷Ⅰ主要调查工业企业对生产服务的需求和使用情况，问卷Ⅱ主要调查生产服务的供给、竞争与发展环境。

二、抽样方法

问卷由南海区经济和科技促进局委托各镇街有关单位和个行业协会向辖区内和行业内的有关被调查单位投放。有效回收的《调查问卷Ⅰ》为306份，《调查问卷Ⅱ》为269份。

表24-1　　　　南海区第三产业状况调查抽样结果

镇街	工业企业 单位数（个）	占比（%）	服务业企业 单位数（个）	占比（%）
大沥	36	11.8	26	9.8
丹灶	20	6.5	15	5.7
桂城	127	41.5	138	51.3
九江	22	7.3	14	5.3
里水	14	4.5	17	6.4
罗村	16	5.3	16	6.0
狮山	43	14.2	24	9.1
西樵	27	8.9	17	6.4
合计	306	100.0	269	100.0

第二节 工业企业调查结果分析

一、被调查工业企业情况

1. 企业主营业务所在的行业分布情况。

从行业分布看，被调查的工业企业数量前10位的行业累计有241家，按降序排列为（见图24-1）：纺织服装鞋帽制造业（占20.3%）、金属制品业（占14.1%）、废品废料（占8.8%）、家具制造业（占6.5%）、有色金属冶炼及加工业（占6.2%）、通信、计算机及其他电子设备（占5.9%）、通用设备制造业（占4.9%）、电气机械制造业（占4.6%）、专用设备制造业（占4.2%）、工艺品及其他制造业（占3.3%），累计被调查工业企业的比重为78.8%。其他15个以上行业累计占比为21.2%。

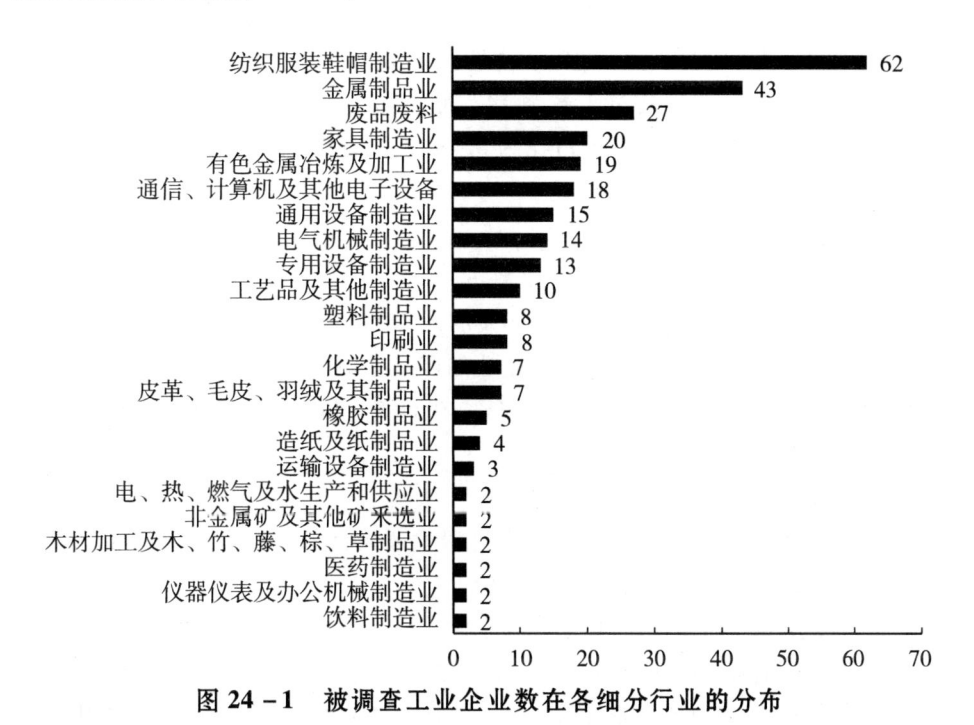

图 24-1 被调查工业企业数在各细分行业的分布

2. 企业的所有制形式分布情况。

从所有制形式看，在被调查工业企业中，个体私营企业数量最多，占66.0%；其次是股份制企业数量，占20.5%；两者合计为86.5%。其余分别是：港澳台资（6.7%）、外商投资（5.4%）、国有（0.7%）、集体（0.7%）。

3. 企业职工文化素质分布情况。

在被调查企业中，大专及本科学历人数占职工总数比例低于10%的占33.4%，处于11%～25%的占32.4%；两者合计占65.9%。这说明在多数企业中，大专及本科学历人数占职工总数的比例低于25%。处于26%～50%的占27.0%，处于51%～75%的占为4.4%，处于76%～100%的占2.7%。总体而言，企业职工中达到大专及本科学历的人数平均占比为22.9%。

4. 营业额分布情况。

2013年营业额在1 000万元以下的企业占11.6%，1 000万～2 000万元的占18.7%，2 000万～5 000万元的占26.2%，5 000万～1亿元的占15.6%，1亿～5亿元的占19.4%，5亿元以上的占8.5%。营业额低于1亿元的企业数占72.1%（此类企业2013年营业额平均为3 447万元）。

5. 员工人数分布情况。

员工人数50人以下的企业数占26.3%，50～200人的占43.1%，201～500人的占20.9%；累计占比为90.2%，说明大多数企业属于员工规模在500人以下中小企业（此类企业平均员工数为147人）。员工人数在501～1 000人的占4.7%，在1 000人以上的企业数占比为5.1%，合计占比为9.8%，说明仅有不到一成的企业员工数超过500人。

6. 产品外销比例。

产品外销比例在10%以下的企业数占47.2%，在10%～20%的占10.9%，在20%～40%的占7.9%，在40%～50%的占7.5%；累计占73.4%，说明多数企业的产品外销比例低于50%，这些企业的产品主要在本地市场销售。外销比例在50%～60%水平的企业数占比为4.1%，在60%～70%的占4.9%，在80%～100%的占17.6%。

7. 企业有无研发或设计部门情况。

被调查企业中，有46.5%的企业设有研发或设计部门，有53.5%的企业没有自己的研发或设计部门，见图24-2（b）。

8. 研发或设计部门的产品技术及其来源。

有研发或设计部门的企业的产品技术来源分布中，81.8%的靠自主研发，7.7%靠合作开发，9.1%靠模仿制造，仅有1.4%的企业依靠技术转让，见图24-2（b）。

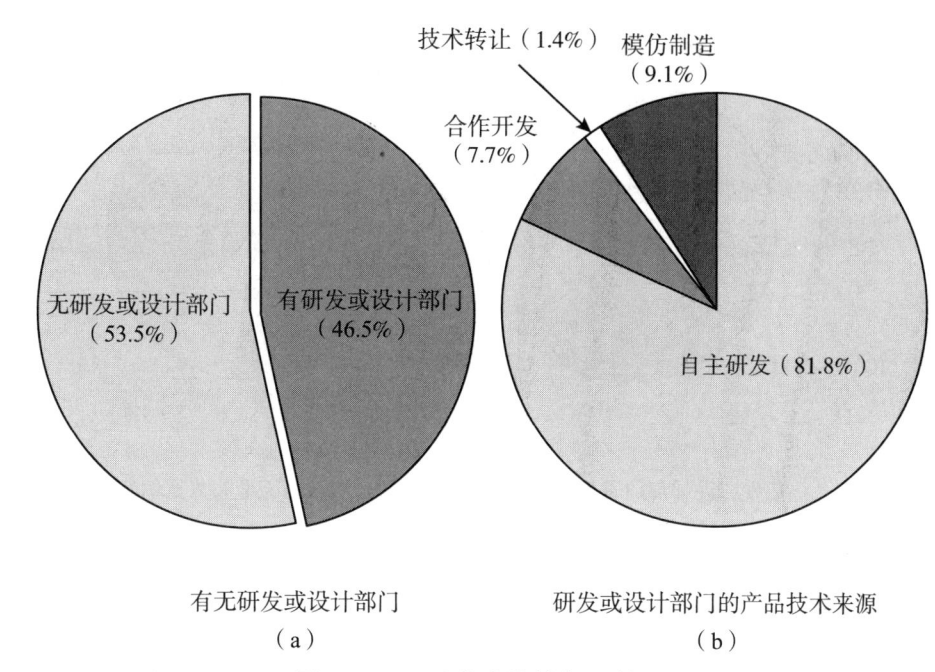

技术转让（1.4%） 模仿制造
              （9.1%）
        合作开发
        （7.7%）

无研发或设计部门   有研发或设计部门
（53.5%）   （46.5%）

                        自主研发（81.8%）

有无研发或设计部门   研发或设计部门的产品技术来源
    （a）   （b）

图 24 – 2　研发或设计部门情况

9. 企业研发或设计部门年均资金投入分布。

对设有研发或设计部门的企业来说，年均研发或设计部门资金投入在 100 万元以下的企业数占比为 39.3%，100 万~500 万元的企业数占比为 33.3%，累计占比 72.6%，平均投入为 164 万元；研发或设计部门年均投入 500 万~1 000 万元的企业数占比为 16.3%，年均投入 100 万以上的企业数占比为 11.1%，见图 24 – 3（a）。

10. 研发或设计部门的资金投入占营业收入的比例分布。

如图 24 – 3（b）所示，对于有研发或设计部门的企业来说，研发设计部门投入占销售收入的比例在 1% 以下的企业数占比为 16.4%，1%~2% 的占比为 22.4%，2%~2.5% 的占比为 9.0%，2.5%~3% 的占比为 10.4%，3% 以上的占比为 41.8%。

11. 企业研发或设计部门是否对外部机构提供研发或设计服务分布。

在有研发或设计部门的被调查企业中，82.5% 的企业不对外提供研发或设计服务，仅有 17.5% 的企业对外提供研发或设计服务。

12. 企业研发或设计部门的产值分布。

对有研发或设计部门的被调研企业，研发或设计部门产值在 100 万元以下的占 29.0%，100 万~500 万元的占 27.5%，500 万~1 000 万元的占 11.5%，1 000 万元以上的占 32.1%（见图 24 – 4）。

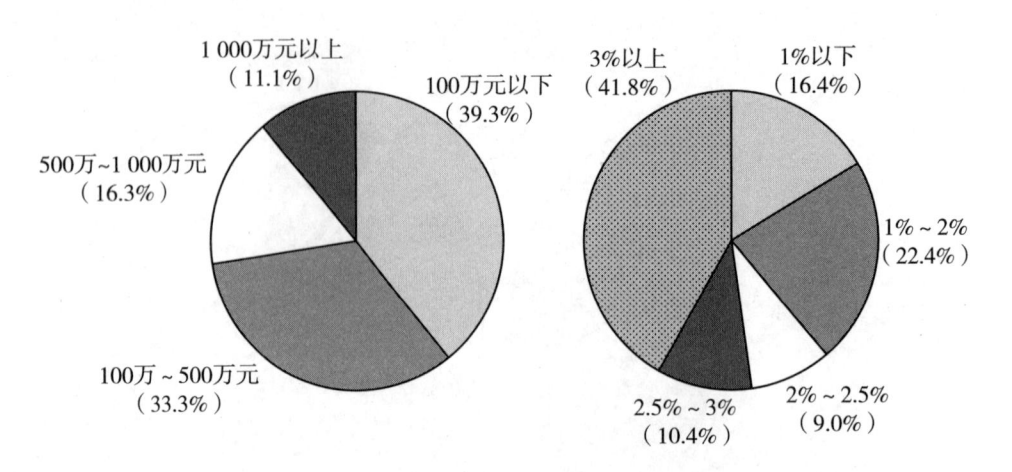

研发或设计部门资金投入分布
(a)

研发设计投入占营业收入比例的分布
(b)

图 24-3 研发设计部门资金投入金额及其占营业收入的比例分布

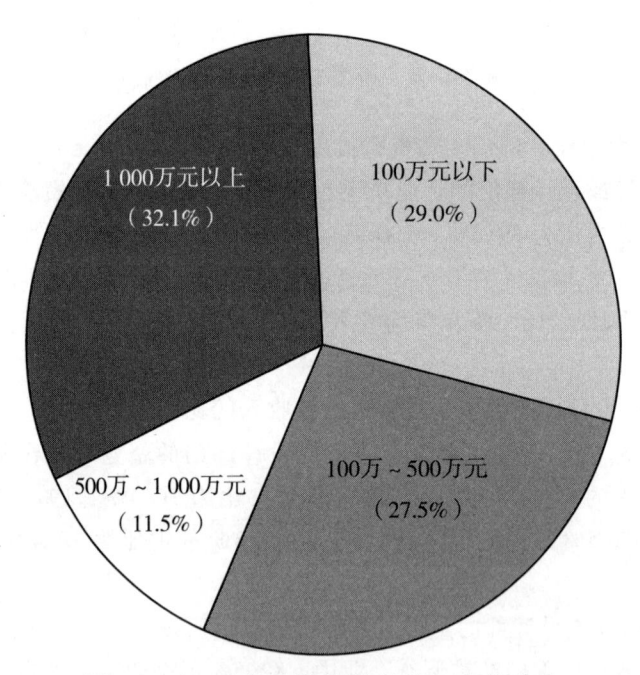

图 24-4 研发或设计部门的年产值分布

13. 企业可以提供的服务情况。

被调查企业提供的服务技能类型中（有时一个企业有多种服务技能类型），有 53.5% 的企业能够提供产品研发服务，12.4% 的企业能够提供工业设计服务，1.8% 的企业能够提供知识产权研究服务，23.3% 的企业能够提供检验检测服务，

8.7%的企业能够提供分析和数据挖掘服务，7.6%的企业能够提供工程设计服务，21.5%的企业能够提供其他服务。但是在被调查企业中，没有一家能够提供创意和动漫设计服务。

14. 本企业是否有意愿承接国内外企业的产前、产中或产后服务。

有68.9%的被调研企业愿意承接国内外其他企业的生产服务，仅有31.1%的企业不愿意承接国内外其他企业的产前、产中或产后服务。

15. 企业是否有意愿将部分服务环节分离出来设立独立的服务机构。

愿意将部分服务环节分离出来设立独立的服务机构的企业占比为33.8%，其余66.2%的企业不愿意。

16. 如果政府对主辅分离有优惠性政策，企业是否愿意实行主辅分离。

在政府对主辅分离有优惠性政策的情况下，有72.6%的企业愿意实行主辅分离，比没有优惠性政策的情况下提高42.4个百分点（76.2－33.8），但是仍然有27.4%的企业不愿意进行主辅分离。

二、工业企业对各类服务的需求和使用情况

17. 企业获得下列服务的主要来源[①]。

（1）信息技术服务。来源于企业内部的企业数占35.2%，来源于南海区的占32.7%，来源于佛山市的占35.6%，来源于广州市的占6.8%，来源于本省其他市的占10.0%，来源于外省的占4.6%，来源于港澳台的占2.5%，来源于国外的占8.2%。可以看出，多数被调查工业企业所接受的信息技术服务主要来自企业内部、南海区或佛山市。

（2）数据处理与挖掘。来源于企业内部的企业数占48.3%，来源于南海区的占27.0%，来源于佛山市的占22.8%，来源于广州市的占13.3%，来源于本省其他市的占9.5%，来源于外省的占4.6%，来源于港澳台的占0.8%，来源于国外的占1.9%。可以看出，多数被调查工业企业所接受的数据处理与挖掘服务来自企业内部，其次来自南海区和佛山市其他区，再次来自广州市或本省其他市。

（3）税务审计。来源于企业内部的企业数占14.5%，来源于南海区的占60.6%，来源于佛山市其他区的占28.4%，来源于广州市的占7.3%，来源于本省其他市的占2.4%，来源于外省的占0.7%，来源于港澳台的占0.3%，没有来源国外的。可以看出，税务审计服务主要来自南海区和佛山市其他区。

---

① 不少企业填写问卷时默认可以有一个以上的主要来源，因此各比例之和大于100%。

（4）财务管理。来源于企业内部的企业数占 57.1%，来源于南海区的占 36.0%，来源于佛山市其他区的占 17.0%，来源于广州市的占 3.1%，来源于本省其他市的占 2.1%，来源于外省的占 0.3%，来源于港澳台的占 0.3%，没有来源于国外的。可以看出，财务管理服务主要来源于企业内部、南海区和佛山市其他区。

（5）咨询服务。来源于企业内部的企业数占比为 13.8%，来源于南海区的占 51.8%，来源于佛山市其他区的占 40.6%，来源于广州市的占 12.7%，来源于本省其他市的占 4.7%，来源于外省的占 4.0%，来源于港澳台的占 2.2%，来源于国外的占 0.7%。可以看出，企业咨询服务主要来源于南海区、佛山市其他区。

（6）金融保险。来源于企业内部的企业数占 2.7%，来源于南海区的占 61.2%，来源于佛山市其他区的占 38.4%，来源于广州市的占 6.8%，来源于本省其他市的占 4.6%，来源于外省的占 1.1%，来源于港澳台的占 0.4%，来源于国外的占 1.1%。可以看出，在接受金融保险服务时，多数被调查企业接受的是来自南海区和佛山市其他区的服务。

（7）广告策划。来源于本企业的企业数占 22.8%，来源于南海区的占 44.0%，来源于佛山市其他区的占 34.7%，来源于广州市的占 14.7%，来源于本省其他市的占 3.9%，来源于外省的占 1.9%，来源于港澳台的占 0.8%，来源于国外的占 4.6%。可以看出，在接受广告策划服务时，多数被调查企业使用的是南海区、佛山市其他区的服务，再者是自己提供的服务。

（8）市场销售。来源于企业内的企业数占 33.0%，来源于南海区的占 23.1%，来源于佛山市其他区的占 26.0%，来源于广州市的占 13.9%，来源于广东省其他市的占 31.5%，来源于外省的占 16.8%，来源于港澳台的占 5.1%，来源于国外的占 13.2%。可以看出，市场销售服务的来源比较分散，企业内部、本省其他市、佛山市其他区、南海区、外省、广州市、国外、港澳台占比依次递减。

（9）人力外包。来源于企业内的企业数占 39.3%，来源于南海区的占 43.2%，来源于佛山市其他区的占 15.0%，来源于广州市的占 4.7%，来源于本省其他市的占 5.6%，来源于外省的占 3.0%，没有来自港澳台或国外的。可以看出，接受人力外包服务的企业多数来源于南海区、企业内部、佛山市其他区。

（10）培训服务。来源于企业内部的企业数占 44.3%，来源于南海区的占 33.6%，来源于佛山市其他区的占 31.7%，来源于广州市的占 11.1%，来源于本省其他市的占 2.6%，来源于外省的占 4.1%，来源于港澳台的占 0.4%，没有来源于国外的。可以看出，培训服务主要来源于企业内部、南海区、佛山市其他区、广州市。

（11）产品研发。来源于企业内部的企业数占68.9%，来源于南海区的占13.5%，来源于佛山市其他区的占10.8%，来源于广州市的占4.8%，来源于本省其他市的占4.8%，来源于外省的占4.0%，来源于港澳台的占7.6%，来源于国外的占2.0%。可以看出，产品研发服务主要来源于企业内部，其次来自南海区、佛山市其他区。

（12）工业设计。来源于企业内部的企业数占66.4%，来源于南海区的占15.9%，来源于佛山市其他区的占14.1%，来源于广州市的占5.0%，来源于本省其他市的占5.0%，来源于外省的占4.1%，来源于港澳台的占0.9%，来源于国外的占2.7%。可以看出，工业设计服务主要来源于企业内部，其次来自南海区、佛山市其他区，这与产品研发的情况基本一致。

（13）工程设计。来源于企业内部的企业数占50.4%，来源于南海区的占18.1%，来源于佛山市其他区的占26.5%，来源于广州市的占7.1%，来源于本省其他市的占5.8%，来源于外省的占4.0%，来源于港澳台的占0.9%，来源于国外的占1.8%。可以看出，工程设计服务主要来源于企业内部，其次来源于佛山市其他区、南海区。

（14）检验检测。来源于企业内部的企业数占34.5%，来源于南海区的占33.7%，来源于佛山市其他区的占35.2%，来源于广州市的占17.2%，来源于本省其他市的占14.6%，来源于外省的占6.7%，来源于港澳台的占0.4%，来源于国外的占0.4%。可以看出，检验检测服务主要来源于企业内部、佛山市其他区、南海区。

（15）运输仓储。来源于企业内部的企业数占35.8%，来源于南海区的占34.3%，来源于佛山市其他区的占25.7%，来源于广州市的占16.0%，来源于本省其他市的占13.4%，来源于省外的占5.6%，来源于港澳台的占0.7%，来源于国外的占0.4%。可以看出，运输仓储服务主要来源于企业内部、南海区和佛山市其他区，其次来自广州市、本省其他市。

（16）法律服务。来源于企业内部的企业数占10.7%，来源于南海区的占47.5%，来源于佛山市其他区的占41.4%，来源于广州市的占11.5%，来源于本省其他市的占5.0%，来源于外省的占3.1%，来源于港澳台的占0.4%，来源于国外的占0.4%。可以看出，法律服务主要来源于南海区和佛山市其他区。

（17）设备租赁。来源于企业内部的企业数占39.1%，来源于南海区的占34.3%，来源于佛山市其他区的占19.6%，来源于广州市的占8.3%，来源于本省其他市的占2.6%，来源于外省的占0.9%，来源于国外的占0.4%，没有来源于港澳台的。可以看出，设备租赁主要来源于企业内部和南海区，其次来源于佛山市其他区。

（18）设备维修。来源于企业内部的企业数占49.3%，来源于南海区的占35.6%，来源于佛山市其他区的占24.5%，来源于广州市的占7.2%，来源于本省其他市的占7.6%，来源于外省的占3.2%，来源于港澳台的占1.4%，来源于国外的占0.7%。可以看出，设备维修服务主要来源于企业内部、南海区、佛山市其他区。

（19）产品质量控制。来源于企业内部的企业数占72.3%，来源于南海区的占19.7%，来源于佛山市其他区的占19.0%，来源于广州市的占6.6%，来源于本省其他市的占3.3%，来源于省外的占1.8%，来源于港澳台的占0.7%，没有来源于国外的。可以看出，产品质量控制服务主要来源于企业内部，其次来源于南海区、佛山市其他区。

（20）保洁保安服务。来源于企业内部的企业数占68.5%，来源于南海区的占26.2%，来源于佛山市其他区的占10.4%，来源于广州市的占1.4%，来源于本省其他市的占1.8%，被调查企业没有使用来源于外省、港澳台或国外的保洁保安服务。可以看出，保洁保安服务主要来源于企业内部，其次是南海区，再次是佛山市其他区。

18. 企业需要的各项服务由本企业以外的单位提供的程度。

如表24－2所示，被调查工业企业对服务的外购程度因服务类型而有别。平均外购程度最高的是法律服务，平均外购程度为48.25%，其分布是外购程度在1%～20%的企业数占比为29.6%，外购程度在21%～40%的企业数占比为20.0%，外购程度在41%～60%的企业数占比为10.0%，外购程度在61%～80%企业数占比为10.4%，外购程度在81%～100%的企业数占比为30.0%。平均外购程度最低的是保洁保安，平均外购程度为22.97%，在各外购程度下的分布依次为：74.6%、5.1%、5.9%、9.7%、4.7%，由于多数企业外购保洁保安服务的程度仅限于最低水平下，因此该项服务的外购程度低。

表24－2 南海区工业企业外购各项服务的程度统计分析　　　　单位：%

类别 \ 分布程度	1%～20%	21%～40%	41%～60%	61%～80%	81%～100%	平均外购程度	排名次序
信息技术	48.6	15.7	21.3	6.8	7.6	31.85	8
数据处理	52.7	16.3	13.0	12.6	5.4	30.33	10
税务审计	33.0	17.0	10.6	12.5	26.9	46.67	3
财务管理	56.3	20.2	8.9	7.3	7.3	27.81	14

续表

类别 \ 程度分布	1%~20%	21%~40%	41%~60%	61%~80%	81%~100%	平均外购程度	排名次序
咨询服务	36.6	18.7	24.8	6.9	13.0	38.21	6
金融保险	29.8	16.1	19.4	8.3	26.4	47.11	2
广告策划	35.2	24.2	14.0	10.6	16.1	39.66	4
市场销售	63.1	12.0	12.4	6.9	5.6	25.97	15
人力外包	64.7	12.7	15.4	3.2	4.1	23.85	19
培训服务	50.4	16.8	19.8	5.6	7.3	30.52	9
产品开发	68.6	9.1	7.7	10.0	4.5	24.55	18
工业设计	62.9	17.1	10.0	2.9	7.1	24.86	16
工程设计	59.2	11.3	16.9	4.7	8.0	28.22	12
检验检测	42.1	12.9	18.3	12.1	14.6	38.83	5
运输仓储	39.8	18.7	17.8	10.8	12.9	37.63	7
法律服务	29.6	20.0	10.0	10.4	30.0	48.25	1
设备租赁	57.8	15.7	14.3	2.2	10.0	28.17	13
设备维修	49.4	23.9	17.0	4.9	4.9	28.38	11
质量控制	64.8	9.4	15.9	6.4	3.4	24.85	17
保洁保安	74.6	5.1	5.9	9.7	4.7	22.97	20

19. 企业对外购服务的满意程度。

如表24-3所示，被调研的工业企业对外购服务的满意程度因服务类别而异。企业不满意（包括非常不满意或不满意）占比较高的前五位依次是：培训服务（12.6%）、产品开发（11.4%）、工程设计（10.6%）、设备维修（9.9%）、检验检测（9.3%）。企业满意（包括满意或非常满意）占比较高的前五位依次是：税务审计（72.5%）、运输仓储（64.6%）、财务管理（61.4%）、检验检测（61.1%）、信息技术（60.7%）。值得注意的是，企业对检验检测服务持两种截然不同的意见，因此它既处于不满意的前五名之内又处于满意的前五名之内，企业对检验检测服务持中立意见的排名倒数第二，仅高于税务审计服务。

表 24-3　　　　　　南海区企业对外购服务的满意程度统计

项目	非常不满意	不满意	无意见	满意	非常满意
信息技术	0.8	3.4	35.1	56.9	3.8
数据处理	0.8	4.7	47.7	43.8	3.1
税务审计	0.7	0.4	26.4	66.2	6.3
财务管理	0.8	0.8	36.1	54.9	7.5
咨询服务	1.2	7.2	31.5	55.0	5.2
金融保险	0.8	2.0	40.2	52.2	4.8
广告策划	0.4	3.7	43.8	49.2	2.9
市场销售	0.4	4.1	36.9	54.4	4.1
人力外包	0.9	5.6	43.1	47.0	3.4
培训服务	0.4	12.1	36.0	48.5	2.9
产品开发	0.4	10.9	38.4	46.3	3.9
工业设计	0.9	2.2	50.7	43.1	3.1
工程设计	0.9	9.7	42.0	42.9	4.4
检验检测	0.8	8.5	29.6	55.1	6.1
运输仓储	0.4	2.4	32.5	61.0	3.7
法律服务	0.4	2.0	38.5	52.6	6.5
设备租赁	0.9	1.3	48.1	45.9	3.9
设备维修	0.4	9.5	38.0	48.3	3.7
质量控制	0.8	1.7	38.2	55.0	4.2
保洁保安	0.8	2.1	39.1	53.5	4.5

20. 企业认为各项服务对企业产值和竞争力的影响程度。

如表 24-4 所示，总体而言平均仅有 4.2% 的被调查企业认为生产服务对提高企业产值和竞争力不重要（包括非常不重要或不重要），平均有 32.0% 的企业无意见，平均有 63.8% 的企业认为生产服务对提高产值和竞争力重要（包括重要或非常重要）。另外，被调查企业认为不同服务类型对提高产值和竞争力的重要性有所不同，根据认为重要及非常重要的企业数占比排名，位于前五名的依次是：质量控制（76.9%）、产品开发（76.1%）、市场销售（75.9%）、财务管理（74.7%）、检验检测（74.4%）。根据被调查企业认为不重要的企业数占比排名，居前五位的依次是：金融保险（10.5%）、保洁保安（9.7%）、设备租赁（7.7%）、人力外包（6.7%）、工程设计（6.2%），这种与依据认为重要及非常重要的调查结果的逆序排列基本相同,逆序排的结果是:人力外包(38.9%)、设备租赁(41.3%)、保洁保安(50.6%)、金融保险(56.0%)、广告策划(57.5%)。

表 24-4　　　　生产服务对企业产值和竞争力的影响程度

项目	非常不重要	不重要	无意见	重要	非常重要
信息技术	0.0	2.3	23.9	55.7	18.2
数据处理	0.0	1.9	26.1	56.8	15.2
税务审计	0.0	3.7	23.5	54.5	18.3
财务管理	0.4	3.0	21.9	50.9	23.8
咨询服务	0.0	3.1	33.8	54.2	8.8
金融保险	0.0	10.5	33.5	46.7	9.3
广告策划	1.6	1.6	39.4	46.5	11.0
市场销售	0.4	1.2	22.6	41.2	34.6
人力外包	0.4	6.3	54.4	33.5	5.4
培训服务	0.0	5.0	34.9	53.3	6.9
产品开发	0.0	1.2	22.7	50.6	25.5
工业设计	0.0	5.7	29.3	50.4	14.6
工程设计	0.0	6.2	31.8	47.9	14.0
检验检测	0.4	1.5	23.7	54.2	20.2
运输仓储	0.4	1.9	36.9	47.7	13.1
法律服务	0.0	2.7	33.5	51.3	12.5
设备租赁	0.0	7.7	51.0	36.0	5.3
设备维修	0.0	5.0	35.3	48.8	10.9
质量控制	0.0	0.8	21.9	51.2	25.8
保洁保安	0.0	9.7	39.8	43.6	6.9

21. 企业从外单位购买各项服务时所考虑的主要因素。[①]

(1) 信息技术服务。考虑获取的便捷性的企业数占比15.2%,考虑价格的占比10.6%,考虑服务的专业性的占比75.0%,考虑企业信誉的占比8.0%。可见,在采购科技服务时较多企业考虑服务的专业性,其次是便捷性和价格。

---

① 一些被调查企业默认多选,因此各项之和大于100%;表24-5是标准化后的分布。

（2）数据处理与挖掘。考虑获取的便捷性的企业数占比18.5%，考虑价格的占比11.2%，考虑服务的专业性的占比70.0%，考虑企业信誉的占比7.3%。可见，与采购信息技术服务的情况类似，在采购数据处理与挖掘服务时多数企业考虑的是服务的专业性，其次考虑便捷性和价格。

（3）税务审计。考虑获取的便捷性的企业数占比13.3%，考虑价格的占比10.0%，考虑服务的专业性的占比75.0%，考虑企业信誉的占比14.6%。可见，在采购税务审计服务时，多数企业考虑的是服务的专业性，其次是企业信誉和获取的便捷性，最后是价格。

（4）财务管理。考虑获取的便捷性的企业数占比15.5%，考虑价格的占比9.8%，考虑服务的专业性的占比70.2%，考虑企业信誉的占比11.7%。可见，在购买财务管理服务时多数企业考虑的是服务的专业性，其次是便捷性和企业信誉，最后考虑的才是价格。

（5）咨询服务。考虑服务的便捷性的企业数占比12.2%，考虑价格的占比12.2%，考虑服务的专业性占比66.9%，考虑企业信誉的占比15.2%。可见，在采购咨询服务时较多企业考虑的是服务的专业性，其次是企业信誉，最后是便捷性和价格。

（6）金融保险。考虑服务的便捷性的企业数占比10.4%，考虑价格的占比41.2%，考虑服务的专业性的占比53.8%，考虑企业信誉的占比18.8%。可见，采购金融保险服务时，多数企业既考虑服务的专业性又考虑价格，其次还考虑企业信誉。

（7）广告策划。考虑服务的便捷性的企业数占比9.4%，考虑价格的占21.7%，考虑服务的专业性的占68.1%，考虑企业信誉的占11.0%。可见，采购广告策划服务时多数企业考虑服务的专业性，其次是价格，再次是企业信誉和价格。

（8）市场销售。考虑服务的便捷性的占15.2%，考虑价格的占12.0%，考虑服务的专业性的占56.0%，考虑企业信誉的占21.6%。可见，在采购市场销售服务时多数企业考虑的是服务的专业性，其次是企业信誉，最后是便捷性和价格。

（9）人力外包。考虑服务的便捷性的企业数占24.3%，考虑价格的占32.1%，考虑服务的专业性的占43.2%，考虑企业信誉的占11.5%。可见，在采购人力外包服务时企业依次考虑的因素是服务的专业性、便捷性、价格和信誉。

（10）培训服务。考虑服务的便捷性的企业数占7.9%，考虑价格的占18.7%，考虑服务的专业性的占70.6%，考虑企业信誉的占10.3%。可见，在采购培训服务时多数企业考虑的是服务的专业性，其次是价格，最后是企业信誉和便捷性。

（11）产品研发。考虑服务的便捷性的企业数占 9.1%，考虑价格的占 14.0%，考虑服务的专业性的占 75.2%，考虑企业信誉的占 11.2%。可见，在采购产品研发服务时多数企业考虑的是服务的专业性，其次是价格、企业信誉和便捷性。

（12）工业设计。考虑服务的便捷性的企业数占 8.0%，考虑价格的占 14.3%，考虑服务的专业性的占 70.6%，考虑企业信誉的占 14.7%。可见，在采购工业设计服务时多数企业考虑的是服务的专业性，其次是企业信誉、价格和便捷性。

（13）工程设计。考虑服务的便捷性的企业数占 6.8%，考虑价格的占 13.1%，考虑服务的专业性的占 70.3%，考虑企业信誉的占 15.7%。可见，在采购工程设计服务时多数企业考虑的是服务的专业性，其次是企业信誉、价格和便捷性。

（14）检验检测。考虑服务的便捷性的企业数占 14.5%，考虑价格的占 12.1%，考虑服务的专业性的占 69.1%，考虑企业信誉的占 13.3%。可见，在采购检验检测服务时多数企业考虑的是服务的专业性，其次是便捷性、企业信誉和价格。

（15）运输仓储。考虑服务的便捷性的企业数占 17.3%，考虑价格的占 33.3%，考虑服务的专业性的占 42.4%，考虑企业信誉的占 16.1%。在采购运输仓储服务时多数企业考虑的因素是服务的专业性和价格，其次是便捷性和企业信誉。

（16）法律服务。考虑服务的便捷性的企业数占 5.1%，考虑价格的占 11.3%，考虑服务的专业性的占 74.6%，考虑企业信誉的占 17.2%。可见，在采购法律服务时多数企业考虑的是服务的专业性，其次是企业信誉和价格。

（17）设备租赁。考虑服务的便捷性的企业数占 14.5%，考虑价格的占 38.7%，考虑服务的专业性的占 34.8%，考虑企业信誉的占 13.3%。在采购设备租赁服务时，企业主要考虑价格和服务的专业性，其次才是便捷性和企业信誉，这与采购其他服务时主要考虑的因素有所差异，与采购金融服务或运输服务的模式相似。

（18）设备维修。考虑服务的便捷性的企业数占 14.6%，考虑价格的占 29.6%，考虑服务的专业性的占 54.5%，考虑企业信誉的占 11.5%。可见，在采购设备维修服务时多数企业考虑的是服务的专业性，其次是价格、便捷性和企业信誉。

（19）产品质量控制。考虑服务的便捷性的企业数占 15.0%，考虑价格的占 13.8%，考虑服务的专业性的占 63.4%，考虑企业信誉的占 16.7%。可见，在采购产品质量控制服务时多数企业考虑的是服务的专业性，其次是企业信誉、服务的便捷性和价格。

（20）保洁保安服务。考虑服务的便捷性的企业数占 13.9%，考虑价格的占 36.1%，考虑服务的专业性的占 45.6%，考虑企业信誉的占 12.3%。在采购保洁保安服务时，考虑的主要因素与采购运输服务或金融服务时相同，既考虑服务的专业性又强调价格，其次才考虑服务的便捷性和企业信誉。

将以上各项服务的调查结果进行标准化，见表 24-5。对 20 种细分服务平均而言，企业采购时考虑的因素首先是服务的专业化水平，首先考虑该因素的企业数占比平均为 57.4%，说明大多数企业在采购生产服务时将专业化水平作为首要考虑的因素。平均而言，将价格因素作为首要考虑因素的企业数占 18.2%，居于第二位；接下来分别是企业信誉（12.0%）和服务获取的便捷性（12.0%）。

表 24-5 从外单位购买服务时所考虑的主要因素（标准化后） 单位：%

项目	便捷程度	价格	专业化水平	企业信誉	合计
信息技术	14.0	9.7	68.9	7.4	100
数据处理	17.3	10.5	65.4	6.8	100
税务审计	11.8	8.9	66.4	12.9	100
财务管理	14.5	9.1	65.5	10.9	100
咨询服务	11.5	11.5	62.8	14.3	100
金融保险	8.4	33.2	43.3	15.1	100
广告策划	8.5	19.7	61.8	10.0	100
市场销售	14.5	11.5	53.4	20.6	100
人力外包	21.5	30.2	38.2	10.2	100
培训服务	7.3	17.4	65.7	9.6	100
产品开发	8.3	12.8	68.7	10.2	100
工业设计	7.4	13.3	65.6	13.7	100
工程设计	6.4	12.4	66.4	14.8	100
检验检测	13.3	11.1	63.4	12.2	100
运输仓储	15.9	30.5	38.9	14.8	100
法律服务	4.7	10.4	68.9	15.9	100

续表

项目	便捷程度	价格	专业化水平	企业信誉	合计
设备租赁	14.3	38.2	34.4	13.1	100
设备维修	13.2	26.9	49.5	10.4	100
质量控制	13.8	12.7	58.2	15.3	100
保洁保安	12.9	33.5	42.3	11.4	100
平均	12.0	18.2	57.4	12.5	100

22. 企业是否认为生产服务在很大程度上决定企业竞争力。

如图24-5所示，78.52%的被调查企业认为生产服务在很大程度上决定着企业的竞争力，剩余持否定意见的仅仅占21.48%。

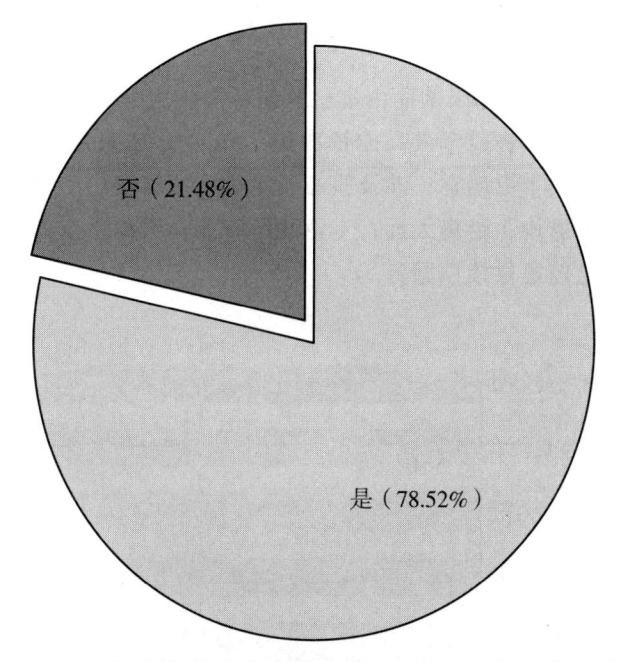

图 24-5 对生产服务决定企业竞争力观点的支持或反对比例

23. 企业是否愿意从企业外部购买服务。

如图24-6所示，71.67%的被调查企业愿意从企业外部购买生产服务，剩余不愿意的仅占28.33%。

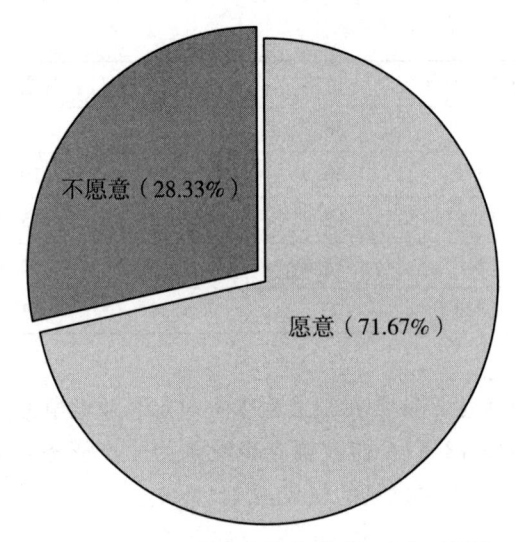

图 24-6　是否愿意从企业外部购买服务

24. 企业不愿意从外部采购而由本企业内部提供服务的原因。

如图 24-7 所示，赞成率最高的依次是：外购服务不一定能带来明显好处；本企业内部提供的成本更便宜；涉及核心技术和商业秘密；南海区缺少满足本企业需求的专门服务机构；距离太远；专业水平太差；上游供应商已经提供该项服务；下游供应商已经提供该项服务。

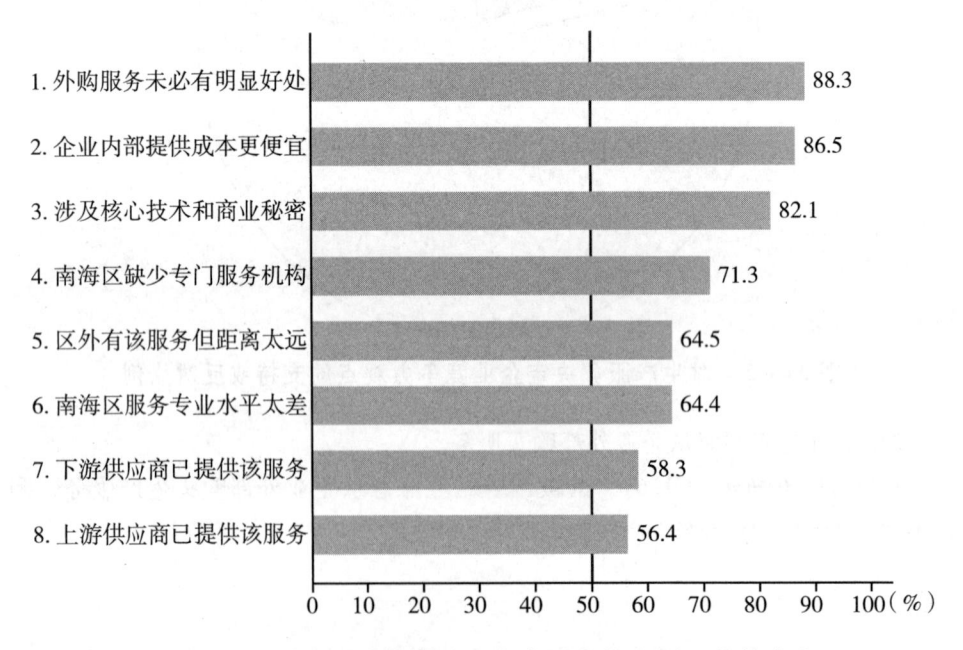

	赞成率(%)
1. 外购服务未必有明显好处	88.3
2. 企业内部提供成本更便宜	86.5
3. 涉及核心技术和商业秘密	82.1
4. 南海区缺少专门服务机构	71.3
5. 区外有该服务但距离太远	64.5
6. 南海区服务专业水平太差	64.4
7. 下游供应商已提供该服务	58.3
8. 上游供应商已提供该服务	56.4

图 24-7　对企业不愿意外购生产服务的各原因的赞成率

25. 南海区的服务企业能否完全满足本企业的服务需求。

如图24-8所示，仅有26.6%的受访企业认为当前南海区内的服务企业完全能够满足本企业的服务需求，其他占73.4%的受访企业认为不能完全满足其对生产服务的需求而需要外地采购。对南海区的第二产业生产服务来而言，这意味着存在尚未满足的需求，存在较大的市场空间。

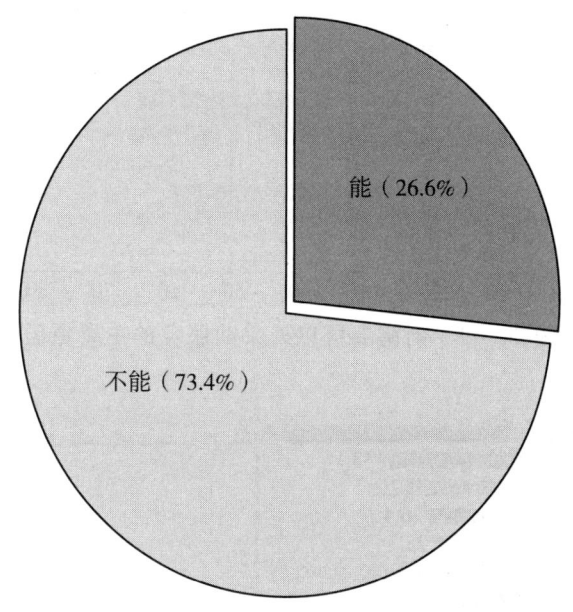

图24-8　南海区服务机构能否满足本地工业企业的服务需求

26. 企业需要在南海区以外的区域采购服务的主要原因。

如图24-9所示，企业到南海区以外的区域采购服务的主要原因，按照赞成比率高低，依次是：外地提供商的价格更便宜；外地提供商的专业化水平和服务质量更高；南海区没有该项服务；外地提供商服务态度更好。

27. 在各类服务中企业选择境外提供商的倾向。

如图24-10所示，从境外采购倾向看，居于前五位的分别是：信息技术（0.466）、产品开发（0.331）、工程设计（0.296）、市场销售（0.264）、培训服务（0.257）；居于后五位的分别是：运输仓储（0.065）、法律服务（0.062）、财务管理（0.053）、保洁保安（0.048）、税务审计（0.045）。除信息技术外，其他各类服务的境外采购倾向都低于服务需求的1/3，向境外流失的倾向不明显。

图 24-9 到南海区以外采购服务的主要原因

1. 外地价格更便宜 79.7
2. 外地专业水平高 79.6
3. 南海区无该服务 72.4
4. 专业水平比较差 65.6
5. 外地服务态度好 58.8

图 24-10 企业对各项服务选择境外购买倾向

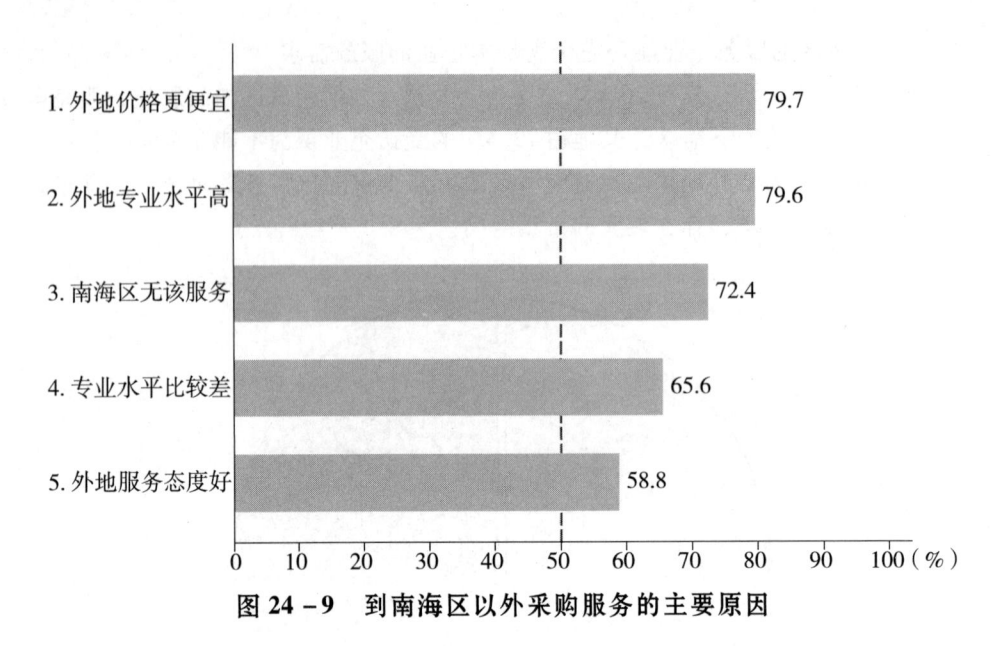

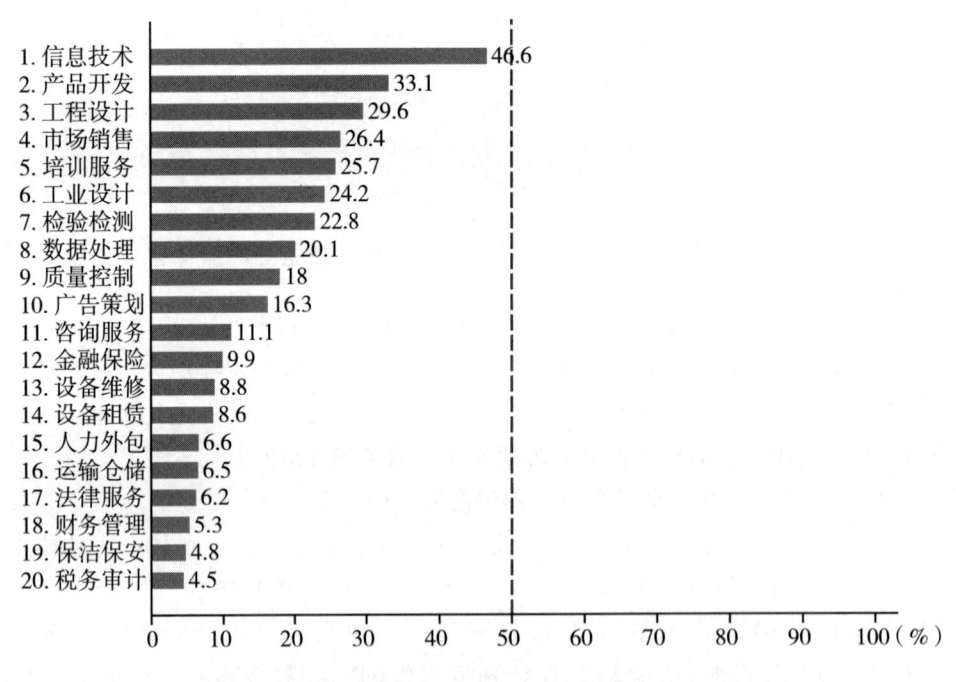

1. 信息技术 46.6
2. 产品开发 33.1
3. 工程设计 29.6
4. 市场销售 26.4
5. 培训服务 25.7
6. 工业设计 24.2
7. 检验检测 22.8
8. 数据处理 20.1
9. 质量控制 18
10. 广告策划 16.3
11. 咨询服务 11.1
12. 金融保险 9.9
13. 设备维修 8.8
14. 设备租赁 8.6
15. 人力外包 6.6
16. 运输仓储 6.5
17. 法律服务 6.2
18. 财务管理 5.3
19. 保洁保安 4.8
20. 税务审计 4.5

28. 采购外部服务时选择境外提供商的主要原因。

如图 24-11 所示，被调查企业采购外部服务时选择境外（港澳台及国外）服务供应商的主要原因依次是：A1（24.7%），境外提供商的服务方案设计更加合理；A5（18.4%），境外服务提供商的工作人员的专业素养更高；A2（18.1%），境外服务提供商的服务经验更加丰富；A6（16.1%），由于信息技术的发展，可以很方便地采购境外服务；A3（14.7%），境外服务提供商的企业品牌美誉度更高，让人放心；A4（4.0%），选择境外服务提供商时价格不是主要考虑因素；A7（4.0%），其他因素。从中可以发现，外部服务提供商的服务方案、专业素养、服务经验、美誉度等因素是决定企业选择向境外购买服务的主要决策变量。

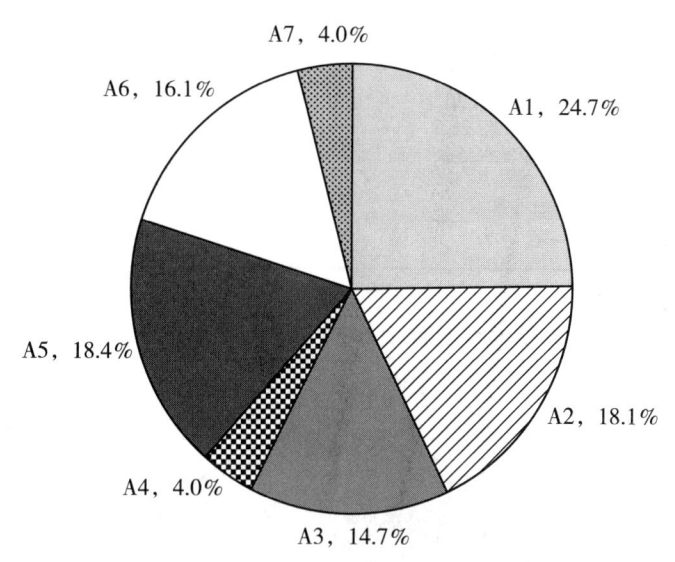

图 24-11 企业选择境外服务提供商的主要原因分布

注：A1 为服务方案设计更加合理，A2 为服务经验更加丰富，A3 为企业品牌美誉度高令人放心，A4 为价格不是主要考虑因素，A5 为工作人员的专业素养更高，A6 为信息技术方便采购境外服务，A7 为其他原因。

29. 是否认为服务提供商数量太少或专业水平太低而影响企业发展。

如图 24-12 所示，除工业设计（55.8%）、工业设计（50.8%）和咨询服务（49.4%）之外，只有少数受访企业赞成服务提供商数量太少或专业化水平太低而影响企业发展。相应地，这说明多数受访企业不赞成服务提供商数量太少或者专业水平太低而影响企业的发展。

30. 国内服务提供商与国外服务提供商相比需要在哪方面提高。

如图 24-13 所示，按照受访企业的赞成度，国内服务提供商依次需要：提高专业人员的专业化水平（B1，34%），提高信息技术应用水平（B3，27%），增加积累经验（B2，20%），提高企业品牌知名度和美誉度（B4，18%）。

```
 1. 工业设计                55.8
 2. 信息技术                50.8
 3. 咨询服务                49.4
 4. 产品开发                43.0
 5. 数据处理                41.0
 6. 质量控制                40.9
 7. 检验检测                40.4
 8. 培训服务                39.2
 9. 市场销售                36.1
10. 工程设计                36.1
11. 运输仓储                29.0
12. 法律服务                27.8
13. 金融保险                27.5
14. 财务管理                27.3
15. 广告策划                26.9
16. 设备维修                26.3
17. 人力外包                25.2
18. 税务审计                23.9
19. 设备租赁                20.9
20. 保洁保安                18.9
```

图 24-12 赞成服务提供商数量太少或专业水平太低而影响企业发展的比例

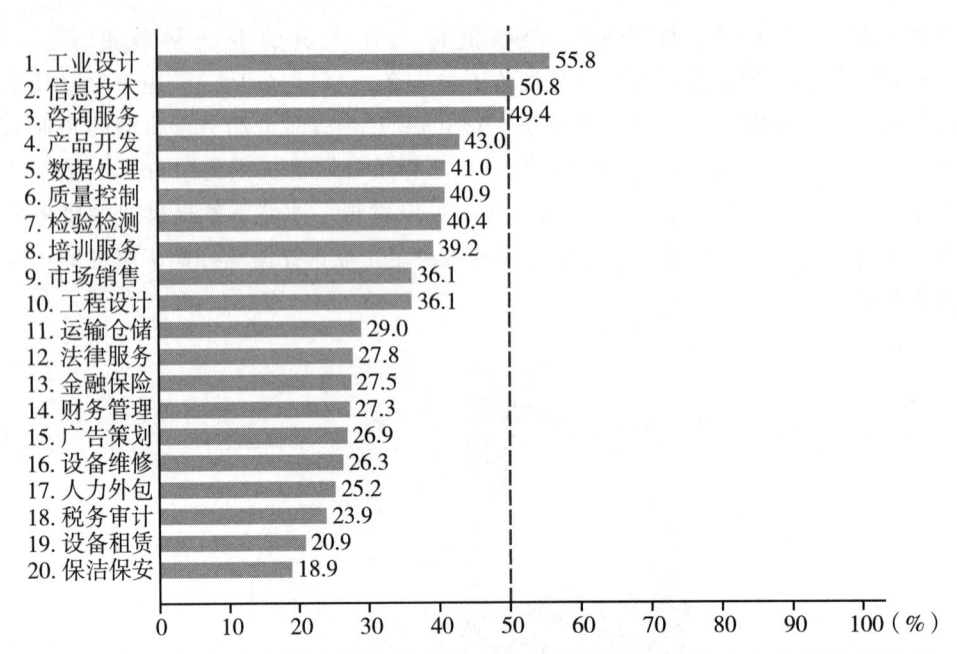

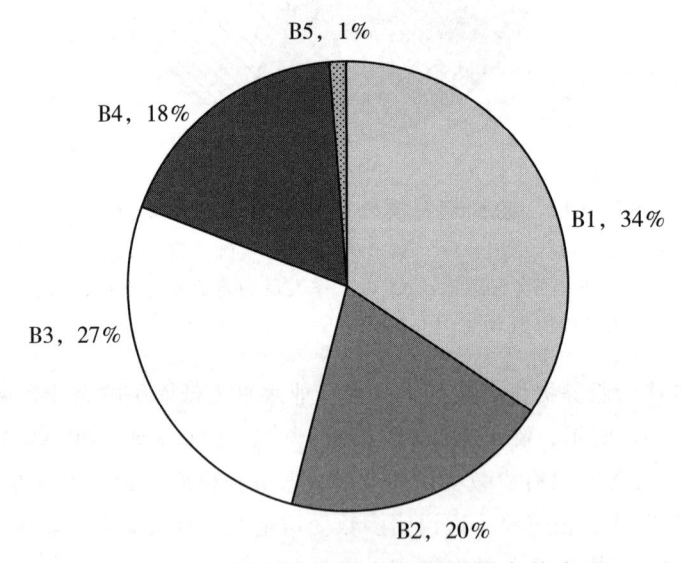

图 24-13 国内服务提供商需要提高的方面

B1, 34%
B2, 20%
B3, 27%
B4, 18%
B5, 1%

注：B1 为提高工作人员的专业水平，B2 为增加积累经验，B3 为提高信息技术应用水平，B4 为提高企业品牌知名度和美誉度，B5 为其他。

31. 企业涉及服务的基本情况。

如表 24-6 所示，尽管 90.4% 的受访企业同意本企业的大部分收入来自销售货物（实物产品），但是 79.9% 的企业同意生产服务在很大程度上决定着企业竞争力。同时，72.3% 的企业同意本企业提供服务的主要动力是顾客需求；70.1% 的受访企业同意越来越重视服务服务所带来的收入。58.3% 的受访企业同意为顾客提供服务能够增加收入。52.4% 的受访企业同意中间投入中服务所占比重越来越高。除在服务收入主导趋势问题上不同意比例明显高于同意的比例之外，即使扣除"无意见"的中间派，同意的比例都在不同程度上高于不同意的比例，这说明目前南海区的工业企业不同程度地经历着投入服务化和产出服务化的过程，只是对以后来自服务的收入将大于来自货物的收入没有信心和把握而已。

表 24-6　　　　　　　企业涉及服务问题的基本状况

项目	完全不同意	不同意	无意见	同意	完全同意
服务竞争力效应	0.4	2.5	17.3	59.4	20.5
重视服务收入	0.4	1.4	28.1	57.6	12.6
投入软化趋势	0.4	6.6	40.7	47.3	5.1
货物收入为主	0.4	1.1	8.2	54.6	35.8
服务能够增收	0.7	6.9	34.1	43.8	14.5
服务能够盈利	1.1	19.0	46.0	26.6	7.3
服务收入主导趋势	3.7	38.2	36.4	18.4	3.3
顾客服务需求响应	0.7	3.6	23.4	59.0	13.3
融资难问题	2.2	21.2	43.5	26.3	6.8
足够技术支持企业	1.4	24.3	44.2	26.4	3.6

32. 本企业所在行业有无行业协会或类似机构。

如图 24-14 所示，受访企业所在行业有行业协会的企业数占 79.3%，占据绝对主导地位。

33. 行业协会对本企业发展的促进作用程度。

如图 24-15 所示，行业协会（如果有）对受访企业的促进作用发挥的程度，28.1% 的企业认为很大，34.9% 的企业认为较大，31.1% 的企业认为一般。仅有 5.5% 的企业认为协会的促进作用较少，可有可无；0.4% 的企业认为积极作用很少。可见，在现有基础上进一步提高和完善行业协会的职能，对促进企业发展意义重大。

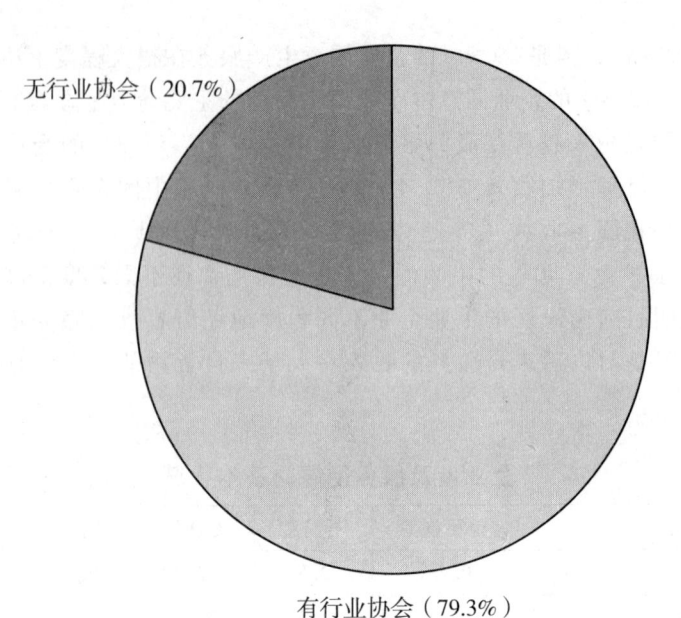

图 24-14 受访企业所在行业有无行业协会

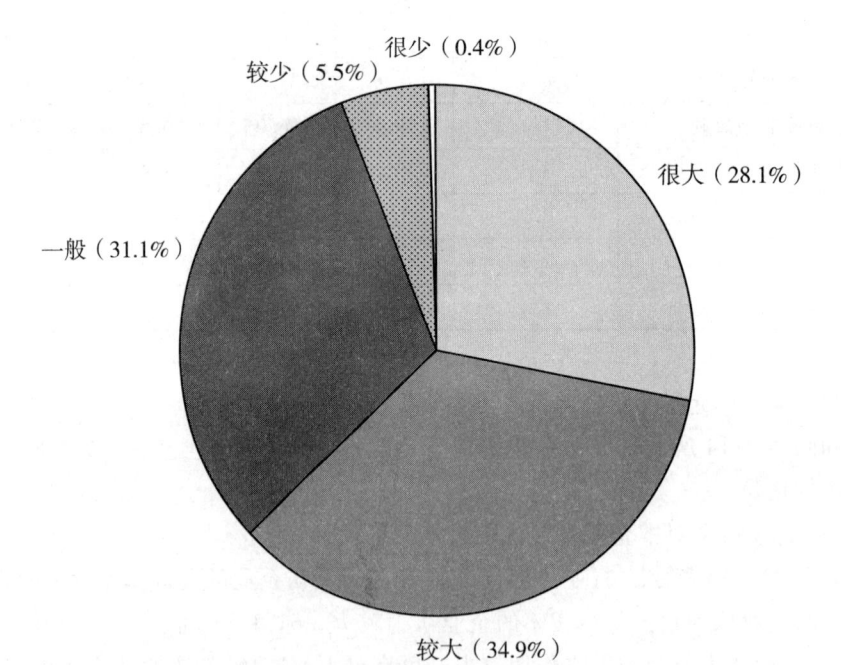

图 24-15 行业协会对本企业发展的促进作用程度

三、企业发展现状及展望

34. 企业对所在地发展环境的满意程度。

如图24-16所示，被调查企业中5.0%对南海区发展环境不满意，有43.5%感到南海区发展环境只是一般，两者合计达48.5%。有48.8%的企业对南海区发展环境感到满意，有2.7%的企业感到很满意，两者合计占51.5%。总体而言，企业对南海区经济发展环境满意的评价（51.5%）略超一般及以下的评价（48.5%），说明南海区经济发展环境对企业的吸引力开始显现。当前南海区要进一步完善本地的经济发展环境，扩展和提高南海区对企业的吸引力和区域竞争力。

35. 企业对自身发展状况的满意程度。

如图24-16所示，被调查企业对自身发展现状感到不满意的占12.5%，感到一般的占44.9%，两者合计达57.4%，说明目前多数企业感到发展现状一般。有41.3%的企业对自身发展现状感到满意，有1.3%的企业感到很满意，合计占42.6%。总体看，企业目前经营状况不容乐观。

同时，企业对南海区发展环境的满意程度与对自身发展现状的满意程度之间是密切关联的。通过斯皮尔曼相关性（Spearman Correlation）检验发现，两者的相关系数为0.4333，Prob > |t| = 0.0000，说明企业经营状况好坏直接关系到企业对所在地发展环境的认知和评价，改善营商环境应该针对企业实际面临的问题展开。

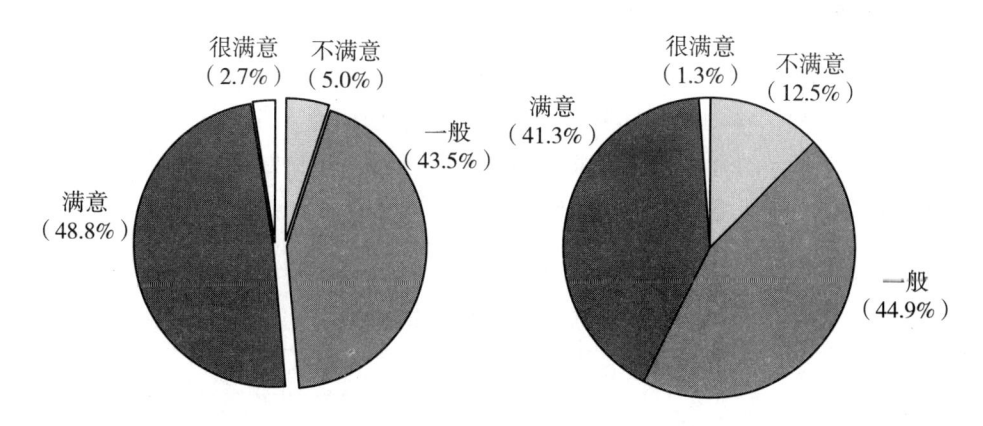

企业对发展环境的满意程度　　企业对自身发展现状的满意程度

图24-16　企业对所在地发展环境及自身发展现状的满意程度

36. 企业对所处行业发展前景信心。

如图 24-17 所示,被调查企业对所处行业发展前景的信心方面,很有信心的占 11.0%,有信心的占 54.1%,合计占 65.1%,多数企业对所处行业的发展前景有信心。无信心的企业数占比仅为 4.0%,认为一般的占 30.9%。从比例上看,企业对行业前景的信心程度(65.1%)明显超过对当前发展状况的满意程度(42.6%)和对所在地发展环境的满意程度(51.5%)。

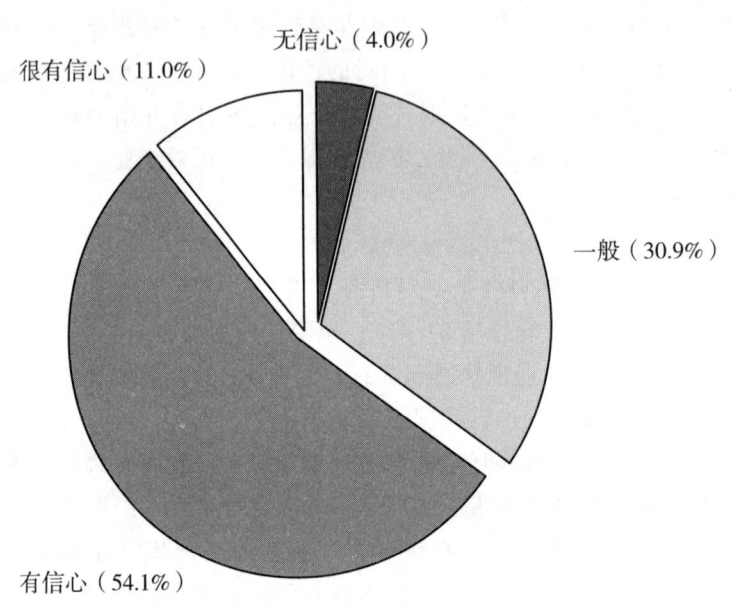

图 24-17 企业对所处行业发展前景信心

37. 企业所处行业的竞争程度。

如表 24-7 所示,在被调查企业中,有 90.3% 同意或完全同意所处行业的市场竞争非常激烈,有 81.3% 同意或完全同意行业的同业者非常多,有 73.5% 不同意或完全不同意行业平均利润非常高。在行业进入管制方面,意见出现分歧,43.3% 的受访企业无意见作答,此外有 43.7% 同意或完全同意行业进入管制非常严格。

表 24-7　　　　　　　　企业所处行业的竞争程度

项目	完全不同意	不同意	无意见	同意	完全同意
市场竞争非常激烈	0.3	1.7	7.7	57.7	32.6
行业同业者非常多	0.3	3.8	14.5	50.5	30.8

续表

项目	完全不同意	不同意	无意见	同意	完全同意
行业进入管制非常严	1.8	11.3	43.3	31.7	12.0
行业平均利润非常高	22.6	50.9	23.0	3.2	0.4

38. 所在地的产业政策环境。

如表24-8所示，对南海区的产业政策环境，有46.9%~50.2%的受访企业持无意见态度，这意味着相当多的企业对此不知情或者不愿意作答。对问项持完全同意或完全不同意的比率都在5%以下，基本上不具有显著性，进一步说明受访企业对南海区的产业政策导向、中长期产业发展规划、政府在产业政策环境方面的努力认识比较模糊。在此情况下，对问项持同意观点的比率在36.0%~40.1%之间，高于持不同意观点的比率（3.9%~7.6%），说明南海区在产业政策、产业发展规划、产业政策环境方面做了一些工作，一定程度上得到企业界的认可，但是工作力度仍然显得不够。

表24-8　　　　　　　　南海区的产业政策环境

项目	完全不同意	不同意	无意见	同意	完全同意
有明确的产业政策导向	2.1	7.6	46.9	39.6	3.8
有明确的中长期产业发展规划	1.8	7.4	50.2	36.0	4.6
努力提供稳定的产业政策环境	1.8	3.9	50.0	40.1	4.2

39. 企业对南海区政府支持满意程度。

如表24-9所示，在对南海区政府对企业支持的满意程度方面，受访企业持无意见的比率在39.1%~58.0%之间，持完全同意或完全不同意的比率在5.5%以下，不显著，在一定程度上这说明受访企业对南海区政府对企业的优惠帮扶支持政策满意程度比较模糊。在此情况下，持同意态度的比率高于或略高于持不同意态度的比率，说明受访企业对南海区政府在企业的优惠帮扶支持方面的做法有一定程度的认同和满意。

表24-9　　　　　　企业对南海区政府支持满意程度

项目	完全不同意	不同意	无意见	同意	完全同意
很满意税收优惠	2.7	12.6	45.4	34.1	5.1
很满意财政补贴	2.4	13.5	39.1	39.4	5.5

续表

项目	完全不同意	不同意	无意见	同意	完全同意
很满意人才政策	2.4	12.6	52.1	29.0	3.8
很满意订单支持	2.8	16.1	58.0	19.9	3.1
很满意政策扶持	2.4	9.1	42.5	40.8	5.2
很满意投资待遇支持	2.1	12.9	51.2	29.3	4.5
很满意知识产权支持	1.4	9.1	47.2	37.1	5.2

40. 企业发展面临的障碍。

如图 24-18 所示，南海区企业发展面临的前五位障碍依次有：人工成本高（100%）、原材料成本高（63.9%）、缺乏多层次人才市场和培训能力弱（40.4%）、税费较高（33.8%）、土地成本高（31.5%）。

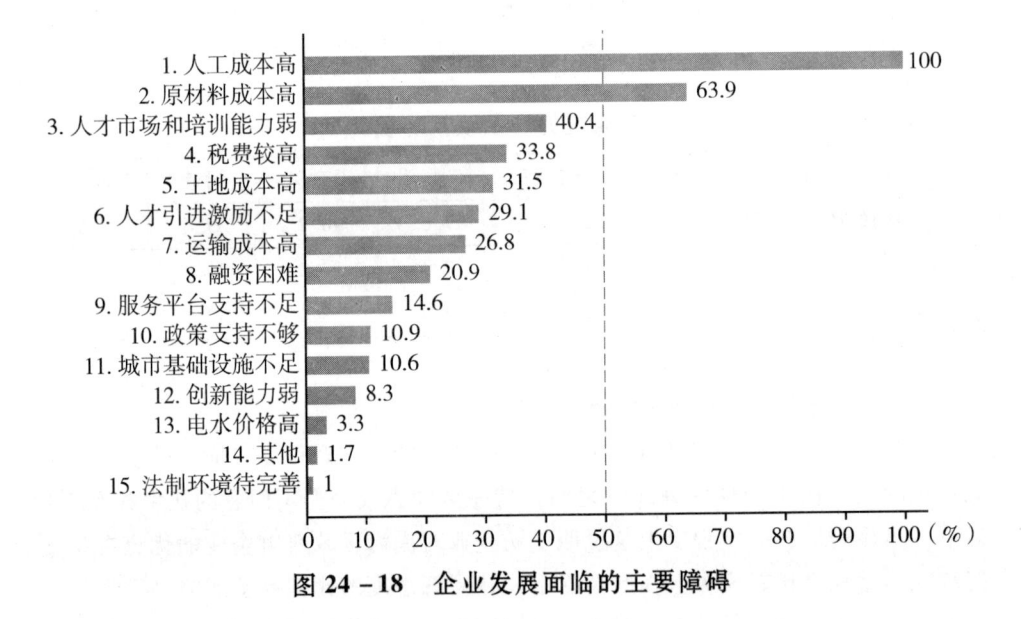

序号	项目	百分比
1	人工成本高	100
2	原材料成本高	63.9
3	人才市场和培训能力弱	40.4
4	税费较高	33.8
5	土地成本高	31.5
6	人才引进激励不足	29.1
7	运输成本高	26.8
8	融资困难	20.9
9	服务平台支持不足	14.6
10	政策支持不够	10.9
11	城市基础设施不足	10.6
12	创新能力弱	8.3
13	电水价格高	3.3
14	其他	1.7
15	法制环境待完善	1

图 24-18 企业发展面临的主要障碍

41. 导致企业吸引人才困难的原因。

如图 24-19 所示，关于企业吸引人才困难的原因，有 57.7% 的受访企业认为是薪酬水平缺乏竞争力，有 47.1% 认为是满足企业需求的中高端人才缺乏，31.1% 认为南海缺乏高级人才相互交流的专业氛围，28.0% 认为生活服务配套仍然不能满足中高端人才的要求。

1. 薪酬水平缺乏竞争力　57.7
2. 中高端人才缺乏　47.1
3. 缺乏交流的专业氛围　31.1
4. 生活服务配套不足　28.0
5. 对子女入学支持不够　18.8
6. 城市环境问题　17.1
7. 无法满足女教育需求　14.3
8. 对家属就业缺少支持　12.6
9. 其他　5.5

图 24-19　导致企业吸引人才困难的原因

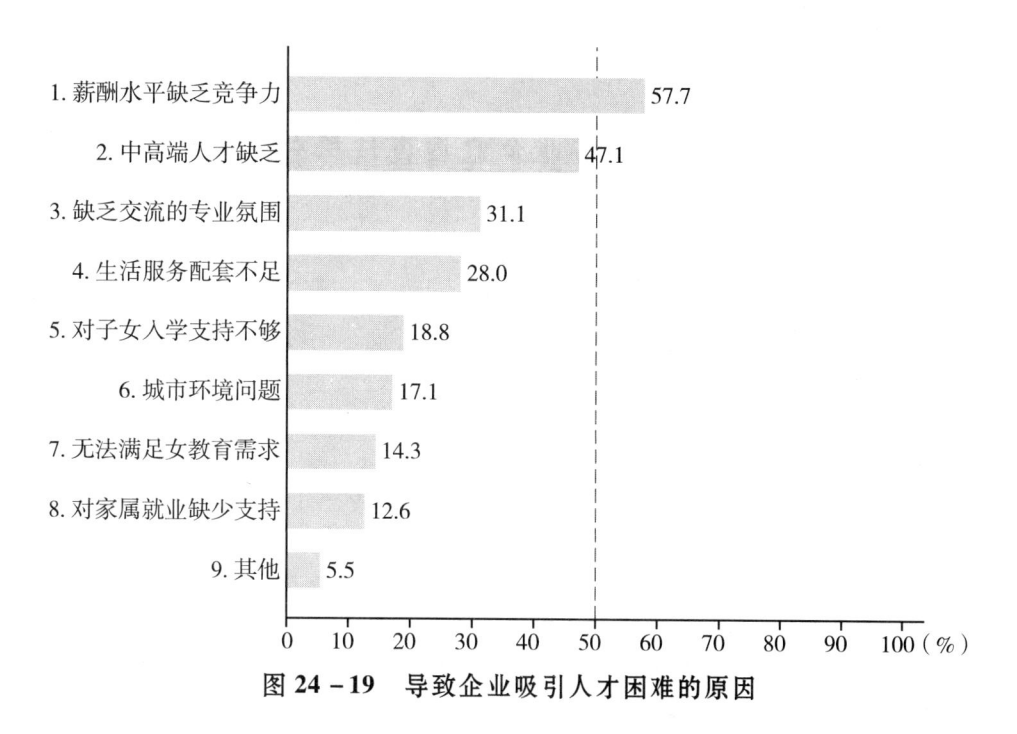

42. 企业期望政府促进发展的政策措施。

如图 24-20 所示，企业期望政府主要在强化税费支持（55.4%）、保障市场公平（43.6%）、优化审批程序（39.2%）、加大资金支持力度（38.5%）、出台产业扶持政策（34.8%）等方面制定相应地促进产业发展的政策措施。

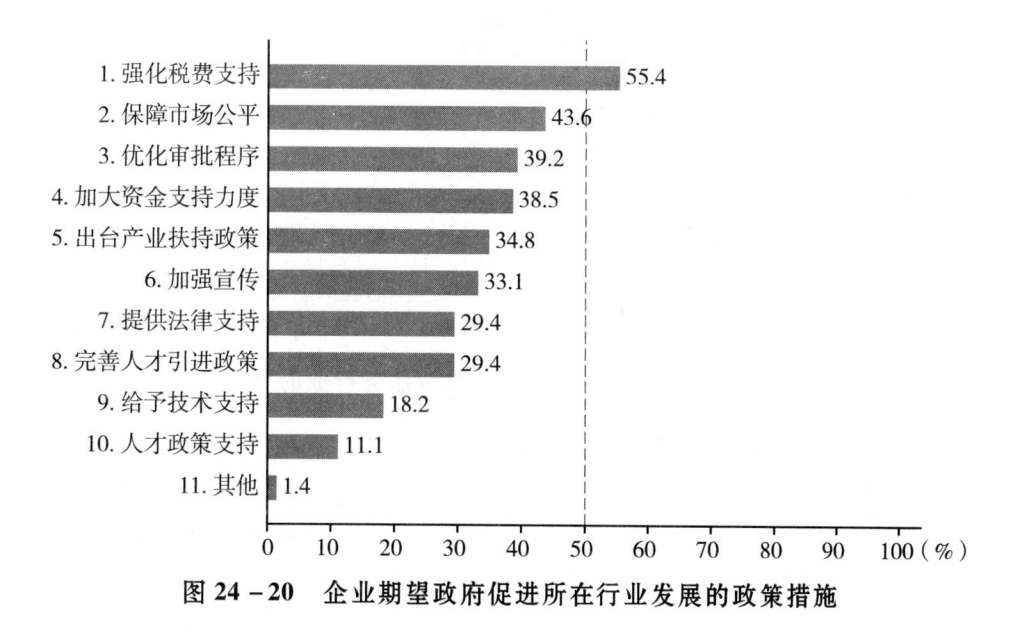

1. 强化税费支持　55.4
2. 保障市场公平　43.6
3. 优化审批程序　39.2
4. 加大资金支持力度　38.5
5. 出台产业扶持政策　34.8
6. 加强宣传　33.1
7. 提供法律支持　29.4
8. 完善人才引进政策　29.4
9. 给予技术支持　18.2
10. 人才政策支持　11.1
11. 其他　1.4

图 24-20　企业期望政府促进所在行业发展的政策措施

第三节 服务业企业调查结果分析

一、基本情况

1. 企业的细分服务行业类型分布。

从被调查服务业企业的行业性质看,主要分布情况是:文化体育娱乐业占比为22.3%;住宿餐饮业占比为19.0%,金融保险业占比为13.4%,信息传输数据处理计算机服务业占比为10.8%,房地产业占比为10.0%,居民服务和其他行业占比为7.8%,工程与技术咨询服务业占比为7.1%,法律咨询服务业占比为2.2%,商业与管理咨询占比为1.9%,其余各类占比合计为5.6%。各行业的具体企业样本数参见图24-21。

行业	样本数(个)
文化体育娱乐业	60
住宿餐饮业	51
金融保险业	36
信息传输数据处理计算机服务	29
房地产业	27
居民服务和其他行业	21
工程与技术咨询	19
法律咨询	6
商业与管理咨询	5
邮政电信通信	4
公共管理和社会组织	4
批发零售贸易业	3
科学研究与技术服务业	3
财务与税收咨询	1

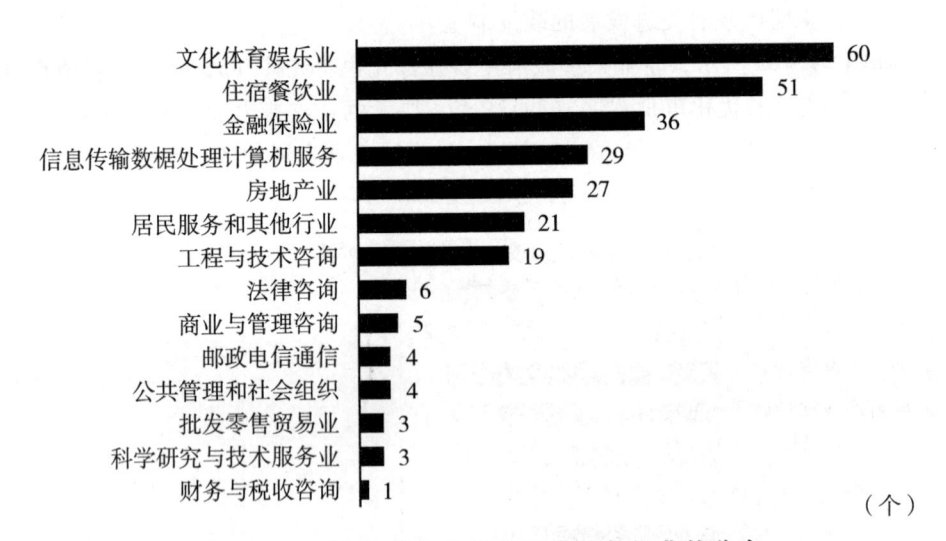

图24-21 被调查企业在各细分服务行业的分布

2. 企业的所有制性质分布。

从企业所有制性质看,个体私营占比为62.1%、股份制占比为22.0%,国有企业占比为7.2%,港澳台资占比为4.5%,集体企业占比为2.7%,外商投资占比为1.5%。可以看出,民营经济成分占比为84.1%,居于主导地位。

3. 2013年的营业额分布。

从营业收入看，2013年营业额在200万元以下的企业数占35.7%，200万~500万元的占16.2%，500万~1 000万元的占16.9%，1 000万~2 000万元的占5.6%，2 000万~3 000万元的占5.6%，3 000万~5 000万元的占4.1%，5 000万~1亿元的占4.5%，1亿元以上的占11.3%。除了营业额超亿元的之外，被调查企业的年平均营业额为1 069万元。

4. 企业的员工人数分布。

从员工人数看，目前被调查企业员工在50人以下的企业数占58.2%，50~200人的占23.5%，201~500人的占6.3%，501~1 000人的占10.8%，1 000人以上的占1.1%。除员工人数在1 000以上的之外，被调查企业的平均员工数量为149人。与被调查工业企业的平均员工数147人比较接近。

5. 企业职工文化素质状况。

从大专及本科以上人数占职工总数比例看，10%以下水平的企业数占31.6%，11%~25%水平的企业数占12.4%，26%~50%水平的企业数占8.6%，51%~75%水平的企业数占9.4%，76%~100%水平的占38.0%。可以看出，被调研服务业企业的员工素质在两个极端之间分布，25%水平以下的占44.0%，这部企业员工接受高等教育的比例平均为8.7%，即平均11个员工中只有一个接受过大专及以上教育。另一个极端是有38.0%的被调研企业，接受高等教育的员工占比超过76%，即平均每4个员工中至少有3人是大专以上水平。这种人力资本两极分布的状况与工业企业有所不同，南海具有传统劳动力密集型服务业与现代知识技能密集型服务业并立的特征。总体来看，对南海服务业企业而言，大专及本科以上人数占职工总数的比例为46.4%，与被调查工业企业的平均22.9%水平相比，前者高出后者一倍。可见，加快现代服务业发展是吸引高知识人才的重要途径。

6. 企业的主要客户对象分布。

如图24-22所示，从企业服务的客户对象看，有59.9%的受访企业为个人消费者提供服务；理论上，其余40.1%不以个人消费者为服务对象的服务企业可以被看作是纯粹生产服务企业。但实际上即使为个人消费者服务的企业，也可能同时为生产者提供生产服务，因此实际上具有生产服务性质的服务企业高于理论倒推的纯粹生产服务企业的比例。将以服务企业为服务对象的比例27.3%、以工业企业为服务对象的比例23.2%、以机关事业单位为服务对象的比例14.6%、以农业企业为服务对象的比例2.2%，累计起来得到67.4%，可以视为生产服务企业数量比例的上限，因为不排除现实中有一些企业同时为一种以上的企业提供生产服务，67.4%就必然存在重复计算问题。

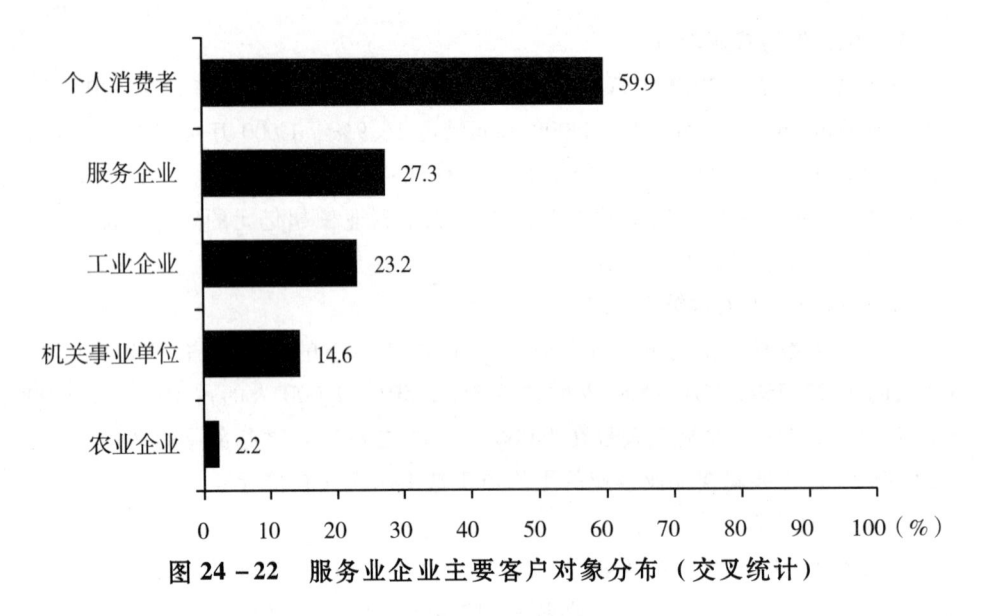

图 24-22　服务业企业主要客户对象分布（交叉统计）

综上所述，南海区生产服务企业比例在 40.1%～67.4% 之间，其中间值 53.8% 最有可能是接近南海区生产服务企业数量的比例。

另一种处理方法是将服务两种类型的顾客视为两个企业，计算不同类型的顾客分布比例。如图 24-23 所示，服务于个人消费者的服务企业数占比为 47%，剩余的比例 53% 可以被视为生产服务企业数所占的比例，这与上述区间逼近法估算的结果 53.8% 非常接近。其中，农业生产服务企业占比为 2%，工业生产服务企业占比为 18%，服务业（包括服务企业和机关事业单位）生产服务企业占比为 33%。

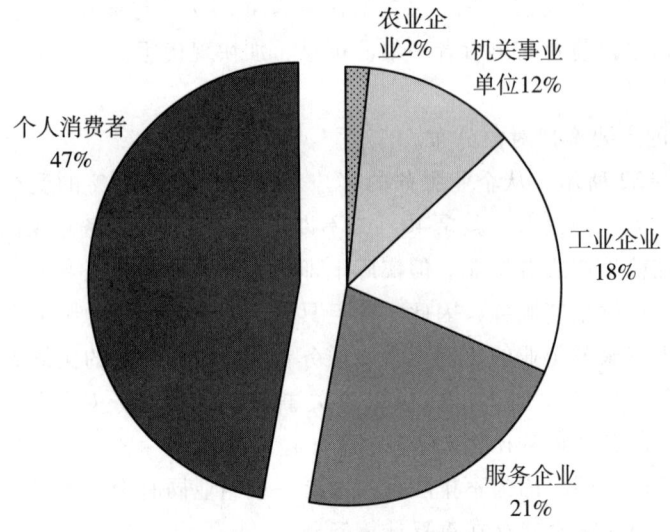

图 24-23　服务业企业主要客户对象分布（互斥统计）

如果服务企业规模不受服务客户对象的干扰,那么南海区服务产出在生产服务与消费服务之间的分布比例与其服务企业数量在消费者顾客与生产者顾客之间的分布比例趋于一致,即目前南海区生产服务比率也在 53% 左右,该估计值与中国生产服务比率在 48.9%～55.2% 区间波动的态势比较吻合。

7. 本地（南海区）客户占比在受访企业中的分布。

如图 24-24 所示,根据本地顾客所占比的不同,分别有：20.1% 受访企业的比例在 10% 以下,19.4% 受访企业的比例在 0.1～0.3 之间,18.3% 的受访企业的比例在 0.3～0.5 之间,三者合计份额为 57.8%。这部分占服务企业份额 57.8% 的企业,南海区的客户占总客户的比例低于 0.5,平均本地（南海区）客户比例为 0.21,对于此类服务企业来说,南海区之外的客户才是其服务的主要对象,他们以服务输出为主,主要为平均占比 0.71 的外地客户服务。以南海区客户为主要服务对象的企业占比为 42.2%,南海区客户占这类企业总客户的比例在 0.5 以上。

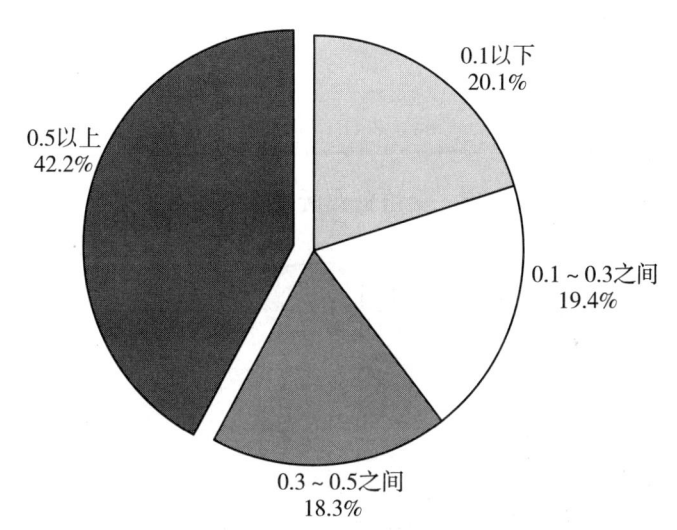

图 24-24　根据本地（南海区）客户占比对受访企业中的分类

8. 企业所提供的服务类型。

如图 24-25 所示,依次为其他服务、金融保险、产品研发、工程设计、信息技术、咨询服务、知识产权、广告策划、市场销售、设备维修、保安保洁等。

9. 本企业将来是否愿意接受国内外企业的产前、产中或产后服务。

如图 24-26 所示,有 55.7% 的服务企业愿意承接国内外其他企业的产前、产中、产后服务（生产服务）,这一比例刚刚过半,与宏观上的生产服务比率比较吻合;但有 44.3% 的服务企业不愿意承接生产服务,从生产服务发展的供给看,这是制约甚至阻碍生产服务发展的一个重要因素。

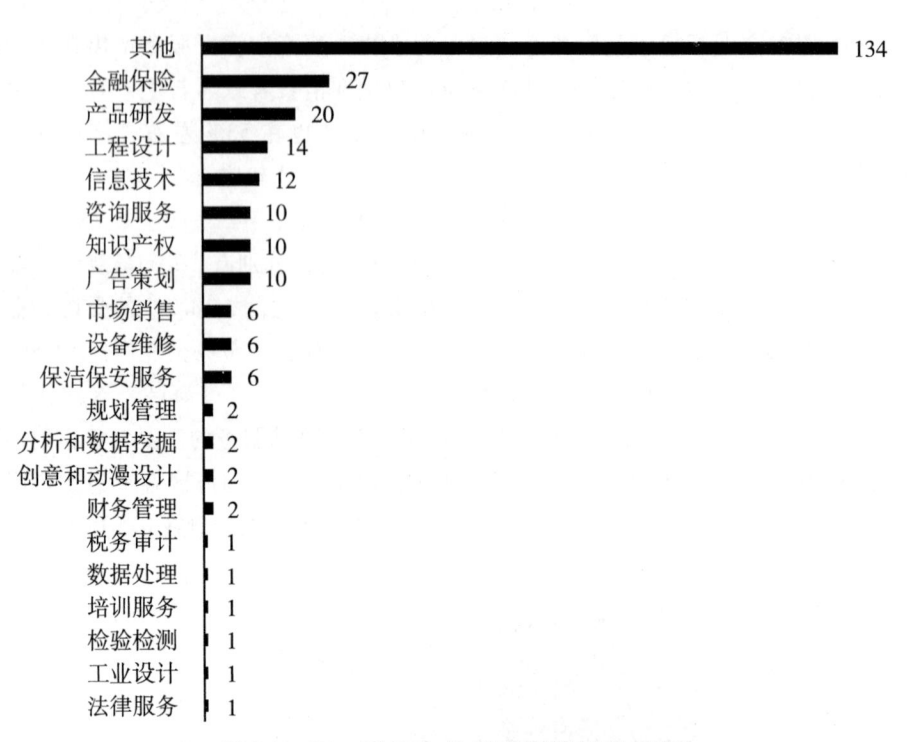

服务类型	数量
其他	134
金融保险	27
产品研发	20
工程设计	14
信息技术	12
咨询服务	10
知识产权	10
广告策划	10
市场销售	6
设备维修	6
保洁保安服务	6
规划管理	2
分析和数据挖掘	2
创意和动漫设计	2
财务管理	2
税务审计	1
数据处理	1
培训服务	1
检验检测	1
工业设计	1
法律服务	1

图 24-25　受访企业所提供的服务类型

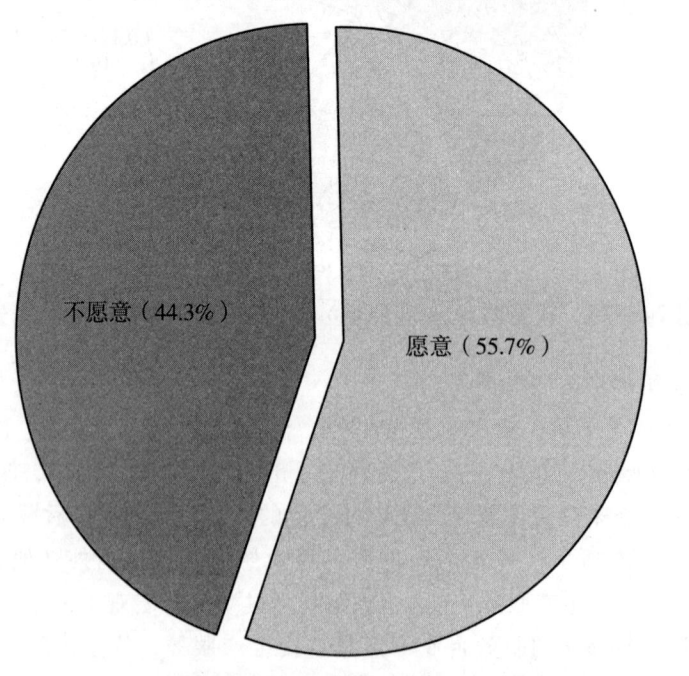

不愿意（44.3%）　愿意（55.7%）

图 24-26　企业承接国内外其他企业生产服务的意愿

二、服务供给情况

10. 企业最主要向哪个地区提供服务。

从企业主要提供服务的区域看，58.1%的企业主要为南海区的顾客提供服务，这与第7问项中42.2%的结论有所差异，两者之间可以相互补充；稳妥的做法是用两个数值之间的区间（42.2%~58.1%）对服务企业的服务地域进行估计，区间的中点50.2% [50.2%≈(42.2%+58.1%)÷2] 可能是最佳估计量。在输出到南海区以外的区域的41.9%份额中，佛山占32.6%，本省其他市占4.1%，外省占3.4%，广州占1.1%，港澳台地区、国外各占0.4%。从南海区服务输出的地域分布可以看出距离和服务竞争力是影响服务输出的两个主要因素：输出到佛山市其他区的比重最大是因为距离最近、服务竞争力相当甚至略胜一筹；输出到广州的比重仅占1.1%，虽然南海区距广州像距佛山的其他区一样近，但是广州服务竞争力较南海的服务竞争力强，所以对广州的输出份额微不足道（见图24-27）。

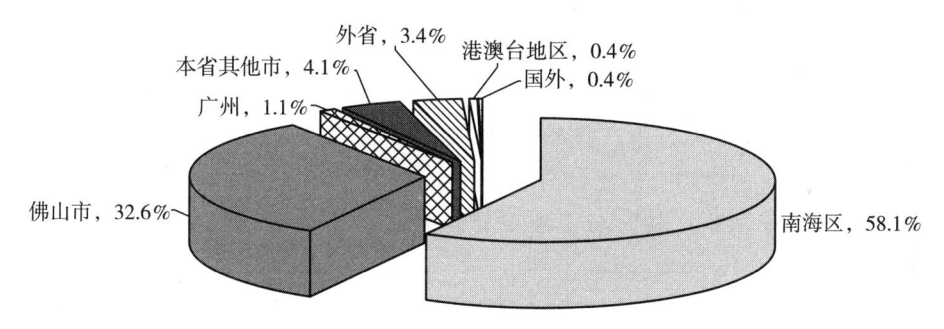

图24-27 企业主要服务的地域分布

11. 企业还向哪些地区的机构提供服务。

如图24-28所示，南海区服务企业在主要服务地区之外所拓展的地区分布排名依次为：佛山市其他区占27.2%，本省其他市22.9%，南海区22.3%，广州市12.9%，外省10.7%，港澳台地区2.6%，国外1.4%。

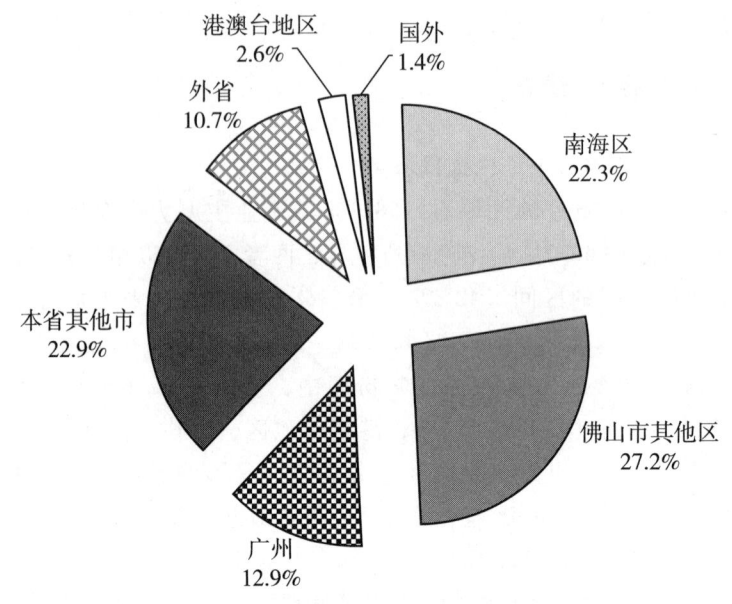

图 24－28　企业次要服务的地域分布

12. 企业的主要客户类型分布。

从主要客户类型看，受访企业有 48.3% 是为其他类型的客户服务的（见图 24－29），可以推断这种类型的客户主要是个人消费者，这 48.3% 的企业所提供的服务是消费服务而不是生产服务，由于受访企业可以选择填写一个以上的顾客类型，这 48.3% 的比例会造成对消费服务的高估。即使这样，48.3% 的估计值与本节第 6 问调查结论比较一致，那里对消费服务企业数比率的估计值为 47%（见图 24－23）。

在生产服务部分，服务于民营企业的受访企业数占 37.1%，服务于中小型国企的占 33.3%，服务于机关事业单位的占 25.1%，服务于大型国企的占 4.5%（见图 24－29），这说明生产服务企业服务的主要对象是民营私营企业、中小型国有企业和机关事业单位，而大型国有企业不是服务的主要对象。大型国企之所以不是南海区生产服务企业服务的主要对象，可能的原因是：第一，大型国有企业保持着大而全的内部服务部门，生产服务外包的可能性低于其他类型的企业或单位；第二，珠三角民营经济发达，南海区或附近其他市区大型国有企业在数量上不占优势，所以选择这类大型国企作为服务对象的机会远远低于选择其他服务对象的机会。上述生产服务企业在各类组织中的分布存在交叉重复统计，调整后的统计结果为：民营私营企业（37.1%）、中小型国企（33.3%）、机关事业单位（25.1%）、大型国企（4.5%）。

图 24-29　南海区服务企业的主要客户分布

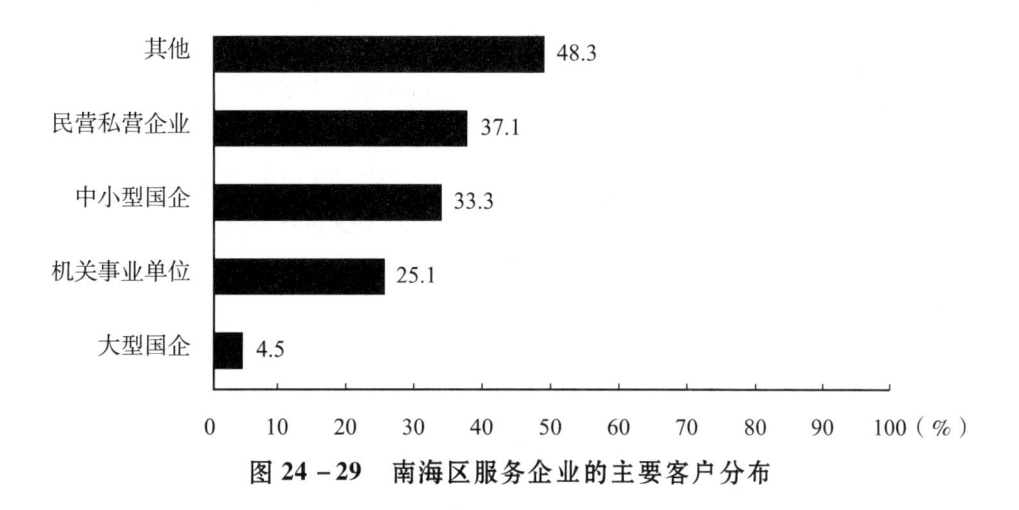

13. 企业提供的服务对客户企业的重要程度分布。

如图 24-30 所示，从服务对顾客企业产品和竞争力的重要程度看，认为非常重要或者不重要的受访企业数分别占 15.6%、10.7%，而认为很重要或较重要的分别占 42.0%、31.7%。可见，南海区企业的所提供的生产服务对顾客企业的重要程度多分布于中间地位，尽管不是可有可无但是也可以替代。这一结论与对工业企业的调查结果是一致的（参见工业企业第 20 问及表 24-4 的分析结论）。

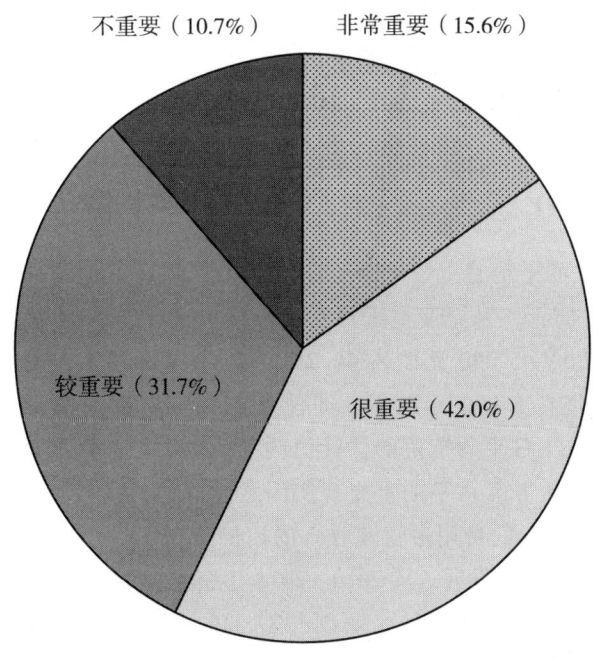

图 24-30　服务业企业认为所提供的服务对客户企业的重要程度分布

14. 客户企业采购生产服务时主要考虑的因素分布。

如图24-31所示，客户企业在采购生产服务时，主要考虑的因素依次是：服务专业化水平高（57.6%）、企业信誉好（43.2%）、获取的便捷程度高（28.8%）、价格较低（23.9%）。这种排序与工业企业调查的第21问项和表24-5的结论相比，结果是：相同点是，平均有57.4%的工业企业认为在采购服务时应将服务专业化水平作为首先要考虑的因素，多数服务业企业也持此观点，说明供求双方都普遍认为专业化水平高是发展生产服务首先要考虑的因素；不同的是，生产服务提供方将企业信誉作为第二位因素考虑，而生产服务业需求方则将价格视为第二位考虑的因素，相应地其他因素考虑的次序也有所不同。

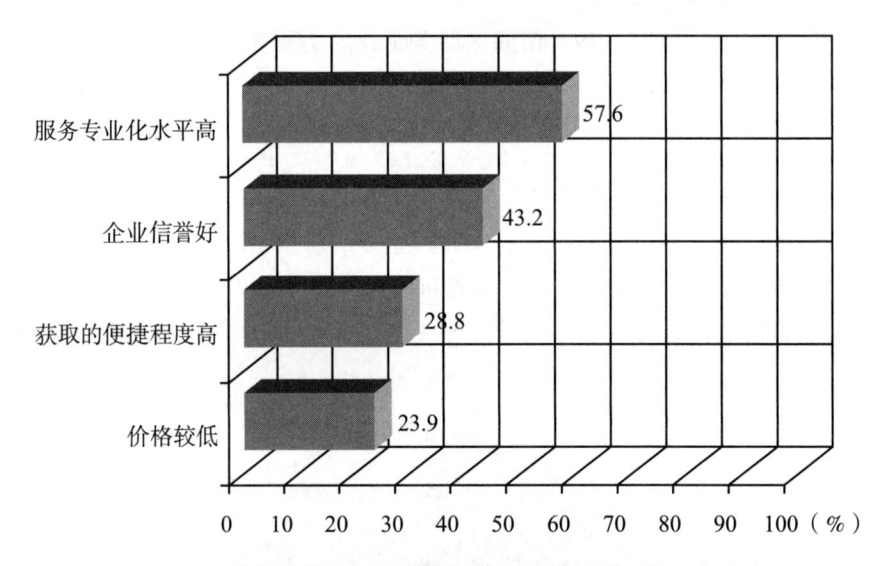

图24-31 顾客企业采购生产服务时主要考虑的因素分布

15. 企业员工的平均月工资水平分布。

如图24-32所示，从企业员工月平均工资水平看，3 000元以下的受访企业数占40.6%，3 000~5 000元的占46.2%，合计占86.8%，说明多数服务企业的员工月平均工资在5 000元以下。即使考虑到广东省最低工资标准，平均而言，这部分企业员工月平均工资的估计值约为3 000元，低工资是阻碍人才进入本地企业以及提高服务业水平的重要现实因素。

16. 用于员工培训的费用占营业收入的比例分布。

如图24-33（左）所示，从2010~2013年企业每年用于员工培训的费用占营业收入的比例看，1%以下水平的企业数占37.1%，2%~5%水平的占47.9%，合计占85.0%，这部分企业的培训费支出占营业收入的比例平均为2.2%。

7 000元以上
（2.3%）

5 000~7 000元
（10.9%）

3 000元以下
（40.6%）

3 000~5 000元
（46.2%）

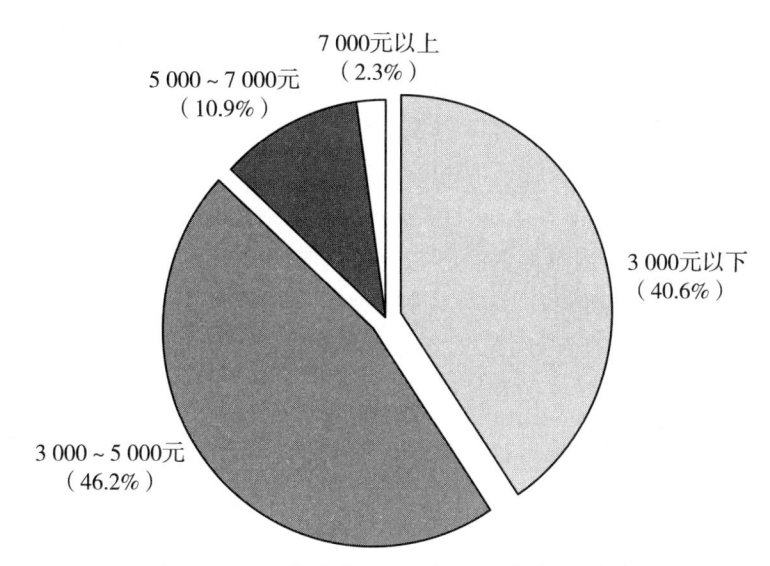

图 24-32　企业员工平均月工资水平分布

17. 企业用于信息化建设的费用占营业收入的比例分布。

如图 24-33（右）所示，从 2010~2013 年企业每年用于信息化建设（含硬件系统、软件系统等）的费用占营业收入的年均比例看，1% 以下水平的企业数占比为 32.5%，2%~5% 水平的占 25.3%，合计占 57.8%，居于企业数的主导地位，但是低于相同水平下用于员工培训的企业数比率，说明受访企业用于信息化建设的投入强度高于用于员工培训的投入强度。

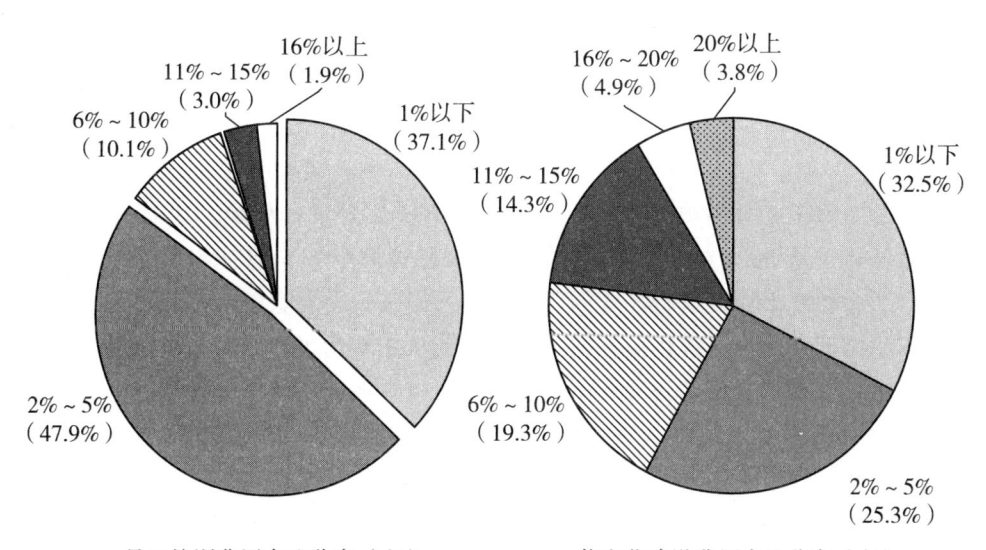

员工培训费用占比分布（左）

- 16%以上（1.9%）
- 11%~15%（3.0%）
- 6%~10%（10.1%）
- 1%以下（37.1%）
- 2%~5%（47.9%）

信息化建设费用占比分布（右）

- 20%以上（3.8%）
- 16%~20%（4.9%）
- 11%~15%（14.3%）
- 1%以下（32.5%）
- 6%~10%（19.3%）
- 2%~5%（25.3%）

图 24-33　企业用于员工培训的费用、信息化建设费用占营业收入的比例分布

18. 企业提供服务的基本情况统计分布。

如表 24-10 所示，在被调研服务业企业中，认同（同意或完全同意）本企业的中间投入中服务所占比重越来越高（投入软化趋势）的占 80.5%，认同客户对创新性服务的消费需求强烈的占 83.2%，认同服务创新对未来本行业发展十分重要的占 85.8%，认同本企业对服务创新意愿强烈的占 76.4%，认同本企业服务创新过程中遇到的困难很多的占 77.1%；但认同服务业吸引人才的环境已经形成的占 52.4%，比例偏弱。认同本企业（除金融机构外）容易从金融机构取得贷款的仅占 14.7%，而不认同（完全不同意或不同意）的占 48.4%，另外有 36.8% 的被调查企业选择"无意见"。

表 24-10 企业提供服务的基本状况统计分布   单位：%

项目	完全不同意	不同意	无意见	同意	完全同意
本企业中间投入在不断软化	0.4	3.7	15.4	53.6	27.0
客户对创新性服务需求强烈	4.1	1.1	11.6	54.5	28.7
服务创新对行业发展很重要	4.5	1.1	8.6	46.1	39.7
本企业对服务创新意愿强烈	4.1	1.1	18.4	42.3	34.1
本企业服务创新中困难很多	4.5	1.5	16.9	48.1	28.9
服务业吸引人才的环境已具	6.7	11.6	29.2	33.7	18.7
本企业从金融机构贷款容易	13.6	34.9	36.8	13.2	1.6

三、竞争与发展环境

19. 企业的主要竞争对手来自南海本地或者外地。

如图 24-34（左）所示，从主要竞争对手区域来源看，有 66.8% 的受访企业认为竞争对手来自南海区本地，33.2% 的企业认为来自外地。这与本节第 10 问项的结论（有 58.1% 的受访企业主要在南海提供服务）有一定的联系，从逻辑上说，主要在南海区进行经营的服务企业所面临的主要竞争对手很可能就来自南海区。因此，不论从提供服务的主要区域或从主要竞争对手的来源区域看，多数南海区服务企业主要客户和竞争对手来自南海本地，这与服务运营的特征有直接关系。

20. 企业的主要竞争对手分布在佛山市（不含南海区）吗？

如图 24-34（右）所示，除南海区之外，认为主要的竞争对手来自佛山市的受访企业占 54.3%，认为主要竞争对手来自佛山市之外占 45.7%，这也与受访企业在南区之外的业务布局有关。除 58.1% 的受访企业将首要业务布局在南海区之外，尚有32.6%的受访企业将业务布局在佛山市其他区，有9.1%的受访企业将业务布局在佛山市之外（见图24-27）；此外，在业务第二区域布局上，除南海区占22.3%之外，佛山市占27.2%，其他区域合计占50.5%（见图24-28）；这意味着除南海区之外，受访企业的业务在佛山市与外地之间的分布格局是：作为第一区域是32.6%对9.1%，作为第二区域是27.2%对50.5%。如果业务拓展相对比较均衡，那么这种业务分布格局势必导致受访企业在佛山市与外地的主要竞争对手的分布在57%对43%（上述两个比例的标准化后平均值）左右，如图24-36（右）所示，实际值54.3%对45.%与比例值非常接近。

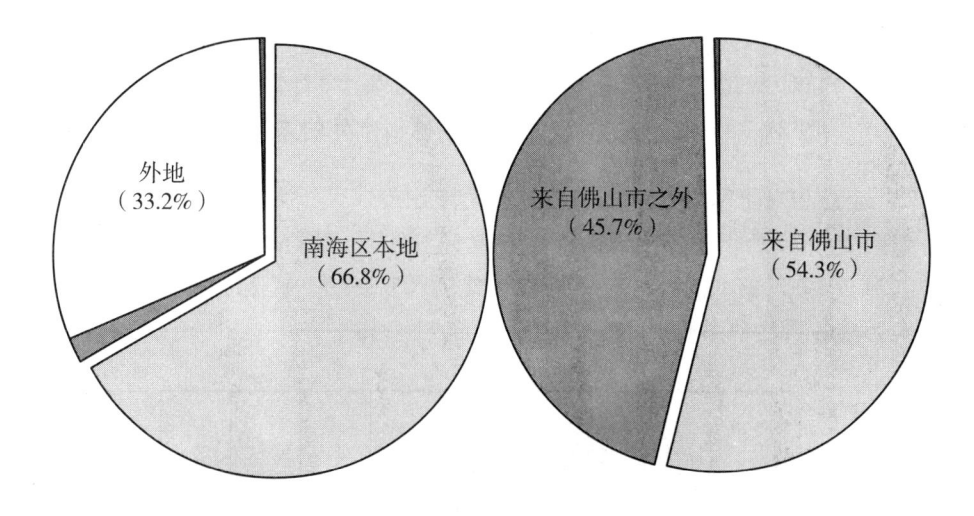

南海区VS外地（左）　　　　佛山市（不含南海区）VS外地（右）

图24-34　企业主要竞争对手的区域分布

21. 企业境内外地主要竞争对手来源区域分布。

如图24-35（左）所示，佛山市之外的主要竞争对手，国内的部分可进一步划分为来自广州市的或来自国内其他地区的，其中认为主要来自广州的受访企业数占65.5%，认为来自其他地区的占34.5%，说明佛山市外的境内竞争对手以来自广州的为主。

22. 企业境外主要竞争对手来源区域分布。

如图24-35（右）所示，认为企业境外主要竞争对手来源于港澳台的受访企业数占83.5%，认为境外主要竞争对手来源于欧美等国外的占16.5%，说明境外竞争对手以来自港澳台的为主。

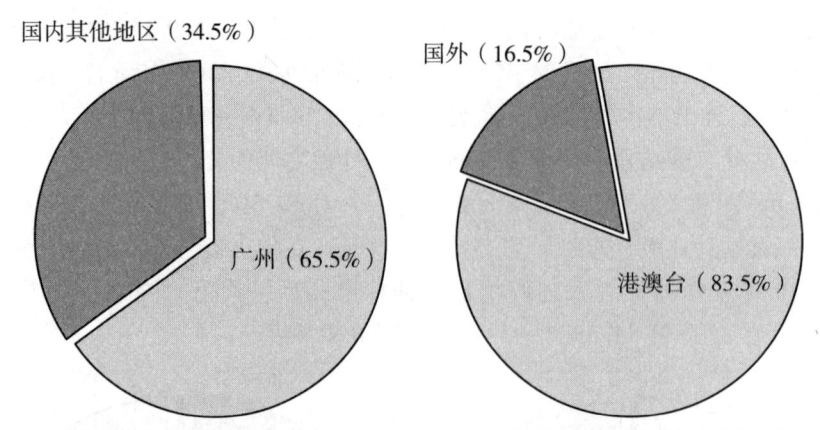

主要竞争对手的国内来源（佛山市外）（左） 主要竞争对手的境外来源（右）

图 24-35 企业主要竞争对手除佛山市外的来源地分布

23. 企业相对于国内竞争对手的最大优势分布。

如图 24-36 所示，依次为区位优势（58.1%）、经验优势（31.3%）、品牌优势（21.9%）、成本优势（21.5%）和其他（5.3%）。注意，在此可以选择两个答案，故各项之和大于 100%。

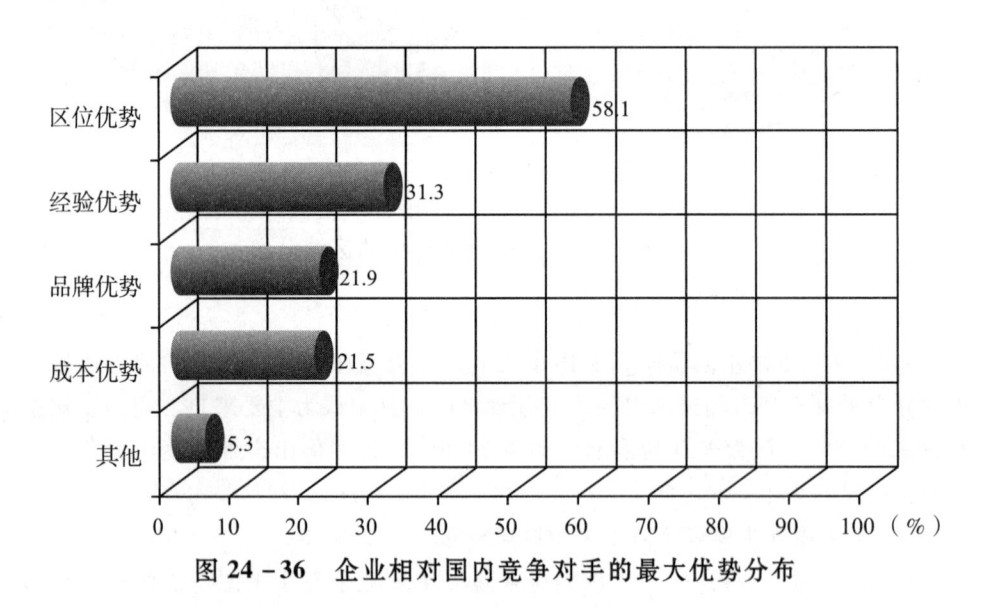

图 24-36 企业相对国内竞争对手的最大优势分布

24. 企业相对于国内竞争对手最大的劣势分布。

如图 24-37 所示，相对于国内竞争对手的最大劣势，按照受访企业的认同比例排名，依次是：规模较小（51.5%），品牌知名度较弱（29.2%），其他（21.2%），行业经验较弱（15.8%），人才专业水平较低（10.8%）。

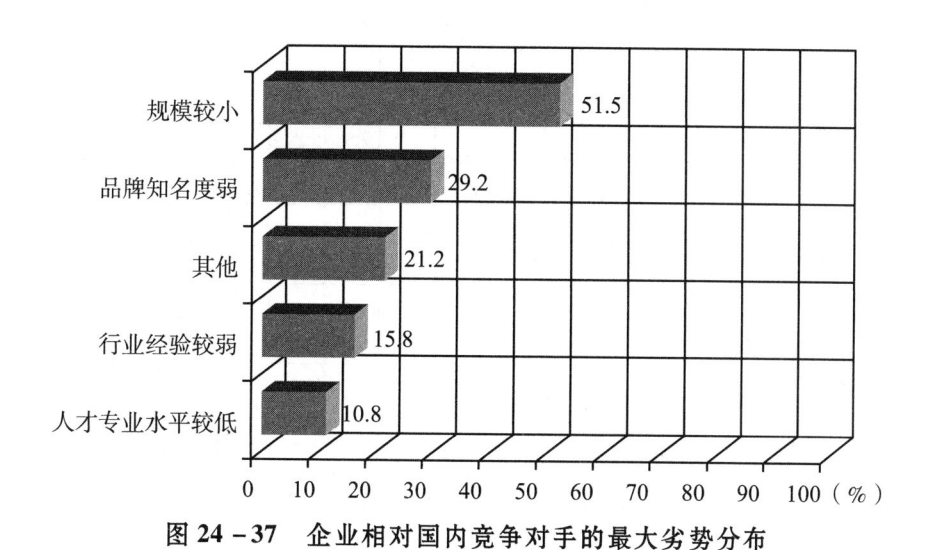

图 24-37　企业相对国内竞争对手的最大劣势分布

25. 企业相对于境外竞争对手的最大优势分布。

如图 24-38 所示，相对于境外竞争对手的最大优势，按照受访企业的认同比例排名，依次是：区位优势（72.3%），经验优势（20.3%），成本优势（14.8%），品牌优势（12.5%），其他（6.6%）。

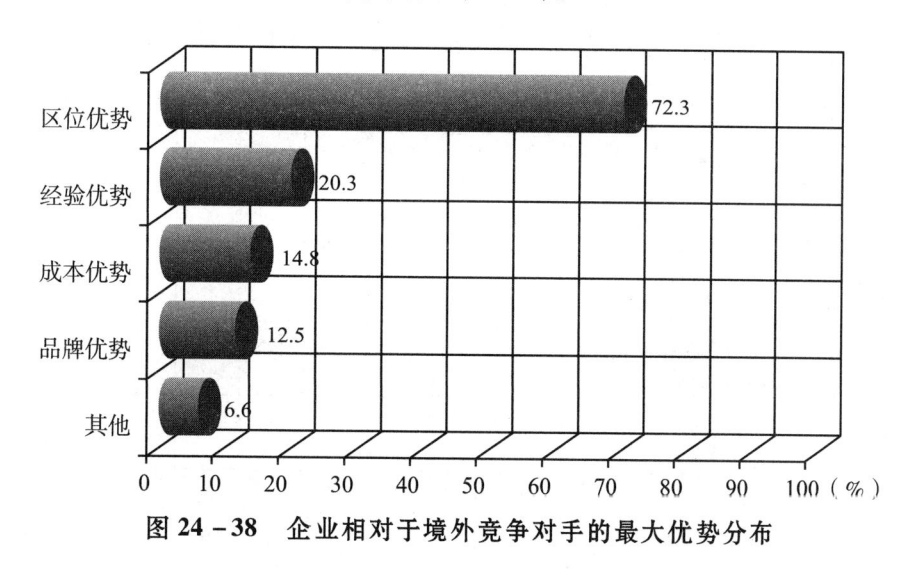

图 24-38　企业相对于境外竞争对手的最大优势分布

26. 企业相对于境外竞争对手的最大劣势。

如图 24-39 所示，相对于境外竞争对手的最大劣势，按照受访企业的认同比例排名，依次是：品牌知名度弱（41.3%），规模较小（40.1%），人才专业水平较低（17.5%），行业经验较弱（14.3%），其他（13.5%）

图 24-39　企业相对境外竞争对手的最大劣势分布

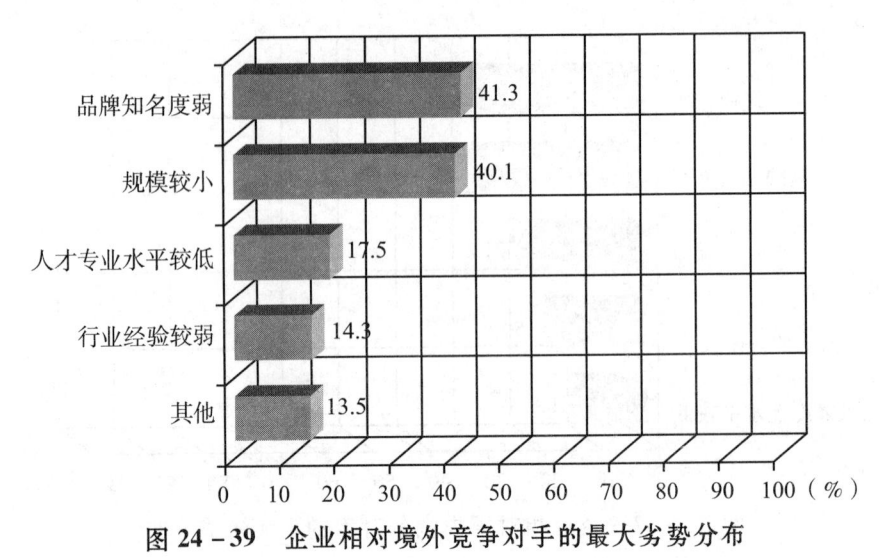

27. 对港澳台地区在服务领域的开放短期内对企业业务的影响。

如图 24-40 所示，随着内地对港澳台地区在服务贸易领域的进一步开放，企业业务在短期内受到的影响按照受访企业认同比例依次为：竞争更激烈（57.1%），几乎没有影响（27.8%），有利于开拓港澳台地区市场（8.6%），业务流失（8.3%），其他（1.9%）。多数受访企业认为主要影响是竞争更加激烈。

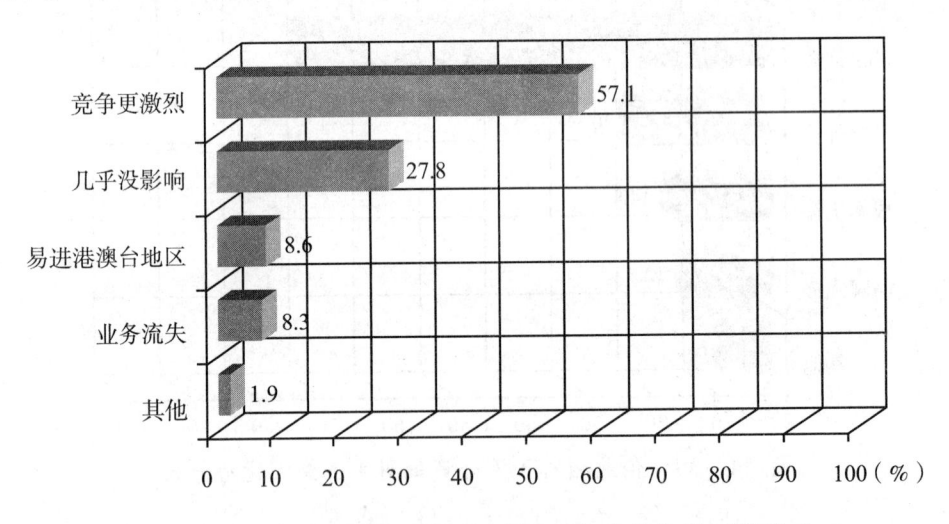

图 24-40　对港澳台地区服务开放对企业业务的短期影响

28. 对港澳台地区在服务领域的开放对企业长期发展的影响。

如图 24-41 所示，随着内地对港澳台在服务贸易领域的进一步开放，长期内对服务企业发展的影响按照受访企业认同比例依次为：几乎没影响（41.1%），竞争更激烈（39.6%），业务进一步流失（19.2%），人才流失（6.0%），利于提高自己（6.0%），其他（1.5%）。可见，长期内对港澳台开放对本地服务业的影响除竞争更激烈之外，其他方面的影响不大。

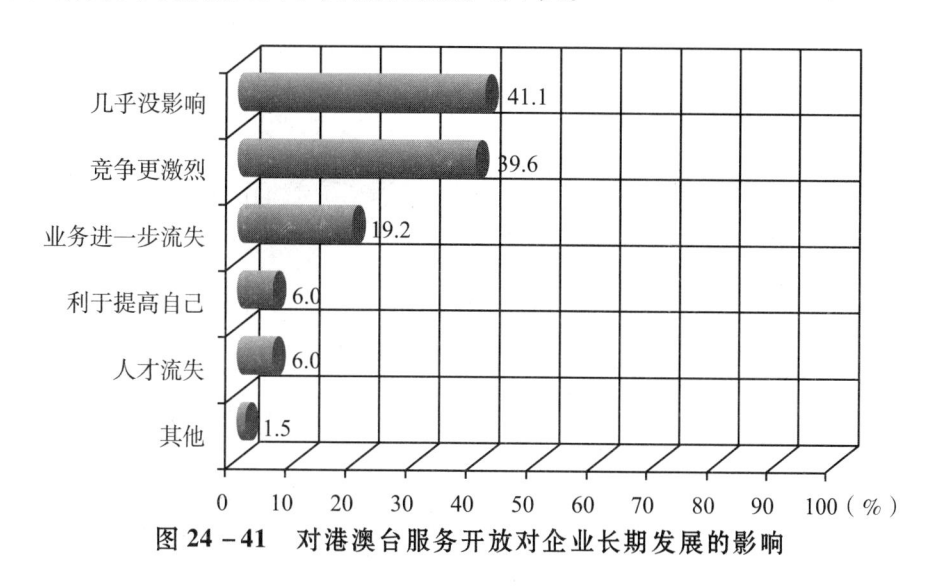

图 24-41 对港澳台服务开放对企业长期发展的影响

29. 企业打算如何应对服务贸易领域的进一步开放。

如图 24-42 所示，随着内地在服务贸易领域的进一步开放，为应对日益激烈的竞争，从企业打算采取的主要措施按照受访企业的认同比例依次为：提待遇留人才（54.1%），加大培训力度（40.6%），储备高级人才（26.7%），加大信息投入（16.5%），其他（3.8%），逐步退出市场（0.8%）。可以看出，企业计划将吸引保留和提高人才作为主要应对措施，其次是提高信息投入力度。

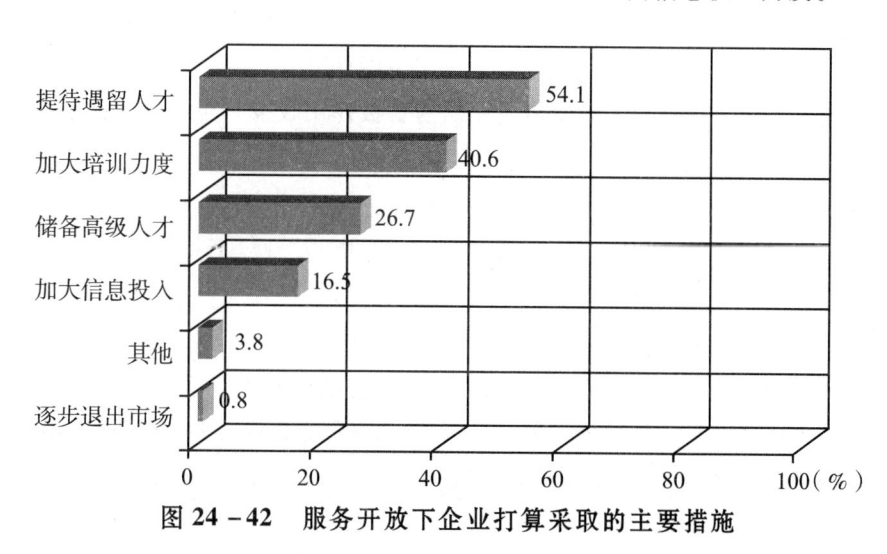

图 24-42 服务开放下企业打算采取的主要措施

30. 企业所在行业有无行业协会或类似机构。

如图 24-43（左）所示，92.2% 的受访企业所在的行业存在行业协会或类似机构，说明多数服务行业在南海区都有行业协会或类似机构。

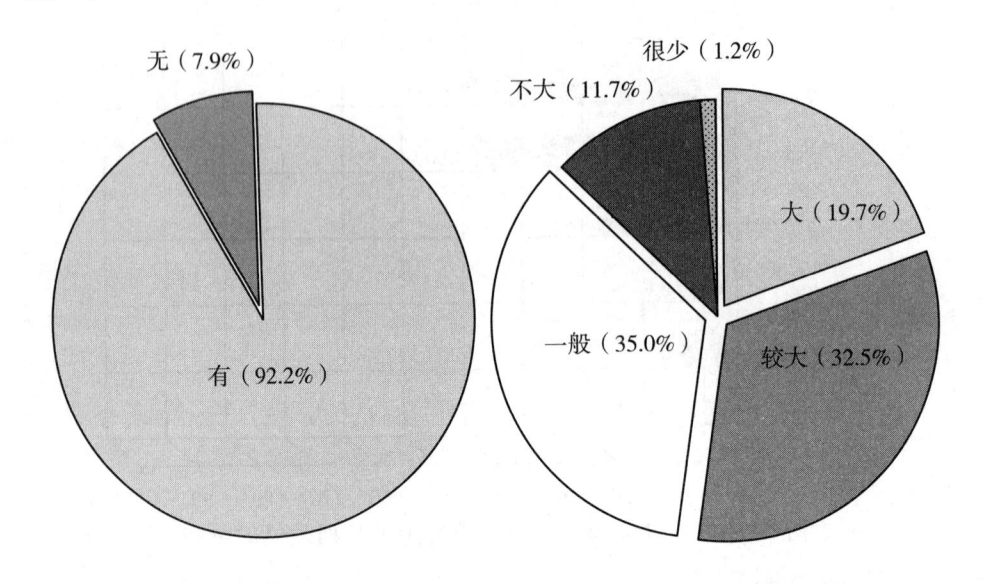

图 24-43 行业协会及其作用情况

有无行业协会（左）　　　行业协会对企业发展有无作用（右）

31. 行业协会或类似机构对企业发展的作用。

如图 24-43（右）所示，关于行业协会或类似机构对企业发展与协调工作发挥作用的程度，受访企业中有 19.7% 认为积极作用很大，32.5% 认为积极作用较大，合计占 52.2%，说明多数企业认为行业协会发挥着积极的正面作用。但是也有 35.0% 的企业认为南海区行业协会发挥的积极作用一般，需要进一步提高；另外分别有 11.7% 和 1.2% 的受访企业认为积极作用较少、可有可无或者有时甚至有副作用。

四、企业发展现状及展望

32. 本企业对所在地发展环境的满意程度。

如 24-44（左）所示，从对南海区发展环境的满意程度看，有 2.6% 的受访企业感到不满意，41.2% 感到一般。共有 56.2% 受访企业对南海区发展环境感到满意或很满意，略高于工业企业满意比例，但是南海区要进一步完善经济发展环境，提高对企业的吸引力和区域竞争力。

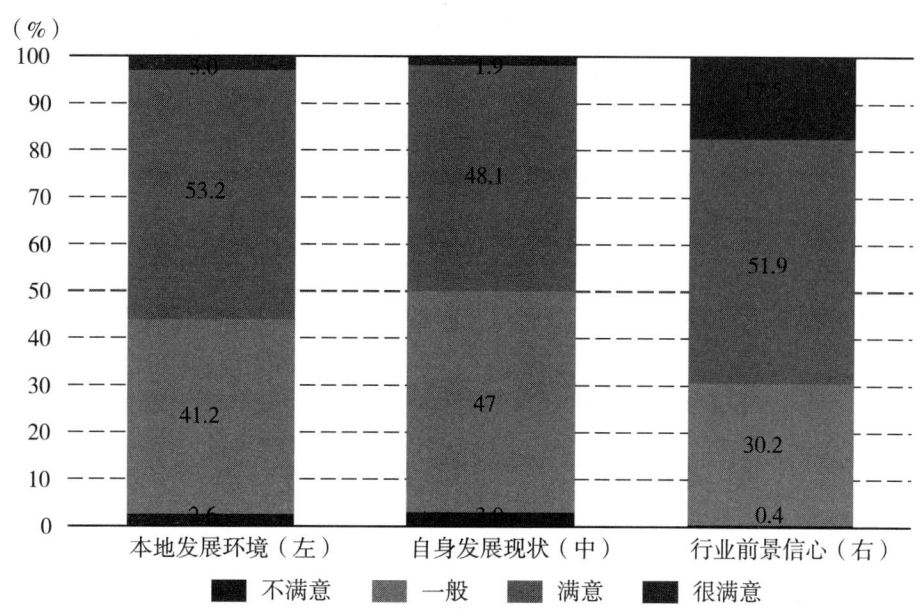

图 24-44　企业对发展环境和发展现状的满意度及前景信心

33. 企业对自身发展现状的满意程度。

如 24-44（中）所示，从对企业自身发展状况的满意程度看，受访企业中恰有 50% 感到不满意或一般，有 50% 感到满意或很满意。相对于工业企业而言，服务业企业满意度略高出 7.4 个百分点，说明目前南海区服务业发展状况略好于工业发展状况，社会经济初步显现更有利于服务业发展的迹象。

34. 企业对所处行业发展前景的信心。

如 24-44（右）所示，从对企业所处行业发展前景的信心程度看，受访企业中仅有 30.6% 感到不满意或一般，而感到满意或很满意的则多达 69.4%，说明服务业企业对南海区服务业发展的前景普遍看好。服务业企业的信心程度（69.4%）略高出工业企业的信心程度（65.1%），进一步揭示出南海区社会经济初步显现出更有利于服务业发展的征兆。

35. 企业所处行业的竞争程度。

如表 24-11 所示，92.1% 的受访企业认同市场竞争非常激烈，90.3% 认同所处行业的同业者非常多，这高于工业企业的 90.3% 和 81.3%，说明南海区服务企业竞争程度略高于工业企业。但是在行业平均利润问题上，否认"行业平均利润率非常高"的在服务业企业中是 65.5%，在工业企业中则高达 73.5%，前者低于后者 8 个百分点，说明南海区服务业企业竞争虽然激烈但是竞争主要在本地或附近区域展开，而工业企业却要在全国甚至全球的更大范围内开展竞争，平均而言服务业利润率水平高于工业。南海区服务业利润率水平高于工业是推动生产要素更倾向于配置给服务业,从而推动南海区产业结构升级和发展方式转变的内在动力。

表24-11　　　　　　企业所处行业的竞争程度

项目	完全不同意	不同意	无意见	同意	完全同意
市场竞争非常激烈	0.4	1.5	6.0	50.4	41.7
同业者非常多	0.4	3.0	6.4	55.3	35.0
行业进入管制非常严	7.5	6.4	28.9	33.8	23.3
行业平均利润非常高	18.4	47.2	27.0	5.6	1.9

36. 南海区的产业政策环境。

如表24-12所示,略超出一半的受访企业(51.7%~57.9%)认同"政府有明确的产业政策导向、有明确的中长期产业发展规划、政府努力提供稳定的产业政策环境",尽管这一比例高于工业企业的比例(43.4%~46.6%),但是总体上看,受访企业认为南海区的产业政策环境略胜一般水平。

表24-12　　　　　　南海区的产业政策环境基本情况

项目	完全不同意	不同意	无意见	同意	完全同意
政府有明确的产业政策导向	5.6	7.5	29.7	52.6	4.5
有明确的中长期产业发展规划	5.7	6.4	36.2	46.4	5.3
政府努力稳定的产业政策环境	4.9	13.5	23.7	53.0	4.9

37. 对南海区政府支持的满意度。

如表24-13所示,受访企业中有31.8%~48.9%对相应问题选择"无意见",满意的(同意或完全同意所述观点的)有21.3%~27.5%,不满意的(不同意或完全不同意所述观点的)有25.7%~39.6%。特别是选择"完全同意"的仅占1.9%~3.0%,非常不显著,但是选择"完全不同意"的在5.7%~8.7%,后者明显高于前者。总之,服务业企业对南海区政府支持政策满意度一般。

表24-13　　　　　　对南海区政府支持的满意度

项目	完全不同意	不同意	无意见	同意	完全同意
满意税收方面的优惠	6.8	32.8	32.8	24.5	3.0
满意补贴方面的支持	5.7	31.1	31.8	28.4	3.0

续表

项目	完全不同意	不同意	无意见	同意	完全同意
满意人才政策的支持	5.7	29.7	39.9	21.7	3.0
满意订单方面的帮助	7.2	28.9	42.6	19.4	1.9
满意扶持方面的支持	5.7	24.6	36.4	30.3	3.0
满意投资待遇的支持	7.3	19.5	48.9	21.8	2.7
满意知识产权的支持	8.7	22.4	41.4	24.7	2.7

38. 企业发展面临的障碍。

如图 24-45 所示，企业发展面临的前五位的障碍依次是：人工成本高（53.9%）、税费较高（37.1%）、缺乏多层次人才市场和培训能力弱（33.7%）、原材料成本高（25.8%）、政策支持不够（20.6%）。这与工业企业情况相似，但相应地在程度上都低于工业企业，在一定程度上也能够说明人工成本高、税费高、原材料价格高这些发生在中国经济中的事实和趋势在南海区对工业发展的阻碍高于对服务业发展的阻碍，这些重重阻碍倒逼南海区企业不断向服务业转移。特别是土地成本高的问题，在南海区服务业中仅有10.9%的企业认为这是阻碍因素，但是在工业中有31.5%的企业认为这是主要阻碍因素，仅土地资源的稀缺性也会倒逼南海企业不断超"退二进三"方向上发展。

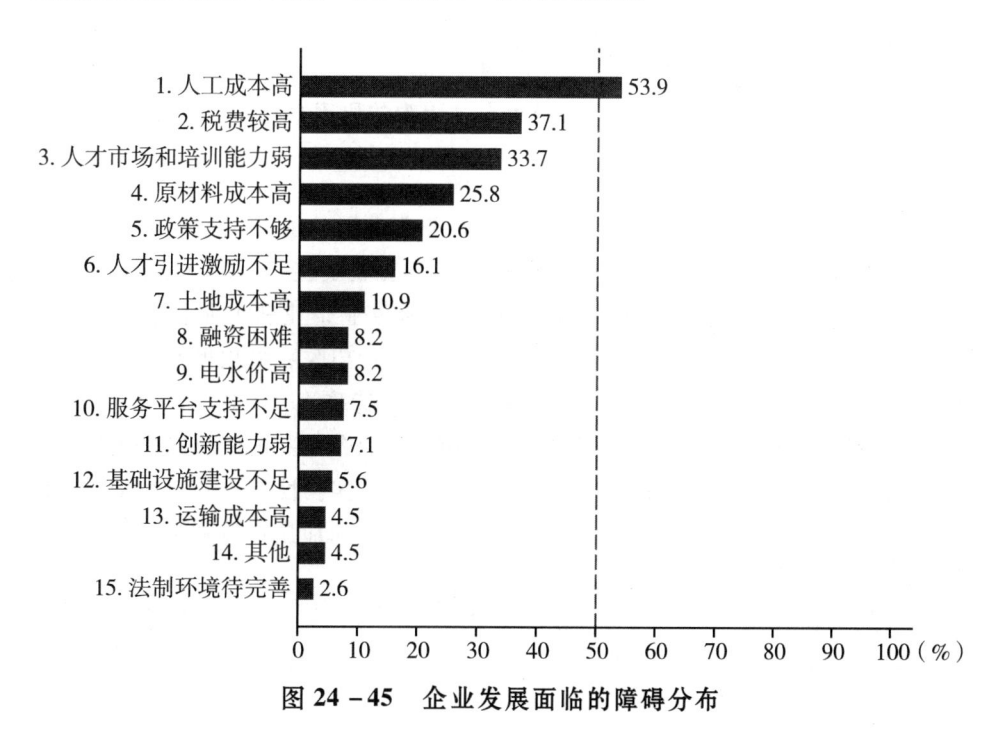

图 24-45 企业发展面临的障碍分布

39. 导致企业吸引人才困难的原因。

如图 24-46 所示，关于企业吸引人才困难的原因，受访企业认为排在前五位的因素依次是：薪酬水平缺乏竞争力（66.4%），中高端人才缺乏（33.2%），缺乏交流的专业氛围（19.4%），生活服务配套等不足（17.9%），城市环境问题（11.6%）。这与工业企业的结论基本一致。

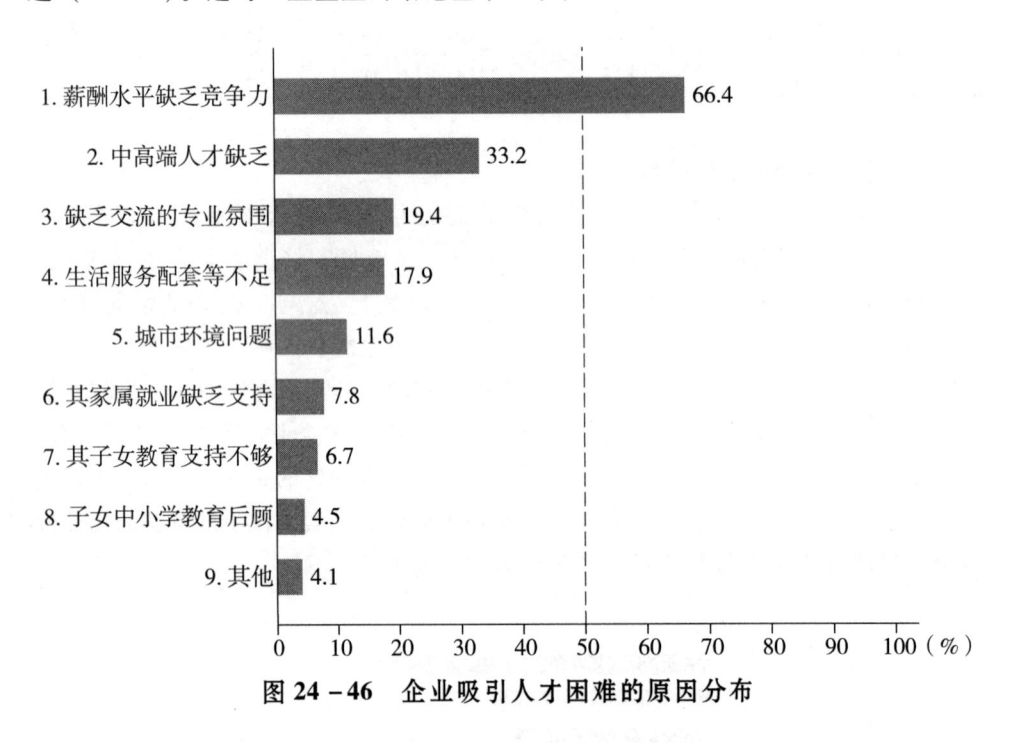

```
1. 薪酬水平缺乏竞争力         66.4
2. 中高端人才缺乏             33.2
3. 缺乏交流的专业氛围         19.4
4. 生活服务配套等不足         17.9
5. 城市环境问题               11.6
6. 其家属就业缺乏支持          7.8
7. 其子女教育支持不够          6.7
8. 子女中小学教育后顾          4.5
9. 其他                       4.1
    0  10  20  30  40  50  60  70  80  90  100 (%)
```

图 24-46 企业吸引人才困难的原因分布

40. 企业期望政府促进服务业发展的措施。

如图 24-47 所示，企业期望政府促进服务业发展的前五位措施依次为：保障市场公平（51.9%），加强宣传（49.3%），强化税费支持（39.9%），加大资金支持（31.3%），优化审批程序（26.1%）。服务业企业和工业企业都将政府保障市场公平排在非常重要的地位，但工业企业更期望政府强化税费支持、加大资金（如产业发展资金）的支持力度和出台产业扶持政策——这是政府扶持工业的传统套路，工业企业早已对此安之若素，而服务业企业更期望政府采用加强宣传等措施，提高地区及行业的软实力。服务产品的非实物性要求政府在增强南海美誉度和提升软实力等方面多努力，而保障市场公平和加强宣传则是提高南海区美誉度和软实力的重要手段。

1. 保障市场公平　51.9
2. 加强宣传　49.3
3. 强化税费支持　39.9
4. 加大资金支持　31.3
5. 优化审批程序　26.1
6. 完善人才政策　17.9
7. 产业扶持政策　14.6
8. 提供法律支持　13.1
9. 给予技术支持　6.0
10. 人才政策支持　4.5
11. 其他　1.5

图 24-47　企业期望政府促进服务业发展的措施

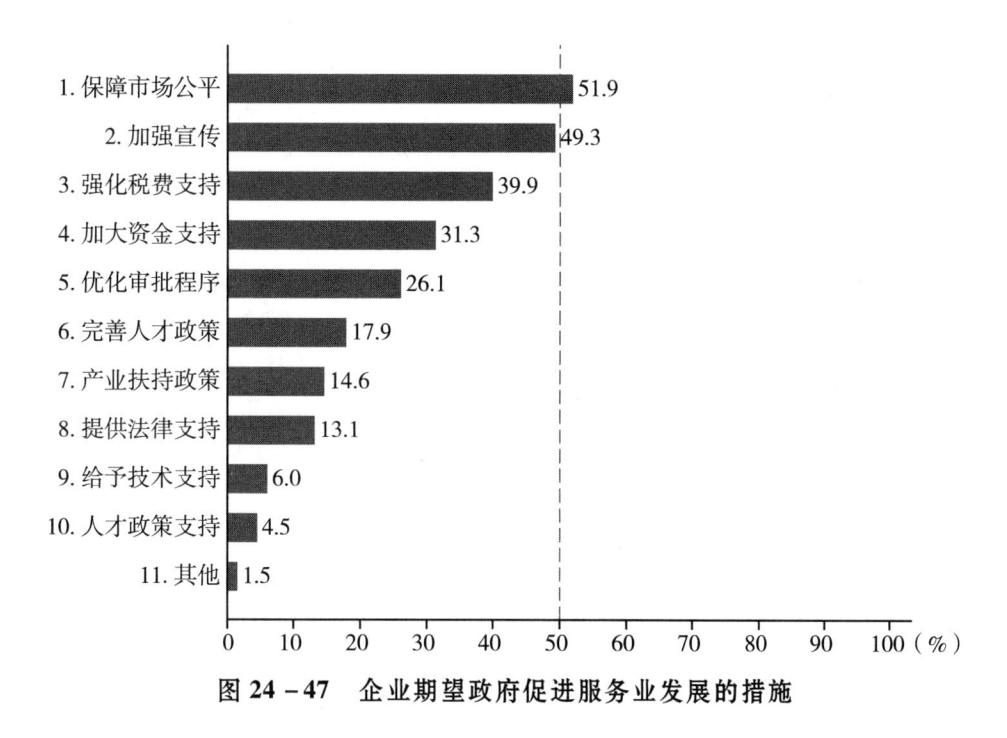

第四节　主要结论与基本启示

一、主要结论

(一) 南海区第二产业生产服务需求基本状况

从南海区工业企业问卷调查数据的统计结果看，南海区第二产业生产服务需求的基本状况是：有一半以上的工业企业从外部购买金融保险（97.3%）、法律服务（89.3%）、咨询服务（86.2%）、税务审计（85.5%）、广告策划（77.2%）、市场销售（67.0%）、检验检测（65.5%）、信息技术（64.8%）、运输仓储（64.2%）、设备租赁（60.9%）、人力外包（60.7%）、培训服务（55.7%）、数据处理（51.7%）、设备维修（50.7%）。由于企业内部提供服务的成本更低（86.5%），或者涉及核心技术或商业秘密（82.1%），或者外部购买服务不一定能够带来明显好处（88.3%）等原因，有些服务仍然主要依靠企业内部提供。依次是：质量控制（72.3%）、产品开发（68.9%）、保洁保安（68.5%）、工业设计（66.4%）、财务管理（57.1%）、工程设计（50.4%）。总体上，从购买服务的意愿看，鉴于多数受访工业企业认为生产服务在很大程度上决定着企业的竞争力（78.5%），因此有71.5%的工业企业愿意从外部购买生产服务。

从目前南海区工业企业外购服务的平均水平看，外购数量占生产服务投入比率平均达30%以上的依次有：法律服务（48.3%）、金融保险（47.1%）、税务审计（46.7%）、广告策划（39.7%）、检验检测（38.8%）、咨询服务（38.2%）、运输仓储（37.6%）、信息技术（31.9%）、培训服务（30.5%）、数据处理（30.3%）。相反，以内置为主导、企业内部提供的服务占生产服务投入比率在70%以上的服务依次是：保洁保安（77.0%）、人力外包（76.2%）、产品开发（75.5%）、质量控制（75.2%）、工业设计（75.1%）、市场销售（74.0%）、财务管理（72.2%）、设备租赁（71.8%）、工程设计（71.8%）、设备维修（71.6%）。总体而言，南海区工业企业生产服务的平均外购率为32.4%，即：平均而言，南海区工业企业约1/3的生产服务是外购的，有2/3是企业内部提供的。既然平均高达63.8%的企业认为各项服务对提高企业产值和竞争力很重要，有71.7%的企业愿意外购生产服务，那么1/3的外购率可以被认为偏低。

目前南海区工业生产服务不仅外购率水平较低，而且顾客满意率也不高，平均仅为56.0%。根据满意或完全满意的顾客占比（顾客满意率），达到60%顾客满意率的服务依次有：税务审计（72.5%）、运输仓储（64.6%）、财务管理（62.4%）、检验检测（61.1%）、信息技术（60.7%）、咨询服务（60.2%）；顾客满意率在50%～60%之间的依次有：质量控制（59.2%）、法律服务（59.1%）、市场销售（58.5%）、保洁保安（58.0%）、金融保险（57.0%）、广告策划（52.1%）、设备维修（52.1%）、培训服务（51.5%）、人力外包（50.4%）、产品开发（50.2%）。顾客满意率不到50%的有：设备租赁（49.8%）、工程设计（47.3%）、数据处理（46.9%）、工业设计（46.2%），顾客对外部提供这类服务的不满意是工业企业将他们放在企业内部生产的主要原因。

从企业在外购生产服务时主要考虑的因素看，平均而言，依次考虑的分别是：服务专业化水平高（57.4%）、价格较低（18.2%）、企业信誉好（12.5%）、获取的便捷程度高（12.0%）。同时，针对不同类型的服务，考虑的主要因素会略有差别，有些服务对专业化水平要求比较高，如法律服务（68.9%）、信息技术（68.9%）、产品开发（68.7%）、税务审计（66.4%）、工程设计（66.4%）、培训服务（65.7%）、工业设计（65.6%）、财务管理（65.5%）、数据处理（65.4%）、检验检测（63.4%）、咨询服务（62.8%）、广告策划（61.8%）、质量控制（58.2%）等；有些服务对价格比较敏感，如设备租赁（38.2%）、保洁保安（33.5%）、金融保险（33.2%）、运输仓储（30.5%）、人力外包（30.2%）、设备维修（26.9%）。

这些因素也会影响到工业企业采购生产服务的低于来源分布，认为南海区内的服务企业能够完全满足工业企业生产服务需求的仅占26.5%，有一部分需求流到南海区之外。企业到南海区外采购服务的主要考虑因素有：外地的专业化水平和服务质量更高（79.6%），外地供应商的服务价格更便宜（79.7%），南海区没有该项服务（72.4%），南海区的服务专业水平较差（65.6%）。结合以上影响因素，受访工业企业认为服务供应商需要提高的方面主要包括：提高工作人员的专业水平（34%）、提高信息技术水平（27%）、增加经验积累（20%）、提高品牌知名度和美誉度（18%）和其他（1%）。可喜的是，除工业设计（55.8%）、工业设计（50.8%）和咨询服务（49.4%）之外，没有多少细分服务由于供应商太少或专业化水平太低而直接影响南海区工业企业的发展。

另外，关于服务化趋势，受访工业企业中有70.2%越来越重视服务所带来的收入，58.3%认同企业为顾客提供服务能够增加收入，52.4%认同中间投入中服务所占比重越来越高，但是仅有33.9%认同提供服务的收益大于成本（而能够独立获得盈利），21.7%认同今后来自服务的收入将大于来自货物的收入。因此，在直接问及将来是否有意愿承接国内外企业产前产中产后服务时，愿意者占68.9%，恰处于58.3%~70.2%之间，说明多数受访企业不仅看出了服务化趋势，而且有把握趋势抓住机会的意愿。但仅有33.8%的受访企业愿意将来将部分环节分离出来设立独立的服务机构，认同服务的收益大于成本而能独立获得盈利的受访企业数占比则是33.9%，这两者之间有逻辑上的必然联系：具有独立的盈利能力是独立出来的必要条件。在被问及"如果政府对此方面有优惠政策，企业是否会向此（主辅分离）方向发展"时，有72.6%的企业选择"是"。可见，选购政府政策也是企业的本性，但主辅分离能否真正促进服务业发展，迄今尚无定论。

综上所述，南海区第二产业生产服务需求的总体状况是：多数企业认识到生产服务对提高竞争力很重要并且有外购生产服务的愿望，但生产服务外购率约为1/3，工业企业对外部服务提供商满意率有待提高，专业化水平、价格、信誉和便捷性是影响顾客外购生产服务的主要因素，有一部分生产服务要在南海区之外购买。南海区工业企业对服务化趋势认识较一致，但是尚未落实于业务中。

(二) 南海区生产服务供给基本状况

从南海区服务业企业问卷调查数据的统计结果看，南海区生产服务供给的基本状况是：根据服务业企业对主要客户对象（第6问）的回答，可以将南海区生产服务比率判定在40.1%~67.4%之间，最有可能在此区间的中点53%左右；根据服务业企业对最主要客户（第12问）的回答，生产服务比率可以判定在51.7%左右；根据服务业企业对"将来是否有意愿承接国内外企业产前、产中或产后服务"（第9问），生产服务比率可以判定在55.7%左右；综合看，南海区生产服务比率可能接近全国平均水平（48.9%~55.2%）。按照服务业企业数计算，在生产服务企业中，农业生产服务占比为3.8%，工业生产服务占比为34.0%，服务业（包括服务企业和机关事业单位）生产服务占比为62.3%；至少从企业数量的比例方面看，南海区第二产业生产服务发展相对不足，因为同期南海区第二产业增加值占比（2013年为60.9%）极不相称。

在生产服务对客户企业的产品和竞争力的重要程度上的认识上，除10.7%的企业认为不重要外，其余89.3%的企业认为较重要（31.7%）或很重要（42.0%）或非常重要（15.6%）。可见，绝大多数服务业企业认为其所提供的生产服务对顾客企业产品和竞争力具有重要意义。这一比例略高于持相同观点的工业企业的比例（78.5%，见工业企业第22问），这可能与"过度自信"的心理认知干扰有关。

从南海区服务业企业状况看：个体私营和股份制占84.1%，居于主导地位；1 000人以上的企业占比仅为1.1%，1 000人以下的企业平均职工数为147人；营业额1亿元以上的占比11.3%，1亿元以下的平均营业额为1 069万元。总体看，南海区中小民营服务企业占主导地位。

在职工文化素质方面，南海区服务企业呈两端大、中间小的"哑铃型"分布格局：在低端，大专及本科学历以上人数占职工人数比例在10%以下的占31.6%；在高端，大专及本科学历以上人数占职工人数比例在76%~100%的占38.0%；在中间，有30.4%的企业的这一指标近乎均匀地分布在11%~75%。这说明南海区传统服务业与现代服务业相对都比较重要。总体看，南海区服务业企业的职工素质明显高于工业企业的，这是南海区服务业发展潜力大于工业发展潜力的主要支撑条件。但职工月平均收入在5 000元以下的企业数占86.8%，这部分企业职工月均工资水平约3 000元，这是多数企业难以吸引人才的重要原因。

从培训和信息化投入看，79.0%的企业员工培训费用占营业收入的比率低于

5%，仅有21%的企业的这一指标超过5%；相对而言，有42.2%的企业用于信息化建设的费用占营业收入的比率超过5%。可见，服务企业在信息化建设方面多投入明显多出在员工培训方面的投入，其中一个可能的原因是员工培训的正外部性高于信息化建设。当存在正外部性时，企业不能获取投资带来的全部收益，故企业投资必然低于社会最优投资。只有在政府提供足够的补偿的条件下，企业才可能将具有正外部性项目的投资达到社会最优水平。因此，南海区和佛山市政府要评估和完善支持企业培训员工的鼓励政策，促进企业员工培训推到最优数量。

从南海区服务企业的客户的地域分布看，本地客户比平均仅为21%，其余79%客户在南海区之外，说明服务企业区外客户拓展工作开展得比较好。从业务地域分布看，业务在南海区的占58.1%，占主导地位，而在南海区之外的合计占41.9%。客户与业务的地域分布决定着服务业企业竞争对手的地域分布，66.8%受访企业的竞争对手来自南海区，33.2%的受访企业的竞争对手来自南海区之外。相对于国内竞争对手，南海区企业主要竞争优势是：区位优势（58.1%）、行业经验优势（31.1%）、品牌优势（21.9%）、成本优势（21.5%）；主要劣势是：规模较小（51.5%）、品牌知名度较弱（29.2%）、行业经验较弱（15.8%）、人才专业水平低（10.8%）。

随着内地对港澳台在服务贸易领域的进一步开放，南海区服务竞争将更加激烈（57.1%）、企业打算采取的主要应对措施是：提高核心员工待遇，留住人才（54.1%）；加大员工培训力度（40.6%）；招揽储备高级人才（26.7%）；加大信息投入（16.5%）。

综上所述，南海区生产服务供给总体状况是：比重接近全国平均水平，但结构不合理，第二产业生产服务比重较低；多数服务企业认为生产服务对顾客企业的产品和竞争力意义重大；南海区服务企业以中小民营企业为主；企业职工素质两极分化、总体水平较低，职工平均收入水平也较低，从而难以吸引到中高级人才；培训费用率低于信息化建设费用，且相对水平不高；南海区服务企业的主要业务和竞争对手多在本地（南海区）；企业主要竞争优势是区位优势和行业经验；加大人力资源建设和信息化建设力度是南海区服务企业应对竞争挑战的基本战略。

（三）南海区生产服务供求平衡状况

总体看，目前南海区第二产业生产服务主要矛盾不是供给不足问题。从工业企业调查统计的结果看，当被问及"企业是否认为以下各项服务提供商数量太少或专业化水平太低进而影响企业发展"时，在20项细分服务中，回答"是"的比率平均为34.3%，回答"否"的比率平均为65.7%，说明2/3的受访工业企业认为目前南海区生产服务领域不存在供给不足而影响工业企业发展的问题。但同时也要注意，在工业设计、信息技术和咨询服务方面，略有50%的受访工业企业认同供给不足。

此外，辩证地看，有近一半的工业企业设有研发设计部门，其中81.8%的企业的产品技术来源于自主研发设计。53.5%的工业企业能够提供产品研发服务，23.3%能够提供检验检测服务，12.4%能够提供工业设计服务，8.7%能够提供数据分析和数据挖掘服务，7.6%能够提供工程设计服务。有意愿承接国内外企业产前、产中、产后服务的企业目前已经达到68.9%，而工业企业目前外购生产服务的比率平均也仅是32.4%，换句话说，目前工业企业有近2/3的生产服务是由企业内部提供的，同时有近2/3的企业有承接其他企业生产服务的意愿。因此，工业企业是既是第二产业生产服务需求部门，同时也是第二产业生产服务最大的供应部门。在此情况下，一些工业企业很可能通过"蚌病生珠"实现华丽转身，成为第二产业生产服务业的重要领军者。当然，工业企业基本摆脱"小而全、大而全"的思维定式，有78.5%愿意从外部采购生产服务。

从生产服务的供给看，有55.7%的受访服务企业将来愿意承接国内外其他企业的产前、产中、产后服务，低于受访工业企业的比例（68.9%）。造成此种状况的可能原因是：在客户对创新性服务的消费需求强烈的情况下（85.8%），企业在服务创新中遇到的困难很多（77.1%），服务业行业同业者非常多（90.2%），市场竞争非常激烈（92.1%），行业平均利润率很低（65.5%）。

但从调查问卷所列举的主要障碍因素对企业的现实约束看，对工业企业的约束为396分，而对服务企业的约束为246分，两者相差150分。换言之，这些障碍因素对工业企业造成的压力是服务企业的1.6倍，特别是人工成本高、原材料成本高、运输成本高、土地成本高、人才引进激励不足、融资困难、服务平台支持不足、多层次人才市场缺乏和培训能力弱、基础设施建设不足、创新能力弱等因素，给工业企业带来的约束都高于服务企业的。这是倒逼着企业实现"退二进三"的客观强制力量，其调节能力不以人的主观意志为转移。正是在现实给予不同行业的企业带来的压力不同从而导致不同行业的企业生死概率不同，产业结构转型升级和经济发展方式的转换才得以顺势而成。

在南海区资源环境限制条件给工业企业施加的压力明显大于给服务企业带来的压力的情况下，南海区将很快实现和保持服务业增长率超出工业增长率的局面。具体实现路径是：第一，现存服务业企业平均增长速度将超出现存工业企业的平均增长速度；第二，新进入企业将更倾向于从事压力相对更小的服务业；第三，一部分工业企业向服务企业转型。但同时也应看到，服务业发展对软环境更为敏感，政府应顺势而为，积极创造适宜服务业快速发展的软环境。

二、基本启示

（一）顺势而为，积极打造适宜服务业加快发展的软环境

目前南海区服务业实现超出制造业增长速度的基础已经具备，区政府应因势利导地转变产业发展观念，摒弃一些不适时宜的习惯做法，着力打造有利于服务业发展的软环境。从问卷调查统计结果看，服务业企业期待政府首先采取措施保障市场公平（51.9%）和加强宣传（49.3%），这是打造软环境的重要方面。众所周知，服务产品是无形产品，它不像多数工农业产品那样在购买之前可以用肉眼进行鉴定，服务产品多属于体验品或信任品而不是搜寻品。欺诈等不公平交易行为对服务行业的打击更是灾难性的，因此市场公平、信用建设、声誉口碑对服务业的发展至关重要。它们具有公共产品的属性，在相当程度上仰仗政府坚持不懈地主动宣传营造。

（二）着眼全局，积极鼓励有条件的工业企业向服务业拓展

南海区制造业发展历程较长、比重较高、实力较雄厚，这是南海区经济的传统优势。在各种要素的障碍约束之下，目前南海区制造业面临转型升级的困境。在服务业发展成为南海区经济发展必然趋势和重点战略的情况下，也不能将工业企业简单地视为负担和障碍。应该清醒地认识到，第二产业生产服务最大的需求方和供应方都是工业企业，迄今南海区工业企业仍承担着约2/3的第二产业生产服务提供任务，同时有2/3的工业企业愿意承接其他企业的生产服务，这一比率甚至超过服务业企业的比率。解铃还得系铃人，专业化程度高的第二次行业生产服务主要还是依靠工业企业来提供，如3/4以上的产品研发、工业设计、质量控制仍由工业企业自行提供。从国际经验看，国际商业机器公司（IBM）、通用电气公司（GE）、耐克（NIKE）、劳斯莱斯（ROLLS-ROYCE）、米其林轮胎等制造企业成功转型为服务企业的例子很多。

参考文献

[1] 毕斗斗：《生产服务业演变趋势研究》，中山大学博士学位论文，2005年。

[2] 陈国亮：《新经济地理学视角下的生产性服务业集聚研究》，浙江大学博士学位论文，2010年。

[3] 陈浩：《外商直接投资的人力资本效应分析》，载于《科技进步与对策》，2007年第9期，第118~121页。

[4] 陈建军、陈国亮、黄洁：《新经济地理学视角下的生产性服务业集聚及其影响因素研究——来自中国222个城市的经验证据》，载于《管理世界》，2009年第4期，第83~95页。

[5] 陈宪、黄建锋：《分工、互动与融合：服务业与制造业关系演进的实证研究》，载于《中国软科学》，2004年第10期，第65~71页。

[6] 陈艳莹、原毅军、袁鹏：《中国高端服务业的内涵、特征与界定》，载于《大连理工大学学报》（社会科学版），2011年第9期，第20~26页。

[7] 陈志武：《为什么中国人出卖的是"硬苦力"？》，载于《新财富》，2004年9月。

[8] 程大中：《中国生产性服务业的水平、结构及影响——基于投入—产出法的国际比较研究》，载于《经济研究》，2008年第1期，第76~88页。

[9] 程大中：《中国生产者服务业的增长、结构变化及其影响——基于投入—产出法的分析》，载于《财贸经济》，2006年第10期，第45~52页。

[10] 邓于君：《发达国家后工业化时期服务业内部结构的演变、机理及启示》，载于《学术研究》，2009年第9期，第62~71页。

[11] 段国蕊、方慧：《制造业"国际代工"模式对生产者服务业的影响分析》，载于《世界经济研究》，2012年第11期，第56~61，88~89页。

[12] 段会娟、梁琦：《知识溢出关联与产业集聚》，载于《软科学》，2009年第11期，第9~12页。

[13] 段杰、张燕：《经济全球化背景下广东生产性服务业的发展》，载于

《深圳大学学报》（人文社会科学版），2008 年第 3 期，第 57~62 页。

[14] 樊瑛：《中国服务业开放度研究》，载于《国际贸易》，2012 年第 10 期，第 10~17 页。

[15] 范剑勇：《产业集聚与地区间劳动生产率差异》，载于《经济研究》，2006 年第 11 期，第 72~81 页。

[16] 高传胜、李善同：《经济服务化的中国悖论与中国推进经济服务化的战略选择》，载于《经济经纬》，2007 年第 4 期，第 51~19 页。

[17] 高传胜、李善同：《中国生产者服务：内容、发展与结构——基于中国 1987~2002 年投入产出表的分析》，载于《现代经济探讨》，2007 年第 8 期，第 68~72 页。

[18] 高传胜、刘志彪：《生产者服务与长三角制造业集聚和发展》，载于《上海经济研究》，2005 年第 8 期，第 35~42 页。

[19] [美] 赫伯特·格鲁伯、迈克尔·沃克著，陈彪如译：《服务业的增长：原因与影响（中译本）》，上海三联书店 1993 年版。

[20] [美] 格罗鲁斯著，韩经纶译：《服务管理与营销：基于顾客关系的管理策略》（第二版），电子工业出版社 2004 年版。

[21] 顾乃华：《1992~2002 年我国服务业增长效率的实证分析》，载于《财贸经济》，2005 年第 4 期，第 85~90、97 页。

[22] 顾乃华、毕斗斗、任旺兵：《中国转型期生产服务业发展与制造业竞争力关系研究——基于面板数据的实证分析》，载于《中国工业经济》，2006 年第 9 期，第 14~21 页。

[23] 顾乃华：《城市化与服务业发展：基于省市政策互动视角的理论与实证研究》，载于《世界经济》，2011 年第 1 期，第 126~142 页。

[24] 顾乃华、李江帆：《中国服务业技术效率区域差异的实证分析》，载于《经济研究》，2006 年第 1 期，第 46~56 页。

[25] 顾乃华：《生产性服务业对工业获利能力的影响和渠道——基于城市面板数据和 SFA 模型的实证研究》，载于《中国工业经济》，2010 年第 5 期，第 48~58 页。

[26] 顾乃华：《我国服务业对工业发展外溢效应的理论和实证分析》，载于《统计研究》，2005 年第 12 期，第 9~13 页。

[27] 顾乃华、夏杰长：《服务业发展与城市转型：基于广东实践的分类研究》，载于《广东社会科学》，2011 年第 4 期，第 67~72 页。

[28] 广东省经济和信息化委：《关于加快工业和信息化领域生产性服务业发展的实施意见》（粤经信生产〔2014〕491 号）。

［29］广东省生产服务业"十二五"发展规划。

［30］广州市人民政府办公厅印发：《关于促进广州市服务业新业态发展若干措施的通知》（穗府办〔2014〕7号）。

［31］郭怀英：《借鉴国际经验推动商务服务业快速发展》，载于《宏观经济管理》，2008年第12期，第67~68页。

［32］国家发展改革委、外交部、商务部联合发布：《推动共建丝绸之路经济带和21世纪海上丝绸之路的愿景与行动》。

［33］国务院发展研究中心市场经济研究所课题组：《经济结构优化调整中着力促进服务业发展的制度环境研究（总报告）》，载于《经济研究参考》，2011年第40期，第2~44页。

［34］国务院发展研究中心市场经济研究所课题组、王青：《我国服务业发展面临的准入、监管制度障碍与政策建议》，载于《经济研究参考》，2011年第40期，第45~47页。

［35］国务院发展研究中心市场经济研究所课题组：《我国商贸服务业发展面临的制度约束及政策建议》，载于《经济研究参考》，2011年第40期，第69~72页。

［36］国务院发展研究中心市场经济研究所课题组：《影响我国服务业发展的信用制度障碍分析与对策》，载于《经济研究参考》，2011年第40期，第51~54页。

［37］国务院发展研究中心市场经济研究所课题组：《影响我国经济鉴证类服务业发展的制度因素分析》，载于《经济研究参考》，2011年第40期，第62~65页。

［38］国务院发展研究中心市场经济研究所课题组：《制约我国服务业发展的税收制度障碍及政策建议》，载于《经济研究参考》，2011年第40期，第54~58页。

［39］国务院：《关于北京市服务业扩大开放综合试点总体方案的批复》（国函〔2015〕81号）。

［40］国务院：《关于加快发展生产性服务业促进产业结构调整升级的指导意见》（国发〔2014〕26号）。

［41］国务院：《关于依托黄金水道推动长江经济带发展的指导意见》（国发〔2014〕39号）。

［42］国务院：《关于印发服务业发展"十二五"规划的通知》（国发〔2012〕62号）。

［43］国务院：《关于印发全国主体功能区规划的通知》（国发〔2010〕46号）。

［44］国务院：《关于支持云南省加快建设面向西南开放重要桥头堡的意见》（国发〔2011〕11号）。

［45］国务院：《国务院关于加快发展生产性服务业促进产业结构调整升级的指导意见》，国发〔2014〕26号文，2014年8月6日。

［46］韩坚、宋言奇：《生产性服务业的演进过程极其启示》，载于《社会科学家》，2007年第9期，第84~87页。

［47］何骏：《探索中国生产性服务业集聚区的发展之路——中国生产性服务业集聚区的创新系统与重点模式研究》，载于《当代经济管理》，2009年第4期，第56~61页。

［48］何曼青：《筹谋服务业开放》，载于《中国外汇》，2013年第10期，第53~57页。

［49］洪进、余文涛、杨凤丽：《人力资本、创意阶层及其区域空间分布研究》，载于《经济学家》，2011年第9期，第28~35页。

［50］侯凯：《以农业生产性服务业促进农业改革试验区发展》，载于《黑龙江日报》，2013年10月29日。

［51］胡瑞法、黄季焜、李立秋：《中国农技推广：现状、问题和解决对策》，载于《管理世界》，2004年第5期，第50~57页。

［52］胡霞：《产业特性与中国城市服务业集聚程度实证分析》，载于《财贸研究》，2009年第2期，第58~64页。

［53］胡霞、魏作磊：《国外服务业区域发展理论研究述评》，载于《经济地理》，2006年第5期，第427~430页。

［54］胡霞、魏作磊：《中国城市服务业发展差异的空间经济计量分析》，载于《统计研究》，2006年第9期，第54~60页。

［55］胡霞、魏作磊：《中国城市服务业集聚效应实证分析》，载于《财贸经济》，2009年第8期，第108~114页。

［56］胡霞：《中国城市服务业空间集聚变动趋势研究》，载于《财贸经济》，2008年第6期，第103~107、129页。

［57］胡宗彪、王恕立：《中国服务业生产率增长来源：服务进口还是出口？》，载于《上海经济研究》，2014年第7期，第3~14页。

［58］黄少军：《服务业与经济增长》，经济科学出版社2000年版。

［59］简泽：《企业间的生产率差异、资源再配置与制造业部门的生产率》，载于《管理世界》，2011年第5期，第11~23页。

［60］江波、李江帆：《政府规模、劳动—资源密集型产业与生产服务业发展滞后：机理与实证研究》，载于《中国工业经济》，2013年第1期，第64~76页。

[61] 江波、李美云：《生产服务业出口贸易、创新与生产率提升：理论与实证》，载于《财经研究》，2012 年第 7 期，第 68～78 页。

[62] 江静、刘志彪：《世界工厂的定位能促进中国生产性服务产业发展吗?》，载于《经济理论与经济管理》，2010 年第 3 期，第 62～68 页。

[63] 江静、刘志彪、于明超：《生产者服务业发展与制造业效率提升：基于地区和行业面板数据的经验分析》，载于《世界经济》，2007 年第 8 期，第 52～62。

[64] 江小涓等：《服务全球化与服务外包现状、趋势及理论分析》，人民出版社 2009 年版。

[65] 江小涓：《服务全球化的发展趋势和理论分析》，载于《经济研究》，2008 年第 2 期，第 4～18 页。

[66] 江小涓、李辉：《服务业与中国经济：相关性和加快增长的潜力》，载于《经济研究》，2004 年第 1 期，第 4～15 页。

[67] [美] 库兹涅茨著，戴睿等译：《现代经济增长（中译本）》，北京经济学院出版社 1989 年版。

[68] 李爱香：《国内外生产性服务业发展的成功经验及其借鉴》，载于《改革与战略》，2012 年第 4 期，第 123～215 页。

[69] 李冠霖：《第三产业投入产出分析》，中国物价出版社 2002 年版。

[70] 李江帆：《把第三产业纳入再生产公式》，载于《贵州社会科学》，1987 年第 3 期，第 5～9 页。

[71] 李江帆、毕斗斗：《国外生产服务业研究述评》，载于《外国经济与管理》，2004 年第 11 期，第 16～25 页。

[72] 李江帆：《第三产业的产业性质、评估依据和衡量指标》，载于《华南师范大学学报》，1994 年第 3 期。

[73] 李江帆：《第三产业经济学》，广东人民出版社 1990 年版。

[74] 李江帆：《第三产业与两大部类的关系试析》，载于《体制改革探索》，1986 年第 3 期，第 51～57 页。

[75] 李江帆、蓝文妍、朱胜勇：《第三产业生产服务：概念与趋势分析》，载于《经济学家》，2014 年第 1 期，第 56～64 页。

[76] 李江帆、潘发令：《第三产业消耗系数和依赖度的国际比较》，载于《宏观经济研究》，2001 年第 5 期，第 56～60 页。

[77] 李江帆：《推进服务形式的生产要素发展》，《南方日报》，2014 年 5 月 19 日。

[78] 李江帆：《推进广东生产服务业的发展》，载于《羊城晚报》，2008 年

8月17日。

[79] 李江帆、杨振宇：《中国地方政府的产业偏好与服务业增长》，载于《财贸经济》，2012年第12期，第116~124页。

[80] 李江帆、曾国军：《中国第三产业内部结构升级趋势分析》，载于《中国工业经济》，2003年第3期，第34~39页。

[81] 李江帆、张少华：《基于投入产出表的结构变迁与知识服务业发展研究》，载于《管理学报》，2013年第1期，第56~61页。

[82] 李江帆：《中国第三产业的战略地位与发展方向》，载于《财贸经济》，2004年第1期，第65~73页。

[83] 李江帆：《中国第三产业经济分析》，广东人民出版社2004年版。

[84] 李江帆、朱胜勇：《"金砖四国"生产性服务业的水平、结构及影响——基于投入产出法的国际比较研究》载于《上海经济研究》，2008年第9期，第3~10页。

[85] 李文秀：《服务业的城市集聚机理理论与实证研究——来自纽约、东京的例证及其对我国的启示》，载于《产经评论》，2012年第4期，第36~45页。

[86] 李一平：《推进农业生产性服务业发展的对策》，载于《湖南农业科学》，2011年第9期，第6~10页。

[87] 梁琦：《产业集聚论》，商务印书馆2004年版。

[88] 林民盾、杜曙光：《产业融合：横向产业研究》，载于《中国工业经济》，2006年第2期，第30~36页。

[89] 蔺雷、吴贵生：《服务创新：研究现状、概念界定及特征描述》，载于《科研管理》，2005年第2期，第1~6页。

[90] 刘长全、李靖、朱晓龙：《国外产业集群发展状况与集群政策》，载于《经济研究参考》，2009年第53期，第3~12页。

[91] 刘建兵、柳卸林：《企业研究与开发的外部化及对中国的启示》，载于《科学学研究》，2005年第3期，第366~371页。

[92] 刘利华：《构筑中国制造走出去的新优势》，载于《求是》，2015年第10期，第33~35页。

[93] 刘曙华：《生产性服务业集聚与区域空间重构》，经济科学出版社2012年版。

[94] 刘修岩：《产业集聚与经济增长：一个文献综述》，载于《产业经济研究》，2009年3期。

[95] 刘志彪：《发展现代生产者服务业与调整优化制造业结构》，载于《南京大学学报》，2006年第5期，第36~44页。

[96] 刘志彪：《高端服务业发展：基础条件及构建》，载于《上海经济研究》，2005 年第 9 期，第 21~29 页。

[97] 刘志彪：《全球价值链中我国外向型经济战略的提升》，载于《中国经济问题》，2007 年第 1 期，第 28~35 页。

[98] 刘志彪、张杰：《从融入全球价值链到构建国家价值链：中国产业升级的战略思考》，载于《学术月刊》，2009 年第 9 期，第 59~68 页。

[99] 路江涌、陶志刚：《中国制造业区域集聚及国际比较》，载于《经济研究》，2006 年第 3 期，第 103~114 页。

[100] 吕政、刘勇、王钦：《中国生产性服务业发展的战略选择——基于产业互动的研究视角》，载于《中国工业经济》，2006 年第 8 期，第 5~12 页。

[101] 马凤华：《第二产业生产服务研究》，经济科学出版社 2011 年版。

[102] 马凤华：《第二产业生产服务与服务业生产率——基于面板数据的实证研究》，载于《广东工业大学学报（社会科学版）》，2010 年第 3 期 26~28 页。

[103] [美] 马图等著，陈宪主译：《国际服务贸易手册》，格致出版社/上海人民出版社 2012 年版。

[104] [美] 迈克尔·波特著，陈小悦译：《竞争优势》，华夏出版社 1997 年版。

[105] 倪鹏飞：《中国城市服务业发展：假设与验证》，载于《财贸经济》，2004 年第 7 期，第 7~11 页。

[106] 宁一非：《论消费成本——消费研究与政策的新视野》，载于《经济问题》，2004 年第 5 期，第 2~5 页。

[107] 牛振喜、汪小梅、袁满：《中欧知识产权保护比较以及对我国的启示》，载于《科技管理研究》，2014 年第 4 期，第 143~146、151 页。

[108] 《上海市服务业发展"十二五"规划》。

[109] 邵骏、张捷：《中国服务业增长的制度因素分析——基于拓展索洛模型的跨地区、跨行业实证研究》，载于《南开经济研究》，2013 年第 2 期，第 132~152 页。

[110] 申玉铭等：《中国生产性服务业产业关联效应分析》，载于《地理学报》，2007 年第 8 期，第 821~830 页。

[111] 时磊：《制造业技术"低端锁定"和升级困境的摆脱——Lucas "人力资本"模型的修正与深化》，载于《中国经济问题》，2006 年第 1 期，第 55~61 页。

[112] [美] 丝奇雅·沙森著，周振华译：《全球城市：纽约伦敦东京》，上

海社会科学院出版社 2005 年版。

  [113] 孙得将、李江帆：《生产服务业比率时序稳定性研究：1996~2009年》载于《数量经济技术经济研究》，2013 年第 10 期，第 35~48 页。

  [114] 孙浦阳、武力超、张伯伟：《空间集聚是否总能促进经济增长：不同假定条件下的思考》，载于《世界经济》，2011 年第 10 期，第 3~20 页。

  [115] 滕泰：《新供给主义宣言》，载于《中国经济报告》，2013 年第 1 期。

  [116][日] 藤田昌久著，刘峰、张雁等译：《集聚经济学》，西南财经大学出版社 2004 年版。

  [117] 田小平：《基于交易成本经济学的节能服务外包决策研究》，载于《中南财经政法大学学报》，2011 年第 4 期，第 101~106 页。

  [118][美] 托马斯·弗里德曼：《世界是平的——21 世纪简史》，湖南科技出版社 2006 年版。

  [119] 汪德华、张再金、白重恩：《政府规模、法治水平与服务业发展》，载于《经济研究》，2007 年第 6 期，第 51~64、118 页。

  [120] 王建冬、康大臣、刘洋：《第四代生产性服务业：概念及实践意义》，载于《中国科学院院刊》，2010 年第 4 期，第 381~388 页。

  [121] 王永钦：《制度密集型产业》，载于《经济学家茶座》，2008 年第 1 期，第 48~51 页。

  [122] 王琢卓、韩峰、赵玉奇：《生产性服务业对经济增长的集聚效应研究——基于中国地级城市面板 VAR 分析》，载于《经济经纬》，2012 年第 4 期，第 1~5 页。

  [123] 王子先：《全球化下中国服务业跨越式升级的路径及开放战略》，载于《宏观经济研究》，2011 年第 7 期，第 3~11 页。

  [124] 韦琦：《服务业发展、经济增长与产业相关性——基于珠三角地区的经验数据》，载于《中央财经大学学报》，2010 年第 5 期，第 49~53 页。

  [125][美] 维克多·富克斯著，许微云等译：《服务经济学》，商务印书馆 1987 年版。

  [126] 魏江、Mark Boden：《知识密集型服务业与创新》，科学出版社 2004 年版。

  [127] 魏江、王甜：《中欧知识密集型服务业发展比较及对中国的启示》，载于《管理学报》，2005 年第 3 期，第 312~316 页。

  [128] 魏作磊、侯瑞瑞：《发达国家 APS 与制造业产业依赖的演变特点及其对中国的启示——一项基于投入产出表的国际比较分析》，载于《岭南学刊》，2011 年第 5 期，第 75~79 页。

[129] 魏作磊、胡霞:《发达国家服务业需求结构变动对中国的启示》,载于《统计研究》,2005年第5期,第32~36页。

[130] 魏作磊、邝彬:《制造业对服务业的产业依赖及其对促进我国就业增长的启示——一项基于投入产出表的比较分析》,载于《经济学家》,2009年第11期,第47~51页。

[131] 魏作磊、李丹芝:《生产服务业发展与制造业竞争力的关系》,载于《广东商学院学报》,2012年第4期,第60~66页。

[132] 魏作磊、麦小涛:《珠三角制造业与APS产业互动的特点及启示》,载于《国际经贸探索》,2011年第6期,第53~57页。

[133] 魏作磊:《美、欧、日服务业内部结构的演变及对中国的启示》,载于《国际经贸探索》,2010年第1期,第36~42页。

[134] 魏作磊:《中国服务业发展战略研究》,经济科学出版社2009年版。

[135] 吴敬琏:《将资源配置方式由行政转变为市场》,载于《中国经济时报》,2005年11月29日。

[136] 吴欣望、夏杰长:《中国服务业对外开放:进入、福利和一体化》,载于《经济研究参考》,2006年第26期,第2~6页。

[137] 肖文、樊文静:《产业关联下的生产性服务业发展》,载于《经济学家》,2011年第6期,第72~80页。

[138] 肖文、林高榜:《FDI流入与服务业市场结构变迁——典型行业的比较研究》,载于《国际贸易问题》,2009年第2期,第87~93页。

[139] 熊小奇:《发达国家科技中介服务业发展的经验及启示》,载于《中国科技论坛》,2007年第11期,第50~53页。

[140] 徐金海:《农民农业科技服务需求意愿与影响因素研究——以江苏省为例》,载于《经济纵横》,2009年第10期,第62~64页。

[141] 徐毅、张二震:《外包与生产率:基于工业行业数据的经验研究》,载于《经济研究》,2008年第1期,第103~114页。

[142] 徐盈之、彭欢欢、刘修岩:《威廉姆森假说:空间集聚与区域经济增长——基于中国省域数据门槛回归的实证研究》,载于《经济理论与经济管理》,2011年第4期,第95~102页。

[143] 阎俊爱:《国内外科技中介服务业的比较与启示》,载于《生产力研究》,2007年第7期,第90~92页。

[144] 杨丹辉主编:《全球化:服务外包与中国的政策选择》,经济管理出版社2010年版。

[145] 姚洋洋、李文秀、张少华:《交易效率对生产服务业发展的影响研究——

基于 28 个发达国家面板数据的实证分析》，载于《中国软科学》，2015 年第 5 期，第 184~192 页。

[146] 应勤俭：《上海自贸区如何开放服务业》，载于《中国经济报告》，2014 年第 2 期，第 68~72 页。

[147] 詹浩勇：《生产性服务业集聚与制造业转型升级研究》，西南财经大学博士学位论文，2013 年。

[148] 张少辉：《管制与生产服务业发展的国际经验——以 OECD 国家为例》，载于《财经研究》，2015 年第 4 期，第 134~144 页。

[149] 张幼文：《要素的国际流动与开放型发展战略——经济全球化的核心与走向》，载于《世界经济与政治论坛》，2008 年第 3 期，第 1~10 页。

[150] 郑吉昌、夏晴：《论生产性服务业的发展与分工的深化》，载于《科技进步与对策》，2005 年第 2 期，第 13~15 页。

[151] 郑吉昌：《中国现代服务业与工业化、市场化、城市化的关系及其发展重点》，载于《浙江树人大学学报》（人文社会科学版），2009 年第 5 期，第 44~46 页。

[152] 郑凯捷：《中国服务业发展的中间需求因素分析——中间需求表现及工业产业分工发展的影响》，载于《山西财经大学学报》，2008 年第 2 期，第 47~55 页。

[153]《中国（福建）自由贸易试验区总体方案》。

[154]《中国（广东）自由贸易试验区总体方案》。

[155]《中国（上海）自由贸易试验区总体方案》。

[156] 中国社会科学院工业经济研究所课题组：《"十二五"时期工业结构调整和优化升级研究》，载于《中国工业经济》，2010 年第 1 期，第 5~23 页。

[157]《中国（天津）自由贸易试验区总体方案》。

[158] 周勇、王国顺、周湘：《要素角度的产业划分》，载于《当代财经》，2006 第 3 期，第 88~91 页。

[159] 朱培培、沈蕾：《生产性服务业发展的国际经验及其启示》，载于《价格月刊》，2011 年第 8 期，第 75~79 页。

[160] 朱胜勇：《发达国家生产性服务业发展的影响因素——基于 OECD 国家生产性服务业的分析》，载于《城市问题》，2009 年第 7 期，第 90~95 页。

[161] 朱胜勇：《全球服务业离岸外包：现状、动因及演变趋势》，载于《国际商务（对外经济贸易大学学报）》，2009 年第 2 期，第 11~16 页。

[162]《珠三角地区改革发展规划纲要（2008~2020 年）》。

[163] Afonso, F. M. Fleury., Alternatives for Industrial Upgrading in Global

Value Chains The Case of the Plastics Industry in Brazi, IDS Bulletin Working Papers, 2009, 32 (3): 116-126.

［164］Aharoni, Y. (eds.)., *Coalitions and Competition*: *the Globalization of Professional Business Services*, London and New York: Routledge, 1993.

［165］Alan, Macpherson, Producer Service Linkages and Industrial Innovation: Results of a Twelve-Year Tracking Study of New York State Manufacturers, *Growth and Change*, 2008, 39 (1): 1-23.

［166］Amara, N., R. Landry, et al., Managing the Protection of Innovations in Knowledge Intensive Business Services, Research Policy, 2008, 37 (9): 2008, 1530-1547.

［167］Amara, N., R. Landry, et al., "Patterns of Innovation Capabilities in KIBS Firms: Evidence from the 2003 Statistics Canada Innovation Survey on Services", *Industry and Innovation*, 2010, 17 (2): 163-192.

［168］Amin, M., and A. Mattoo, Do Institutions Matter more for Services? World Bank Publications, No. 4032, 2006.

［169］Andersen, B., et al., *Knowledge and Innovation in the New Service Economy*. Massachusetts (USA): Edward Elgar Publishing Inc., 2000.

［170］Antonelli, C., "Localized Technological Change, New Information Technology and the Knowledge-based Economy: The European Evidence", *Journal of Evolutionary Economics*, 1998, (8): 177-198.

［171］Aslesen, H. W. and A. Isaksen, "Knowledge-intensive Business Services and Urban Industrial Development", *The Service Industries Journal*, 2007 (27): 321-338.

［172］Banga, R., Role of Services in the Growth Process: A Survey. Working Paper No. 159, Indian Council for Research on International Economic Relations, New Delhi, 2005.

［173］Banga, Rashmi and B. N. Goldar, "Contribution of Services to Output Growth Productivity in Indian Manufacturing: Pre and Post Reform", ICRIER Working Paper 139, August, 2004.

［174］Barro, J. R., Religion and Political Economy in an International Panel, NBER Working Paper No. 8931, 2003.

［175］Barro, R., "Economic Growth in a Cross Section of Countries", *Quarterly Journal of Economics*, 1991, (106): 407-443.

［176］Baumol, W., "Macroeconomics of Unbalanced Growth: The Anatomy of

Urban Crisis", *American Economic Review*, 1967, 57 (3): 415 –426.

[177] Bazan, L., and L. Navas – Aleman, The Underground Revolution in the Sinos Valley: A Comparison of Upgrading in Global and National Value Chain, in H. Schmitz, 2004.

[178] Bell, Daniel, *The Coming of Post-Industrial Society: A Venture in Social Forecasting*, New York: Basic Books, Inc., 1973.

[179] Ben, Derudder, and Frank Witlox, "Assessing Central Places in a Global Age: on the Networked Localization Strategies of Advanced Producer Services". *Journal of Retailing and Consumer Services*, 2004 (11): 171 –180.

[180] Bennett, R. J., and C. Smith, "The Influence of Location and Distance on the Supply of Business Advice", *Environment and Planning (A)*, 2002, 34 (2): 251 –270.

[181] Bennett, R. J., and P. J. A. Robson, "The Use of External Business Advice by SMEs in Britain", *Entrepreneurship and Regional Development*, 1999, 11 (2): 155 –180.

[182] Beyers, W. B., *The Producer Services and Economic Development in the United States: The Last Decade*, Seattle: Final Report prepared for US Department of Commercial, Economic Development Administration Technical Assistance and Research Division, 1989.

[183] Beyers, W. B., "Impacts of IT Advances and E – commerce on Transportation in Producer Services", *Growth and Change*, 2003, 34 (4): 433 –455.

[184] Beyers, W. B. and D. P. Lindahl, "Explain the Demand for Producer Services: Is Cost-driven Externalization the Major Factor". *Regional Science*, 1996, 75: 351 –374.

[185] Böhm – Bawerk, Eugen von. [1889, 1891], *The Positive Theory of Capital*. London: Macmillan, 1971.

[186] Browning, H. and J. Singelmann, *The Emergence of a Service Society: Demographic and Sociological Aspects of the Sectoral Transformation of the Labor Force in the USA*, Springfield, VA: National Technical Information Service, 1975.

[187] Bruce, E. H., Threshold Effects in non-dynamic Panels: Estimation, Testing and Inference, Working Papers in Economics, 1997.

[188] Bryson, J. R., "Business Service Firms, Service Space and the Management of Change". *Entrepreneurship and Regional Development*, 1997, 9 (2): 93 –111.

［189］Bryson, J. R. and P. W. Daniels, *The Handbook of Service Industries in the Global Economy*, UK: Edward Elgar, 2007.

［190］Castellacci, F., "Technological Paradigms, Regimes and Trajectories: Manufacturing and Service Industries in a New Taxonomy of Sectoral Patterns of Innovation". *Research Policy*, 2008, 37 (6/7): 978–994.

［191］Clague, Christopher, et al., "Contract-intensive Money: Contract Enforcement, Property Rights, and Economic Performance", *Journal of Economic Growth*, 1999, 4 (2): 185–211.

［192］Clark, Colin, *The Conditions of Economic Progress*, London: Macmillian, 1940.

［193］Coase, R. H., "The Nature of the Firm", *Economica*, 1937, 4 (16): 386–405.

［194］Coffey. W, A. Bailly, "Producer Services and Systems of Flexible Production", *Urban Studies*, 1992, 29 (3): 857–868.

［195］Coffey, W. J., "The Geographies of Producer Services", *Urban Geography*, 2000, 21 (2): 170–183.

［196］Coffey, W. J. and A. S. Bailly, "Producer Services and Flexible Production: An Exploratory Analysis", Paper presented at the 1990 North American Meetings of the Regional Science Association, Boston, MA, 1990.

［197］Coffey, W. J., and A. S. Bailly, "Producer Services and Flexible Production: An Exploratory Analysis," *Growth and Change*, 1991, 22 (4): 95–117.

［198］Coffey, W. J., M. Polèse, "Producer service and Regional Development: A policy Oriented Perspective", *Papers of the Regional Science Association*, 1989, 67: 13–27.

［199］Coffey, W. J., R. Drolet, and M. Polese, "The Intrametropolitan Location of High Order Services: Patterns, Factors and Mobility in Montreal", *Papers in Regional Science*, 1996, 75 (3): 293–323.

［200］Dai, W., and Y. C. Song, Research on the Knowledge Management Model of Knowledge-Intensive Based Services, 6th International Conference on Service Systems and Service Management, 2009, 594–598.

［201］Daniels, P. W., *Service Industries: A Geographic Appraisal*. London: Methuen, 1985.

［202］Daniels, P. W., *Service Industries in the World Economy*. Oxford: Blackwell, 1993.

［203］Daniels, P. W. , "Economic Development and Producer Services Growth: the APEC Experience", *Asia Pacific Viewpoint*, 1998, 39 (2): 145 – 159.

［204］Daniels, P. W. and F. Moulaert (eds.), *The Changing Geography of Advanced Producer Services: Theoretical and Empirical Perspectives*, London, New York: Belhaven Press, 1991.

［205］Dathe, D. , and G. Schmid, Determinants of Business and Personal Services: Evidence from West – German Regions, WZB – Discussion Papers, 2000.

［206］Delaunay, J. C. and J. Gadrey, *Services in Economic Thought: Three Centuries of Debate*, Boston: Kluwer Academic Publishers, 1992.

［207］Den, H. , P. , "Knowledge-Intensive Business Services as Co – Producers of Innovation". *International Journal of Innovation Management*, 2000, (4): 491 – 528.

［208］Devall, V. M. , "Producer Services, Economic Geography and Services Tradability", *Journal of Regional Science*, 1991, 39: 539 – 572.

［209］Dietzenbacher, E. , et al. , "The Construction of World Input – Output Tables in the WIOD Project", *Economic Systems Research*, 2013, 25 (1): 71 – 98.

［210］Egger, P. , Michael Pfaffermayr and Andrea Weber, "Sectoral Adjustment of Employment: The Impact of Outsourcing and Trade at the Micro Level," *IZA Discussion Papers* 921, Institute for the Study of Labor (IZA), 2003.

［211］Ellison, G. , and E. Glaeser, "Geographic Concentration in US Manufacturing Industries: a Dartboard Approach", *Journal of Political Economy*, 1997, 105 (5): 889 – 927.

［212］Ellison, G. , E. Glaeser, and W. Kerr, What Causes Industry Agglomeration? Evidence from Coagglomeration Patterns, NBER Working Paper, 2007.

［213］European Commission, Leurope des Services: un Virage àréussir. Programme FAST II. Résultats et Recommandations, vol. 3. European Commission, Brussels, 1987.

［214］Evangelista, R. , "Sectoral Patterns of Technological Change in Services", *Economics of Innovation and New Technology*, 2000 (9): 183 – 221.

［215］Falk, M. , B. M. Koebel, "Outsourcing, Imports and Labour Demand", *Scandinavian Journal of Economics*, 2002, 104 (4): 567 – 586.

［216］Feenstra, R. , G. Hanson, and D. Swenson, Offshore Assembly from the United States: Production Characteristics of the 98 – 02 Program, in R. Feenstra, eds. , *The Impact of International Trade on Wages*, NBER and University of Chicago

Press, 2000.

［217］Fiocca, R., and A. Gianola, Network Analysis of Knowledge-Intensive services, Working Paper. IMP Conference, 2003 (9): 4-6.

［218］Fisher, A. G. B., *The Clash of Progress and Security*, London: McMillan, 1935.

［219］Fixler, D. J., and D. Siegel, "Outsourcing and Productivity Growth in Services". *Structural Change and Economic Dynamics*, 1999 (10): 177-194.

［220］Fouratie, Jean, *The Great White Hope of the XXth Century*, Paris: PUF, 1949.

［221］Francois, J., "Producer Service, Scale, and the Division of Labor", *Oxford Economic Paper*, 1990, 42 (4): 715-729.

［222］Francois, J., "Trade in Producer Services and Returns Due to Specialization under Monopolistic Competition", *Canadian Journal of Economics*, 1990, 23 (1): 109-124.

［223］Francois, J., and K. Reinert, "The Role of Services in the Structure of Production and Trade: Stylized Facts from a Cross-country Analysis", *Asia-Pacific Economic Review*, 1996, (2): 1-9.

［224］Francois, J., and L. Schuknecht, Trade in Financial Services: Procompetitive Effects and Growth Performance, CEPR. Discussion Papers, 1999.

［225］Freel, M., "Patterns of Technological Innovation in Knowledge-intensive Business Services", *Industry and Innovation*, 2006, 13: 335-358.

［226］Freenstra, R. C., and G. H. Hanson, "Globalization, Outsourcing, and Wage Inequality", *American Economic Review*, 1996, 86: 240-245.

［227］Freenstra, R. C., and G. H. Hanson, "The Impact of Outsourcing and High-Technology Capital on Wages: Estimates for the United States, 1979-1990", *Quarterly Journal of Economics*, 1999, 114: 907-941.

［228］Fuchs, V. R., *The Service Economy*, New York and London: Colombia University Press, 1968.

［229］Galbraith, J. K., *The Affluent Society*, London: Hamish Hamilton, 1958.

［230］Gereffi, G., The Organization of Buyer-Driven Global Commodity Chains: How U. S. Retailers Shape Overseas Production Networks, in G. Gereffi, M. Korzeniewicz (eds.), *Commodity Chains and Global Capitalism*, London: Praeger, 1994.

［231］Gereffi, G., "International Trade and Industrial Upgrading in the Apparel

Commodity Chain", *Journal of International Economics*, 1999, 48: 37 – 70.

［232］Gereffi, G., and R. Kaplinsky, The value of value chains, *Special issue of IDS Bulletin*, 2001, 32.

［233］Gereffi, G., J. Humphrey, and T. Sturgeon, "The Governance of Global Value Chains". *Review of International Political Economy*, 2003, 11 (4): 5 – 11.

［234］Gershunny, J., *After Industrial Society? The Emerging Self-service Economy*. London and Basingstoke: Macmillan & Co. Ltd., 1978.

［235］Gershuny, J. I. and I. D. Miles, *The New Service Economy: The Transformation of Employment in Industrial Societies*, London: Pinter, 1983.

［236］Goe, W. R., B. Lentnek, A. MacPherson, and D. Phillips. "Toward a Contact-based Theory of producer service location", *Environment and Planning*, 2002, 32 (2): 131 – 147.

［237］Goe, W. R., "Producer Services, Trade and the Social Division of Labor", *Regional Studies*, 1990, 24 (4): 327 – 342.

［238］Goe, W. R., "The Growth of Producer Services Industries: Sorting through the Externalization Debate", *Growth and Change*, 1991, 22 (4): 118 – 141.

［239］Gonzalez – Lopez, M., "Regional Differences in the Growth Patterns of Knowledge-Intensive Business Services: An Approach Based on the Spanish Case", *European Urban and Regional Studies*, 2009, 16 (1): 101 – 106.

［240］Gordon, J., and P. Gupta, Understanding India's Services Revolution, IMF Working Paper No. 171, 2004.

［241］Gordon, R. J., "Does the 'new economy' measure up to the great inventions of the past?" *Journal of Economic Perspectives*, 2000, 14 (4): 49 – 74.

［242］Greenfield, H. I., *Manpower and the Growth of Producer Services*. New York and London, Columbia University Press, 1996.

［243］Grosso, M. G., F. Gonzales, and H. K. Nordas, Services Trade Restrictiveness Index (STRI): Scoring and Weighting Methodology, OECD Trade Policy Papers No. 177, 2015.

［244］Görzig, B., A. Stephan, "Outsourcing and Firm-level Performance", *DIW – Discussion Papers*, 309, Berlin, 2002.

［245］Guerrieri, P., and C. Pietrobelli, Industrial Districts' Evolution and Technological Regimes: Italy and Taiwan Province (China), Technovation, 2004.

［246］Guerrieri, P., and V. Meliciani, "Technology and International Competitiveness: The Interdependence between Manufacturing and Producer Services", *Structural Change and Economic Dynamics*, 2005, 16 (4): 489 – 502.

[247] Hansen, N., "The Strategic Role of Producer Services in Regional Development", *International Regional Science Review*, 1994, 16 (1 – 2): 187 – 195.

[248] Harrington, J. W., A. MacPherson, and J. Lombard, "Interregional Trade in Producer Services: Review and Synthesis", *Growth and Change*, 1991, 22 (4): 75 – 94.

[249] Henry, G., S. Redding, and J. Anthony, The Economic Geography of Trade, Production and Income: A Survey of Empirics, NBER Working Paper, 2001.

[250] Herbert, G. Grubel and M. A. Walker, *Service Industry Growth*: Causes and Effects. Vancouver, BC: Fraser Institute, 1989.

[251] Herdog, P., Co-producers of Innovation: The Role of KIBS. In Gadrey, J. and F. Gallouj (eds.), *Productivity, Innovation and Knowledge in Services*. Northampton, Massachusetts: Edward Elgar, 2002.

[252] Howells, J., The Nature of Innovation in Services, Paper Presented for OECD/Australia Workshop Innovation and Productivity in Services, 2000 (31).

[253] Howells, J., "Intermediation and the Role of Intermediaries in Innovation", *Research Policy*, 2006, 35: 715 – 728.

[254] Howells, J. and A. Green., "Location, Technology and Industrial Organization in UK Services", *Progressive Planning*, 1986, 26: 88 – 183.

[255] Hubbard, R. K. B. and D. S. Nutter, "Service Sector Employment in Merseyside", *Geoforum*, 1982, 13: 209 – 235.

[256] Humphrey, J., and H. Schmitz, Governance in Global Value Chains, *IDS Bulletin*, 2001, 32 (3): 19 – 29.

[257] Humphrey. J., and H. Schmitz, Developing Country Firms in the World Economy: Governance and Upgrading in Global Value Chains, INEF Report, No. 61, Duisburg: University of Duisburg, 2002.

[258] Humphrey. J., H. Schmitz, "How does Insertion in Global Value Chains Affect Upgrading Industrial Clusters?", *Regional Studies*, 2002, 36 (9).

[259] Hutton, T. A., *Service Industries and the Transformation of Asia – Pacific City Regions*, Research Papers Series No. 36, Singapore: Centre for Advanced Studies, National University of Singapore, 2001.

[260] Hutton, T. A., "Service Industries, Globalization, and Urban Restructuring within the Asia – Pacific: New Development Trajectories and Planning Respon-

ses", *Progress in Planning*, 2004 (61): 13.

[261] Illeris, S., *Services and regions in Europe*, Brookfield, VT: Gower, 1989.

[262] Illeris, S., "Location of Services in a Service Society" in Daniels, P., Moulaert, F. (eds.), *The changing geography of advanced producer services*, London: Belhaven Press, 1991.

[263] Illeris, S., *The Service Economy: A Geographical Approach*. Chichester, England: J. Wiley, 1996.

[264] Inman, R. P. (eds.), *Managing the Service Economy. Prospects and Problems*, New York: Cambridge University Press, 1985.

[265] Johan, Klaesson, and Börje Johansson, Agglomeration Dynamics of Business Services, CESIS: Electronic Working Paper Series, 2008 (10).

[266] Jones, W. J, and H. Kierzkowski, *A Framework for Fragmentation, Fragmentation and International Trade*, Oxford University Press, 2000.

[267] Juleff-Tranter, L. E., "Advanced Producer Services: Just a Service to Manufacturing?", *Service Industries Journal*, 1996, 16 (3): 389-400.

[268] Kaplinsky, R., "Spreading the Gains from Globalisation: What can be Learned from Value Chain Analysis?", *Journal of Development Studies*, 2000, 37 (2): 117-146.

[269] Karaomerlioglu, D., and B. Carlsson, "Manufacturing in Decline? A Matter of Definition", *Economy, Innovation, New Technology*, 1996, (8): 175-196.

[270] Kickert, W. J., "The Magic Word Flexibility." *International Studies of Management and Organization*, 1985, 14 (4): 6-31.

[271] Klaesson, J., and B. Johansson, Agglomeration Dynamics of Business Services, CESIS: Electronic Working Paper Series, 2008 (10).

[272] Kleinert, J., "Growing Trade in Intermediate Goods: Outsourcing, Global Sourcing, or Increasing Importance of MNE Networks?", *Review of International Economics*, 2003, 11 (3): 464-482.

[273] Klodt, H., Structure Change Towards Services: the Germany Experience, University of Birmingham IGS Discussion Paper, 2000.

[274] Knight, F. H., *Risk, Uncertainty and Profi*, Houghton Miffin Company, 1921.

[275] Kolko, J., Agglomeration and Co-Agglomeration of Services Industries,

MPRA Paper No. 3362, 2007.

［276］Kox, Henk L. M. and L. Rubalcaba, *Business Services and the Changing Structure of European Economic Growth*. Munich Personal RePEc Archive Paper, No. 3750, 2007.

［277］Krugman, P., "Increasing Returns and Economic Geography", *Journal of Political Economy*, 1991, 99: 483–499.

［278］Kutscher, R., "Growth of Service Employment in the United States", In Guile, B. R. and J. B. Quinn (eds.), *Technology in Services: Policies for Growth, Trade, and Employment*, Washington: National Academy Press, 1988.

［279］Machlup, F., *The Production and Distribution of Knowledge in the United States*. Princeton: Princeton University Press, 1962.

［280］MacPherson, A., "The Role of Producer Service Outsourcing in the Innovation Performance of New York State Manufacturing Firms", *Annals of the Association of American Geographers*, 1997, 87 (2): 52–71.

［281］Mark, Jerome A., "Productivity in Service Industries", in Wray Candilis (eds.), *United States Service Industries Handbook*, New York: Praeger, 1988.

［282］Marquand, J., *The Service Sector and Regional Policy in the United Kingdom CES Research Series* 29. London: Centre for Environmental Studies, 1979.

［283］Marshall, J. N., "Linkages between Manufacturing Industry and Business Services", *Environment and Planning*, 1982, 14 (11): 1523–1540.

［284］Marshall, J. N., *Services and Uneven Development*. Oxford: Oxford University Press, 1988.

［285］Marshall, J. N., "Corporate Reorganization and the Geography of Services: Evidence from the Motor Vehicle Aftermarket in the West Midlands Region of the UK", *The Journal of the Regional Studies Association*, 1989, 23 (2): 139–150.

［286］Marshall, J. N. and A. E. Green, "Business Reorganization and the Uneven Development of Corporate Services in the British Urban and Regional System", *Transactions of the Institute of British Geographers*, 1990, NS 15 (2): 162–176.

［287］Marshall, J. N., P. A. Wood, P. W. Daniels, et al., *Services and Uneven Development*, Oxford: Oxford University Press, 1988.

［288］Marshall, J. N., P. Damesick, and P. Wood, "Understanding the Location and Role of Producer Services in the United Kingdom", *Environment and Planning*, 1987, 19 (5): 575–595.

［289］Mason, G., J. P. Beltramo and J. J. Paul, "External Knowledge Sourcing in Different National Settings: A Comparison of Electronics Establishments in Britain and France", *Research Policy*, 2004, 33 (1): 53 – 72.

[290] Mattoo, A., R. Rathindran, and A. Subramanian, Measuring Services Trade Liberalization and its Impact on Economic Growth: An Illustration, World Bank Working Paper, No. 2655, 2001.

[291] McCrackin, "Why are Business and Professional Services Growing so Rapidly?" *Economic Review* (Federal Reserve Bank of Atlanta), 1985 (8): 15 – 28.

[292] Miles, I., Services Innovation: Toward a Tertiarization of Innovation Studies. In Gadrey, J. and Gallouj, F. (eds.), *Productivity, Innovation and Knowledge in Services*. Northampton, Massachusetts: Edward Elgar, 2002.

[293] Monnoyer, M. C., and J. – M. Zuliani, "The Decentralization of Airbus Production and Services", *Service Industries Journal*, 2007, (27): 251 – 262.

[294] Montoya, P. V., R. S. Zarate, and L. A. G. Martin, "Does the Technological Sourcing Decision Matter? Evidence from Spanish Panel Data", *R & D Management*, 2007, (37): 161 – 172.

[295] Nicoletti, Giuseppe, Regulation in Services: OECD Patterns and Economic Implications, OECD Economics Department Working Paper, No. 287, 2001.

[296] Noyelle, T. J., and T. Stanback, *The Economic Transformation of American Cities*, Totowa: Rowman & Allanheld, 1984.

[297] Ochel, W. and M. Wegner, *Service Economies in Europe: Opportunites for Growth*. Boulder, CO: Westview, 1987.

[298] OECD, *OECD Science, Technology and Industry Scoreboard*. Paris: Author, 2005.

[299] OECD, Summary Report of the Study on Globalisation and Innovation in the Business Services Sector, http://www.oecd.org/sti/38619867.pdf, 2007.

[300] O'Farrell, P. N., L. A. R. Moffat, and D. M. Hitchens, "Manufacturing Demand for Business Services in a Core and Peripheral Region: Does Flexible Production Imply Vertical Disintegration of Business Services?", *Regional Studies*, 1993, 27 (5): 385 – 400.

[301] Park, S. H., "Intersectoral Relationships between Manufacturing and Service: New Evidence from Selected Pacific Basin Countries", *ASEAN Economic Bulletin*, 1999 (3): 245 – 263.

[302] Pedersen, P. O., *Business Service Strategies: The Case of Provincial Centre of Esbjerg*. Brussels: Commission of the European Communities, 1986.

［303］Perry, M., "Business Service Specialization and Regional Economic Change", *Regional Studies*, 1990, (24): 195 – 209.

［304］Perry, M., "Flexible Production, Externalization and the Interpretation of Business Service Growth", *The Service Industries Journal*, 1992, 12 (1): 1 – 16.

［305］Petit, P., and L. Soete, "Technical Change and Employment Growth in Services: Analytical and Policy Challenges", paper presented at The Conference on "Technology, Employment and Labour Markets" in 1996, in Petit, P., Soete, L. (eds.), *Technology and the Future of European Employment*, Edward Elgar, Cheltenham and Northampton, 1996, 2001: 166 – 203.

［306］Pilat, D. and A. Wolfl, "Measuring the Interaction between Manufacturing and Services". *OECD Science, Technology and Industry Working Papers*, 2005. 5, OECD Publishing: 6 – 8.

［307］Porat, M., *The information economy*, Ph. D., Stanford University, Calif. USA, 2 Vols, 1976.

［308］Porter, M. E., *Competitive Advantage*, New York: Free Press, 1985.

［309］Porter, M. E., *The Competitive Advantage of Nations*, New York: Free Press, 1990.

［310］Quinn, J. B., *Intelligent Enterprise: A Knowledge and Service based Paradigm for Industry*, New York: The Free Press, 1992.

［311］Quinn, J. B., J. Baruch, and P. Paquette, "Exploiting the Manufacturing-services Interface", *Sloan Management Review*, 1988, 49.

［312］Raa, Thijs, and E. N. Wolff, "Outsourcing of Services and the Productivity Recovery in U. S. Manufacturing in the 1980s and 1990s", *Journal of Productivity Analysis*, 2001 (16): 149 – 165.

［313］Raff, Horst and Marc von der Ruhr, "Foreign Direct Investment in Producer Services: Theory and Empirical Evidence," CESifo Working Paper Series 598, CESifo Group Munich, 2001.

［314］Richard, Caves, *Multinational Enterprise and Economic Analysis*, New York: Cambridge University Press, 1996.

［315］Riddle, D. I., *Service – Led Growth: The Role of the Service Sector in World Development*, New York: Praeger Publishers, 1986.

［316］Rubalcaba – Bermejo, L., *Business Services in European industry: Growth, Employment and Competitiveness.* Brussels, Luxembourg: European Commission, DGIII-Industry, 1999.

[317] Ruyssen, O., "The New Deal in Services: A Challenge for Europe" in Akehurst, C., Gadrey, J. (eds.) *The economics of services*, London: Frank Cass, 1987.

[318] Schwartz, A., "Corporate Service Linkages in Large Metropolitan Areas: a Study of New York, Los Angeles, and Chicago", *Urban Affairs Review*, 1992, 28 (2): 276-296.

[319] Schwartz, A., "The Geography of Corporate Services: A Case-study of the New York Urban Region", *Urban Geography*, 1992, 13 (1): 1-24.

[320] Scott, A. J., "Flexible Production Systems and Regional Development: the Rise of New Industrial Spaces in North America and Western Europe", *International Journal of Urban and Regional Research*, 1988, 12 (2): 171-86.

[321] Seo, Hwan-Joo, Y. S. Lee, and H. S. Kim, "Does International Specialization in Producer Services Warrant Sustainable Growth?", *The Service Industries Journal*, 2011, 31 (7/8): 1279-1291.

[322] Shugan, S. M., "Explanations for the Growth of Services", In Rust, R. T. and R. L. Oliver (eds). Service Quality: New Directions in Theory and Practice, Sage Publications, Thousand Oaks, Calif, 1994.

[323] Singelmann, J., "The Sectoral Transformation of the Labour Force in Seven Industrialized Countries: 1920-1970", *American Journal of Sociology*, 1978, 83 (3): 1224-1234.

[324] Stanback, T. *Understanding the service economy*, Baltimore: The Johns Hopkins University Press, 1979.

[325] Stanback, T. M., P. J. Bearse, T. J. Noyelle, and R. A. Karasek, *Services: the New Economy*, Totowa, NJ: Allanheld, 1981.

[326] Stigler, George, J., "The Division of Labor is Limited by the Extent of the Market", *Journal of Political Economy*, 1951, 59 (3): 185-193.

[327] Stille, F., *Linkages between Manufacturing and Services in Germany*, Research Note, DIW Berlin, 2002.

[328] Terpstra, V., and C. Yu, "Determinants of Foreign Investment of U. S. Advertising Agencies", *Journal of International Business Studies*, 1988, 19 (1): 33-46.

[329] Tschetter, J., "Producer Services Industries: Why are they Growing so Rapidly?", *Monthly Labor Review*, 1987 (12): 31-40.

[330] UNCTC, *The Transnationalization of Service Industries*. United Nations,

New York, 1993.

[331] Van Ark, B., The Renewal of the Old Economy: An International Comparative Perspectives, STI Working Paper, Paris: OECD, 2001.

[332] Vanchan, V., "Communication and relationships between Industrial Design Companies and their Customers", *The Industrial Geographer*, 2007, 4 (2): 28 – 36.

[333] Wernerfelt, Birger, "A Resource – Based View of the Firm", *Strategic Management Journal*, 1984, 5 (2): 171 – 180.

[334] Wheeler, J. O., "The Corporate Role of Large Metropolitan Areas in the United States", *Growth and Change*, 1988, 19 (2): 75 – 86.

[335] Williamson, O. E., "Transaction-cost Economics: The Governance of Contractual Relations", *Journal of Law and Economics*, 1979, 22: 233 – 261.

[336] Wolfl, A., "the Interaction between Manufacturing and Services and its Role for Productivity Growth", Paper for the Intermediate Input – Output Meeting on Sustainability, Trade & Productivity, 2006 (7): 26 – 28, Sendai, Japan.

[337] Wolff, E. N., How stagnant are services? In J. Gadrey & F. Gallouj (eds.), Productivity, Innovation and Knowledge in Services. Northampton, Massachusetts: Edward Elgar, 2002.

[338] Wood, P., "A Service-informed Approach to Regional Innovation or Adaptation?" *Service Industries Journal*, 2005, 25 (4): 429 – 445.

[339] Young, Allyn A., "Increasing Returns and Economic Progress", *The Economic Journal*, 1928, 38 (152): 527 – 542.

后 记

本书是我主持完成的教育部哲学社会科学研究重大课题攻关项目"加快发展我国生产性服务业研究"（11JZD023）的最终成果，是我和中山大学中国第三产业研究中心博士和博士生研究人员精心打造的一项集体科研成果。

回顾重大课题从申报、立项、研究、结项到出版，历时六年，难忘往事，历历在目。

中山大学中国第三产业研究中心是我在2001年从华南师范大学调入中山大学后倾注心血打造的一个专门研究第三产业的科研机构，主要承担国家、省市和服务企业的经济与管理研究项目，主持包括国家级13项，省级11项在内的第三产业发展课题69项，在第三产业发展战略、服务经济管理等研究中取得重大突破，与此同时，还培养第三产业经济与服务管理方向硕士生、MBA、EMBA、博士生、博士后，经十多年学科建设，形成了50多位博士、讲师、副教授、教授组成的特邀研究员队伍，涌现了一批成果卓著的中青年学者，在服务经济领域各领风骚，其佼佼者有：李冠霖（第三产业战略研究），魏作磊（中国服务业发展战略研究），顾乃华（转型期中国服务生产率研究），胡霞（中国城市服务业发展差异研究），卿前龙（休闲服务与休闲服务业研究），李美云（服务产业的融合与发展），陈菲（服务外包与服务业发展），毕斗斗（生产服务业发展研究），刘继国（制造业服务化发展趋势研究），陈凯（服务业内部结构高级化研究），于丹（服务业经济"稳定器"作用研究），马风华（第二产业生产服务研究），朱胜勇、蓝文妘（第三产业生产服务研究），雷小清（服务业信息化研究），李文秀（服务业集群研究），刘明华（服务业相对生产率研究），张卿（服务业结构性增长研究），黄奕祥（健康管理服务业研究），张保华（职业体育服务业研究），杨勇（租赁服务业研究），瞿华（教育服务产品生产与消费研究），江波（生产服务业研究），张少华（城市服务经济研究）。

我们中山大学中国第三产业研究中心是在2011年开始筹划教育部重大课题攻关项目"加快发展我国生产性服务业研究"的。

2011年4月29日，我收阅社科处电邮，获悉教育部哲学社会科学研究重大课题攻关项目"加快发展我国生产性服务业研究"很适合我们第三产业研究团队研究。我马上决定申报。5月5日，我与毕斗斗、魏作磊、顾乃华、马凤华、江波、张少华商定分工合作起草申报书。因时间紧，先分工，再"拼盘"。经过夜以继日的20天奋战，至5月25日，起草、修改和完善的课题申报书上报。

9月5日获悉我们的申报入围，要赴京参加答辩，从三中选一。虽然我对本研究团队研究第三产业的专业水平充满信心，但无法估计对手的竞争手段，心里有些忐忑不安。

9月18日，我在中山大学管理学院工商管理系主任梁琦教授的陪同下，与课题组主要成员魏作磊、顾乃华教授赴京参加课题答辩，由我作20分钟PPT演示。我带了手机进会场计时，没想到我讲了一会才发现忘了按计时开关，匆忙中无法打开手机看时间，只好凭感觉控制时间。好在申报书是我写的，江波和张少华博士制作的精美PPT经我多次修改，非常熟悉，事前又试讲过，演讲胸有成竹，对研究意义、框架、重点、难点和创新点、研究基础的介绍，说理清楚，论证充分。在旁伙伴告诉我，解说时间卡得非常准！回放现场录音发现，我讲完结束语"作为服务业的专业研究机构，我们有责任为推动我国服务业发展贡献研究成果，我们有信心、有能力承担'加快发展我国生产服务业研究'任务，恳请评审专家们给予指导、帮助和支持，谨致以诚挚感谢"，秒表显示是19分33秒！

傍晚，我们在宿舍闲聊等待消息，猜测教育部是否把生产服务业课题任务交给中山大学中国第三产业研究中心时，传来答辩通过的消息。社科处处长兼管理学院执行院长打电话来祝贺，要请我们"吃面"。如今，院长"请吃面"的欢乐已凝聚在历史照片中，成为申报教育部重大课题的一则趣闻。

2012年1月7日，教育部哲学社会科学研究重大课题攻关项目"加快发展我国生产性服务业研究"开题报告会在中山大学管理学院举行。专家们提出了中肯的建议。在课题立项后，课题组在我的领导下，以子项目负责人为主要学术骨干，以30多位教授、副教授、博士、博士生为主要成员，从4个方面开展了系统的项目研究：

1. 扎实开展实地调研，广泛占有基础资料。2012~2014年，广泛收集和整理数据文献资料，扎实开展实地调研，先后21次赴佛山、东莞、深圳、广州、中山、珠海、汕头、青岛、厦门、烟台等东部地区，武汉、郑州、贵州、呼和浩特、青海等中西部地区，以及我国台湾、香港等地区调研生产服务业，完成20余份调研报告。2012~2014年根据生产服务的特点分三个重点作调研：农业生产服务（中山横栏、青海海西）、工业生产服务（山东烟台等、广东南海）、第三产业生产服务（广州海珠区、台湾地区等）。广东省主管副省长对《发展科技服务业，推进生产服务业发展：台湾新竹科技园科技服务调研报告》作了"此建议极有意义"的批示。

2. 持续进行重点研究，攻克课题难点。（1）根据课题申报书拟突破的3大重点和3个难点，组成4个专题研究小组，每周1次集中研讨，交流跟踪生产服务业研究前沿、数据收集与分析、研究进展情况，完成专著4本，发表学术论文102篇（其中，CSSCI期刊51篇），多篇研究成果被《人民大学复印报刊资料》等文摘转引。（2）将重大项目的重点难点研究与学术梯队和博士生、硕士生的培养紧密相结合，指导完成博士论文7篇、硕士论文7篇。（3）主要成员每2周举行一次研究交流会，交流生产服务业研究的难点和重点，探索其动力机制，发达国家与新兴经济体的经验，剖析我国生产服务业比重徘徊不前的原因，讨论解决对策和途径。

3. 强化研究成果应用，服务地方经济建设。2011~2015年，与广东省广州市、佛山市、中山市，内蒙古呼和浩特市，山东省潍坊市、烟台市，青海省海西州等合作，围绕生产服务业/现代服务业开展研究，形成10余份研究报告，报地方政府采纳实施，获得良好社会效益。典型项目：（1）农业生产服务研究。"中山市横栏镇第三产业发展规划"针对横栏镇农业生产服务业的研究成果获中山市政府好评。（2）工业生产服务研究。"佛山市东平新城产业发展规划研究"研究成果被转化为佛山市政府实施方案，以此申报建设"广东省工业服务示范区""华南国际工业服务基地"，获得政府领导的高度认同。佛山市政府以此为基础申报建设"佛山中德工业服务区"，获得广东省党代会通过，并于2012年7月挂牌。（3）第三产业生产服务研究。"广州市海珠区服务业发展规划"获海珠区政府采纳和广州市市长批示，并刊发在广东省政府和广州市政府内刊。

4. 积极开展国内外交流，扩展课题成果影响。（1）开展国际交流。我应邀在韩国财政与战略部举办的"2014年产业创新与服务业升级国际论坛"发表主旨演讲。李文秀研究员、江波博士参加RESER（欧洲服务研究会）2014年度论坛。合办"服务经济与管理前沿讲座"系列，邀请哈佛大学、新加坡国立大学等国外学者作讲座与研讨4次。（2）与地方政府合办与发展生产服务业相关的高峰论坛：2011年"顺德区生产服务业高峰论坛"，2012年"龙岗区现代服务业人才发展论坛"，2013年"东莞南城区第三产业论坛"，2014年"南海区第三产业发展高峰论坛"。

经过3年多的课题攻关，研究取得重大进展。2015年3~8月，在前段研究的基础上，对课题研究作最后冲刺，于2015年8月26日完成最终成果《加快发展我国生产服务业研究》，分为总报告、专题报告、问卷调查和规划报告四部分，共27章，54万字。

2016年3月，教育部社科司教育部"加快发展我国生产性服务业研究"重大课题攻关项目专家通过了课题鉴定，将其纳入重大攻关项目成果出版计划，并提出具体修改意见。

根据教育部的出版要求和专家鉴定意见，课题组成立了书稿修改小组，对全书结构和内容进行了调整和增删，形成本书，包括5篇：发展总报告，行业发展篇，空间发展篇，发展对策篇，问卷调查篇，下设24章，共40万字。

本书统稿、执笔和参与研究人员如下：

李江帆（中山大学中国第三产业研究中心主任，管理学院教授、博导）：本课题首席专家，课题设计、成果审定

第一篇　发展总报告　统稿：魏作磊（中山大学博士，广东外语外贸大学教授，中山大学中国第三产业研究中心副主任）、李江帆

第一章　导论　执笔：魏作磊

第二章　生产服务业发展的动力机制　执笔：魏作磊，参与者：孙得将（中山大学博士，佛山科技学院讲师）、毕斗斗（中山大学博士，华南理工大学副教授）

第三章　全球生产服务业发展经验与趋势　执笔：魏作磊，参与者：江波（中山大学博士、博士后，中山大学中国第三产业研究中心主任助理兼办公室主任，华南理工大学讲师）、张少华（中山大学博士、广东工业大学师资博士后）、孙得将

第四章　中国生产服务业发展现状与滞后成因　执笔：江波、孙得将，参与者：姚洋洋（中山大学博士，广东财经大学讲师）、朱明（中山大学博士，中南财经政法大学讲师）

第五章　中国生产服务业发展面临的突出问题　执笔：魏作磊

第六章　中国生产服务业加快发展战略　执笔：江波

第七章　中国生产服务业发展重点领域　执笔：李冠霖（华南师范大学博士，华南理工大学研究员、现代服务业研究院服务经济研究所所长，中山大学中国第三产业研究中心副主任），参与者：李泽华、徐思颜（华南理工大学硕士生）

第八章　中国生产服务业发展重点区域　执笔：李冠霖，参与者：李泽华、徐思颜

第九章　加快发展中国生产服务业的对策建议　执笔：魏作磊、顾乃华（中山大学博士，暨南大学产业研究院院长、教授、博导，中山大学中国第三产业研究中心副主任）

第二篇　行业发展篇　统稿：马凤华

第十章　生产服务业的层次与重点　执笔：马凤华（中山大学博士，广东工业大学副教授）

第十一章　生产服务的三次产业分布　执笔：孙得将

第十二章　第一产业生产服务业发展　执笔：杨振宇（中山大学博士、昆明理工大学讲师）

第十三章　第二产业生产服务业发展　执笔：马凤华

第十四章　第三产业生产服务业发展　执笔：蓝文妍（中山大学博士，广东第二师范学院讲师），参与者：朱胜勇（中山大学博士，申万宏源证券有限公司高级投资顾问）

第三篇　空间发展篇　统稿人：李文秀（武汉大学博士，中山大学博士后，广东金融学院教授）

第十五章　中国生产服务业区域分工与合作研究　执笔：刘恩初（中山大学博士，广东外语外贸大学讲师）、李文秀，参与者：胡霞（中山大学博士，广东省委党校教授）、于丹（中山大学博士，广东财经大学讲师）聂永祥（华南师范大学博士、讲师）

第十六章　中国生产服务业集聚发展研究　执笔：李文秀

第四篇　发展对策篇　统稿：张卿（中山大学博士，广东省委党校教授）、张少华

第十七章　中国生产服务业需求拉动研究　执笔：杨勇（中山大学博士，广东省科学技术情报研究所研究员）

第十八章　中国生产服务业供给创新推动研究　执笔：李美云（中山大学博士，管理学院副教授，中山大学中国第三产业研究中心副主任）

第十九章　中国生产服务业发展制度创新研究　执笔：张少辉　参与者：张少华、张卿、许晶华（华南师范大学博士，教授）、陈泽鹏（中山大学博士，广州市发改委处长）

第二十章　中国生产服务业信息化提升研究　执笔：朱明　参与者：雷小清（中山大学博士，广东外语外贸大学教授）

第二十一章　中国生产服务业对外开放研究　执笔：顾乃华　参与者：陈秀英（暨南大学博士、博士后）、姚洋洋、陈菲（中山大学博士，华南理工大学副教授）、陈凯（中山大学博士，深圳大学副教授）

第二十二章　中国第三产业投入软化研究　执笔：蓝文妍

第五篇　问卷调查篇　统稿：江波

第二十三章　东莞市服务业供求状况调查报告　执笔：张少华

第二十四章　佛山市南海区生产服务供求状况调查报告　执笔：孙得将

问卷设计：江波、张少华

问卷录入：孙光阳、刘志江、唐昱玥、唐秋伟（中山大学硕士）

课题秘书和出版：江波

结项前冲刺阶段：李江帆、魏作磊、李冠霖、顾乃华、江波、孙得将、姚洋洋、刘恩初、陈明（中山大学博士生）

结项后书稿修改阶段：李江帆、魏作磊、李冠霖、顾乃华、江波

前言和后记：江波、李江帆

重大课题成果是集体攻关的合作成果，各人研究水平和风格不同，在文稿中留下的痕迹难以完全消除；从立项到出书时间跨度长，各章资料时点可能不一致，甚至存在疏漏、矛盾或错误。恳请读者和业内朋友不吝赐教。

在本书付印时，我衷心感谢教育部和社科司、中山大学和科研院、管理学院对本课题的大力支持和/或资助，诚挚感谢立项和结项评审专家，以及李善同、白仲尧和夏杰长研究员对课题研究的支持和指导，特别感谢梁琦、谢康、谢礼珊、刘静艳教授对课题申报的支持，感谢广州、厦门、西安、武汉、青岛、沈阳、大连、成都，以及广州海珠区、佛山市和南海区、顺德区、中山市、深圳市龙岗区、东莞市和南城区、汕头市、山东省潍坊市、烟台市、枣庄市、内蒙古呼和浩特市、鄂尔多斯市、青海海西州、都兰县、河南鹤壁市等地政府特别是第三产业主管部门对我们第三产业、现代服务业/生产服务业的调研、考察和宣传的支持和帮助，感谢省内外、国内外所有关心、支持、帮助本课题研究的机构和个人，还要感谢经济科学出版社的大力支持。是你们的支持，让我们最终将本课题由一个科学设想变成有助于推动中国生产服务业发展的一本沉甸甸专著。本课题在研究中，借鉴了一些专家学者的相关研究成果，除了标注说明外，在此也一并表示深深的感谢。

在重大攻关项目成果问世之时，我深深怀念六年来与课题组共同学习、研究与探索的难忘岁月。从电邮调兵遣将，育人之家运筹帷幄，外事处餐厅陋室商谈对策，写申报书挑灯夜战、接力与"拼盘"，"高颜值"PPT答辩有条不紊，到北京"吃面"欢乐开怀，从CCSSR办公室促膝交谈，善衡堂双周研讨，新银盏布阵，聚龙湾检查，到学人馆冲刺，一幕幕往事记忆犹新。得益于大家的智慧和不懈努力，课题组依托和围绕教育部重大项目，在学术研究、成果转化、社会服务、培养人才等方面取得了骄人的成绩。我感慨自己做完课题年长了六岁，变成"资深"教授，但也欣喜地发现不少同学的职称在六年课题研究中也长"大"了，难忘与大家通力合作完成课题的日日夜夜。参与课题研究的同学们，我真诚地感谢你们。有你们合作与陪伴真好。

李江帆

2017年4月21日于华师大中区

教育部哲学社会科学研究重大课题攻关项目成果出版列表

序号	书　名	首席专家
1	《马克思主义基础理论若干重大问题研究》	陈先达
2	《马克思主义理论学科体系建构与建设研究》	张雷声
3	《马克思主义整体性研究》	逄锦聚
4	《改革开放以来马克思主义在中国的发展》	顾钰民
5	《新时期　新探索　新征程——当代资本主义国家共产党的理论与实践研究》	聂运麟
6	《坚持马克思主义在意识形态领域指导地位研究》	陈先达
7	《当代资本主义新变化的批判性解读》	唐正东
8	《当代中国人精神生活研究》	童世骏
9	《弘扬与培育民族精神研究》	杨叔子
10	《当代科学哲学的发展趋势》	郭贵春
11	《服务型政府建设规律研究》	朱光磊
12	《地方政府改革与深化行政管理体制改革研究》	沈荣华
13	《面向知识表示与推理的自然语言逻辑》	鞠实儿
14	《当代宗教冲突与对话研究》	张志刚
15	《马克思主义文艺理论中国化研究》	朱立元
16	《历史题材文学创作重大问题研究》	童庆炳
17	《现代中西高校公共艺术教育比较研究》	曾繁仁
18	《西方文论中国化与中国文论建设》	王一川
19	《中华民族音乐文化的国际传播与推广》	王耀华
20	《楚地出土戰國簡册〔十四種〕》	陈　伟
21	《近代中国的知识与制度转型》	桑　兵
22	《中国抗战在世界反法西斯战争中的历史地位》	胡德坤
23	《近代以来日本对华认识及其行动选择研究》	杨栋梁
24	《京津冀都市圈的崛起与中国经济发展》	周立群
25	《金融市场全球化下的中国监管体系研究》	曹凤岐
26	《中国市场经济发展研究》	刘　伟
27	《全球经济调整中的中国经济增长与宏观调控体系研究》	黄　达
28	《中国特大都市圈与世界制造业中心研究》	李廉水

序号	书 名	首席专家
29	《中国产业竞争力研究》	赵彦云
30	《东北老工业基地资源型城市发展可持续产业问题研究》	宋冬林
31	《转型时期消费需求升级与产业发展研究》	臧旭恒
32	《中国金融国际化中的风险防范与金融安全研究》	刘锡良
33	《全球新型金融危机与中国的外汇储备战略》	陈雨露
34	《全球金融危机与新常态下的中国产业发展》	段文斌
35	《中国民营经济制度创新与发展》	李维安
36	《中国现代服务经济理论与发展战略研究》	陈 宪
37	《中国转型期的社会风险及公共危机管理研究》	丁烈云
38	《人文社会科学研究成果评价体系研究》	刘大椿
39	《中国工业化、城镇化进程中的农村土地问题研究》	曲福田
40	《中国农村社区建设研究》	项继权
41	《东北老工业基地改造与振兴研究》	程 伟
42	《全面建设小康社会进程中的我国就业发展战略研究》	曾湘泉
43	《自主创新战略与国际竞争力研究》	吴贵生
44	《转轨经济中的反行政性垄断与促进竞争政策研究》	于良春
45	《面向公共服务的电子政务管理体系研究》	孙宝文
46	《产权理论比较与中国产权制度变革》	黄少安
47	《中国企业集团成长与重组研究》	蓝海林
48	《我国资源、环境、人口与经济承载能力研究》	邱 东
49	《"病有所医"——目标、路径与战略选择》	高建民
50	《税收对国民收入分配调控作用研究》	郭庆旺
51	《多党合作与中国共产党执政能力建设研究》	周淑真
52	《规范收入分配秩序研究》	杨灿明
53	《中国社会转型中的政府治理模式研究》	娄成武
54	《中国加入区域经济一体化研究》	黄卫平
55	《金融体制改革和货币问题研究》	王广谦
56	《人民币均衡汇率问题研究》	姜波克
57	《我国土地制度与社会经济协调发展研究》	黄祖辉
58	《南水北调工程与中部地区经济社会可持续发展研究》	杨云彦
59	《产业集聚与区域经济协调发展研究》	王 珺

序号	书 名	首席专家
60	《我国货币政策体系与传导机制研究》	刘 伟
61	《我国民法典体系问题研究》	王利明
62	《中国司法制度的基础理论问题研究》	陈光中
63	《多元化纠纷解决机制与和谐社会的构建》	范 愉
64	《中国和平发展的重大前沿国际法律问题研究》	曾令良
65	《中国法制现代化的理论与实践》	徐显明
66	《农村土地问题立法研究》	陈小君
67	《知识产权制度变革与发展研究》	吴汉东
68	《中国能源安全若干法律与政策问题研究》	黄 进
69	《城乡统筹视角下我国城乡双向商贸流通体系研究》	任保平
70	《产权强度、土地流转与农民权益保护》	罗必良
71	《我国建设用地总量控制与差别化管理政策研究》	欧名豪
72	《矿产资源有偿使用制度与生态补偿机制》	李国平
73	《巨灾风险管理制度创新研究》	卓 志
74	《国有资产法律保护机制研究》	李曙光
75	《中国与全球油气资源重点区域合作研究》	王 震
76	《可持续发展的中国新型农村社会养老保险制度研究》	邓大松
77	《农民工权益保护理论与实践研究》	刘林平
78	《大学生就业创业教育研究》	杨晓慧
79	《新能源与可再生能源法律与政策研究》	李艳芳
80	《中国海外投资的风险防范与管控体系研究》	陈菲琼
81	《生活质量的指标构建与现状评价》	周长城
82	《中国公民人文素质研究》	石亚军
83	《城市化进程中的重大社会问题及其对策研究》	李 强
84	《中国农村与农民问题前沿研究》	徐 勇
85	《西部开发中的人口流动与族际交往研究》	马 戎
86	《现代农业发展战略研究》	周应恒
87	《综合交通运输体系研究——认知与建构》	荣朝和
88	《中国独生子女问题研究》	风笑天
89	《我国粮食安全保障体系研究》	胡小平
90	《我国食品安全风险防控研究》	王 硕

序号	书名	首席专家
91	《城市新移民问题及其对策研究》	周大鸣
92	《新农村建设与城镇化推进中农村教育布局调整研究》	史宁中
93	《农村公共产品供给与农村和谐社会建设》	王国华
94	《中国大城市户籍制度改革研究》	彭希哲
95	《国家惠农政策的成效评价与完善研究》	邓大才
96	《以民主促进和谐——和谐社会构建中的基层民主政治建设研究》	徐 勇
97	《城市文化与国家治理——当代中国城市建设理论内涵与发展模式建构》	皇甫晓涛
98	《中国边疆治理研究》	周 平
99	《边疆多民族地区构建社会主义和谐社会研究》	张先亮
100	《新疆民族文化、民族心理与社会长治久安》	高静文
101	《中国大众媒介的传播效果与公信力研究》	喻国明
102	《媒介素养：理念、认知、参与》	陆 晔
103	《创新型国家的知识信息服务体系研究》	胡昌平
104	《数字信息资源规划、管理与利用研究》	马费成
105	《新闻传媒发展与建构和谐社会关系研究》	罗以澄
106	《数字传播技术与媒体产业发展研究》	黄升民
107	《互联网等新媒体对社会舆论影响与利用研究》	谢新洲
108	《网络舆论监测与安全研究》	黄永林
109	《中国文化产业发展战略论》	胡惠林
110	《20世纪中国古代文化经典在域外的传播与影响研究》	张西平
111	《国际传播的理论、现状和发展趋势研究》	吴 飞
112	《教育投入、资源配置与人力资本收益》	闵维方
113	《创新人才与教育创新研究》	林崇德
114	《中国农村教育发展指标体系研究》	袁桂林
115	《高校思想政治理论课程建设研究》	顾海良
116	《网络思想政治教育研究》	张再兴
117	《高校招生考试制度改革研究》	刘海峰
118	《基础教育改革与中国教育学理论重建研究》	叶 澜
119	《我国研究生教育结构调整问题研究》	袁本涛 王传毅
120	《公共财政框架下公共教育财政制度研究》	王善迈

序号	书　名	首席专家
121	《农民工子女问题研究》	袁振国
122	《当代大学生诚信制度建设及加强大学生思想政治工作研究》	黄蓉生
123	《从失衡走向平衡：素质教育课程评价体系研究》	钟启泉　崔允漷
124	《构建城乡一体化的教育体制机制研究》	李　玲
125	《高校思想政治理论课教育教学质量监测体系研究》	张耀灿
126	《处境不利儿童的心理发展现状与教育对策研究》	申继亮
127	《学习过程与机制研究》	莫　雷
128	《青少年心理健康素质调查研究》	沈德立
129	《灾后中小学生心理疏导研究》	林崇德
130	《民族地区教育优先发展研究》	张诗亚
131	《WTO主要成员贸易政策体系与对策研究》	张汉林
132	《中国和平发展的国际环境分析》	叶自成
133	《冷战时期美国重大外交政策案例研究》	沈志华
134	《新时期中非合作关系研究》	刘鸿武
135	《我国的地缘政治及其战略研究》	倪世雄
136	《中国海洋发展战略研究》	徐祥民
137	《深化医药卫生体制改革研究》	孟庆跃
138	《华侨华人在中国软实力建设中的作用研究》	黄　平
139	《我国地方法制建设理论与实践研究》	葛洪义
140	《城市化理论重构与城市化战略研究》	张鸿雁
141	《境外宗教渗透论》	段德智
142	《中部崛起过程中的新型工业化研究》	陈晓红
143	《农村社会保障制度研究》	赵　曼
144	《中国艺术学学科体系建设研究》	黄会林
145	《人工耳蜗术后儿童康复教育的原理与方法》	黄昭鸣
146	《我国少数民族音乐资源的保护与开发研究》	樊祖荫
147	《中国道德文化的传统理念与现代践行研究》	李建华
148	《低碳经济转型下的中国排放权交易体系》	齐绍洲
149	《中国东北亚战略与政策研究》	刘清才
150	《促进经济发展方式转变的地方财税体制改革研究》	钟晓敏
151	《中国—东盟区域经济一体化》	范祚军

序号	书 名	首席专家
152	《非传统安全合作与中俄关系》	冯绍雷
153	《外资并购与我国产业安全研究》	李善民
154	《近代汉字术语的生成演变与中西日文化互动研究》	冯天瑜
155	《新时期加强社会组织建设研究》	李友梅
156	《民办学校分类管理政策研究》	周海涛
157	《我国城市住房制度改革研究》	高 波
158	《新媒体环境下的危机传播及舆论引导研究》	喻国明
159	《法治国家建设中的司法判例制度研究》	何家弘
160	《中国女性高层次人才发展规律及发展对策研究》	佟 新
161	《国际金融中心法制环境研究》	周仲飞
162	《居民收入占国民收入比重统计指标体系研究》	刘 扬
163	《中国历代边疆治理研究》	程妮娜
164	《性别视角下的中国文学与文化》	乔以钢
165	《我国公共财政风险评估及其防范对策研究》	吴俊培
166	《中国历代民歌史论》	陈书录
167	《大学生村官成长成才机制研究》	马抗美
168	《完善学校突发事件应急管理机制研究》	马怀德
169	《秦简牍整理与研究》	陈 伟
170	《出土简帛与古史再建》	李学勤
171	《民间借贷与非法集资风险防范的法律机制研究》	岳彩申
172	《新时期社会治安防控体系建设研究》	宫志刚
173	《加快发展我国生产服务业研究》	李江帆
	……	